•4月1日，北京珠江钢琴制造有限公司厂区奠基仪式在北京通州区经济技术开发区隆重举行。

•4月15日至16日，中国乐器协会领导赴福州和声钢琴公司进行工作调研。

•5月5日至17日，由中国乐器协会和中央音乐学院联合主办的首届“中国国际提琴制作比赛”在北京举行。

•5月14日，中国乐器协会吉他专业委员会二届二次会议在广东省四会市召开。

•5月19日，中国乐器协会工作会议在北京召开。

•5月19日，中国乐器协会与北京《音乐周报》传媒有限公司在北京签署合作协议。

•5月21日，2010年蟒皮乐器生产企业工作会议暨海南东盛弘蟒业科技股份有限公司人工繁育蟒皮展示会在北京召开。

•5月23日，河北乐海乐器有限责任公司隆重举行25周年厂庆暨新厂落成典礼。

•5月28日，中国乐器协会钢琴调律师分会在北京召开工作会议。

•6月10至11日，中国乐器协会琴行分会一届三次理事扩大会议暨2010年音乐普及教育论坛在河北省石家庄市召开。

•6月13至14日，中国乐器协会口琴专业委员会五届一次会议在浙江海盐召开。

•7月2日至5日，中国乐器协会组团赴台参观“台北乐器展”。

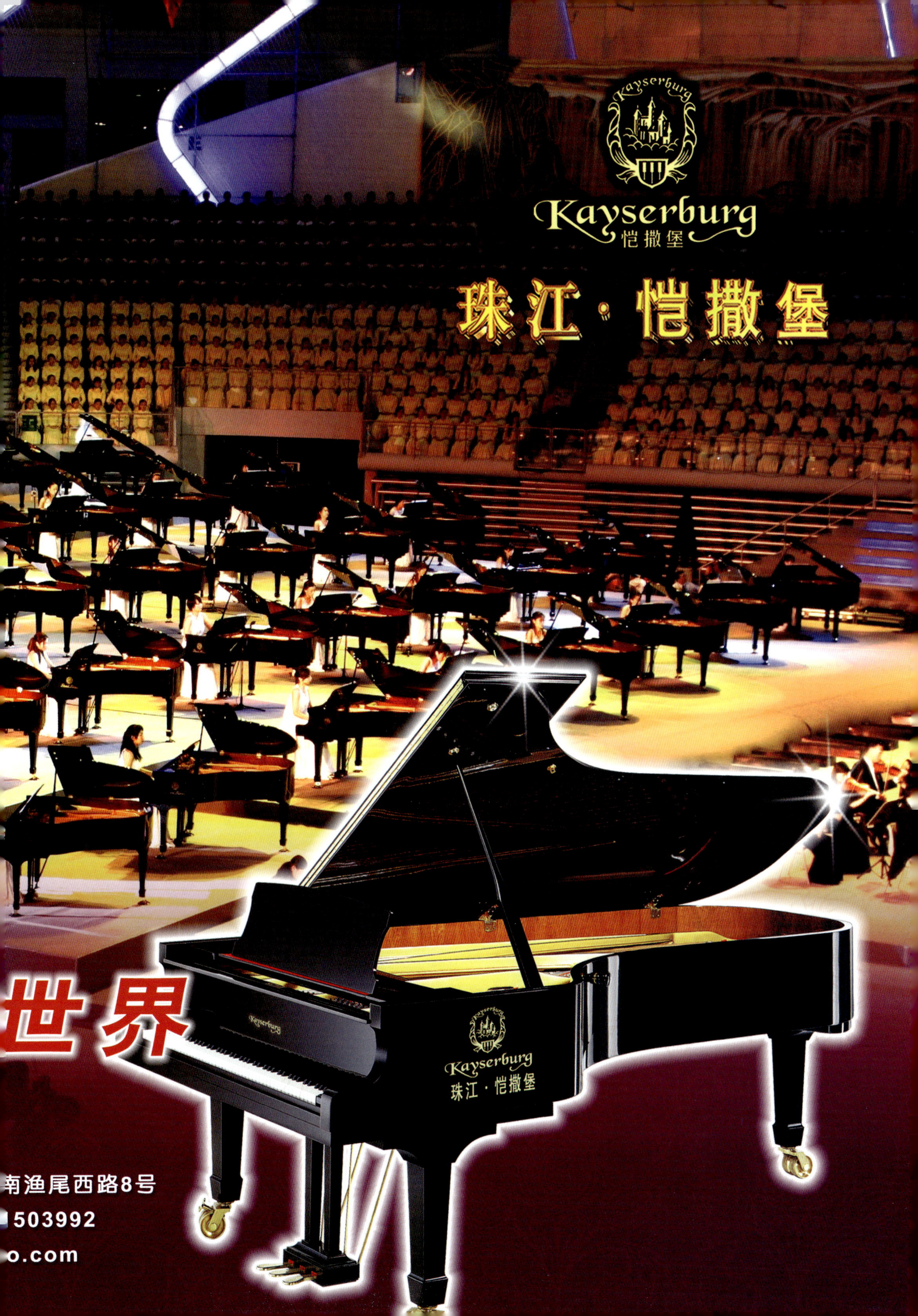
Kayserburg
恺撒堡
珠江·恺撒堡
世界
Kayserburg
珠江·恺撒堡
南渔尾西路8号
503992
o.com

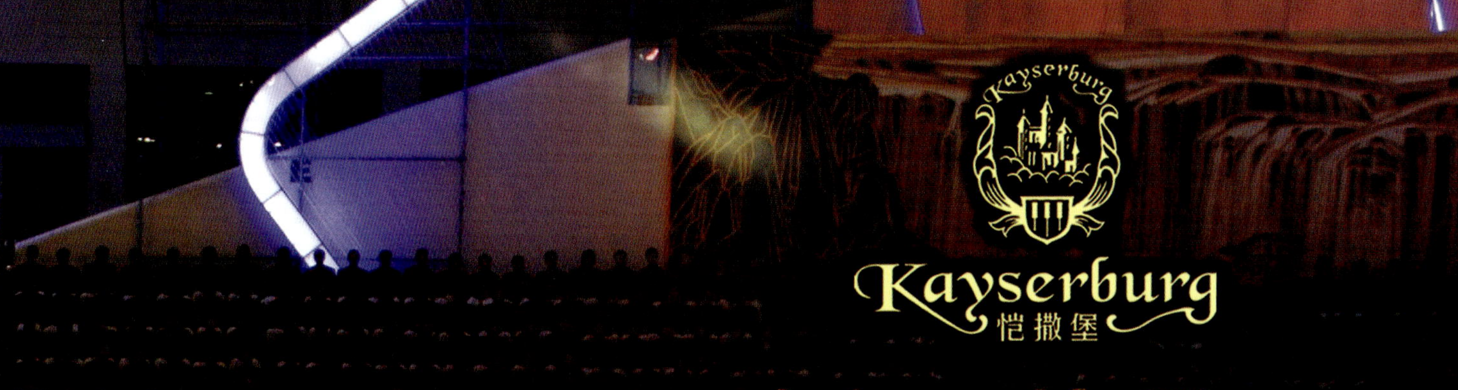

井冈山五指峰晨曦染曙色
红旗红恺撒堡激荡《红色旋律》

第七届全国城市运动会圣火采集仪式在井冈山隆重举行。晨曦中，一阵阵优美的琴音从井冈山五指峰流淌而出，划破群山的寂静，快乐与激情的音符跳跃在山峦幽谷云霭中。一位红军后代手持火炬，神色庄重地走向采火器。伸手间，火焰升腾，霎时，红火吐焰，红歌铿锵，红琴嘹亮，五指峰尽染绚丽的曙色，红色元素贯穿始终……

著名钢琴家刘诗昆大师奏响与国旗同色的特制珠江·恺撒堡音乐会钢琴，熟悉的《红色旋律》在井冈山五指峰回荡。《红色旋律》分为三段——《井冈山》、《映山红》以及《抬头望见北斗星》，它宛如一条鲜艳的红色飘带，响彻山峦，萦绕在五指峰。

红歌红琴唱响大剧院

广州市总工会在广州大剧院举办了《走向辉煌》——庆祝中国共产党成立90周年红色经典大型合唱交响音乐会。

这台演出汇聚了拥有“世界级演唱水平”的魏松、被誉为“中西合璧的夜莺”的女高音歌唱家吴碧霞、蜚声国际歌剧界著名华人女高音高曼华，以及广州观众极为熟悉和喜爱的歌唱家唐彪、李素华、吴哲铭等，他们携手广州珠江钢琴工人合唱团和珠影乐团，联袂在广州大剧院为党的华诞献上颂党颂中华的红色赞歌。

一台红色的珠江·恺撒堡大钢琴在舞台上分外耀眼，其优美的琴声为艺术家们的精彩演出锦上添花。

珠江·恺撒堡钢琴声扬北京中南海

国务院办公厅、国务院研究室隆重举行"庆祝中国共产党成立90周年歌咏大会"。

大运会开幕式 恺撒堡钢琴奏响《春天的故事》

深圳第二十六届世界大学生夏季运动会8月12日晚在广东省深圳市隆重开幕。国家主席胡锦涛出席开幕式并宣布本届大运会开幕。我集团提供的珠江·恺撒堡钢琴与小提琴共同奏响《春天的故事》，在大运会开幕式上大放异彩。

在开幕式上，中央音乐学院学生居觐使用珠江恺撒堡白色三角琴与人民大学90后小提琴手杨帆共同演绎《春天的故事》。这熟悉的旋律娓娓道来的是深圳这座年轻城市的成长的经历，也折射出我国改革开放雄伟画卷徐徐展开的历史进程。

“星海杯”

未来钢琴大师的摇篮

1985—2010

第十三届“星海杯”全国少年儿童钢琴比赛

颁奖仪式暨获奖选手音乐会

主办：国家大剧院 中央音乐学院 北京星海钢琴集团有限公司

中国·北京

2010·09

专业组特等奖

业余组特等奖

主办： 国家大剧院  中央音乐学院  北京星海钢琴集团有限公

www.xhpiano.com

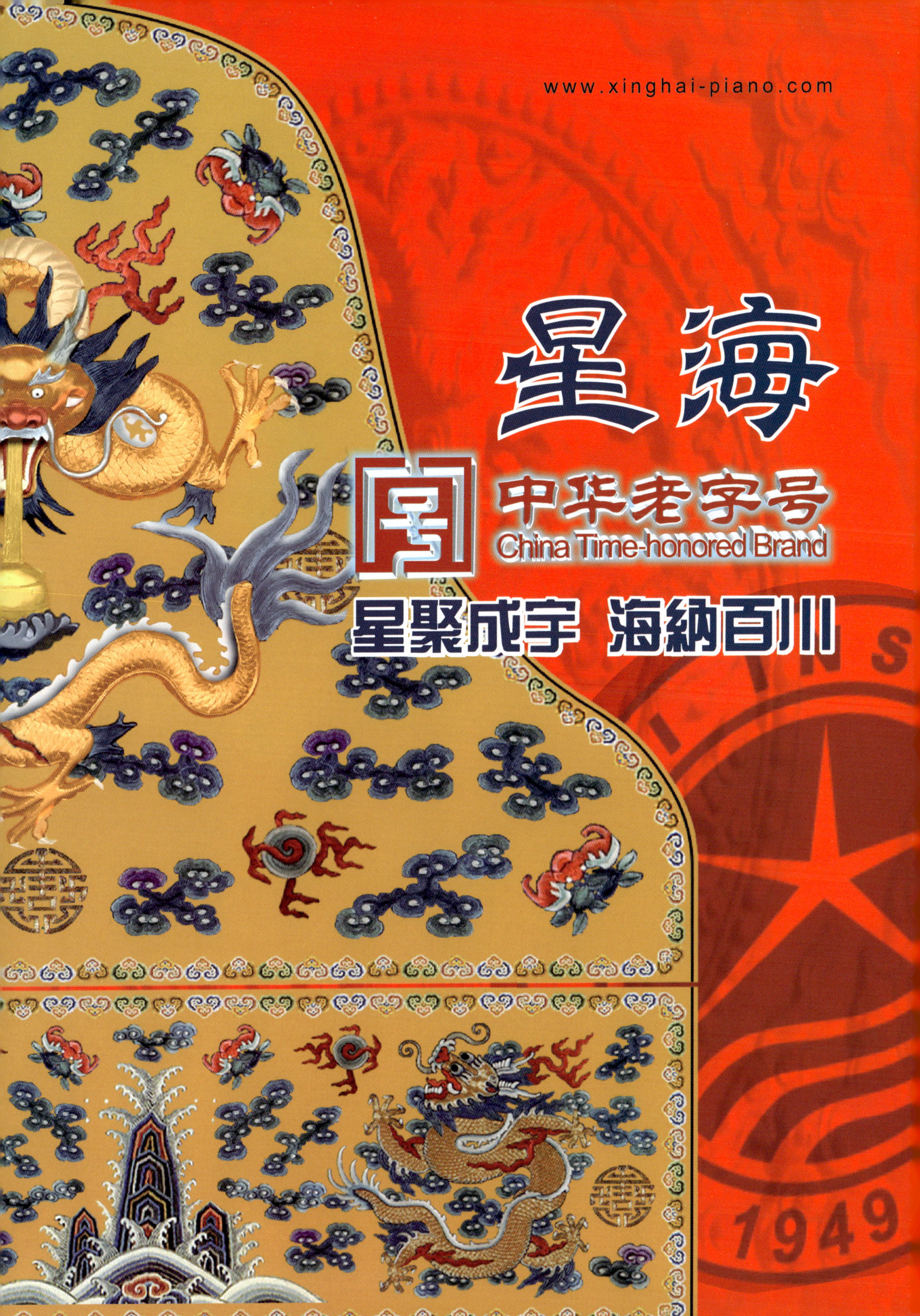
www.xinghai-piano.com
星海
中华老字号
China Time-honored Brand
星聚成宇 海納百川
1949

星光基金成就明日之星
CGAW
中国古筝艺术周
Chinese Guzheng Art Week
中国古筝艺术周
敦煌二胡之硕果累累

金音乐器

ICAL

荣获国际钢琴测评 最高大奖

Schimmel family series products won top international piano test award

荣获国际钢琴测评 最多大奖

Schimmel family series products won most international piano test awards

德国最大的钢琴公司 SCHIMMEL 家族产品，自 1988 年开始，就一直参加以下国际钢琴测评——并且不断获得最高评分。尤其令我们自豪的是：大多数测评获奖的德国钢琴都是 SCHIMMEL 家族产品。1988 年以来，德国 SCHIMMEL 已成为钢琴制造业中获以下国际钢琴测评大奖最多的钢琴制造商。

森鹤乐器一直为之全面提高全球钢琴零部件品质的努力。

LUO 中国·森鹤乐器股份有限公司
LUO MUSIC CHINA CO., LTD

任何咨询
谨致 0574 · 6354 9321
jackrool@vip.163.com
www.luomusic.com

2011 MAPEX
震撼全球的黑豹鼓組
現已登陸中國！
黑豹軍鼓+鼓組
衝擊波 Blaster
MAPEX
PERFORMANCE IS EVERYTHING
经典的5层薄腔枫木
+4层胡桃木加强环
纯圆形导角，更好地传递
鼓皮的共振
SonicSaver專利壓圈
22x18
10x8
12x9
16x16
可選鼓組配置
22x18
10x8
12x9
14x14
16x16
可選鼓組配置
MAPEX
BLACK
PANTHER
MAPEX
KHS
功学社 集團
品牌服务专线 010 67124640
www.chinakhs.com

KHS
功学社 集團

中国电声乐器产业基地

山东省昌乐县**鄌郚**镇，目前，电声乐器生产企业和配件企业已发展到83家，产品包括电吉他、电贝司、数码钢琴、音箱、木吉他、木贝司和乐器配件等7大系列近400个花色品种，产品销往美国、德国、俄国、韩国等30多个国家和地区，有2家乐器企业获“山东名牌产品”，有1家乐器企业获“山东省著名商标 ”。近年来，**鄌郚**镇先后荣获“中国电声乐器产业基地”、“山东省特色景观旅游名镇”和“全国特色景观旅游名镇”等荣誉称号。

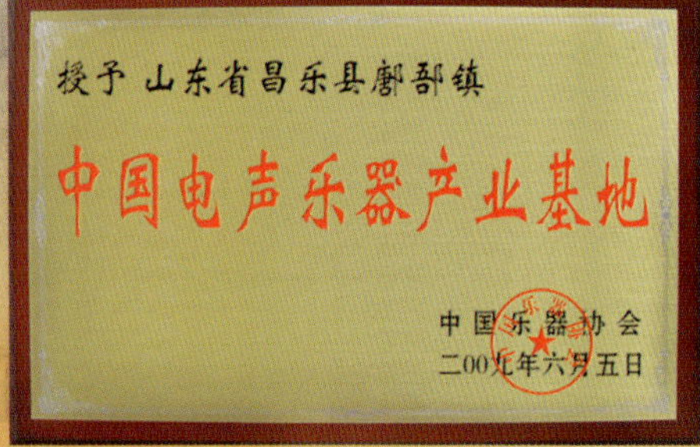

山东省特色景观旅游名镇
CHARACTERISTIC LANDSCAPE TOURIST TOWN IN SHANDONG PROVINCE
鄌郚镇
山东省住房和城乡建设厅
山东省旅游局颁发
ISSUED BY THE OFFICE OF HOUSING AND URBAN &
THE TOURISM AGENCY OF SHANDONG PROVINCE
二〇一〇年

中国电声乐器产业基地
郿郚镇

中国乐器协会网
中国乐器协会网英文版：http://www.cmia-en.com
中国乐器数据中心：http://db.cmia.com.cn
中国乐器协会网论坛：http://bbs.cmia.com.cn
中国乐器网上俱乐部：http://ms.cmia.com.cn
乐器商贸中心：http://btc.cmia.com.cn
www.cmia.com.cn
联系电话：86—10—67665718
传真：86—10—67666220
E—mail:zgyq@vip.sina.com

“中国竹笛之乡”
——杭州中泰乡
中泰
山水情
白云深处听天籁
竹乡笛韵品中泰
铜岭竹韵
修竹山
杭州余杭中泰乡人民政府 宣

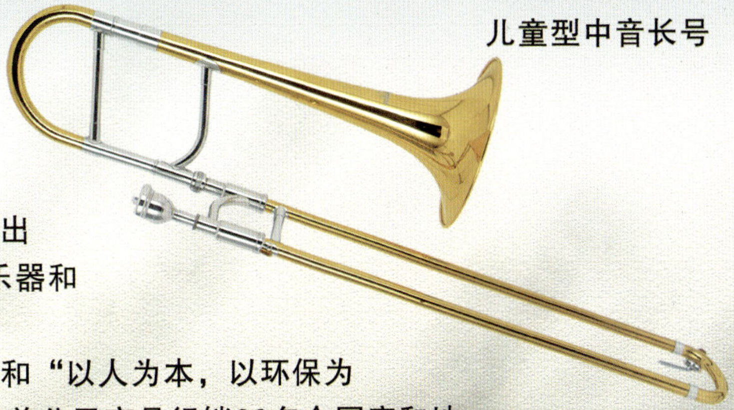

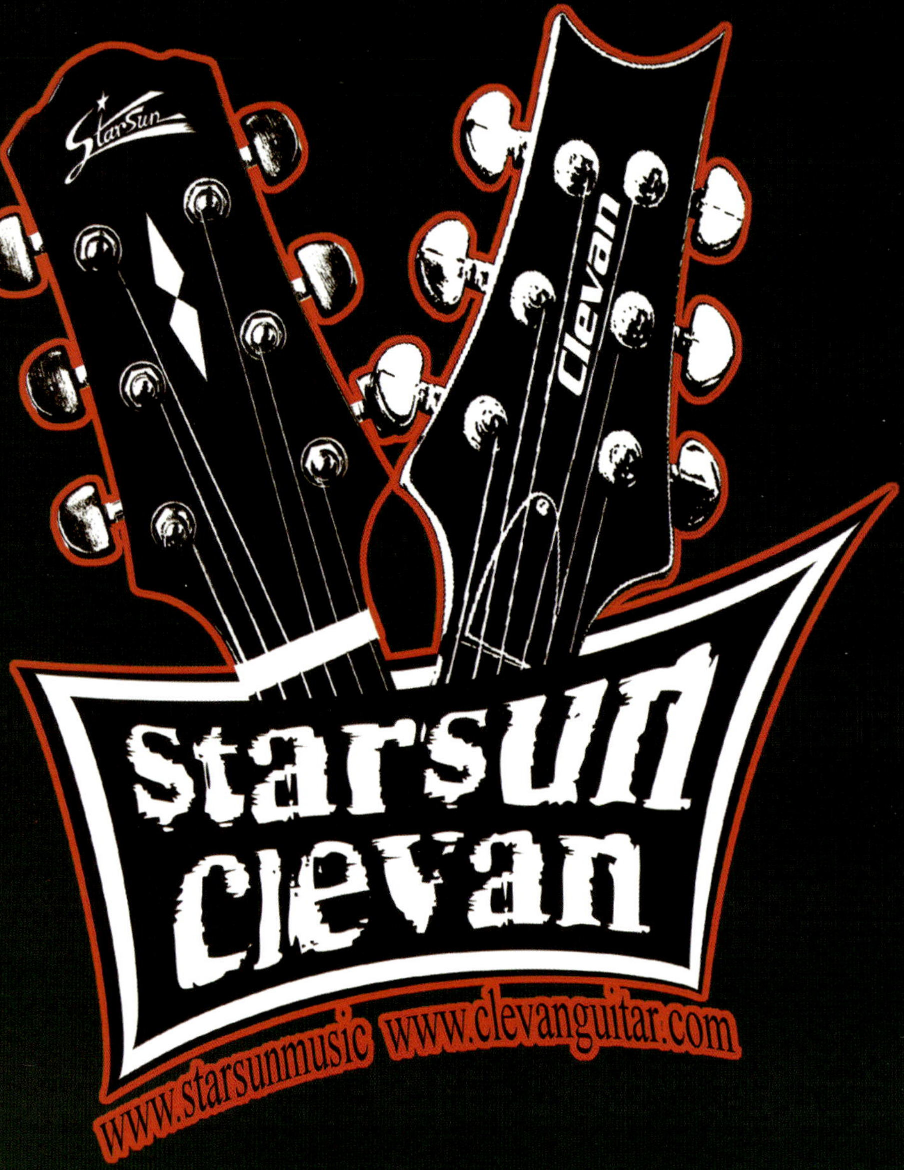
starsun
clevan
www.starsunmusic www.clevanguitar.com

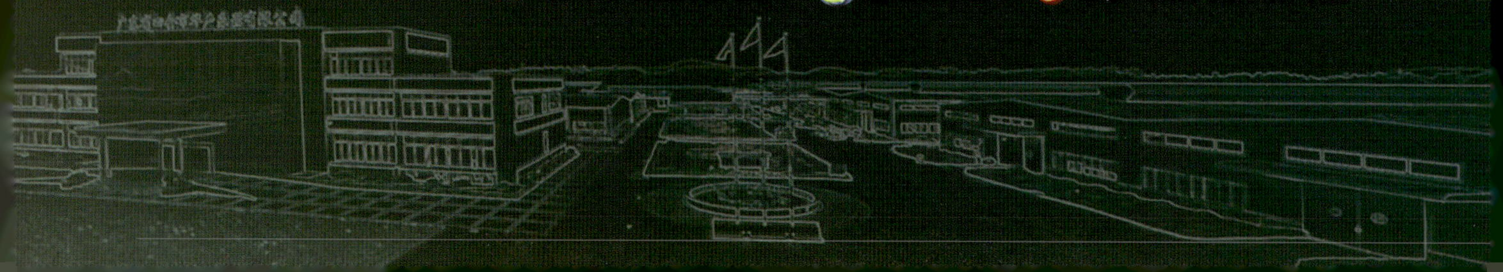

Harmony
和聲鋼琴
欧式工艺·典范之作
Classical Harmony
中国乐器协会常务理事单位
中国乐器行业强势公司产品
Harmony

北京华东乐器有限公司

北京华东乐器有限公司地理位置十分优越，坐落于素有‘提琴之乡’之称的平谷区东高村镇，东依燕山余脉泉水山，西北傍洵河之水，周围有金海湖，京东大溶洞，大峡谷等。这里交通便利，特别是新开通的京、平、蓟高速路，距首都机场约35分钟，到城区约55分钟。距河北省三河市不足十公里，距天津新港130公里，西临大秦铁路5公里。

北京华东乐器有限公司始建于1988年，当时只有150平米，16名工人，建厂初期聘请了曾获得世界制琴音质金奖的戴洪祥大师和获得世界大提琴工艺奖第九名的王崇贵大师等提琴制作专家作技术指导，为公司培养了一批技术骨干。

现在，我们公司占地面积5万平方米，建筑面积3万平方米，有职工1200人，厂内职工600余人，其中本地农民工480人。年生产各种规格，各种档次的小提琴、中提琴、大提琴、低音贝司21万把，琴盒、琴套24万件，这些琴盒、琴套除满足本公司的提琴外，还可以单独销售。实现产值6000万元，销售收入5700万元，实现利税650万元，产品除部分满足国内市场需求外，90%以上远销德国、美国、东南亚、韩国等三十多个国家和地区，是全国提琴出口创汇的主要企业，是华北地区最大的提琴生产企业。

采取多种形式，严把质量关。

为了加快企业的发展，公司十分重视职工的培训，提琴的生产共有48道工序，基本上为手工制作，对员工的技术要求很高，每道工序都不能有一丝一毫的马虎，每道工序在进入下一道工序之前都配备专业的检测人员进行检测，不合格的部件决不能出现在下一道工序里。产品成形后，公司每月会聘请专业的提琴演奏师来公司进行试奏，让他们对提琴的音色和音质提出意见，并加以改进。

为了提高员工生产高质产品的积极性，公司除职工内部传帮带，每月会在20个车间中随机抽取一至二个进行技术大练兵，聘请提琴制作技师作评委对员工进行现场评比，获得前三名的优胜者获得物质和精神双重奖励，同时还会获得去其他企业参观学习的机会，这样的竞赛对职工很有吸引力，有力地促进了技术的快速提高，保证了产品质量。而且北京四季分明，给我们提琴的制作创造了优厚的条件，产品质量得到了保障。

我们公司在北京市技术监督局和国家乐器检测中心每季度的抽检中均为合格以上，由于质量经得起检验，产品在国际市场上供不应求，常年有经销商派代表驻厂采购，2003年以来，我们公司连年被北京市工商联北京市商会评为乐器业强势企业、守信企业之一。2005年被纳入中国乐器协会第五届常务理事会理事单位。

国 杯
中国驰名商标
中美合资金杯乐器
Sino-US Joint Venture Goldencup Musical Instruments
地址：中国江苏省江阴市申港镇亚包大道128号
Address：No.128 Yabao Road , Shengang Town, Jiangyin, Jiangsu, China
电话(Tel)：0086-510-86623605 86623733
传真(Fax)：0086-510-86682398 邮编(P.C.)：214443
Http://www.chinagoldencup.com
E-mail:info@chinagoldencup.com chinajinbei@hotmail.com
GOLDENCUP

Mendelssohn
德国门德尔松钢琴
Mendelssohn
门德尔松钢琴

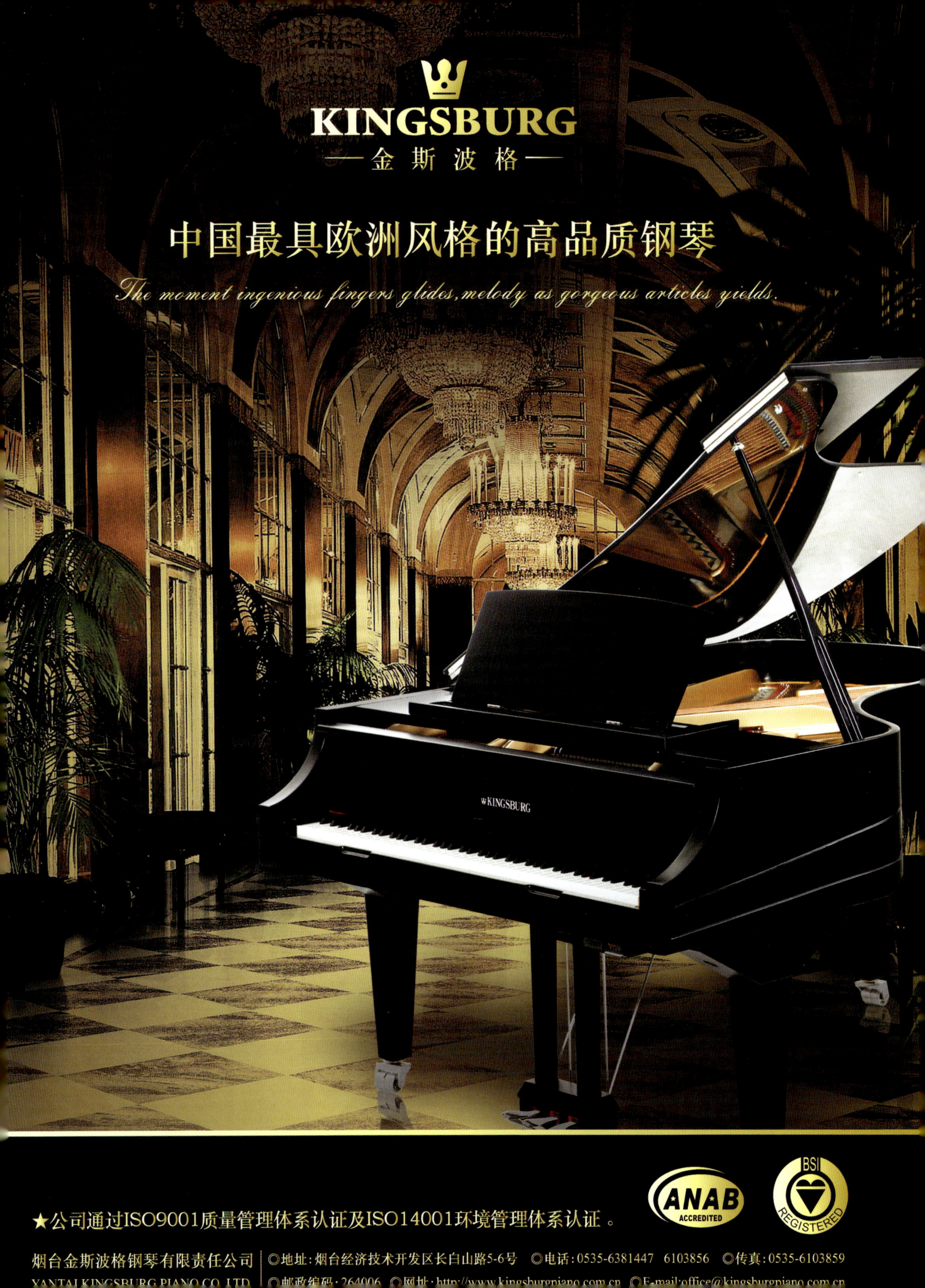
KINGSBURG
金斯波格
中国最具欧洲风格的高品质钢琴
The moment ingenious fingers glides,melody as gorgeous articles yields.
KINGSBURG
ANAB
ACCREDITED
BSI
REGISTERED
★公司通过ISO9001质量管理体系认证及ISO14001环境管理体系认证。
烟台金斯波格钢琴有限责任公司
YANTAI KINGSBURG PIANO CO.,LTD.
◎地址：烟台经济技术开发区长白山路5-6号 ◎电话：0535-6381447 6103856 ◎传真：0535-6103859
◎邮政编码：264006 ◎网址：http://www.kingsburgpiano.com.cn ◎E-mail:office@kingsburgpiano.com.cn

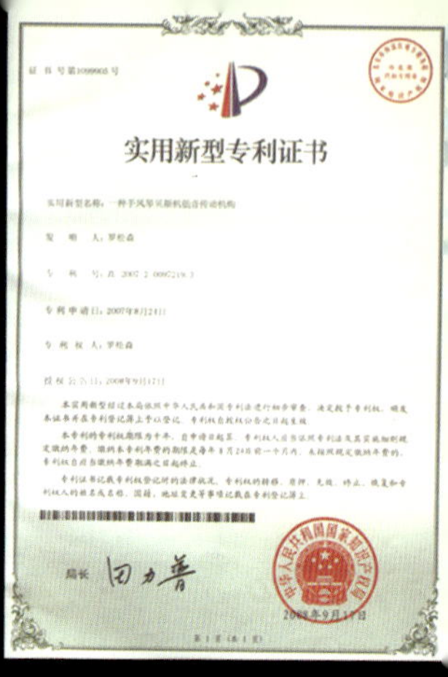

为热烈庆祝鹦鹉牌手风琴60周年，中国音乐家协会于2010年8月在北京举办第二届"鹦鹉杯"手风琴大赛

天津华韵（集团）鹦鹉乐器有限公司是国内外驰名的"鹦鹉牌"手风琴生产基地，在手风琴研发制作方面凝聚着厚重的历史和文化底蕴，2010年迎来了建厂60周年华诞。多年来，公司全体干部职工始终发扬"团结、拼搏、创新、超越"的团队精神，坚持"在继承中发展、在发展中创新"的工作思路，现已发展成为集科研开发、生产销售于一体的综合型企业。公司注册资金2000万元，总资产超亿元，占地面积4.8万平方米，建筑面积4.4万平方米，技术力量雄厚，设备配套齐全，先后引进了意大利、德国、日本等国家的先进设备仪器。公司产品有8BS-120BS以及回声琴、自由低音、演奏琴、合奏琴、键钮式手风琴。鹦鹉牌手风琴以其"工艺精湛、造形美观、音质优美、质量上乘"赢得国内外广大客户的青睐与好评。2006年9月，本公司被国家商务部认定为第一批"中华老字号"企业。2009年被中国乐器协会评为全国乐器行业"强势公司"。2010年我公司生产的手风琴、古筝、爵士鼓被中国教育装备行业协会评定为"优质产品"称号。最近，《鹦鹉杯》2010第二届北京手风琴艺术节全国手风琴展演大赛组委会授予鹦鹉牌手风琴"质量金奖"。

天津华韵（集团）鹦鹉乐器有限公司

地址：天津市静海经济开发区旭华道13号　　邮编：301600　　网址：http://www.ywyueqi.c

电话：022-68603898/68531018　传真：022-68603898/68534748　　E-email:office@tjyueqi.com

Kapok
EST. 1957
极致追求 成就完美
A PASSION FOR PERFECTION
Kapok
广州红棉吉它有限公司
GUANGZHOU KAPOK GUITAR CO.,LTD.
地址:广州市海珠区新港东路2440号 邮编:510330
电话:-86-20-34094431 34094326 34094583
传真:-86-20-34094362 34094673
Http: //www.kapokguitars.com.cn

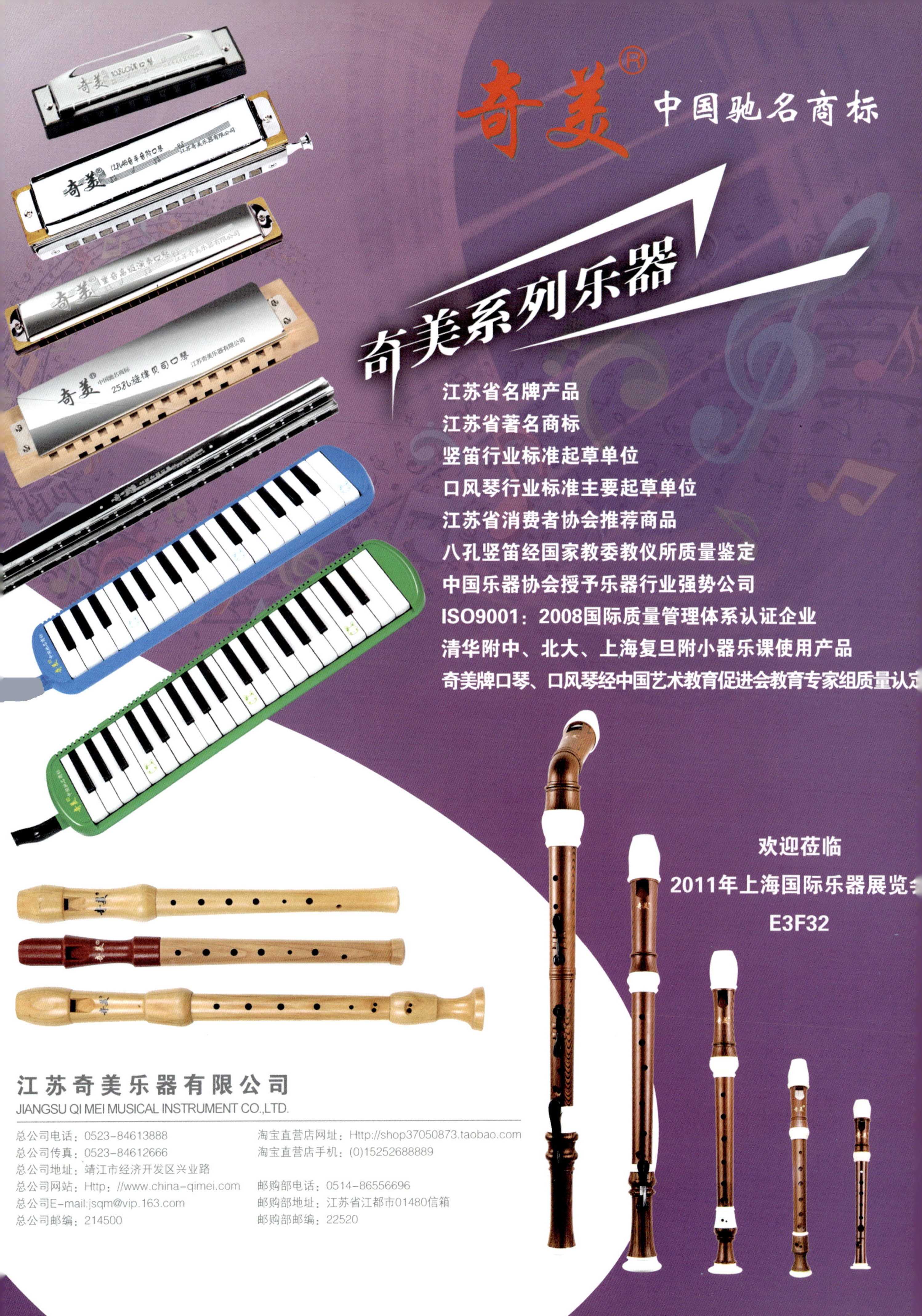
奇美®
中国驰名商标
奇美系列乐器
江苏省名牌产品
江苏省著名商标
竖笛行业标准起草单位
口风琴行业标准主要起草单位
江苏省消费者协会推荐商品
八孔竖笛经国家教委教仪所质量鉴定
中国乐器协会授予乐器行业强势公司
ISO9001：2008国际质量管理体系认证企业
清华附中、北大、上海复旦附小器乐课使用产品
奇美牌口琴、口风琴经中国艺术教育促进会教育专家组质量认定
欢迎莅临
2011年上海国际乐器展览会
E3F32
江苏奇美乐器有限公司
JIANGSU QI MEI MUSICAL INSTRUMENT CO.,LTD.
总公司电话：0523-84613888
总公司传真：0523-84612666
总公司地址：靖江市经济开发区兴业路
总公司网站：Http://www.china-qimei.com
总公司E-mail:jsqm@vip.163.com
总公司邮编：214500
淘宝直营店网址：Http://shop37050873.taobao.com
淘宝直营店手机：(0)15252688889
邮购部电话：0514-86556696
邮购部地址：江苏省江都市01480信箱
邮购部邮编：22520

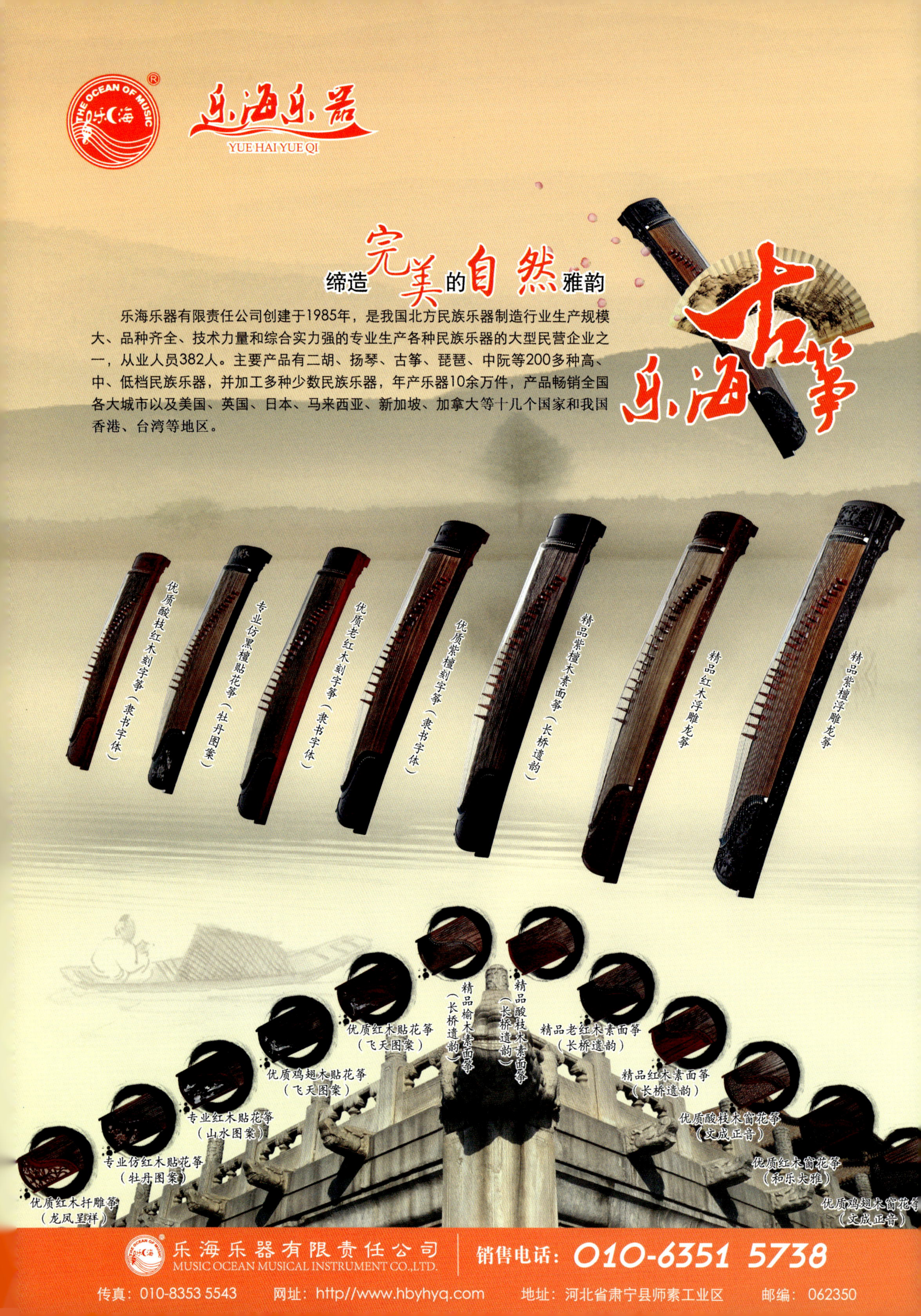
THE OCEAN OF MUSIC
乐海
乐海乐器
YUE HAI YUE QI
缔造完美的自然雅韵
乐海乐器有限责任公司创建于1985年，是我国北方民族乐器制造行业生产规模大、品种齐全、技术力量和综合实力强的专业生产各种民族乐器的大型民营企业之一，从业人员382人。主要产品有二胡、扬琴、古筝、琵琶、中阮等200多种高、中、低档民族乐器，并加工多种少数民族乐器，年产乐器10余万件，产品畅销全国各大城市以及美国、英国、日本、马来西亚、新加坡、加拿大等十几个国家和我国香港、台湾等地区。
乐海古筝
优质酸枝红木刻字筝（隶书字体）
专业仿黑檀贴花筝（牡丹图案）
优质老红木刻字筝（隶书字体）
优质紫檀刻字筝（隶书字体）
精品紫檀木素面筝（长桥遗韵）
精品红木浮雕龙筝
精品紫檀浮雕龙筝
优质红木扦雕筝（龙凤呈祥）
专业仿红木贴花筝（牡丹图案）
专业红木贴花筝（山水图案）
优质鸡翅木贴花筝（飞天图案）
优质红木贴花筝（飞天图案）
精品榆木素面筝（长桥遗韵）
精品酸枝木素面筝（长桥遗韵）
精品老红木素面筝（长桥遗韵）
精品红木素面筝（长桥遗韵）
优质酸枝木窗花筝（文成正音）
优质红木窗花筝（和乐大雅）
优质鸡翅木窗花筝（文成正音）
乐海乐器有限责任公司
MUSIC OCEAN MUSICAL INSTRUMENT CO.,LTD.
销售电话：010-6351 5738
传真：010-8353 5543
网址：http//www.hbyhyq.com
地址：河北省肃宁县师素工业区
邮编：062350

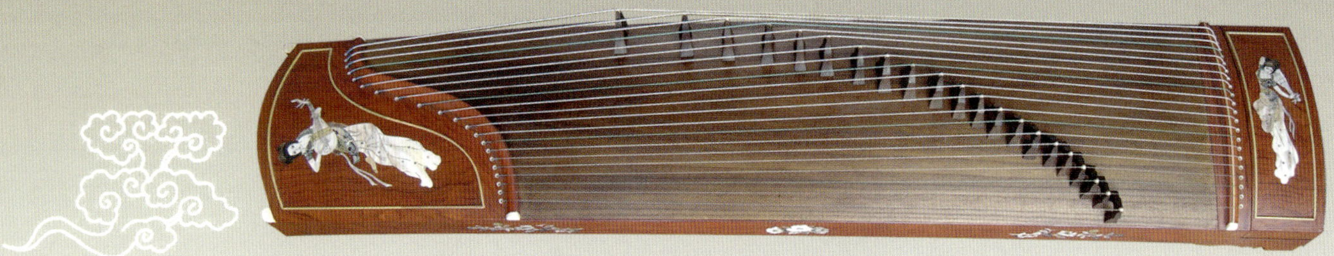

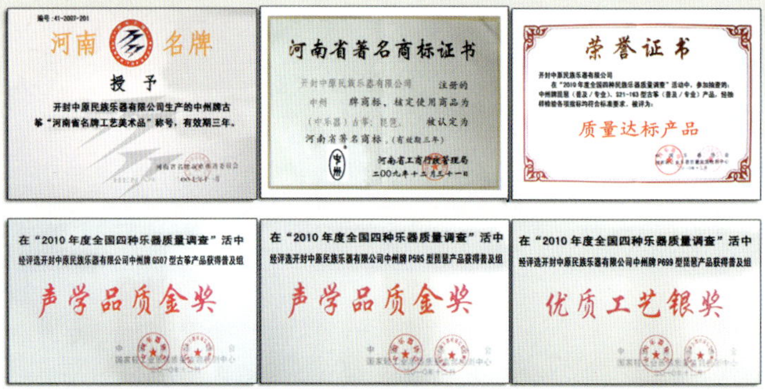

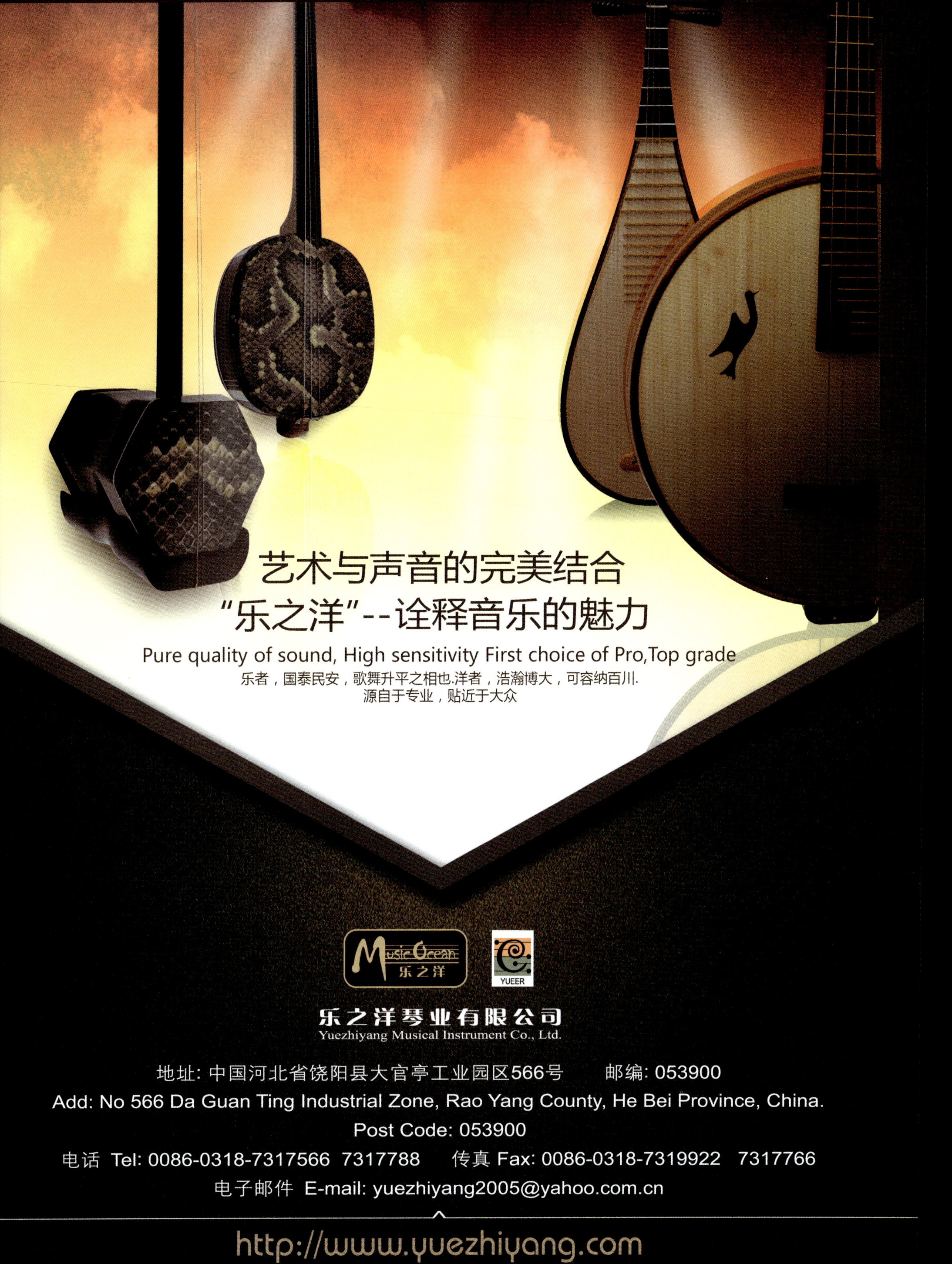
艺术与声音的完美结合
“乐之洋”--诠释音乐的魅力
Pure quality of sound, High sensitivity First choice of Pro,Top grade
乐者，国泰民安，歌舞升平之相也.洋者，浩瀚博大，可容纳百川.
源自于专业，贴近于大众
Music Ocean 乐之洋
YUEER
乐之洋琴业有限公司
Yuezhiyang Musical Instrument Co., Ltd.
地址: 中国河北省饶阳县大官亭工业园区566号　邮编: 053900
Add: No 566 Da Guan Ting Industrial Zone, Rao Yang County, He Bei Province, China.
Post Code: 053900
电话 Tel: 0086-0318-7317566 7317788　传真 Fax: 0086-0318-7319922 7317766
电子邮件 E-mail: yuezhiyang2005@yahoo.com.cn
http://www.yuezhiyang.com

情及天下 乐化人生
中筝文化
China Zheng Culture

秦牌古筝
追根溯源
和谐之音

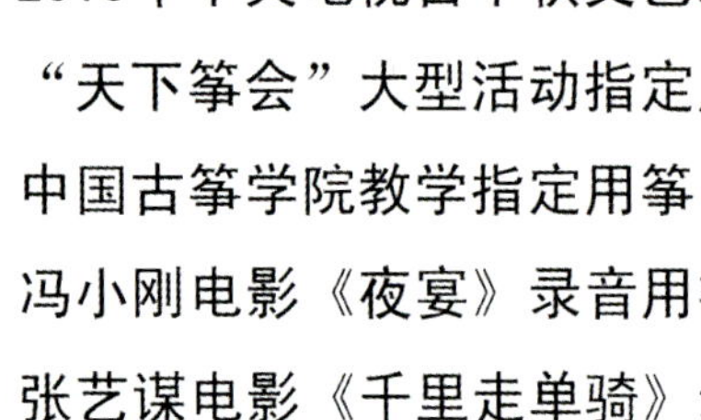

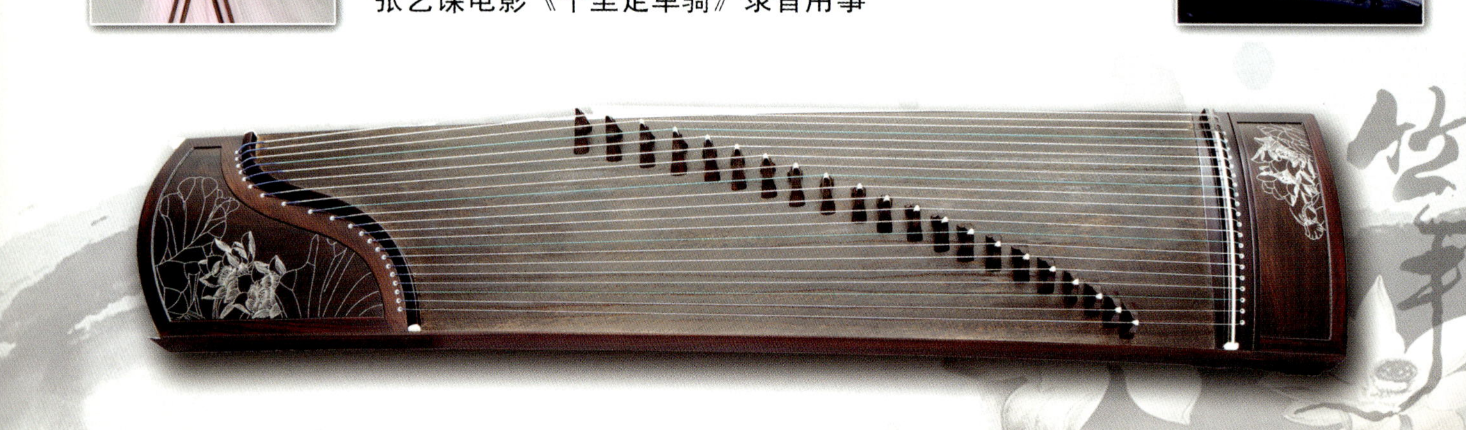

中国乐器年鉴

CHINA MUSICAL INSTRUMENT YEARBOOK

(2011)

中国乐器协会　编

中国轻工业出版社

图书在版编目（CIP）数据

中国乐器年鉴. 2011 / 中国乐器协会编. -- 北京：
中国轻工业出版社, 2011.9
ISBN 978-7-5019-8414-5

Ⅰ. ①中… Ⅱ. ①中… Ⅲ. ①乐器—制造工业—中国
—2011—年鉴 Ⅳ. ①TS953-54

中国版本图书馆CIP数据核字(2011)第174761号

责任编辑：刘云辉
责任终审：劳国强　　责任监印：吴京一
封面设计：潘文强　　版式设计：潘文强　王　娜

出版发行：中国轻工业出版社（北京东长安街6号，邮编：100740）
印　　刷：北京今日风景印刷有限公司
经　　销：各地新华书店
版　　次：2011年9月第1版第1次印刷
开　　本：889×1194　1/16　　印张：32
字　　数：918　千字
书　　号：ISBN 978-7-5019-8414-5　　定价：300.00 元

邮购电话：010-65241695　　传真：65128352
发行电话：010-85119835　85119793　　传真：85113293
网　　址：http://www.chlip.com.cn
Email：club@chlip.com.cn
如发现图书残缺请直接与我社邮购联系调换
110441K4X101HBW

中国乐器年鉴(2011)
CHINA MUSICAL INSTRUMENT YEARBOOK

主办单位：中国乐器协会

协办单位：广州珠江钢琴集团股份有限公司

支持单位：北京星海钢琴集团有限公司
上海民族乐器一厂
泰兴凤灵乐器集团
海伦钢琴股份有限公司
河北金音乐器集团有限公司
宜昌金宝乐器制造有限公司
上海艾克斯尔乐器音响有限公司
宁波森隆乐器股份有限公司
功学社(天津)商贸有限公司
上海乐兰电子有限公司
平谷区东高村镇中国提琴产业基地
昌乐县鄌郚镇中国电声乐器产业基地
余杭区中泰乡中国竹笛之乡

地　　址：北京市丰台区顺三条21号嘉业大厦二期1号楼706室
电　　话：010-67665718
传　　真：010-67666220
邮　　编：100079
网　　址：www.cmia.com.cn
电子邮箱：zgyq@vip.sina.com　xinxi@cmia.com.cn

《中国乐器年鉴》编辑委员会

编辑说明

一、《中国乐器年鉴》由中国乐器协会编辑。本书以总结乐器行业年度主要工作完成情况，概括行业生产、经营、改革、发展的基本状况，以国内各省市乐器制造业及市场信息、国外乐器发展动态为主要编写内容，是为乐器行业及社会有关部门和单位提供信息资料查询的大型工具书。

《中国乐器年鉴》（2011）版是继《中国乐器年鉴》(2002)版、(2003—2004)版、(2005—2006)版、(2007—2008)版、(2009—2010)版之后第六次出版发行。《年鉴》编辑部根据乐器工业的发展进程，按年度记载当年乐器行业的主要事件、重要信息和数据资料，客观、真实地记载了这一时期乐器行业发展的基本情况，在内容、形式上力求开拓创新，编出特色，满足读者的要求。

二、《中国乐器年鉴》（2011）设有“重要新闻篇”、“统计资料篇”、“协会工作篇”、“综合篇”、“产业集群篇”、“海外信息篇”、“企业篇”、“人物篇”、“专利篇”、“产品篇”10个栏目。

三、中国乐器制造行业是一个历史悠久、门类繁多、内容丰富的行业。由于时间仓促、能力所限、经验不足，不可能将乐器行业一年来所发生的重要事件和相关信息以及各企业所取得的业绩全部收集到《年鉴》中去。今后我们将不断地改进工作，深入调查研究，努力提高《年鉴》质量水平，同时希望得到各企业、单位和相关人士的理解和大力支持。请各界读者对《中国乐器年鉴》的内容、编写、出版中的不足给予批评、指正。

四、《中国乐器年鉴》（2011）在组稿、编辑、出版过程中得到乐器生产企业、经营单位、音乐艺术教育单位以及我国台湾、香港、澳门地区的同仁、朋友们的大力支持和帮助，在此一并表示感谢。

《中国乐器年鉴》编辑部

2011年8月

中国乐器年鉴(2011)
CHINA MUSICAL INSTRUMENT YEARBOOK

目录

产业集群篇

海外信息篇

企业篇

人物篇

专利篇

产品篇

CHINA MUSICAL INSTRUMENT YEARBOOK (2011)

Contents

Comprehensive Information

Industry Cluster

Overseas Information

Enterprises

People

Patents

Products

2011
中国乐器年鉴
CHINA MUSICAL
INSTRUMENT YEARBOOK

2010年度中国乐器行业新闻综述

1月

1月，国家统计局发布2009年我国乐器行业315家规模以上生产企业实现工业销售产值174.37亿元，同比增长3.94%，工业总产值（当年价）174.20亿元，同比增长1.66%，新产品产值9.86亿元，同比增长0.37%，出口交货值54.39亿元，同比下降21.04%。在世界金融危机影响下，除出口交货值有较大下降以外，其他各项经济指标继续保持稳定增长态势，但增幅有所减小。

1月，国家海关总署公布2009年中国乐器出口额12.17亿美元，同比下降19.93%；进口乐器金额1.79亿美元，同比下降8.66%；进出口总额13.96亿美元，同比下降18.69%；贸易顺差10.38亿美元。2009年纳入海关编号的21大类乐器出口金额全部呈下降态势。

1月6日，新中国成立60周年武汉市杰出创业领军人物暨第七届武汉市十大杰出创业家（人物）颁奖典礼在武汉电视台隆重举行。副市长邵为民亲临活动现场并为获奖者颁奖。武汉致嘉钢琴制造有限公司董事长周致嘉荣获“第七届武汉市十大杰出创业家”称号。

1月13日，第108届美国国际乐器展览会（2010 NAMM SHOW）在洛杉矶市阿纳海姆会展中心开幕。本届NAMM乐器展共有1373家展商参展，注册观众87569人。包括香港和台湾地区在内的中国参展商共计134家，其中大陆参展商95家，较去年增长13.1%。与以往不同的是，钢琴企业的参展数量较以往有所减少，相反，电声乐器企业大放异彩。

1月12日至21日，应美国国际音乐制品协会（NAMM）和墨西哥外贸委员会邀请，由中国乐器协会名誉理事长王根田，中国乐器协会副理事长齐建平，上海乐器协会秘书长郭德利，上海国际展览中心有限公司总经理方佩瑛、常务副总经理吴江红五人组成的代表团访问了美国和墨西哥。代表团广泛接触了两国乐器行业的相关机构、协会、公司和个人，增进了理解和交流，探讨了合作，宣传推广了2010中国（上海）国际乐器展，达到了出访的预期目的。

1月12日至22日，中国乐器协会琴行分会组织四川盛音乐器有限公司、长春新威琴行有限公司、河北秦川文体乐器有限公司、沈阳张坤琴行有限公司、广州大同琴行有限公司等分会主要成员单位负责人一行19人，赴美国进行了为期10天的商务考察活动。考察期间参观了在美国洛杉矶举办的第108届NAMM乐器展。之后，又应邀到旧金山美国AXL公司进行考察，并就世界乐器发展方向及双方关心的问题进行了交流。

1月13日，美国国际音乐制品协会授予中国乐器协会原理事长王根田“里程碑”奖，以感谢他长期以来为世界音乐制品行业作出的贡献，国际音乐制品协会总裁兼首席执行官拉蒙德亲自出席颁奖仪式，并向王根田颁发奖牌。

1月17日，中国轻工业联合会会长步正发在参加江苏泰兴溪桥“中国提琴产业之都”授牌仪式期间，专门考察了溪桥镇提琴产业集群。步正发指出：“产品向高档次升级，管理向现代化转变，科技向深层次发展，未来轻工产业集群将会展现更大辉煌和无穷魅力，具有更大市场竞争力。”中国乐器协会理事长安志、中轻联人教部副主任徐祥楠陪同考察。

1月18日，中国轻工业联合会、中国乐器协会在江苏凤灵集团音乐厅举行隆重授牌仪式，授予泰兴市溪桥镇“中国提琴产业之都”称号。中国轻工业联合会会长步正发，全国人大常委、中央音乐学院教授郑荃，中国乐器协会理事长安志，中国轻工业联合会综合业务部副主任查长全，泰兴市委书记张兆江，中国乐器协会副理事长、提琴分会会长、江苏凤灵乐器集团董事长李书，中国乐器协会副理事长、河北金音乐器有限公司总经理陈学孔，中国乐器协会秘书长曾泽民等领导出席授牌仪式。

1月21日，中国乐器协会、国家轻工业乐器信息中心联合发布2009年中国钢琴产量统计数据。根据国内主要钢琴生产企业自报产量的汇总，2009年中国钢琴总产量为323961架，同比增长3.68%。其中立式钢琴305671架，同比增长3.59%；三角钢琴18290架，同比增长4.95%。立式与三角钢琴合计出口61404架，同比下降10.61%。纳入统计口径的钢琴生产企业共计25家，比上年减少1家。

1月21日，中国民族器乐学会、北京乐器学会理事会暨2010年会在北京召开，中国民族器乐学会会长冯光钰、北京乐器学会会长刘正辉、中国民族器乐学会北京乐器学会常务副会长兼秘书长毕可伟等在京理事30余人参加会议。

1月23日，福建省技术质量监督局召开“2009福建名牌产品”新闻发布会，黄序和局长宣读《福建省人民政府关于发布2009年福建名牌产品的通知》。福州和声钢琴有限公司生产的“HARMONY哈曼尼牌钢琴”榜上有名。这是哈曼尼品牌钢琴自2003年以来连续第三次获此殊荣。

1月23日，江苏省泰州市旅游局在江苏凤灵集团主持召开凤灵文化产业园旅游规划专家评审会。会议组成了由全国人大代表、中国民间文艺家协会副主席、东南大学博士生导师陶思炎教授为组长，国家旅游局、中国乐器协会、江苏省旅游局、泰州市旅游局、东南大学等单位的领导、专家组成的评委组，评审组认为该《规划》符合《旅游规划通则》的要求，一致同意通过该规划。泰兴市副市长林楠、凤灵集团董事长李书、副董事长钱富民参加了评审会。

1月26日，广州市副市长徐志彪、荔湾区区委书记刘悦伦等市区领导一行，莅临珠江钢琴集团控股子公司——广州艾茉森电子有限公司指导工作。广州艾茉森电子有限公司董事总经理刘春清向徐志彪副市长一行汇报了企业的近期发展情况和产品创新方面取得的成绩，并陪同考察了公司研发部门和生产车间。徐志彪副市长充分肯定了艾茉森公司在产品创新方面取得的成绩，对公司在研发和专利方面取得的成绩给予了高度评价。

1月27日，商务部办公厅下发“关于请报送农轻纺、医药产品出口基地和商务平台情况的函”。为加快外贸结构调整和经济发展方式转变，努力实现外贸“保份额、调结构、促平衡”，2010年起，商务部将着力建设一批农轻纺、医药产品出口基地，培育若干商务平台。商务部建设的出口基地涵盖范围将包括乐器产业。商务部将了解乐器出口基地的产业总产值、销售收入、进出口总额、出口交货值、利税总额、从业企业及人员、研发投入等信息资料。商务平台的情况，包括名称、特色、规模、运行模式、扶持政策等情况，平台统计数据包括交易额、出口额、出口供货额、从业人员等。

3月

3月，福州和声钢琴有限公司与福州大学至诚学院合作办学，为该校音乐系开设《钢琴调修工艺》课程，除课堂集中讲授理论外，学生们还将到和声公司进行现场授课与实践操作钢琴调律。这是和声公司首开先河在高校授课，进行校企合作新模式的大胆尝试。

3月2日至4日，中国乐器协会理事长安志、副理事长齐建平、秘书长曾泽民等专程前往广东省进行工作调研。共走访了广州珠江钢琴集团有限公司、四会市华声乐器有限公司、广州大同琴行以及得理乐器（珠海）有限公司，详细听取了企业的介绍。此次调研进一步了解广东省乐器行业及市场的现状，以及后经济危机时期企业的应对措施。

3月8日至13日，依照国家林业局“2010年珍稀濒危物种——蟒蛇繁育试点及产品推广”科研项目要求，中国乐器协会组成由项目主持人王根田为组长，两栖爬行动物学专家、沈阳师范大学博导李丕鹏教授参加的课题小组专程赴海南东盛弘蟒业科技股份有限公司进行科研考察。调研期间，听取了公司董事长林明栋所作的“蟒蛇人工养殖及产业化经营工作汇报”，随后深入实地考察了位于海南文昌市的东盛弘蟒业科技股份有限公司南阳蟒蛇养殖基地、海南东盛弘蟒蛇研究所等从事蟒蛇科研和养殖场所，与当地蟒蛇养殖户进行了交流。

3月10日，2010年中国（广州）国际专业音响、灯光、乐器展览会在广州国际会议展览中心拉开帷幕。本届展会场馆总面积为35750平方米，共512家音响、灯光、乐器和麦克风企业参展。

3月19日斐济群岛共和国驻华大使何志美爵士、参赞费里佩·阿里费莱提，大使执行助理、使馆商务秘书谢伟成等走访星海工业园区，为斐济即将成立管乐团采购管乐器产品寻找合作伙伴。大使一行参观了星海产品展厅和星海管乐器厂生产线。何志美大使对星海园区的规模，星海管乐器严谨的生产工艺大加赞赏。

3月24日至27日，第31届德国法兰克福国际乐器、灯光、音响展览会在法兰克福展览馆召开，本届展会的观众总人数达79069人，共展出30000余件乐器、乐谱、软件和各类配件，期间还举办了1000余场大大小小的产品展示会和音乐会。1510家展商带来了最新乐器、配件、乐谱、DJ制品。本届展会上，共有125家中国乐器企业参展，展商数量与去年相当，总体对展会参展效果满意，认为欧洲市场成熟，经营保持稳定发展态势。

3月24日，中国乐器协会理事长安志会见了美国国际音乐制品协会（NAMM）主席Tom Schmitt、总裁兼首席执行官拉蒙德以及国际部主任石碧天。双方表示在最近几年的合作中取得了很好的效果，希望今后进一步保持联系。相信在过去保持良好合作关系的基础上能够继续推进两家协会的合作，促进两国乐器行业的发展。

3月30日，中国乐器协会理事长安志一行率团访问匈牙利，与匈牙利乐器协会（HANOSZ）会长Csaba Toth举行会晤并在布达佩斯进行乐器市场调研。安志理事长向匈方简要介绍了中国乐器行业发展概况，并表示今后中国乐器协会将加强整合各方力量，做好社会音乐普及教育工作。Csaba Toth会长对匈牙利乐器协会及行业发展概况做了介绍。

3月27日，收录新疆13个少数民族、115类、216种形制乐器的《中国·新疆民族乐器制作图鉴》，日前在新疆乌鲁木齐面世。这部被誉为西域乐器“博物馆”的典籍里收录的民族乐器如今已经部分失传，或者濒于失传。

3月29日，江阴市公安局经济侦查大队和江阴市工商局经济监督检查大队联合执法，对“奇美”口风琴造假人住所、半成品生产场地以及注塑车间等三处窝点进行了突击检查，现场查抄全套口风琴模具9付，刻有奇美商标成品口风琴数十件，纸箱1000多只，商标30000件以及假冒口风琴教材，送货清单以及其它口风琴假包等相关配件。

4月

4月1日，北京珠江钢琴制造有限公司厂区奠基仪式在北京通州区隆重举行。广州市政协副主席平欣光，广州市国资委主任、广州珠江钢琴集团股份有限公司董事长、党委书记黄伟林，通州区区委书记王云峰，中国乐器协会名誉理事长王根田，广州珠江钢琴集团股份有限公司总经理兼北京珠江钢琴制造有限公司董事长王润培等出席仪式。北京珠江钢琴制造有限公司的建成将打造广州珠江钢琴集团在中国北方的区域总部、钢琴研发中心、销售中心、音乐文化展示中心及京珠牌钢琴的制造基地。京珠钢琴公司厂区占地30亩，2010年底建成投产，设计年产量12000架钢琴。

4月7日，中国轻工业联合会二届五次理事会暨全国轻工行业工作座谈会在南昌市隆重召开。会议回顾总结了中国轻工业联合会二届四次理事会以来的工作情况与主要经验，认真分析我国轻工业在贯彻落实《轻工业调整和振兴规划》及应对国际金融危机一年来取得的成绩和亟待解决的问题。中轻联会长步正发作理事会工作报告，江西省副省长洪礼和出席会议并致辞。

4月7日，中国轻工业联合会二届五次理事会

上，发布了2009年度轻工行业十强企业、科技进步奖表彰决定及卓越绩效先进企业和特别奖企业表彰决定。珠江钢琴等10家企业获轻工（乐器）行业十强，珠江钢琴等6家企业获全国轻工业卓越绩效先进企业，武汉艾立卡等3家企业或单位获2009年科技成果奖励。

4月13日至15日，全国乐器标准化技术委员会在福州召开工作会议，会议的主要内容是：总结乐器标委会成立一年半以来的工作；国家标准“标准的结构和编写”培训；乐器标委会委员调整；8项乐器行业标准复审。全国乐器标准化技术委员会主任王根田、副主任兼秘书长张振启，副秘书长王伟以及来自乐器生产、经营企业和相关单位的委员，共计41个单位60人出席会议，会议特邀中国标准化研究院高级工程师逄征虎作标准化工作培训。

4月15日至16日，中国乐器协会赴福州和声钢琴公司进行工作调研，进一步了解世界金融危机一年后国内乐器行业中小企业生产经营概况。中国乐器协会理事长安志、名誉理事长王根田、副理事长齐建平，信息部主任丰元凯一同参加调研。安志理事长一行参观了福州和声钢琴公司产品陈列室和立式钢琴、三角钢琴生产线。总经理池家森、副总经理黄苏东等公司领导陪同参观，详细介绍和声钢琴的产品创新、技术专利和生产工艺的发展情况。

4月22日，中国乐器协会理事长安志、秘书长曾泽民前往天津津宝乐器有限公司进行工作调研。调研期间，公司董事长刘明向中国乐器协会一行介绍了企业近年来的发展概况，总经理刘运斌陪同参观了该公司的铜管乐器、木管乐器、打击乐器生产线、电镀车间、技术研发中心、样品室以及与西班牙合资生产厂和正在建设中的新厂房。

4月27日， 2010年全国劳动模范和先进工作者表彰大会在北京人民大会堂隆重举行。中共中央总书记、国家主席、中央军委主席胡锦涛在会上发表重要讲话。中共中央政治局委员、国务院副总理张德江宣读《国务院关于表彰全国劳动模范和先进工作者的决定》，授予2115人全国劳动模范荣誉称号，授予870人全国先进工作者荣誉称号。广州市剑胆琴心乐器有限公司技术总监朱明江荣获全国劳动模范称号。

4月28日，中国乐器协会电鸣乐器分会在上海天闻律师事务所组织召开电鸣乐器行业知识产权座谈会。得理电子有限公司、上海华新电子有限公司等多家电鸣乐器生产企业的总经理和专业技术人员参加了会议。座谈会由盛子斐会长主持，座谈会特别邀请中国乐器协会法律顾问，天闻律师事务所主任律师翁才林、上海智信专利代理公司胡美强律师到会作有关知识产权知识讲解，就目前电子乐器的内置和外置涉及知识产权的有关著作权、署名权和专利技术等各项内容进行详细剖析。

5月

5月1日，举世瞩目的2010年上海世博会拉开帷幕，上海民族乐器一厂荣幸地入选参加世博盛会，作为世博会“中国元素”活动区“乐坊”专区的主要承办单位。在为期184天的世博会期间进行展览、演出、现场乐器制作演示，让观众在近距离互动中感受中国民乐的独特魅力。

5月5日至17日，由中国乐器协会和中央音乐学院联合主办的首届“中国国际提琴制作比赛”在北京举行。本届比赛共有来自11个国家和地区的193把小提琴、47把中提琴和34把大提琴参加角逐，经过五天的激烈竞争，最终来自德国Hinsberger Ulrich、中国徐永成、意大利KIM MIN-SUNG分获小提琴、中提琴、大提琴组金奖。同时还颁发了8项特别奖。

5月14日，中国乐器协会吉他专业委员会二届二次会议在广东省四会市召开。中国乐器协会秘书长曾泽民应邀出席会议并讲话。曾泽民秘书长向与会代表通报了协会、各分支机构近期开展的工作以及活动情况。美国AXL乐器公司总裁Alan Liu、秋长全丰育乐用品公司总经理蔡赖丰、江苏大风乐器公司董事长徐宝华分别围绕国际吉他行业发展现状、全丰公司管理经验及提升产品品质做了主题发言。

5月14日，天津市静海县人民政府与中国大旗文化产业集团签署东方国际乐器城项目战略合作开发框架协议。东方国际乐器城位于静海县蔡公庄乐器产业园内，建设规划园地9000亩，起步建设区1000亩。建设期5至10年，起步建设期1至3年。该项目依托静海县的乐器产业优势资源，集乐器研发、生产、展示、贸易、演奏比赛、教学及文化交流为一体，主要包括综合性乐器产业园区、大型展览及贸易场馆、大型乐器演奏及活动场馆、生活区配套住房及公共服务设施。

5月16日，文化部办公厅发布“关于公示第三批国家级非物质文化遗产名录推荐项目名单的公告”，民族乐器制作技艺列入扩展项目的传统技艺目录，包括有：北京市海淀区的宏音斋笙管制作技艺；内蒙古自治区科尔沁右翼中旗的蒙古族拉弦乐器制作技艺；吉林省前郭尔罗斯蒙古族自治县的马头琴制作技艺；上海市闵行区的上海民族乐器制作技艺；贵州省凯里市的苗族芦笙制作技艺；云南省临沧市临翔区的傣族象脚鼓制作技艺。

5月19日，中国乐器协会工作会议在北京召开。中国乐器协会理事长安志、名誉理事长王根田、副理事长及协会各分支机构负责人等共七十余人出席会议。会议听取了安志理事长所作《齐心协力，求真务实，促进乐器行业健康有序发展》的工作报告，讨论协会下一步的重点工作并审议有关提案。最后，会议一致通过了关于协会副秘书长人选的提议，由张华君（成都川雅木业）、田军（上海超拨）、钱富民（泰兴凤灵）、黄苏东（福州和声）、丰元凯（协会信息部）五位同志为中国乐器协会第六届理事会副秘书长。

5月19日，中国乐器协会工作会议召开期间，发布了关于表彰“2009年度中国乐器行业强势公司、先进集体和优秀人物”的决定。此次表彰活动是在中轻联开展中国轻工行业（乐器）十强企业评价工作的同时进行的，按照评选规则，根据指标测评和广泛征求意见后，评选出乐器行业50家强势企业，3家先进集体，14名优秀人物。决定要求各获奖单位和个人继续发挥模范表率作用，和全行业一起，为实现乐器行业的更大发展和进步，为全社会带来更多美好音乐生活而不懈努力。

5月19日，中国乐器协会与北京《音乐周报》传媒有限公司签署合作协议，双方正式结成合作伙伴。中国乐器协会理事长安志强调这是一次跨领域的合作，离不开广大乐器企业的支持，希望发挥双方的优势，为中国音乐事业和乐器事业的发展做出有益的贡献。《音乐周报》将开设“乐器”版，报道乐器行业信息，展示乐器行业最新动态和发展趋势，作为乐器行业对外展示的窗口。另外，双方还利用各自优势资源，共同开展有利于扩大音乐人口、普及音乐教育，支持文化产业发展的丰富多彩的项目及活动。

5月20日至23日，第19届（PALM）中国国际专业音响·灯光·乐器及技术展览会在北京中国国际展览中心和全国农业展览馆举行。此次展会展览面积8.5万平方米，共有来自国内以及30多个国家和地区的1200家左右企业参展，其中乐器企业近500家，乐器部分展览面积2.2万平方米。

5月21日，2010年蟒皮乐器生产企业工作会议暨海南东盛弘蟒业科技股份有限公司人工繁育蟒皮原料展示会在北京召开。会议由中国乐器协会主办，海南东盛弘蟒业科技股份有限公司协办，来自国内50多家蟒皮乐器生产企业负责人或业务主管近100人参加会议。会议总结了蟒皮乐器实施标识管理以来的基本情况和存在问题，探讨下一步工作思路和重点工作，并请国家林业局野生动植物保护司领导介绍蟒皮乐器产品的规范管理和相关法规政策并对今后蟒皮乐器标识化管理工作进行指导和提出要求。

5月22日，由中国音乐家协会二胡学会、中国民族管弦乐学会胡琴专业委员会主办的罗兰电声二胡全国首发式在北京朝阳公园郡王府举行。陈耀星、宋飞、卞留念、邓建栋、周维、欧景星、高扬等十余位中国二胡名家以及上海乐兰电子有限公司董事长程建铜到会。活动全程大家尽情探讨传承几千年的中国民乐如何创新，如何利用现代科技谋求新思维和新发展。

5月23日，河北乐海乐器有限责任公司隆重举行25周年厂庆暨新厂落成典礼。沧州市副市长辛书华、肃宁县委书记安伟华，中国轻工业联合会副会长、中国乐器协会理事长安志、名誉理事长王根田、副理事长齐建平、秘书长曾泽民以及乐器经销商代表等400余人参加这次活动。开幕式结束后，与会嘉宾一起参观了河北乐海乐器公司新厂的琴弦车间、古筝艺术作坊、扬琴车间、油漆车间等乐器生产现场。

5月24日，上海民族乐器一厂随世博集团上海外服国际展览广告有限公司赴印尼，参加由商务部、上海市商委、市经济委、市国资委、市科委联合举办的“印尼中国贸易周”活动。时逢中国与印度尼西亚建交60周年，上海民族乐器一厂不仅把中国民族乐器带到了印尼进行展览，“敦煌新语”组合还在展览现场进行了精彩的民乐演出，受到当地华乐爱好人士的极大关注。

5月28日，中国乐器协会钢琴调律师分会在北京长峰宾馆召开工作会议。分会会长冯高昆、副会长冯汉辉、陈重生，秘书长王耀中以及河南省钢琴调律师学会秘书长闫威，安徽省钢琴调律师协会秘书长王琦和有关调律师组织、音乐学院、琴行、钢琴企业代表出席会议。会议审议了新一届常务理事、钢琴调律师专家委员会成员、钢琴调律师资格考试委员会委员名单。还就关于筹备2013年在中国举办国际钢琴技师及调律师年会问题进行探讨。

6月

6月10日至11日，中国乐器协会琴行分会一届三次理事扩大会议暨2010年音乐普及教育论坛在河北省石家庄市美丽华大酒店召开，参加会议的代表来自国内18个省市的39家琴行，27家乐器生产企业，共计117人。中国乐器协会理事长安志、秘书长曾泽民出席会议。会议的主题是：“后金融危机普及音乐教育的探讨”。

6月11日上午，由安徽省委常委、合肥市委书记孙金龙率领，合肥市委市政府领导一行20多人莅临珠江钢琴集团考察指导，受到广州市国资委主任、珠江钢琴集团董事长黄伟林，总经理王润培等的热情接待。孙金龙书记一行先后参观了珠江钢琴总装配车间、国家级企业技术中心、产品展示厅、音乐厅等。

6月11日，中国乐器协会理事长安志、秘书长曾泽民、信息部主任丰元凯一行前往河北武强金音乐器集团进行工作调研。河北金音乐器集团总经理陈学孔陪同安志理事长一行参观了公司样品陈列室、铜管分厂、木管分厂、吉他分厂、培训中心、音乐厅及文化产业基地设施，还特别参观了公司新成立的质控中心和现代物流中心。安志一行在调研期间，还与武强县县委书记王世昆，县长刘玉华等县委、县政府领导会面，共同研讨了下一步建立中国西管乐器产业基地的问题。双方一致同意加快推进河北武强县西管乐器标准化、产业化建设，力争早日建成中国西管乐器产业基地。

6月13日至14日，中国乐器协会口琴专业委员会五届一次会议在浙江海盐召开。上海口琴总厂、上海国光口琴厂有限公司、江苏天鹅乐器有限公司等会员及相关配套企业出席会议。会议分别听取上海口琴总厂厂长蒋林森传达中国乐器协会六届一次会议及中国乐器协会2010年工作会议主要内容；副会长兼秘书长周伟义代表第四届口琴专业委员会作《团结协作、为创造口琴行业和谐健康发展而努力》工作报告；第四届口琴专业委员会会长陈狄彬作《关于中国乐器协会口琴专业委员会换届选举工作意见》说明。与会代表协商表决产生了第五届中国乐器协会口琴专业委员会领导班子。会长：蒋林森；副会长：陈红梅、周伟义；秘书长：周伟义（兼）。

6月13日，经对2008～2010年度轻工行业组织的技能大赛结果复核认定，中国轻工业联合会下发《关于授予陶奉勇等61名同志“全国轻工行业技术能手”荣誉称号的决定》，乐器行业郑海燕同志获“全国轻工行业技术能手”荣誉称号。

7月

7月1日至10日，由中国乐器协会、北京乐器研究所、河北金音乐器集团有限公司、天津市津宝乐器有限公司、四川盛音乐器有限公司、河北秦川乐器有限公司等18人组成的考察团在曾泽民秘书长带领下，赴台湾考察乐器市场。考察团与台北市乐器商业同业公会和台湾钢琴技师协会进行会晤并参观了2010年台北乐器展览会、联程工业股份有限公司、功学社总部和功学社管乐器工业园区。

7月2日，北京星海钢琴集团有限公司第四届第五次股东会暨董事会在星海工业园召开。星海钢琴集团全体股东代表、全体董事出席会议，全体监事及公司财务负责人列席会议。会议审议并通过公司董事、监事变更提案。会议完成了对公司经营管理团队的重新聘任。根据北京一轻控股有限责任公司的提议，继续聘请祝宁伟担任公司总经理职务，聘请冯高昆、沈志刚、秦建清担任公司副总经理职务。

7月8日，中国民族管弦乐学会陶笛艺术委员会成立大会在中央音乐学院音乐厅举行。中国教育学会音乐教育分会理事长杨瑞敏，中国民族管弦乐学会会长朴东生、副会长兼秘书长张殿英、副秘书长张升平出席会议。此外，致公党中央委员会、中央音乐学院、中国石油大学、厦门大学、南京大学等单位的嘉宾以及来自全国10多个省市的陶笛爱好者和音乐教育工作者共计五百余人到会。韩国陶笛音乐学会与台湾陶笛文化交流学会的艺术家也应邀参会和表演。

7月10日，国家质检总局下发《关于印发“轻工业调整和振兴规划标准化工作方案”的通知》国质检标（2010）371号。工作方案中“乐器有害物质限量”和“乐器声学品质评价方法”两项乐器国家标准，列入标准制修订重点领域项目计划。中国乐器协会，全国乐器标准化技术委员会及相关院校将组成专家组参与该两项标准制定，并于2011年完成任务。

7月12日，围绕“转变经济发展方式，加快重大项目落地与建设”主题，北京市市委书记刘淇深入平谷区华东乐器等两家企业进行专题调研。刘淇强调，要坚持高端发展方向，着力增强自主创新能力，切实把发展思路转化为具体可执行的工程项目，使重大工程项目成为加快首都科学发展的切入点、着力点和支撑点，努力在更高的层次上推动首都经济社会又好又快发展。市委副书记、市长郭金龙一同调研。

7月14日，文化部公布2010年度国家社科基金艺术学项目立项名单。浙江艺术职业学院饶文心的“泰国、柬埔寨、缅甸编锣乐队与乐器的乐律研究”和广西艺术学院陈坤鹏的“中国南方少数民族乐器与东南亚相关民族乐器之比较研究”两项与乐器相关项目列入名单。

7月21日至25日，由柏斯音乐基金会主办，香港音乐导师同盟协办，柏斯琴行、日本KAWAI钢琴公司承办及赞助的第三届KAWAI亚洲钢琴大赛总决赛在香港举行。本届KAWAI亚洲钢琴大赛，中国内地、香港、台湾、澳门地区以及日本、马来西亚、印尼、印度等8个国家和地区的30个赛区，有超过一万名选手报名。经过1月到6月的初赛阶段，最后有278名选手脱颖而出，参加为期5天的香港总决赛。

7月29日，由德国博兰斯勒钢琴基金会及博兰斯勒钢琴（中国）有限公司主办的“纪念肖邦诞辰200周年”亚历山大·帕雷中国巡演首站在京热情开演，为中外艺术交流搭建一个高起点的平台，为中国的乐迷们献上高品质的音乐盛宴。同时，也是作为博兰斯勒公司向音乐大师肖邦的献礼。

8月

8月1日，第29届世界音乐教育大会（ISME）在国家会议中心隆重举行开幕式。国际音乐教育学会理事会主席哈肯·伦德斯特勒姆，国际音乐教育学会主席格拉汉姆·韦尔奇，北京市委副书记、市委教育工委书记王安顺，中央音乐学院名誉院长吴祖强，第29届世界音乐教育大会组委会主席、北京市文联主席、中国音乐学院名誉院长金铁霖等出席会议。此外还有来自世界65个国家和地区的近4000名代表及国内外数十家媒体记者出席。本届世界音乐教育大会共举办了3个主题演讲会、35节教学展示、480篇论文报告会、124场工作坊及56场专题研讨会、7场圆桌会议、66场特色音乐会等一系列丰富多彩的活动。

8月5日，北京市人民政府新闻办公室举行“打造北京国际音乐园区，全力建设中国乐谷”专题新闻发布会。北京市外宣办主任王惠，平谷区委常委、宣传部长闫维洪出席发布会。“中国乐谷”项目已经纳入北京市文化创意产业“十二五”专项规划，预计投资150亿元人民币，计划用5～10年时间分三个阶段实施建成。据初步测算，项目建成后，每年将实现产值300亿～500亿元，提供就业岗位5万个，将产生巨大的经济效益和社会效益。

8月10日，中国乐器协会理事长安志、秘书长曾泽民、副秘书长兼信息部主任丰元凯应邀前往位于深州市前么头镇的“河北华声乐器制造有限公司”参观调研。安志一行参观了华声乐器公司的样品间、材料仓库、机加工车间、油漆车间，观看了铜管乐器生产现场，公司董事长张明健，总经理张立根、副总经理张立国陪同调研。张立根总经理向协会领导详细介绍了公司发展过程与目前生产经营状况。

8月10日，衡水市乐器制造行业协会成立暨第一次会员代表大会在河北省衡水市武强县召开。衡水市副市长丁绣峰，武强县委书记王世昆、县长刘玉华，中国乐器协会理事长安志、秘书长曾泽民、副秘书长兼信息部主任丰元凯等出席会议。河北金音乐器集团有限公司总经理陈学孔当选为首届衡水市乐器制造行业协会会长，饶阳成乐民族乐器有限责任公司董事长李铁成任常务副会长，河北中轻北方乐器有限公司董事长史占秋、河北华声乐器制造有限公司总经理张立根、饶阳北方民族乐器制造有限公司董事长杨俊朋任副会长，河北金音乐器集团有限公司副总经理周俊岭任秘书长，13家企业为常务理事单位，47家企业为理事单位。

8月13日，静海县民族乐器制造商会在子牙镇成立。成立大会通过了《静海县民族乐器制造商会章程》，提名产生了静海县民族乐器制造商会理事会理事。县长助理、县工经委主任李洪东和县工商联、子牙镇负责同志出席。新当选的商会会长盛兴乐器有限公司总经理王泽云作了表态发言。

8月23日至26日，由常州市经济和信息化委员会、常州市文化广电新闻出版局、上海音乐学院社会教育学院主办、吟飞科技（江苏）有限公司承办的第二届“吟飞”双排键电子琴比赛在常州成功举行。比赛除邀请国内著名音乐家朱磊、李未明、芦小鸥、鲍元恺、张美燕外，还邀请日本著名电子管风琴演奏家、教育家佐佐木昭雄教授以及英国双排键艺术家Paul Carmen任评委，使比赛更具国际化。来自全国17个省市的128名选手参加了历时4天的复赛和决赛。

8月24日至26日，“全国《民族弦鸣乐器》行业标准审定会”在上海召开。全国乐器标委会主任王根田、秘书长张振启等30多位全国乐器标委会委员参加会议。这次会议的主要内容是：按照国家工信部2010年国家、行业标准制（修）订工作计划的要求，对民族乐器行业制（修）订工作组所完成的11项《民族弦鸣乐器》行业标准送审稿进行审定。

9月

9月1日，第13届“星海杯”全国少年儿童钢琴比赛颁奖仪式暨获奖选手音乐会在国家大剧院音乐厅举行。教育部体卫艺术司艺术处副处长柳轶、文化部中外文化交流中心大型项目部总监张辛处长、国家大剧院副院长王争鸣、中央音乐学院名誉院长吴祖强、院长王次炤、终身教授周广仁、北京一轻控股有限责任公司总经理苏志民、北京星海钢琴集团有限公司董事长赵惠臣等领导以及参赛选手和家长共1000余人出席颁奖仪式。

9月2日，中国乐器协会理事长安志、秘书长曾泽民、副秘书长兼信息部主任丰元凯等一行前往天津静海，先后走访了天津静海县盛兴乐器有限公司、天津华韵乐器有限公司和天津圣迪乐器有限公司，详细了解这个地区的乐器行业发展情况。调研期间，与天津静海县副县长张惠芬进行了座谈，双方就静海县乐器行业的发展以及创建东方国际乐器城等有关事宜进行沟通。

9月2日，由国家工信部、发展改革委、商务部、海关总署、工商总局和质检总局共同主办，中国质量协会承办的“首届中国工业产品质量信誉论坛”在北京京西宾馆隆重召开，论坛主题为：“铸造质量信誉、弘扬中国制造”。包括珠江钢琴等在内的156家“全球质量承诺企业”，宣读了《中国工业企业全球质量信誉承诺倡议书》，向全社会郑重承诺“共同为全球消费者创造美好的生活”，并向全国工业企业发起倡议。

9月8日，申港文化产业基地暨金杯艺术培训中心成立仪式在江苏省江阴市隆重举行。江阴市市委常委、纪委书记孙英，南京艺术学院副院长何晓佑，市委宣传部部长杨建忠，市文广局局长王建炜以及金杯艺术培训中心师生、金杯安琪乐器有限公司职工代表等共计200余人出席成立仪式。申港文化产业基地以金杯艺术培训中心为主体，以“推广艺术教育、培养文化人才、繁荣地方文化、服务经济建设”为宗旨，以一流设施，一流师资，一流管理和一流服务，为青少年学习文化艺术搭建一个良好的平台，向高等学府输送优秀人才。

9月8日，中国乐器协会手风琴专业委员会二届二次会议在江阴金杯安琪乐器有限公司隆重举行。手风琴专业委员会会长、江阴金杯安琪乐器有限公司总经理时建明，天津市佰笛乐器有限公司总经理赵景萱等二十余家会员出席会议，中国乐器协会秘书长曾泽民、信息部副主任刘勇，上海爱乐手风琴乐团团长范仰诚也出席了此次会议。与会代表围绕面对劳动力成本提高、原材料价格上涨，企业如何在市场平稳发展的基础上，提高手风琴行业的利润空间；如何共同开发和研究新产品，满足手风琴爱好者的需要；如何在全国各院校共同推广手风琴事业，让爱好者数量上升等问题先后发言，进行深入探讨并达成共识。

9月，《钢琴调律师》国家职业资格培训教程（三级/高级技能、四级/中级技能、五级/初级技能）出版发行。该培训教程是中国乐器协会组织专家编写、经人力资源和社会保障部审核，由中国轻工业出版社出版。

9月15日，中国乐器协会提琴分会二届二次会员大会在江苏泰兴市政府大楼会议室召开，泰兴市副市长王越、中国乐器协会理事长安志、中国乐器协会名誉理事长王根田，提琴分会顾问、中央音乐学院教授郑荃应邀出席会议。会议代表来自江苏、北京、广东等地区的40余家提琴生产企业。大会通过了调整后的分会领导成员，会长李书；副会长：刘卫国、陈钊明、杨凯、刘云东，陈学孔；顾问：郑荃；秘书长：钱富民；副秘书长：刘建立、钱军建。

9月16日，江苏凤灵乐器集团隆重举行成立四十周年庆典暨中国（泰兴）乐器博览馆开馆仪式。全国政协常委、中国轻工业联合会副会长潘蓓蕾，江苏省政协副主席陈宝田，文化部文化产业司副司长李小磊、中国乐器协会理事长安志、中国乐器协会名誉理事长王根田、江苏省文化厅副厅长马鸣、泰兴市市长高亚梓等出席庆典仪式。中国乐器博览馆剪彩仪式后，潘蓓蕾在李书的陪同下饶有兴趣地参观了馆内收藏的乐器精品。

9月16日至17日，中国乐器协会理事长安志、秘书长曾泽民、副秘书长丰元凯前往中国海伦钢琴股份有限公司和浙江东方琴业有限公司调研，深入了解世界金融危机一年后我国乐器骨干企业的生产经营状况。在海伦钢琴公司，董事长陈海伦陪同安志一行参观了生产现场，观看了介绍公司发展史的视频短片。在浙江东方琴业有限公司，公司总裁罗森鹤向中国乐器协会领导介绍了近年来，特别是金融危机前后东方琴业公司的发展情况。参观中，安志一行详细参观了东方琴业公司生产流水线和工程技术创新中心。

9月18日，来自全国12省市的57名专业钢琴调律师，在上海邦德职业技术学院参加了由中国乐器协会钢琴调律师分会主办、上海市乐器行业协会承办的全国钢琴调律技术研讨会。中国乐器协会钢琴调律师分会、中国音乐家协会钢琴调律学会、江苏省钢琴技师调律师协会、浙江省音乐家协会钢琴调律师分会、河南省钢琴调律师专业委员会等都派出代表参加会议。本次研讨会上，金先彬、王兴龙、陈重生、陈惠庆4位钢琴调律专家先后作了专题技术讲座，并就国内调律师所关心钢琴调律理论知识，调律技巧、方法和三角钢琴触感调整等问题做了精彩的讲课。

9月，由中国乐器协会编撰，中国轻工业出版社出版的《中国乐器年鉴（2009-2010）》正式出版发行。年鉴采用国际通用大16开标准开本，共计844页，148.6万字。国内部分主要包括近两年乐器行业的有关政策文件、重要新闻、统计资料、数据图表，以及协会工作、年度报告等内容，海外部分包括全球乐器报告、世界主要乐器展概况等。此外，还包括中国乐器行业重点企业、优秀人物介绍，行业专利发布情况以及新产品简介等。

9月21日，北京民族乐器厂与中国音乐学院联合成立的中国民族乐器研发基地在中国音乐学院举行合作签约仪式。中国音乐学院院长赵塔里木、副院长宋飞，河北肃宁县县长齐素玲、北京星海钢琴集团有限公司巡视员陈春琦、北京民族乐器厂厂长宋从甲等出席。中国民族乐器研发基地的成立，旨在搭建一个演奏家与制作师相互沟通的平台，通过引进先进的研究和制作设备等，对扬琴、二胡、古筝、琵琶、阮等民族乐器进行改革，改进民族乐器结构，提高民族乐器的质量和应用范围。

9月26日广东省委副秘书长、广东省委政策研究室主任魏建飞在荔湾区常务副区长蓝小环等领导的陪同下，参观了广州艾茉森电子有限公司。魏建飞要求企业紧紧抓住国家振兴文化产业的战略机遇期，认真做事，踏实工作，加大自主创新投入力度，为广东打造文化强省作出积极的贡献。

9月27日至29日，中国乐器协会名誉理事长王根田，副秘书长兼信息部主任丰元凯在苏州、无锡、丹阳进行蟒皮乐器行业调查工作期间，亲切看望了苏州民族乐器一厂有限公司几任退休厂长，考察了苏州凯声乐器贸易有限公司，并走访数家乐器生产与外贸企业，详细了解这一地区乐器生产经营情况。陪同调研的有蟒皮乐器原项目组专家原北京民族乐器厂厂长郁冰如。

10月

10月8日，国家工商总局商标评审委员会公布在商标异议复审、争议案件中认定的68件驰名商标名单。泰兴凤灵乐器有限公司注册的凤灵fitness及图，江阴市金杯乐器有限公司注册的金杯及图荣获中国驰名商标称号。

10月10日，扬州天艺民族乐器厂建厂十周年庆典活动在扬州举行。国务院非物质文化遗产中心专家、中国民族乐器学会会长冯光钰、常务副会长毕可玮、扬州市文联主席曹永霖、中国乐器协会副秘书长丰元凯以及来自全国各地的古筝古琴演奏家、教育家、制作家等200余人出席了这次活动。毕可玮副会长为“天艺”和“秦”古筝在2010民族音乐节乐器制作比赛中获得的金奖颁发奖牌。

10月12日至15日，2010中国（上海）国际乐器展览会在上海新国际博览中心隆重举行。本届展会展览面积近7万平方米，共有来自海内外27个国家和地区的1274家展商，来自世界各地的48047名观众前来参加这一全球乐器界的盛会。新加坡、俄罗斯、印度尼西亚的展商是首次参展。德国、法国、意大利、西班牙、捷克、英国、奥地利、荷兰等国家以及中国台湾地区以展团形式参展，而国内的辽宁营口、山东昌乐首次以地区组团参加展会。

10月12日，文化部文化产业司副司长李小磊、投融资指导处处长许蓉，商务部服务贸易司戎卫东处长、王洪存处长等有关领导到2010中国（上海）国际乐器展览会考察工作。中国乐器协会理事长安志、名誉理事长王根田、副理事长齐建平、郑荃，秘书长曾泽民，上海国际展览中心有限公司总经理方佩瑛、副总经理吴江红、吴国斌等领导一起陪同考察。此次文化部、商务部领导是专程考察上海国际乐器展览会，以全面了解我国乐器产业的现状和发展动态。

10月12日，中国乐器协会举办国际乐器行业招待会，宴请前来参加上海国际乐器展览会的国内外嘉宾。来自亚洲、欧洲、北美洲、南美洲各国行业协会领导与国际著名乐器公司代表在招待会上欢聚一堂，畅叙发展大计，共谋行业未来。充分体现中国乐器协会加强国际交流合作的信心和展望，也显示出上海国际乐器展经过9年发展壮大，已成为名副其实的国际乐器行业合作交流平台，受到国际乐器界的广泛关注。

10月18日，《高山流水-古琴艺术展》在国家大剧院东展厅拉开帷幕。展览由国家大剧院、故宫博物院、中国艺术研究院联合传播有限公司主办。该活动作为国家大剧院2010年表演艺术类重要展览项目之一，也是近年来关于古琴的一次大型专题展览。

10月，科技部、国资委、中华全国总工会联合下发《关于确定第四批创新型试点企业的通知》（国科发政〔2010〕491号），广州珠江钢琴集团股份有限公司入选国家创新型试点企业，是乐器行业唯一入选国家创新型试点企业的乐器生产企业。这是珠江钢琴集团继2009年获得国家级企业技术中心后，在科技创新方面取得的又一项国家级荣誉。

11月

11月3日，广州市委组织部、市国资委在珠江钢琴集团音乐厅召开珠江钢琴集团干部大会，广州市委常委、常务副市长邬毅敏，市委组织部李志昌副部长、市国资委黄伟林主任、张连广书记等领导到会，珠江钢琴各职能部门、各分厂中层管理人员和职工代表近百人参加了大会。广州市委组织部李志昌副部长代表市委市政府宣读了珠江钢琴集团主要领导的人事任免决定，王润培任党委书记、董事长，李建宁任副董事长、总经理。

11月11日，中共中央政治局委员、全国政协副主席王刚率全国政协调研组，就“贯彻落实党的十七届五中全会精神、促进经济社会又好又快发展”，在河北调研途中来到河北金音乐器集团考察工作。河北金音集团董事长周国芳、总经理陈学孔向王刚详细汇报了金音集团的成长历程、产品结构、发展现状以及金音集团在全球乐器界所处的市场地位等情况。王刚一行还深入到金音集团的生产车间与生产一线工人深入交流、了解情况、听取意见。

11月11日，由上海音乐家协会主办、海伦钢琴股份有限公司赞助的“首届全国钢琴专业委员会高峰论坛”在上海举行。来自全国各地的专家就有关钢琴领域各个话题进行了广泛的探讨和交流。

11月24日至26日，由天津音乐学院、天津英昌乐器有限公司主办，现代EP工程塑料有限公司冠名赞助的第二届“英昌杯”全国青少年钢琴大赛决赛在天津音乐学院举行。本届大赛于今年6月启动，在全国46个城市进行初赛，共有14832名选手报名参赛。

11月26日，工信部办公厅印发2010年第二批行业标准制修订计划,要求有关单位按照标准化工作程序,认真组织落实。其中,乐器行业包括“长笛、短笛”、“电子钢琴”、“钢琴弦”等20项标准制修订列入计划，完成期限为2011年。

11月30日，“郎朗与河北百名琴童齐奏会”在河北艺术中心举行。名家、名琴、名曲，再加上从河北省千万名琴童中选出的优秀琴童，齐奏会为数千观众展现了气势恢宏、震撼人心的乐章。

12月

12月2日至3日，“2010中国乐器协会信息工作会议暨特约通讯员培训班”在北京东方饭店举行。中国乐器协会理事长安志、名誉理事长王根田、副理事长齐建平、秘书长曾泽民等协会领导出席会议。会议代表来自国内部分乐器生产企业及琴行、地方行业协会主管信息宣传的负责人、业内专业媒体记者共计45人。会议内容包括乐器行业信息工作汇报、特约通讯员业务培训以及行业通讯员与媒体研讨会。

12月7日至9日，全国乐器标准化技术委员会在武汉召开工作会议。会议的主要内容是：2010年度乐器标准化工作总结，审定四项乐器标准（乐器有害物质限量（国家标准）、乐器用材提琴锯材（行业标准）、口琴（行业标准）、校音器（行业标准）。全国乐器标准化技术委员会主任王根田、副主任兼秘书长张振启、副秘书长王伟等32位乐器标委会委员出席会议。

12月9日，文化部在天津市隆重举行第四批国家文化产业示范基地命名授牌仪式。文化部党组书记、部长蔡武，天津市市长黄兴国，文化部党组副书记、副部长欧阳坚和文化产业司司长刘玉珠等领导出席活动，并向获此殊荣的第四批国家文化产业示范基地企业代表授牌。各省、自治区、直辖市文化厅(局)主要领导及相关工作人员、部分入选企业的代表等一百多人参加了命名授牌活动。广州珠江钢琴集团股份有限公司、北京钧天坊古琴文化艺术传播有限公司、天津市津宝乐器有限公司、河北金音乐器集团有限公司、宁波音王集团有限公司、武汉艾立卡电子有限公司等6家乐器生产企业被授予国家文化产业示范基地称号。

12月13日，"国家音乐产业基地(广州园区)"挂牌仪式在广东广播中心举行。这标志着国家新闻出版总署今年5月批准成立的国家级音乐产业基地面向社会首开笑言，畅响奏鸣曲。国家音乐产业基地(广州园区)由南方广播影视传媒集团以及广东电台、太平洋影音公司负责，是全国三大音乐产业基地之一，同时也是列入《广东省建设文化强省规划纲要(2011—2020)》的十项工程之一。

12月14日至19日，中国乐器协会理事长安志、秘书长曾泽民、外联主办常杰一行对宜昌金宝乐器公司、武汉艾立卡电子有限公司、致嘉钢琴制造有限公司、银可可琴行和宁波四海琴业有限公司、北仑配件制造有限公司进行考察调研。此次调研是继协会领导今年以来走访了13个省市30余家企业之后的又一次综合性考察，同时征集企业对乐器行业"十二五"发展规划的意见。此次考察从行业综合性企业、电子乐器企业和乐器配件企业三方面了解行业发展情况，征求对协会工作的建议和意见，了解企业诉求，为企业做好服务工作。

12月18日至19日，中国乐器协会材料配件专业委员会二届三次会议在宁波召开。宁波四海琴业有限公司总经理何四海、全国乐器标准化中心副主任王伟、福州和声钢琴公司副总经理黄苏东、四川川雅木业有限公司副总经理张庆恩以及材料配件专业委员会会员企业30余名代表参加会议。中国乐器协会理事长安志、秘书长曾泽民应邀出席会议并讲话。会议就一年来材料配件专委会的工作作了专题报告，提出行业应努力向"高端、专业、合作"的方向发展，抓住机遇推动整个材料配件产业结构调整升级。

12月，国家统计局《2010年中国统计年鉴》公布了2009年全国各地区城镇居民家庭平均每百户钢琴及其他中高档乐器拥有量，其中钢琴拥有量为2.47架/百户，同比增长7.86%；其它中高档乐器拥有量为4.65件/百户，同比增长7.39%。每百户钢琴拥有量最多的地区依次为上海、广东、北京、福建、辽宁，分别为5.74、4.16、3.99、3.75、3.56架。全国有12个省市每百户钢琴拥有量比2008年有所下降，其余省市有不同程度的增长。

12月，美国《音乐贸易》杂志2010年第12期公布了2009年全球乐器与音响制品行业225强榜单。2009年，225强销售收入共计182亿美元，较2008年下降8.5%。这是自1998年《音乐贸易》杂志进行该项统计以来跌幅最大的一年。员工总数共计121405人，较2008年下降2.6%。225强榜单中广州珠江钢琴集团股份有限公司、北京星海钢琴集团有限公司等24家中国大陆企业入榜。共有5家中国大陆企业首次入榜。

12月，国家知识产权局"中国专利数据库"显示，2010年，我国乐器专利发布数量为708件，同比增长69.78%。其中，发明专利155件，同比增长75.14%，实用新型专利279件，同比增长75.47%，外观专利274件，同比增长61.18%。

12月29日，扬州市委宣传部、扬州市文化广电新闻出版局正式命名首批扬州市文化产业示范基地，共有24家单位入围。乐器行业中有扬州民族乐器研制厂有限公司、扬州龙凤（雅韵）琴筝有限公司和扬州市天艺民族乐器厂3家企业进入名单。

12月30日,全国政协副主席董建华在广东省政协副主席徐尚武陪同下莅临珠江钢琴集团视察，珠江钢琴集团党委书记、董事长王润培等公司领导热情接待了董建华副主席一行。董建华副主席在担任香港特别行政区行政长官期间，曾莅临珠江钢琴集团视察指导。时隔十年再次视察珠江钢琴，董建华副主席对珠江钢琴集团的健康、快速发展表示由衷地高兴，并祝愿企业继续稳步发展，更上一层楼。

12月31日，电影《完美钢琴》新闻发布会在中国海伦钢琴股份有限公司隆重举行。《完美钢琴》以海伦钢琴股份有限公司董事长陈海伦为原型，讲述了主人公陈海伦几番沉浮，终于突破技术瓶颈，使得中国制造的钢琴获得了欧洲主流市场的认可，进入世界知名品牌行列的故事。

2011
中国乐器年鉴
CHINA MUSICAL INSTRUMENT YEARBOOK

2001～2010年中国社会经济主要指标数据

2010年我国全体居民用于文化教育娱乐支出同比增长9%

《2011中国统计摘要》公布了2010年中国社会经济主要指标数据。社会消费指标中，城镇居民购买文化娱乐用品平均金额为407元，同比增长6%，城镇居民文化娱乐服务平均消费559.3元，同比增长25%，城镇居民用于教育性支出平均消费661.3元，同比增长2%；农村居民用于文化教育娱乐用品及服务消费366.7元，同比增长7%。以上四项加权平均，2010年我国全体居民用于文化教育娱乐支出同比增长9%。

另外，教育文化指标中，2010年全国学校总数达到486048所，其中，普通高等学校2358所，普通中学68881所，普通小学257410所，在校学生共计2.36亿人，学前教育人数2976.7万人。表演艺术团体2420个，文化馆和群众艺术馆3264个。

指标		单位	2001年	2002年	2003年	2004年	2005年	2006年	2007年	2008年	2009年	2010年
人口	年底总人口	万人	127627	128453	129227	129988	130756	131448	132129	132802	133474	133972
	城镇人口	万人	48064	50212	52376	54283	56212	57706	59379	60667	62186	66557
	乡村人口	万人	79563	78241	76851	75705	74544	73742	72750	72135	71288	67415
各年龄段人口比重	0～14岁人口	%	/	22.4	22.1	21.5	20.3	19.8	19.4	19.0	18.5	16.6
	15～64岁人口	%	/	70.3	70.4	70.9	72.0	72.3	72.5	72.7	73.0	74.5
	65岁以上人口	%	/	7.3	7.5	7.6	7.7	7.9	8.1	8.3	8.5	8.9
就业和工资	就业人员数	万人	75200	73740	74432	75200	75825	76400	76990	77480	77995	/
	职工工资总额	亿元	11830.9	13161.1	14743.5	16900.2	19789.9	23265.9	28244.0	33713.8	40288.0	47270.0
	职工平均工资	元	10870	12422	14040	16024	18364	21001	24932	29229	32244	36539
消费	全体居民消费水平	元	3887	4144	4475	5032	5573	6263	7255	8349	9098	9963
	农村居民人均生活消费支出	元	1741.1	1834.3	1943.3	2184.7	2555.4	2829.0	3223.9	3660.7	3993.5	4381.8
	农村居民家庭恩格尔系数	%	47.7	46.2	45.6	47.2	45.5	43.0	43.1	43.7	41.0	41.1
	城镇居民人均消费性支出	元	5309.0	6029.9	6510.9	7182.1	7942.9	8696.6	9997.5	11242.9	12264.6	13471.4
	城镇居民家庭恩格尔系数	%	38.2	37.7	37.1	37.7	36.7	35.8	36.3	37.9	36.5	35.7
	城镇居民购买文化娱乐用品	元	211.6	245.2	264.5	256.7	280.2	310.3	343.2	354.8	381.3	407
	城镇居民文化娱乐服务	元	96.8	161.9	155.9	217.2	245.9	280.8	347.6	381.3	445.6	559.3
	城镇居民用于教育性支出	元	428.3	495.2	514.0	559.0	571.3	612.0	638.4	622.2	645.9	661.3
消费	农村居民用于文化教育娱乐用品及服务	元	192.6	210.3	235.7	247.6	295.5	305.1	305.7	314.5	340.6	366.7

指标		单位	2001年	2002年	2003年	2004年	2005年	2006年	2007年	2008年	2009年	2010年
国民经济	国内生产总值	亿元	109655.2	120332.7	135822.8	159878.3	184937.4	216314.4	265810.3	314045.4	340902.8	397983.3
财政和金融	国家财政收入	亿元	16386.0	18903.6	21715.3	26396.5	31649.3	38760.2	51321.8	61330.4	68518.3	83080.3
	金融机构人民币存款余额	亿元	143617.2	170917.4	208055.6	241424.3	287163.0	335459.8	389371.2	466203.3	597741.1	718238.0
住房	农村人均住房面积	平方米	25.7	26.5	27.2	27.9	29.7	30.7	31.6	32.4	33.6	34.1
	城镇居民人均住房建筑面积	平方米	20.8	24.5	25.3	26.4	27.8	28.5	30.1	30.6	31.3	31.6
国内商业和对外贸易	社会消费品零售总额	亿元	43055.4	48135.9	52516.3	59501.0	68352.6	79145.2	93571.6	114830.1	132678.4	156998.4
	进出口总额	亿美元	5096.5	6207.7	8509.9	11545.5	14219.1	17604.0	21737.3	25632.6	22075.4	29727.6
	出口总额	亿美元	2661.0	3256.0	4382.3	5933.2	7619.5	9689.4	12177.8	14306.9	12016.1	15779.3
	进口总额	亿美元	2435.5	2951.7	4127.6	5612.3	6599.5	7914.6	9559.5	11325.6	10059.2	13948.3
利用外资	实际使用外资额	亿美元	496.7	550.1	561.4	640.7	638.1	670.8	783.4	952.5	918.0	1088.2
	外商直接投资	亿美元	468.8	527.4	535.1	606.3	603.3	630.2	747.7	924.0	900.3	1057.3
旅游	入境过夜旅游者人数	万人次	3316.7	3680.3	3297.1	4176.1	4680.9	4991.3	5472.0	5304.9	5087.5	5566.5
	国际旅游收入	亿美元	177.9	203.9	174.1	257.4	293.0	339.5	419.2	408.4	396.8	458.1
	国内旅游人数	亿人次	7.84	8.78	8.70	11.02	12.12	13.94	16.10	17.12	19.02	21.03
	国内旅游总收入	亿元	3522.4	3878.4	3442.3	4710.7	5285.9	6229.7	7770.6	8749.3	10183.7	12579.8
教育文化	学校数	所	693969	659060	631672	600909	578400	558409	533654	517514	498949	486048
	普通高等学校	所	1225	1396	1552	1731	1792	1867	1908	2263	2305	2358
	特殊教育学校	所	1531	1540	1551	1560	1593	1605	1618	1640	1672	1706
	职业中学	所	7802	7402	6843	6478	6423	6100	6191	6128	5805	5273
	普通中学	所	80432	80067	79490	79058	77977	76703	74790	72907	70774	68881
	普通小学	所	491273	456903	425846	394183	366213	341639	320061	300854	280184	257410
	学前教育	所	111706	111752	116390	117899	124402	130495	129086	133722	138209	150420
	在校学生数	万人	23625.4	23933.0	23950.1	23971.1	23847.8	23878.6	23823.4	23680.7	23570.4	23624.8
	普通高等学校	万人	719.1	903.4	1108.6	1333.5	1561.8	1738.8	1884.9	2021.0	2144.7	2231.8
	职业中学	万人	466.4	511.5	528.2	569.4	625.6	676.2	740.5	761.1	785.7	729.8
	普通中学	万人	7836.0	8287.9	8583.2	8695.4	8580.9	8451.9	8243.3	8050.4	7867.9	7703.2
	特殊教育学校	万人	38.6	37.5	36.5	37.2	36.4	36.3	41.9	41.7	42.8	42.6
	普通小学	万人	12543.5	12156.7	11689.7	11246.2	10864.1	10711.5	10564.0	10331.5	10071.5	9940.7
	学前教育	万人	2021.8	2036.0	2003.9	2089.4	2179.0	2263.9	2348.8	2475.0	2657.8	2976.7
	艺术表演团体	个	2605	2587	2601	2759	2805	2866	2492	2551	2494	2420
	文化馆和群众艺术馆	个	3252	3243	3228	3240	3226	3214	3217	3218	3223	3264

（数据来源：《2011中国统计摘要》 中国乐器协会信息部编辑）

2000～2009年全国各地区城镇居民家庭平均每百户钢琴拥有量

（按收入等级划分）

（单位：架）

居民收入层次	2000年	2001年	2002年	2003年	2004年	2005年	2006年	2007年	2008年	2009年
总 平 均	1.26	1.33	1.76	1.91	2.22	2.25	2.31	2.36	2.29	2.47
最低收入户	0.21	0.46	0.18	0.30	0.24	0.39	0.36	0.32	0.20	0.19
困 难 户	0.21	0.56	0.07	0.08	0.08	0.43	0.16	0.27	0.06	0.07
低收入户	0.67	0.63	0.68	0.93	1.02	0.65	0.66	0.64	0.25	0.39
中等偏下户	0.85	0.75	0.96	0.85	0.97	0.81	0.97	1.12	0.92	1.16
中等收入户	0.88	1.01	1.29	1.28	1.75	1.79	2.05	2.09	1.95	1.88
中等偏上户	1.68	1.67	2.29	2.43	2.71	2.82	3.06	2.71	2.91	3.27
高收入户	2.41	2.32	2.75	2.94	3.71	3.60	3.43	4.35	4.33	4.63
最高收入户	2.52		4.60	5.28	6.34	7.40	6.81	6.47	7.12	7.54

2000～2009年全国各地区城镇居民家庭平均每百户其他中高档乐器拥有量

（按收入等级划分）

（单位：件）

居民收入层次	2000年	2001年	2002年	2003年	2004年	2005年	2006年	2007年	2008年	2009年
总 平 均	5.34	6.12	6.38	6.88	7.23	6.63	7.07	6.03	4.33	4.65
最低收入户	1.51	1.75	1.24	1.55	1.68	1.54	1.39	1.80	0.84	1.12
困 难 户	1.24	1.34	0.87	0.92	1.54	0.79	1.22	1.18	0.56	0.85
低收入户	2.75	3.56	2.93	3.05	3.88	2.54	3.34	2.75	1.72	2.09
中等偏下户	3.81	4.40	4.70	4.69	5.25	4.31	4.66	4.73	3.16	3.58
中等收入户	5.22	5.74	6.08	6.91	7.17	6.88	7.23	5.86	4.69	4.64
中等偏上户	6.71	8.04	8.50	8.66	9.24	8.73	9.33	7.27	5.51	6.12
高收入户	8.06	8.46	9.58	9.10	10.71	10.06	10.77	8.75	6.49	7.06
最高收入户	9.65	11.08	12.47	13.44	12.56	12.82	13.34	11.38	8.01	8.21

2000～2009年全国各地区城镇居民家庭平均每百户钢琴拥有量

（按地区划分）

（单位：架）

地 区	2000年	2001年	2002年	2003年	2004年	2005年	2006年	2007年	2008年	2009年
全 国	1.26	1.33	1.76	1.91	2.22	2.25	2.31	2.36	2.29	2.47
北 京	2.20	2.70	3.23	3.74	4.18	4.12	4.55	3.80	3.64	3.99
天 津	0.60	0.60	1.35	1.40	1.13	1.27	1.27	1.16	1.48	1.68
河 北	0.82	0.63	1.24	1.18	1.38	1.51	1.47	1.14	2.03	1.95
山 西	0.95	1.18	1.06	1.22	1.41	0.72	1.42	1.02	2.04	2.00
内蒙古	0.51	0.80	0.91	0.90	1.18	1.11	1.18	1.10	1.90	1.39
辽 宁	1.15	1.46	2.24	2.46	2.47	2.38	2.09	2.10	3.09	3.56
吉 林	0.77	1.29	1.71	1.50	1.75	1.15	1.24	1.43	1.02	1.51
黑龙江	1.22	1.45	1.19	1.28	1.74	1.57	1.78	1.95	1.28	1.12
上 海	3.40	3.20	3.60	3.20	5.80	4.30	5.01	5.85	5.77	5.74
江 苏	0.91	1.01	1.64	1.67	1.86	2.56	2.66	2.50	2.47	2.65
浙 江	0.78	1.11	1.11	2.00	2.28	2.64	2.48	2.62	2.70	2.97
安 徽	0.82	1.09	1.17	1.29	1.52	1.96	2.01	2.21	0.97	0.94
福 建	1.60	1.88	1.75	2.03	3.15	2.85	4.04	3.90	3.32	3.75
江 西	0.71	0.80	1.41	1.52	1.44	1.50	1.49	1.71	1.03	1.15
山 东	2.52	2.13	2.66	3.06	3.14	3.02	3.45	3.40	3.38	3.55
河 南	0.92	0.76	1.41	1.95	1.96	2.08	1.80	1.60	1.72	1.92
湖 北	1.35	1.64	2.01	1.68	1.53	1.63	1.93	1.84	1.49	1.62
湖 南	1.41	1.02	1.36	1.47	2.39	2.21	1.45	2.45	1.94	1.87
广 东	2.68	2.76	2.98	2.89	3.50	4.12	3.75	4.17	3.36	4.16
广 西	0.76	0.60	1.26	1.16	1.57	1.77	1.62	1.35	1.80	1.61
海 南	0.83	0.67	0.76	0.76	0.76	2.01	1.92	1.04	2.05	1.91
重 庆	0.67	0.33	1.39	1.33	2.00	1.67	2.00	2.34	1.85	1.76
四 川	1.83	1.36	1.06	1.44	1.39	2.17	1.84	1.94	1.87	1.84
贵 州	0.66	1.13	1.43	2.07	2.07	1.72	1.91	1.06	1.84	1.88
云 南	2.08	1.26	1.17	1.39	2.78	2.25	2.43	2.68	1.91	2.30
西 藏	0.00	0.00	0.00	0.00	1.26	0.00	0.58	0.47	1.12	0.85
陕 西	0.59	0.36	0.97	1.26		1.07	1.59	1.49	1.33	1.56
甘 肃	1.74	0.91	1.91	2.57	1.69	1.89	1.53	1.99	1.14	1.33
青 海	0.55	0.55	1.43	1.19	1.50	1.46	2.27	2.44	1.12	1.34
宁 夏	0.68	0.81	0.86	0.87	0.70	0.92	1.32	0.89	0.76	1.36
新 疆	1.38	1.80	1.93	2.37	2.51	2.23	1.96	1.38	1.95	2.23

2000～2009年全国各地区城镇居民家庭平均每百户其他中高档乐器拥有量

（按地区划分）

（单位：件）

地 区	2000年	2001年	2002年	2003年	2004年	2005年	2006年	2007年	2008年	2009年
全 国	5.34	6.12	6.38	6.88	7.23	6.63	7.07	6.03	4.33	4.65
北 京	13.70	13.90	12.98	13.76	9.81	11.32	12.35	9.71	5.63	6.72
天 津	2.80	3.20	3.51	4.13	3.33	2.67	3.20	1.74	1.73	2.11
河 北	6.51	6.91	5.31	6.52	7.51	5.82	5.48	4.91	5.12	4.38
山 西	5.56	5.56	5.61	5.69	6.16	5.38	5.52	4.90	2.18	2.60
内蒙古	5.47	7.20	6.24	6.83	6.79	6.88	7.59	6.88	4.96	5.39
辽 宁	5.61	5.89	5.80	5.97	6.13	5.70	5.94	5.16	4.68	4.86
吉 林	4.65	6.01	5.24	6.83	7.43	6.87	7.03	6.76	4.13	5.30
黑龙江	3.32	3.73	3.80	4.77	5.97	5.56	6.37	6.65	2.28	2.49
上 海	4.80	5.20	6.33	6.80	7.70	7.20	7.52	7.51	6.47	7.52
江 苏	3.57	4.08	4.36	4.18	5.03	4.04	4.43	4.57	4.34	4.28
浙 江	6.90	8.54	6.99	6.50	8.19	7.83	8.99	7.16	4.59	5.85
安 徽	5.40	5.89	6.24	7.09	7.75	7.89	7.63	5.77	3.82	4.42
福 建	5.20	6.18	6.29	7.28	5.88	5.86	7.88	7.44	4.02	5.11
江 西	5.13	7.04	7.35	7.41	7.88	7.17	6.12	6.69	5.81	5.60
山 东	7.96	9.04	8.13	8.67	9.18	8.51	9.86	7.37	6.80	7.25
河 南	3.30	3.54	5.90	7.39	7.89	6.52	6.67	6.02	3.74	4.26
湖 北	5.39	6.58	7.11	7.09	7.27	5.84	5.68	6.29	4.56	5.16
湖 南	8.47	7.85	6.41	6.65	7.48	8.89	7.65	5.15	2.01	2.14
广 东	5.94	5.83	8.79	8.79	9.24	9.17	9.61	8.34	4.34	3.90
广 西	3.06	4.70	6.17	6.36	7.09	5.13	6.03	2.69	6.24	5.03
海 南	1.67	1.67	3.80	4.98	5.09	3.37	3.29	2.96	1.20	1.01
重 庆	8.00	7.67	2.94	3.00	6.33	5.00	8.00	5.13	2.62	2.74
四 川	5.89	7.03	4.59	6.22	5.45	4.66	5.20	4.61	3.21	3.90
贵 州	4.30	4.57	3.83	4.71	5.00	5.06	5.69	4.69	3.89	4.29
云 南	5.25	4.42	5.35	6.13	5.84	5.18	5.10	4.03	3.28	3.72
西 藏	2.00	2.00	2.00	2.00	2.00	2.00	2.28	1.60	0.63	0.95
陕 西	3.31	4.51	5.76	5.62	6.41	8.41	9.03	7.03	6.54	6.93
甘 肃	8.42	17.35	10.30	8.70	9.69	8.67	8.24	6.97	2.18	2.85
青 海	3.64	3.82	5.51	6.92	7.78	4.70	5.44	5.79	3.98	4.18
宁 夏	3.68	3.65	4.08	5.64	6.32	4.24	4.92	4.67	4.76	5.18
新 疆	9.09	9.20	12.66	13.57	12.24	5.97	6.78	7.02	4.82	6.63

（摘自2010年《中国统计年鉴》）

2010年乐器行业规模以上企业主要经济指标完成情况

（按产品类别划分）

（单位：千元）

行业名称		中乐器制造	西乐器制造	电子乐器制造	其他乐器及零件制造	总计
汇总企业数（个）		37	167	38	80	322
工业总产值（当年价）	1～12月累计	1591851	12809278	4472421	3205648	22079198
	同比增长（%）	26.13	23.21	44.66	14.55	25.82
新产品产值	1～12月累计		1051246	362933	20868	1435047
	同比增长（%）		43.67	83.13	-0.05	50.93
工业销售产值（当年价）	1～12月累计	1568302	12391302	4352385	3218504	21530493
	同比增长（%）	25.75	19.39	44.08	12.15	22.91
出口交货值（人民币）	1～12月累计	581388	3928241	2100186	478850	7088665
	同比增长（%）	30.19	19.20	43.06	-1.46	24.45
工业产品销售率（%）		98.52	96.74	97.32	100.40	97.51

2010年乐器行业规模以上企业主要经济指标完成情况

（按地区划分）

（单位：千元）

地区	企业数	工业总产值（当年价）		新产品产值		工业销售产值（当年价）		出口交货值（人民币）	
		1～12月累计	同比（%）	1～12月累计	同比（%）	1～12月累计	同比（%）	1～12月累计	同比（%）
广 东	74	5987710	27.65	465653	17.43	5940798	26.10	1859845	33.92
山 东	40	3682532	16.98	2384		3575012	14.68	364453	-42.34
天 津	25	2817760	31.32	518945	89.33	2799946	29.07	1961332	35.08
浙 江	35	2705111	31.93	117873	44.87	2518547	21.61	875969	28.50
江 苏	33	1761681	24.64	37460	14.27	1694885	24.00	446066	5.72
河 北	27	1694124	37.89			1664890	37.21	513519	128.80
上 海	26	614653	0.32			609620	-2.71	131120	28.48
湖 北	8	608454	84.71			543363	82.82	27744	77.49
北 京	13	598015	8.84	14959		592489	10.07	198716	13.60
辽 宁	9	542343	0.33	256905	84.87	548580	-3.60	331039	14.64
河 南	12	472337	18.98			462646	19.43	185649	21.27
福 建	7	232537	14.46			231967	16.36	146365	11.67
吉 林	4	164829	12.86	20868	0.90	158279	0.65		
黑龙江	4	105759	56.04			103581	53.06	39195	32.43
安 徽	3	58122				52201		7653	
陕 西	1	21231	47.61			21689	59.26		
江 西	1	12000	5.26			12000	5.26		
总 计	322	22079198	25.82	1435047	50.93	21530493	22.91	7088665	24.45

（数据来源：国家统计局 中国乐器协会信息部编辑）

2010年全国各类乐器产品产量

（根据企业自报数统计）

一、钢琴

（单位：架）

序号	地区	企业名称	总产量	立式钢琴产量	三角钢琴产量	出口量（包括立式和三角钢琴）
1	广东	广州珠江钢琴集团股份有限公司	100030	96112	3918	13000
2	浙江	杭州雅马哈乐器有限公司	45242	45242	0	7490
3	北京	北京星海钢琴集团有限公司	41113	39724	1389	5065
4	湖北	宜昌金宝乐器制造有限公司、环高乐器制造有限公司、托雅玛乐器制造有限公司	33209	31691	1518	2000
5	浙江	海伦钢琴股份有限公司	20577	18925	1652	6236
6	浙江	杭州嘉德威钢琴有限公司	17086	14237	2849	9429
7	上海	上海玛珂琴业有限公司	10191	7957	2234	3670
8	江苏	南京摩德利钢琴有限公司	9586	9015	571	1317
9	上海	上海钢琴有限公司	8774	8722	52	290
10	广东	汇丰乐器（中国）有限公司（含广州百济实业有限公司）	7875	7777	98	997
11	福建	福州和声钢琴有限公司	6850	6748	102	87
12	上海	上海超拨乐器有限公司	6830	6598	232	1418
13	山东	烟台博斯纳钢琴制造有限公司	6125	5387	738	3342
14	浙江	湖州杰士德钢琴有限公司	6080	5300	700	3318
15	山东	烟台金斯波格钢琴有限责任公司	5625	5075	550	910
16	浙江	湖州华谱钢琴制造有限公司	5581	5098	483	1340
17	福建	福建省爱乐钢琴有限公司	4260	4140	120	98
18	广东	鲍德温（中山）钢琴乐器有限公司	4201	4201	0	156
19	上海	上海邦加琴业有限公司	3876	3625	251	358
20	江苏	南京密尔顿钢琴有限公司	3600	3200	400	1450
21	上海	上海中雅钢琴有限公司	3537	3495	42	196
22	上海	上海威堡钢琴有限公司	2580	2338	242	260
23	辽宁	营口西尔伯曼钢琴有限公司	2162	1738	424	1630
24	上海	上海东韵钢琴有限公司	1920	1800	120	1152
25	江苏	扬州尚高钢琴制造有限公司	1619	1582	37	28
总计			358529	339727	18722	65237

二、西管乐器

（单位：支）

序号	企业名称	主要产品	总产量	小号	萨克斯	长笛	单簧管	低音号	其他	出口
1	河北金音乐器制造有限公司	单簧管、长笛、萨克斯、短笛、圆号、长号	513060	98840	79860	154870	118280	23890	37320	410448
2	天津圣迪乐器有限公司	小号、单簧管、长笛、萨克斯、长号、长笛	234360	73200	39120	28800	38400	16920	37920	157200
3	天津市津宝乐器有限公司	萨克斯、长笛、单簧管、小号	198000	60000	30000	22000	18000		68000	158400
4	山东泰山管乐器制造有限公司	萨克斯、小号、长笛、单簧管、低音号	107918	5915	82670	12323	1042	2410	3558	58000
5	河北华声乐器制造有限公司	园号、长号	90070	23300	10700	9800		11700	34570	73200
6	龙口市锦胜乐器有限责任公司	萨克斯、小号、长笛、单簧管	90000	30000	10000	10000	15000	5000	20000	60000
7	河北中轻北方乐器有限公司	萨克斯、长笛、小号、手掌号	78370	20000	23000	21000	2700	10870	800	74376
8	萧山雅马哈乐器有限公司	长笛、单簧管、萨克斯	65222	27727	10451	13638	3507		9899	48046
9	河北銮宇乐器有限公司	萨克斯、长笛、单簧管、小号、低音号	55000	12000	7000		9000	10000	10000	50000
10	北京管乐器厂	小号、长笛、长号、萨克斯、单簧管	20147	2547	3377	2990	1040	2165	8028	
11	大连铜管乐器有限公司	中低音抱号、圆号、长号	5600	800				2800	2000	4000
12	京东管乐器厂	长笛	2100			1300	800			1500
13	天津市盛德乐器制造有限公司	小号	1500	1500						1400
合计			1461347	355829	296178	276721	207769	85755	232095	1096570

三、民族乐器

（单位：件）

序号	企业名称	产品类别及产量								
		古筝	琵琶	二胡	扬琴	阮	京胡	月琴	古琴	其他
1	北京长安乐器有限公司			400						
2	北京星海钢琴集团粤华分公司				2800					
3	北京钧天坊古琴文化艺术传播有限公司								700	
4	饶阳北方民族制造有限责任公司	2300	7320	36500	8800	3800	4100	3600		
5	河北乐海乐器有限公司	23625	16537	46931	11563	13728	3569	1346		4695
6	河北成乐乐器有限责任公司		23000	23000	5600	13000				1500
7	开封中原民族乐器有限公司	8000	5500	1000		800				柳琴900
8	河南开封汤红伟古琴制作坊								900	
9	苏州市平江区北塔乐器厂			3000						
10	苏州民族乐器一厂有限公司	80	1850	46300		950	500	790		2120
11	扬州民族乐器研制厂	10000							800	
12	扬州市正声民族乐器厂	8300	810							
13	扬州龙凤琴筝有限公司	20000							5000	
14	扬州金韵乐器御工坊有限公司	11319								
15	扬州天艺乐器厂	8500							800	
16	无锡锡艺乐器厂			4500						
17	无锡市新区古月琴坊			4880						
18	扬中市长鸣乐器有限公司	550	150	1000	50		120			竹笛18000
19	江苏东方乐器有限公司民乐分公司			3000						
20	扬州天韵琴筝有限公司	20870							1520	
21	江西省余干县民族乐器有限公司	2400	1000	24000			7600	1200		40500
22	上海民族乐器一厂	61298	12064	47768	566	1680	970	1562		4626
23	上海华黎民族乐器厂	1500	300	3000	100	100				
24	上海敦煌乐器有限公司	17615	1060	17171	569	1683		35		
25	天津市民族乐器厂	300	200	5000	300	200	1000	500		
合计		196657	69791	267450	30348	35941	17859	9033	9720	70841

四、提琴

（单位：把）

序号	企业名称	总产量	小提	大提	倍司	其他	出口量
1	泰兴凤灵乐器有限公司	380200	305000	19200	9000	47000	342000
2	北京华东乐器有限公司	212359	195370	14865	2124		172499
3	河北金音乐器集团有限公司	204156	184220	8236	7720	3980	153280
4	广州市红棉提琴有限公司	60000	57900	2000	100		30000
5	泰兴琴艺乐器有限公司	31350	30000	1200	150		28000
6	上海超拨乐器有限公司	29980	22500	1500	4500	1480	29980
7	广州吉声琴业有限公司	10000	8000	1000	1000		10000
8	北京天力乐器有限公司	4649	3818	476	44	311	3025
9	北京凯明提琴制作室	2000	2000				2000
合计		934694	808808	48477	24638	52771	770784

五、吉他

（单位：把）

序号	企业名称	总产量	木吉他	电吉他	其他	出口量
1	广州红棉吉它有限公司	946414	926483	12566	7365	682320
2	四会市华声乐器有限公司	880000	540000	300000	40000	820000
3	广州市威柏乐器制造有限公司	600000	480000	120000		570000
4	广州吉声琴业有限公司	600000	550000	50000		600000
5	揭阳市长城乐器有限公司	600000	520000	48000	32000	360000
6	泰兴凤灵乐器有限公司	568200	482200	76000	10000	511500
7	河北金音乐器集团有限公司	431430	418560	12870		348120
8	秋长全丰育乐用品厂	110000	60000	50000		110000
合计		4736044	3977243	669436	89365	4001940

六、电声乐器

（单位：万台）

序号	企业名称	总产量	电子琴	数码钢琴	其他产品	出口量
1	美得理电子（深圳）有限公司	52	18	9	25	46
2	吟飞科技（江苏）有限公司	46	35	10	1	39
3	天津雅马哈电子乐器公司	16	13	3		
4	上海华新电子电器总厂	10	1	5	5	9
5	广东揭西美科电子电器厂	3				1
6	广州艾莱森电子有限公司	1		1		
合计		127	66	27	31	95

七、手风琴

（单位：台）

序号	企业名称	总产量	大琴（48bs以上，含48bs）	出口量
1	扬中市华联手风琴有限公司	166109	3424	166109
2	天津华韵乐器有限公司	30000	20000	3500
3	江阴金杯安琪乐器有限公司	26808	17300	13000
4	河北香河天音乐器公司	14500	6110	2350
5	天津市佰笛乐器有限公司	5100	3200	2000
6	广州珠江钢琴实业有限公司	8841	8841	576
合计		251358	58875	187535

八、口琴、口风琴

（单位：万支）

序号	企业名称	口琴	口风琴	出口量
1	无锡铃木乐器有限公司	100	30	120
2	江苏天鹅乐器有限公司	368	35	360
3	海盐东方口琴厂	40	60	
4	江苏江阴市激扬乐器有限公司	270	0	217
5	江苏奇美乐器有限公司	300	180	270
6	上海口琴总厂	27	0	5
7	上海国光口琴厂有限公司	61	2	20
8	上海兰声－豪纳乐器有限公司	167		167
9	江苏东方乐器有限公司	450	80	460
合计		1783	388	1618

九、竖笛

（单位：万支）

序号	企业名称	总产量	出口量
1	江苏奇美乐器有限公司	600	300
2	江苏天鹅乐器有限公司	118	92
3	江苏东方乐器有限公司	30	30
4	海盐东方口琴厂	25	
5	江苏江阴市激扬乐器有限公司	10	8
6	上海国光口琴厂有限公司	9	
总计		792	430

（数据来源：由中国乐器协会 国家轻工业乐器信息中心统计）

2010年中国乐器海关出口量值

商品编码	商品名称	计量单位	数量			金额（美元）		
			2010年	2009年	同比%	2010年	2009年	同比%
92011000	竖式钢琴，包括自动钢琴	台	52915	42840	23.52	65856530	50665522	29.98
92012000	大钢琴，包括自动钢琴	台	6380	5346	19.34	20545781	18549056	10.76
92019000	拨弦古钢琴及其他键盘弦乐器	台	9720	1724	463.81	691620	360971	91.60
92021000	弓弦乐器	只	1356817	1219583	11.25	54180624	47556306	13.93
92029000	其他弦乐器	只	11225581	10145855	10.64	269929207	215299982	25.37
92051000	铜管乐器	只	834567	711535	17.29	73006214	69676382	4.78
92059010	键盘管风琴；簧风琴等游离金属簧	只	1672982	1471096	13.72	5481958	4112129	33.31
92059020	手风琴及类似乐器	只	501492	445586	12.55	15559535	15572452	-0.08
92059030	口琴	只	8181579	8703569	-6.00	11772185	10692701	10.10
92059090	其他管乐器	只	9073727	7524227	20.59	38316221	33335246	14.94
92060000	打击乐器	只	13765141	12100262	13.76	140355216	108559044	29.29
92071000	通过电产生或扩大声音的键盘乐器	只	5940190	5095634	16.57	320353099	259768920	23.32
92079000	其他通过电产生或扩大声音的乐器	只	4033864	4409897	-8.53	199452829	189370512	5.32
92081000	百音盒	个	25414361	19554581	29.97	30048017	26923620	11.60
92089000	其他乐器；各种媒诱音响器、哨子	个	79654969	62967981	26.50	15750719	11326441	39.06
92093000	乐器用弦	千克	311168	294083	5.81	4516004	4179066	8.06
92099100	钢琴的零件、附件	千克	7618483	5295354	43.87	38030450	25623624	48.42
92099200	品目92.02所列乐器的零件、附件	千克	3368615	3235702	4.11	30652297	23449582	30.72
92099400	品目92.07所列乐器的零件、附件	千克	5279522	4442765	18.83	34999516	27320696	28.11
92099910	节拍器、音叉及定音管	千克	156626	188003	-16.69	4459090	4609546	-3.26
92099920	百音盒的机械装置	千克	796637	595963	33.67	5675911	4251219	33.51
92099990	其他乐器的零件、附件	千克	17695569	12281051	44.09	87099417	66332333	31.31
合计						1466732440	1217535350	20.47

2010年中国乐器出口世界各大洲概况

洲别	出口国家或地区数量		出口金额（万美元）		
	2010年	2009年	2010年	2009年	同比%
亚洲	46	44	38437	34697	10.78
非洲	44	41	2865	2089	37.17
欧洲	42	43	42759	35907	19.08
南美洲	36	35	16686	10701	55.92
北美洲	2	2	42982	35509	21.05
大洋洲	13	8	2944	2850	3.29
合计	183	173	146673	121754	20.47

2010年中国乐器出口国家和地区

（按出口金额排序）

排名		国家或地区	数量（架/件）			金额（美元）		
2010年	2009年		2010年	2009年	同比%	2010年	2009年	同比%
1	1	美国	39772186	34284197	16.01	398441163	322059309	23.72
2	2	德国	14393178	10158880	41.68	138507359	94434449	46.67
3	3	中国香港	9801445	12506573	-21.63	91054452	88448792	2.95
4	4	日本	7846887	8629300	-9.07	78875845	81609296	-3.35
5	8	巴西	4798726	3660918	31.08	73465936	39205754	87.39
6	9	荷兰	7502524	3874935	93.62	61886310	37086029	66.87
7	5	英国	5388750	4409089	22.22	55882538	60050376	-6.94
8	6	韩国	5183028	4968928	4.31	45090198	42053874	7.22
9	12	印度尼西亚	10152625	6235490	62.82	43040538	25462339	69.04
10	14	法国	2661683	1999238	33.13	38123187	22962783	66.02
11	10	加拿大	2650334	2442270	8.52	31383374	33026651	-4.98
12	11	意大利	5495951	3791522	44.95	30264912	29652901	2.06
13	13	澳大利亚	2050516	1914073	7.13	25128637	24347975	3.21
14	15	墨西哥	4113371	2318666	77.40	19670760	17281866	13.82
15	16	西班牙	5682987	3590247	58.29	18662317	15904044	17.34
16	18	马来西亚	3518934	3192867	10.21	16916132	13763345	22.91
17	22	智利	2089191	2183887	-4.34	16042995	10247033	56.56

排名		国家或地区	数量（架/件）			金额（美元）		
2010年	2009年		2010年	2009年	同比%	2010年	2009年	同比%
18	17	中国台湾	1336833	1021152	30.91	14282620	14030697	1.80
19	7	比利时	1276846	1560437	-18.17	14106247	41324551	-65.86
20	30	巴拿马	1473414	1349144	9.21	13997464	6080502	130.20
21	24	土耳其	2848207	2261829	25.92	13833085	9726108	42.23
22	20	阿根廷	1679564	1070488	56.90	13343755	10476399	27.37
23	23	泰国	2657504	1369454	94.06	12584532	9734238	29.28
24	28	俄罗斯联邦	1525997	2422567	-37.01	12004428	8536233	40.63
25	29	尼日利亚	782661	1659233	-52.83	11578771	7556081	53.24
26	19	阿联酋	3989968	2569375	55.29	11372906	10702822	6.26
27	27	菲律宾	3168034	1547429	104.73	11021886	8846367	24.59
28	26	印度	4380194	1865183	134.84	9370101	9021833	3.86
29	21	瑞典	539724	571617	-5.58	9297513	10396401	-10.57
30	33	芬兰	718259	554368	29.56	8691981	4967660	74.97
31	25	新加坡	974769	1701340	-42.71	8504826	9684521	-12.18
32	31	南非	1622330	1401265	15.78	7952816	5635620	41.12
33	43	捷克	1013726	341797	196.59	7475655	2906995	157.16
34	32	秘鲁	1241953	519105	139.25	6688566	5012816	33.43
35	34	哥伦比亚	1528253	850695	79.65	5897470	4643433	27.01
36	40	伊朗	2951632	1801155	63.87	5485354	3217629	70.48
37	38	以色列	888717	712010	24.82	5000743	3605149	38.71
38	42	危地马拉	572994	676307	-15.28	4303714	3022854	42.37
39	37	波兰	485992	661542	-26.54	4217974	3717690	13.46
40	36	越南	202850	135202	50.03	4156553	3844548	8.12
41	35	丹麦	538806	405471	32.88	4156127	4575838	-9.17
42	45	厄瓜多尔	969055	1525423	-36.47	3628011	2758129	31.54
43	39	新西兰	267582	188645	41.84	3321505	3316373	0.15
44	44	委内瑞拉	1059372	1397389	-24.19	3232964	2773207	16.58
45	41	希腊	1454207	785682	85.09	3183281	3097327	2.78
46	54	斯里兰卡	621765	431898	43.96	2726563	1586332	71.88
47	46	爱尔兰	192635	153062	25.85	2700969	2354544	14.71
48	52	葡萄牙	233935	374801	-37.58	2619422	2016020	29.93
49	66	乌拉圭	572196	257309	122.38	2220183	819677	170.86
50	48	乌克兰	619959	485771	27.62	2170203	2140444	1.39
51	56	叙利亚	1829997	2135917	-14.32	2079107	1338209	55.36
52	49	加纳	1566965	422029	271.29	2040935	2083046	-2.02

排名		国家或地区	数量（架/件）			金额（美元）		
2010年	2009年		2010年	2009年	同比%	2010年	2009年	同比%
53	53	挪威	451223	264165	70.81	2035674	1714266	18.75
54	47	匈牙利	195457	62394	213.26	1991688	2326415	-14.39
55	51	瑞士	193431	206238	-6.21	1822692	2026609	-10.06
56	65	摩洛哥	556015	248330	123.90	1661009	829954	100.13
57	55	奥地利	201734	297756	-32.25	1378941	1447975	-4.77
58	63	拉脱维亚	113176	47759	136.97	1220695	901762	35.37
59	57	埃及	1303425	1776043	-26.61	1090171	1253698	-13.04
60	58	黎巴嫩	202421	374741	-45.98	1088516	1116163	-2.48
61	50	朝鲜	20608	54956	-62.50	1067543	2035626	-47.56
62	71	斯洛文尼亚	168219	95287	76.54	1016489	645217	57.54
63	68	克罗地亚	87637	138494	-36.72	971941	742858	30.84
64	67	哈萨克斯坦	49063	32802	49.57	967742	813457	18.97
65	72	伊拉克	893316	848970	5.22	954953	645079	48.04
66	59	波多黎各	140922	203729	-30.83	922229	1081983	-14.76
67	62	罗马尼亚	847621	415579	103.96	918729	944374	-2.72
68	64	塞浦路斯	39546	63077	-37.31	767326	859862	-10.76
69	84	萨尔瓦多	336598	124286	170.83	725425	308225	135.36
70	70	巴布亚新几内亚	73152	159885	-54.25	707858	658024	7.57
71	69	沙特阿拉伯	970517	405821	139.15	691258	691491	-0.03
72	75	阿尔及利亚	227418	592750	-61.63	674334	446812	50.92
73	73	突尼斯	34875	190699	-81.71	580106	639383	-9.27
74	74	洪都拉斯	103925	99412	4.54	547049	505584	8.20
75	94	立陶宛	86217	46575	85.11	501371	199685	151.08
76	81	科威特	167724	216750	-22.62	465829	386413	20.55
77	80	乌兹别克斯坦	1561	11343	-86.24	451849	389722	15.94
78	83	巴基斯坦	1730869	511521	238.38	437336	321040	36.22
79	60	哥斯达黎加	161713	149425	8.22	426040	1042128	-59.12
80	79	多米尼加共和国	61940	69871	-11.35	355674	401776	-11.47
81	61	中国澳门	37714	118503	-68.17	334544	967870	-65.44
82	95	尼加拉瓜	46433	125104	-62.88	322682	195796	64.81
83	86	白俄罗斯	19705	22944	-14.12	302037	279342	8.12
84	97	孟加拉国	165578	411257	-59.74	287931	179858	60.09
85	121	刚果(金)	2046800	301392	579.12	282499	52986	433.16
86	90	塞尔维亚	50444	55163	-8.55	275615	236389	16.59
87	88	毛里求斯	57260	31092	84.16	272596	271461	0.42

排名		国家或地区	数量（架/件）			金额（美元）		
2010年	2009年		2010年	2009年	同比%	2010年	2009年	同比%
88	78	古巴	38349	19074	101.05	253862	417938	-39.26
89	93	马耳他	8505	15752	-46.01	246567	202779	21.59
90	96	肯尼亚	286093	90334	216.71	243462	194882	24.93
91	106	巴拉圭	134098	40803	228.65	243257	139008	74.99
92	87	斯洛伐克	37302	44552	-16.27	236985	276330	-14.24
93		乌干达	86			226305		
94	76	约旦	429396	354083	21.27	223475	441678	-49.40
95	77	利比亚	164669	230167	-28.46	216789	440871	-50.83
96	91	安哥拉	266049	583257	-54.39	216050	228554	-5.47
97	85	保加利亚	132944	73933	79.82	209085	283471	-26.24
98	108	莫桑比克	67084	149008	-54.98	200759	132089	51.99
99	114	巴林	17605	10326	70.49	179654	73547	144.27
100	122	塞内加尔	232226	259091	-10.37	174849	48577	259.94
101	119	斐济	21597	11041	95.61	163065	58961	176.56
102	100	留尼汪	18201	35214	-48.31	160068	168833	-5.19
103	128	文莱	33601	3862	770.04	156905	35890	337.18
104	82	卡塔尔	42972	75542	-43.12	142705	328237	-56.52
105	101	也门	273963	238160	15.03	137951	156662	-11.94
106	109	马达加斯加	184257	56986	223.34	137787	113225	21.69
107	105	尼泊尔联邦民主共和国	51150	134874	-62.08	135849	141894	-4.26
108	99	阿曼	8088	66919	-87.91	132239	176764	-25.19
109	92	玻利维亚	9926	20630	-51.89	131763	216438	-39.12
110	103	阿塞拜疆	1395	1887	-26.07	125474	153286	-18.14
111	113	纳米比亚	18767	120407	-84.41	117502	82785	41.94
112	112	特立尼达和多巴哥	172367	32734	426.57	105459	83736	25.94
113	123	埃塞俄比亚	20456	12500	63.65	103028	46690	120.66
114	89	蒙古	3891	41156	-90.55	96725	260094	-62.81
115	104	冰岛	3811	859	343.66	89007	144454	-38.38
116	152	阿尔巴尼亚	12919	7583	70.37	84613	12062	601.48
117	125	吉布提	238434	308131	-22.62	75051	44575	68.37
118	116	几内亚	5586	295378	-98.11	73009	69830	4.55
119	144	缅甸	7948	549	1347.72	69262	19890	248.23
120	126	亚美尼亚	405	423	-4.26	63680	44416	43.37
121	157	安道尔	483	982	-50.81	61856	6519	848.86
122	145	利比里亚	77716	2336	3226.88	59414	19084	211.33

排名		国家或地区	数量（架/件）			金额（美元）		
2010年	2009年		2010年	2009年	同比%	2010年	2009年	同比%
123	117	新喀里多尼亚	2036	6667	-69.46	58013	66544	-12.82
124	147	津巴布韦	3793	555	583.42	52737	18565	184.07
125	102	爱沙尼亚	19237	46671	-58.78	51519	154419	-66.64
126	142	喀麦隆	256272	21446	1094.96	49970	21217	135.52
127	111	科特迪瓦	65306	45664	43.01	48487	97754	-50.40
128	115	巴哈马	1837	2479	-25.90	48473	72628	-33.26
129	141	坦桑尼亚	251380	80637	211.74	48428	24119	100.79
130		阿富汗	10173			48350		
131	146	多哥	144821	163021	-11.16	45298	18833	140.52
132	118	贝宁	79866	282462	-71.73	44982	66155	-32.01
133	143	马尔代夫	2736	9706	-71.81	41320	20588	100.70
134	131	牙买加	53262	7249	634.75	38677	29467	31.26
135	160	柬埔寨	21786	402	5319.40	37729	3334	1031.64
136	136	多米尼克	1516	8116	-81.32	37523	26649	40.80
137	130	马提尼克	3837	15330	-74.97	37031	30154	22.81
138	138	博茨瓦那	3584	3176	12.85	32859	25289	29.93
139	155	东帝汶	4011	1060	278.40	31043	7456	316.35
140	134	海地	33688	26284	28.17	29777	27363	8.82
141		科摩罗	7600			28895		
142	110	苏丹	60291	45659	32.05	27148	106808	-74.58
143	129	巴巴多斯	1192	1386	-14.00	25016	32002	-21.83
144	127	法属波利尼西亚	274	899	-69.52	22264	37583	-40.76
145	168	赞比亚	492	211	133.18	21505	330	6416.67
146	153	佛得角	2818	871	223.54	21473	9762	119.97
147	167	圣卢西亚	346	272	27.21	20622	607	3297.36
148	120	瓜德罗普	22835	465	4810.75	20055	53945	-62.82
149	135	加蓬	873	4122	-78.82	19770	27007	-26.80
150	140	毛里塔尼亚	14596	59654	-75.53	17446	24136	-27.72
151		中非	1			16765		
152		荷属安的列斯	5136			16387		
153	124	刚果(布)	8912	297957	-97.01	15848	44885	-64.69
154	149	格鲁吉亚	13147	4800	173.90	14479	16575	-12.65
155	165	圭亚那	10636	1120	849.64	13674	717	1807.11
156	151	苏里南	3085	1053	192.97	13079	13491	-3.05
157	150	社会群岛	246	1635	-84.95	13011	14816	-12.18

排名		国家或地区	数量（架/件）			金额（美元）		
2010年	2009年		2010年	2009年	同比%	2010年	2009年	同比%
158		瓦努阿图	1268			12484		
159	133	土库曼斯坦	50	463	-89.20	11675	27665	-57.80
160	154	伯利兹	960	28166	-96.59	10882	7970	36.54
161	161	库腊索岛	32940	55500	-40.65	10569	3330	217.39
162		圣基茨和尼维斯	510			10200		
163	170	卢森堡	111	200	-44.50	9980	170	5770.59
164	159	马里	304	135	125.19	9000	4080	120.59
165	148	塔吉克斯坦	65	1800	-96.39	8250	18000	-54.17
166		萨摩亚	220			6776		
167	137	塞舌尔	433	918	-52.83	5970	25814	-76.87
168	107	黑山	4116	8285	-50.32	5055	134482	-96.24
169	169	摩尔多瓦	147	4	3575.00	4984	300	1561.33
170		塞拉利昂	10918			3889		
171		前南马其顿	26			3819		
172	98	吉尔吉斯斯坦	16800	24500	-31.43	3360	179000	-98.12
173	164	所罗门群岛	281	152	84.87	2597	846	206.97
174		赤道几内亚	102			1603		
175		马拉维	2889			1540		
176		帕劳	1			1300		
177	166	巴勒斯坦	11000	2340	370.09	713	683	4.39
178		大洋洲其他国家（地区）	60			528		
179		库克群岛	38			420		
180	172	乍得	10	50	-80.00	279	80	248.75
181		老挝	160			80		
182		尼日尔	48			43		
183		阿鲁巴	20			26		

2010年中国乐器出口前10位国家和地区

（按出口金额排序）

商品名称	出口国家数量	排名	国家和地区	数量（架/件）			金额（美元）		
				2010年	2009年	同比%	2010年	2009年	同比%
立式钢琴	93	1	美国	12447	8065	54.33	17890592	11480505	55.83
		2	德国	5954	5025	18.49	7139961	6014132	18.72
		3	中国香港	4737	4305	10.03	5643359	4976806	13.39
		4	韩国	2546	2609	-2.41	3168956	3218825	-1.55
		5	加拿大	2043	1517	34.67	2967145	2195665	35.14
		6	法国	2569	2442	5.20	2619476	2337929	12.04
		7	英国	2192	1870	17.22	2237792	1866346	19.90
		8	荷兰	1950	1558	25.16	2149542	1579701	36.07
		9	意大利	2131	2082	2.35	2060575	1893869	8.80
		10	新加坡	1569	948	65.51	1966860	1133225	73.56
三角钢琴	78	1	美国	2506	2286	9.62	7722458	7075725	9.14
		2	德国	598	554	7.94	2256882	2219999	1.66
		3	中国香港	227	128	77.34	1682906	1196877	40.61
		4	英国	418	261	60.15	1185234	817246	45.03
		5	澳大利亚	353	171	106.43	779214	599746	29.92
		6	巴西	225	187	20.32	620051	489758	26.60
		7	加拿大	179	207	-13.53	601726	653861	-7.97
		8	荷兰	148	132	12.12	524105	473015	10.80
		9	日本	142	137	3.65	467192	496175	-5.84
		10	法国	158	136	16.18	446621	502312	-11.09
其他钢琴（包括自动钢琴、弹拨古钢琴等）	74	1	美国	287	113	153.98	127475	14002	810.41
		2	土耳其	361	28	1189.29	67140	34700	93.49
		3	朝鲜	222	198	12.12	61785	146991	-57.97
		4	英国	55	2	2650.00	60683	1348	4401.71
		5	德国	256	1	25500.00	59626	2143	2682.36
		6	澳大利亚	314	368	-14.67	39625	30870	28.36
		7	文莱	100	/	/	38850	/	/
		8	中国香港	1472	28	5157.14	38604	7617	406.81
		9	西班牙	68	109	-37.61	25214	8949	181.75
		10	缅甸	3	/	/	20971	/	/

商品名称	出口国家数量	排名	国家和地区	数量（架/件）			金额（美元）		
				2010年	2009年	同比%	2010年	2009年	同比%
弓弦乐器	222	1	美国	378156	345424	9.48	18214733	15263732	19.33
		2	德国	54202	44863	20.82	4192864	3566725	17.56
		3	英国	63003	98992	-36.36	3170359	4983685	-36.39
		4	韩国	102535	108064	-5.12	2863000	2842861	0.71
		5	日本	35413	28814	22.90	2361452	2186103	8.02
		6	加拿大	25959	13759	88.67	1748925	1279523	36.69
		7	法国	16239	12504	29.87	1470485	1074272	36.88
		8	巴西	47464	36263	30.89	1410914	1064970	32.48
		9	土耳其	55562	38014	46.16	1371919	945060	45.17
		10	西班牙	38437	31195	23.22	1332779	1051952	26.70
其他弦乐器	148	1	美国	2862828	2689496	6.44	73779546	60503209	21.94
		2	巴西	1251683	613627	103.98	28250938	10880685	159.64
		3	德国	861754	767729	12.25	22216058	15750195	41.05
		4	荷兰	417677	290050	44.00	17431353	9690007	79.89
		5	英国	483002	628760	-23.18	9152977	11767408	-22.22
		6	法国	315602	272328	15.89	9047265	6673244	35.58
		7	意大利	336170	334689	0.44	7344094	7442165	-1.32
		8	日本	166338	200952	-17.23	5835869	6690855	-12.78
		9	韩国	198999	153273	29.83	5717106	4455298	28.32
		10	澳大利亚	229219	294033	-22.04	5619834	6748539	-16.73
键盘管风琴、簧风琴等	47	1	马来西亚	495042	463700	6.76	1649837	1509008	9.33
		2	日本	174588	113470	53.86	1147898	756805	51.68
		3	土耳其	359791	533236	-32.53	815219	793056	2.79
		4	印度尼西亚	205559	67608	204.05	660137	204061	223.50
		5	厄瓜多尔	42240	30248	39.65	198355	130350	52.17
		6	泰国	95264	13273	617.73	141820	83749	69.34
		7	德国	19040	7451	155.54	132155	61934	113.38
		8	韩国	56173	47085	19.30	123065	116326	5.79
		9	墨西哥	14520	16198	-10.36	81951	85996	-4.70
		10	斯里兰卡	12952	12268	5.58	78307	65305	19.91
手风琴及类似乐器	90	1	韩国	143522	189372	-24.21	1780772	2446318	-27.21
		2	乌拉圭	88524	8110	991.54	641453	70934	804.30
		3	美国	51203	44978	13.84	2596638	2162811	20.06
		4	巴拿马	16327	25739	-36.57	324324	263444	23.11
		5	阿根廷	15603	11358	37.37	658688	392726	67.72

商品名称	出口国家数量	排名	国家和地区	数量（架/件）			金额（美元）		
				2010年	2009年	同比%	2010年	2009年	同比%
手风琴及类似乐器	90	6	哥伦比亚	13861	11090	24.99	953860	841805	13.31
		7	德国	13147	11269	16.67	1470401	1805850	-18.58
		8	意大利	12364	17452	-29.15	530611	513850	3.26
		9	斯里兰卡	12177	2833	329.83	119949	47849	150.68
		10	智利	11604	16496	-29.66	901118	773481	16.50
口琴	99	1	美国	2007089	2239423	-10.37	2426516	2226791	8.97
		2	德国	1017085	1125404	-9.62	2262422	2504028	-9.65
		3	日本	429451	372481	15.29	1786382	1361532	31.20
		4	印度尼西亚	148724	155534	-4.38	421524	408692	3.14
		5	印度	230349	115204	99.95	370871	85738	332.56
		6	英国	305836	390295	-21.64	320687	345055	-7.06
		7	土耳其	171206	502055	-65.90	273260	409807	-33.32
		8	泰国	447223	74144	503.18	270387	85968	214.52
		9	马来西亚	161941	148499	9.05	222446	178111	24.89
		10	韩国	116975	89539	30.64	218916	231225	-5.32
铜管乐器	105	1	美国	181802	143544	26.65	19776204	18130614	9.08
		2	德国	145189	91806	58.15	10589334	9434753	12.24
		3	英国	61076	57302	6.59	5590647	5745570	-2.70
		4	巴西	65774	32716	101.05	5405384	2959644	82.64
		5	法国	17247	8963	92.42	2672445	960324	178.29
		6	墨西哥	22874	23727	-3.60	2420934	2583109	-6.28
		7	韩国	19627	31659	-38.00	1981905	2551770	-22.33
		8	日本	23198	44813	-48.23	1944815	5119953	-62.01
		9	智利	33693	28189	19.53	1789949	1357421	31.86
		10	意大利	19262	19343	-0.42	1783062	1532443	16.35
其他管乐器	114	1	美国	1846239	1472060	25.42	14329935	13986557	2.46
		2	德国	389184	417021	-6.68	3025515	2727600	10.92
		3	英国	318482	93783	239.59	2422886	2003087	20.96
		4	巴西	231474	73872	213.34	1974165	881560	123.94
		5	加拿大	449035	280060	60.34	1594456	1608514	-0.87
		6	中国香港	117276	118007	-0.62	1510750	1407020	7.37
		7	韩国	299269	396829	-24.58	1206356	1498534	-19.50
		8	意大利	166546	146593	13.61	994239	1227343	-18.99
		9	尼日利亚	61000	130122	-53.12	903127	666263	35.55
		10	西班牙	210334	99705	110.96	807973	440409	83.46

商品名称	出口国家数量	排名	国家和地区	数量（架/件）			金额（美元）		
				2010年	2009年	同比%	2010年	2009年	同比%
打击乐器	136	1	美国	2612313	2907210	-10.14	38219205	30609529	24.86
		2	德国	2391533	1280206	86.81	11981939	8727207	37.29
		3	荷兰	497697	281569	76.76	9504188	5123994	85.48
		4	巴西	366692	238467	53.77	9283725	4073288	127.92
		5	尼日利亚	116071	113339	2.41	6783477	4282761	58.39
		6	英国	376953	274591	37.28	4411622	4023530	9.65
		7	日本	161386	1072451	-84.95	3668099	3428761	6.98
		8	韩国	602024	805453	-25.26	3479264	3304018	5.30
		9	加拿大	181609	140506	29.25	3364722	3219310	4.52
		10	阿根廷	142192	147240	-3.43	2910292	2192648	32.73
键盘电子乐器	135	1	美国	1710213	1195451	43.06	87160706	56957010	53.03
		2	中国香港	857154	458872	86.80	53463146	52221514	2.38
		3	德国	600501	209274	186.94	36702094	11755292	212.22
		4	日本	441901	482133	-8.34	19462775	24338479	-20.03
		5	英国	240447	184902	30.04	12664244	9542749	32.71
		6	韩国	119595	102118	17.11	11189361	8592813	30.22
		7	法国	129265	39525	227.05	10963345	3517471	211.68
		8	巴西	111309	119748	-7.05	7838016	7340755	6.77
		9	巴拿马	82676	60612	36.40	6753748	3993028	69.14
		10	荷兰	135826	126084	7.73	6347915	4349909	45.93
电声乐器	131	1	美国	1224062	1617465	-24.32	63634098	64178273	-0.85
		2	日本	462893	520259	-11.03	22633495	18040947	25.46
		3	荷兰	312805	196011	59.59	19167780	10843381	76.77
		4	德国	281981	246486	14.40	15997879	13985134	14.39
		5	巴西	299283	182214	64.25	11700827	6562629	78.29
		6	英国	159694	259387	-38.43	8067710	12113964	-33.40
		7	加拿大	70028	105462	-33.60	4123266	6642342	-37.92
		8	澳大利亚	77809	72556	7.24	4113740	4069309	1.09
		9	意大利	57732	71675	-19.45	3591390	5051090	-28.90
		10	墨西哥	77948	71607	8.86	3496355	3785892	-7.65
百音盒	101	1	美国	4354394	4114662	5.83	9702066	10292288	-5.73
		2	中国香港	4347122	4144899	4.88	3473023	3717069	-6.57
		3	德国	1437646	906010	58.68	2741849	1808095	51.64
		4	日本	961390	572695	67.87	1191704	628594	89.58
		5	英国	464630	475915	-2.37	905676	1142501	-20.73

商品名称	出口国家数量	排名	国家和地区	数量（架/件）			金额（美元）		
				2010年	2009年	同比%	2010年	2009年	同比%
百音盒	101	6	意大利	546700	541398	0.98	736550	915083	-19.51
		7	印度	2440633	622866	291.84	711195	449129	58.35
		8	巴西	759614	722821	5.09	709869	431907	64.36
		9	墨西哥	925770	786821	17.66	634200	569906	11.28
		10	荷兰	281113	171476	63.94	570696	307421	85.64
其他乐器（包括游艺场风琴、手摇风琴等）	130	1	美国	15698409	13599364	15.43	3939282	2939700	34.00
		2	西班牙	2011790	1286178	56.42	831126	388268	114.06
		3	日本	2671528	2877793	-7.17	731444	1354435	-46.00
		4	德国	3672884	2424956	51.46	700276	492738	42.12
		5	意大利	2660095	1281413	107.59	537530	219915	144.43
		6	泰国	1230528	636698	93.27	422530	83593	405.46
		7	马来西亚	1875032	1525833	22.89	420341	265702	58.20
		8	阿联酋	2745169	1900144	44.47	411488	215913	90.58
		9	巴西	997549	1230615	-18.94	406223	223458	81.79
		10	印度尼西亚	3338010	2027348	64.65	403026	146342	175.40
节拍器、音叉及定音管	73	1	美国	25682	43624	-41.13	785784	926788	-15.21
		2	中国香港	33707	33927	-0.65	780488	775246	0.68
		3	日本	15437	18669	-17.31	681267	742293	-8.22
		4	德国	22010	25161	-12.52	579438	550355	5.28
		5	英国	7075	6444	9.79	220916	225787	-2.16
		6	巴西	3889	2858	36.07	169184	56209	200.99
		7	韩国	2928	12066	-75.73	122627	56160	118.35
		8	荷兰	4757	2713	75.34	98048	64722	51.49
		9	波兰	1689	2212	-23.64	91409	86069	6.20
		10	法国	2354	3153	-25.34	82809	99641	-16.89
百音盒的机械装置	41	1	中国香港	303563	290788	4.39	2129304	1651096	28.96
		2	斯里兰卡	203088	127410	59.40	1240066	877546	41.31
		3	德国	40082	43569	-8.00	419597	465347	-9.83
		4	法国	32635	21705	50.36	403715	272845	47.96
		5	日本	110314	49678	122.06	398955	294474	35.48
		6	印度尼西亚	30659	143	21339.86	282411	2730	10244.73
		7	美国	25376	26721	-5.03	279090	236661	17.93
		8	瑞士	3466	2648	30.89	81656	55305	47.65
		9	荷兰	3458	2866	20.66	70841	49636	42.72
		10	越南	3845	6258	-38.56	63104	72407	-12.85

商品名称	出口国家数量	排名	国家和地区	数量（架/件）			金额（美元）		
				2010年	2009年	同比%	2010年	2009年	同比%
乐器用弦	95	1	美国	38107	55710	-31.60	740219	1070795	-30.87
		2	印度尼西亚	25526	23859	6.99	460578	335317	37.36
		3	德国	13217	12085	9.37	407822	279114	46.11
		4	日本	30990	33558	-7.65	405556	423992	-4.35
		5	韩国	59139	52337	13.00	348631	474801	-26.57
		6	巴西	15796	7140	121.23	186899	113603	64.52
		7	英国	7517	11740	-35.97	149233	191971	-22.26
		8	中国香港	9860	7510	31.29	115880	36628	216.37
		9	马来西亚	9554	6512	46.71	115408	69957	64.97
		10	印度	6793	1710	297.25	113910	27459	314.84
钢琴的零件、附件	63	1	印度尼西亚	4515622	2845154	58.71	22978446	12872964	78.50
		2	捷克	841783	184804	355.50	4230667	1058879	299.54
		3	韩国	905586	1134408	-20.17	3695199	4724763	-21.79
		4	日本	305334	273092	11.81	2491747	2149677	15.91
		5	德国	395764	356754	10.93	1261257	1371422	-8.03
		6	中国台湾	279930	190737	46.76	1127313	773659	45.71
		7	美国	69882	43176	61.85	801507	841682	-4.77
		8	伊朗	137989	74567	85.05	575935	295729	94.75
		9	澳大利亚	10857	4016	170.34	133413	21260	527.53
		10	荷兰	30263	38573	-21.54	131652	127512	3.25
弦乐器零件、附件	113	1	美国	733400	650473	12.75	6778346	5337784	26.99
		2	德国	204956	291096	-29.59	2939497	2492468	17.94
		3	印度尼西亚	562365	273374	105.71	2914297	1024884	184.35
		4	中国香港	119101	210737	-43.48	2497800	2049235	21.89
		5	日本	286576	402955	-28.88	2252379	2375647	-5.19
		6	巴西	64744	55071	17.56	1423011	511624	178.14
		7	韩国	251823	272816	-7.69	1075075	895802	20.01
		8	英国	108173	70296	53.88	840973	648969	29.59
		9	意大利	164908	198676	-17.00	804612	982383	-18.10
		10	法国	21190	28370	-25.31	777062	509682	52.46
键盘电子乐器零件、附件	90	1	中国香港	785711	1106011	-28.96	7059477	6821929	3.48
		2	美国	767286	383688	99.98	5903729	3714729	58.93
		3	印度尼西亚	524876	299200	75.43	5210449	2947124	76.80
		4	韩国	1034253	785980	31.59	4206370	2963357	41.95
		5	日本	511136	466111	9.66	3231155	3400968	-4.99

商品名称	出口国家数量	排名	国家和地区	数量（架/件）			金额（美元）		
				2010年	2009年	同比%	2010年	2009年	同比%
键盘电子乐器零件、附件	90	6	意大利	260655	218255	19.43	2129280	1299842	63.81
		7	德国	358629	264434	35.62	1506365	1162129	29.62
		8	英国	166286	220313	-24.52	863723	1006537	-14.19
		9	荷兰	68641	32387	111.94	443695	223082	98.89
		10	巴西	47456	14337	231.00	392821	180334	117.83
其他乐器的零件、附件	124	1	美国	5128934	2670732	92.04	23574919	14060114	67.67
		2	德国	2467566	1627726	51.60	9924128	7257789	36.74
		3	中国香港	1014480	805490	25.95	5554704	4061909	36.75
		4	日本	856392	865365	-1.04	5128648	5455318	-5.99
		5	中国台湾	331092	246626	34.25	4003021	3868832	3.47
		6	英国	550426	449927	22.34	2884221	2528364	14.07
		7	荷兰	364989	291656	25.14	2672627	2223018	20.23
		8	意大利	742219	521922	42.21	2661768	1932085	37.77
		9	加拿大	541040	402544	34.41	2657785	2359845	12.63
		10	印度尼西亚	348716	244290	42.75	2348132	1722239	36.34

2010年中国立式钢琴出口国家和地区

（按出口金额排序）

排名		国家或地区	数量（架）			金额（美元）		
2010年	2009年		2010年	2009年	同比%	2010年	2009年	同比%
1	1	美国	12447	8065	54.33	17890592	11480505	55.83
2	2	德国	5954	5025	18.49	7139961	6014132	18.72
3	3	中国香港	4737	4305	10.03	5643359	4976806	13.39
4	4	韩国	2546	2609	-2.41	3168956	3218825	-1.55
5	6	加拿大	2043	1517	34.67	2967145	2195665	35.14
6	5	法国	2569	2442	5.20	2619476	2337929	12.04
7	8	英国	2192	1870	17.22	2237792	1866346	19.90
8	9	荷兰	1950	1558	25.16	2149542	1579701	36.07
9	7	意大利	2131	2082	2.35	2060575	1893869	8.80
10	12	新加坡	1569	948	65.51	1966860	1133225	73.56
11	10	日本	1642	1291	27.19	1960503	1561596	25.54
12	11	澳大利亚	1625	1256	29.38	1672915	1210155	38.24
13	17	捷克	445	363	22.59	1426463	506414	181.68
14	13	土耳其	1137	889	27.90	1225797	956013	28.22
15	15	伊朗	912	709	28.63	1210327	793727	52.49
16	14	比利时	707	897	-21.18	845300	941358	-10.20
17	23	马来西亚	532	277	92.06	668467	327491	104.12
18	21	阿联酋	355	308	15.26	599584	331796	80.71
19	16	朝鲜	373	429	-13.05	591124	716453	-17.49
20	30	巴西	597	258	131.40	590419	249345	136.79
21	19	泰国	423	347	21.90	587379	407727	44.06
22	34	俄罗斯联邦	387	112	245.54	502030	162932	208.12
23	27	以色列	476	289	64.71	476513	277980	71.42
24	22	爱尔兰	480	347	38.33	471548	329835	42.96
25	18	西班牙	424	504	-15.87	432413	473180	-8.62
26	20	黎巴嫩	326	306	6.54	386349	339701	13.73
27	33	中国台湾	325	189	71.96	355747	204404	74.04
28	25	墨西哥	264	298	-11.41	280835	314110	-10.59
29	24	塞浦路斯	236	284	-16.90	273137	323235	-15.50
30	26	希腊	341	289	17.99	252490	297942	-15.26
31	32	乌兹别克斯坦	185	168	10.12	250860	205974	21.79

排名		国家或地区	数量（架）			金额（美元）		
2010年	2009年		2010年	2009年	同比%	2010年	2009年	同比%
32	35	印度	199	132	50.76	229262	150329	52.51
33	28	中国澳门	240	284	-15.49	221300	264613	-16.37
34	31	奥地利	160	190	-15.79	217046	218001	-0.44
35	29	印度尼西亚	142	206	-31.07	160229	254041	-36.93
36	39	越南	146	83	75.90	160225	102352	56.54
37	45	挪威	141	79	78.48	156993	83049	89.04
38	36	新西兰	98	137	-28.47	109253	135658	-19.46
39	41	哥伦比亚	95	84	13.10	108630	94166	15.36
40	38	南非	86	85	1.18	107710	118564	-9.15
41	78	菲律宾	79	10	690.00	105566	10928	866.01
42	42	突尼斯	101	89	13.48	104271	91728	13.67
43	63	沙特阿拉伯	97	28	246.43	103144	25258	308.36
44	40	埃及	62	79	-21.52	86095	101958	-15.56
45	74	蒙古	54	16	237.50	72346	16294	344.00
46	51	智利	46	36	27.78	59412	45784	29.77
47	60	约旦	53	31	70.97	58149	33515	73.50
48	80	阿根廷	43	7	514.29	55417	9480	484.57
49	47	冰岛	48	65	-26.15	53725	71953	-25.33
50	59	古巴	15	10	50.00	51903	34690	49.62
51	46	摩洛哥	49	71	-30.99	51593	79973	-35.49
52	44	葡萄牙	44	83	-46.99	49020	90662	-45.93
53	50	丹麦	38	15	153.33	48528	48493	0.07
54	57	瑞士	33	31	6.45	44311	37661	17.66
55	53	乌克兰	30	37	-18.92	34718	40739	-14.78
56	49	阿塞拜疆	28	47	-40.43	34268	53189	-35.57
57	37	叙利亚	29	103	-71.84	30323	125130	-75.77
58	64	委内瑞拉	29	15	93.33	29705	24410	21.69
59		克罗地亚	27			27929		
60		伊拉克	86			27469		
61	71	芬兰	16	20	-20.00	25978	18454	40.77
62	43	匈牙利	22	51	-56.86	23928	90712	-73.62
63	81	亚美尼亚	17	5	240.00	22759	6511	249.55
64	56	秘鲁	16	34	-52.94	19730	38927	-49.32
65	70	保加利亚	16	17	-5.88	19579	19212	1.91
66	55	哈萨克斯坦	18	39	-53.85	19504	39605	-50.75

排名		国家或地区	数量（架）			金额（美元）		
2010年	2009年		2010年	2009年	同比%	2010年	2009年	同比%
67	68	玻利维亚	16	17	-5.88	18206	20460	-11.02
68	67	罗马尼亚	15	15	0.00	17724	22261	-20.38
69		阿尔巴尼亚	15			17711		
70	87	斯里兰卡	15	3	400.00	17473	3402	413.61
71	48	拉脱维亚	5	48	-89.58	15825	53734	-70.55
72	52	马耳他	16	38	-57.89	15570	41825	-62.77
73	72	危地马拉	13	17	-23.53	12950	17978	-27.97
74		白俄罗斯	10			12222		
75	65	尼日利亚	7	19	-63.16	10905	22802	-52.18
76	86	孟加拉国	8	3	166.67	8640	4390	96.81
77	75	斯洛文尼亚	6	15	-60.00	7697	15570	-50.57
78	84	缅甸	2	3	-33.33	7534	5254	43.40
79		埃塞俄比亚	5			7495		
80	69	波兰	5	21	-76.19	6436	19820	-67.53
81		马提尼克	6			6206		
82	90	阿曼	5	2	150.00	6095	2998	103.30
83		圣卢西亚	5			6006		
84	77	巴巴多斯	4	2	100.00	5022	11887	-57.75
85		前南马其顿	2			3598		
86	66	留尼汪	3	15	-80.00	3315	22560	-85.31
87	85	文莱	10	2	400.00	3221	4458	-27.75
88	62	毛里求斯	2	17	-88.24	3094	26178	-88.18
89	73	特立尼达和多巴哥	2	16	-87.50	2750	17807	-84.56
90	79	阿尔及利亚	2	10	-80.00	2167	10597	-79.55
91		肯尼亚	1			1722		
92	54	厄瓜多尔	1	30	-96.67	1414	40041	-96.47
93	89	巴基斯坦	1	2	-50.00	1056	3010	

2010年中国三角钢琴出口国家和地区

（按出口金额排序）

排名		国家或地区	数量（架）			金额（美元）		
2010年	2009年		2010年	2009年	同比%	2010年	2009年	同比%
1	1	美国	2506	2286	9.62	7722458	7075725	9.14
2	2	德国	598	554	7.94	2256882	2219999	1.66
3	3	中国香港	227	128	77.34	1682906	1196877	40.61
4	4	英国	418	261	60.15	1185234	817246	45.03
5	6	澳大利亚	353	171	106.43	779214	599746	29.92
6	10	巴西	225	187	20.32	620051	489758	26.60
7	5	加拿大	179	207	-13.53	601726	653861	-7.97
8	11	荷兰	148	132	12.12	524105	473015	10.80
9	9	日本	142	137	3.65	467192	496175	-5.84
10	8	法国	158	136	16.18	446621	502312	-11.09
11	12	比利时	98	83	18.07	317620	230784	37.63
12	22	泰国	62	38	63.16	303608	112178	170.65
13	15	马来西亚	84	55	52.73	301957	192882	56.55
14	13	意大利	95	94	1.06	276885	225854	22.59
15	7	韩国	53	90	-41.11	248735	525280	-52.65
16	31	俄罗斯联邦	69	19	263.16	243311	57997	319.52
17		捷克	53			236087		
18	34	土耳其	249	16	1456.25	161903	51571	213.94
19	14	奥地利	35	55	-36.36	147440	224924	-34.45
20	27	爱尔兰	65	33	96.97	119265	80128	48.84
21	17	以色列	36	44	-18.18	114094	156088	-26.90
22	23	伊朗	36	37	-2.70	112601	97745	15.20
23		白俄罗斯	25			90651		
24	16	新加坡	26	45	-42.22	90410	170998	-47.13
25	37	越南	22	11	100.00	85584	44212	93.58
26	24	西班牙	27	35	-22.86	84576	97193	-12.98
27	25	中国台湾	28	25	12.00	84138	92843	-9.38
28	26	墨西哥	14	27	-48.15	83290	86363	-3.56
29	35	黎巴嫩	27	14	92.86	81829	49658	64.79
30	19	南非	21	36	-41.67	81315	133474	-39.08
31	18	印度尼西亚	17	30	-43.33	68244	149565	-54.37

排名		国家或地区	数量（架）			金额（美元）		
2010年	2009年		2010年	2009年	同比%	2010年	2009年	同比%
32	30	阿塞拜疆	18	17	5.88	64137	60713	5.64
33	52	印度	15	2	650.00	58603	22291	162.90
34	29	塞浦路斯	10	22	-54.55	54554	62622	-12.88
35	44	哥伦比亚	16	9	77.78	53047	31428	68.79
36	71	哈萨克斯坦	24	1	2300.00	51878	2907	1684.59
37	20	乌兹别克斯坦	7	23	-69.57	44184	117089	-62.26
38	21	匈牙利	10	33	-69.70	42200	113030	-62.66
39	28	阿联酋	9	16	-43.75	41053	72653	-43.49
40	41	瑞士	9	10	-10.00	39091	38962	0.33
41	32	埃及	10	19	-47.37	36315	54984	-33.95
42	64	挪威	13	2	550.00	33358	6214	436.82
43	48	亚美尼亚	8	7	14.29	31926	29302	8.96
44	60	突尼斯	9	3	200.00	27899	10054	177.49
45	42	中国澳门	10	17	-41.18	25806	37684	-31.52
46		智利	6			25001		
47		斯洛文尼亚	7			24014		
48	38	希腊	23	17	35.29	22587	43948	-48.61
49	57	阿根廷	5	4	25.00	21253	14481	46.76
50	36	乌克兰	6	17	-64.71	18508	45743	-59.54
51		中非	1			16765		
52		约旦	6			16621		
53	43	新西兰	6	10	-40.00	16319	33046	-50.62
54	54	尼日利亚	1	4	-75.00	13251	18571	-28.65
55	51	摩洛哥	4	7	-42.86	12777	22348	-42.83
56		拉脱维亚	3			10603		
57		圣卢西亚	3			10356		
58		波兰	3			9202		
59		阿曼	3			9147		
60	33	丹麦	2	15	-86.67	8682	53087	-83.65
61		吉布提	1			7800		
62		委内瑞拉	3			7607		
63		芬兰	2			7004		
64	59	保加利亚	3	4	-25.00	6972	11837	-41.10
65	66	马耳他	2	2	0.00	5991	5806	3.19
66	56	葡萄牙	2	5	-60.00	5789	15430	-62.48

排名		国家或地区	数量（架）			金额（美元）		
2010年	2009年		2010年	2009年	同比%	2010年	2009年	同比%
67	45	冰岛	2	8	-75.00	5453	30422	-82.08
68	50	叙利亚	2	5	-60.00	5312	24201	-78.05
69		塔吉克斯坦	5			5250		
70	39	朝鲜	3	20	-85.00	5150	41200	-87.50
71		格鲁吉亚	3			4500		
72		毛里求斯	1			4423		
73		玻利维亚	3			3880		
74		埃塞俄比亚	1			3676		
75		加纳	1			3263		
76	55	巴拿马	1	6	-83.33	2750	16638	-83.47
77	49	菲律宾	1	4	-75.00	1000	26116	-96.17
78		马尔代夫	1			892		

2010年海关进口中国乐器量值

商品编码	商品名称	计量单位	数量			金额（美元）		
			2010年	2009年	同比%	2010年	2009年	同比%
92011000	竖式钢琴，包括自动钢琴	台	62802	44125	42.33	41817394	31568082	32.47
92012000	大钢琴，包括自动钢琴	台	4070	3055	33.22	29893388	24530029	21.86
92019000	拨弦古钢琴及其他键盘弦乐器	台	1023	208	391.83	735503	448444	64.01
92021000	弓弦乐器	只	2493	1154	116.03	2218722	579737	282.71
92029000	其他弦乐器	只	26721	12063	121.51	1822313	1017382	79.12
92051000	铜管乐器	只	6788	12458	-45.51	2482653	1453708	70.78
92059010	键盘管风琴；簧风琴等游离金属簧	只	824	5	16380.00	1756772	1725071	1.84
92059020	手风琴及类似乐器	只	287	188	52.66	132162	270254	-51.10
92059030	口琴	只	37760	167743	-77.49	147405	215236	-31.51
92059090	其他管乐器	只	63969	21461	198.07	3287240	2807656	17.08
92060000	打击乐器	只	273370	141654	92.98	4172755	3491536	19.51
92071000	通过电产生或扩大声音的键盘乐器	只	66287	104728	-36.71	14826809	14334453	3.43
92079000	其他通过电产生或扩大声音的乐器	只	37725	202769	-81.40	4730850	4682177	1.04
92081000	百音盒	个	9949	416573	-97.61	100542	250216	-59.82
92089000	其他乐器；各种媒诱音响器、哨子	个	984741	423550	132.50	204837	157340	30.19
92093000	乐器用弦	千克	237763	161359	47.35	4666605	3064803	52.26
92099100	钢琴的零件、附件	千克	4821907	3413755	41.25	29693448	19175714	54.85
92099200	品目92.02所列乐器的零件、附件	千克	878735	720628	21.94	8691348	6863775	26.63
92099400	品目92.07所列乐器的零件、附件	千克	4506142	4328098	4.11	38879459	31666776	22.78
92099910	节拍器、音叉及定音管	千克	10409	10921	-4.69	293676	201340	45.86
92099920	百音盒的机械装置	千克	139305	97772	42.48	881841	553683	59.27
92099990	其他乐器的零件、附件	千克	2063311	1529466	34.90	37484961	30742392	21.93
合计						228920683	179799804	27.32

2010年中国从世界各大洲进口乐器基本情况

洲别	进口国家和地区数量		进口乐器数量（件）			进口乐器金额（美元）		
	2010年	2009年	2010年	2009年	同比%	2010年	2009年	同比%
亚洲	23	18	12967182	11046108	17.39	185992046	147084517	26.45
非洲	24	8	100457	15637	542.43	158948	27838	470.97
欧洲	23	20	766835	559202	37.13	30139810	25823618	16.71
南美洲	8	5	54938	1310	4093.74	128587	33226	287.01
北美洲	2	2	346921	191259	81.39	12406134	6826691	81.73
大洋洲	3	1	48	217	-77.88	95158	3914	2331.22
合计	83	54	14225381	11813733	20.41	228920683	179799804	27.32

2010年中国进口乐器基本情况

(按进口金额排序)

排名		国家或地区	数量（架/件）			金额（美元）		
2010年	2009年		2010年	2009年	同比%	2010年	2009年	同比%
1	1	日本	5224055	3786975	38	97298796	77713929	25
2	2	中国内地*	2111655	2417307	-13	25139065	26680003	-6
3	6	印度尼西亚	2334674	2000982	17	22633226	12476326	81
4	3	德国	382256	223722	71	20689952	17563098	18
5	4	韩国	1425854	1218111	17	19855656	13626940	46
6	5	中国台湾	1592915	1272962	25	15529689	13048651	19
7	7	美国	204300	161979	26	10053566	6284427	60
8	8	意大利	170204	175674	-3	3737706	3451195	8
9	14	加拿大	142621	29280	387	2352568	542264	334
10	10	泰国	28688	16400	75	2209362	1352341	63
11	11	中国香港	210949	258673	-18	2199193	1034280	113
12	9	法国	10139	9889	3	2158702	2445202	-12
13	15	捷克	595	306	94	1427757	462920	208
14	12	奥地利	1795	678	165	687268	968089	-29
15	13	马来西亚	16830	48588	-65	651185	720939	-10

排名		国家或地区	数量（架/件）			金额（美元）		
2010年	2009年		2010年	2009年	同比%	2010年	2009年	同比%
16	16	荷兰	972	745	30	577559	406469	42
17	17	西班牙	71232	43815	63	323450	260699	24
18	21	英国	101814	66831	52	251417	79664	216
19	20	越南	1591	2429	-34	196362	93357	110
20	18	印度	15327	15337	-0	169822	163746	4
21	22	罗马尼亚	5137	400	1184	100613	50425	100
22	36	澳大利亚	42	217	-81	92872	3914	2273
23	24	瑞士	303	564	-46	88214	46666	89
24	19	以色列	3024	6775	-55	86069	147744	-42
25	48	智利	16958	20	84690	51888	314	16425
26		吉布提	64262			50583		
27	46	斯洛伐克	2826	48	5788	49385	622	7840
28	25	墨西哥	591	386	53	34017	22352	52
29	44	塞内加尔	5685	27	20956	25910	1383	1773
30	51	阿根廷	192	5	3740	22615	274	8154
31	26	加纳	12128	1028	1080	20320	16710	22
32	45	埃及	1137	12000	-91	16282	939	1634
33		几内亚	1075			12220		
34	43	瑞典	207	83	149	11169	1501	644
35		匈牙利	53			9925		
36	32	比利时	31	2666	-99	8563	5379	59
37	38	朝鲜	114	48	138	8446	3360	151
38		秘鲁	35363			8017		
39		克罗地亚	785			7274		
40	30	特立尼达和多巴哥	31	12	158	5887	5649	4
41	27	土耳其	82	326	-75	5759	15220	-62
42	28	芬兰	236	3	7767	5450	13711	-60
43		肯尼亚	8563			5218		
44		多哥	2209			4990		
45	34	巴西	71	887	-92	3397	4637	-27
46		老挝	93			3382		
47		津巴布韦	75			3313		
48		希腊	14500			3232		
49	53	喀麦隆	2227	6	37017	3002	42	7048
50		乌干达	120			2850		

排名		国家或地区	数量（架/件）			金额（美元）		
2010年	2009年		2010年	2009年	同比%	2010年	2009年	同比%
51		卢旺达	1899			2840		
52		玻利维亚	1683			2717		
53		马里	108			2682		
54		冈比亚	109			2445		
55	31	尼泊尔联邦民主共和国	566	1002	-44	2354	5503	-57
56	33	南非	36	486	-93	1705	4703	-64
57		文莱	3			1355		
58		布隆迪	30			1273		
59		国(地)别不详的	3			1253		
60		苏丹	182			1059		
61		新西兰	3			1033		
62		伊朗	139			854		
63		爱尔兰	30			818		
64		尼日尔	331			695		
65	47	新加坡	28	8	250	651	508	28
66	40	丹麦	3702	31217	-88	617	2214	-72
67		博茨瓦那	10			430		
68		尼日利亚	170			406		
69	41	菲律宾	2	88	-98	344	1559	-78
70		厄立特里亚	45			315		
71	35	俄罗斯联邦	2	51	-96	246	4266	-94
72		阿联酋	340			200		
73	29	葡萄牙	13	2	550	200	8112	-98
74		加蓬	13			194		
75	42	波兰	2	5	-60	154	1552	-90
76		挪威	1			139		
77		缅甸	35			126		
78		科特迪瓦	2			100		
79	37	坦桑尼亚	23	1940	-99	80	3761	-98
80		乌兹别克斯坦	8			80		
81		孟加拉国	210			70		
82		厄瓜多尔	49			49		
83		中非	18			36		

注：*系国产乐器复进口，是指从中国出口的乐器，因为某种原因又进口到中国的

2010年中国进口主要乐器基本情况

(按进口金额排序)

商品名称	进口国家和地区数量	排名	国家和地区	数量（架/件）			金额（美元）		
				2010年	2009年	同比%	2010年	2009年	同比%
竖式钢琴	24	1	日本	38046	32242	18	31640767	26679594	19
		2	韩国	21056	9983	111	4111466	1773262	132
		3	印度尼西亚	2909	682	327	3965939	866414	358
		4	德国	109	140	-22	1045062	1022128	2
		5	捷克	127	78	63	479289	301678	59
		6	马来西亚	157	92	71	238568	137073	74
		7	中国内地*	247	825	-70	162865	672092	-76
		8	美国	87	30	190	128015	29776	330
		9	奥地利	2	1	100	24640	4988	394
		10	英国	18	19	-5	4364	32155	-86
		11	加拿大	2			3689		
		12	法国	12	2	500	3137	22186	-86
		13	比利时	4			2606		
		14	瑞士	3			1800		
		15	荷兰	6	1	500	1741	200	771
		16	印度	1			1069		
		17	中国香港	7			632		
		18	新西兰	1			500		
		19	朝鲜	1			305		
		20	菲律宾	1	1	0	258	73	253
		21	南非	1	1	0	200	73	174
		22	中国台湾	1	15	-93	174	20250	-99
		23	波兰	2	5	-60	154	1552	-90
		24	俄罗斯联邦	2	2	0	154	387	-60
三角钢琴	13	1	日本	2514	2178	15	13663735	12528635	9
		2	德国	215	194	11	9310129	7240112	29
		3	印度尼西亚	678	260	161	2888005	965334	199
		4	中国内地*	503	343	47	1211415	1109141	9
		5	意大利	15	11	36	878651	1188380	-26
		6	奥地利	6	8	-25	587646	902311	-35
		7	美国	49	11	345	536636	335351	60

商品名称	进口国家和地区数量	排名	国家和地区	数量（架/件）			金额（美元）		
				2010年	2009年	同比%	2010年	2009年	同比%
三角钢琴	13	8	捷克	50	8	525	500667	150275	233
		9	韩国	36	30	20	172973	94837	82
		10	澳大利亚	1			91768		
		11	英国	1	5	-80	51166	3011	1599
		12	法国	1	1	0	497	2051	-76
		13	比利时	1			100		
铜管乐器	16	1	日本	2708	10016	-73	806731	490640	64
		2	中国台湾	1568	1304	20	562442	603620	-7
		3	美国	476	120	297	512776	72157	611
		4	德国	205	90	128	252895	130783	93
		5	法国	1375	463	197	207532	104395	99
		6	越南	283			84952		
		7	意大利	42	1	4100	15995	1283	1147
		8	西班牙	34	12	183	13150	36443	-64
		9	韩国	2	398	-99	9790	6386	53
		10	瑞士	8			5895		
		11	奥地利	30	12	150	5112	2490	105
		12	中国内地*	32	24	33	2958	2412	23
		13	英国	8	4	100	1452	746	95
		14	捷克	2			781		
		15	挪威	1			139		
		16	尼泊尔联邦民主共和国	14			53		
手风琴及类似乐器	7	1	意大利	112	113	-1	109627	263214	-58
		2	英国	1	5	-80	7872	199	3856
		3	朝鲜	100	48	108	7500	3360	123
		4	德国	42			5895		
		5	爱尔兰	30			818		
		6	美国	1	1	0	328	66	397
		7	荷兰	1			122		
其他弦乐器	35	1	印度尼西亚	17935	9106	97	1021259	515208	98
		2	美国	496	265	87	236034	100885	134
		3	中国内地*	4397	1032	326	175422	29566	493
		4	意大利	13	21	-38	122189	191617	-36
		5	日本	999	169	491	69905	22621	209

商品名称	进口国家和地区数量	排名	国家和地区	数量（架/件）			金额（美元）		
				2010年	2009年	同比%	2010年	2009年	同比%
其他弦乐器	35	6	德国	239	58	312	65511	42340	55
		7	加拿大	377	137	175	36761	12563	193
		8	瑞士	7			34365		
		9	墨西哥	32			12208		
		10	西班牙	75	220	-66	10610	22523	-53
		11	捷克	21			8558		
		12	法国	5	198	-97	5769	29436	-80
		13	韩国	65	180	-64	5698	14149	-60
		14	英国	12	8	50	5262	664	692
		15	中国台湾	11			4900		
		16	瑞典	102			2025		
		17	苏丹	182			1059		
		18	塞内加尔	362	1	36100	916	103	789
		19	荷兰	9	134	-93	678	3514	-81
		20	巴西	6	6	0	618	315	96
		21	以色列	6			386		
		22	尼日尔	113			339		
		23	奥地利	4			336		
		24	玻利维亚	293			284		
		25	厄立特里亚	35			245		
		26	肯尼亚	204			239		
		27	冈比亚	4			200		
		28	秘鲁	687			191		
		29	朝鲜	1			100		
		30	喀麦隆	3			66		
		31	博茨瓦那	1			61		
		32	印度	3			53		
		33	尼泊尔联邦民主共和国	4			33		
		34	加纳	1	2	-50	24	9	167
		35	卢旺达	17			9		
其他管乐器	26	1	日本	2490	2288	9	1620036	935555	73
		2	法国	4216	3885	9	740893	791657	-6
		3	德国	74	28	164	544961	239926	127
		4	美国	508	90	464	144647	562120	-74

商品名称	进口国家和地区数量	排名	国家和地区	数量（架/件）			金额（美元）		
				2010年	2009年	同比%	2010年	2009年	同比%
其他管乐器	26	5	中国台湾	4712	4042	17	70753	186753	-62
		6	越南	293	262	12	55833	49929	12
		7	中国内地*	375	10021	-96	46384	8932	419
		8	印度尼西亚	12224	701	1644	22840	3520	549
		9	智利	2035			11772		
		10	秘鲁	33626			7668		
		11	韩国	137	70	96	6238	2042	205
		12	捷克	9			4605		
		13	意大利	32			2957		
		14	玻利维亚	1390			2433		
		15	西班牙	88	2	4300	1852	25763	-93
		16	喀麦隆	1			658		
		17	尼泊尔联邦民主共和国	202			542		
		18	朝鲜	12			541		
		19	奥地利	1222	59	1971	525	329	60
		20	新西兰	1			441		
		21	新加坡	1	3	-67	300	311	-4
		22	英国	26	1	2500	218	58	276
		23	孟加拉国	210			70		
		24	厄瓜多尔	49			49		
		25	加纳	22			20		
		26	塞内加尔	14			4		
口琴	4	1	日本	4859	4073	19	102491	82029	25
		2	中国内地*	31382	135870	-77	29713	104861	-72
		3	德国	1469	9348	-84	13832	4281	223
		4	印度尼西亚	50			1369		
键盘电子乐器	15	1	中国内地*	59101	99979	-41	9718205	11673532	-17
		2	印度尼西亚	4838	2799	73	3016703	1586396	90
		3	日本	1302	649	101	1790282	829294	116
		4	中国台湾	850	3	28233	120459	1532	7763
		5	美国	15	19	-21	59040	17858	231
		6	意大利	89	38	134	49502	38698	28
		7	德国	1	4	-75	33807	9689	249
		8	中国香港	63	241	-74	31074	104819	-70

商品名称	进口国家和地区数量	排名	国家和地区	数量（架/件）			金额（美元）		
				2010年	2009年	同比%	2010年	2009年	同比%
键盘电子乐器	15	9	瑞典	14			4584		
		10	巴西	5	1	400	882	1599	-45
		11	韩国	1	915	-100	612	70736	-99
		12	英国	4			597		
		13	法国	2			534		
		14	奥地利	1			269		
		15	澳大利亚	1			259		
弓弦乐器	15	1	德国	119	709	-83	1005131	335845	199
		2	意大利	33	25	32	773027	70704	993
		3	美国	25	204	-88	258184	4166	6097
		4	法国	6	8	-25	85415	157082	-46
		5	中国内地*	578	37	1462	57721	1462	3848
		6	越南	168			9268		
		7	荷兰	1			8421		
		8	中国台湾	1506	1	150500	6010	36	16594
		9	比利时	26			5857		
		10	日本	20	51	-61	2872	1585	81
		11	捷克	1	108	-99	2600	6600	-61
		12	奥地利	1			2545		
		13	罗马尼亚	4			801		
		14	巴西	2			620		
		15	瑞典	3			250		
电声乐器	15	1	日本	16988	7835	117	1878005	667071	182
		2	美国	4477	2275	97	1132492	446810	153
		3	印度尼西亚	9480	6348	49	1042702	480575	117
		4	韩国	878	311	182	273463	38429	612
		5	中国内地*	4593	185683	-98	166630	2971369	-94
		6	意大利	80			126355		
		7	中国台湾	661	2	32950	56798	478	11782
		8	中国香港	119			24241		
		9	越南	395			18026		
		10	德国	9	115	-92	5828	50727	-89
		11	加拿大	17			2703		
		12	西班牙	21	48	-56	1512	5102	-70
		13	荷兰	2			1353		

商品名称	进口国家和地区数量	排名	国家和地区	数量（架/件）			金额（美元）		
				2010年	2009年	同比%	2010年	2009年	同比%
电声乐器	15	14	墨西哥	2			669		
		15	法国	3			73		
打击乐器	51	1	中国台湾	83952	92904	-10	612287	939334	-35
		2	吉布提	64262			50583		
		3	德国	17705	5516	221	476578	247270	93
		4	中国内地*	15352	3905	293	660456	351274	88
		5	印度尼西亚	15265	6538	133	119462	50774	135
		6	智利	14923	20	74515	40116	314	12676
		7	加纳	12102	935	1194	20261	16426	23
		8	美国	10062	13068	-23	865967	767189	13
		9	肯尼亚	8271			4626		
		10	意大利	5956	400	1389	9114	16794	-46
		11	塞内加尔	5299	26	20281	24730	1280	1832
		12	泰国	3734	2444	53	95672	55544	72
		13	以色列	3008	6727	-55	85621	147534	-42
		14	多哥	2196			4925		
		15	喀麦隆	2176	6	36167	2252	42	5262
		16	卢旺达	1882			2831		
		17	加拿大	1368	2983	-54	156208	122049	28
		18	埃及	1137			16282		
		19	几内亚	1075			12220		
		20	日本	925	1308	-29	263795	250422	5
		21	荷兰	489	239	105	538172	394997	36
		22	尼泊尔联邦民主共和国	336	994	-66	1709	5484	-69
		23	芬兰	236			5450		
		24	尼日尔	218			356		
		25	墨西哥	199	40	398	7330	376	1849
		26	尼日利亚	170			406		
		27	乌干达	120			2850		
		28	英国	109	17	541	15598	1701	817
		29	马里	108			2682		
		30	冈比亚	105			2245		
		31	老挝	93			3382		
		32	土耳其	82	326	-75	5759	15220	-62

商品名称	进口国家和地区数量	排名	国家和地区	数量（架/件）			金额（美元）		
				2010年	2009年	同比%	2010年	2009年	同比%
打击乐器	51	33	瑞士	78	60	30	10964	4267	157
		34	津巴布韦	64			3239		
		35	印度	53	2	2550	1820	24	7483
		36	缅甸	35			126		
		37	南非	35	350	-90	1505	4210	-64
		38	特立尼达和多巴哥	31	12	158	5887	5649	4
		39	布隆迪	30			1273		
		40	新加坡	25			350		
		41	坦桑尼亚	23			80		
		42	中非	18			36		
		43	法国	18	64	-72	25767	34393	-25
		44	加蓬	13			194		
		45	厄立特里亚	10			70		
		46	乌兹别克斯坦	8			80		
		47	博茨瓦那	7			215		
		48	韩国	3	2110	-100	10900	11910	-8
		49	科特迪瓦	2			100		
		50	菲律宾	1	80	-99	86	520	-83
		51	西班牙	1	19	-95	138	1045	-87
钢琴的零件、附件	16	1	日本	4464633	3022755	48	22813026	13459922	69
		2	印度尼西亚	173025	151694	14	791348	692376	14
		3	德国	105640	76711	38	4581197	3513159	30
		4	韩国	41596	31001	34	1250307	764494	64
		5	美国	23978	1990	1105	49747	38058	31
		6	意大利	3026	1387	118	69746	30613	128
		7	斯洛伐克	2826	48	5788	49385	622	7840
		8	马来西亚	2356	10485	-78	11236	52848	-79
		9	加拿大	1926	378	410	31718	12632	151
		10	中国台湾	836	113812	-99	14572	548712	-97
		11	中国内地*	729	1582	-54	12301	43000	-71
		12	奥地利	460			3400		
		13	捷克	367	112	228	13400	4367	207
		14	阿联酋	340			200		
		15	伊朗	139			854		
		16	中国香港	30			1011		

注：*系国产乐器复进口，是指从中国出口的乐器，因为某种原因又进口到中国的

（数据来源：国家海关总署 中国乐器协会信息部编辑）

2011
中国乐器年鉴
CHINA MUSICAL INSTRUMENT YEARBOOK

工作要点

中国乐器协会2010年工作要点

为贯彻落实中央经济工作会议精神，学习实践科学发展观，结合乐器行业面临的新形势、新任务，提出以下2010年工作要点：

1、进一步加强协会组织建设，积极扩大会员队伍，加大分支机构开展行业活动的支持力度，提高协会的凝聚力和社会影响力。壮大会员队伍，2010年内力争发展新会员10%以上；各分支机构年内最少开展行业活动1-2次，完善活动运行机制，大力支持各分支机构的发展和建设，注重发挥提琴制作师分会、钢琴调律师分会、琴行分会等特色分会的作用；指导协助各分支机构按计划换届。

2、加强行业调研。提出带有普遍或典型意义的问题，并进一步在业内开展研究和提出对策措施。对乐器行业的分布、结构、特点进行分类调研。了解行业在新形势下总体状况、发展趋势及存在的问题，并组织撰写专题性报告，向政府有关部委反映情况和企业诉求，争取政府部门对乐器行业发展给予更多的关注和政策支持。例如：支持乐器产品出口及扶植民族品牌发展的相关专题报告等；支持鼓励协会各分支机构开展行业交流和专题调研活动。

3、开展“评选中国乐器协会乐器行业强势公司和优秀人物”活动，做好乐器行业特色区域、产业集群创建工作。按中国轻工业联合会部署做好《轻工行业（乐器）十强企业评价工作》；继续做好2010年中国乐器协会乐器行业强势公司和优秀人物评选工作；在现有乐器行业生产基地和特色区域基础上，进一步发挥“江苏泰兴溪桥镇中国提琴之都”、“北京平谷东高村镇中国提琴产业基地”，“山东昌乐鄌郚镇中国电声乐器产业基地”的示范作用，加强对天津静海县、辽宁营口、浙江德清等乐器产业集中度较高的地区开展特色区域、产业集群的培育和创建工作。

4、继续做好和提升行业信息采集、发布、传递和交流工作。在做好行业信息采集交流的同时，加强与跨行业相关协会组织和单位的交流合作；加强与国外乐器协会和行业媒体的联络与交流，力争及时准确地掌握国际乐器行业及国际乐器市场动态，为会员提供更多的信息资讯；继续办好《中国乐器》杂志，“中国乐器协会网”，扩大会员通信员队伍，充分发挥乐器行业信息平台作用，提高协会信息网络的美誉度和影响力。做好《中国乐器年鉴》（2009-2010）的编辑出版工作。

5、有计划地组织行业技术、管理、经营等咨询服务活动，配合有关部门积极开展企业职工技术培训和职业技能鉴定工作。组织行业内成功人士和社会资源开展行业咨询服务活动，急行业发展之所急，应会员之所需；积极配合政府有关部门开展行业职业技能培训、技术交流和技能竞赛等活动；支持各地区和各分支机构参与编制乐器专业培训教材，开展职工技能培训和职业技能鉴定工作。

6、全力支持提琴制作师分会办好2010年中国国际提琴制作比赛；着手2013年在中国召开的国际钢琴技师和调律师年会的前期准备工作；支持钢琴调律师分会扩大会员和开展专业培训、技术交流和职业技能鉴定等活动。

7、加强乐器行业标准化工作，有计划地开展乐器行业标准的制(修)定工作；提升产品检测科学性，提高服务质量，促进行业产品升级换代和结构调整。继续按国家政策规定，开展产品检测和鉴定工作，提高产品检测科学性和服务质量，促进行业产品升级换代和结构调整；支持行业各单位品牌建设，积极开展优势企业和名优产品的推荐、宣传活动。

8、办好2010中国（上海）国际乐器展览会，提高展会水平和服务质量，探讨策划协会组团出国（境）参展考察交流事宜。

9、认真完成中国轻工业联合会和各有关部委交办的工作。积极完成中轻联有关部门和领导要求的行业统计及专题报告；积极向中轻联和各有关部委汇报乐器行业重点、难点问题，寻求支持和帮助。

中国乐器协会2010年工作总结

在中轻联指导和协会理事会及广大会员单位的共同努力下，中国乐器协会2009年底完成换届工作。一年来，乐器行业克服了后金融危机时期的国际市场低迷、制造成本升高和结构调整等困难，企业运营和市场扩展成效显著。2010年乐器行业规模以上企业工业产值220.79亿元，比2009年增长25.82%；工业销售产值215.30亿元，比2009年增长22.91%；出口交货值70.88亿元，比2009年增长24.45 %。企业生产经营、科技进步、产品升级、人才培养、节能减排和企业文化建设等方面取得了可喜的成绩，协会活动和自身建设健康发展。简要总结如下：

1、深入开展行业、企业调研，为制定乐器行业“十二五”发展规划和引领行业转变发展方式、调整结构打下基础。

新一届协会领导把熟悉行业、企业，深入调研做为协会2010年的重要工作，由领导带队，工作人员广泛参加，带着行业发展的主要问题深入企业学习考察，先后走访了广东、江苏、浙江、河北、湖北、京津沪等11个省市三十余家企业，并及时将企业的好经验在行业宣传报道。同时协助企业解决问题、促进交流，增加了行业、企业的凝聚力，为引领行业转变发展方式、调整结构和制定“十二五”发展规划奠定了基础。

2、落实中轻联有关行业协会工作的要求，配合文化部、商务部、国家林业局等部门做好行业服务政府的各项工作。

完成了中轻联部署的行业调研、制定行业发展规划的建议、政策研究和加强自身建设等工作；组织乐器出口骨干企业座谈会，并书面向文化部反映了企业在出口和政府采购方面的希望和建议；推广蟒蛇科研项目和受国家林业局委托完成野生动物行政许可项目实施情况的检查工作，对上年由林业主管部门批准的11件蟒皮进口行政许可项目有关的贸易公司、十几家蟒皮乐器制造企业和几十家琴行进行现场检查并做出专题报告。

3、围绕乐器行业发展的重点工作，积极推动“三个平台”建设（即：信息平台、科技创新平台和社会音乐教育平台）。

信息平台建设，组建了有37个单位参加，37名特约通讯员为基础，“三刊一报”（《中国乐器》、《乐器》、《中外乐器信息》和《音乐周报》）及相关网站为平台的行业信息宣传网络，召开了首届协会信息工作会议，并举办了首届特约通讯员培训班。协会与《音乐周报》合办“乐器版”受到业内好评。

科技创新平台：筹划组建行业专家顾问团，从部分行业和重点企业的技术攻关项目做试点，摸索方法和途径；音乐教育平台，一方面充分发挥琴行和制造企业社会音乐教育体系的作用，另一方面与专业院校、文化演艺界以及网络音乐培训体系等行业内外单位合作，开展扩大音乐人口，推广乐器普及活动。

4、完成“中国轻工业(乐器)行业十强”和“强势公司”评选表彰工作，加强行业特色产业基地建设。

推介并评选出2010年中国轻工业（乐器）十强和50家乐器行业强势公司及多名行业优秀人物。他们的事迹和经验对行业发展起到了积极的推动作用。

与中轻联共同授予北京平谷东高村镇“中国提琴产业基地”之后，将江苏泰兴溪桥镇“中国提琴之乡”升格为“中国提琴之都”，并对天津静海乐器城、北京乐谷等特色产业基地进行考察调研。

5、加强行业交流与合作，积极开展协会分支机构活动。

多数专业委员会都能积极开展专业活动，吉他、口琴、手风琴、提琴、电鸣、材料配件、琴行和调律师分会都根据行业、企业的实际情况，开展学习交流、参观考察、专家座谈、专业培训以及筹办乐器博物馆、艺术培训中心等等，收到良好效果。

协会2010年新增团体会员39家，个人会员79名，团体会员达到412家，钢琴调律师、提琴制作师个人会员达到1319名，覆盖面进一步扩大。

6、完成各项专项工作，协会组织运作能力有所提高。

① 完成国家标准委、国家工信部、中轻联等部门下达的乐器标准项目计划，共15项，其中国家标准1项，行业标准14项。复查工作，分别对2005年以前发布的49项乐器行业标准进行全面清理，并完成了标准复审和修订工作。调整和增补行业标委会委员，组织了标委培训班。

② 行业技能鉴定站积极开展职工技术培训和技能考核鉴定工作，全年参加钢琴调律师职业技能鉴定并取得资格证书的有323人，各骨干企业也组织了多种形式的技术、管理、经营和技工培训；广东省乐器协会组织开展了钢琴调律职业技能比赛；调律师分会在上海组织了钢琴调律技术研讨班，完成并出版发行了“钢琴调律师”国家职业资格培训教材（五册）。

③ 按照中轻联关于开展产品质量检测工作的部署，与全国乐器产品质量监督检验中心合作，完成二胡、琵笆、扬琴、古筝四种民族乐器达标检测及评选活动。

④ 2010年，批准发布乐器行业专利合计708项，同比增长69.78%，其中：发明专利155项、实用新型279项、外观设计274项。

⑤ 与中央音乐学院合作，成功举办首届中国国际提琴制作大赛；全程参与上海世博会中国元素馆“乐坊”的筹建与展出，上海民乐一厂、泰兴凤灵集团为此做了大量工作；协调中央电视台音乐频道开展乐器品牌展播活动等。

7、加强对外交流，办好2010年中国(上海)国际乐器展。

协会领导参观考察美国洛杉矶和德国法兰克福两大国际乐器展，访问了捷克、匈牙利等国乐器协会，密切了彼此之间的联系，并考察了当地乐器市场；此外还组团考察了台北乐器展，并与台湾乐器同仁进行了广泛交流。成功举办了第九届中国(上海)国际乐器展览会，本届展会面积达到70000平方米，参展商1274家，其中海外参展商305家，观众48047人，比2009年有较大增长。展会期间协会组织了国际乐器行业协会招待会及以“成人音乐普及”为主题的国际同行业高层研讨会等多项活动；先后与美国国际音乐制品协会、意大利乐器制造商协会、意大利乐器零售商协会、巴西乐器协会、捷克乐器协会、韩国钢琴技师及调律师协会、台北乐器商业同业公会、印度戴沃尔斯沃德展览公司等进行了友好的会谈。

8、协会自身建设有所加强。

协会加强自身建设，完善法人治理结构，坚持召开理事会、常务理事会，加强分支机构管理，逐步完善协会机构功能。更加重视对中青年干部的培养和任用，强调提高服务意识、全局意识和协作意识，倡导求真务实的工作作风，努力创建团结、和谐、勤奋上进的工作团队。协会信息工作坚持准确快捷服务企业的原则，及时报道行业、企业情况，广泛采集国内外行业及市场信息，充分利用报刊杂志和网站等平台为行业企业服务。

9、2010年存在的主要问题。

行业企业转变发展方式、调整结构的步伐还不够快，一些中小企业生产方式仍比较落后，技术创新能力还较弱；部分专业委员会开展活动积极性不够高，没有很好的发挥作用。

品牌建设还需加大力度，面对原材料价格上涨、劳动力成本增高和汇率上调等不利因素，企业产品盈利能力减弱；高级技能人才的紧缺，技术和经营管理人才的年龄断档，企业领导班子的新老交接都应引起行业的关注。

协会活动

中国乐器协会工作会议在北京召开

2010年5月19日，中国乐器协会工作会议在北京召开。出席会议的有中国乐器协会理事长安志，名誉理事长王根田，副理事长齐建平、王国振、刘运斌、吴天延、陈学孔、陈海伦、杨盛惠、张鉴堂、郑荃、罗建峰、盛子斐、黄志康、焦永达、蓝汉民，协会各分支机构负责人，获表彰企业代表，合作单位北京《音乐周报》传媒有限公司董事长白宙伟、总经理荀冠龙，以及《乐器》、《中外乐器信息》等媒体代表共70余人出席会议。会议由秘书长曾泽民主持。

工作会议主要内容，中国乐器协会六届一次理事会以来，在对部分地区乐器行业和重点企业进行的一系列考察和调研的基础上，从为行业、企业服务的目标出发，研究和制定协会2010年下半年几项重点工作设想，提交工作会议研究和完善。

会议首先听取了安志理事长所作《齐心协力，求真务实，促进乐器行业健康有序发展》的工作报告。报告从做好行业、企业调研工作；开展专项活动；开展对外交流与合作；开展标准化、信息工作；支持和参与协会分支机构活动等五个方面对2010年1-5月份行业工作情况做了汇报。随后针对当前总体经济形势，报告提出了2010年及今后一段时间行业发展和协会工作的打算，要把握好的四个重点，包括积极应对贸易摩擦，注重扩大内需；加快产业结构调整和转型升级；注重研究行业、企业发展战略，加快科技创新和扩大音乐人口；积极探索适应行业组织职能的新的有效工作方式，依靠提高自身素质来增强服务能力和实力。

报告还确定了协会下一步的五项重点工作。

1、大力推进行业、企业科技进步，提高自主创新能力；

2、扩大内需，稳定国际市场；

3、继续深入做好行业、企业调研工作，集大家智慧，制定好乐器行业和企业“十二五”规划；

4、继续做好行业信息、标准和职业技能培训与鉴定等工作；

5、积极开展分支机构活动，扩大国内外交流。

大会随后由中国乐器协会副理事长齐建平宣读关于表彰“2009年度中国乐器行业强势公司、先进集体和优秀人物”的决定。此次表彰活动是在中轻联开展中国轻工乐器行业十强企业评价工作的同时，按照评选规则，根据指标测评和广泛征求意见后，评选出的乐器行业50家强势企业，3个先进集体，14名优秀人物。希望获奖单位和个人继续发挥模范表率作用，和全行业一起，为实现乐器行业的更大发展和进步，为全社会带来更多美好音乐生活而不懈努力。

在欢快的乐曲声中，获奖代表先后上台领奖，现场气氛活跃。此外，珠江钢琴集团股份有限公司副总经理李建宁、上海民族乐器一厂厂长王国振、得理乐器集团副总裁盛子斐作为强势公司的代表分别介绍了各自企业在“科技进步与产品创新”、“企业文化营销与产品文化经营”、“企业发展战略和知识产权保护”方面的经验。

会议还举行了中国乐器协会与北京《音乐周报》传媒有限公司的合作启动仪式。安志理事长和白宙伟董事长分别代表合作双方讲话，曾泽民秘书长和荀冠龙总经理代表双方在合作协议上签字。此次合作是为了实现资源共享，利益共赢，双方结成合作伙伴，联合为乐器行业服务，支持文化产业发展。

下午的工作会议主要是讨论协会下一步的重点工作并审议有关提案。专题讨论围绕行业科技、音乐教育、行业信息三个平台展开。“科技创新平台”从三方面探讨，一是乐器行业、企业如何与科研院所合作？要不要组织行业专家组？如何组织？二是行业共性的技术难点的合作与交流，例如：乐器声学品质提升，乐器原材料开发与处理，加工手段的改进等。三是企业经营者的素质如何提升。“音乐教育平台”包括用跨界理念和数字化网络音乐教学扩大音乐人口；用制造业和琴行的社会音乐培训拉动乐器企业市场开发。“行业信息平台”包括组建乐器行业内部骨干企业的通讯员队伍；《中国乐器》、《乐器》、《中外乐器信息》3本专业杂志的资源共享与协同配合；乐器行业与《音乐周报》等媒体、文化产业品牌的合作与交流等。与会领导专家就这些行业、企业关心的重点问题展开了热烈的讨论和研究。

专题发言的内容得到与会代表的一致认同，上海民族乐器一厂厂长王国振在讲话中首先肯定了乐器协会主抓几个关键问题的做法，认为这是非常迫切和需要的，是一个新的气象。当前乐器行业的科技含量太少，要想成为乐器强国，就要积极提高科技含量和工艺水平。同时，作为企业的经营者，一定要有强烈的科技进步意识，用战略眼光看待未来的世界市场。

河北金音乐器集团总经理陈学孔、上海欧亚钢琴有限公司总裁郑明统、宁波森隆乐器有限公司总经理罗建峰、泰兴凤灵乐器集团副董事长钱富民先后发言。从各自企业和个人的经历对科技、文化和信息工作谈了体会和认识，包括向其他先进行业学习，把乐器像艺术品一样对待，实现制造业、艺术教育和文化创意三位一体等。对于乐器协会今后工作上的构想和计划给予了高度的肯定，认为这对提升协会服务档次和水平，促进企业和全行业发展都很有意义。

会议一致通过了关于协会副秘书长人选的提议，由张华君（成都川雅木业）、田军（上海超拨）、钱富民（泰兴凤灵）、黄苏东（福州和声）、丰元凯（协会信息部）五位同志为中国乐器协会第六届理事会副秘书长。

2010中国乐器协会信息工作会议暨特约通讯员培训班在京举行

12月2－3日，“2010中国乐器协会信息工作会议暨特约通讯员培训班”在北京东方饭店举行。

本次会议是贯彻落实中国乐器协会六届一次理事会关于开展信息、教育、科技三个平台建设的一次重要会议，会议主要内容是汇报近年来中国乐器协会信息工作情况以及下一步工作重点，并对来自基层企业单位的特约通讯员进行业务培训。

中国乐器协会理事长安志、名誉理事长王根田、副理事长齐建平、秘书长曾泽民等协会领导出席会议。会议代表来自国内部分乐器生产企业及琴行、地方行业协会主管信息宣传的负责人、行业媒体记者共计45人。

2日，会议由曾泽民秘书长主持，首先对与会代表表示热烈欢迎，介绍了行业信息平台的构成，强调信息工作是协会所有工作的先行，来自企业的通讯员组成了基层的宣传网络，一定要扎扎实实做好通讯员培训工作。

安志理事长在致辞中首先对广大企业领导对行业信息工作的重视和支持表示感谢，并强调了为什么要组建行业信息员网络。协会信息部尽管在工作中取得了一些成绩并得到大家的认可，但是距离行业的需求还有一定差距，要充分发挥行业的力量才能把信息工作做好。而信息网络的建立对于加强和充实行业信息工作团队，扩大信息来源和采集面，让信息更贴近行业企业生产经营第一线，进而在指导行业发展、扩大行业交流上发挥重要作用。

安志理事长对广大通讯员提出三点希望：一要充分认识信息工作对行业、企业发展的重要性。在科学技术日新月异，市场变幻莫测的时代，准确、及时、全面的信息工作尤为重要，也是重要的生产力之一。二是要把信息作为一项工作来做，协调好日常工作与信息工作的关系。三是在关注、宣传、反映本企业的同时，也要关注乐器行业的发展，为把我国由乐器大国向乐器强国转变献言献策。

中国乐器协会副秘书长兼信息部主任丰元凯从四个方面作了乐器行业信息工作汇报：1、信息工作汇报；2、行业与企业信息工作的现状；3、目前乐器信息工作中存在的问题；4、加强乐器信息工作的几点建议。

《音乐周报》白宙伟董事长在培训讲座开始前对当前信息工作的重要性，政府对信息工作的重视、新媒体与传统媒体的融合、信息工作的未来趋势,以及《音乐周报》与中国乐器协会战略合作伙伴关系建立后的工作开展情况等作了简要介绍。

白宙伟董事长就新闻写作六大要素并列举了《音乐周报》中大量实例进行生动的讲解。理论与实践相结合的讲座让参会通讯员感到受益匪浅，对信息工作很有启发。

丰元凯主任从多年的工作实践，对于企业信息工作的重要性以及通讯员应该如何写好通讯等问题进行了阐述。随后讲解了通讯员应当具有的四个基本素质——正确的理论知识、扎实全面的业务知识、对音乐和行业情况的基本了解。

行业通讯员与专业媒体研讨会由中国乐器协会信息部副主任高萍主持，中国乐器协会副秘书长、泰兴凤灵乐器有限公司副董事长钱富民，中国乐器协会副秘书长兼信息部主任丰元凯，《乐器》杂志责任编辑黄伟，国家轻工业乐器信息中心主任助理王玮，《音乐周报》采访运营部总监张蕾，《中国乐器》杂志编辑常杰，北京星海钢琴集团有限公司宣传部部长刘春祯，上海民族乐器一厂技术科刘京虹，河北秦川文体乐器有限公司企划部内刊总编付志军等就行业媒体共同关心的话题进行了讨论。

会议最后，中国乐器协会秘书长曾泽民在总结发言中讲到行业信息平台建设工作刚刚开始，希望通过这次会议，提升企业信息工作的能量。提出要从三个方面抓好行业信息工作：1、继续加强行业通讯员的网络建设。进一步扩大通讯员队伍，包括各个层次和专家团队，在资料收集、素质提高、历史积累、企业文化、市场营销等各方面加强研究，坚持做好通讯员的培训。2、加强企业行业通讯员的交流活动。通讯员之间的交流对于企业间的互相了解、取长补短等都是非常重要的，要努力营造这样的交流学习机会。3、让行业信息平台工作切实为经济工作服务，为企业行业的发展服务。为此，广大通讯员要转变时空观，扩大视野，全天候、多层次地做好行业、企业的信息工作。

安志理事长表示，此次会议是中国乐器协会加强信息工作的新起点，以后要把特约通讯员培训作为协会的一项重要工作不定期举行，通过几年连续不断的学习提高，将培训出一支具有一定业务能力和素质的企业信息工作队伍，为行业、企业交流与合作，为中国乐器做大做强的目标做出贡献。

3日，代表们兴致勃勃地参加了集体联谊活动。

中国乐器协会六届二次理事会(通讯会议)会议纪要

12月15-30日，中国乐器协会召开了六届二次理事会（通讯会议）。

会议内容：布置协会2010年工作总结和2011年工作要点；对乐器行业“十二五”规划草案征求意见；提出调整理事建议。

为了切实有效地落实中央全会和经济工作会议精神，认真组织好乐器行业“十二五”发展规划，协会研究决定，2010年的理事会采用通讯会议形式，将会议的两个主要文件：“关于中国乐器行业“十二五”发展规划的建议”、“2010年工作总结和2011年工作要点”发至协会全体理事，以便理事有较充裕的时间，结合本行业及企业实际情况，对乐器行业“十二五”发展规划建议提出补充和修改意见，并落实本企业“十二五”发展规划。

通过广泛征求意见，共收集合理化建议15条，提出协会理事单位变更建议：因单位领导变动更换副理事长2家，新推荐和申请常务理事1家、理事5家。

理事们认为2010年协会工作总结和2011年的工作要点符合行业实际情况，工作计划措施可行。

对于乐器行业“十二五”发展规划，理事们结合本省、本地区、本企业的实际情况及自己对行业的了解，对行业的“十二五”发展规划提出了宝贵的补充建议，使乐器行业“十二五”发展规划更切合实际、更加完善。

为了落实“十二五”开局第一年的协会工作，协会定于2011年3月召开中国乐器协会六届三次理事会，会议将就此次通讯会议两个文件的补充情况和2011年重点工作做汇报；邀请政府有关部门领导讲解经济形势及有关政策；并安排“企业管理创新”和“知识产权战略”两场讲座。

2010年中国乐器协会行业调研

2010年，中国乐器协会先后走访了13个省市和地区30多家企业。通过工作调研，进一步了解了企业的生产经营状况以及企业发展规划，征集了会员企业对乐器行业“十二五”发展规划的的建议以及对协会工作的意见等。

广东地区调研

3月2日～4日，中国乐器协会理事长安志、副理事长齐建平、秘书长曾泽民等专程前往广东省进行工作调研。调研期间，共走访了广州珠江钢琴集团有限公司、四会市华声乐器有限公司、广州大同琴行以及得理乐器（珠海）有限公司，详细听取了企业的介绍。

3月2日下午，在广州珠江钢琴集团有限公司木材分公司负责人的陪同下，首先参观了大沥木材分公司。公司负责人介绍：珠江钢琴木材处理基地是全球同行业设施最完善、规模最大的现代化木材处理和加工基地，占地17万平方米，拥有16个计算机全自动控制大型木材干燥窑和6个大型抽湿房，年处理木材能力达10万立方米。拥有多个大型恒温恒湿的木材加工车间和木材储存仓库。听完介绍，安志理事长对珠江拥有这样一个庞大的木材基地、高科技的设备以及精细化的管理赞叹不已，并表示：企业只有从源头严格把关，才能确保生产出高品质的产品，品牌才能在国际市场站稳脚跟。

随后，调研组一行来到位于广州荔湾区花地大道的广州珠江钢琴集团有限公司，受到广州市国资委主任、珠江钢琴集团有限公司党委书记、董事长黄伟林的热情接待。调研组在黄伟林董事长陪同下先后参观了国家级技术中心、产品展示厅以及音乐厅。在会议室，黄伟林董事长全面介绍了企业近三年来的发展情况以及今后的发展规划。黄伟林董事长说：“珠江钢琴公司是最具国际竞争力的中国乐器龙头企业，公司拥有主要生产设备近4000台套，其中世界领先水平的高、精、尖进口设备300多台套，总体装备规模达到国际同行领先水平。建造了卧式钢琴和立式钢琴两大生产基地。公司建立了具有国际竞争力的自主品牌体系，珠江牌钢琴获得‘中国名牌产品’、‘中国驰名商标’、‘文化产业重点出口产品’、‘全国用户满意产品’等荣誉，恺撒堡钢琴被列入2008-2009年国家重点新产品计划，并获得中国轻工业联合会科学技术进步奖。”当安志理事长问及企业今后的发展规划时，黄伟林董事长说：“今后的珠江钢琴还将立足主业，持续优化产品结构，合理布局产业结构，做全球最强的乐器企业。未来五年实现全球销售收入、利润总额翻倍增长的战略目标。”在座谈中，黄伟林董事长还风趣地将珠江“凯恺堡”钢琴比喻为自己的儿子，珠江“京珠”钢琴好比是自己的女儿，并信心满怀地表示每个珠江人都会细心地孕育这两个“孩子”，让他们茁壮成长。

听完黄伟林董事长全面细致的介绍后，安理事长对珠江钢琴集团投入大量资金和精力升级改造国家级技术中心，始终将科技创新和技术创新作为企业发展的必要条件的做法表示赞许。他说：“通过一天的调研，我深刻地感受到珠江钢琴公司对行业的发展起到的带头和推动作用，同时也为提高中国乐器国际影响力做出了不可磨灭的贡献。企业的投入和收效是成正比的，珠江钢琴公司正在向着“造世界最好的钢琴，做世界最强的乐器企业”的目标迈进。

3月3日，调研组专程前往广东省四会市，实地考察了四会市华声乐器有限公司。总经理黄志康陪同安志理事长一行首先参观了生产车间，由于春节后刚上班，员工都在进行设备调试和生产准备。在随后的座谈中，黄志康总经理向安志理事长介绍了华声公司的发展历程，他说：“华声乐器有限公司由一家集体小型加工厂一跃成为拥有集研、产、销于一体的大型民营企业，是中国乐器行业最大的吉他制造商。公司厂房面积9万平方米，员工1300多人，产品种类达40多个系列， 400多种型号。目前公司80%的产品出口，出口国家覆盖全球，但主要还是以贴牌为主。近年来，公司着力发掘国内市场，培育旗下自主品牌‘星臣’吉他，其精湛的工艺、优美的音色获得了市场的好评！为更好地推广“星臣”吉他这一民族品牌，华声公司于2009年与北京现代乐手广告有限公司签约，成为品牌推广的战略合作伙伴！”当安志理事长问及国内乐器市场的发展潜力时，黄志康总经理不无忧虑地说：“尽管国内市场潜力很大，但教育体制在某种程度上限制了乐器行业的发展。学生本应是乐器消费的中坚力量，但在繁重的文化学习以及严酷的考学压力下，不得不放弃对音乐的追求。相比欧美及日韩等发达国家，中国玩乐器的‘寿命’太短。

当听说华声乐器公司是一家出口型企业后，安志理事长非常关心企业在经济危机下出口是否受阻，企业面临了哪些困难。黄志康总经理说：“对于我们这个以出口为主的企业来说，受到冲击是难免的，但就目前来说，影响的程度企业还能够自我消化。但企业目前面临一个棘手的问题，那就是‘民工荒’。每年春节过后，人员都比较紧缺，2010年尤为严重，由于劳动力短缺，企业甚至不得不放弃一些订单。”

听完黄志康总经理的介绍，安志理事长首先对华声已取得的成绩表示赞赏，随后说：“目前国际竞争激烈，企业要想持久发展，必须要推动科技进步，加速产品创新，推广自主品牌，扩大产品的知名度。随着国内文化大发展、大繁荣，市场潜力非常大。因此，培育自主品牌才是发展的硬道理。

结束对华声乐器公司的调研后，协会一行又驱车前往广州大同琴行，受到了大同琴行董事长佟炳才和总经理佟伟彦的热情接待，并陪同参观了琴行及艺术培训中心。在艺术中心里，一间特别的教室吸引了安志理事长。畅快明亮的教室中，整齐地摆放了40架数码钢琴，并都配有耳机。佟炳才董事长绕有兴致地向大家介绍说：“这间教室是专为那些渴望学习钢琴，提高音乐素养的在职人员设置的。开办至今，受到很多上班族的欢迎。这样的培训费用低，能为琴行的销售培养一大批潜在客户。”

随后的座谈中，佟伟彦总经理首先向协会调研组介绍了大同琴行的理念和宗旨。他说：“大同琴行坚持以人为本、顾客至上、以优质的服务为原则，把最好的服务奉献给爱好音乐的人们。我们一直认为，做琴行不能只把销售乐器作为唯一目标，为社会培养音乐人才才是重中之重。琴行下设的艺术培训学校，已经为社会培养了大批的音乐人才，受到业内外的肯定与赞许。”随后，佟炳才董事长自豪地说：“我们琴行还投资组建了一个广州市大同艺术团，它是一个群众性业余文化艺术团体，汇集了社会上一些爱好音乐艺术的人士，并由琴行出资进行系统的培训，组织参与了社会上多项演出，在广州市也颇有名气。”座谈结束后，佟炳才董事长向调研组每位成员赠送一张光盘，光盘封面上赫然印着“广州市大同艺术团综艺晚会”。

调研组一行于4日早上，在广东省乐器协会秘书长李爱群的陪同下前往得理乐器（珠海）有限公司。

经过3个小时的路程后，协会一行乘坐的汽车来到了中国最适宜居住的城市——珠海。清新的空气让连日来紧张的调研工作立刻显得轻松起来。随着汽车慢慢前行，一排排整齐的建筑物映入眼帘，“MEDELI”的商标格外醒目。得理乐器（珠海）有限公司董事长郑荃文、总经理顾冰峰、投资运营总监叶森、得理集团副总经理盛子斐，美得理电子（深圳）有限公司总经理徐俊等早已等候在公司门口欢迎协会调研组的到来。

简单的会晤后，调研组一行换上洁白的防静电工作服，在顾冰峰总经理的带领下，进入了生产车间。在宽敞明亮、干净整齐的生产车间里，工人们正井然有序地忙碌着。每一个工序前，安志理事长都会详细地询问情况，顾冰峰总经理一一进行详细的解答。最后，顾总经理带着大家来到一架组装完毕的数码钢琴前，自豪地对着大家说“这是一台‘美得理’数码钢琴，其具有和国际大牌一样的音色和品质。”

结束参观后，协会调研组与得理公司的部分领导进行亲切座谈。顾冰峰总经理首先向大家介绍了得理乐器（珠海）公司的发展历史，他说：“得理乐器（珠海）工业园一期工程于2007年12月开工，历时一年多时间，2009年1月峻工，占地10万平方米，其中厂房5.5万平方米。正式投产后，产值将超过5亿元。目前，二期工程也已经开始，总面积将超过9万平方米，年产值规模将达到10亿元。得理公司年产销120万件电声乐器，连续三年保持30%的增长率。”

随后，得理乐器（珠海）有限公司董事长郑荃文深情地说：“得理珠海乐器工业园是得理两代人的梦想，得理建百年基业的基地也应运而生。这是得理公司发展史上新篇章，标志着得理公司迈上了一个新的历程。而这个新的篇章和历程，也必将对中国乃至世界电声乐器行业产生深远的影响。得理人将会用更先进的技术、更优质的品质、更骄人的业绩，为实现百年基业而努力奋斗。得理公司一贯坚持用音乐塑造心灵，以真情感动世界，以真诚的爱心经营企业，回报社会。我们立志十年进入全世界乐器行业20强。”郑荃文董事长的一席话让在座的每一位不仅看到了得理公司朝气蓬勃的发展趋势，也勾画出一幅中国电声乐器行业的发展宏图。

盛子斐总经理兴致勃勃地介绍了得理公司在员工日常生活及再培养方面采取的一系列措施。他说：“得理(珠海)的生产厂房和职工宿舍同时完成，解决了员工的住宿问题。四栋员工宿舍中还有一栋是夫妻楼，充分体现出公司领导对员工无微不至的关心与体贴。偌大的生活区中，有设施完善的健身区域、小卖部以及娱乐场所。‘得理菜园’格外受到了员工的喜爱，每个部门都分配有一块菜地，员工自己种植，既增添了乐趣，又使员工吃上新鲜无公害的蔬菜。员工的技能和素质提高也是得理公司一直以来非常重视的一环。搬迁至珠海后，公司成立了得理‘管理学院’和‘艺术学院’，免费为员工开设多门课程，受到员工的欢迎，员工的综合素质也得到明显提高。令人欣慰的是，公司搬迁至珠海时，80%的员工随厂一同迁入。”

听完得理公司领导的介绍后，安志理事长颇有感触地说：“我是第一次参观电声乐器企业，给我的触动较大，电声乐器企业的门槛还是很高的。通过参观车间以及与企业领导进行座谈，我深刻感受到得理公司是一个具有高科技含量、现代化、规模化的乐器企业。企业为提高技术创新能力和科技成果转化能力，增强企业市场竞争能力投入较大。在公司快速发展的同时，公司领导层充分认识到，加大员工培训的力度，不仅能有效地激发员工的积极性和创造性，还能进一步发挥他们对于企业发展的关键作用。企业只有始终保持拥有优秀的人力资源队伍才能在激烈的市场竞争中始终立于不败之地。多年来，得理公司致力于打造民族品牌，取得了非常好的效果，为推动中国电声乐器行业的发展起到了表率作用，企业经营管理经验值得其他企业学习。”

海南地区调研

3月8日～13日，中国乐器协会“蟒蛇人工繁育试点及产品推广”课题小组专程赴海南东盛弘蟒业科技股份有限公司进行科研考察。该项目是中国乐器协会承担的国家林业局软科学研究课题，对与乐器相关的蟒蛇繁育基础科学展开全方位调查研究，研究成果不仅将有助于国家一级野生动物蟒蛇的保护，同时也将对提高使用蟒皮作为原材料的民族乐器质量提供技术支撑。课题组成员：中国乐器协会名誉理事长王根田、两爬动物学专家、沈阳师范大学博导李丕鹏教授、原北京民族乐器厂厂长郁冰如、中国乐器协会副理事长齐建平和协会副秘书长兼信息部主任丰元凯。

课题小组在海南东盛弘蟒业科技股份有限公司开展调研工作期间，首先认真听取了公司董事长林明栋所作的“蟒蛇人工养殖及产业化经营工作汇报”，随后深入实地考察了位于海南文昌市的东盛弘蟒业科技股份有限公司南阳蟒蛇养殖基地、海南东盛弘蟒蛇研究所、文昌东盛弘蟒蛇养殖专业合作社等从事蟒蛇科研和养殖场所，与当地蟒蛇养殖户进行了交流。在调研工作结束之前，课题小组召开座谈会，与东盛弘公司进一步深入探讨，总结和加快推广海南东盛弘公司蟒蛇繁育的研究成果，为蟒皮类民族乐器提供更好、更多、价格合理的原材料，满足当前文化产业大发展和日益增长的乐器需求。

在此次“蟒蛇繁育试点及产品推广”课题研究工作中，课题小组通过听、看、谈等各种调研方式，基本上了解了海南蟒蛇繁育的整个过程，以及该公司今后一段时间的设想和发展前景。在调研总结会上，课题小组成员充分肯定了海南东盛弘蟒业科技股份有限公司在蟒蛇“保护与利用”方面所作的一系列开创性工作，为实现野生蟒蛇的人工繁育事业投入大量人力和财力，尤其在科技投入方面，使我国在这个领域科学研究工作处于世界领先水平，受到国家林业局及世界各国专家的高度关注。未来海南东盛弘蟒业科技股份有限公司蟒蛇养殖业将成为世界规模最大、科技水平最高的集繁育、保护和综合利用为一体的蟒蛇科研生产基地。

同时，课题小组一致认为，海南东盛弘公司虽然在蟒蛇繁育和产品推广工作中取得了重大的进步，但与当前乐器市场对蟒皮的需求量还有较大的差距。蟒蛇的皮、肉、油等综合加工利用具有广阔的市场潜力，有待进一步开发利用。当前，我国经济社会正在向转变经济发展方式转变，文化产业方兴未艾，人们需要更多、更好的二胡以及其他各类蟒皮乐器，因此要求海南东盛弘公司进一步加快规模化经营速度，加快各类产品，特别是乐器所使用的蟒皮质量的提高，尽快实现乐器用蟒皮的标准化生产和市场规范化采购，建立一个健康有序、规范发展的乐器用蟒皮生产和供应市场。

为此，课题小组对下一步加快蟒蛇繁育试点和产品推广工作提出几点建议：一是要加强在政府指导下、加强行业、科研单位与生产单位的紧密结合，尽快实现蟒蛇繁育试点的规范管理，推动科技创新。二是加大蟒蛇产品的推广宣传力度，实现蟒蛇制品的综合利用。三是建议政府加大对海南东盛弘科技公司在科技项目立项、产品标准制定以及标识化管理等方面给予更大支持和帮助。

上海地区调研

3月17日～18日，中国乐器协会理事长安志、名誉理事长王根田、秘书长曾泽民等一行4人赴上海进行工作调研，先后走访了上海民族乐器一厂、上海知音琴行有限公司和上海钢琴有限公司。

3月17日上午，调研组一行来到上海民族乐器一厂。安志理事长一行在来上海之前，中国乐器协会接到上海世博局的公函，要求协会组织乐器企业在世博会期间参加“中国元素”乐器坊展示活动，协会委托民族乐器分会和提琴分会组织完成。为了做好此项工作，上海民族乐器一厂厂长王国振、书记孙云、副经理杨育清做了大量的推介准备工作。泰兴凤灵乐器有限公司董事长李书、董事长钱富民副等从泰兴专程来到上海民族乐器一厂，与该项目负责人一起研究乐器坊展示的具体方案。安志理事长表示协会全力支持世博会“中国元素”项目，做好乐器坊展示工作，委托上海民族乐器一厂和泰兴凤灵乐器有限公司认真组织精兵强将，一定要圆满完成任务，展示中国乐器行业的风采。

专题会后，调研小组在小会议室听取王国振厂长的企业介绍。上海民族乐器一厂是1958年创立的民族乐器龙头企业，当时注册资本只有470万元，2009年销售收入达到1.5亿元，税利2000万元，下属3个分公司。公司的主要产品是古筝、二胡和琵琶，2009年销售古筝5.8万台、二胡6.8万台、琵琶2万台，3个主要产品销售收入占总销售收入的70%。2009年虽然受到金融危机影响，但销售收入仍同比增长7%，利润同比增长14%。2010年截止2月份，利润增长43%，销售收入增长45%，实现开门红，企业走上了健康的良性循环的发展道路。之所以能够有现在的好局面，是因为我们能够依据企业的优势和弱点，扬长避短，定好位，打好文化牌，抓好文化类产品。主要从以下三个方面来做：

一是品牌文化营销：把弘扬民族文化作为“敦煌”品牌的文化内涵。围绕这一内涵，除参加上海乐器展、法兰克福乐器展外，还在新加坡、上海大剧院开展带有文化宣传、传播的展示推广活动。我们每年在上海乐器展的展位布局和构思都不一样，每年都有新意，以更好地体现出企业发展和总体形象。包括奥运会“祥云小屋”的展示，也是从中国文化的角度思考的，这次将在世博会“中国元素”乐器坊展示活动，要站在国家层面与弘扬民族文化角度来思考展位的设计，包括产品的展示。每年举办许多大型的文化活动，如：2009年在北京国家体育馆举行的千人古筝演奏会、敦煌品牌的音乐会。

二是产品文化营销：提高产品的营销能力，要在产品的文化上做文章，要从文化的角度来开发产品，从产品的角度的去挖掘文化。每年都有20～30个开发项目，不断地去开发新产品。

三是企业文化营销：善于把企业形成的良好的文化氛围和创新精神，在公众当中进行宣传、传播。在民乐行业中，“看新产品看上海民乐一厂”成为行业佳话，企业文化被公众广泛接受。

另外，建立激励机制、重视人才队伍的培养。厂里这几年陆续进了30多位大学生，其中4位研究生，专门搞设计的2位研究生，非常重视产品的设计。

安志理事长深有感触地说：“听完王国振厂长的介绍很受启发，这样一个老国企，在这样激烈的市场竞争环境下，能够生存和发展并走入良性循环，很成功，确实有独到之处。希望王国振厂长把这个思路、理念和经验与行业共享，在行业里介绍、推广，为推动行业的发展做贡献。乐器是文化产业，一定要打好文化这张牌，要让我们的企业家都有这个理念，对整个行业和企业发展非常有好处。”会后，在王国振厂长的陪同下，调研小组参观了民族乐器展示厅。

17日下午，调研小组驱车来到位于贝多芬广场的上海知音琴行有限公司，与总经理朱文玉、副总经理朱成俊和办公室主任王明珏一起座谈。座谈会上，曾泽民秘书长简要介绍了此次调研的目的，朱文玉总经理简单介绍了琴行的情况：公司2009年销售收入2.4亿元，员工200多人，公司年轻化程度非常高，店长大多是80后的年青人。公司在上海有10个店，在南京、常州、扬州、无锡、镇江、杭州有6个店，9个学校。在上海培训班学生有9000多人，历年参加过培训的学员有10万多人。调研小组一起了观看知音琴行成立十周年的光盘，对公司的发展历程有了进一步的了解。朱文玉总经理介绍到，为学习如何搞琴行连锁，今年春节到日本参观一家琴行。随后还座谈了有关音乐教育、钢琴市场前景及对协会工作有关课题。朱文玉总经理希望协会今后能够组织到美国和日本的大琴行、企业学习交流；希望协会加强对《中国乐器》杂志报道的统计数据和资料的准确性，加强调研工作。调研组在朱文玉总经理的陪同下参观了公司的音乐厅和营销区。

3月18日上午，调研组来到位于宝山区的上海钢琴有限公司，受到公司总经理杨盛惠、党委书记孙昌建和副总经理陈惠庆的热情接待。曾泽民秘书长首先介绍了协会领导近期到广州珠江、四会华声和得理公司以及海南蟒皮基地等地进行调研，以及此次调研走访上海民族乐器一厂、知音琴行的情况，协会想听取企业对协会工作的建议。杨盛惠总经理首先欢迎协会领导到上海钢琴有限公司这个还处于困难时期的老国有企业来考察指导工作，接着系统地介绍了公司的概况：上海钢琴有限公司是全国最老的钢琴公司，有115年历史，过去的辉煌可以用三个第一来概括：第一个民族钢琴企业、第一个民族品牌、第一个钢琴国标起草单位。公司从20世纪90年代中期在大环境的变化中、由于没有注重投入发展，又受到固有体制和人员交替等诸多因素的影响，成为很困难的企业，主要是市场不断失去，销售量每年下降，人才流失。现在公司领导明确了企业的定位，实施了三项调整措施：一是组织结构的调整；二是生产结构的调整；三是产品结构的调整。通过三个调整以后，员工从2002年1300人压缩到现在不到500人。公司领导班子统一思想、规范销售，重点抓有效销售。去年销售额增长，资金回笼大于100%，今年提出的目标是两位数增长，1、2月份的销售比去年同期增长50%以上，势头很好。公司在重塑形象上也做了很多工作，2008年汶川地震后，公司向都江堰捐赠100台钢琴。钢琴销售方面，公司加入在东方电视台电视购物体系，到目前为止通过电视这个平台已经销售了400多架钢琴。公司今年的工作重点是加大技术投入、设备投入，搞好信息化管理。重点进行音源系统的改造。安志理事长听完杨盛惠总经理介绍后感慨地说：“公司曾经有过辉煌的历史，对钢琴工业的发展做过重要的历史性贡献，无论是输出人才、输出技术方面，还是发展自主品牌方面，都是有贡献的。后来因为各种各样的原因陷入低谷，遇到很多困难，杨盛惠总经理来到公司后能够开动脑筋，想尽各种办法，使公司现在向好的方面发展，这种精神很值得钦佩。下一步发展要搞好定位，看准形势，希望上海钢琴有限公司从此发展壮大，走向辉煌。”曾泽民秘书长就市场的开拓、结合上海钢琴百年历史打文化品牌、音乐教育、工艺改造、材料等方面进行了探讨。

王根田名誉理事长在座谈中对上海钢琴有限公司过去多年对协会工作的支持表示感谢。上海钢琴有限公司大力支持协会和行业工作，在协会组织的上海国际乐器展活动筹划和钢琴调律师培训教材的编写都起到很重要的作用。

座谈结束后，调研组一行在总经理杨盛惠、党委书记孙昌建和副总经理陈惠庆的陪同下参观了生产车间和位于杨浦区老厂址的营销中心。

福建地区调研

4月15日～16日，中国乐器协会安志理事长一行赴福州和声钢琴公司进行工作调研，进一步了解世界金融危机一年后国内乐器行业中小企业生产经营概况。中国乐器协会理事长安志、名誉理事长王根田、副理事长齐建平，信息部主任丰元凯一同参加调研。

4月15日，安志理事长一行与参加全国乐器标准技术委员会工作会议代表一同参观了福州和声钢琴公司产品陈列室和立式钢琴、三角钢琴生产线。总经理池家森、副总经理黄苏东等公司领导陪同参观，详细介绍和声钢琴的产品创新、技术专利和生产工艺的发展情况。

4月16日，安志理事长在和声钢琴公司召开座谈会，总经理池家森向中国乐器协会领导介绍近年来公司生产经营工作以及企业未来发展的基本设想。公司全体领导出席座谈会。

座谈会上，总经理池家森、副总经理黄苏东先后介绍企业一年多来的发展情况。池家森说，在世界金融危机影响下，2009年和声钢琴各项经济指标继续保持平稳发展，没有大起大落，基本上抵御了金融危机影响。主要原因一是坚持走与众不同、创新、精品、特色发展之路，我们的口号是“真我和声，品牌哈曼尼”；二是强化产品和市场调整：立式钢琴不断转型提升，并研发出完全自主知识产权三角钢琴，同时不断调整经销商结构和销售模式；三是保持经销商队伍和员工队伍的稳定；四是上级集团公司的支持和帮助。几年来我们从经验和教训中总结出一条企业发展之路，那就是诚信、创新、适度、与众不同，这条道路我们将坚持走下去。

黄苏东说，和声公司已有25年历史，并不算大企业，但也算是老企业。和声公司这几年一直突出“创新”两字。世界金融危机给我们敲响了警钟，教给我们如何应对市场变化，那就是要“创新”要“与众不同”，现在和声公司被福建省授予创新型试点企业和文化产业示范基地，我们打的是两张牌，一是文化牌，二是海峡牌，这就是企业的定位。

在听了和声钢琴公司的介绍后，王根田深有感慨地说：“我在协会工作9年，和声钢琴公司是我到过次数最多的企业之一，每一次到和声钢琴公司对公司的认识也在不断加深。首先，我感觉到，和声钢琴虽然规模不大，但投入产出比率很高，向国家上缴利税很高，这点在行业是名列前茅的。和声钢琴的发展应当说不仅是稳定，而且是稳健，既稳定又健康。我的第二认识是和声公司有一支很好的领导团队，各自发挥作用，形成一股合力，这是最可贵的。第三和声钢琴公司在行业里与各企业和谐相处，有很好的口碑，第四是热心为行业服务，支持协会工作，协会需要有更多的企业支持行业的工作，整个行业就会发展起来。”

安志理事长说，自己刚刚从德国参加法兰克福乐器展回来，和声钢琴公司的规模和产量与国内大型钢琴企业相比虽然不大，但与欧洲一些钢琴企业相比，也算是排在第一系列的企业了。和声钢琴公司选择了一条正确的道路，是行业里有特色的企业。企业务实、诚信的精神，受到全行业广泛认可。现在社会上，尤其是制造业跟风现象、同质化现象严重，一些单位，包括一些企业急功近利，盲目贪大求快，浮躁风严重，这样的企业是不会长久发展下去的。一个企业要想长盛不衰，必须不断创新，不断提高产品质量，产品要有自己的特色和品牌，我认为现在和声钢琴就是走的这样一条道路，这个路子是走对了，一定不要为社会浮躁之风所动，要坚持下去。

天津地区调研

一、宝坻地区

4月22日，中国乐器协会理事长安志、秘书长曾泽民前往天津津宝乐器有限公司进行工作调研。调研期间，公司董事长刘明向中国乐器协会一行介绍了企业近年来的发展概况，总经理刘运斌陪同参观了公司的铜管乐器、木管乐器、打击乐器生产线、电镀车间、技术研发中心、样品室和正在建设中的新厂房以及与西班牙合资生产厂。

天津津宝乐器有限公司从20世纪80年代起步，在90年代末改制后，企业规模迅速扩大，经营效益成倍增长，产品质量不断提升。进入21世纪后，津宝乐器公司已经成为中国轻工业(乐器)行业十强企业之一，打击乐器和管乐器生产的龙头企业，其管乐器和打击乐器远销世界60多个国家和地区，覆盖国内20多个省市。2008年企业荣获全国五一劳动奖状，津宝牌商标获中国驰名商标。公司董事长刘明当选天津市政协常委，总经理刘运斌获五一劳动奖章。天津津宝乐器有限公司在生产经营和社会贡献方面取得一系列业绩后，并没有满足已有成绩，而是始终保持着一种“永无止境”工作精神和“未雨绸缪”的危机感。面对2009年最为困难的经济形势和2010年更为复杂的外部环境，天津津宝乐器有限公司加大力度进行技术改造，采取一系列创新举措转变经济增长方式，用自主创新的成果去迎接未来市场更为严峻的挑战。

参观当中，刘运斌总经理一边介绍各类产品的生产加工工艺过程，一边汇报企业克服金融危机所开展的工作。他说，克服金融危机最好的办法就是创新，要想提高生产效率和产品质量，必须用先进的设备取代人工操作，这几年我们在设备上进行大量投入，以自我研发制造设备为主，以购买设备为辅，不断将原有陈旧的设备更新换代，逐步用机械代替人工，用数控设备代替传统设备。刘运斌还说，经过不断实践，使我们认识到企业要想不断发展，必须不断学习，向同行学习，而且要跨出行业向行业外企业学习，不仅学习其他行业的先进技术、先进理念，通过消化吸收为我所用，大胆进行创新，包括产品创新，设备创新，技术创新。正因为用创新指导一切工作，2009年我们克服了金融危机的影响，在员工数量减少的情况下，虽然外贸出口量下降，但总收入增长15%，其中内贸收入同比增加32%，实现全公司经济效益的稳定增长。

安志理事长一行对津宝乐器在专用设备上的大量投入，并取得了十分明显成效，赞扬并一致肯定津宝乐器公司这一作法。天津津宝乐器有限公司近年来在产品创新和技术创新方面走在了全行业前列，为我国乐器行业加快产品结构调整，尽快转变经济增长方式提供了有益的经验，值得全行业学习。

二、静海地区

9月2日，中国乐器协会理事长安志、秘书长曾泽民、副秘书长兼信息部主任丰元凯一行前往天津静海进行工作调研。调研期间，与天津静海县副县长张惠芬就静海县乐器行业的发展以及创建东方国际乐器城等有关事宜进行座谈。天津鹦鹉乐器有限公司总经理罗松森，天津圣迪乐器有限公司董事长王玉春、总经理师从义，天津静海盛兴乐器厂副经理李静等参加座谈。

张惠芬副县长首先详细介绍了静海县乐器产业的发展历程和现状，她说：“近年来在县委、县政府的支持和关心下，静海的乐器产业发展迅猛，经济效益成倍增长，是静海县的特色产业之一。目前，全县拥有乐器及零配件生产企业121家，主要集中在中旺镇、蔡公庄镇、子牙镇等地区，主要生产手风琴、西管乐器、民族乐器等，产品种类齐全，荟萃西洋、民族几十类，上百个品种。2008年静海县乐器产值达到11亿元，从业人员近2万人。尽管对静海县来说，乐器行业的产值并不算大，但县委、县政府高度重视乐器产业的发展，认为乐器是文化产业，意义非凡。近年来，静海县继续深入实施‘工业强县、生态立县、文化兴县’三大战略，以全面建设‘两城两区六园’为支撑。乐器产业基地建设被列入“六园”的发展布局中，希望能将静海县的乐器企业进行整合，在原有的基础上做大做强，打造特色区域。”

张副县长还介绍了已经签约的“东方国际乐器城”进展情况。“东方国际乐器城”是以建设国际快乐音乐小镇概念入手，依托静海已有的乐器生产基础，打造一个的集乐器研发、生产、展示、贸易、演艺、比赛、旅游、休闲、培训及文化交流于一体的乐器生产、贸易、演艺、文化中心和旅游观光胜地，借此全面实现天津乐器产业升级。

听取完张副县长的介绍，曾泽民秘书长对静海县领导对乐器行业的关心和支持表示由衷的谢意。他说，经过一天的调研，感受到静海县在乐器制作方面具有的特色和优势，民族乐器制造业具有多元化、多品种的特点，西管乐器具有国际特色，中华老字号“鹦鹉”牌手风琴是自主品牌的典范。可以说静海县的乐器产业是以西管乐器、手风琴以及民族乐器为主的北方乐器制造基地。我们此行的目的是想实地考察企业情况并了解企业发展过程中的困难和需求，以便及时地向有关部门反映情况，为协会会员做点实际工作。同时，与地方政府加强沟通联系，将一些特色区域的先进经验在行业内推广交流。

安志理事长表示：看到静海县县委、县政府为本地乐器行业的发展所做的积极努力感到非常高兴和欣慰。乐器行业是一个小行业，但毋庸置疑，乐器行业又是一个非常重要并与民众文化生活息息相关的特色产业。随着中国经济快速发展，人民生活水平显著提高，精神文化需求日益凸显。越来越多的人想要提升自身的文化素质，提高生活品质，学习乐器成为首选。我国文化产业大发展大繁荣必将助推乐器行业更大发展。可以说，乐器市场的潜力很大，乐器行业前途一片光明。对此，我持乐观态度。但目前，我国乐器行业在自主创新、产品档次、品牌建设等方面还有不少问题，协会有义务也有责任加强与地方政府合作，促进地方乐器产业进一步提高发展水平。对于“东方国际乐器城”项目，安志理事长表示非常赞同，认为东方国际乐器城的建成将有利于经济、社会和文化的繁荣与进步。

河北地区调研

6月11日，中国乐器协会理事长安志、秘书长曾泽民、信息部主任丰元凯一行在参加琴行分会一届三次扩大理事会后，前往河北武强金音乐器集团进行工作调研。

在河北金音乐器集团总经理陈学孔陪同下，安志理事长一行参观了公司样品陈列室、铜管分厂、木管分厂、吉他分厂、培训中心、音乐厅等生产现场及文化产业基地设施，还特别参观了公司最新成立的质控中心和现代物流中心。这是河北金音乐器集团为转变经济增长方式迈出的重要一步。陈学孔介绍说，质控中心的建立将为实现管乐零配件标准化生产，进一步提高管乐器装配精度和工作效率发挥重要作用。现代物流中心的建立使金音各类乐器进库、存储、发货完全实现计算机管理，以在最短时间内把金音乐器准确、高效地传送到世界各国和国内各省市。

安志在参观后表示，河北金音乐器集团近年来发展迅速，不仅在企业规模，产品产量上居国内同行业领先地位，同时在促进企业结构调整、产品升级换代、科技成果转化、改善企业管理等方面在行业内起到重要示范作用。企业发展有思路，管理井然有序，未来有较大的发展空间。希望今后在品牌建设，推动全行业的发展中发挥更大的作用。

安志一行在调研期间，还与武强县县委书记王世昆，县长刘玉华等县委、县政府及周窝镇领导会面，双方一致同意加快推进武强西管乐器标准化、产业化建设，力争早日建成中国武强西管乐器产业基地。

8月10日，中国乐器协会理事长安志、秘书长曾泽民、副秘书长兼信息部主任丰元凯应邀参加衡水市乐器制造行业协会成立暨第一次会员代表大会，会后前往位于深州市前么头镇的河北华声乐器制造有限公司参观调研。公司董事长张明健，总经理张立根、副总经理张立国陪同参观。

河北华声乐器制造有限公司是我国乐器行业中较早成立的民营企业之一，至今已有40年发展历史。40年来，河北华声乐器公司转产的西管乐器零部件加工厂，一个只有30多人的乡镇农机修造厂起步，发展成为国内西管乐器生产骨干企业，年产各类西管乐器100多个品种，9万余支，产品出口世界40多个国家和地区，产品一直处于供不应求的状况。多年来企业依靠人性化管理，诚实守信的经营理念、灵活快速的研发机制，吸引了众多国外采购商的目光。

安志一行参观了华声乐器公司的样品间、材料仓库、机加工车间、油漆车间，观看了铜管乐器生产现场，张立根总经理向协会领导详细介绍了公司发展过程与目前生产经营状况。

参观结束后，安志为华声乐器公司40年所发生深刻变化感到高兴，他说，华声乐器公司目前所形成的良性循环，是企业多年来根据主、客观实际走出的一条适合自己的发展道路，很有特色。希望企业今后更加重视发展规划和总体布局，做好更大发展的准备，取得更大的进步。

台湾地区调研

7月1日～8日，中国乐器协会考察团以曾泽民秘书长为团长一行18人赴台湾考察乐器市场。考察团成员包括中国乐器协会、北京乐器研究所、河北金音乐器集团有限公司、天津市津宝乐器有限公司、四川盛音乐器有限公司、河北秦川乐器有限公司、扬州雅韵乐器有限公司、天津圣迪乐器有限公司、河北华声乐器制造有限公司、青岛水木乐器有限公司和北京华兴清华乐器体育用品商城。在台期间，考察团与台北市乐器商业同业公会和台湾钢琴技师协会进行会晤、参观2010年台北乐器展览会、联程工业股份有限公司、功学社总部和功学社管乐器工业园区。

2日上午，考察团一行来到位于台北世贸一馆的台北乐器大展参观。

台北乐器展览会展出面积2000多平方米共80多个展位。设有管乐器区、弦乐器区、键盘乐器区、电子乐器区、民族乐器区、打击乐器区、音乐学习区、灯光音响区、乐器零配件区等。

曾泽民秘书长在吕杜辉理事长和陈焕辉副理事长的陪同下一一走访了主要参展商。吕杜辉理事长与曾泽民秘书长交谈中表示，台湾乐器界很希望大陆厂商能来参展或交流，目前比较缺的是弦乐器、乐器配件等产品。考察团成员纷纷与同行交流，市场调研和洽谈业务。

展会期间，曾泽民秘书长代表中国乐器协会与台湾钢琴技师协会的荣誉会长刘麟和、理事长胡中堂及秘书长林大嘉就2011年在台湾召开的第17届IAPBT年会以及9月份在台湾召开的亚洲钢琴调律师联盟筹备会的有关事宜交换了意见。

2日下午，在功学社集团原董事长陈少甫的陪同下，考察团来到集团所属的联程工业股份有限公司参观。公司总经理谢文秀骑单车从展览会现场赶到公司与代表们见面。随后，在陈少甫董事长和谢文秀总经理的陪同下，考察团一行参观了单车生产车间和样品陈列室。谢文秀总经理向代表们详细介绍了公司产品、产量、订单、管理经验、新产品开发、骑单车运行学等方面的情况。

晚上，台北市乐器商业同业公会在台北天成饭店宴请考察团。台北市乐器商业同业公会理事长吕杜辉代表台北市乐器商业同业公会致欢迎辞，欢迎中国乐器协会考察团来台，希望两岸乐器界同仁加强沟通交流，共同发展乐器事业。吕杜辉理事长代表台北市乐器商业同业公会将写有“情谊永怀”，象征两岸乐器界友谊永存的精美纪念牌赠送给中国乐器协会。

8日上午，考察团一行来到位于台北县芦州市的功学社总部—功学社芦州旗舰店参观。

在公司会议室，功学社集团梁钦贵执行长致简短的欢迎词后，一起观看功学社的发展历程短片。随后考察团参观了功学社集团旗舰店、托儿所、音教中心、员工住宅区、健身房和音乐厅。

下午，考察团在功学社(天津)商贸有限公司总经理蓝汉民的陪同下，驱车来到位于桃园县的功学社管乐器生产园区参观。

该管乐器制造厂目前有500多人，是1978年从台北芦州搬迁到桃园县的，厂区面积10万平方米，主要生产小号、长号、中低音号、长笛、竖笛，萨克斯6大类产品。厂区有零件厂：主要是供应木管和铜管的零件，长笛组焊装配、生产铜管的生产线，萨克斯焊接线、装配线、组装生产线和铜管装配线，还有零件表面处理厂。铜管厂陈厂长和木管厂张厂长和零件厂蓝科长陪同参观。

短暂的十天参观考察圆满结束，在两岸同行较深层次的交流中，学习了许多经营管理和技术创新的经验，深深地感到台湾同仁为中国乃至世界乐器事业发展所做出的不懈努力和重大贡献。

北京地区调研

7月12日，中央政治局委员、北京市委书记刘淇，市长郭金龙在位于平谷东高村镇“中国提琴产业基地”的北京华东乐器有限公司调研时，提出“坚持高端发展方向，着力增强自主创新能力，切实把发展思路转化为具体可执行的工程项目，使重大项目成为加快首都科学发展的切入点、着力点和支撑点”的首都经济发展战略新思路。

8月5日，北京市人民政府新闻办公室举行“打造北京国际音乐园区，全力建设中国乐谷”文化创意园区专题新闻发布会，宣布平谷区拟用5年时间以提琴产业基地为基础，汇聚全国及世界各地乐器生产和演出团体资源，打造一个集研发、生产、销售、创作、演出、展览、旅游于一体的中国音乐产业园区，将平谷打造成中国第一，世界知名的“器乐产销基地、音乐创作乐园、文化艺术新城”。“中国提琴产业基地”未来发展前景在原有基础上将有很大提升空间。

10月21日，中国乐器协会安志理事长、齐建平副理事长和曾泽民秘书长等一行专程前往平谷东高村镇进行工作调研，以进一步了解“平谷东高村镇提琴产业基地”近期发展情况，并表达中国乐器协会将全力配合北京市打造“中国乐谷”规划的意愿。

安志一行在与东高村镇与镇长孙扬，在该镇挂职的中国音乐学院党委宣传统战部部长陈钢、东高村镇经委办公室主任张秋雁、北京华东乐器有限公司总经理刘云东、党支部书记耿占华等进行座谈。

在介绍“中国乐谷”建设项目初步方案时，孙扬镇长说，建设“中国乐谷”是在提高中国软实力、建设北京世界大都市、孕育首都文化大背景下提出的，为了实现中国提琴产业基地进一步发展，未来中国乐谷的目标是从乐器产业扩大到音乐与休闲的功能，为此，中国乐谷将建立三大核心区，一是与乐器产业相结合的音乐产业园区；二是与旅游观光相结合的音乐娱乐区，三是服务配套区。整个建设项目分为三个阶段完成。2011年至2013年，先期启动音乐核心产业区建设；2014年至2017年，启动并完成音乐休闲娱乐区建设；2017年至2020年，完成服务配套区建设，预计投资150亿元，目前北京市发改委已提供1亿元项目启动资金。“中国乐谷”项目已纳入北京市文化创意产业“十二五”专项规划。

在听了孙扬镇长的介绍后，安志理事长说：“中国乐谷”项目有三大优势：地理区位优势、产业基础优势和政府支持优势。目前中国乐器制造业快速发展，已经成为世界第一大生产国和销售市场，未来中国乐器发展潜力巨大，也将为中国乐谷提供更大的发展空间。希望“中国乐谷”重视总体规划的设计，分步实施。中国乐器协会将努力配合“中国乐谷”的建设，作好各项宣传和服务工作。

座谈会后，安志一行还参观了北京华东乐器有限公司的音乐厅、提琴体验室和生产车间。调研结束前与平谷区委书记邱水平，常务副区长姜帆等平谷区政府领导见面并交换了意见。

浙江地区调研

9月16日—17日，中国乐器协会理事长安志、秘书长曾泽民、副秘书长丰元凯、音乐周报记者张蕾一行四人在参加江苏泰兴凤灵乐器集团成立四十周年庆典活动后，前往宁波市的两个主要乐器生产企业——中国海伦钢琴股份有限公司和浙江东方琴业有限公司调研，深入了解世界金融危机一年后我国乐器骨干企业的生产经营状况。

宁波是我国乐器零部件和钢琴的重要生产基地之一，特别是钢琴配件生产占有较大份额。安志一行经过短暂一天的调研，留下深刻印象：企业生产一片繁荣，主要经济指标同比均有30%以上增长，宁波地区乐器行业未来发展形势十分乐观。

在海伦钢琴有限公司，陈海伦董事长陪同安志理事长一行参观了生产现场，观看了介绍公司发展史的视频短片。陈海伦向客人们详细介绍了海伦钢琴公司从开始只生产钢琴弦轴等配件，进而生产码克等钢琴核心部件，生产成品钢琴的整个企业发展进程。陈海伦说，短短几年时间，海伦钢琴顺利完成了产品结构调整，成为国内最主要钢琴生产企业之一。“海伦”牌钢琴占公司生产总量的85%以上，成为以自主品牌为主体的民族钢琴企业。2009到2010年期间，企业通过加大科技投入，实施新产品创新，企业生产蒸蒸日上。2010年实现销售收入2.8亿元，利润3500万元。立式钢琴、三角钢琴产量均比去年增长了20%以上，其中出口6000架以上，占全部钢琴产量的30%以上，出口销售值为1250万美元。陈海伦介绍说，目前企业全线产品处于供不应求的状况，为了缓解生产与销售的矛盾，公司正在现有8.5万平方米生产面积基础上，实行第三期技改。2012年以前将新增土地70亩，扩大建筑面积6万平方米，未来公司建筑面积将达13万平方米，钢琴年产量将达到5.5万架，其中三角钢琴5000架。

在浙江东方琴业有限公司，公司总裁罗森鹤介绍了近年来，特别是金融危机前后浙江东方琴业有限公司的发展情况。罗森鹤说，多年来，公司一直以科技创新，强化企业现代化管理为发展战略，瞄准世界最新技术，超越世界顶级产品。一方面保持钢琴击弦机、键盘、榔头等主线产品的稳定和持续发展，不断进取，精益求精。今年将保持年产击弦机12套、键盘12万套、榔头18万套的生产规模，销售收入将达到3.8亿元。另一方面，已在上海浦东建立上海森鹤乐器有限公司生产电吉他，预计2015年达到年产电吉他50万把的规模。

安志一行详细参观了东方琴业公司生产流水线和工程技术创新中心。

在对宁波的两个乐器重点企业进行调研后，安志、曾泽民表示，宁波的这两个企业现状代表着当前我国乐器行业现代化企业的发展趋势，今天他们之所以能够逐步走上“做大做强”之路，是因为他们紧紧遵循国家的方针，加快经济发展方式的转变，不断地实行产品结构调整，实现了企业发展的技术跨越，各自成为目前世界上具有一定影响力的乐器生产企业，未来企业按照这种思路发展下去，将会成为引领世界和中国乐器行业发展的重要力量。

12月19日，安志理事长一行赶赴宁波参加协会材料配件专业委员会活动，会后考察了宁波四海琴业有限公司和北仑乐器配件制造有限公司。经过多年努力，四海琴业老厂区金属配件和钢琴外壳油漆件，已经形成产值4000多万元，外壳油漆一万多套的能力，年销售额近7000万元。随着主机厂和钢琴行业的发展，四海琴业新租用了一栋四层共12000平方米的厂房，扩大钢琴外壳生产。新购置的自动化喷漆生产线，淋漆、砂光、抛光设备均已到位，还购置了悬挂式静电喷涂生产线，设备堪称一流。新厂已投入1500万元，随着工艺布局和外壳厂搬迁还会有较大投入，新厂外壳加工设计能力3至5万套，不仅满足主机厂的配套要求，还为国外企业加工的配套部件。“四海琴业”1984年开办，从事金属配件生产25年，外壳油漆加工5年，培养了一批技术骨干，产品质量稳定。安理事长一行又在北仑乐器配件公司总经理俞兆祥的陪同下，参观了位于北仑开发区的新建工厂波凯歌乐器有限公司，参观了金属件加工生产线和钢琴键盘生产线。北仑乐器创办二十余年，主要从事乐器金属件加工。现月产钢琴金属配件近万套，其中相当一部分产品为国外企业配套。安志理事长参观后讲道，“看了企业的发展，很振奋，北仑乐器一定会更好。”正像协会材料配件分会会长罗建峰总经理总结的六个字，行业一定要走“高端、专业、合作”之路。4家企业的宝贵经验给乐器行业经营者很好的启示。面对2011年许多不确定的因素，给我们提出新的问题，它不像1998年金融危机直接表现的是国际订单的减少，经过企业及时调整扩大内需又迎来小高潮。2011年乐器行业面对的是原材料、人工成本、人民币增值三大压力带来的产品价格与利润的冲击，这可能会更危险，乐器行业同仁只有抓住技术创新、产品创新，提升企业应变能力，紧紧抓住市场创新去开发蓝海市场，紧紧依靠管理创新稳定骨干队伍，调动广大员工的积极性，才能稳步发展。我们要保持清醒头脑，互相学习，团结合作，新的一年会是“山重水复疑无路，柳暗花明又一村”。

江苏地区调研

9月27日，中国乐器协会名誉理事长王根田，副秘书长兼信息部主任丰元凯在苏州、无锡、丹阳进行蟒皮乐器行业调查工作期间，亲切看望了苏州民族乐器一厂有限公司几任退休厂长。

王根田一行与苏州民族乐器一厂有限公司新老厂长相聚一堂，共同回顾苏州民族乐器一厂几十年来的发展历程，苏州民族乐器一厂是我国最重要的民族乐器生产企业之一，建厂50余年，二胡、笛子、排笙、阮是该企业的拳头产品。参加座谈会的有退休多年的老厂长顾景云，支部书记林子近、刚刚退休的沈博文厂长、桑文珍书记以及刚刚接任董事长、总经理职务的田永逸。王根田代表中国乐器协会向已有76岁高龄的两位老厂长表示亲切的慰问，祝愿他们健康长寿，享受退休快乐生活。沈博文在座谈上回顾了企业改制14年来的风雨历程，表达了自己支持和培养新人，延续企业持久发展的理念，座谈会上，欢声笑语，协会与企业新老领导抚今追昔，憧憬未来。

9月28日下午，王根田一行走访了苏州恒生进出口有限公司和苏州凯声乐器贸易有限公司。主管中西乐器进出口业务的卞靖经理详细介绍了苏州恒生进出口公司目前乐器进出口业务的基本概况。该公司20多年来长期从事中西乐器的进出口业务，与海外，特别是港澳台，东南亚地区建立固定的销售渠道，拥有一批稳定的客户群，为我国乐器生产企业，尤其是民族乐器提供了有效的出口窗口，受到国内许多民族乐器生产企业的认可。凯声乐器贸易公司是由国内七家乐器企业及台湾先进乐器公司共同出资成立，主要业务为开发国内乐器市场，运行几年来销售额稳定上升。

9月27日-29日，王根田一行在苏州期间，相继到无锡梅村林生乐器加工厂、丹阳赵军二胡工作室、苏州北桥江南民族乐器厂，苏州名海乐器社、苏州平江区周万春乐器行、苏州平江区吴韵民族乐器厂、苏州崇山乐器厂，苏州市英艺乐器社、苏州北塔民族乐器厂等企业调研。通过参观企业，与企业负责人座谈沟通，对苏州地区的乐器行业发展现状以及蟒皮乐器标记管理情况有了深入了解。

湖北地区调研

12月14-18日，中国乐器协会理事长安志、秘书长曾泽民、外联主办常杰一行对宜昌金宝乐器公司、武汉艾立卡电子有限公司、致嘉钢琴制造有限公司、银可可琴行进行考察调研。

一、多元化、多层次发展给乐器企业带来强大的发展动力

宜昌金宝乐器制造有限公司是香港柏斯琴行有限公司独资的乐器制造企业。安志理事长一行14日下午一到宜昌就与柏斯琴行总裁吴天延先生座谈。吴天延系统地报告了柏斯琴行自1986年成立至今的发展历程。经过做琴行零售代理国外品牌、自创品牌委托加工和在国内建立三个生产基地，现已形成零售、生产、培训、文化推广和房地产开发综合发展的集团公司。公司2009年乐器营业额达到1.62亿美元，名列世界乐器225强第19位。公司现有香港乐器联营店23家，中国内地26个城市50家；1999年开始在上海、广东和宜昌投资设厂生产钢琴；2004年建立国际财务管理体系，完成零售、配送、生产的全过程链接；2007年成立香港乐器选购中心，并购两家德国工厂，包括自动演奏装备厂；1997年成立柏斯琴行音乐基金会及香港音乐导师同盟。形成了销售网络、生产、教育和零售四大板块；代理50多个世界品牌，包括钢琴、西管乐器、电声乐器、音乐书籍等；音乐培训内地有2万名学生,1000名老师，香港有1.5名万学生，1500名老师；生产板块1600人，三角琴基地6万平方米，生产7～8个型号，目前月产100～150架以上，设计产能7000架/年，立式琴老厂区日产80～100架，新厂区6万平方米厂房主体已完成，正加紧进行工艺布局和调整搬迁准备工作；新厂区设计有近万平方米的文化产业项目，拟建成展示世界钢琴历史、音乐家和中国钢琴发展史等国内第一、国际一流的乐器博物馆；由于宜昌市政府对文化产业和骨干企业的大力支持，几块储备土地的房地产项目也进入考察设计阶段。听了吴天延总裁的介绍，安志理事长对柏斯琴行以市场为先导，走国际化、多元化发展的道路给予充分肯定。认为企业发展以市场为前提，提高企业应变能力，从市场布局到产业布局，全面推广音乐培训和文化产业，发展战略很清晰，值得行业借鉴。

第二天，吴天延总裁陪同安志理事长一行参观了宜昌金宝乐器制造公司的江南三角琴厂、开发区的立式琴工厂和新建的金宝乐器工业园。三角琴厂位于长江葛洲坝南岸，新建不久的西栋厂房内生产线很紧凑，扩建的第三栋厂房施工即将完成，现已月产三角琴100～150架，势头很好，加上合资的自动演奏装置的投入使用，预计可增加三角琴50%以上的销量。三角琴生产从铁板数控钻孔抓起，为标准化加工打下良好的基础，外壳加工用金属模取代木模，但确保了外壳成型的精确和稳定性，喷漆引用日本机械手静电喷涂设备，既提高了平面质量，又减少了喷涂遍数，大大提高了加工效率，从142到275型，7、8个型号的三角琴产品设计集中了德国、日本和中国专家的智慧，起点高。立式琴生产线上，五轴联运加工中心，数控打孔机，铣码桥设备同时可以做到精确地铣码花。除了成品生产线之外，击弦机零件加工机械化，榔头选材和加工工艺，都按照国际先进加工工艺组织，确保关键部件的高质量和稳定性。一批批新设备、新工艺的投入，每年选派优秀员工赴欧洲学习等措施，充分体现了金宝乐器以科技创新推动企业升级、产品升级的决心。

在调研中，吴天延总裁提出规范二手钢琴市场的问题。据不完全统计，2009年我国进口的日本为主的二手钢琴约三万架，经过翻新后，进入终端市场，但其中有一些不规范的行为，例如:有不少翻新以后的产品以次充好、以假乱真欺骗用户；有的只保外观，不顾内在质量，使用已在30年以上；有的低进高出偷税漏税等等。近日北京就有用户请全国乐器质量检测中心鉴定钢琴，卖的是“新琴”，经鉴定是二手琴。不少琴行老板也反映二手琴销售中的一些问题。希望协会组织有关部门做一些调研工作，协助工商、海关部门规范二手琴市场。

二、技术创新、市场创新、管理创新成就艾立卡的辉煌

12月17日，安志理事长一行来到武汉艾立卡电子有限公司调研，张鉴堂总经理组织企业主要负责同志，非常认真地向安志理事长一行报告工作。58岁下海，今年74岁的老共产党员、转业军人带领公司科技先行、勇于创新，使企业充满生机和活力。武汉艾立卡电子有限公司1995年十万元起家，从挂靠武汉科技局的集体企业改制到“前店后厂”的中外合资企业，实现了观念转变、产品定位和调整结构的过渡，形成了国际化外向型电子乐器企业。张总的儿子在美国加州成立独资公司，负责国际市场，老伴屠副总也是部队转业的电子技术转业干部，负责公司技术研发和产品创新，艾立卡有一套不寻常的军队传统式的内部管理，有不断创新的经营管理理念和强有力的骨干队伍。企业创建十五年来从小到大，从只做100元左右的小型音箱和录音带到OEM加工，从OEM、ODM加工发展自主研发150余种新产品，电子产品包括各种音箱、全系列效果器、控制器等，机械产品除了产品配套的产品外壳，还有吉他弦、吉他配件、乐谱器等。2009年营业额1300万美元，2008年进入世界225强，2009年排到第217名。2010年公司技术创新成果显著，取得31项专利，其中3项发明专利。企业通过ISO9000国际质量认证，ISO14000国际环保认证和ISO18000职业健康认证，并进行了职工职业标准化体系认证，成为国家标委会“四A级标准化良好行业企业”（武汉仅此一家），高科技企业单位。

张鉴堂总经理介绍，300多人的乐器企业取得如此成绩靠什么呢？领导企业和部队带兵基本一样，主要的是教育好职工。艾立卡不但生产精品，还要把艾立卡员工培养成精英。人不能缺了理想信念，艾立卡有一套集体智慧结晶的规章制度，包括：采购、生产、新产品开发、经营管理及员工手册等十篇。经营者带头照章办事，事事时时有章可循。艾立卡有一大批忠诚企业的骨干，有一支精益求精的技术研发队伍，招聘员工、党员、退伍军人优先。党员戴党徽上岗，领导关心员工，干群关系融洽，职工敬业精神好。摸索出了一套管理创新的宝贵经验。

艾立卡的技术创新、管理创新和市场创新推动了企业升级，金融危机“不裁员、不降工资，不减福利”，职工生日送蛋糕，年终企业红利一成分给员工，关心职工福利回报，金融危机时期公司营业额不降反升，利润也稳定，企业控制市场的能力和应变能力明显提升。

三、制造业与文化产业结合及琴行的大胆创新

武汉致嘉是我国最早的数码钢琴制造企业之一，1998年成立，1999年制造出中国第一台数码钢琴，被列入科技部“国家级重点科技成果”推广计划的乐器制造企业。现年产各种型号数码钢琴一万架。周致嘉董事长介绍，致嘉电钢琴订单已排到2011年3月，受场地设备局限，目前很难接收更多的订单，希望寻求相关生产成品、配件的企业开展合作，以保市场需求。致嘉钢琴作为特点产品经营的企业，十几年的发展跨跃三个台阶。第一步是数码钢琴的开发及生产；第二步向教育培训转型；第三阶段整合文化性产业，推广音乐生活模式。最近，计划荣誉出品500集音乐科普教育漫画系列丛书——《致嘉传奇》。致嘉秉承着特色的产品和特色的企业文化，正稳健的发展。“团结拼搏，永争第一，我能；注重细节、精益求精，我行；责任当头、意识在先，我要；助人为乐，无私奉献，我愿意。”成为企业的灵魂。

武汉银可可琴行算得上中国琴行的知名企业，在武汉有6家店，年销钢琴5000余架。总经理何浩满怀激情地向安志理事长一行介绍湖北乐器市场和公司的经营情况。他讲，琴行要做好产品品牌，比如钢琴有德系、日系品牌和国内名牌产品。德系钢琴历史悠久，产品质量档次世界公认。在经营国内外著名品牌同时，也就创造了琴行的品牌，银可可已成为“湖北省著名商标”。公司运作的两大战略，其一是“8+1城市商圈”规划，即武汉周边8个城市和武汉市区的销售体系的布局，正在积极的买商铺，筹划社区文化站，建立合理的商圈布局；其二是培养儿子何可可。（目前乐器企业第一代创业者已经步入或正在考虑二代交接问题，行业有许多成功的经验）。何浩总经理采取放单飞锻炼的方式，让儿子独立经营“琴声何来”琴行。放手让其锻炼，使年轻的“海归派”落地生根。

岁末将至，4家企业的宝贵经验给乐器行业经营者很好的启示。

2010年中国乐器协会国际合作与交流

1月

1月12日至21日，应美国国际音乐制品协会（NAMM）和墨西哥外贸委员会邀请，由中国乐器协会名誉理事长王根田率团，中国乐器协会副理事长齐建平、上海乐器协会秘书长郭德利、上海国际展览中心有限公司总经理方佩瑛、常务副总经理吴江红五人组成的代表团访问了美国和墨西哥。代表团访问美国主要目的是：参观在洛杉矶举行的2010 NAMM乐器展并出席国际乐器协会联盟会议,加强与NAMM之间的合作；接触国际同行，交流行业发展经验；接触参展商，特别是国内参展商和协会会员，了解最新行业产品发展趋势和企业当前的关注点；宣传推广2010年10月举行的中国（上海）国际乐器展览会。

展会期间，协会领导还出席了NAMM组织的国际乐器协会联盟会议，沟通各自国家2009年以来乐器行业的发展情况，探讨加强合作的可能性。同时代表团应约和NAMM总裁拉蒙德先生和国际部主任贝蒂女士举行了会谈。

王根田向美方介绍了2009年中国乐器行业的总体发展情况，通报了协会近期举行的换届大会以及协会领导层调整的情况。双方均表示将进一步加强两个组织之间的合作与交流。谈到在上海举办的中国（上海）国际乐器展，中国乐器协会和上海乐器展主办单位之一上海国际展览中心有限公司都对NAMM在过去各届上海展会给予的支持表示感谢，三方都对现有的合作模式表示非常满意，同时希望能够加强。拉蒙德总裁代表NAMM表示将继续支持今年10月在上海举办的中国（上海）国际乐器展，希望能够尽早联系沟通，落实NAMM参与的相关活动。为表达NAMM对中国乐器协会和王根田名誉理事长个人对中国乐器行业发展以及促进国际音乐制品行业交流合作所做出贡献的敬意，拉蒙德总裁代表NAMM向王根田颁发了荣誉奖牌。

墨西哥是世界新兴经济体之一，人口一亿多，近年来经济发展较快，是南美洲的重要国家。为进一步开拓墨西哥乐器市场，宣传推广2010中国（上海）国际乐器展，应墨西哥外贸委员会邀请，代表团访问美国之后访问了墨西哥。墨西哥外贸委员会是墨西哥的官方机构，主要负责促进墨西哥国际贸易和吸引外商投资。墨西哥外贸委员会协助安排代表团一行分别与墨西哥企业家理事会、墨西哥国家艺术团、墨西哥国家艺术和手工艺品保护基金会、墨西哥VERACRUZ州负责乐器推广的国际拓展理事会以及有关乐器生产厂家举行会谈，同时还参观了墨西哥最大的琴行SALA CHOPIN。

代表团此次出访圆满完成各项日程，广泛接触了乐器行业的机构、协会、公司和个人，促进了理解和交流，探讨了合作，宣传推广了2010中国（上海）国际乐器展，达到了出访的预期目的。

3月

3月24日至28日，安志理事长率中国乐器协会代表团赴德国考察了法兰克福国际乐器展览会，对参展的协会会员企业做了调研，走访了广州珠江钢琴集团有限公司、北京星海钢琴集团、上海民族乐器一厂、上海华兴乐器公司、上海中雅钢琴公司、天津津宝乐器有限公司、美国AXL乐器公司、南京摩德利钢琴公司、中音公司及深圳蔚科电子有限公司等多家会员企业，向各家公司负责人了解了参展情况。

安志理事长强调，世界乐器行业正从经济危机影响的低迷中走出，出现企稳回升的良好发展势头，中国主要乐器参展商应抓住机遇，努力克服贸易摩擦、汇率变动、劳动成本增加等因素，积极调整产业结构，在扩大对外交流的同时，着重开拓国内市场。

展会期间，德国法兰克福展览公司董事会董事Detlef Braun、副总裁可俐·范·金、法兰克福展览（上海）有限公司总经理沙怡文等领导热情接待并宴请了协会一行，对与协会开展的合作表示满意。安志理事长详细了解了今年法兰克福乐器展的办展情况，强调上海国际乐器展览会要在技术交流方面多做工作，不仅使展会成为搭建乐器贸易的桥梁，也要努力使之成为技术创新、经验交流的平台。协会将在业已形成的良好合作基础上，继续与各主办方保持密切合作，进一步办好上海国际乐器展览会。

上海国际展览中心有限公司常务副总经理吴江红、副总经理吴国斌随团出访并参加了上述活动。

据悉，2010年法兰克福国际乐器、灯光音响展览会共有2340家展商参展，其中乐器展商1510家，灯光音响类展商829家，国际展商比例达到62%，来自128个国家和地区的近11万名观众参观，德国之外的国际观众约4万名，展商和观众数量较去年（2009年2388家展商、112478名观众）相比略有下降。但主办方称，总体来看，世界金融危机对乐器和灯光音响方面的影响有限，本届法兰克福国际乐器展览会的参展商和观众人数均超过预期，进一步稳固了行业领域国际乐器大展的地位。参展商对行业未来发展前景持较为审慎的态度。据主办方调查统计，展商对本届展会的满意度约为70%，观众满意度约为80%，反映出行业前景发展态势良好。

3月24日下午，正在德国考察法兰克福国际乐器展的中国乐器协会理事长安志会见了美国国际音乐制品协会（NAMM）主席Tom Schmitt，总裁兼首席执行官拉蒙德以及国际部主任石碧天。这是安志当选中国乐器协会新一届理事长以来，与美国国际音乐制品协会领导的首次会晤。上海国际展览中心有限公司常务副总经理吴江红、副总经理吴国斌参加了会见。

安志首先对王根田理事长、齐建平秘书长2010年年初访美受到NAMM热情接待表示感谢。他说，中国乐器协会上届理事会和NAMM一直保持着密切的合作，特别是在上海乐器展期间，NAMM大学论坛和“如何操作…”培训课程给上海乐器展览会增添了不少国际特色。经过多年的发展，活动品牌知名度不断提高，受到行业的广泛认可。中国乐器协会将在过去打下的良好基础上，继续和NAMM保持积极合作，使上海国际乐器展览会再上新台阶。

拉蒙德表示， NAMM珍视和CMIA的合作，今年的合作已进入第5个年头，很高兴能在法兰克福乐器展上首度与新任理事长安志先生会面，希望收到协会更多的建议和意见，也非常感谢中国乐器行业各位同仁和上海国际展览中心有限公司配合，在最近两年的合作中取得很好的效果。相信在中国乐器协会新一届理事会的领导下，在过去保持良好合作关系的基础上能够继续推进两家协会的合作，促进两国乐器行业的发展。NAMM现已和上海国际乐器展的主办方进行了4年的合作，这是国际音乐制品协会成立108年来，首次在美国本土之外举办的活动，经过4年的实践，确实得到了行业的认同，取得了很大的成效，也为NAMM在世界其他国家举办类似活动提供了有益借鉴。NAMM国际部主任石碧天就2010年上海国际乐器展期间NAMM大学活动的主题选取、演讲嘉宾和内容细化做了说明，表示愿与协会进一步配合，做好各项组织工作。

双方还对2010年8月即将在北京举办的世界音乐教育大会上安排乐器界与音乐教育界举行圆桌对接会议做了讨论，并就由协会出面组团参加NAMM乐器展的可行性进行了初步探讨。

3月29日，为加强与东欧乐器行业的国际交流与合作，安志理事长率中国乐器协会代表团一行在结束考察2010年法兰克福国际乐器展览会后，来到捷克东北部城市Hradec Kralova，在佩卓夫钢琴公司会晤了捷克乐器协会（AVHN）会长、佩卓夫钢琴公司总裁苏珊娜·佩卓夫、捷克乐器协会秘书长Frantisek Nemecek以及捷克乐器协会主要会员代表。上海国际展览中心有限公司常务副总经理吴江红、副总经理吴国斌参加了会见。

会谈中，宾主双方就协会工作、行业概况、会员管理、乐器展会、世界乐器市场形势等问题进行了交流，增进了相互了解，为今后两国乐器协会展开合作奠定了基础。安志结合中捷乐器行业的特点提出几点具体建议：一是鼓励人员往来，增进相互了解；二是加强中捷乐器行业信息交流；三是开展音乐活动，大力拓展社会音乐人口；四是为两国协会会员开展合作提供帮助。

作为捷克乐器界的领军企业佩卓夫钢琴公司始创于1864年，现已发展成为欧洲最大的钢琴制造商之一，现由第5代掌门人苏珊娜·佩卓夫管理经营，在过去的145年时间里，佩卓夫钢琴因为许多欧洲王室用琴而享誉世界。整个佩卓夫钢琴公司包括“佩卓夫钢琴沙龙”展示厅、生产厂房以及产品研发部三大板块。据介绍，2008年，该公司生产3000架立式钢琴和600架三角钢琴，其中90%用于出口，在欧洲乃至世界钢琴市场具有较强的竞争力。

会谈结束后，安志一行在佩卓夫公司生产部经理的陪同下参观了佩卓夫钢琴公司的生产车间和研发部门。

3月30日，中国乐器协会理事长安志一行率团访问匈牙利，与匈牙利乐器协会（HANOSZ）会长Csaba Toth举行会晤并在布达佩斯做了乐器市场调研。上海国际展览中心有限公司常务副总经理吴江红、副总经理吴国斌一同参加调研。

安志理事长向匈方简要介绍了2009年中国乐器行业发展概况，他说，2009年中国乐器行业受到世界金融危机的影响，全行业把重点放在扩大国内需求上。扩大国内市场，必须扩大社会音乐人口，今后乐器协会的一个任务就是要加强整合各方力量，做好社会音乐普及教育工作。

匈牙利乐器协会（HANOSZ）会长Csaba Toth首先欢迎中国乐器协会代表团访问布达佩斯，并对匈牙利乐器协会及行业发展概况做了介绍。匈牙利乐器协会成立于2003年，目前有42家会员，以琴行、分销商和作坊为主。Toth会长同时兼任日本罗兰公司匈牙利分公司总经理，罗兰在布达佩斯设有专门的旗舰店，主要销售电钢琴、电吉他、电子鼓等电声乐器。协会现有两名专职工作人员，负责日常工作和行业刊物出版发行。除专职工作人员，其他会员均为志愿服务，在举办行业重要活动时会集中起来。匈牙利只有1000万人口，乐器市场规模较小，人均乐器消费支出约1美元，仅为德国的十分之一，低于西欧国家。由于匈牙利人口较少，推动乐器市场扩大的主要方式就是开展社会音乐活动，普及校园音乐教育，带动更多的人学习乐器、演奏乐器。匈牙利乐器虽然受到经济危机影响，但2009年还是成功举办了匈牙利乐器展览会，取得了不错的成就。匈牙利乐器展还要多向上海乐器展览会学习，希望两家协会以展会为契机，建立合作关系，为中匈乐器行业之间的合作创造更多的机会，搭建更好的合作平台，为对方的参展会员提供场地优惠和价格优惠。

在认真听取匈牙利乐器协会的介绍后，安志表示，虽然匈牙利乐器协会较小，但活动办得很有特色，有的方面很值得我们借鉴。通过此次访问加强了中国乐器协会与匈牙利乐器协会的交流，尤其是信息交流和展会交流，促进两国乐器协会会员间的合作。

会谈结束后，在匈乐协安排下，安志一行冒雨实地调研了布达佩斯乐器市场并参观了日本乐兰布达佩斯旗舰店，以及该市最大的ELado琴行。调研结束后，安志理事长对匈牙利方面热情、周到的接待表示感谢，表示将细化中匈合作内容，今后进一步发展双边友好合作关系。

8月

8月4日下午，中国乐器协会安志理事长亲切会见了来京参加第29届世界音乐教育大会的美国国际音乐制品协会（NAMM）国际事务部主任石碧天（Betty Heywood）。齐建平副理事长、曾泽民秘书长一同参加会见。

宾主双方在友好的氛围中围绕当前中美乐器市场发展现状、近期协会重点工作、两国乐器行业进一步加强合作的思路等问题深入交换了意见并达成共识。双方会谈后，中国乐器协会、国际音乐制品协会、上海国际展览中心有限公司、法兰克福（香港）展览有限公司和北京新跨界艺术文化公司等单位就2010年NAMM大学论坛、CMIA琴行论坛和上海乐器展年会等事项做了细致沟通、交流，落实了论坛嘉宾及主题。本次会晤时间紧凑，内容充实，加深了中美两国乐器协会的友好情谊，会议取得圆满成功。

10月

10月12日，2010中国（上海）国际乐器展览会（Music China）隆重举办期间，中国乐器协会举办国际乐器行业招待会，宴请前来参加上海国际乐器展览会的国内外嘉宾。招待宴会由中国乐器协会秘书长曾泽民主持，中国轻工业联合会副会长、中国乐器协会理事长安志致辞。文化部文化产业司副司长李小磊、产业指导处处长许蓉应邀出席招待会。参加招待会的有中国乐器协会名誉理事长王根田、副理事长齐建平、副秘书长兼信息部主任丰元凯，上海国际展览中心有限公司副董事长施铭泽、总经理方佩瑛、常务副总经理吴江红、副总经理吴国斌，德国法兰克福展览公司董事Detlef Braun、德国法兰克福展览公司副总裁可莉·范·金、法兰克福展览

（香港）有限公司执行董事杜承华以及十多个国家和地区的行业协会和国际著名乐器企业领导。

安志理事长发表热情洋溢的讲话，他首先代表中国乐器协会以及上海国际乐器展览会主办方，对近年来给予展览会大力支持的中国政府有关部门、国际合作伙伴、国际乐器行业协会领导、国际著名乐器公司表示由衷的感谢和良好的祝愿，希望大家充分利用好上海乐器展的平台和有利条件，扩大交流，加深了解，促进中国乃至世界乐器市场的不断发展壮大。

来自亚洲、欧洲、北美洲、南美洲各国行业协会领导与国际著名乐器公司代表在招待会上欢聚一堂，畅叙发展大计，共谋行业未来，充分体现中国乐器协会加强国际交流合作的信心和展望，也显示出上海国际乐器展经过9年发展壮大，已成为名副其实的国际乐器行业合作交流平台，受到国际乐器界的广泛关注。

美国国际音乐制品协会（NAMM）主席Tom Schmitt、英国乐器协会高级代表Noel Sheehan，韩国乐器协会代表、韩国英昌乐器集团总裁兼首席执行官徐昌焕、天津英昌乐器有限公司总经理崔镇洙、巴西乐器协会（ANAFIM）主席巴蒂斯塔·科斯塔、德国乐谱出版协会（DMV）副主席Heinz Stroh博士、意大利乐器制造商协会(ACISA)会长安东尼奥?米歇那、捷克佩卓夫钢琴公司代表Anna Ceralova女士、雅马哈（中国）乐器音响投资有限公司钢琴事业部部长金田日出男、佐佐木庆和、上海乐兰电子有限公司董事长程建铜、美国梅森·汉姆林钢琴公司总裁Gary Burgett、副总裁Tom Lagomasino等国际乐器行业协会、国际著名乐器公司代表共30余人参加招待会。

招待会始终在热烈愉快的氛围中进行，中国乐器协会各位领导和与会嘉宾进行了诚挚友好的交流，并就共同关心的话题交换了看法，进一步密切了中国乐器协会及上海乐器展主办方与国际乐器界同行的友谊。

10月13日下午，由中国乐器协会主办的上海国际高层乐器研讨会在展会期间举办。中国乐器协会理事长安志、美国国际音乐制品协会主席Tom Schmitt、总裁兼首席执行官Joe Lamond、国际部主任Betty Heywood、德国法兰克福展览公司副总裁Cordelia von Gymnich、上海国际展览中心有限公司总经理方佩瑛、巴西乐器协会主席巴蒂斯塔·科斯塔、捷克乐器协会Jan Rysavy、美国梅森汉姆琳钢琴公司总经理Gary Burgett 、副总经理Tom Lagomasino、台湾功学社集团首席执行官梁钦贵、功学社（天津）贸易公司总经理蓝汉民、台北市乐器商业同业公会理事长吕杜辉、中国教育学会音乐教育委员会副理事长兼秘书长、《中国音乐教育》杂志主编吴斌、中国音乐学院钢琴系主任李民教授、珠江钢琴集团董事长王润培、得理乐器集团副总裁盛子斐、中国乐器协会琴行分会会长、四川盛音乐器公司总经理黄茂强、浙江天目琴行董事长刘为明、河北秦川乐器公司总经理秦川、长春新威琴行董事长周宝强、音乐周报运营总监张蕾、中音公司董事长赵易天、新跨乐（北京）艺术有限公司董事长兼总经理韦凯元等嘉宾参加研讨会。日本《日本贸易》杂志主编泽野优、《消费日报》、《音乐周报》、《中国乐器》、《乐器》、《中外乐器信息》、《星夜钢琴网》等行业媒体积极参与报道了本次研讨会。

此次国际乐器行业高层研讨会，经过前期精心准备，主题的确定、嘉宾的推选及会议组织等方面都进行了反复推敲。会议采取主题发言、重点发言和项目推介相结合的形式，收到很好的效果。

研讨会主题是“成人音乐普及”。安志理事长对行业协会开展成人音乐普及活动提出几点建议：一是呼吁各国乐器协会积极协调行业、企业的力量投入到成人音乐普及活动中，同时积极争取政府有关部门的支持；二是协调社会各界资源，创建乐器行业音乐教育平台；三是推介优秀的音乐教育项目，并建议借每年上海乐器展之机，组织行业高层研讨会，围绕“扩大音乐人口”、“让每个人会一件乐器”的共同目标，开展专题研讨和项目交流与合作。

会议提出，推动成人音乐普及是一项长期而艰辛的任务，可能需要几代人的不懈努力，需要各国乐器行业和社会各界的通力合作。此次研讨会后，中国乐器协会将和美国国际音乐制品协会共同做好信息交流和音乐教育项目的推介工作，积极促进成人音乐普及，为实现“扩大音乐人口”、“让每个人会一件乐器”的共同目标而努力。

10月12日，在上海国际乐器展览会期间中国乐器协会理事长安志、副理事长齐建平、秘书长曾泽民亲切会见意大利乐器零售商协会（DismaMusica）会长克劳迪·弗斯玛。双方就中意乐器行业的友好合作进行了诚挚、热烈交流。

曾泽民秘书长首先向客人简要介绍了中国乐器行业发展情况和本届上海乐器展国际展商参展情况，并表示将积极推荐意大利乐器零售商协会与中国乐器协会琴行分会广泛接触，洽谈合作，希望双方保持经常性的沟通和联系。欢迎意大利乐器界的更多朋友明年在上海国际乐器展这一重要平台上继续强化与中国及其他国家和地区乐器界的交流与合作。

弗斯玛表示，作为中国最大的乐器行业组织，中国乐器协会发挥了重要的行业宣传、引导和组织作用，非常愿意加强与中国乐器协会在各个方面的交流与合作，并对协会所提倡建立的行业信息平台表示了很大关注，希望能与协会建立长期合作关系，分享乐器市场信息和经验。双方还就其他共同关心的话题交换了看法，并表达了今后进一步加深合作的意愿。

10月13日，协会秘书长曾泽民专程走访了前来参展的捷克PETROF钢琴公司，实地了解该公司在中国市场的发展情况，并就该公司关切的问题与捷克Petrof公司总裁Susana Petrof的代表Anna Ceralova坦诚交换了意见。

捷克PETROF钢琴公司代表Anna Ceralova对中国乐器协会领导给予的热忱关心表示感谢，并重申了捷克PETROF钢琴公司的立场。她表示，捷克PETROF公司悠久的历史及工艺传统始于1864年，PETROF钢琴公司是欧洲最大的立式钢琴以及三角钢琴制造商之一。PETROF公司与“PZF佩卓夫”公司及其旗下品牌“皇冠”、“伯爵”和“博士”没有任何关系。

10月13日，2010上海国际乐器展览会期间，中国乐器协会理事长安志亲切会见了印度Diversified Communications国际展览有限公司总裁Anil Chopra，双方就中印两国乐器市场发展和乐器展览会的合作交换了意见。上海国际展览中心有限公司副总经理吴国斌参加会见。

10月13日，台北市乐器商业同业公会理事长吕杜辉一行11人在上海国际乐器展览会期间拜会中国乐器协会，安志理事长、齐建平副理事长、曾泽民秘书长亲切接待了台湾同行一行，就2011年共同合作举办“两岸乐器大展”和两岸乐器界共同关心的问题与客人诚挚交换了意见。

会谈结束后，中国乐器协会领导与台湾乐器界朋友共进工作午餐。

10月14日，2010上海国际乐器展览会期间，中国乐器协会安志理事长、曾泽民秘书长会见了专程前来参观展会的韩国钢琴调律师协会会长朴光贤。

安志理事长充分肯定了过去几年来韩国钢琴调律师协会与中国钢琴调律界的友好交往，表示将继续鼓励中国钢琴调律师与包括韩国在内的各国钢琴调律界朋友的交流，共同推进国际钢琴调律事业的发展。

分支机构活动

提琴制作师分会(北京地区)召开会议

1月11日，中国乐器协会提琴制作师分会北京地区会员与“提琴之友”共计50余人在中央音乐学院召开全体会议。郑荃会长向到会者介绍了首届中国国际提琴制作比赛的筹备情况。郑荃说，这次比赛是中国提琴制作师分会成立以来最大的一件事，也是许多年以来很想作的一件事。目前提琴比赛各项筹备工作还有一些困难，但得到社会各界的大力支持，组委会采取了许多应变措施，使比赛前期各项工作都在顺利进行。现在已经有国家和地区选手报名，据了解，意大利、美国、日本，法国等国日前已有许多人准备参加比赛。有关这次比赛琴的评审规则问题，郑荃说，仿古琴将不列入这次参赛琴范围，评委将由意大利、法国、德国、美国各出一名评委，奖金水平将按照意大利和德国比赛颁发。比赛期间所进行的提琴展览，除对参赛琴进行展出以外，同时进行世界名琴展览。

首届“中国国际提琴制作比赛”在北京举行

5月5日至17日，由中国乐器协会和中央音乐学院(中国乐器协会提琴制作师分会)联合主办的首届“中国国际提琴制作比赛”在北京举行。

比赛共有来自11个国家和地区的193把小提琴、47把中提琴和 34把大提琴参加了角逐。评委们经过五天紧张而严格的评选，来自德国的海斯伯格·欧瑞池、中国的徐永成、意大利的金敏荪分获小提琴、中提琴、大提琴组金奖。

比赛期间，组委会还安排了丰富多彩的多项活动：国际著名的提琴制作家7场提琴制作讲座，包括《提琴的仿古油漆》、《斯特拉底瓦里时代的提琴制作》，讲座的选题极大地丰富和提高了中国提琴制作师国际提琴文化知识及制作技艺；5月9日晚，在国家大剧院音乐厅举行“获奖提琴颁奖音乐会”。吕思清、马库斯·斯托克等国际知名提琴演奏大师携中国国家交响乐团分别用获奖提琴为观众奉献了一场唯美的音乐盛宴；5月10至17日在国家大剧院水下长廊展厅举办“首届中国国际提琴制作比赛参赛作品展”，除参赛作品外，还展出中国提琴制作家在历届国际提琴制作比赛中获奖作品以及6把闻名世界的意大利名琴。

本届国际提琴制作比赛是在中国首次举办的高水平、高规格、系列化的国际性提琴制作比赛。比赛章程和规则的制定既严格按照欧美各国国际比赛的章程和规则，同时，结合中国提琴制作业发展的实际情况。本届比赛的评委主席为中国著名提琴制作大师郑荃，评委团邀请了意大利现代提琴学派的一代宗师、意大利提琴制作家协会主席莫拉西，中国小提琴家盛中国、吕思清等享誉世界的提琴制作及演奏大师担任评委。

首次成功举办国际提琴制作比赛是中国提琴发展史上的一件盛事，通过比赛，对提升中国提琴制作整体水平，扩大提琴制作的影响范围，加强与国际同行的技术交流等都有很大推动作用。

获奖名单：

1、金银铜奖获奖名单

序号	大/中/小	姓名	奖项	国籍
1	小提琴	Hinsberger Ulrich	金奖	德国
2	小提琴	沙 涛 Sha Tao	银奖	中国
3	小提琴	Joel Klepal	铜奖	法国
4	中提琴	徐永成 Xu Yongcheng	金奖	中国
5	中提琴	张 安 Zhang An	银奖	中国
6	中提琴	Hinsberger Ulrich	铜奖	德国
7	大提琴	Kim Min-Sung	金奖	意大利
8	大提琴	于慧东 Yu Huidong	银奖	中国
9	大提琴	刘国益 Liu Guoyi	铜奖	中国

2、特殊奖获奖名单

序号	姓名	奖项	授予协会名称
1	Hinsberger.Ulrich	中提琴最佳艺术奖	国际提琴制作大师协会
2	田 郦	最佳意大利风格小提琴奖	意大利提琴制作家协会
3	赵世全	最佳大提琴个人风格奖	中国提琴制作师协会
4	Kim Min-Sung	最佳装配奖	法国提琴制作家协会
5	于慧东	最佳小提琴工艺奖	波兰提琴制作艺术协会
6	沙 涛	最佳小提琴声音奖	波兰维尼也夫斯基音乐协会
7	朱航青	最年轻中国参赛选手奖	波兰提琴制作艺术协会
8	Joel Klepal	最佳油漆奖	美国阿尔夫提琴制作工作室

琴行分会组团参观 2010年美国NAMM乐器展

1月12～22日，应美国AXL公司邀请，中国乐器协会琴行分会组织部分会员单位一行19人赴美国进行了为期10天的商务考察活动。考察期间参观了在美国洛杉矶举办的第108届NAMM乐器展，之后，又应邀到旧金山美国AXL公司进行考察，并就世界乐器发展方向及双方关心的问题进行了交流。大家普遍认为，通过此次美国之行，对国内和国际乐器产品、市场及环境有了一个比较全面的了解，对研究国际乐器行业发展趋势，客观分析行业面临的挑战，明确本企业2010年任务和目标以及制定企业的发展战略都具有十分重要的意义。

琴行分会一届三次理事扩大会议在河北石家庄召开

6月10～11日，中国乐器协会琴行分会一届三次理事扩大会议暨2010年音乐普及教育论坛在河北省石家庄市美丽华大酒店召开，会议由河北秦川文体乐器用品有限公司承办。

参加会议的代表来自国内18个省市的39家琴行，27家乐器生产企业，共计117人。应邀参加这次会议的有中国乐器协会理事长安志、秘书长曾泽民，河北省石家庄音乐家协会副主席曹贤邦以及《中国乐器》、《乐器》、《中外乐器信息》、《音乐周报》等行业媒体记者。会议的主题是："后金融危机普及音乐教育的探讨"。

上午会议由琴行分会副会长，青岛海韵琴行有限公司总经理莫蓓茜主持。施坦威艺术家茅为蕙几首精彩的钢琴曲弹奏为会议拉开序幕，与会者一开始就融入到轻松、愉快的气氛中。

会议开始，河北秦川文体乐器有限公司总经理秦川致欢迎词后，中国乐器协会理事长安志、中国乐器协会琴行分会会长黄茂强，副会长朱文玉分别讲话。

安志在讲话中说，当前我国经济发展正进入到一个关键时期，国内外环境复杂多变，乐器行业作为文化产业的一部分，同样面临转变经济增长方式，调整产业结构的问题。现在我国文化产业已经从探索、起步、培育的初级阶段，进入快速发展的新时期，呈现出朝气蓬勃的新局面。乐器销售是整个乐器产业链中最重要的环节之一，琴行不仅承担着把生产出来的乐器送到消费者手中，实现产品使用价值，同时担负着在社会上开展各种形式的音乐培训和推广活动，扩大音乐人口，提高全民族素质的重要社会责任。

安志对琴行分会的今后的工作提出四点希望：1、要建立一个宏大、规范、健康、有序的乐器营销体系。2、要持续不断地增加音乐人口。当前扩大乐器内需，推动乐器产业更大发展的关键在于扩大音乐爱好者的群体。3、要确立品牌乐器销售宗旨，把住乐器质量的最后一道关口。4、要统筹兼顾，识大体，顾大局，努力实现产销平衡，合作共赢。

黄茂强在讲话中说，经历了金融危机的中国乐器制造业和琴行业，在2010年上半年普遍向好，绝大多数企业度过了最为困难的时刻。通过这次危机的历练，使得行业更加成熟，抵抗风险和预防风险的能力有所提高，有识企业更是将品牌品质提升，文化建设，核心竞争力打造和创新，长期可持续发展放到更加重要的地位。脚踏实地，更有耐心持续长线发展已是一种趋势，短线的投机心理逐渐为长线投入的心态所替代。琴行批发萎缩，零售扩张，厂家渠道由原来的一线城市扩展到二三级城市，产品更新加快，成本不断提高迫使琴行必须通过提升服务品质来获取较高的零售利润以确保生存发展，这就给琴行业提出新的挑战，过去成功的模式已不适应新的形势，再用音乐制品批发的模式已成为往事。

黄茂强强调，中国琴行业要想做大做强，取决于几个条件：第一，中国乐器制造业要做大做强，要具有品质的保证，中国琴行业要有宽大的胸怀，与中国乐器制造业携手并进。厂家和经销商是唇齿相依，鱼水相关的战略关系、生死关系，帮助中国制造业特别是强势企业进步和发展是中国琴行业的责任和最大利益。第二，音乐人口增加速度，音乐普及教育和音乐推广的力度是中国琴行业能走多远的关键所在。现在中国音乐人口占中国人口的比例太小，因此我们一直倡导融音乐推广，音乐普及教育培训，音乐制品销售三位一体的现代琴行发展模式，让音乐属于每一个中国孩子，让音乐属于每一个中国人，这是利国利民，利行业发展，也利自己的事情。第三，洋为中用，借鉴学习，因地制宜，创新发展，形成独特、健康、具有中国特色的中国琴行业。我们要大力学习欧美发达国家琴行的经验，并争取最终超越他们。通过学习借鉴，吸取好的经验为我所用，同时我们要依据国情，省情，地市情，因地制宜，创新符合我们具体国情的模式。

琴行分会副会长兼秘书长刘为明向会议作一年来的工作汇报，他说，琴行分会从筹备到成立以来，一直肩负着一种历史使命和社会责任，2009年作了10件事情，使琴行分会队伍有了进一步的扩大，社会影响力不断加深。2010年琴行分会也将安排10项工作，主要有筹备一届四次理事会、继续组织国外考察，参加上海国际乐器展览会，协助各地会员单位以琴行分会的名义举办各类活动、建立中国琴网、与厂家共同举办专题活动等。

汇报之后，安志理事长向琴行分会颁发了“2009年度中国乐器行业先进集体”的奖牌和证书。周宝强副会长宣布了2010年新聘琴行分会顾问单位名单：施坦威钢琴上海有限公司、上海华新乐器有限公司、上海朱里士福里希钢琴有限公司、河北乐海乐器有限责任公司、天津英昌乐器有限公司。

进入代表发言阶段，广州珠江钢琴集团股份有限公司、北京星海钢琴集团有限公司、江苏泰兴凤灵乐器集团、海伦钢琴有限公司、福州和声钢琴有限公司、上海民族乐器一厂、美国AXL乐器有限公司、河北金音乐器集团、河北乐海乐器有限责任公司、南京乐博乐器有限公司、天津市英昌乐器公司、长春博乐钢琴城有限公司、上海朱里士福里希钢琴公司、烟台博斯纳钢琴有限公司、长沙飞达乐器有限公司、上海国际展览中心有限公司、《中国乐器》杂志的代表分别从不同角度介绍了企业发展现状及当前乐器行业所面临的形势和任务以及存在的问题，重点强调要密切厂商合作，共同开创未来乐器行业发展大好局面。

下午的“2010音乐普及教育论坛”由《乐器》杂志编辑部主任程晋垣主持。“论坛”分三个阶段，第一阶段两位资深艺术学校校长作主旨发言：河北省石家庄市秦川艺术学校总校长王鹏香作“艺术学校发展的三个阶段”演讲；辽宁省大连市福音艺术学校总校长吴永利作“潜心经营人力资源管理体系，保证师资队伍的稳定与发展”演讲；第二阶段论坛嘉宾由黄茂强、刘为明、莫蓓茜、曾泽民、茅为蕙、周洲、刘艾伦、张喜鹏、何浩等人组成，论坛就如何让学音乐的儿童快乐？如何建立正确的琴行办学方法和乐器网络销售等问题展开探讨。第三阶段：神州妙乐（北京）艺术有限公司作“钢琴家家乐”讲座，赵易天、韦凯元、熊煜等业内专家介绍跨界音乐的新思维及扩大音乐人口的新设计。

会议第二天，代表们前往革命圣地西柏坡进行革命传统教育活动，并参观了河北秦川文体乐器公司。本次会议内容丰富，形式新颖，组织严谨，服务周全，河北秦川文体乐器有限公司的接待工作受到全体会议代表的充分肯定和赞誉。

琴行分会组团参观德国托曼琴行

6月15日，中国乐器协会琴行分会组织部分会员单位在参加2010年博兰斯勒中国区域经销商会后，专程前往位于德国东部特雷蓬多夫小镇的“托曼琴行”进行参观考察。

2009年世界金融危机后，“托曼琴行”销售额仍高达4.5亿欧元(折合人民币45亿元)。托曼琴行采取的是仓储式销售模式，大部分销售是通过网络和电话来进行的。在托曼琴行购买乐器，从客户下定单到仓库确认订单取货、装运，只需要不到半分钟的时间，工作效率高。托曼琴行的成功是靠广阔的互联网、科学的管理、快捷的物流、低廉的价格和优良的信誉，这些促成了托曼琴行近十年来的快速发展。

托曼琴行的成功，让国内同行感到赞叹和敬佩。

电鸣乐器知识产权座谈会在上海召开

4月28日，中国乐器协会电鸣乐器分会在上海天闻律师事务所组织召开电鸣乐器知识产权座谈会。伴随着乐器产业，特别是电鸣乐器科技创新成果日新月异，市场上假冒名牌，侵犯知识产权现象也不断发生，乐器市场，尤其是每年的乐器展览会上，企业之间因知识产权纠纷而诉诸法律，对簿公堂的事件近年来时有发生。为了提高企业维权意识，并增加对知识产权的基本理论知识的了解，召开了此次座谈会。

参加这次座谈会的有得理乐器(珠海)有限公司、上海华新电子有限公司等多家电鸣乐器生产企业的总经理和专业技术人员。电鸣乐器分会盛子斐会长专程前往上海主持座谈会。中国乐器协会曾泽民秘书长、信息部丰元凯主任应邀参加座谈会。座谈会特别邀请中国乐器协会法律顾问，天闻律师事务所主任律师翁才林、上海智信专利代理公司胡美强律师到会作有关知识产权知识讲解。

座谈会的主要内容是就目前电子乐器的内置和外置涉及知识产权的有关著作权、署名权和专利技术等各项内容进行详细剖析。企业在从事电子乐器产品的生产和销售时，应注意涉及的专利技术或可能侵权的环节并给予高度重视，以防止侵权或者是运用知识产权作为武器来维护企业自己的专利技术。电子乐器的内置部分包括电子乐器采用的音乐曲目、音乐曲目的来源、音乐曲目所配置的伴奏、电子乐器所采用的音色；外置部分包括外观设计、部件结构设计、产品关键工艺、广告宣传资料、产品商标等项内容。

座谈会上，翁才林律师与企业领导者，技术人员面对面座谈，回答各种乐器知识产权的相关问题，使到会人员深感到这是一次深入学习专利知识的极好机会，每个到会企业在维权方面增强了意识，提高了认识，统一了思想，达成共识。翁律师告诫与会者，当前我国企业正面临转变经济增长方式，调整产品结构的关键时期，为了企业从低层次的无序竞争中解放出来，应当运用知识产权战略实现良性发展，知识产权是企业发展的有力武器，它将使企业在行业中确立强势垄断地位。

盛子斐在会议结束时说，此次会议，每一位企业参加者不仅是支持了协会的工作，也是对自己企业的支持，通过参加这样的活动使企业自身得到了教育，获得了经验和教训。如果说我们有关知识产权的学习在两位律师帮助指导下有了一定的提高，座谈会使我们上升到一个更高的层面，学习到更多有关知识产权的理论知识，有助于企业运用这一个武器更好维护企业的利益。

曾泽民秘书长在座谈会上说，乐器行业知识产权意识近年虽然有所提高，但还是刚刚起步，今后我们要在行业中大力加强知识产权的推广工作，不断提高全行业的维权意识，确立知识产权发展战略来推动全行业的发展。

电鸣乐器分会第三届厂商联谊会在上海召开

10月14日，2010中国（上海）国际乐器展览会期间，中国乐器协会电鸣乐器分会第三届厂商联谊会在上海永达大厦召开。中国乐器协会副理事长齐建平、得理乐器珠海有限公司总经理盛子斐、武汉艾立卡电子有限公司董事长张鉴堂、深圳蔚科科技副总工程师黄葵、武汉致嘉钢琴制造有限公司总经理周锐、吟飞电子有限公司副总经理娄伟明、广州艾茉森电子有限公司总经理刘春清等13家电鸣乐器企业以及11家供应商出席了会议。会议由电鸣乐器分会秘书长李健主持。

首先，电鸣分会会长、得理乐器珠海有限公司总经理盛子斐做了主题发言。他回顾了前两届厂商联谊会的活动情况，从第一届组织厂商探讨电鸣乐器行业里知识产权问题到第二届关于电子乐器国家标准体系的建立问题，都取得了较为圆满的成功。他说："本届联谊会不仅来了很多电声乐器整机生产企业，同时也邀请到他们的供应商。目前，整机厂及其供应商是处于两点连成一条线的状态，现在，分会就必须要充当其中的第三个点，形成一个三角形，就是几何学里的三点组成一个平面的原理。分会应当在其中起到穿针引线的作用，为整机厂和供应商搭建一个平台，供双方沟通、交流，最终实现电鸣乐器行业的有序健康发展，实现互利互赢。"。他强调联谊会只是一个平台，真正要起到实际作用，还需要大家会后多交流，多沟通，"功夫在事后"。

随后，齐建平副理事长发言，她充分肯定了电鸣乐器分会近年来所取得的成绩，并高度赞扬分会通过开展系列活动，营造一个团结、互助、共进的大家庭。她说："电鸣乐器分会在盛子斐会长及张鉴堂副会长的带领下，为整个行业的有序发展做了很多务实、有效地工作。每次参加电鸣分会的活动都能切切实实感受到这个大家庭团结互助的精神，相信在这样一个良好的氛围中，中国的电鸣乐器行业必将持续、快速、健康的发展。"

武汉艾立卡电子有限公司采购科科长徐宁在讲话中介绍："随着中国逐步融入全球制造体系，企业面临的竞争越来越激烈。尤其是现在，人民币升值加快，原材料价格上涨，全国各地提高工资水平，直接推动生产成本上升。研究显示，制造行业原材料和服务的采购成本占到了总成本的60%～80%，采购成本是企业成本的最大组成部分，因此，我们大家再次共同商讨采购成本。借助这个平台，统一认识——降低采购成本不仅对整机厂有利，对供应商也是一件好事。"

随后，到会的24家企业及供应商分别发言，介绍企业的业务范围以及发展措施。

最后，电鸣分会副会长、武汉艾立卡电子有限公司董事长张鉴堂对会议进行总结。他说："此次会议开得很好、很成功，大家发言活跃，讨论的问题比较务实。值得欣慰的是，与会者的发言中都肯定了厂商联谊会这个平台。尽管联谊会的时间只有短短数小时，正如刚才盛会长说，'功夫在事后'，希望会后大家多联系，多交流，不使会议流于形式。我认为今后分会的活动还可以多样化一些，借助联谊会这个平台，各企业间，还可以在经营理念、企业管理、成本控制、质量保障等多领域进行更多的交流。"

吉他专业委员会二届二次会议在广东省四会市召开

5月14日，中国乐器协会吉他专业委员会二届二次会议在广东省四会市召开。会议由吉他专业委员会会长、上海奋达乐器公司总经理成民根主持。中国乐器协会秘书长曾泽民应邀出席会议并讲话。

参加本次会议的有四会华凯乐器公司总经理黄志康、美国AXL乐器公司总裁Alan Liu、上海奋达乐器有限公司总经理成民根、广州红棉吉它有限公司总经理何志强、广州吉声琴业公司总经理梁泽敏、河北金音乐器制造有限公司经理周俊岭、秋长全丰育乐用品厂总经理蔡赖丰、铭仕乐器配件有限公司董事长宋国诗、江苏大风乐器公司董事长徐宝华、宁波北仑超拔配件厂厂长陈国定、广州传音公司董事长苏常青、广州新艺宝乐器有限公司销售经理赵志毅、深圳伏荣科技有限公司外贸经理李卫等吉他厂商。

在上午举行的全体会议上，首先由吉他专业委员会副会长、东道主华凯乐器公司总经理黄志康致欢迎辞，并简要介绍公司发展情况。随后，中国乐器协会秘书长曾泽民讲话，代表协会领导感谢吉他专业委员会各企业对行业工作的支持，对吉他专业委员会近年来所作的工作给予充分肯定。吉他专业委员会作了大量富有成效的工作，借助上海世博会的有利平台，积极宣传吉他行业的发展成就，扩大了吉他行业乃至整个乐器行业的社会影响。

曾泽民秘书长向与会代表通报了协会、各分支机构近期开展的工作。他建议，会议就如何在吉他产业规模化的同时，下大力气提升产品技术含量，提高附加值；面对材料、成本及汇率变化的因素，加强国际交流与合作；如何调整产品结构，适应国际化市场；如何加强市场培育、开发等方面展开深入探讨。

会上，美国AXL乐器公司总裁Alan Liu、秋长全丰育乐用品厂总经理蔡赖丰、江苏大风乐器公司董事长徐宝华分别围绕国际吉他行业发展现状、全丰公司管理经验及提升产品品质做了主题发言。

在下午举行的分组讨论中，各吉他厂商围绕当前吉他行业面临的形势进行了热烈的交流和讨论。大家一致表示，提高行业整体发展水平是当前行业发展的重要任务。要超前考虑，不能满足现状，谋划长远发展，更上一层楼。与会代表一致认为：一要加强国际吉他行业的信息工作；二要总结经验，做好应对产品结构调整和产业转型准备；三要走科技创新之路；

四要用好上海国际乐器展这个平台，促进中外吉他行业产业衔接；五要规避风险，注重吉他行业知识产权保护；六要凝聚力量，发挥好吉他专业委员会的作用。

中国乐器协会秘书长曾泽民在发言中表示，本次吉他专业委员会会议开得非常成功，确实在凝聚行业力量，整合行业资源方面做了很好的工作。

协会今后将一如既往，继续加强对吉他专业委员会的支持，争取各项优惠政策，搭建双赢互利的平台，吸引更多的吉他公司入会，使吉他产业再上新台阶。希望吉他专业委员会继续研究行业发展策略，抓住机遇，推动产业结构调整升级。

针对企业与国际吉他品牌公司交流的愿望，曾泽民表示，在2010年上海国际乐器展览会期间，美国马丁吉他公司领导拟参加NAMM大学论坛，协会将尽快与国际音乐制品协会（NAMM）联系，积极联系美国泰勒吉他公司、美国吉他协会等国外品牌公司和组织与吉他专业委员会进行接触或会谈，加强中外吉他制造行业间的国际交往。

会议中间，全体与会代表参观了四会华凯乐器公司的生产车间，对四会华凯乐器公司近年来取得的成就予以积极肯定，会议由成民根会长做总结，他对四会华凯乐器公司为吉他行业提供的周到的会务安排和热情接待表示由衷的谢意。会议在团结、和谐而热烈的气氛中结束，会议确定下次吉他专业委员会在珠江钢琴集团的吉他公司召开。

钢琴调律师分会2010年工作会议在北京召开

5月28日，中国乐器协会钢琴调律师分会在北京长峰宾馆召开工作会议。出席会议的有：分会会长冯高昆，副会长冯汉辉、陈重生、王文琦，秘书长王耀中，原钢琴调律师资考委成员程柏青、李任炜等；地方调律师组织、音乐学院、琴行、钢琴企业代表有：河南省钢琴调律师学会秘书长闫威，安徽省钢琴调律师协会秘书长王琦，沈阳音乐学院乐器工艺系教研室主任秦敏静，青岛职工技术进修学院副院长、摩德利琴行总经理李陆霈，苏州市音华琴行总经理包林庆，福州和声钢琴有限公司副总经理黄苏东。中国乐器协会安志理事长、齐建平副理事长、曾泽民秘书长出席会议并分别讲话。会议由王耀中秘书长主持。

安志理事长在讲话中充分肯定了调律师分会在历届领导的带领下，取得的有目共睹的成绩，对分会在钢琴调律界发挥的作用，所做的工作和取得的成绩，代表乐器协会表示感谢。安志理事长重点强调了2011年即将在台湾举办的国际会议，指出：我们参会务必要防止出现“两个中国”或“一中一台”的问题。安理事长希望新一届调律师分会积极开展活动，为会员做好服务。

齐建平副理事长指出，这是调律师分会换届以后的第一次会议，有各方代表参加，主要是征求意见，研究解决一些具体问题。调律师分会工作有比较好的基础，希望新一届领导班子工作更扎实、细致、更有效率，尽快建立起骨干队伍、专家队伍，让广大调律师对我们这个组织更有信心、更有凝聚力。本次会议应该制订出行之有效的工作计划，国家职业标准应该重新修订，年内抓紧教材的编写出版，研究培训、鉴定、考培分离等问题，希望会议能解决问题，取得实效。

曾泽民秘书长讲话中强调：作为新一届班子，应该继续发扬老前辈们兢兢业业的工作精神，将分会工作推向新的高度。分会服务于制造业、琴行业、学院、社会，涵盖面比较广，应该真正起到规范行业，服务社会的作用。应该充分开展活动，培训教材、考核认证、专业培训等都要抓紧。希望大家开拓思路，把分会工作做得更有成效。

冯高昆会长指出：目前国内钢琴市场稳步发展，对于调律师工作和钢琴技术培训都有着广阔的空间和工作可做，分会的主导思想就是要齐心协力、求真务实、促进调律师行业健康有序发展。此次会议要充分讨论今年的工作安排，研讨我们要开展的重要工作，推动行业内及社会上调律师工作的有序开展。

代表们按会议议题进行了认真的讨论。

审议推荐新一届分会常务理事：

冯高昆、冯汉辉、陈重生、王文琦、王耀中、刘为明、陈惠庆、程柏青、李任炜、闫威、王琦、秦敏静、李陆霈、包林庆、黄苏东，报中国乐器协会批准后生效。新一届理事由常务理事推荐，报分会审议。

推荐钢琴调律师专家委员会成员：童志成、金先彬、王兴龙、王可茂、闫学智、潘仲华以及演艺、教育届专家，报中国乐器协会批准后生效。

推荐新一届钢琴调律师资格考试委员会委员：冯高昆、王耀中、陈惠庆、程柏青、陈重生、李任炜、冯汉辉、王文琦、林建忠、秦敏静、李陆霈；新一届资考委主任、副主任及成员，报中国乐器协会和中国轻工业联合会人事教育部审定。

对2010年技师、高级技师的资格考试工作及技能鉴定的时间、地点进行了讨论。定于每年年底或年初由钢琴调律师资格考试委员会评审一次，评审合格人员可据其所在地区，于4月或10月分别选择在北京、广州、上海进行考核鉴定（各鉴定站每年一次）。

关于组团参观上海乐器展及世博会。经讨论大家一致认为，上海乐器展和世博会均不适宜大规模组团参加，可由各地根据具体情况，分头组织参加。

关于召开三届二次会员代表会议的时间地点及内容。讨论决定，在上海乐器展的第二天召开三届二次会议。初步拟定内容有：综合报告、代表发言、技术讲座等。在召开全体会议之前，先召集分会领导（会长、副会长、常务理事）会议，确定一些本次会议的议题。

关于组团参加2011年国际钢琴技师及调律师年会问题。大家一致认为，台湾年会如果不存在政治障碍，作为中国的钢琴调律师分会组织应该参加，而且人数至少要在20人以上，以体现一个钢琴生产销售大国的风范，同时也是一次展示我们的机会。2013年国际年会已经决定在中国举办，届时我们将展现给世界钢琴同行们一个怎样的国际级大会，在相当程度上取决于在台湾大会上我们的陈述，取决于我们与世界同行联络感情的程度，取决于我们在台湾大会上的表现。同时，大家还在组团、会徽、宣传册、纪念品等问题上达成一致意见。

讨论支持、规范、组织全国各地有关钢琴维修保养、调律制作等培训班及技术讲座问题。大家认为利用媒体宣传刻不容缓，中国乐器协会网需要改变版主，由李陆霈负责；嘉宾为陈重生、程柏青、冯高昆、王耀中。《中国乐器》调律师栏目由王文琦负责，与会人员今年每人投递稿件至少一篇，文章内容由浅入深。10月在上海举办调律技术讲座，请一些专家主讲。此外，李任炜先生详细介绍了特殊教育钢琴调律方面的一些做法和经验，赢得与会者热烈反响和赞赏。

关于筹备2013年在中国举办国际钢琴技师及调律师年会问题。大家一致认为，2013年国际大会是一次展示中国钢琴、钢琴调律师队伍的好机会，我们一定要认真对待，做好筹备工作，将内容安排得充实、精彩、有意义。至少应该有参观琴厂、举办音乐会、技术交流等内容。

其他方面的工作建议。有代表提出，在外省市一些琴行可挂牌，标明为中国乐器协会钢琴调律师分会会员，该会员具有钢琴维护保养调律资格，此提议得到大家认可。

国家职业标准的修订工作，由陈重生、程柏青负责。

口琴专业委员会五届一次会议在浙江海盐召开

6月13～14日，中国乐器协会口琴专业委员会五届一次会议在浙江海盐召开。参加单位有上海口琴总厂、上海国光口琴厂有限公司、江苏天鹅乐器有限公司、浙江海盐东方口琴厂、上海凯恩乐器有限公司、上海兰生豪呐乐器有限公司、上海国兴乐器有限公司、上海新效铜材厂、无锡铃木乐器有限公司、江苏孔声乐器有限公司、江苏兄弟乐器有限公司等。浙江河姆渡电器塑料厂和江苏金坛市河头工艺纸品厂等口琴配套加工企业列席会议，中国乐器协会副理事长齐建平、秘书长曾泽民应邀参加会议。

会议由口琴专业委员会副会长、江苏天鹅乐器有限公司董事长陈红梅主持，会议的主要内容是换届选举和企业交流。会议分别听取上海口琴总厂厂长蒋林森传达中国乐器协会六届一次会议及中国乐器协会2010年工作会议主要内容；副会长兼秘书长周伟义代表第四届口琴专业委员会作《团结协作、为创造口琴行业和谐健康发展而努力》工作报告；第四届口琴专业委员会会长陈狄彬作《关于中国乐器协会口琴专业委员会换届选举工作意见》说明。

与会代表协商推荐后表决产生了第五届中国乐器协会口琴专业委员会领导班子。会长：蒋林森；副会长：陈红梅、周伟义；秘书长：周伟义（兼）。

蒋林森代表新当选口琴专业委员会领导班子讲话，他表示，要团结口琴行业，积极为口琴行业多办实事，热心支持口琴专业委员会的工作。会议决定聘任陈狄彬为新一届口琴专业委员会顾问。会议还讨论了新会员有关事宜，并重申了口琴专业委员会的行规行约。

中国乐器协会副理事长齐建平、秘书长曾泽民在会议中认真听取代表对中国乐器协会及专业委员会工作的意见和建议，并在会上讲话，他们分析了当前乐器行业生产形势和未来发展趋势，同时对新一届口琴专业委员会的工作提出希望和要求。

会上各单位作发言交流，浙江海盐东方口琴厂表示要在抓好口琴生产的同时开发其他门类产品；江苏兄弟乐器有限公司介绍了座板、盖板采用一次冲压成型的新工艺以及对口琴设备进行技术改造的建议；上海凯恩乐器有限公司提出要提高口琴档次首先要解决口琴簧片材料的问题。

会议对第四届口琴专业委员会的工作予以充分肯定，并对口琴专业委员会今后的工作进行探讨，重点针对改进口琴的技术工艺，提高口琴生产的自动化程度和新技术、新设备的运用展开了讨论。大家感到要不断提高口琴产品质量和价格，以保证口琴企业的经济效益。口琴行业不应在低价位上竞争，根据目前劳动力成本及主要原辅材料不断上升的趋势，口琴销售不能只有量，没有生存空间。口琴专业委员会要发挥行业的作用，既有行业内部的紧密团结，又有行业的分工协作，既有市场竞争，又有和谐统一的良性循环的新局面。

会议希望新一届领导班子要多听取各会员单位意见，发展更多口琴企业加入中国乐器协会，加强行业沟通和了解，为促进行业的团结和谐多做工作。

会议期间，代表们参观了浙江海盐东方口琴厂。代表们对浙江海盐东方口琴厂会务的精心安排和周到服务表示感谢。会议决定下次年会2011年6月在上海青浦召开，委托上海兰生豪呐乐器有限公司筹办。

手风琴专业委员会二届二次会议在江苏江阴召开

9月8日下午，中国乐器协会手风琴专业委员会二届二次会议在江阴金杯安琪乐器有限公司隆重举行。参加会议的代表有：江阴金杯安琪乐器有限公司总经理时建明，天津市佰笛乐器有限公司总经理赵景萱，香河天音乐器有限公司总经理曹振民，沧州市金狮乐器有限公司总经理吕宝合，广州珠江乐器实业公司总经理朱志球、工程师黄方，上海申乐手风琴有限公司刘振芳、陆建青，扬中市华联手风琴有限公司总裁郭道耘，以及手风琴配件企业张家港市江丰乐器材料有限公司吕明才、吉林省胶河德昌源木业有限公司总经理王连飞。中国乐器协会秘书长曾泽民、信息部副主任刘勇，上海爱乐手风琴乐团团长范仰诚也应邀出席了此次会议。

手风琴专业委员会会长时建明在讲话中首先对大家来参加此次会议以及金杯艺术培训中心成立仪式表示感谢；他回顾了中国手风琴行业从20世纪50年代起步、发展和60、70年代繁荣的历程，以及面临学习手风琴的人数不断减少以及金融危机下面临的原材料成本、劳动力成本上升，技术人员缺乏等一系列困难给手风琴企业带来的巨大挑战，并传达了2010年5月份召开的中国乐器协会工作会议精神。

中国乐器协会秘书长曾泽民在讲话中充分肯定了手风琴专业委员会在活动开展、企业交流与合作等方面的成绩，对金杯艺术培训中心的成立给予很高评价。企业艺术培训中心与地方政府密切结合，加强与专业高等艺术院校联系，是乐器生产企业转变发展方式，走文化产业发展的大胆创新。手风琴专业委员会带领手风琴企业之间在产品成本价格、技术质量、市场开发等方面进行有效的合作，创造共赢的新局面。

上海爱乐手风琴乐团团长范仰诚在讲话中提到了近些年学习手风琴的人数逐年下降，乐团在企业的支持下开办了一些培训班，在手风琴演出曲目上多采用流行音乐，辅以现代的表现形式，深受广大观众的喜爱，取得不错的社会反响。范团长希望在保证手风琴质量的前提下，降低产品价格，丰富产品品种，加强产品外观设计，在加工工艺上进一步精细化，避免出现小毛病，小问题。

随后，与会代表围绕如何面对劳动成本提高，原材料价格上涨，提高手风琴的利润空间；如何共同开发和研究新产品，满足手风琴爱好者的需要；如何在全国各院校共同推广手风琴事业，让手风琴爱好者数量上升等问题先后发言，进行深入探讨并达成以下共识：考虑到目前手风琴行业产品定价普遍偏低，为了维护正常的企业经济效益，建议对于同型号的产品协商市场最低参考价。针对冒充国外品牌的造假行为，大家要联合起来共同抵制，用法律手段维护手风琴行业的产品形象。学习金杯艺术培训中心投身文化事业的做法，积极加强与教育部门的合作，为扩大音乐人口，为行业健康发展而努力。

与会代表还一致认为行业发展的关键是“人”的因素，包括劳动力成本问题，技术工人技能提升问题以及阶段性“用工荒”问题。会后，与会代表参观了行业配套企业张家港市江丰乐器材料有限公司。

提琴分会二届二次会议在江苏泰兴召开

9月15日下午3时，中国乐器协会提琴分会二届二次会议在江苏泰兴市召开，泰兴市副市长王越，泰兴市黄桥镇副镇长钱春龙，中国乐器协会理事长安志，中国乐器协会名誉理事长王根田，提琴分会顾问、中央音乐学院教授郑荃应邀出席会议。来自江苏、北京、广东等地区的40余家提琴生产企业的代表参加了会议。

会议由秘书长杨凯主持，历时半天的会议共安排10项议程：泰兴市副市长王越致辞、提琴分会会长李书作工作报告、大会交流发言、审议并通过分会领导班子调整及吸纳分会新成员、宣读行业自律公约、中国乐器协会理事长安志讲话、郑荃教授介绍首届中国国际提琴制作比赛基本概况等。

李书的工作报告共分三个部分：二届一次会议以来的分会工作和行业发展情况；分会工作存在的问题和今后工作打算。

李书说，提琴分会自二届一次会议以来，中国提琴产业有了进一步发展。目前我国有提琴生产企业260多家，提琴年产量81万多支，其中江苏泰兴地区54万支，北京地区20万支，广东地区5万支，其他地区2万多支。出口比例达85%，普档产品占75%以上，中档琴22%，高档琴占3%，出口120多个国家和地区。中国提琴产业已经实现国际化，全面参与国际竞争。李书指出，目前提琴分会存在的问题主要是信息沟通不够、活动较少、缺乏行业规范的引导。李书对今后工作安排提出以下几个方面：推动市场“双轮驱动”战略，加快提琴产业经济增长方式的转变；大力开发新产品，为产业发展增添后劲；强化市场开发和保护，扩大国际市场份额；规范行业管理，塑造行业整体形象；切实组织提琴行业各项活动开展，实施资源共享多赢；大力实施提琴文化战略，彰显中国提琴文化；切实加强分会自身建设，服务企业，活跃组织。

会上，广州珠江钢琴集团公司红棉提琴有限公司董事长陈钊明、北京华东乐器有限公司党支部书记耿占华、泰兴琴艺乐器有限公司董事长吴建新作大会交流，分别介绍近年来企业及所在地区提琴产业发展情况。

分会副秘书长刘建立在会上宣读了新吸收的河北金音乐器集团等12家新成员名单，并提出分会领导班子调整名单。副秘书长钱军建宣读提琴行业自律公约。

经全体会员代表举手表决，大会通过了调整后的分会领导成员，会长李书；副会长：刘卫国、陈钊明、杨凯、刘云东、陈学孔；顾问：郑荃；秘书长：钱富民；副秘书长：刘建立、钱军建。

中国乐器协会理事长安志在讲话中充分肯定了提琴分会近年来带领国内广大提琴生产企业扩大规模效益，加快出口发展战略，不断提高产品质量所作的突出贡献，目前中国已经成为世界上提琴产量最大的国家，在全世界的影响力不断提高。安志希望今后提琴分会要积极认真贯彻实践科学发展观，努力发挥政府与企业的桥梁作用，带领提琴生产企业转变经济发展方式，特别要注重中国提琴的品牌建设，扩大国内市场，提高提琴的附加值，加大中高档产品比例，早日使中国提琴在世界上作到产量最大，而且质量最好。

提琴分会顾问郑荃在会上介绍了2010年5月份在北京举行的首届中国国际提琴制作比赛的基本情况，并且强调在中国举办首届国际提琴制作比赛的事实，证明了中国人是有志气的，中国人只要团结起来，就没有办不成的事情，未来中国提琴产业任重道远，大有作为。

材料配件专业委员会二届三次会议在宁波召开

12月18日～19日，中国乐器协会材料配件专业委员会二届三次会议在宁波召开。宁波四海琴业有限公司总经理何四海、全国乐器标准化中心副主任王伟、福州和声钢琴公司副总经理黄苏东、四川川雅木业有限公司副总经理张庆恩、宁波北仑乐器配件制造有限公司总经理俞兆祥、广州中南钢琴乐器有限公司副总经理陈颂华、杭州嘉德威钢琴乐器有限公司总经理陈莲琴、广州珠江钢琴集团股份有限公司采购部部长赖燕山、宜昌金宝钢琴乐器有限公司总经理罗杨、上海晨川琴业材料有限公司总经理石光思、北京丰台电工器材厂总经理马振奇、上海丁峰标准件厂总经理施国庆、上海华新乐器有限公司副总经理章义国、宁波海伦乐器配件厂厂长陆明初、临海均华乐器有限公司总经理翟炳均、宁波珂乐乐器有限公司总经理蔡赋勇、宁波镇海凯韵螺钉厂总经理严君山、德清亚昕钢琴有限公司总经理沈有福、德清杰士德钢琴有限公司总经理鲍海尔、德清华谱钢琴有限公司总经理姚晓林、德清德宝钢琴有限公司总经理虞小明、德清中德利钢琴有限公司总经理王惠林、浙江乐韵钢琴有限公司总经理章顺龙、上海仁益制毡有限公司副总经理周文龙、销售副总刘毓前等来自全国各地的材料配件专业委员会会员企业30余名代表参加会议。会议由材料配件专业委员会会长、宁波森隆乐器股份有限公司总经理罗建峰主持。

中国乐器协会理事长安志、秘书长曾泽民应邀出席会议并讲话。

罗建峰会长在会上就一年来材料配件专委会的工作作了专题报告，提出行业应努力向“高端、专业、合作”的方向发展，抓住机遇推动整个材料配件产业结构调整升级。

安志理事长在讲话中向各位代表简要介绍了今年以来乐器行业发展形势，充分肯定了材料配件专业委员会在团结会员，服务行业上发挥的积极作用，并就如何推动行业持续健康发展提出几点建议：

一是积极发展会员，增强专业委员会的代表性；二是把握好国内外市场形势。当前我国总体上仍处于战略机遇期，要抓住机遇，迎接挑战，在关注企业自身发展同时，还要拓展思路、开阔眼界，认真学习领会当前国家对整体经济形势的研判；三是注重开发国内乐器市场。随着“十二五规划”的实施，今后中国乐器市场潜力很大，国家的富民政策将为行业的发展提供广阔空间，乐器行业要顺势而为，进一步提升产品质量和档次，抢占发展机遇；四是做好材料配件各企业上下游产业链衔接，推动行业规范、有序发展，为产业结构调整和升级做出新贡献。

曾泽民秘书长肯定了材料配件专委会开展活动的积极作用和重要意义。他指出，材料配件行业具有多元化、综合性经营特点，上下游产品衔接紧密，衍生业务空间更大，范围更广，业务发展机会更多。没有材料配件行业的贡献就没有全行业的发展，材料配件企业共同努力和精诚协作成就了今天的乐器行业的繁荣和发展，乐器行业三分之一的发明专利来自配件行业就是很好的佐证。

对于材料配件专业委员会下一步具体工作安排，曾泽民表示，当前技术发展和更新步伐日益加快，国际金融危机，原材料成本上升等因素对企业经营影响较大。配件行业各企业应集思广益，抓住产业调整带来的新机遇，早日实现产品与国际接轨，会员之间要加强日常联络和沟通，相互借鉴好的做法，继续搞好行业活动。作为代表材料配件行业的专委会应在具体方案上创思路、想办法，争取科研、技改等项目立项、资金配套得到各级政府和有关部门的支持以及专家顾问的智慧支持，积极整合各方面资源，服务和引领行业发展。协会也将加强调研，做好宣传，认真总结行业发展思路，研究行业面临的新问题，一如既往地支持、配合材料配件专委会的工作。

与会代表围绕协会领导讲话和材料配件行业发展情况进行了热烈讨论，大家纷纷畅所欲言，结合当前整体发展环境和行业具体问题做了交流。多位代表的发言从各个角度为材料配件行业建言献策，各企业不仅热议宏观背景下行业发展思路，还提出许多切实可行、操作性强的具体措施。

各位代表重点从文化产业政策、材料配件产品标准化、原材料采购、外汇资金结算等多个方面提出了有益看法。协会副秘书长、福州和声钢琴有限公司副总经理黄苏东认为，当前国家大力鼓励、支持文化产业发展，材料配件企业应积极关注并争取落实相关配套政策，在文化产业政策中积累新经验；全国乐器标准化中心副主任王伟就乐器配件标准化的技术问题做了发言，他鼓励各企业用好产业政策，积极向国家标准化行政主管部门申请标准立项，材料配件企业最重要的标准集中在乐器产品的声学品质，企业应努力提升产品质量，改善音色音质；在产品走向国际化进程中，也要注重产品的环保标准，应控制、降低材料和产品中的有害物质，保护乐器使用者和环境安全。企业应围绕这两大方面做好基础性的技术开发和研究；广州珠江钢琴集团公司采购部经理赖燕山则从采购角度建议供应商及时规避原材料上涨形成的价格压力，提出企业间可采取“战略采购”模式，他认为，由于钢琴原材料存储周期较长，厂家应分析研究、准确判断原材料价格行情和走势，找准适当的价格点批量购入，从而避免“现买现卖”的采购老模式，为材料配件企业老总打开了新思路；对于当前的通货膨胀压力，企业如何控制成本，减少隐形损失，宜昌金宝乐器公司总经理罗杨重点介绍了对外贸易结算中采取“汇率锁定”的资金结算方式；

此外，各位代表还纷纷就品牌、质量、人才培养、企业文化、管理服务、社会责任、资源保护、职业素养等企业发展中所涉及多个方面进行了热烈的交流探讨。本次会议起到集聚行业智慧、凝聚行业力量的作用，为材料配件行业今后工作明确了方向。

会前，安志理事长还与宁波市副市长成岳冲会谈，就双方共同支持宁波乐器行业进一步发展交换了看法。

会议中间，罗建峰会长特约宁波钢琴教育家、85岁高龄的林元宁教授与大家见面并赠送了《宁波钢琴百年》一书。

会议后，全体代表赴宁波四海琴业有限公司和宁波北仑乐器配件厂进行参观交流。与会代表一致表示，行业交流合作受益匪浅，希望分会多开展这样的活动并对会议承办方宁波森隆乐器有限公司的精心组织和周到安排表示衷心感谢。

会员名录

中国乐器协会团体会员名录

序号	企业名称	会员证号	邮编	地址	负责人
1	北京星海钢琴集团有限公司	0001	101111	北京市通州区光机电一体化产业基地科创东五街8号	祝宁伟
2	北京乐器研究所	0002	100021	北京市朝阳区南新园西路甲6号	张振启
3	北京中加海资曼钢琴有限公司	0003	101111	北京市通州区光机电一体化产业基地科创东五街8号	王树清
4	北京管乐器厂	0004	101111	北京市通州区光机电一体化产业基地科创东五街8号	赵　彤
5	北京星海粤华乐器有限公司	0005	100018	北京市朝阳区东坝南红园	温凤云
6	北京双喜乐器有限公司	0008	101200	北京市平谷区东高村镇南埝头村	陈祖华
7	北京森林乐器有限公司	0009	102206	北京市昌平区沙河镇松兰堡	宋茂林
8	北京华东乐器有限公司	0010	101200	北京市平谷区东高村镇大旺务西路21号	刘云东
9	北京圣杰红艺乐器有限责任公司	0012	100176	北京市朝阳区小红门乡牌坊	王福玉
10	北京天力提琴制造有限公司	0092	102615	北京市大兴区长子营镇郑二营树	杨　凯
11	北京星海钢琴集团有限公司北京民族乐器厂	0104	100053	北京市宣武区槐柏树街乙9号楼	宋从甲
12	北京长安乐器有限公司	0153	100195	北京市海淀区西四环北路15号依斯特大厦610号	马雪松
13	北京晨光缘乐器有限公司	0155	102605	北京市大兴区青云店镇民营科技区	郭玉强
14	北京乐器城	0180	101200	北京市平谷区东高村镇镇政府	马　魁
15	北京猎琴人弦乐器交易交流中心	0217	100088	北京市海淀区德胜门西大街远洋风景9号楼1单元12A层	杨光泽
16	乐器编辑部	0225	100022	北京市朝阳区西大望路63号阳光财富大厦1202房间	程晋垣
17	北京市产品质量监督检验所	0255	100029	北京市朝阳区育慧南路3号	蒋正则
18	北京敦善文化艺术有限公司	0259	100005	北京市东城区建国门内大街7号光华长安大厦1座302室	于　添
19	北京天天文化艺术有限公司	0260	100031	北京市西城区宣武门西大街甲129号	吴海文
20	北京星海福音琴业有限公司	0278	100061	北京市崇文区夕照寺中街4号	胆美珍
21	北京龙羽时代科技有限公司	0351	100088	北京市海淀区北三环中路77号27号楼509室	魏剑羽
22	北京世纪农氏科贸有限公司	0363	100035	北京市西城区新街口南大街84号	农永林
23	北京华韵阿波罗艺术发展中心	0374	100070	北京市丰台区百强大道6号2座2610号	姚　远

序号	企业名称	会员证号	邮编	地址	负责人
24	北京中筝文化发展有限公司	0392	100022	北京市朝阳区东三环中路39号建外SOHO七号楼901	王晓光
25	北京蓝摇惠好乐器有限公司	0410	100083	北京市海淀区五道口华清嘉园18-3-102	张学民
26	北京爱芝音教教学设备有限公司	0425	102200	北京市昌平区马池口镇乃干屯村203号	宁爱中
27	北京育鹏乐器有限公司	0436	100012	北京市朝阳区慧忠北里110号楼	张振州
28	维斯曼(北京)乐器制造有限公司	0438	102605	北京市大兴区青云店镇垡上工业园	闫丕铸
29	北京现代乐手广告有限公司	0440	100062	北京市崇文区西花市南里东区8-2-1202	蒋宁湛
30	北京妙思科国际贸易有限责任公司	0446	100027	北京市朝阳区东直门外大街26号B座312室	王　珺
31	北京星海民耀乐器有限公司	0448	101116	北京市通州区台湖镇田家府村南小区8号	谢　迈
32	威柏尔乐器(北京)有限公司	0454	100076	北京市大兴区西红门镇小白楼工业园1号	刘　勇
33	北京唯才树文化传播有限公司	0460	100011	北京市东城区安德路55号22-2-502	黄宜龙
34	新跨乐(北京)艺术有限公司	0473	100022	北京市朝阳区建国路88号10幢712室	韦凯元
35	北京兆森工贸有限公司	0484	100141	北京市房山区韩村河镇西东村南	孙　伟
36	北京中音新雅科技有限公司	0486	100022	北京市朝阳区建国路88号SOHO现代城D座0711-0712室	赵易天
37	北京福韵国际工贸有限公司	0492	102605	北京市大兴区青云店镇曹村村委会南500米	李宝红
38	北京连怡乐商贸有限公司	0493	102403	北京市房山区琉璃河工业区	苗文来
39	北京索达文化传播有限公司	0500	100070	北京市丰台区南四环188号总部基地1区24栋	叶彩萍
40	天津通宝乐器有限公司	0015	300230	天津市河北区白庙工业区南吱路6号	姜　静
41	天津市民族乐器厂	0018	300230	天津市河北区南吱路1号	郭建文
42	天津华韵乐器有限公司	0087	301615	天津市静海县中旺镇	罗松森
43	天津市津宝乐器有限公司	0094	301800	天津市宝坻区海泰路1-2号	刘运斌
44	天津市静海县盛兴乐器厂	0103	301605	天津市静海县子牙镇潘庄子	王泽云
45	天津市隆兴集团进出口有限公司	0107	300211	天津市河西区新围堤道5号	韩延林
46	爱凌（天津）国际贸易有限公司	0141	300150	天津市河北区万科城市花园C－501	张欣旺
47	张爱玲（天津）国际贸易有限公司	0150	300051	天津市和平区贵州路18号君悦大厦A座701室	王永镇
48	天津市佰笛乐器有限公司	0189	300162	天津市河东区程林庄路华冠丝绸有限公司院内	赵景萱
49	功学社(天津)商贸有限公司	0219	100061	北京市东城区左安门内大街76号1栋401室(龙潭湖体育馆4楼)	蓝汉民
50	天津金雅佳乐器有限公司	0231	300402	天津市北辰区铁东路霍家嘴工业区四号路五门	侯新宇
51	通宝国际贸易（天津）有限公司	0264	300203	天津市河西区苏州道2号图书大厦1516室	恽　林

序号	企业名称	会员证号	邮编	地址	负责人
52	天津吉驰国际贸易有限公司	0273	301800	天津市宝坻区津围公路西侧	王贵山
53	天津天同音工贸有限公司	0274	300170	天津市河东区六纬路神州花园26-3-101	王　琳
54	天津吉华国际贸易有限公司	0275	300380	天津市西青区中北工业园阜盛道22号	于秉勋
55	天津圣迪乐器有限公司	0284	301646	天津市静海县蔡公庄镇四党口中村	王玉春
56	天津滨海琴行有限公司	0290	300450	天津市塘沽区上海道1329号	刘祥清
57	东砂(天津)磨料磨具有限公司	0328	300402	天津市北辰区小淀镇工业区三号路8号	王凯世
58	天津凤丹乐器进出口贸易有限公司	0333	300061	天津市河西区宾水道9号409室	尹建中
59	天津英昌乐器有限公司	0335	300300	天津市东丽区崔家码头东侧	陈香菊
60	天津奥维斯乐器有限公司	0354	301646	天津市静海县蔡公庄乐器城	张国民
61	天津乐海城乐器配件有限公司	0364	300450	天津市塘沽区春风路紫云国际5栋1门201室	王锡华
62	天津市秦川乐器贸易有限公司	0373	300142	天津市河北区中山路与辰纬路交叉口宇阳公寓B座2层	白建平
63	天津扬昇国际贸易有限公司	0408	300192	天津市南开区鞍山西道信诚大厦704室	许心缇
64	比扬(天津)乐器制造有限公司	0429	300200	天津空港物流加工区外环北路1号2-B003-6室	杨秀娟
65	天津市万德弗劳乐器有限责任公司	0444	300011	天津市河东区新开路春华里11-2-401	高志伟
66	天津市松林乐器厂	0450	300204	天津市市河西区永安道泰达园28号门401	卢玉松
67	天津劳伦斯乐器有限公司	0476	301700	天津市武清区中信广场国际公寓C座403室	刘　瑞
68	天津创丰乐器进出口贸易有限公司	0483	300150	天津市河北区红星路万科城市花园F-409	贺天宝
69	天津雨融泽服装装具有限公司	0487	300000	天津市西青区西营门街前园工业区营瑞路2-1号	仇家军
70	天津市东丽区乐林乐器厂	0491	300000	天津市东丽区大毕庄工业区国信路10号	卢启恒
71	天津市至上乐器有限公司	0498	301800	天津市宝坻区史各庄工业园	袁洪立
72	邢台市冶金艺术学校	0048	054000	河北邢台市冶金子弟学校	董耀海
73	河北省怀来锣厂	0055	075431	河北省怀来县新保安镇幸福村	张全富
74	河北金音乐器集团有限公司	0076	053300	河北省武强县周窝乡工业区	陈学孔
75	饶阳北方民族乐器制造有限责任公司	0129	053900	河北省饶阳县大官厅	杨俊朋
76	河北秦川文体乐器有限公司	0137	050011	河北省石家庄市建设北大街38号	秦传功
77	饶阳成乐民族乐器有限责任公司	0143	053900	河北省饶阳县大官厅开发区	李铁成
78	河北乐海乐器有限责任公司	0152	062350	河北省肃宁县师素工业区	宋从甲
79	河北省文安县鑫森乐器有限公司	0170	065802	河北省文安县新镇	王景川
80	霸州市威名乐器有限公司	0177	065700	河北省霸州市大高各庄工业区	张维明
81	京艺乐器厂	0183	062350	河北省肃宁县站前街	宋从勇

序号	企业名称	会员证号	邮编	地址	负责人
82	饶阳乐之洋琴业有限责任公司	0191	053900	河北省饶阳县大官厅工业园566号	赵爱敏
83	河北华声乐器制造有限公司	0213	053871	河北省深州市前么头工业区	张明健
84	沧州市金狮乐器有限公司	0227	061026	河北省沧州市纸房头工业区	吕宝合
85	石家庄永宏乐器音响设备有限公司	0230	050000	河北省石家庄市中山东路16号	张　奕
86	石家庄市油漆厂	0246	050081	河北省石家庄市石获南路238号	张晓峰
87	河北三和正泰文体乐器教学设备有限公司	0247	052162	河北省石家庄市藁城市衡井路耿家庄段	田锁民
88	大厂回族自治县华丰铸造有限责任公司	0252	065301	河北省大厂回族自治县夏垫村西	杨　山
89	廊坊市永信实业有限公司	0261	065000	河北省廊坊市安欠区杨税务	刘家庆
90	赤城胡义乐器有限公司	0315	075500	河北省赤城县经贸北路	胡　义
91	唐山贵军乐器有限公司	0329	063002	河北省唐山市路北区华北路副15号	潘贵军
92	张家口市桥东新星海乐器商店	0375	075000	河北省张家口市桥东区胜利北路30号平安办公大厦2楼	李立鸣
93	高碑店市金川乐器箱包制造有限责任公司	0383	074004	河北省高碑店市白沟新工业城	李金祥
94	三河市海燕乐器有限公司	0393	065200	河北省三河市辛集镇	李宝玉
95	河北中轻北方乐器有限公司	0407	053400	河北省衡水市武邑县东风路96号	史占秋
96	廊坊市日升文体乐器有限公司	0432	065004	河北省廊坊市安次区葛渔城镇西街	胡汝刚
97	廊坊市金力钺乐器有限公司	0434	065004	河北省廊坊市安次区葛渔城镇西街	胡志鹏
98	沧州市运西梦同琴行	0461	061001	河北省沧州市水月寺南大街31号	孙梦桐
99	唐山市路北天籁知音琴行	0463	063000	河北省唐山市尚座商业街B-102号	郭雁彪
100	秦皇岛市海港区利通琴行	0464	066000	河北省秦皇岛市海港区燕山大街210号	王鹤立
101	保定市北市区钟鸣琴行	0472	071000	河北省保定市莲池北大街173号	刘金刚
102	衡水新星乐器有限公司	0482	053000	河北省衡水市人民西路西段20号(赵圈工业区)	付吉茂
103	太原市杏花岭区傅智乐器维修部	0256	030024	山西省太原市万柏林区众纺路4号9楼1-3	傅　智
104	大同市新百灵音乐文化传播有限责任公司	0271	037008	山西省大同市迎宾街龙新小区 28号A8座	库秀荣
105	临汾市尧都区君悦琴行	0330	041000	山西省临汾市尧都区迎春南街13号	刘力华
106	山西普晋琴行有限公司	0334	030001	山西省太原市青年路12号	董武斌
107	临汾市明星乐器商行	0372	041000	山西省临汾市解放东路8号	刘明星
108	大连铜管乐器有限公司	0106	116001	辽宁省大连市中山区五五路44号	焦永达
109	营口三征乐器制造有限责任公司	0244	115001	辽宁省营口市站前区大庆路更新里26号	黄　艳
110	营口西尔伯曼钢琴有限公司	0270	115000	辽宁省营口市西辽河大街工商里70号	丁弘戬
111	营口东方明珠钢琴有限公司	0318	115000	辽宁省营口市老边区路南镇大水塘	王　彬

序号	企业名称	会员证号	邮编	地址	负责人
112	阿托拉斯乐器制造(大连)有限公司	0356	116600	辽宁省大连市保税区罗湖路9号	王明海
113	大连德克森电子钢琴乐器有限公司	0378	116100	辽宁省大连市西岗区人民广场南纪念街1-1号	孙永斌
114	沈阳旺族琴行有限公司	0494	110003	辽宁省沈阳市沈河区青年大街165-9号	于法芝
115	营口乐器协会	0503	115000	辽宁省营口市站前区渤海大街东19号	郝铁成
116	吉林省桦甸市塞丽木雕工艺厂	0099	132400	吉林省桦甸市丰伟胡同（原物资局院内）	黄金龙
117	延吉市民族乐器研究所	0154	133000	吉林省延吉市开发区科技工业园103房间	赵基德
118	长春新威琴行有限公司	0369	130021	吉林省长春市工农大路1796号	周宝强
119	吉林市巴赫乐器有限公司	0404	132001	吉林省吉林市昌邑区站前街重庆路6号楼北侧一门网点	盛　敏
120	大庆市琴海乐器经销有限公司	0250	163453	黑龙江省大庆市让胡路区西宾路394号花卉一号楼15号	张　兵
121	上海钢琴有限公司	0019	201900	上海市宝山区宝扬路2222号	杨盛惠
122	上海民族乐器一厂	0020	201101	上海闵行区七宝镇联明路400号	王国振
123	上海国光口琴厂有限公司	0023	200124	上海浦东林浦路800弄8号	周伟义
124	上海国兴乐器有限公司	0024	201908	上海宝山区罗店镇张士村	王中明
125	上海口琴总厂	0025	201906	上海市宝山区蕰川路510号	蒋林森
126	上海华粤琴业有限公司	0026	201200	上海浦东新区城丰路700号	冯和富
127	上海凤鸣乐器有限公司	0027	201416	上海奉贤区新寺镇镇新林路580号	朱吉平
128	上海仁益毡业有限公司	0029	200040	上海市西康路899号(四楼)	陈开金
129	上海迪笙乐器有限公司	0088	202159	上海市崇明县合五公路88号	黄志昌
130	上海华新乐器有限公司	0109	200120	上海浦东崂山一村35号	林伯龙
131	上海兰生-豪呐乐器有限公司	0111	201722	上海市青浦区西岭镇莲盛西首	徐建华
132	上海市乐器行业协会	0123	200122	上海市浦东新区南泉北路1015号401室	陈惠庆
133	上海艾克斯尔乐器音响有限公司	0126	201808	上海市嘉定区徐行镇新建一路2411号	刘卫国
134	上海中雅钢琴有限公司	0127	201771	上海市青浦区清赵路6158号	叶耀东
135	上海玛珂琴业有限公司	0134	201617	上海市松江区石湖荡镇闵塔路1806弄	李军华
136	上海知音琴行有限公司	0138	200051	上海市长宁路1200号贝多芬广场3楼	朱文玉
137	上海雅特曼钢琴有限公司	0158	201108	上海市闵行区颛桥镇向阳路1158号	王永金
138	上海华黎民族乐器厂	0161	201311	上海市南汇区大团镇永定北路19弄2号	唐华军
139	上海欧亚钢琴乐器有限公司	0162	201608	上海松江张泽民发经济城（浦亭路88号）	郑明统
140	上海韵乐电器有限公司	0166	201800	上海市嘉定区昌徐路88号	柯应岳
141	上海东韵钢琴有限公司	0181	201800	上海市嘉定区宝嘉公路2210号	马　湧
142	上海凯伦钢琴乐器有限公司	0182	200085	上海市北苏州路1056号	薛健燕
143	上海敦煌乐器有限公司	0185	201400	上海市奉贤区运河北路1025号	陆　敏

序号	企业名称	会员证号	邮编	地址	负责人
144	上海浦东新区云音钢琴件厂	0187	201200	上海市浦东新区川沙镇进贤路250弄6号1102室(华盛名门小区)	唐海林
145	上海纪虹乐器有限公司	0197	201100	上海市闵行区莘朱路828弄10号,翰门工业小区内（近莘庄地铁站）	李达虹
146	上海国际展览中心有限公司	0199	200366	上海市长宁区娄山关路55号新虹桥大厦8楼	吴江红
147	中华乐器网	0232	200135	上海浦东张扬路1361号	窦晓明
148	上海百灵金钟乐器有限公司	0238	200001	上海市天津路189号	周有为
149	上海威堡钢琴有限公司	0239	201314	上海市南汇坦直工业园古翠路33号	蒋维国
150	激声博韵(上海)乐器贸易有限公司	0258	200031	上海市徐汇区衡山路10号甲	李文东
151	柏林贝希斯坦钢琴(上海)有限公司	0269	201401	上海市奉贤区环城北路753号	李先生
152	上海奋达乐器有限公司	0280	201808	上海市嘉定区徐行镇新建一路2411号	成民根
153	上海增田乐器有限公司	0281	201103	上海市长宁区水城南路37号408室	张文
154	上海邦加琴业有限公司	0287	201505	上海市金山区亭林镇东村南4062号	朱荣玮
155	上海渐华科技发展有限公司	0294	200233	上海市徐汇区桂箐路69号25号楼5层	高建勋
156	星夜钢琴网	0295	200120	上海市浦东新区张杨路628号3号楼26楼C座（第一八佰伴附近）	曾继桂
157	法兰山德乐器(上海)有限公司	0297	201501	上海市金山区枫泾工业园区钱明东路33号11幢	苏帝玛
158	上海斯坦罗琴行	0316	200051	上海市玉屏南路309号乙	罗兴海
159	上海市普陀区爱乐琴行	0317	200062	上海市金沙江路164号	许俊
160	上海晨川琴业材料有限公司	0320	201705	上海市青浦区华新镇民兴工业园区徐华公路3029弄民兴一路59号	郑纪海
161	上海管乐器厂有限公司	0323	201806	上海市嘉定区外冈镇恒乐路188号	赵时渔
162	上海和乐钢琴有限公司	0337	201716	上海市青浦区练塘工业园区蒸夏路200-8号	姚建芳
163	河合贸易(上海)有限公司	0349	200120	上海市浦东南路588号浦发大厦21F室	栾秉奇
164	上海顶胜钢琴修理厂	0409	201108	上海市闵行区都会路100号	顾名迈
165	上海乐圣乐器有限公司	0412	200030	上海市裕德路45弄1号1008室	胡祖庭
166	上海凯恩乐器有限公司	0413	202180	上海市崇明县合兴镇东首	张伟明
167	巨吉贸易(上海)有限公司	0435	200443	上海市长康路26号	司马健
168	上海德宝乐器有限公司	0442	200125	上海市浦东区东方路1800弄东方城市花园27号302	虞晓明
169	温克尔曼(上海)乐器有限公司	0467	304501	浙江省嘉兴桐乡市乌镇横港村坝头27号	应利星
170	施坦威钢琴(上海)有限公司	0499	200131	上海市外高桥保税区富特北路201号第一层A部位	高　琼
171	无锡铃木乐器有限公司	0039	214415	江苏省江阴市祝塘镇人民路1号	缪志兴
172	泰兴斯坦特乐器有限公司	0041	225419	江苏省泰兴市溪桥乡翁庄村	李荣富
173	泰兴声威乐器有限公司	0042	225419	江苏省泰兴市溪桥镇	王春龙

序号	企业名称	会员证号	邮编	地址	负责人
174	苏州民族乐器一厂有限公司	0043	215003	江苏省苏州市平江区学士街梵门桥弄15号	田永逸
175	江苏天鹅乐器有限公司	0045	214526	江苏省靖江市马桥镇北首	陈红梅
176	南通市乐王琴业有限公司	0046	226001	江苏省南通市环城东路93号	王夕林
177	扬州华韵乐器有限公司	0071	225015	江苏省扬州市隋杨路槐泗工业园	田步高
178	江苏东方乐器有限公司	0090	214415	江苏省江阴市祝塘云顾路8号	孔文忠
179	扬州市广陵区新盛民族乐器厂	0093	225000	江苏省扬州市湾头镇茱萸路368号	唐月琴
180	扬州金韵乐器御工坊有限公司	0095	225009	江苏省扬州市开发区裴庄新河东	熊立群
181	无锡市新区古月琴坊	0101	214112	江苏省无锡市新区梅村镇新南路10号	万其兴
182	南京摩德利钢琴有限公司	0112	210039	江苏省南京市雨花经济开发区龙藏大道9号	戴巧茹
183	江阴激扬乐器有限公司	0113	214443	江苏省江阴市申港镇镇澄路1531号	时国兴
184	江苏凤灵乐器集团	0114	225419	江苏省泰兴市溪桥镇华溪中路18号	李　书
185	南京密尔顿钢琴有限公司	0135	211100	江苏省南京江宁开发区菲尼克斯路79号	钱　凯
186	扬州市正声民族乐器厂	0145	225000	江苏省扬州市江阳工业园西湖双塘路	周　平
187	扬州龙凤琴筝有限公司	0159	225008	江苏省扬州市西湖镇蜀岗	刘永发
188	南京伊柯雅钢琴制造有限公司	0163	211101	江苏省南京市东山邵圣工业园区	尹松林
189	奥玛尔(扬州)钢琴制造有限公司	0164	225115	江苏省扬州市槐泗工业园	李鉴宁
190	扬州市维扬区顶盛乐器厂	0169	225116	江苏省扬州市邗江酒甸	王　奎
191	扬州市天艺民族乐器厂	0173	225123	江苏省扬州市邗江区甘泉镇姚湾村	汪健群
192	江苏奇美乐器有限公司	0178	214500	江苏省靖江市经济开发区兴业路	张龙贵
193	江阴市灵音民族乐器有限公司	0190	214424	江苏省江阴市长寿镇长寿路15号	戈建明
194	兴化市戴南华美乐器厂	0192	225721	江苏省兴化市戴南镇马西村	刘庆好
195	苏州市平江区周万春乐器行	0193	215001	江苏省苏州市工业园区扬东路277号晶汇大厦1619-1620室	周　健
196	无锡市锡艺乐器厂	0194	214112	江苏省无锡市新区梅村镇梅里路	万建平
197	苏州市平江区天华乐器厂	0196	215005	江苏省苏州市景德路新春巷57号边门	翁永益
198	苏州恒生进出口有限公司	0200	215004	江苏省苏州市西环路1638号国际经贸大厦	卞　靖
199	苏州凯声乐器有限公司	0201	215004	江苏省苏州市西环路1638号国际经贸大厦3楼321室	王德强
200	扬州市维扬区启航民族乐器厂	0205	225008	江苏省扬州市维扬区平山乡丁卫村扬庄组	王　斌
201	扬中市华联手风琴有限公司	0214	212219	江苏省扬中市八桥镇太平北路60号	朱士本
202	扬中市金晨实业公司长鸣乐器厂	0216	212211	江苏省扬中市新坝镇	常本荣
203	泰兴琴艺乐器有限公司	0218	225419	江苏省泰兴市溪桥镇华溪东路8号	吴建新
204	扬州尚高钢琴制造有限公司	0223	225009	江苏省扬州经济开发区杨子津工业园1号	俞康军
205	无锡市林艺乐器厂	0228	214000	江苏省无锡市鸿山镇建达机械厂内	王惠民
206	扬州市邗江华音民族乐器厂	0235	225001	江苏省扬州市莲桥东巷3-12号	周　杰

序号	企业名称	会员证号	邮编	地址	负责人
207	吟飞科技(江苏)有限公司	0240	213032	江苏省常州市新北区汉江西路101号	范廷国
208	江阴金杯安琪乐器有限公司	0251	214443	江苏省江阴市申港镇亚包大道128号	时建明
209	扬州市广陵区二分明月乐器厂	0254	225003	江苏省扬州市施井西庄	高立骏
210	江苏启东百乐琴行	0265	226200	江苏省启东市长江中路652号(14-16)	陈　磊
211	南京新辉琴行有限公司	0266	210009	江苏省南京市中山北路42号	刘小辉
212	扬州市思美民族乐器厂	0282	225244	江苏省扬州江都市武坚镇黄思工业区(邮局对面)	胡思林
213	苏州市卓特乐器工艺五金厂	0298	215008	江苏省苏州市白洋湾大街洋南路8号	史季直
214	扬州天韵琴筝有限公司	0299	211407	江苏省扬州市仪征刘集盘古工业园	李同志
215	扬州音美尔民族乐器有限公司	0312	225006	江苏省扬州开发区运西路运西镇逸居路118号	刘庆阳
216	扬州市维扬区御声乐器厂	0322	225000	江苏省扬州市西湖镇司徒庙路西首-胡场	杨国富
217	淮安市楚州区淮城镇寒舟乐器批发部	0338	223200	江苏省淮安市楚州区南门大街名都花园88-15	韩　周
218	扬州市博韵琴筝有限公司	0339	225000	江苏省扬州市西郊杨庙镇	刘永勤
219	昆山德邦木业有限公司	0358	215347	江苏省昆山市巴城镇正仪高科技术产业园富丽路	唐　亮
220	南京宏盛毛毡制品厂	0367	210006	江苏省南京市秦淮区鸣羊街高岗里26号3楼	赵清双
221	扬州福韵琴筝有限公司	0370	211400	江苏省扬州市仪征新集镇光明村	阚元凤
222	无锡万声乐器有限公司	0376	214112	江苏省无锡市新区梅村镇新南科技园新南路10号	万小红
223	南京协和琴行有限责任公司	0401	210008	江苏省南京市鼓楼区中山路229-1号	郝　健
224	溧阳市溧城银月琴行	0421	213300	江苏省溧阳市东大街金东花园	张晓明
225	南京乐博乐器有限公司	0423	210000	江苏省南京市洪武路340号苏发大厦三楼	姚广生
226	泰兴市钱氏乐器有限公司	0431	225400	江苏省泰兴市曲霞镇西桥	钱长征
227	南京爱韵贸易实业有限公司	0433	210008	江苏省南京市玄武区珠江路88号新世界中心A座3501	童　磊
228	扬州市百家筝鸣筝业管理有限公司	0445	225000	江苏省扬州市梅岭西路28号东四楼	曲玉利
229	泰兴市爱艺乐器厂	0457	225419	江苏省泰兴市溪桥镇解放路1号	孙　伟
230	君琴提琴工作室	0458	225419	江苏省泰兴市溪桥镇华溪中路149号	刘治均
231	江阴兄弟乐器有限公司	0466	214422	江苏省江阴市云亭镇建设路50号	孔文金
232	南京爱乐书店	0471	210000	江苏省南京市秦淮区秦虹创业大市场B区3号	梅彦岭
233	扬州市江都金艺民族乐器厂	0474	225231	江苏省扬州市江都宜陵工业区2号路	冷步年
234	江苏大风乐器有限公司	0480	221637	江苏省徐州市沛县张庄镇工业区	徐宝华
235	镇江市杰伦乐器有限公司	0489	212003	江苏省镇江市京口区京口路京岘山庄29幢1407室	朱　剑
236	宁波森隆乐器股份有限公司	0050	315323	浙江省慈溪市胜山镇樟新公路1928号	罗建峰

序号	企业名称	会员证号	邮编	地址	负责人
237	温州市瓯海风琴厂	0074	325014	浙江省温州市梧田镇南村	王加福
238	海伦钢琴股份有限公司	0118	315805	浙江省宁波市北仑科技园区普陀山路8号	陈海伦
239	德清县中德利钢琴有限公司	0136	313216	浙江省德清县城关西郊路158号	王惠林
240	海湾乐器（嘉善）有限公司	0148	314100	浙江省嘉善县谈公北路368号	胡益兰
241	浙江天目琴行有限公司	0151	310012	浙江省杭州市学院路135号	刘为明
242	德清县海尔乐器制造有限公司	0171	313218	浙江省德清县洛舍经济开发区文明东路2号	王惠忠
243	湖州华谱钢琴制造有限公司	0174	313218	浙江省湖州市德清县洛舍经济开发区	姚小林
244	湖州杰士德钢琴有限公司	0176	313218	浙江省莫干山技术开发区杨树湾工业园区洛德大道198号	鲍海尔
245	杭州嘉德威钢琴有限公司	0184	310021	浙江省杭州市江干区丁桥镇同协路18号	陈莲琴
246	宁波市北仑乐器配件制造有限公司	0203	315806	浙江省宁波市北仑区大矸镇俞王村	俞兆祥
247	永康市前仓永固乐器厂	0204	321305	浙江省永康市前仓镇前仓村金鸡路53号	蒋学良
248	宁波四海琴业有限公司	0211	315137	浙江省宁波鄞州区云龙镇前后陈村	何四海
249	杭州雅马哈乐器有限公司	0212	311241	浙江省杭州市萧山区瓜沥镇沙田头村	小林孝一
250	萧山雅马哈乐器有限公司	0215	311215	浙江省杭州市萧山经济开发区建设二路31号	船户实
251	湖州华尔森钢琴有限公司	0222	313200	浙江省德清县莫干山经济开发区长安街25号	王惠安
252	浙江珠江德华钢琴有限公司	0229	313200	浙江省莫干山经济开发区北湖东街288号	黄耿志
253	宁波威信电子有限公司	0233	315422	浙江省余姚大隐工业区滨溪南路3号	郑叶盛
254	海盐东方口琴厂	0249	314300	浙江省海盐县海兴西路288号	丁文良
255	浙江友谊电子有限公司	0262	325600	浙江省乐清市经济开发区纬八路	陈天浩
256	全球乐器网	0263	310017	浙江杭州艮山西路78号东门大厦9C	徐登朝
257	杭州沃尔特数码钢琴有限公司	0267	310023	浙江省杭州市余杭区五常工业区荆长路31号-A	赵为民
258	杭州西湖区大创琴行	0272	310012	浙江省杭州市西湖区教工路266号	蔡赋斌
259	宁波超拨电子有限公司	0285	315600	浙江省宁波市新兴工业园区C区	华宣兴
260	杭州市拱墅区大拇指乐器行	0286	310015	浙江省杭州市温州路19号	方　年
261	杭州艺威电子音响设备厂	0291	311118	浙江省杭州市余杭区黄湖宏图路68号	蔡忠伟
262	杭州市余杭区中泰苦竹业协会	0301	311121	浙江省杭州市余杭区中泰乡政府办公大楼2楼	鲍金法
263	戈德斯坦钢琴(杭州)有限公司	0302	310024	浙江省杭州市西湖区龙坞工业园区块12号	章海燕
264	宁波音王集团有限公司	0306	315104	浙江省宁波市鄞州投资创业园诚信路818号	王祥贵
265	宁波市江北珂乐乐器有限公司	0321	315000	浙江省宁波市江北区北岸琴森财富创意港295号	蔡赋勇
266	富阳市富阳镇乐器琴行	0327	311400	浙江省杭州市富阳市苋浦路清风公寓9-4号	吕利浩
267	慈溪市新浦镇金华五金厂	0331	315322	浙江省慈溪市新浦镇	冯金华
268	宁波海曙哆来咪乐器加工厂	0332	315000	浙江省宁波市新马路268号北岸琴森9幢802	杨　蕾

序号	企业名称	会员证号	邮编	地址	负责人
269	绍兴文德隆音乐文化传播有限公司	0343	312000	浙江省绍兴市金时代1026广场-1029号	何小全
270	丽水括苍琴行	0344	323400	浙江省丽水市括苍路222号	叶菊香
271	富阳市迦南琴行	0347	311400	浙江省富阳市西堤路108-3号	朱灿林
272	意德乐器(嘉善)有限公司	0352	314100	浙江省嘉善县经济开发区华山路38号	李德俭
273	嘉兴市南湖区城东艺源琴行	0357	314000	浙江省嘉兴市南湖区南溪路100号	郑王柳
274	临海市均华乐器有限公司	0380	317000	浙江省临海市古城街道聚景路9号	金云声
275	浙江乐韵钢琴有限公司	0389	313218	浙江省德清洛舍工业园顺达路18号	杨伟忠
276	杭州爱尔科电子有限公司	0406	311258	浙江省杭州市萧山区闻堰镇长安工业区	朱伟柳
277	宁波市四明琴行有限公司	0420	315000	浙江省宁波市海曙区望京路146号	石海岳
278	杭州珠江三毛琴行有限公司	0443	310012	浙江省杭州市文二路456号	蒋淳荣
279	宁波职业技术学院乐器制造系	0452	315800	浙江省宁波市北仑新大路1069号	胡晓光
280	浙江学全科教仪器有限公司	0475	321305	浙江省永康市前仓镇前仓村文教南路59号	蒋学全
281	宁波波鹰乐器制造有限公司	0481	315800	浙江省宁波市奉化市西坞街道南路85号	曾观华
282	温州市中联异型紧固件有限公司	0485	325000	浙江省温州市瓯海区郭溪下屿工业区	李凯胜
283	铜陵市教育琴行	0296	244000	安徽省铜陵市北京东路35号	潘益田
284	淮南市乐森黑马乐器有限公司	0365	232001	安徽省淮南市洞山西路旺泉公学对面	李　勇
285	合肥市佳音琴行有限责任公司	0388	230061	安徽省合肥市长江西路53号	王　琦
286	福州和声钢琴有限公司	0119	350008	福建福州市仓山区金山工业集中区浦上工业园B区红江路2号	池家森
287	厦门三乐钢琴有限公司	0120	361000	厦门市湖里区金山街道五缘湾特色商业街项目二期B区10号	黄三元
288	福建省爱乐钢琴有限公司	0147	353200	福建省顺昌县双溪镇货场路142、144号	柯松理
289	晋江力达电子有限公司	0288	362261	福建省晋江市安海镇第二工业区力达工业楼	吴育旗
290	钰丰乐器(福建)有限公司	0313	363612	福建省南靖县丰田华侨经济开发区	陈永茂
291	龙人古琴文化投资(长泰)有限公司	0490	361012	福建省厦门市思明区体育路95号文化艺术中心龙人琴坊	陈义文
292	福州市鼓楼区正大琴行	0495	350000	福建省福州市鼓楼区安泰中心A座2F9-12号	江其忠
293	余干县民族乐器有限公司	0319	335100	江西省余干县玉亭镇沙窝大街	张仕先
294	江西省新余韵声琴行	0402	338500	江西省新余市劳动南路腾达电器二楼	熊国林
295	烟台金斯波格钢琴有限责任公司	0052	264006	山东省烟台市经济技术开发区长白山路5号	初明亚
296	昌乐百灵乐器有限公司	0081	262409	山东省昌乐县鄌郚镇政府驻地	郝际坤
297	龙口锦盛乐器有限公司	0084	265701	山东省龙口市东莱街道大李村	李传术
298	青岛世正乐器有限公司	0108	266109	山东省青岛市城阳区春阳路新城工业园	周始雷
299	山东泰山管乐器制造有限公司	0131	265701	山东省龙口市东莱大李	梁维民

序号	企业名称	会员证号	邮编	地址	负责人
300	胶南市天乐琴行	0179	266400	山东省胶南市珠海路88号乙（康大集团一楼）	万绪波
301	烟台博斯纳钢琴制造有限公司	0188	264670	山东省烟台市莱山区解甲庄工业园	孙　强
302	青岛海韵琴行有限公司	0242	266071	山东省青岛市江西路98号乙	莫蓓茜
303	聊城山石麦尔乐器有限公司	0243	252000	山东省聊城市花园北路38号	刘　冰
304	兖州声远乐器有限公司	0245	272112	山东省兖州市谷村镇杨村	颜廷学
305	青岛豪怡达商贸有限公司	0342	266000	山东省青岛市宁夏路274号红信山庄16号楼2单元302	翁亚明
306	山东省济宁市颜氏调律工具有限公司	0453	272000	山东省济宁市红星西路54号	颜婷婷
307	济宁开发区爱乐琴行	0386	272000	山东省济宁市光河路10号商务楼116号	高　峰
308	青岛玄华涂料有限公司	0395	266108	山东省青岛市城阳区流亭街道赵红路南侧	王秀训
309	青岛吉他平方商贸有限公司	0399	266023	山东省青岛市标山路128号甲	张　豪
310	青岛青大琴行有限公司	0400	266000	山东省青岛市市南区宁夏路127-6号	周克岭
311	昌乐乐吉乐器制造有限公司	0411	262417	山东省潍坊市昌乐县崔家庄政府驻地	张立强
312	潍坊盛大音响有限公司	0416	262409	山东省昌乐县鄌郚镇工业园	董素莲
313	昌乐县东方乐器厂	0417	262409	山东省昌乐县鄌郚镇政府驻地	李凤英
314	潍坊宏韵乐器有限公司	0418	262402	山东省昌乐县鄌郚镇高崖社区驻地	冯桂玲
315	潍坊惠好乐器有限公司	0419	262409	山东省昌乐县鄌郚镇工业园	刘志江
316	莱阳市知音琴行	0430	265200	山东省莱阳市蚬河路30号	盖永政
317	济南旭秋乐器有限公司	0441	250000	山东省济南市高新区世纪大道理想嘉园2号楼19层1909室(小鸭集团)	董念春
318	荷泽市八音乐器有限公司	0469	274000	山东省荷泽市牡丹区刘寨	马宏川
319	龙口特达经贸有限公司	0477	265701	山东省龙口黄城怡园南路19号	王献结
320	河南省乐器研究所	0078	450003	河南省郑州市东里路14号院	黄林潜
321	开封中原民族乐器有限公司	0186	475312	河南省兰考县固阳镇	代胜民
322	兰考县远方桐木乐器音板有限公司	0325	475316	河南省兰考县许河乡工业区	许家良
323	郑州铁路职业技术学院艺术系	0396	450052	河南省郑州市二七区永安街36号	从云飞
324	武汉致嘉钢琴制造有限公司	0100	430050	湖北省武汉市经济开发区民营科技工业园12号M栋	周致嘉
325	武汉铼特科技有限公司	0102	430079	湖北省武汉市汉阳区新华工业园C区1号	张星启
326	武汉洪发高洪太铜响器有限责任公司	0122	430065	湖北省武汉市武昌四坦路7号	朱汉桥
327	武汉艾立卡电子有限公司	0124	430023	湖北省武汉市东西湖将军五路12号	张鉴堂
328	武汉市海平乐器制造有限公司	0125	430334	湖北省武汉市黄陂区甘棠街甘棠大道230号	王长海
329	宜昌金宝乐器制造有限公司	0146	443003	湖北省宜昌市宜昌东山经济技术开发区珠海路1号	吴天延

序号	企业名称	会员证号	邮编	地址	负责人
330	武汉市曾宪勇民族拉弦乐工作室	0198	430014	湖北省武汉市蔡锷路滨江里7号	曾宪勇
331	武汉豪乐特进出口贸易有限公司	0283	430012	湖北省武汉市江岸区百步亭花园新江岸五村188号豪乐特大厦	黄小萍
332	武汉市邢氏乐器制造有限公司	0293	430200	湖北省武汉市东湖高新技术开发区九凤大道8号	邢福志
333	武汉银可可琴行有限责任公司	0303	430060	湖北省武汉市武昌区解放路182号	何　浩
334	湖北博亚钢琴有限公司	0314	430069	湖北省武汉市武昌区临江大道7号	熊万斌
335	襄樊朗朗琴行	0346	441000	湖北省襄樊铁路文化宫右侧	胡新明
336	黄石市雅玲琴行	0361	435000	湖北省黄石市黄石大道85号(市文化宫)	汤雅玲
337	湖北华都钢琴制造有限公司	0427	432721	湖北省广水市广办西河路二路2号	汪其见
338	武汉开菱电器有限公司	0439	430077	湖北省武汉市武昌区黄鹂路15号	李　爽
339	武汉天歌电子有限公司	0449	430074	湖北省武汉市洪山区民院路15号	周小雯
340	长沙飞达琴行有限公司	0289	410005	湖南省长沙市芙蓉区东牌楼新世界商贸西1号	劳绍立
341	湖南省醴陵市九洲琴行	0324	412200	湖南省醴陵市建设西路D栋4号2楼	刘槐先
342	常德市武陵区多尔乐器厂	0366	415000	湖南省常德市丹洲石灰(原小学)	王晓冬
343	湖南省新世纪乐器有限公司	0384	410005	湖南省长沙市芙蓉区解放西路96号	周耀南
344	广州珠江钢琴集团股份有限公司	0030	510388	广州荔湾区花地大道南渔尾西路8号	王润培
345	鲍德温（中山）钢琴乐器有限公司	0032	528412	广东省中山市东升镇观栏村工业区	周有恩
346	广州市红棉提琴有限公司	0033	510430	广东省广州市石井镇石沙公路红星工业区15号	陈钊明
347	广州红棉吉它有限公司	0038	510330	广东省广州市海珠区新港东路2440号	何志强
348	广州吉声琴业有限公司	0067	510170	广东省广州市西华路桃源街41号	梁泽敏
349	四会市华声乐器有限公司	0073	526200	广东省四会市东城开发区	黄志康
350	广州市大铃乐器制造有限公司	0091	511495	广东省广州市番禺区钟村镇胜石村区	罗少宏
351	广州珠江乐器实业公司	0096	510370	广东省广州市荔湾区茂香园13号	朱志球
352	揭阳市长城乐器有限公司	0097	515541	广东省揭阳市新亨镇白石村	徐金河
353	美得理电子（深圳）有限公司	0128	518031	广东省深圳市燕南路404栋西三楼	徐俊
354	深圳市刘诗昆钢琴乐器实业有限公司	0142	518034	广东省深圳市福田区香槟路2002号俊景豪园1栋首层	盖　燕
355	广东德庆汇丰乐器有限公司	0156	510620	广东省广州市天河北路595-599号创新科技广场二楼	方　扬
356	揭西县美声电子电器厂	0167	515400	广东省揭阳市揭西县城美声路1号	张燕雄
357	广州传音乐器厂	0168	510620	广东省广州市天河区天河路228号广晟大厦1710室	苏常青
358	国家轻工业乐器质量监督检测中心（广州）	0172	510370	广东省广州市荔湾区茂香园13号	潘绮珊

序号	企业名称	会员证号	邮编	地址	负责人
359	佛山市三水区白坭镇鸿锋五金乐器制品有限公司	0175	528131	广东省三水市白坭镇新生开发区27号	李大鉴
360	揭西县美科电子电器厂	0206	515400	广东省揭西县城环城路西段	张远青
361	广州格利蒙那提琴有限公司	0208	511430	广东省广州市番禺区大石街涌口村雅苑大街2号	关尚持
362	广东哈利臣钢琴有限公司	0209	510403	广东省广州市三元里大道棠溪合益西街8号	佟炳才
363	惠阳区秋长全丰育乐用品厂	0234	516221	广东省惠阳区秋长镇长兴路鹏岭工业城	蔡赖丰
364	广州市奥琴琴业有限公司	0236	511487	广东广州市番禺区沙湾镇陈涌工业区创业东路15号	肖　钰
365	广州市罗曼士乐器制造有限公司	0241	510300	广东广州市海珠区新窖南路龙潭村西环街西环北10号	郑玉棠
366	广州保嘉乐器制造厂有限公司	0253	510500	广东广州大道北197号新达城广场北座17楼	邢保嘉
367	深圳伯格特钢琴自动弹奏光盘有限公司	0257	518102	广东省深圳市宝安区西乡镇麻布科技工业园1栋5楼	何　佩
368	广州市朗晴发展有限公司	0268	510623	广东 广州市珠江新城华就路23号皓瀚华轩20楼C座	周　旗
369	广州市芳村区共鸣乐器厂	0277	510378	广东省广州市龙溪中路44号B4	李志伟
370	深圳市蔚科电子科技开发有限公司	0279	518018	广东省深圳市南山西丽南岗第二工业园A2栋5-6楼	徐　建
371	深圳市伊诺乐器有限公司	0300	518000	广东省深圳市南山区前海路4号深圳能源工业小区1栋6楼	袁　雁
372	广州市鹏联乐器有限公司	0305	510545	广东省广州市白云区钟落潭镇良沙路3663号	邹建全
373	佛山市三水区美莱迪乐器制造有限公司	0307	528133	广东省佛山市三水区河口工业大道27号	苏佳年
374	广州市白云区凯诺电子厂	0308	510623	广东省广州市华利路21号西座2503号	邝树伟
375	广州市新艺宝乐器有限公司	0309	510620	广东省广州市天河区黄浦大道西177号二楼	凌建聪
376	得理乐器(珠海)有限公司	0311	519090	广东珠海金湾区联港工业区大林山片区双林东路2号得理工业园	盛子斐
377	深圳市爱乐文化艺术发展有限公司	0336	518031	广东省深圳市福田区上步南路乐器城4楼爱乐琴行	姜秀菊
378	深圳市和普乐器有限公司	0341	518000	广东省深圳市商报路7号天健公寓1618-1619号	毛建平
379	东莞市超联电子有限公司	0348	523400	广东省东莞市石排镇中坑民营工业区	陈志安
380	广州韵天箱包制造有限公司	0350	510620	广东省广州市天河南二路31号丰兴广场中兴阁2003号	董剑辉
381	佛山市奥格诗乐器制造有限公司	0353	528241	广东省佛山市南海区里水镇和顺共同工业区	王永红
382	深圳市中艺盈科电子有限公司	0355	518101	广东省深圳市宝安35区安华工业区一巷8栋A5	钟永津
383	佛山市三水龙声乐器制造有限公司	0362	528131	广东省佛山市三水区白坭镇白沙南街一号	李庆炎

序号	企业名称	会员证号	邮编	地址	负责人
384	廉江市吉他配件厂	0368	524400	广东省廉江市城北区新华五路46号	黄仁忠
385	深圳市凯迪欣实业有限公司	0382	518101	广东省深圳市宝安区44区鸿都工业园西区5楼	宋晓琼
386	佛山市万正涂料有限公司	0390	528131	广东省佛山市三水区西南镇金本工业园B区	肖亚亮
387	深圳市卓凡动力电子有限公司	0391	518000	广东省深圳市龙岗区爱联社区新屯工业区健军路18号	陈红红
388	佛山市冠球家具有限公司	0394	528131	广东省佛山市三水区白坭镇工业大道177号	卢燕
389	广州市大同琴行有限公司	0397	510100	广东省广州市东川路37号	佟伟彦
390	潮安县吉星乐器有限公司	0405	515636	广东省潮安县龙湖镇三英村石桥头片	成国器
391	惠州市惠阳区秋长侑成乐器木器厂	0414	516221	广东省惠州市惠阳区秋长镇桃南路11号	蔡国宏
392	深圳市咪发发科技有限公司	0415	518057	广东省深圳市南山区科技园兴路汇景豪园海逸6B	曾平蔚
393	广州艾茉森电子有限公司	0426	510163	广东省广州市荔湾区珠江大桥桥中中路223号	刘春清
394	东莞市三基音响科技有限公司	0428	523800	广东省东莞市大朗镇水平村象山工业城	姚　锐
395	汕头市长合乐器厂	0455	515041	广东省汕头市龙湖区金泰庄北区23-24幢115号	张艺远
396	深圳市伏荣科技开发有限公司	0459	518101	广东省深圳市宝安46区D栋厂房8F	李　卫
397	广州市锦桦乐器有限公司	0465	510460	广东省广州市白云区江高镇五丰东路68号	李德雄
398	广东省乐器协会	0470	510080	广东省广州市署前路33号1号楼430室	李爱群
399	深圳市瑞孚科技有限公司	0479	518133	广东省深圳市宝安区创业一路宏牧中心大厦1010	贾　嚣
400	汕头市乐童乐器有限公司	0488	515000	广东省汕头市丹阳庄东区59栋802	孙丽松
401	广州市雅迪数码科技有限公司	0496	510163	广东省广州市荔湾区广东光电园东海南路87号Q1栋215室	聂彩虹
402	广州弦尚文化传播有限公司	0501	510000	广东省广州市天河区东圃二马路61号东湖工业区	隋细华
403	重庆斯威特钢琴有限公司	0089	400709	重庆江北碚区童家溪镇建设村	王建华
404	重庆盛音乐器有限公司	0385	400013	重庆市渝中区中山一路181号	程　果
405	重庆市万州区龙宝雅韵乐器城	0403	404000	重庆市万州区白岩路152号艺术大厦(2-6楼)	陈联全
406	成都川雅木业有限公司	0132	610101	四川省成都市龙泉驿区大面镇	张华君
407	成都朝阳浪琴乐器制品有限责任公司	0210	610200	四川省双流县东升镇清泰村	黎明强
408	四川简阳现代教学仪器设备有限责任公司	0292	641401	四川省简阳市石桥镇杨柳街48号	谢俊儒
409	四川盛音乐器有限公司	0310	610021	四川省成都市新生路6号	黄茂强
410	攀枝花市川音大风琴行	0422	617000	四川省攀枝花市花城上街21号	贾春华
411	成都市皇冠琴行	0437	610021	四川省成都市武侯区龙江路22-8号	徐　蕾
412	成都余梦乐器有限公司	0447	610012	四川省成都市武侯区龙江路28号16-20号	于　委

序号	企业名称	会员证号	邮编	地址	负责人
413	贵州省玉屏县箫笛厂	0063	554000	贵州省玉屏市中山路465号	姚懿洲
414	云南民族民间音乐艺术品开发公司	0062	650000	云南省昆明市阳光花园旭苑27栋4单元501	杨　声
415	昆明乐器用品有限责任公司	0064	650031	云南省昆明市东风西路289号	伍俊武
416	昆明盛乐乐器有限公司	0377	650032	云南省昆明市西昌路259号北商贸楼	刘玉萍
417	西安音乐学院乐器厂	0224	710061	陕西省西安市长安中路108号	黄　勇
418	安康市秦艺贸易有限公司	0276	725000	陕西省安康市秦艺贸易有限公司	姚立宪
419	西安市曹氏乐器修理服务中心	0359	710016	陕西省西安市新兴路3号院12号楼2门5层2号	曹西歧
420	陕西省音乐家协会金钟琴行	0387	710054	陕西省西安市文艺北路明胜街146号	张喜鹏
421	陕西省文化物资公司	0502	710016	陕西省西安市龙首北路东段4号	张忠民
422	建设路莺鸣琴行	0326	737100	甘肃省金昌市建设路113号中(新华书店对面)	任庆根
423	兰州海王星乐器音响有限责任公司	0360	730000	甘肃省兰州市城关区白银路中广千龙家园1号商铺	王　圭
424	酒泉园丁琴行有限公司	0398	735000	甘肃省酒泉市肃州区尚武街欧洲苑斜对面	查继堂
425	银川市兴庆区华芳行	0082	750001	宁夏银川市唐槐新村61-6-402号	马进芳

2011
中国乐器年鉴
CHINA MUSICAL
INSTRUMENT YEARBOOK

专文

中国乐器行业“十一五”回眸

“十一五”时期是我国发展史上极不平凡的五年，在国内外环境复杂多变和重大风险挑战面前，全国各族人民在党和政府领导下，有效地应对国际金融危机巨大冲击，战胜了汶川特大地震等一系列重大自然灾害，成功举办了北京奥运会和上海世博会，胜利完成了“十一五”规划确定的主要目标和任务。

“十一五”时期，在党的“十七大”科学发展观思想指导下，中国乐器行业加快转变经济发展方式，加强自主创新调整产品结构，向着“又好又快”的目标前进。经过五年的努力，中国乐器行业已经从世界第三发展成为世界第一大乐器生产国和出口国，中国成为具有最大发展潜力的国际乐器市场，“中国制造”的乐器在国际上的地位和影响力显著提高。

在曲折中前进和发展，成效显著

2006年，是“十一五”开局之年。我国乐器工业在经历“九五”、“十五”时期的快速发展，特别是在中国加入世贸组织后乐器出口大幅增长，但由于受到人民币升值、原材料涨价、劳动力成本上升、房地产过热、能源价格上涨等一系列外部环境影响，开始进入相对平稳的发展时期。

2007年，党的“十七大”首次提出“迎接文化大繁荣、大发展高潮”的战略构想，乐器产业被国家统计局纳入“文化产业”相关产业范畴，乐器行业从此进入一个新的历史发展时期，乐器与音乐艺术的结合得到进一步深化而更加紧密。此后，乐器先后被列入商务部、文化部等6部委制定的《文化产品和服务出口指导目录》和文化部《文化标准中长期发展规划》。

2008年，对于中国人民是来说，是喜忧参半的一年，既有纪念改革开放30年和成功举办北京奥运会的欣喜，也有南方遭遇低温冻雨和汶川大地震自然灾害的忧虑。乐器行业在这段艰难日子中，勇敢面对考验，广大乐器企业涌现出职工冒冰雪坚守岗位，领导深入一线送温暖的动人场面。在汶川大地震的半个月里，乐器行业和灾区人民共患难，踊跃捐款总计503万元人民币，其中广州珠江钢琴集团公司捐款116.5万元。从3月24日圣火采集到9月20日结束的北京奥运会和残奥运会的180天中，北京星海钢琴公司、上海民族乐器一厂、宁波海伦钢琴公司、宜昌金宝乐器、天津津宝乐器等三十余家企业参与了“迎奥运，比贡献”的百余项活动，其中包括参加奥运会和残奥会的开闭幕式活动，大大拓展了乐器行业在社会上的影响力。

2009年是新中国成立60周年，也是改革开放以来我国经济工作遇到困难最多的一年。从2008年底开始的世界金融危机波及中国，乐器行业各生产企业同样受到严重影响。据海关统计，2009年一季度中国乐器出口额2.28亿美元，同比下降15.97%，出口的22类产品中有17类产品出口金额同比下降。这是中国乐器出口连续14年上升后，首次出现大幅下降，乐器产品出口形势面临严峻考验。面对这些困难，中国乐器行业的企业家们和广大员工表现出从未有过的战胜困难的勇气和决心，在大力发展文化产业的方针鼓舞下，紧紧抓住文化产业出现的逆势上扬有利时机，全行业按照党中央的战略部署，积极贯彻落实“轻工业调整和振兴规划”，努力转变经济发展方式，从以出口为重点转向稳定出口和扩大内需并举，从“中国制造”迈向“中国创造”，不断提高企业自主创新力和核心竞争力，走出了一条“乐器现代工业化发展之路”。2009年10月成功举办的中国（上海）国际乐器展览会的盛况，充分彰显出在世界乐器市场萧条冷落的国际环境下，中国乐器行业和中国乐器市场“风景这边独好”。

2010年是“十一五”收官之年，也是新中国经济发展历程中国内外形势和环境最为复杂的一年。世界经济形势缓慢复苏，中国经济率先企稳回升，中国乐器出口形势基本恢复到世界金融危机之前的水平，国内乐器需求不断上升，大部分省市地区出现文化产业蓬勃发展的好势头，部分地区将乐器工业作为当地经济发展的新亮点和支柱产业。乐器行业中各种类型和级别的文化产业示范基地、乐器产业基地、高新技术产业基地一个接一个不断涌现，乐器行业形势发展蒸蒸日上，欣欣向荣，为未来“十二五”乐器工业迈上新台阶奠定良好的基础。

“十一五”期间，我国乐器行业外部环境与内部产业结构都发生了深刻的变化，音乐文化与乐器产业的发展得到了国家和各级政府进一步重视，各种有利于乐器行业发展的政策相继出台，乐器作为提高国民素质和开展音乐文化教育的重要工具，在国民经济和社会发展中的地位明显提高。天津津宝乐器有限公司和提琴制作师朱明江等一批乐器生产企业和个人相继获得“五一劳动奖状”和“全国劳动模范”和省市级劳动模范称号；党和国家领导以及各级政府继续关心和支持乐器行业发展，习近平、俞正声、李源潮、王刚等中央领导以及省市负责同志都曾亲临乐器生产企业进行视察；乐器行业不断克服外部复杂环境影响，抗干扰防风险的能力有了明显增强，企业转变经济发展方式意识、自主创新意识、品牌意识、保护环境与知识产权保护意识都有了明显增强；乐器产业结构加速调整，国有企业基本完成了新老班子的交替，民营企业第二代接班人陆续走上前台，国际上主要跨国乐器公司以及大量外国知名乐器企业和乐器品牌加快进入国内发展，中国已成为世界上乐器生产企业集中度最高的地区，国有、外资、民营三足鼎立的局面被打破，不同所有制乐器生产企业的竞争更加激烈；乐器市场鱼龙混杂，低价竞争的形势得到了一定治理；注重质量、品牌，以诚信和良好的服务赢得消费者的经营理念已成为乐器市场的主流，乐器销售与音乐培训、文化活动推广相结合成为乐器市场未来的发展方向。

一个乐器生产企业、乐器销售琴行与乐器消费者所共同渴望的“研发—生产—销售—培训—演出”的中国乐器行业产业链开始形成。

全面完成“十一五”规划目标

对照2006年制定的乐器行业“十一五”发展规划主要目标，可以说，全面完成了预定计划目标，成绩喜人。

1．主要经济指标全面完成

“十五”末期（2005年12月），乐器行业规模以上企业229家，总资产98.09亿元，工业销售产值103.22亿元，实现利润4.84亿元，从业人员64341人；“十一五”末期（2010年12月），我国乐器行业规模以上企业317家，企业数量增加38.42%，总资产150亿元，增长52.92%，工业销售产值达到209.82亿元，增长103%，比“十一五”规划目标提高49.87%，实现利润10.83亿元，增长1.23倍，从业人数73210人，增长13.78%。广东省是我国乐器行业第一大省，“十一五”末乐器工业销售产值达到58.34亿元，比“十五”末期增加了105%。天津、浙江、山东、江苏等省市分别增长了65.97%、181%、145%和114%。

2．乐器进出口较大幅度增长

“十五”末期，中国乐器出口153个国家，出口额为9.23亿美元，进口额为1.27亿美元。“十一五”末期，中国乐器出口174个国家，出口额达到15亿美元，比“十五”末期增长57.55%，年增长率超过规划的8%～10%，达到11.51%。向亚洲、南美、非洲总出口额从“十五”末期的2.95亿美元，增到到5.36亿美元，增长了81.69%，年增长率为16.33%，占中国乐器出口的比例从31.96%增加到38.54%。从2008年起，我国已经从世界第三大乐器出口国跃升到世界第一大乐器出口国，已连续三年保持不变。在乐器进口方面，“十一五”末期，我国乐器进口额预计达到2.21亿美元，比“十五”末期增长73.98%，平均年增长率为14.79%，高于中国乐器出口增速3.28个百分点。2005年，中国乐器出口美国3.45亿美元，2010年达到3.76亿美元，增长8.9%，年增长率为1.78%，出口欧洲乐器从2005年的2.29亿美元，增加到2010年4.2亿美元，增长83.40%，年增长率为16.68%。

在美国《音乐贸易》杂志每年公布的“全球乐器与音响制品行业225强”名单中，2005年中国内地有19家企业入围，销售收入6.04亿美元，占全球乐器与音响制品行业225强总销售收入的3.3%，居美国、日本、德国之后的第四位。2010年12月，美国《音乐贸易》杂志公布的2009年全球乐器与音响制品行业225强数据，中国内地有24家企业入围，销售收入7.45亿美元，占225强总销售收入的4.93%，五年中，中国内地进入全球225强乐器生产企业销售收入增长23.34%，占全球225强的比例增加了1.63个百分点。

3．名牌战略得到进一步实施

“十五”末期，乐器行业拥有两个中国名牌产品（珠江钢琴和星海钢琴），一个中国驰名商标（珠江），省市级名牌产品及著名商标25个。到“十一五”末，乐器行业已经拥有4个中国名牌产品（珠江钢琴、星海钢琴、海伦钢琴和诺地斯卡钢琴），8个中国驰名商标（广州珠江钢琴集团股份有限公司的“珠江”牌钢琴、北京星海钢琴集团有限公司的“星海”牌钢琴、天津市津宝乐器有限公司的“津宝”牌爵士鼓、军鼓及萨克斯、山东泰山乐器有限公司的“泰山”牌铜管乐器、杭州嘉德威钢琴有限公司的“嘉德威”牌钢琴、浙江东方琴业有限公司的“奥伦多”牌钢琴配件、江阴金杯安琪乐器有限公司的“金杯”牌手风琴、江苏泰兴凤灵乐器集团的“凤灵”牌提琴）。与“十一五”规划目标相比，中国名牌产品及中国驰名商标从3个增加到12个，增加了3倍。省市名牌产品和著名商标达到49个，增加96%，比十一五规划目标多了9个。2006年11月在美国举行的第17届国际提琴制作比赛中，广东提琴制作师朱明江获得小提琴金奖，其他6人分别获得不同奖项。

4．乐器产品质量提高，标准化工作全面开展

十一五期间，乐器行业各生产企业普遍以产品质量作为企业提高核心竞争力的重要手段，各类乐器产品质量都有不同程度提高，消费者关于产品质量的投诉率有明显下降，中国乐器出口世界各国乐器的开箱合格率有了较大幅度提高，出口产品结构也由95%以上低档产品为主，逐步向中高档产品占有20%～30%的比例转变。

乐器标准化工作，2008年10月，全国乐器标准化技术委员会正式成立，我国乐器标准化工作进入一个新的发展阶段。“十一五”期间全国乐器标准化技术委员会完成制修订乐器各级、各类标准总共46项，其中制定国家标准8项，修订3项；制定行业标准15项，修订20项。复审标龄在5年以上的行业标准49项。“十一五”期间制修订的各类标准占全部标准的58.22%，“十一五”期间制修订的各项乐器标准规定的各项技术要求和质量指标，基本上不低于先进国家现行的技术标准，我国已制定的现行乐器70多项标准，经行业管理、企业、商业、院校、质检科研等部门和机构的审查，认为其各类标准水平已接近国际先进，达到了国际一般水平。此外，还开展了乐器标准化体系（表）框架的构建工作。

5．科技进步与产品创新成绩显著

“十一五”期间，乐器生产企业的科技进步和产品创新工作明显加强，广州珠江钢琴集团有限公司技术中心于2008年10月12日获得国家级企业技术中心称号，海伦钢琴股份有限公司和宜昌金宝钢琴有限公司分别获得了国家高新技术产业基地称号。自2006年开始恢复的中国轻工业联合科学技术奖励办法以来，江苏泰兴凤灵乐器集团公司“木材生物改性与提琴音质改良”获得轻工科技发明二等奖，广州珠江钢琴集团公司“恺撒堡UH/GH系列专业用钢琴”，武汉艾立卡电子有限公司的“用于电吉他的延时数字音效嵌入式系统”等4项成果获得轻工科技进步二等奖，北京乐器研究所“钢琴自动演奏系统”，江阴金杯安琪乐器公司的“105-64键钮形自由低音手风琴”等7项成果获轻工科技进步三等奖，北京星海钢琴集团公司“应用数控技术加工钢琴弦轴板孔”，天津鹦鹉乐器有限公司的“采用新材料新工艺研制高品质鹦鹉手风琴”等5项成果获得轻工科技进步优秀奖。

产品创新工作。据国家统计局公布的数据，2010年1—10月乐器行业规模以上企业新产品产值达到10.61亿元，占乐器行业规模以上企业工业总产值的5.89%，“十一五”时期，国家知识产权局发布的乐器专利数据（截止到2010年12月10日）发布乐器专利总数为1691项（十五期间671项），其中，发明专利357项，实用新型专利696项，外观设计专利638项，比“十五”末期增长了2.5倍。

6．职业培训和人才队伍建设得到进一步加强

“十一五”期间，乐器行业长期“口传心授，师傅带徒弟”的传统人才培养模式得到了根本性的改变，开始向专业化、多元化发展，一种是企业内部的初、中、高级工培训，国有企业珠江钢琴、星海钢琴、上海民族乐器一厂等企业员工职业培训已经纳入长效培训机制；第二种是企业委托学校代培的方式，如珠江钢琴、星海钢琴、海伦钢琴、宜昌金宝等企业建立了厂校挂钩定向培养教学模式，使企业技术人员队伍有了持久稳定的来源；第三种是大专院校开设乐器制造（包括钢琴、管乐器、民族乐器制作工艺等）专业课程，培养有专业理论知识和实践技能的乐器制作人才。目前沈阳音乐学院、南京艺术学院流行音乐学院、宁波职业技术学院，北京电子科技职业学院等院校都已正式开设定向培养乐器专业人才的专业。五年来，已经有近百名具有较高音乐理论知识的大学生参加到乐器制造的队伍中来，很大程度上改变了乐器行业长期缺少专业技术人员的状况。此外，中国乐器协会组织行业内专家编写并出版发行的“钢琴调律师”国家职业资格培训教材（五册）。中国轻工业联合会、中国就业培训技术指导中心、中国乐器协会、中国财贸轻纺烟草工会全国委员会共同举办的“2008年全国钢琴调律职业技能竞赛”进一步推动了我国钢琴调律师队伍的发展和职业技能水平的提高。

五年来，钢琴调律师职业技能资格考试委员会加强了钢琴调律师的培训和考试工作，通过考核鉴定，有3349人取得钢琴调律师国家职业资格证书，其中高级技师98人，技师138人，高级技能1116人，中级技能1117人，初级技能980人。

7．资源节约、材料代用和环境保护政策得到了进一步贯彻和实施

乐器工业主要原材料资源来自于木材、五金、化工、纺织品及动物皮革等。“十一五”期间，乐器行业骨干生产企业增收节支，降低成本的企业基础管理工作不断加强，有的企业通过实行标准化管理、数控管理，不仅提高了企业管理水平，同时也减少不必要的浪费，节约了资源。在木材采购方面，有的企业在开发国内资源的同时，把采购方向转向国外，如从俄罗斯、加拿大等欧洲、北美国家进购乐器乐器木材，减少了国内资源的过度开发。

蟒皮是二胡等民族乐器的主要原材料，二十世纪末国内资源已经基本消耗殆尽，而转向越南、缅甸等东南亚国家进口。“十一五”时期，在国家林业局野生动植物保护司的指导下，各民族乐器生产企业大量采用人工繁育蟒皮作为二胡原材料，并与海南东盛弘科技有限公司展开多项合作，使人工繁育蟒皮采用率达到90%，大大缓解了人类对野生蟒蛇的捕杀危害，野生动物得到有效保护，同时也使二胡原材料蟒皮的供应紧张局面得到解决。此外，2010年全国乐器标准化技术委员会开始制定《乐器有害物质限量》国家标准，这一标准的颁布将使乐器工业有关保护环境和消费者安全内容正式纳入国家法规管理。

8．区域经济和特色产业基地加快发展

“十一五”期间，我国乐器行业已经初步建立了具有较强现代化加工手段、产业布局基本合理、产成品零配件配套完整的综合加工体系。主要生产区域也从以往集中在东南沿海，开始向中西部地区转移，不同类别乐器主要生产区域格局基本形成，规模集中度初见端睨，这些重点乐器生产地区得到当地政府的高度重视，并以此作为当地经济发展的支柱产业和新的经济增长点，如辽宁营口、河北衡水、河南开封、山东龙口、潍坊、天津静海、北京平谷、江苏扬州、泰兴、浙江宁波、湖州、余杭、湖北宜昌等。“十一五”期间，被授予乐器产业基地有三个，江苏泰兴黄桥镇“中国提琴产业之都”，北京平谷东高村镇“提琴产业基地”、山东潍坊郿部镇“中国电声乐器产业基地”。

9．加强与音乐文化产业和商业市场合作

“十一五“期间，我国乐器行业加大与音乐文化事业相结合，广泛开展各种形式的音乐文化推广和音乐培训活动取得丰硕的成果。主要表现在以下方面：

一是一批乐器生产企业与琴行纳入到国家和省市的文化产业示范基地和非物质文化遗产传承单位。泰兴凤灵乐器集团、海伦钢琴有限公司、广州珠江钢琴集团股份有限公司、北京钧天坊古琴文化艺术传播有限公司、天津市津宝乐器有限公司、河北金音乐器集团有限公司、宁波音王集团有限公司、武汉艾立卡电子有限公司等8家企业被授予国家文化产业示范基地称号，另外，福州和声钢琴有限公司等多家单位被授予省级文化产业示范基地称号，广州珠江钢琴集团股份有限公司、北京星海钢琴集团有限公司、海伦钢琴股份有限公司、泰兴凤灵乐器有限公司、天津市津宝乐器有限公司、武汉艾立卡电子有限公司、河北金音乐器集团有限公司等9家企业被授予2009—2010年度国家文化出口重点企业。我国从2005年3月开始“非物质文化遗产”保护工作，五年来，文化部先后公布了三批“非物质文化遗产名录”，其中进入名录的乐器有苗族芦笙制作技艺、玉屏箫笛制作技艺、民族乐器制作技艺（长子响铜乐器制作技艺、朝鲜族民族乐器制作技艺、苏州民族乐器制作技艺、蔡福美传统制鼓技艺、维吾尔族乐器制作技艺）；民族乐器制作技艺（宏音斋笙管制作技艺、蒙古族拉弦乐器制作技艺、马头琴制作技艺、上海民族乐器制作技艺、苗族芦笙制作技艺、傣族象脚鼓制作技艺），并公布了该项目的传承人，从此，具有悠久历史的中国民族乐器行业发展纳入国家重点扶持的范围以内。

二是乐器企业与琴行组织大量音乐文化推广活动，举行各类形式的乐器比赛。如珠江钢琴独家赞助第四届，第五届高等院校音乐基本功比赛，全国青少年钢琴比赛，参加广州亚运会，残运会的开闭幕式活动。北京星海钢琴公司举行第十一届，第十二届全国青少年钢琴比赛，海伦钢琴在上海世博会期间举行国际钢琴比赛，柏斯琴行举行第三届，第四届亚洲青少年音乐比赛；上海民族乐器一厂举行北京国际古筝艺术节，参加新加坡华乐大展以及北京奥运会和上海世博会的各种音乐艺术活动等，各地琴行包括上海知音琴行、浙江天目琴行、长春乐博钢琴城、河北秦川文体乐器公司、武汉银可可琴行、青岛海韵琴行等单位也都把组织音乐会、演奏会、大师班作为一项常规工作。三是乐器行业普遍将乐器销售与音乐培训相结合，目前70%的琴行都建有艺术培训中心，积极培养音乐人才，扩大乐器消费群体，通过培训带动乐器销售取得明显成效。

10．加强国际间信息交流与合作

“十一五”时期，中国乐器行业与国际乐器组织及重点企业的信息交流与合作得到了加强，中国乐器协会及国内各骨干乐器生产企业与国际相关乐器组织及企业普遍建立了保持经常性联系的有效机制。每年召开的德国法兰克福、美国洛杉矶乐器展览会成为中国了解世界乐器发展状况以及开展相互之间贸易来往的主要桥梁和平台。特别是中国（上海）国际乐器展览会从2002年举办以来，“十一五”期间继续保持稳定发展，到2010年已经成功举办九届，展览面积达到7万平方米，参展商1200多个，观众近5万人（包括来自海外27个国家和地区的300余家展商以及3500位观众），上海乐器展在国际上的影响力显著提高。2010年5月5日—17日，中国乐器协会和中央音乐学院联合主办了“首届中国国际提琴制作比赛”，来自11个国家和地区的193把小提琴，47把中提琴和34把大提琴参加了比赛，大大提升了中国提琴行业在国际提琴界的地位。

回首我国乐器行业走过的这五年，既是充满荆棘和挑战的五年，也是各项事业不断提升的五年，是奋进和辉煌的五年。在我们告别“十一五”，迎来“十二五”的日子里，我们发现，我们已经站在一个新的历史高度和起点，未来更大的发展和挑战在等待我们，乐器行业要抓住机遇，迎接挑战，在“十二五”期间创造新的更大的辉煌！

年度报告

2010年中国乐器行业年度报告

综述

2010年，党中央、国务院带领全国各族人民沉着应对、开拓进取，战胜了青海玉树地震、甘肃舟曲特大泥石流等自然灾害，成功举办了上海世博会、广州亚运会、残亚会，保持了经济社会稳定发展的良好势头，为“十一五”画上了圆满句号。

2010年乐器行业面对的是美元持续贬值，欧元区债务危机漫延等影响中国乐器出口的国际环境和各种不确定因素；而国内经济在后金融危机形势下，原材料价格、劳动力成本、能源价格仍处于上涨趋势，加之下半年开始出现的CPI指数飚升等通涨因素，使乐器行业面临更为严峻的考验，乐器生产与销售利润空间日益缩小。中国乐器行业依赖廉价劳动力和资源，生产低价普及型乐器的粗放式经济发展方式已经失去优势，中国乐器行业要想继续稳定发展，必须加快转变经济发展方式。

2010年新年伊始，刚刚换届的中国乐器协会第六届理事会把“注重推动乐器行业经济发展方式转变和经济结构调整，注重经济增长方式的质量和效益，提高可持续发展能力，注重扩大内需和稳定外需相协调，不断提高企业自主创新能力和核心竞争力”作为2010年乐器行业工作的重中之重。

安志理事长在新一届理事会上讲话中明确表示：“中国改革开放30年为乐器行业的发展创造了广阔的空间和有利的条件，使乐器行业实现了‘从小到大，从手工作坊生产模式向现代工业化的转变、由单一国内市场向国际国内两个市场的转变’，中国乐器行业所取得的巨大成就令世界刮目相看。但是，当今中国乐器行业产业结构、产品结构不合理的问题仍然十分突出，还缺乏有竞争力的世界知名品牌和高档次产品，国内专业音乐院校和表演团体所使用的乐器还在大量依靠进口。2010年全行业面临最主要的任务是认请形势，把握机遇，开创乐器行业科学有序发展新局面。”

2010年，围绕“转变经济发展方式”，乐器行业的三条发展主线清晰地展示在人们面前，一是自主创新，使乐器行业从“中国制造”向“中国创造”转变；二是文化营销，使乐器行业从“普通工业化产品”向“艺术类音乐商品”转变；三是形成一条龙产业链，使乐器从“生产销售领域”向“综合服务领域”转变。

在自主创新，科技进步的发展道路上，我们看到和听到：

4月1日，当2010年的春寒还没有退去的时候，北京通州经济开发区东区彩旗飘飘，“北京珠江钢琴制造有限公司厂区奠基仪式”在这里举行。这是广州珠江钢琴公司继2009年推出恺撒堡高档演奏钢琴后所采取的又一项重大战略措施，珠江钢琴公司董事长黄伟林说：“建立京珠钢琴公司的目的是为了构建面对北方市场的技术研发中心，销售服务中心，实施珠江钢琴服务好北方市场的战略目的，最终实现珠江钢琴‘造世界最好的钢琴，做世界最强的钢琴企业’的远大目标。”

具有300多年悠久历史的西洋乐器——提琴，以往的国际性提琴制作比赛都在欧美等发达国家举行。5月5日～17日，首届中国国际提琴制作比赛在北京举行并且取得了圆满成功，它不仅标志着中国具有举办世界性乐器制作比赛的能力，同时也标志着中国提琴行业迈出了历史性的一步，中国提琴已经进入到世界大国和强国的行列。

5月19日，得理集团副总裁盛子斐在中国乐器协会召开的工作会议上说“前十年国内的绝大部分乐器企业走上了外销压倒一切的道路，做OEM产品单子多，回款快，好不痛快。金融危机一来，OEM订单数量直落下滑，企业陷入困境，我相信吃过这个亏的企业不在少数。今天得理集团坚定不移的走品牌战略之路，不惜成本的研发核心技术，自主创新与技术进步为得理在国内电子乐器行业带来众多的第一。与此同时，我们牢固树立知识产权保护意识，乐器行业已开始懂得用法律来保护自己的知识产权。

自3月2日起，一直到12月19日。10个月里，中国乐器协会多次组织工作小组，先后到北京、广东、上海、天津、福建、河北、浙江、江苏、湖北等19省市35个企业进行调研，所到之处，看到每个企业都在大力发展自主研发产品，加大技术改造力度，企业的变化随处可见：

在天津津宝乐器有限公司，一排排自主研发的数控机床摆放在宽敞明亮的厂房里，总经理刘运斌说："克服金融危机的最好办法就是要创新，要想提高生产效率和产品质量，必须用先进的设备取代人工操作"。这几年天津津宝投入大量资金进行设备改造，以自主研发设备为主，购买设备为辅，逐步用机械代替人工，用数控设备代替传统设备。

在河北乐海乐器有限公司，崭新的办公大楼，流畅的产品生产线，使人们已经很少看到民族乐器传统的手工作坊生产方式。总经理宋从甲在建厂25周年庆典上说，"我们现在正在超越自我，在管理、观念、产品等方面不断创新，企业正向着专业化、标准化、市场化方向迈进。"

在宁波东方琴业有限公司，紧张有序的生产现场，电脑化管理的成品仓库给人留下极为深刻的印象。公司总裁罗森鹤说："多年来，公司一直以科技创新，强化现代化管理为企业发展战略，瞄准世界最新科技成果，超越世界顶级产品。"

2010年，乐器行业在文化营销的发展道路上，得益于各级政府的支持和关心。我们欣喜地看到，乐器行业享受到文化部、商务部等发布和实施的诸多政府政策的实惠，许多乐器生产企业成为当地经济发展的骨干，乐器行业从此登上了"文化产业大发展，大繁荣"的快车。

4月7日，光明日报报道，中国进出口银行开始加强对文化产业的融资，文化部与中国进出口银行签订了《关于扶持培育文化出口重点企业，重点项目的合作协议》，中国进出口银行将为文化产业提供不低于200亿元人民币或者等值外汇的信贷支持，其中广州珠江钢琴集团股份有限公司境外投资项目获得了3.35亿的贷款。

5月16日，文化部公示第三批国家级非物质文化遗产名录推荐项目名单。在349项名录中，有上海民族乐器制作技艺、北京宏音斋笙管制作技艺、蒙古族拉弦乐器制作技艺、马头琴制作技艺、苗族芦笙制作技艺、傣族象脚鼓制作技艺等6项传统乐器技艺被列入其中。

7月12日，中共中央政治局委员、北京市委书记刘琪、市长郭金龙再次到位于北京平谷区的华东乐器有限公司考察，提出了促进重大项目建设，加快发展方式转变的新思路，投资150亿元人民币的"中国乐谷"项目建设即将启动。

8月10日，河北衡水市乐器制造行业协会正式成立，60余家乐器生产企业参加会议，衡水市副市长丁秀峰亲自到会讲话，他说，衡水市乐器协会的成立为政府提出的"工业兴市，文化强市"的战略目标作出了积极的贡献。

9月16日，中国（泰兴）乐器博览馆暨凤灵乐器集团四十周年庆典活动在江苏泰兴举行，这是凤灵乐器集团在经历四十年发展后，在文化产业建设方面迈出的重要一步。中轻联副会长潘蓓蕾、文化部文化产业司副司长李小磊及江苏省政协、文化厅、旅游局的有关领导到会庆贺。

11月11日，中共中央政治局委员、全国政协副主席王刚来到河北金音乐器集团进行考察。考察中，王刚对河北金音乐器在如此偏僻的农村能够创造出这样辉煌的业绩大加赞赏，并对河北金音乐器未来的发展提出更高的要求和希望。

12月9日，文化部在天津隆重召开第四批国家文化产业示范基地命名大会，乐器行业继泰兴凤灵、宁波海伦之后，又有广州珠江、天津津宝、河北金音、武汉艾立卡、宁波音王、北京钧天坊等6家企业进入国家文化产业示范基地行列。

来自各级政府和领导的关心、重视，给全乐器行业以极大的鼓励和鞭策，乐器行业大力发展文化产业的热情从来也没有像今天这样高涨。

上海民族乐器一厂坚持以"文化营销带动各项工作"，成为全行业的榜样。2010年，上海民族乐器一厂继续打"文化"牌，借助上海世博会的影响，在宝钢大舞台"中国元素"活动区的"乐坊"

里展出了33个品种46件民族乐器。在长达184天的世博会展览期间，敦煌乐器出尽了“风头”，胡锦涛总书记曾经表扬的日本“世博奶奶”和电影明星成龙都曾光顾这里。

2010年，各企业推出的与音乐文化教育相关的活动此起彼伏。7月，第三届KAWAI亚洲钢琴大赛总决赛在香港举行；8月，鹦鹉杯第二届北京手风琴艺术节和敦煌杯全国青少年二胡大赛在北京举行；9月，第13届星海杯全国少年儿童钢琴比赛总决赛在北京举行；10月，“海伦杯”2010上海国际青少年钢琴大赛决赛在上海举行；11月，第二届“英昌杯”全国青少年钢琴大赛在天津举行。在广州举行的亚运会和残运会上都有珠江钢琴公司提供的概念型三角钢琴亮相；12月，“珠江·恺撒堡钢琴”全国普通高等学校音乐学（教师教育）本科专业学生基本功比赛在厦门举行。

胡锦涛总书记谈加快转变经济发展方式提出的八点意见中，其中有一条是加快推动传统产业转变，发展服务业，促进第一、第二、第三产业在更高层面上协同发展。2010年，乐器行业开始从单纯生产经销的工作范围中跳出来，走上了一条“综合服务，履行社会责任”更大气更广阔的发展之路。

4月14日，青海玉树发生7.1级地震。“一方有难，八方支援”，乐器行业紧急行动起来，向灾区人民伸出援助之手——珠江钢琴集团及职工捐款近30万元，上海民族乐器一厂捐款2.4万元，江苏奇美乐器公司向灾区学校捐赠竖笛、口琴、口风琴等乐器，武汉艾立卡公司举行“情系玉树，大爱无疆—抗震救灾募捐活动”，短短几小时，共募捐近万元。

6月10-11日，中国乐器协会琴行分会一届三次理事（扩大）会议在河北石家庄召开，这次会议的一个重要内容是举办“音乐普及教育论坛”，石家庄秦川艺术学校总校校长王鹏香作了“艺术学校发展三阶段”演讲，系统地介绍了如何建立正确的琴行办学方法，如何让学音乐的孩子感到学音乐的快乐。

10月13日，第九届中国（上海）国际乐器展览会举办期间，上海新国际博览中心E3-M23会议室聚集着几十位中外乐器行业协会和著名乐器企业的高层领导，他们就“成人音乐普及”主题展开探讨。在这次会上“让每个人会一件乐器”的口号开始传递。

通过以上三个典型案例，让人们感觉到乐器行业已经开始超越自我，向更大的广度和深度拓宽，他们在自觉地履行一种社会责任，跳出传统制造业，走向为社会服务的行列，用行业的实际行动，不断地扩大音乐人口，把音乐的美好洒满人间。

如果用更广的视野看乐器行业，我们就会发现，2010年绝大部分琴行已经把乐器培训和文化推广活动纳入到常规工作中，因为他们知道，必须让更多的人喜欢乐器，学习乐器，乐器行业才能兴旺发达。

2010年，中国乐器行业围绕以“转变经济发展方式”为目标发展的三条主线到年底已经见到成效，各项经济指标较上一年有了新的提高，企业生产经营、科技进步、产品升级、人才培养、节能减排以及企业文化建设等方面都取得了可喜成绩。

1、主要经济指标同比增长两位数，增幅高于2009年。2010年乐器行业规模以上企业工业产值（当年价）达到215.30亿元，比2009年增长22.91%，工业销售产值220.79亿元，比2009年增长25.82%，总资产149亿元，比2009年增长6.54%。

2、乐器出口恢复到金融危机前历史最好水平。2010年中国乐器出口金额达到14.66亿美元，同比增长20.47%，与2008年持平，继续保持世界第一大乐器出口国的地位。

3、品牌战略得到进一步实施。“凤灵”、“金杯”牌乐器荣获“中国驰名商标”称号，使乐器行业“中国驰名商标”达到了8个。消费者购买乐器的品牌意识有了明显增强。

4、乐器产品质量、中高档乐器比例进一步提高，贴牌乐器出口比例有所减少。乐器标准化工作有序开展，2010年制订标准15项，其中，国标1项，行标14项；完成2005年以前49项标准的清理、复审、修订工作。涉及人体健康的“乐器有害物质限量”国家标准开始制定。“十一五”期间制定的乐器标准水平已经接近或者达到先进国家现行的技术标准。

5、国际间行业交往进一步频繁。2010年中国乐器协会相继组织了赴德国、美国、中国台湾的乐器市场考察，并对捷克、匈牙利、墨西哥等国家的乐器协会进行访问，通过交流互访加强了沟通，学习国外乐器销售与管理的先进理念。2010年，中国（上海）国际乐器展览会进入第九个年头，本届展览会在展会规模、参展商和观众数量都有了较大的突破。

6、职业技能鉴定工作。2010年，通过国家职业资格考试取证的钢琴调律师有393人，出版发行了《钢琴调律师》国家职业资格分级培训教材(1-5级)，广东省举办的钢琴调律师技能大赛带动了广东省乃至全国钢琴调律技术的提升。

7、2010年是“十一五”规划的收官之年，乐器行业“十一五”规划主要发展目标全面完成。在胜利完成“十一五”规划的基础上，全行业正以全新的姿态，更加坚实的步伐开始迈向实施“十二五”规划的新征程。

钢琴制造业

金融危机后的2010年，世界钢琴市场缓慢复苏，中国钢琴市场普遍看好，世界各大钢琴公司继续把中国看成是最重要的销售区域，国产钢琴出现洗牌迹象，消费者对钢琴的品牌意识明显增强。

（一）2010年世界钢琴产业概况

——世界各国钢琴产业呈现不同态势：

1、美国、日本钢琴产销呈缓慢复苏态势

据《日本音乐贸易》公布的数据，2010年，日本立式和三角钢琴产量（含海外工厂及合同委托生产）累计为129520架，销量127471架。从近3年（2008～2010年）日本钢琴销售动态曲线分析，除2008年底2009年初跌至谷底外，从2010年1月起“稳中有升”，每月三角钢琴和立式钢琴销量在1万架左右，其中立式钢琴和三角钢琴的销售比例接近5:1。

据美国《音乐贸易》公布的数据显示，2010年，美国声学立式、三角钢琴零售总额为3.43亿美元，同比增长41.2%。迹象表明美国钢琴市场正逐步摆脱3年来金融危机的阴影并缓慢复苏；数码钢琴市场零售额达到1.2亿美元，同比增长29.9%，从另一个侧面反映美国数码钢琴和键盘乐器市场发展势头也看好；从美国钢琴进口情况来看，2010年，美国从中国进口立式钢琴11885架，同比增长69.8%；进口三角钢琴4025架，同比增长46%。中国、日本和印度尼西亚为美国三大钢琴进口来源国。

2、欧洲钢琴产销依旧平稳，“高端钢琴”成为国际钢琴制造商进军中国市场的主流。

意大利法齐奥利公司总裁法齐奥利在2010年上海乐器展上表示，该公司年产钢琴不过几百台，而且均为手工制作的三角钢琴，供应高端市场，和发达国家管乐器、竖琴、管风琴、口琴等展商在展会上所反映的情况基本相似，即国际制造商进入中国市场，主要是占据高端市场。

拥有145年历史的捷克Petrof钢琴公司尽管生产规模并不大，但其产品定位均为中高档钢琴，旗下的不同品牌对应高端市场各类不同消费群体。

德国博兰斯勒钢琴公司总裁范思进表示，目前德国乃至欧洲钢琴市场已进入成熟期，钢琴市场已近饱和，在发展过程中形成了稳固的经销商网络，因此公司的产销量十分稳定。博兰斯勒钢琴不会牺牲质量去追求数量，重点是要保证钢琴质量，赢得客户认可，为开拓新兴国家钢琴市场打好基础。

除国际钢琴制造商外，国际钢琴配件企业也把目光越来越多投向中国，如在2010年上海国际乐器展览会上，雷诺击弦机公司首次参展，直接和中国钢琴制造商洽谈业务，大力推广宣传雷诺击弦机，以寻求在中国扩大市场份额机会，反映出中国钢琴公司日益成为其重要客户。

——2010年世界钢琴产业发展新动向：

1、产品技术和创新不断升级

2010年，国际主要钢琴厂商推出一系列主打品牌，在较高品质的基础上精益求精，把技术创新、打造高端产品作为公司的一项重要任务，以求赢得市场认可。

2010年10月在波兰华沙举办的第16届肖邦国际钢琴大赛中，俄罗斯参赛选手使用雅马哈“CFX”顶级音乐会三角钢琴摘得比赛第一名桂冠，这是雅马哈首次问鼎肖邦国际钢琴大赛这一顶级世界音乐赛事。雅马哈CFX高档三角钢琴，一经推出便受到经销商和客户的极大关注。

2010年10月9日，施坦威钢琴公司为纪念传奇式音乐家约翰·列侬诞辰70周年，隆重推出“Imagine”系列限量版钢琴，让广大客户在施坦威钢琴上重温一代音乐骄子的传奇色彩；捷克Petrof钢琴公司

"145 Anniverary"高端纪念版钢琴，也是产品创新的力作。国际各知名钢琴企业在钢琴产品提升过程中不断强化产品性能，向更高层次发展。

2、国外钢琴厂商格外重视音乐教育和音乐推广活动，并和中国钢琴客户保持良好互动。

施坦威钢琴公司在客户公关方面别出心裁。由施坦威钢琴公司捐建的世界第一座"施坦威花园"，2010年6月在北京中央音乐学院正式落成。目前全世界约有110多所"全施坦威学校"，其中包括众多世界著名的高等音乐学府。自20世纪以来，施坦威一直与中央音乐学院保持良好的合作关系。博兰斯勒积极赞助上海世博会，在德国馆，由莱比锡市长倾情演绎"博兰斯勒"曼妙乐曲，作为市场的推广公关活动。

3、国际厂商更加注重钢琴品牌商标、专利和知识产权保护

捷克Petrof钢琴公司、美国达达里奥钢琴琴弦公司在发展和开拓中国市场过程中，曾遇到国内个别厂商抢注商标、仿冒产品专利等情况。

中国乐器协会对钢琴行业的新情况十分重视，在规范市场秩序、维护国内外企业合法权益上做了大量工作。2010年上海国际乐器展览会期间，协会领导亲自走访相关国际钢琴制造商做协调工作，通过知识产权保护办公室和聘请专业律师，为企业讲解相关法律细则和咨询服务。此外，中国乐器协会还会同美国专利和商标局中国组负责人就此商谈，以求共同做好两国乐器行业特别是钢琴企业有关商标、专利工作，共同维护知识产权，保护厂商利益，减少侵权事件的发生。

（二）中国钢琴产业基本状况

据中国乐器协会和国家轻工业乐器信息中心统计， 2010年中国钢琴总产量达到35.85万架，同比增长10.67%。其中，立式钢琴33.97万架，同比增长11.14%，三角钢琴1.87万架，同比增长2.36%，在列入统计的27家钢琴企业中，有68%的钢琴企业产量比上年有所增长。其中，珠江钢琴公司产量突破10万架大关，达到100030架，同比增长17.05%，占中国钢琴产量的27.90%，成为世界钢琴史上继日本雅马哈公司之后第二个达到10万架钢琴年产量的企业。其他钢琴企业，如北京星海钢琴41113架，同比增长5.66%，占中国钢琴产量的11.46%；杭州雅马哈钢琴45242架，同比增长32.83%，占中国钢琴产量的12.61%；宜昌金宝钢琴33209架，同比增长32.82%，占中国钢琴产量的9.26%；海伦钢琴20577架，同比增长42.74%，占中国钢琴产量5.72%。至今，中国境内年产1万架以上的钢琴企业有7家，合计产量达到26.74万架，占中国钢琴产量的74.58%。2010年，中国三角钢琴产量达到18722架，同比增长2.36%，在全部23家三角钢琴生产企业中，年产1000架以上的达到6家。

2010年中国钢琴出口形势也比上年有明显回

2010年世界钢琴产量分布

洲别	国家和地区	2009年		2010年	
		企业数	产量（万架）	企业数	产量（万架）
亚 洲	中国	26	31	27	35.85
	韩国	2	2	2	1.8
	日本	3	5.7	3	5.9
	印尼	3	2	3	2
欧 洲	德国	8	1.1	8	1.2
	捷、法、意、英	4	0.4	4	0.4
北美洲	美国	4	0.7	4	0.7
总计		50	42.9	51	45

升，共计出口钢琴59295架，同比增长21.43%，其中立式钢琴52915架，同比增长23.52%，三角钢琴6380架，同比增长19.34%。

中国钢琴主要出口区域为欧洲、亚洲和北美洲，2010年共计出口钢琴55417架，同比增长23.05%，占中国钢琴总出口量的93.45%。其中，出口欧洲20179架，同比增长13.26%；出口亚洲18063架，同比增长19.67%；出口北美洲17175架，同比增长42.24%，主要是出口美国钢琴有较大幅度增长，立式钢琴12447架，同比增长54.33%；三角钢琴2506架，同比增长9.62%；出口非洲总计368架钢琴，同比下降21.03%。

2010年中国钢琴进出口形势发生重要变化，首次出现进口钢琴数量大于出口的情况。2010年中国从世界24个国家进口立式和三角钢琴共计66872架，同比增长41.74%，高于中国钢琴出口量12.77个百分点。

回顾2010年，中国钢琴产业生产经营企稳回升，产业与产品结构发生深刻变化，呈现以下主要特点：

1、中国钢琴产业开始出现洗牌迹象，品牌钢琴产量明显增加。

21纪初，中国钢琴企业“风起云涌，群雄四起”。经过十年来的发展演变，中国已成为国内外公认的世界第一钢琴生产大国，中国钢琴的产品质量也有明显提升。同时，“优胜劣汰”也开始在中国钢琴产业显现，一批国产品牌钢琴脱颖而出，如珠江、星海、海伦，珠江钢琴率先突破年产10万架大关，与去年相比增长幅度达到17.05%，星海钢琴产量也有5.66%的增长率，海伦钢琴产量增长幅度达到42.74%。在中国工厂生产的日本雅马哈钢琴产量连续几年攀升，2010年达到40850架，同比增长19.94%，五年时间产量增长2.6倍。日本卡瓦依分别与北京星海和宜昌金宝合作建立的钢琴生产企业，产品产量和质量都有较大提升，2010年卡瓦依钢琴在中国的产量约25000架左右。外资品牌钢琴占中国钢琴总产量的比例有较大提升。

其他如哈曼尼、施特劳斯、世正、嘉德威、博斯纳、摩德利、门德尔松、公爵等中国的品牌钢琴产量也都稳中有升，各自占有一定市场份额。而在上海、浙江、辽宁等地相对集中，产量不足1000架左右的钢琴厂明显感到压力越来越大，钢琴产量日趋减少，部分企业减产，部分企业正在考虑另起炉灶，中国钢琴产业洗牌迹象已初见端倪。

2、人民币升值、原材料价格上涨，劳动力工资上升是影响钢琴产业发展的三大因素。

多位企业被采访者表示，虽然2010年中国钢琴行业相比前两年产销形势有所回暖，但人民币升值，原材料价格上涨，劳动力工资上涨等三大因素仍对中国钢琴企业的发展构成很大影响，也是推动中国钢琴行业洗牌的直接原因。为此，中国乐器协会就以上三大因素对钢琴生产成本的影响进行调查。一是人民币升值。2009年12月31日，1美元兑人民币6.828元，2010年12月31日，人民币汇率中间价是1美元兑人民币6.6227元，一年间，人民币对美元升值3.01%，这意味着每架钢琴利润降低约246（按1200美元/架计算）元；二是原材料价格上涨。据初步测算，每架钢琴受木材、黑色金属、有色金属、纺织品等原材料价格上涨影响，每架钢琴成本增加350元人民币以上；三是劳动工资的影响大约为每架钢琴增加成本160元人民币。以上三项相加每架钢琴成本增加756元。这些外部因素对中国钢琴行业的影响表明，中国钢琴行业依靠廉价劳动力和原材料的生产优势已经基本不存在了，只有依靠转变经济发展方式，提高产品附加值的企业才能够保持生存和发展，而那些无法承受外部压力的企业只能在市场竞争中自生自灭。

3、钢琴生产企业加快经济发展方式转变，企业核心竞争力不断增强。

前几年，外部环境早已构成对中国钢琴产业的威胁，一些具有世界钢琴产业发展战略眼光的企业家们开始把加快实现经济发展方式转变作为企业抵御风险挑战，提高企业自身核心竞争力的重要战略措施，并在2010年取得突出成效。

广州珠江钢琴集团股份有限公司2010年“加快转变，创新发展”，在完成公司领导班子顺利交接后，新班子团结带领全体员工，积极贯彻全面、协调、可持续的发展观，坚持科学发展再创新，以全球视野、战略思维谋划发展，企业经济始终保持高位运行。这一年，珠江钢琴被国家科技部、国资委、全国总工会联合认定为“国家创新型试点企业”，被文化部认定为“国家文化产业示范基地”，被国家标准化委员会认定为“国家AAAA级标准化良好行为”企业。珠江钢琴集团狠抓“三个重点、五个推进”，编制完成“十二五”企业发展规划，重点围绕“股改上市及国企改革最终模式”筹划上市工作，重点培育电声乐器等新兴产业成为新的经济增长引擎；积极推进以国家级企业技术中心为主体，建设国家创新型企业的自主创新体制、推进扩大内需和稳定外需协调发展、推进社会化管理工作，坚持以人为本，实现在职员工待遇与效益同比增长机制、推进内部管理提升，支撑经济发展方式转变、推进节能环保，促进人文环境和谐。珠江钢琴董事长黄伟林在接受记者采访时说：“过去一年中国乐器行业加速向高端发展。2010年珠江钢琴产销规模一举突破10万架大关，创造了中国钢琴行业新的里程碑。这是全体珠江钢琴人高度重视创新，长期坚持技术创新、品牌创新、营销创新、管理创新、体制机制创新，努力打造技术珠江、质量珠江、责任珠江，从而赢得市场和消费者的信赖，产销稳步增加的结果。”

北京星海钢琴集团公司2010年也顺利完成了新老班子交替，新领导带领广大职工坚持以市场为导向，不断完善营销政策；坚持以市场为目标，持续强化品牌建设；坚持以市场为出发点，促进产品创新；坚持以稳固市场为使命，强调质量是企业的生命线。企业主要经济指标有了突破性进展，全面实现了年初的预定目标，钢琴年产41113台，主营业务收入达到5.65亿元；生产组织基本适应市场变化；低成本、低消耗的意识和行动增强了企业的盈利能力。人事制度改革不断深入，分配制度改革也有了一定的突破,新产品不断投放市场，质量管理不断深入，出口业务止滑回升；企业思想文化建设与经济工作紧密结合。

海伦钢琴股份有限公司2010年是公司业绩进展较快的一年，钢琴总产量增长42.74%，三角钢琴产量增长19.28%，出口钢琴数量增长63.20%，在欧洲和美国市场都有较大增长。海伦钢琴已开始进入全盘欧式钢琴设计的二代钢琴体系，进入精细化钢琴设计阶段，基本脱离日本钢琴设计模式。2010年申报国家专利20余项。此外，海伦钢琴公司进一步加强企业规范化管理，积极筹备股票上市。

宜昌金宝钢琴有限公司，2010年主要经济指标也有较大幅度的上升，钢琴产量增长32.84%，出口增长96.08%，三角钢琴产量增长51.8%。企业加大产品自主创新力度，在原有托雅玛品牌基础上，收购德国品牌，并推出了民族品牌“长江”系列钢琴，此外，企业利用位于中西部毗邻三峡景区的特殊地理环境，开始打造国家级工业旅游景点，大力开展文化产业，建设中国西部音乐城，各项事业不断推进。

福州和声钢琴公司2010年企业生产经营业绩创造历史最好水平，是近五、六年以来发展最快的一年。靠的是企业产品有特色，不断升级换代，打破传统市场经营模式，改变省级代理为地区代理，取得了很好的效果，老新客户的销售业绩不断发展扩大。

烟台博斯纳钢琴公司几年来面对复杂多变的国际钢琴市场，一直保持产销两旺稳定增长的形势，部分型号钢琴始终供不应求，企业在扩大内需上下工夫，2010年内外销售比例从原来90%出口，转变成内外市场各50%。

南京摩得利钢琴公司2010年也是近年来迈出步伐最大的一年，老厂区完成拆迁，6万平方米的新厂区全部投入使用，各种高科技数控设备应用于钢琴生产，每年请德国专家到厂传授钢琴制造技术，使公司产品质量和工人技术水平不断提高。同时，公司加快发展第三产业的步伐，每年出租房屋租金收入200万～300万元，保证了公司宽松的资金实力。公司已经进入到一个新的发展平台。

4、钢琴市场日渐规范，消费者购买钢琴更加理性。

（三）2010年中国钢琴市场各地区各有千秋，在销售形势喜人的前提下又各有不同特点

上海知音琴行朱文玉，成都川音琴行黄茂强，长春新威琴行周宝强，南京乐博琴行姚广生，石家庄秦川文体秦传功、武汉银可可何浩等几位商家老板一致表示：2010年整个国内钢琴市场销售形势是好的，品牌钢琴质量越做越好，消费者越来越认品牌，越来越向好的有质量保证的品牌集中。目前消费者比较认同的品牌，国产钢琴有珠江（恺撒堡）、星海、海伦、哈曼尼、博斯纳等；外国品牌的钢琴有雅马哈、卡瓦依、博兰斯勒等。

上海地区：2010年钢琴市场容量稳定，钢琴销售向市场认知度高的几个品牌集中的趋势越来越明显，市场销售不规范的情况有很大改善，虚假宣传越来越少，过去钢琴销售动辄提中外合资，现在这种宣传已经淡化了。钢琴产品质量不好的企业在销售上已经感觉比较困难了，而品牌钢琴销售却比以前容易了，因为消费者对品牌钢琴已经认可，现在只要实事求是的介绍，消费者有需要就会去买。

杭州地区：2010年钢琴销售量增长15%～20%。目前消费者购买钢琴大多喜欢简捷大方的款式，在音色方面喜欢欧洲琴风格。现在钢琴市场串货问题还比较严重，但企业已开始重视，不久就会解决。未来钢琴市场三五年内还是向上发展的趋势。

南京地区：2010年钢琴市场很好，销售点有所扩大，品牌调整适应性不断增强，各种型号中高档钢琴及普及型钢琴销售业绩都不错，大约有100%的增幅。能够取得如此好的业绩，主要是靠厂家和商家的密切合作，钢琴销售好不光靠品牌，还要靠店面服务，看厂家和商家对市场的引导和配套服务。现在买高端产品的消费者多了，过去卖十几万元的钢琴比较困难，现在不难了。

成都地区：2010年钢琴销售业绩不错，有30%～35%的增长率，平均售价至少提高了2000元，钢琴企业都开始注重高端产品的培育和发展推广，大部分品牌钢琴销售稳中有升，珠江钢琴销售量约1000台，海伦钢琴从300台增长到700台，星海钢琴从500台增长到700台，和声、博斯纳、博兰斯勒销售也可以。雅马哈的高端产品增加，低端产品采取限量生产。学校招标钢琴质量要求也在不断提高，投标价格已经从每台六七千元开始提升到12000元。二手钢琴对钢琴市场的冲击越来明显。

长春地区：普遍认可中低档钢琴，教学琴有所增长，招标的琴多了，而零售高档钢琴有所下降。年产量5000架以上钢琴企业都有优势产品，外国进口钢琴销量不好，消费者接受能力较差，小钢琴企业的市场越来越小。价格高的钢琴店，消费者还是不敢进。目前长春各琴行都在加紧装修门店，改善琴行形象，增强售后服务。

西管乐器制造业

（一）主要经济数据

据中国乐器协会与国家轻工业乐器信息中心对国内主要西管乐器企业产量统计，2010年西管乐器产量达到146.13万支，同比增长5.9%。年产量超过10万支的企业有河北金音乐器制造有限公司、天津圣迪乐器有限公司、天津市津宝乐器有限公司、山东泰山管乐器制造有限公司，四家企业合计产量占西管乐器总产量的72.12%。2010年单簧管、长笛、小号、萨克斯产量分别为20.77万支、27.67万支、35.58万支、29.61万支，合计产量占西管乐器产量的77.76%。河北金音乐器制造有限公司的单簧管、长笛、小号、中低音号居全国产量第一，萨克斯产量最大的是山东泰山管乐器制造有限公司。

据海关统计，2010年西管乐器进出口都较上年有所增长，其中：铜管乐器出口数量83.45万件，同比增长17.29%，出口金额7300万美元，同比增长4.78%；其他管乐器（含简易管乐器）出口数量907.37万件，同比增长20.59%，出口金额3831万美元，同比增长14.94%。铜管乐器出口到105个国家和地区，出口金额前10位的国家和地区为美国、德国、英国、法国、墨西哥、韩国、日本、智利、意大利。其他管乐器出口到世界114个国家和地区，出口金额前10位的国家和地区为美国、德国、英国、巴西、中国香港、韩国、意大利、尼日利亚、西班牙。2010年中国进口的铜管乐器数量为6788件，同比下降45.51%，进口金额为248万美元，同比增长70.78%。其他管乐器进口数量为63969件，同比增长198.07%，进口金额为328万美元，同比增长17.08%。中国进口的铜管乐器来自世界16个国家和地区，主要是日本、中国台湾、美国、德国、法国，进口数量分别为2708、1568、476、205、1375件。进口的其他管乐器来自世界26个国家和地区，主要是日本、法国、德国、美国和中国台湾。

2010年国家知识产权局共发布乐器专利708项，其中西管乐器专利18项，同比增长20%，包括发明专利5项，实用新型专利8项，外观设计专利5项。

（二）管乐器市场形势特点

特点一：业内人士普遍认为，外销形势大好。2010年管乐销售市场要大大好于2008和2009年，国际市场由于库存已经基本消化，国际采购商开始大量进货。由于中国管乐器继续保持着较高性价比，国外经销商大都仍然从中国进货，因此，国内各骨干管乐生产企业普遍供不应求，缺口达20%，只能满足80%的订单。

特点二：目前国内管乐市场已处于上升阶段，国际大牌管乐器生产商看到中国管乐未来的发展潜力，纷纷涌入中国抢占市场，许多小牌管乐在市场上也越来越多，造成了管乐市场价格竞争越显激烈。这是中国管乐器价格难以提升的主要原因。

特点三：近年来，“中国制造管乐器”因质量的提升和价格优势以及诚信服务令外商赞叹不已，一直受到国际市场的青睐。但是最近由于受人民币升值、原材料涨价、劳动力成本上升的困扰，一些国际大牌管乐器公司开始把目光转向制造成本比中国更低的国家和地区，“印尼制造”、“越南制造”的管乐器已经相继出现在国际市场。对此，中国管乐行业应引起足够的重视，要研究如何确保“中国制造”管乐在国际市场的优势。

特点四：为了应对国际国内市场的变化，国内管乐行业正在加快企业结构和产业结构调整。2010年我国管乐器生产地区有了进一步扩大，从集中在京津冀鲁地区向南方扩大。位于福州市铁岭工业区的福州斯坦扉管乐制造厂生产基地正式启动，一期计划投资5000万元人民币，规划在2～3年内发展成为长江以南地区最大的管乐器生产基地，预计年产值达到1.5亿元。一些重点管乐器生产企业正在从单纯生产管乐器向多品种生产转变，有的企业接受外商大额订单，不仅供应管乐器，对订单中有其他乐器需求的，采取外包或者订牌加工的形式以满足外商的要求，从而既方便客户、降低外商采购成本，同时也扩大了企业生产与贸易范围，提高自身综合配套能力。另外，一些在华的外资管乐器生产企业也采用收购或者与国外著名管乐配件合作等方式，扩大企业经销范围和影响力，有效地提高了企业的营业收入。

（三）重点骨干企业基本概况

2010年我国西管乐器重点生产企业，如河北金音乐器集团有限公司及天津津宝乐器有限公司等企业继续保持着良好发展形势。天津津宝乐器有限公司、河北金音乐器集团有限公司分别被授予“国家文化产业示范基地”、“2009年度中国轻工业乐器行业十强企业”称号。河北金音乐器集团公司2010年开展与国际著名企业对标的活动，加快转变经济发展方式，建立公司质控中心和现代物流中心。质控中心的建立为实现管乐零配件标准化生产，进一步提高管乐器装配精度和工作效率发挥重要作用；现代物流中心的建立使金音各类乐器进库、存储、发货完全实现计算机管理，在最短时间内把金音乐器传送到世界各国和国内各省市，达到高效、准确的目的。此外，该公司研发了小号、圆号、上低音号等10多种新产品，在材料和工艺上都实现了产品升级换代，产品质量档次有明显提升。天津津宝乐器有限公司是我国打击乐器和西管乐器的龙头企业，公司努力克服金融危机的影响，加大力度进行技术改造，采取一系列创新举措转变经济增长方式，用创新成果去迎接未来市场更为严峻的挑战。公司总经理刘运斌表示，克服金融危机最好的办法就是创新，要想提高生产效率和产品质量，必须用先进的设备取代人工操作。近年来他们在设备改造上投入上千万元，以自主研发制造设备为主，购买设备为辅，将陈旧设备更新换代，逐步用机械代替人工，用数控设备代替传统设备。同时他们大胆地走出去，不仅向同行学习，而且跨出行业向行业外企业学习，学习其他行业的先进技术和先进理念，通过消化吸收，变成自己的知识产权。2010年该公司销售收入达到3.5亿元，增长15.6%。在新产品研发和产品质量方面明显的提升，尤其通过与西班牙合作生产管乐器后，使产品的声学品质有较大改进提高。2010年该公司正在作上市的论证和各项准备工作。

（四）管乐生产企业面临的困难

2010年，国内管乐器生产企业有喜有忧，但最大的问题是虽然订单不发愁，生产忙不停，但是利润率越来越低。一些重点管乐器生产企业反映，2010年销售收入虽有两位数的增长，但是利润仅有百分之几，甚至没有利润。关键是产品价格上不去，国际市场没有定价主动权，不允许提价，而成本大幅增长。管乐器主要原辅材料价格都有较大提高，铜板从每吨3.1万元人民币上升到每吨4.5万元，增长了40%以上，员工工资水平的上升更为明显，一年中员工工资已经提升了50%，而且还在继续增长，有些国内管乐生产企业由于难以消化减利因素，而难以为继。

（五）管乐推广与培训

2010年西管乐器生产企业与相关行业活动十分活跃，中国（上海）国际乐器展览会西管乐器参展商规模进一步扩大，有100家管乐厂参展，同比增长12.35%，其中来自海外34家，国内参展商66家，包括北京10家，天津14家，河北14家，山东8家。

8月份首届“蓓斯”杯全国青少年单簧管演奏网络比赛举行，此比赛由中国音协单簧管协会，北京星海民耀乐器有限公司主办，有来自全国29个省市的近百名青少年参加比赛。

10月10～15日由教育部体卫艺司艺术教育处主办，中国（上海）国际乐器展览会组委会承办的第六期全国中小学艺术教师（管乐指挥）培训班在2010年中国（上海）国际乐器展览会期间举行，来自全国11个省市的43名学员参加学习，中国人民解放军军乐团选派权威师资进行授课，军乐团于海团长亲自讲课。

（六）中国乐器协会关注西管乐器生产

安志理事长于2010年4月、6月、8月，分别前往天津津宝乐器有限公司、河北金音乐器集团有限公司、河北华声乐器有限公司进行工作调研，全面了解我国西管乐器的生产概况和今后的发展形势。

民族乐器制造业

（一）主要经济数据

2010年民族乐器行业规模以上企业共计37家，实现工业总产值15.91亿元，同比增长26.13%，工业销售产值15.68亿元，同比增长25.75%，出口交货值5.81亿元，同比增长30.19%，工业产品销售率98.52%。12个民族乐器主产区按工业总产值排名，分别为河南、山东、河北、广东、上海、江苏、湖北、浙江、福建、陕西、天津、江西。

根据中国乐器协会和国家轻工业乐器信息中心统计，2010年我国共生产各类民族乐器70.76万件，同比增长21.64%，其中：古筝19.66万架，同比增长25.46%，琵琶6.98万把，同比增长33.20%，二胡26.74万把，同比增长3.6%，扬琴3.03万台，同比增长16.98%，阮3.59万把，同比增长48.34%，京胡1.78万把，同比增长32.83%，月琴9033把，同比增长0.9%。上海民族乐器一厂生产各类古筝61298架，比上年增长18.62%，扬州地区骨干企业共生产各类古筝7.9万架，同比增长77.13%；二胡产量前三位的企业是上海民族乐器一厂、河北乐海乐器有限责任公司、苏州民族乐器一厂有限公司，分别生产二胡4.78万、4.69万和4.63万把；古琴由于近年来社会需求量上升，产量不断增加，2010年共有6家企业生产了9270张古琴。

（二）各级政府及相关组织加大支持力度

2010年，国家有关部委及地区政府加大对民族乐器行业的扶持力度。5月16日，文化部办公厅公布第三批国家级非物质文化遗产项目名录，共计349项，其中新入选项目190项，扩展项目159项。民族乐器制作技艺列入传统技艺扩展项目，包括有：北京市海淀区的宏音斋笙管制作技艺、内蒙古自治区科尔沁右翼中旗的蒙古族拉弦乐器制作技艺、吉林省前郭尔罗斯蒙古族自治县的马头琴制作技艺、上海市闵行区的上海民族乐器制作技艺、贵州省凯里市的苗族芦笙制作技艺、云南省临沧市临翔区的傣族象脚鼓制作技艺。

5月21日，由中国乐器协会主办，海南东盛弘蟒业科技有限公司协办的“2010年蟒皮乐器生产企业工作会议暨海南东盛弘蟒业科技有限公司人工繁育蟒皮展示会”在北京举行，这次会议全面总结了蟒皮乐器实行标识管理以来的基本情况和存在问题，探讨下一步工作思路和工作重点。国家林业局野生动植物保护司高度重视蟒皮乐器生产在我国的健康发展，有关领导参加了会议并作重要指示。

5月30日，中国乐器协会和国家轻工业乐器质量监督检测中心组织实施了对古筝、琵琶、二胡、扬琴四种民族乐器的质量调查，11月26日公布33家质量达标企业名单，并向获得“优质工艺奖”和“声学品质奖”的普级组14件产品，专业组24件产品颁发金、银、铜奖牌。获得“产品质量达标”称号的企业有：上海民族乐器一厂、河北乐海乐器有限责任公司、饶阳北方民族乐器制造有限责任公司、饶阳成乐民族乐器有限公司、苏州民族乐器一厂有限公司、北京星海钢琴集团有限公司粤华分公司、石家庄龙马乐器厂、开封中原民族乐器有限公司、开封市中州乐器有限公司、北京吕建华民族乐器行、北京星海钢琴集团有限公司北京民族乐器厂、重庆大音乐器有限公司、祥云民族乐器厂、天津市孔雀民族管弦乐器厂、扬州市翔韵琴筝有限公司、扬州音美尔民族乐器有限公司、西安音乐学院乐器厂、扬州市金声古筝有限公司、扬州市琼花民族乐器有限公司、扬州市龙腾一九七六乐器有限公司、扬州市江都金艺民族乐器厂、扬州市维扬区御声乐器厂、扬州市正声民族乐器厂、扬州市天艺民族乐器厂、扬州民族乐器研制厂有限公司、扬州金韵乐器御工坊有限公司、扬州雅韵琴筝有限公司、开封韵音乐器厂、扬州市广陵区爱乐民族乐器厂、扬州市天韵琴筝有限公司、扬州市邗江嫦娥乐器厂、扬州天音乐器厂、开封三好琴筝有限公司。

8月13日，静海县民族乐器制造商会在子牙镇成立。会议审议通过了《静海县民族乐器制造商会章程》，选举产生了静海县民族乐器制造商会理事会，天津静海盛兴乐器厂厂长王泽云当选商会会长。县长助理、县工业经委主任李洪东和县工商联、子牙镇负责同志出席。

8月24日～26日，全国《民族弦鸣乐器》行业标准审定会在上海召开，会议按照国家工信部“2010年国家、行业标准制（修）订工作计划”的要求，对民族乐器行业标准制、修订工作组所完成的11项《民族弦鸣乐器》行业标准送审稿（其中，民族弦鸣乐器通用技术条件、二胡、柳琴、琵琶、阮、三弦、扬琴、月琴、筝、琴弦等10项标准为复审，古琴为新标准制定）进行审定。

10月18日，由国家大剧院、故宫博物院、中国艺术研究院联合主办，北京非物质文化遗产保护中心协办，北京钧天坊古琴文化艺术传播有限公司承办的《高山流水——古琴艺术展》在国家大剧院水下廊道东展厅开幕。历时一个半月的古琴艺术展是国家大剧院2010年表演艺术类重要展览项目之一，也是近年来关于古琴的一次大型专题展览，文化部副部长王文章、中国艺术研究院纪委书记李长林、故宫博物院副院长李文儒、国家大剧院副院长王争鸣等参加开幕式。展览内容包括琴史、琴家、琴派、琴曲、古琴社团等板块。通过文字、图片说明、多媒体演示以及多种实物（包括不同年代、不同款式的古琴；古琴善本古迹；琴学著作；琴曲集成；古琴字画等）展示博大精深的中国古琴文化。另外，本次展览还专门设置古琴制作工艺流程的场景展示，呈现当代古琴制作工艺研发在继承传统的基础上所产生的演变。

12月9日，文化部命名第四批国家文化产业示范基地，乐器行业有6家单位入选，其中北京钧天坊古琴文化艺术传播有限公司成为民族乐器行业首家国家文化产业示范基地。此外，扬州市委宣传部、扬州市文化广电新闻出版局12月29日正式命名首批24家扬州市文化产业示范基地，乐器行业中有扬州民族乐器研制厂有限公司、扬州龙凤（雅韵）琴筝有限公司和扬州市天艺民族乐器厂3家企业进入名单。

12月17日，国家民委经济发展司在北京中央民族大学召开“中国少数民族特需商品传统生产工艺和技术保护工程第三期工程（民族乐器）”终审评议会。出席这次会议的有国家民委经济发展司副司长张志刚、国家民委经济发展司民贸处处长张庆安、副处长叶青、国家民委财务司预算管理处处长高虹、中央民族大学副校长艾比布拉、民族大学经济学院院长刘永佶、党总支书记张丽君等。专家评审组由中国乐器协会副秘书长丰元凯、国家非物质文化遗产保护工作专家委员会副主任周小璞、中央民族大学音乐学院教授柯琳、北京师范大学教授肖放、上海民族乐器一厂顾问王根兴组成。

我国56个民族，每个民族都有丰富多彩的乐器，为了完整地保留和记录下这些中华民族宝贵的非物质文化遗产制作技艺，国家民委经济发展司于2008年委托中央民族大学经济学院开展“中国少数民族特需商品传统工艺和技术保护工程第三期工程（民族乐器）”调研项目。该项目自2008年8月立项至2010年10月完成田野调研，历时两年多时间。调研组最后形成近10万字的调研报告，并拍摄图片近万张，编辑成北方民族乐器画册和南方民族乐器画册两册；摄制视频资料3000多分钟，制作了40种民族乐器的电视片，总长度近410分钟；项目数据库收录了调研报告、电视片、画册和相关的调研原始资料等内容，全面、准确、生动地记录了中国少数民族特需商品（民族乐器）的传统生产工艺和技术。另外由教育部主持修订的《中等职业学校专业目录（2010年修订）》正式发布实施，其中新增了“民族乐器修造”专业。

12月18日，中国龙人古琴文化村奠基仪式在福建漳州举行。落户于福建长泰生态旅游区的中国龙人古琴文化村是由古琴制作师、龙人古琴文化村总经理谢建东先生汇集众多热爱中国传统文化的企业家共同出资兴建的。龙人古琴文化村规划用地1800亩，建有龙人书院、大师纪念馆、音乐厅、万琴堂、藏书阁、制作教学坊、演艺教学坊、配套酒店、琴家山庄、生态农耕文化等，以此打造成为中国古琴文化传播的重要平台。奠基仪式上，福建漳州市副市长吕传俊、政协副主席罗春生、中国民族管弦乐学会古琴专业委员会副会长兼秘书长杨青、中国乐器协会副秘书长丰元凯等来自北京、漳州、厦门、安溪、长泰等市县的几十位领导及厦门大学、集美大学和台湾地区的专家教授出席了奠基仪式。

（三）骨干企业活动情况

2010年有多家民族乐器生产企业或个人荣获各种奖励，其中，上海民族乐器一厂获得中国轻工业联合会所授予的“中国轻工业乐器十强企业”称号；上海民族乐器一厂、河北乐海乐器有限责任公司、扬州龙凤琴筝有限公司、扬州天韵琴筝有限公司获中国乐器行业强势公司称号；上海民族乐器一厂厂长王国振获中国乐器行业优秀人物称号。

这些企业借助文化产业和重大社会活动开展多项工作，取得良好社会反响。上海民族乐器一厂在上海世博会期间，参加“中国元素”乐坊展示等多项活动，为世博会精心准备的展品突出“全、精、奇、特”四大特色，让观众直观感受中国民乐的独特魅力。展品涉及吹拉弹打共计33个品种的46件各类民族乐器。上海世博会闭幕式上，12位绰约多姿的年轻演员怀抱敦煌琵琶亮相舞台，转轴拨弦诉盛情，充分展示中国民族音乐的魅力风韵。这批上海世博会特制琵琶是从“敦煌杯”琵琶制作比赛获奖琴中精心挑选而来，是上海民族乐器一厂技师们的得力之作。此外，上海民族乐器一厂还签约赞助北京新生民乐组合“VIVA-GIRLS”；参加由商务部、上海市商务委员会、上海市经济信息委员会、上海市国资委、上海市科委联合举办的“印尼中国贸易周”活动；冠名赞助了“敦煌杯”首届全国青少年二胡大赛。

5月23日，河北乐海乐器有限责任公司隆重举行25周年厂庆暨新厂落成典礼。沧州市副市长辛书华、肃宁县委书记安伟华、县长鞠志杰及中国乐器协会理事长安志等领导及宋飞、黄河、李光华、张维良等民族音乐界著名演奏家参加庆典仪式。

9月21日，北京民族乐器厂与中国音乐学院联合成立的中国民族乐器研发基地在中国音乐学院举行合作签约仪式。中国音乐学院院长赵塔里木、副院长宋飞，河北肃宁县副县长齐素玲、北京民族乐器厂厂长宋从甲等出席。

10月10日，扬州天艺民族乐器厂举行建厂十周年庆祝活动，中国民族乐器学会会长冯光钰、常务副会长毕可玮、扬州市文联主席曹永霖、扬州市维扬区副区长申高青、扬州市文联秘书长陈家庆以及来自全国各地的古筝古琴演奏家、教育家、制作家等200余人出席活动。

12月22日，应美国国会图书馆邀请，马来西亚华人文正球先生和开封中原民族乐器有限公司代胜民总经理前往美国华盛顿参加美国国会图书馆举办的文琴收藏仪式。文正球于2002年发明“文琴”，它是在二胡的基础上，将材质、外形、功能、音色、演奏方式等进行全新改进后的产物，集弹、拨、拉弦乐器于一身，将胡琴、三弦、竖琴等乐器的效果共冶一炉，文琴可演奏古典音乐和现代流行音乐，2004年获中国国家专利，该琴研制成功后已由河南开封中原民族乐器有限公司生产。

（四）专利发布

2010年，国家知识产权局共发布民族乐器专利178项，同比增长198.28%，其中：发明专利17项，同比增长2.4倍，实用新型专利67项，同比增长1.23倍，外观设计专利89项，同比增长2.86倍。在178项民族乐器专利中，笛子专利17项，二胡专利26项、古筝专利63项，葫芦丝专利5项，琵琶专利12项，埙专利3项，阮专利2项，扬琴专利5项。申请专利数量较多的民族乐器生产企业分别为扬州天韵琴筝有限公司（23项）、上海民族乐器一厂（10项）、扬州金韵乐器厂（7项）、扬州雅韵琴筝有限公司（5项）。

（五）中国（上海）国际乐器展览会

2010年中国（上海）国际乐器展览会共有171家民族乐器生产企业参展，同比增长22.14%。参展商来自国内18个省和直辖市，主要地区是江苏（57家）、河北（21家）、浙江（21家）、天津（20家）、上海（10家）、山东（9家）。上海民族乐器一厂是参展规模最大的民族乐器生产企业，该厂在展会上推出巨型月琴、2010世博纪念版、古典文学版、时尚动感版、极品版、2010“春秋”版等民乐系列产品；天津静海盛兴乐器厂则推出加键葫芦丝，加键巴乌、中音排笙，36簧键笙；河北霸州威名乐器有限公司在展会展出了全套仿敦煌鼓乐器；扬州金韵的概念型“翘楚”古筝、雅韵乐器厂竹节红木古筝、音美尔民族乐器厂的“秦汉斫挎琴”、扬州思美民族乐器厂的“三角式钢琴古筝”别具创意；上海宗沛斋家饰是专门从事研究生产陶笛的公司，该公司设计研发出12生肖陶笛，受到观众青睐。在上海国际乐器展览会上还举办了“首届华乐国际论坛”，论坛由中国（上海）国际乐器展览会组委会主办，中国音协民族管弦乐学会协办，著名民族音乐家刘文金主持，香港中乐团艺术总监阎惠昌、台湾中华国乐学会前理事长陈裕刚、新加坡华乐团有限公司总经理何伟山、日本华乐团艺术总监龚林、中央音乐学院民乐系主任李光华、上海音乐学院民乐系主任王建民、上海民族乐团团长王甫建、中国广播民族乐团副团长张高翔、中央民族乐团副团长吴玉霞、天津歌舞剧院歌舞团民乐团团长徐佩武等嘉宾出席。

（六）新产品研发

7月10日，由玉溪市聂耳艺术发展中心主办的“获国家专利的新型乐器，四耳胡琴演奏汇报音乐会”在云南玉溪市文化馆召开。会上，中国民族乐器胡琴家族新成员—四耳胡琴正式问世。“四耳胡琴”由云南省玉溪市花灯团国家一级演奏员李鸿钧改革成功，它的取名是为了纪念别名为“四支耳朵”的人民音乐家聂耳。四耳胡琴是在传统二胡造型及演奏风格上进行了多项改革，音域扩大，演奏技术简化，2009年获得国家实用新型专利证书。

上海世博会闭幕式上，世界首创的磁悬浮大型编钟“神奇”地出现在舞台中央。在全场观众屏住呼吸紧张注视之下，古老的编钟缓缓地飘离地面。这10个巨大的编钟具有标准正鼓音和侧鼓音，每个重达40余公斤。“磁悬浮编钟”项目是由中国科技大学工程科学学院教授孔凡让率领的科研小组创意并实施的。

提琴制造业

（一）主要经济数据

据中国乐器协会和国家轻工业乐器信息中心统计，2010年我国提琴总产量为93.46万把，同比增长10.56%，出口提琴77.07万把，占总产量的82.46%。江苏凤灵、北京华东、河北金音继续保持中国提琴生产企业前三名，合计产量达到79.67万把，占中国提琴产量的85.24%。

2010年海关数据统计，中国弓弦乐器（提琴）出口世界116个国家和地区，总金额5418万美元，同比增长13.93%，出口金额前十位的国家和地区依次为：美国、德国、英国、韩国、日本、加拿大、法国、巴西、土耳其、西班牙。中国出口美国的弓弦乐器达37.81万支，同比增长9.48%，出口金额1821万美元，同比增长19.33%。2010年中国从德国、意大利、美国等15个国家和地区进口弓弦乐器（提琴）2493支，同比增长116.03%，进口金额221万美元，同比增长2.8倍。其中，从德国进口各类弓弦乐器119支，金额100.51万美元，从美国进口25支提琴，金额25.81万美元，从意大利进口33支提琴，金额77.30万美元。

（二）国际提琴制作比赛

由中国乐器协会和中央音乐学院联合主办的首届“中国国际提琴制作比赛”在北京举行。整个比赛分为两个阶段，5月5日至9日为提琴制作比赛，评委们对选手送来的提琴进行全封闭打分，决赛对公众开放。5月9日晚，在国家大剧院举行颁奖音乐会。5月10日至17日为“首届中国国际提琴制作比赛参赛作品展”。在举办国际提琴制作比赛的同时，还开展了相关的大师讲座等系列文化活动，以在更广范围内推广提琴制作、演奏及艺术文化。本届比赛共有来自11个国家和地区的193把小提琴、47把中提琴和34把大提琴参加角逐，经过五天的紧张比赛，最终来自德国的Hinsberger Ulrich、中国的徐永成、意大利的KIM MIN-SUNG分获小提琴、中提琴、大提琴组金奖。同时还颁发了8项特别奖。

首届中国国际提琴制作比赛在中国乃至亚洲尚属首次，相关部门领导高度重视，从比赛策划、比赛组织到后期的获奖作品展览，有关单位和领导给予很多支持和指导。全国人大常委会副委员长、民革中央主席周铁农，全国人大常委会副委员长、民盟中央主席蒋树声，全国政协副主席、台盟中央主席林文漪，中国音协名誉主席吴祖强、欧美同学会·中国留学人员联谊会副会长陆宇澄、中央音乐学院院长王次炤等出席了闭幕式暨颁奖音乐会。中国轻工业联合会会长、组委会名誉主席步正发为比赛题词“提高制作技艺水平，促进音乐事业发展”。

比赛评委会主席为中国提琴制作大师郑荃，10位评委分成制作家组和音乐家组，每组各5人。制作家评委组按照国际惯例，只聘请了一位主办国评委朱明江，另外4位评委分别为意大利现代提琴学派的一代宗师、意大利提琴制作家协会主席G.B. Morassi，美国和意大利克雷蒙娜国际提琴制作比赛评委、提琴制作大师David Burgess，美国提琴制作大师Gregg Alf及法国提琴制作大师Frank Ravatin。他们多次在国际提琴制作比赛担任评委，都是享誉世界的提琴制作大师。5位音乐家评委由中国小提琴家盛中国、吕思清、林昭阳以及美国中提琴独奏家Roger Chase、澳大利亚大提琴家Markus Stocker担任。

除比赛评委外，组委会还邀请了部分世界著名的提琴制作家和重要的国际提琴制作比赛组委会的主席，如维尼亚夫斯基国际提琴制作比赛组委会主席Andrzej Lapa，意大利国际提琴制作比赛组委会主席Paolo Bodini，国际提琴制作大师协会主席Paul Schuback 等作为特邀嘉宾。

中国国际提琴制作比赛得到江苏凤灵乐器集团、北京华东乐器有限公司、广州红棉提琴有限公司、北京市平谷区东高村镇政府、河北金音乐器集团公司、Pirastro公司、美国曹氏提琴公司等乐器企业及相关部门的大力支持与赞助。颁奖音乐会上，江苏凤灵乐器集团董事长李书、北京市平谷区东高村镇党委书记李臣、北京华东乐器有限公司董事长刘云东分别为三名金奖获得者颁发12万、14万、20万元奖金。

首届中国国际提琴制作比赛于5月17日降下帷幕。部分获奖作品由江苏泰兴凤灵集团于5月中旬从北京启运上海世博会宝钢大舞台“中国元素”乐坊专区展出。5月16日，提琴制作大师郑荃专程来到乐坊专区，在江苏凤灵集团展区内与现场观众见面，介绍首届中国国际提琴制作比赛盛况，接受中央电视台及其他媒体的采访，并现场演示提琴制作技艺。

5月28日，德国第六届米腾瓦尔特国际小提琴制作比赛公布结果，来自上海的葛树声参赛的小提琴弓赢得金奖。米腾瓦尔特是德国提琴制作名镇，有300多年的制琴历史。莫扎特生前使用的小提琴便产自米腾瓦尔特。米腾瓦尔特自1989年开始举办国际提琴制作比赛。第六届比赛从5月17日至5月28日，250多名来自近30个国家的提琴和琴弓制作者参赛。

第十九届美国国际提琴制作比赛于2010年11月7日~12日在美国中北部克里夫兰市举行，参赛选手来自美国、中国、意大利、德国、法国、英国、捷克和加拿大等国，参赛作品共有500多件（包括100多支琴弓）。经过6天的紧张评比，共评出提琴制作类奖项65个，包括小提琴（金奖1名；工艺银奖5名、优异奖15名；音色银奖2名、优异奖9名）；中提琴（金奖1名；工艺银奖3名、优异奖3名；音色银奖2名、优异奖11名）；大提琴（金奖1名；工艺银奖3名、优异奖3名；音色银奖1名、优异奖1名）；贝斯（金奖2名；音色优异奖2名）。此外还有各类琴弓金银奖等奖项34个。提琴制作各项金奖获得者分别是：小提琴、中提琴金奖Jeff Philips（美国）；大提琴金奖Peter Goodfellow（澳大利亚）；贝司金奖Guy Cole（美国）、Mario Lamarre（加拿大）。参加此次赛事的中国籍提琴制作师共获得14个奖项，分别为小提琴音色银奖：常仲秋；小提琴工艺优异奖：朱明江、杜文林、李子球&廖狮；小提琴音色优异奖：陈劭、朱卫宪、苏志勤、陈锡金&冯炳润；中提琴音色优异奖：江山、刘凯、王震连、张克林、林海德、吴祖亮；大提琴音色优异奖：吴军。

（三）产业集群

江苏泰兴溪桥镇和北京平谷东高村镇是中国轻工业联合会和中国乐器协会联合授予的两大提琴产业基地，2010年各项工作都有较大推进。

泰兴溪桥镇“中国提琴产业之都”

2010年江苏凤灵乐器集团销售收入达3.2亿元、利税3018万元，比2009年分别增长29.5%、25.6%。集团子公司——江苏凤灵文化产业有限公司完成了目前国内最大的乐器博览馆工程，成为国家工业旅游示范景点。

1月18日，中国轻工业联合会、中国乐器协会在江苏凤灵集团音乐厅举行隆重的授牌仪式，授予泰兴市溪桥镇“中国提琴产业之都”称号。中国轻工业联合会会长步正发，全国人大常委、中央音乐学院教授郑荃，中国轻工业联合会副会长、中国乐器协会理事长安志，泰兴市委书记张兆江，市委副书记、市长高亚梓，市委副书记、政协主席张泽民，市委常委、纪委书记沈惠彪，市委常委、常务副市长孙云，市委常委、黄桥镇党委书记孙宏建，市人大常委会副主任张伟，副市长 市公安局局长姜文湘，市政协副主席吴斌以及泰兴市相关部门、溪桥镇党政负责人等共计500余人参加。

1月23日，江苏省泰州市旅游局在江苏凤灵集团主持召开凤灵文化产业园旅游规划专家评审会。产业园项目总投资预计2亿元，一期主体工程投资1.13亿元，前期已完成投入4000多万元，预计2011年底主体工程全部竣工。文化产业园将以“一馆一场一园一厅一村”和“四个中心”为设计架构，以“艺术性、观赏性和效益性”为宗旨，按“全国文化产业示范基地”的标准，全力打造一个独具特色的文化旅游和艺术欣赏、休闲娱乐的文化产业项目。

北京平谷区东高村镇“中国提琴产业基地”

2010年，东高村镇规模以上提琴企业5家，其他企业15家，年产提琴30万把。为提琴企业生产配套产品的个体手工作坊100余家，总从业人员3000余人，占东高村镇全镇劳动力的三分之一，对促进农民增收发挥了重要作用。

围绕北京市打造“世界城市”，从构建发达的城市文化体系出发，按照平谷区总体功能定位，2010年平谷区提出了建设“中国乐谷”规划，将东高村镇在“中国提琴产业基地”基础上，着力打造成为集乐器产销基地、音乐创作园区、无线音乐基地、主题文化娱乐区和服务配套区等功能于一体的以音乐为主题的大园区，实现“乐器设计与制作产业、乐器产品交易中心、音乐文化创作与推广、音乐文化交流与培训、音乐文化展示与体验、音乐文化衍生品开发、音乐信息化中心、无线音乐制作基地”多重功能定位。预计项目总投资150亿元，计划用十年建成，分三个阶段实施。2011年至2014年，先期启动音乐核心产业区建设，2014年至2017年全面启动音乐园区建设，2017年至2020年完成全面配套任务，中国乐谷建成并投入使用。该项目已得到北京市委市政府、市发改委等有关部门的大力支持。为了吸引更多的单位与企业入驻，北京市平谷区人民政府制定相关优惠政策，并实施建设中国乐谷的专项资金。

（四）企业获奖及活动情况

2010年有多个提琴生产企业获得各种奖励，其中，泰兴凤灵乐器有限公司注册的“凤灵fitness及图”商标荣获中国驰名商标，泰兴凤灵乐器有限公司获“中国轻工业乐器行业十强企业”、“全国轻工业卓越绩效先进企业”等称号。泰兴凤灵乐器有限公司、北京华东乐器有限公司、广州格利蒙那提琴有限公司获“2010年度乐器行业强势公司”。泰兴凤灵乐器有限公司董事长李书获“2010年乐器行业优秀人物。

2010年泰兴凤灵乐器有限公司开展多项文化活动，5月参加上海世博会“中国元素”乐坊的产品展示；与团中央光华科技基金会合作，支持中西部地区筹建100个凤灵提琴艺术教室（已建立25个）；支持中国乐器协会与中央音乐学院主办的首届中国国际提琴制作比赛；举办北京市“凤灵乐博杯”社区器乐大赛；7月在杭州举办了“凤灵天目杯”小提琴大赛；9月组织凤灵40年华诞大型庆典活动，举行了中国（泰兴）乐器博览馆开馆仪式；参加了美国、德国、英国、韩国、巴西等国家的国际乐器展览会。

北京华东乐器有限公司于6月16日参加了由农业部、文化部和中国文联共同主办的首届中国农民艺术节。

（五）提琴制作师朱明江荣获全国劳动模范称号

4月27日，2010年全国劳动模范和先进工作者表彰大会在北京人民大会堂隆重举行。广州市剑胆琴心乐器有限公司技术总监朱明江被授予全国劳动模范称号。

6月13日，中轻联授予轻工行业61名同志“全国轻工行业技术能手”荣誉称号，广州提琴制作师朱明江、徐永成；中央音乐学院提琴制作专业沙涛；北京提琴制作师张安、于慧东、刘国益入选。

（六）中国（上海）国际乐器展览会

2010年上海国际乐器展览会提琴参展企业138家，同比下降4.16%，其中外国参展商28家，分别来自意大利（15家）、德国（4家）、法国（4家）、韩国（1家）、美国（3家）印度（1家）；中国提琴参展商110家，分别来自台湾（3家）、香港（1家）及内地10个省市，北京地区参展商54家，江苏（21家），上海（12家），广东（7家）。

（七）专利发布

2010年提琴行业发布专利数量为20项，同比下降65.52%，其中发明专利4项，实用新型专利12项，外观设计专利4项，全部是非职务专利发布，其中有北京浩韵创新科技有限公司的电声提琴、上海大学的多功能折叠式小提琴练习矫正架、李姝琛、苗琳、尤文婷的小提琴弓直矫正器等。

（八）提琴分会与标准化工作

9月15日，中国乐器协会提琴分会在江苏泰兴市政府大楼会议室召开二届二次全体会员大会，泰兴市副市长王越，泰兴市黄桥镇副镇长钱春龙，中国乐器协会理事长安志，中国乐器协会名誉理事长王根田，提琴分会顾问、中央音乐学院教授郑荃应邀出席会议。会议代表来自江苏、北京、广东等地区的40余家提琴生产企业。会议主要内容是：提琴分会会长李书作工作报告、大会交流发言、审议并通过领导班子调整及吸纳分会新成员、通过行业自律公约、中国乐器协会理事长安志讲话、郑荃教授介绍首届中国国际提琴制作比赛基本概况等。会上，广州珠江钢琴集团公司红棉提琴有限公司董事长陈钊明、北京华东乐器有限公司党支部书记耿占华、泰兴琴艺乐器有限公司董事长吴建新作大会交流，从不同角度分别介绍近年来企业及所在地区提琴产业发展情况。

10月21日，中国乐器协会理事长安志前往北京平谷区东高村镇进行工作调研，以进一步了解“平谷东高村镇提琴产业基地”近期发展情况，并表达中国乐器协会全力支持北京市打造“中国乐谷”规划的意愿。

4月13日～15日，全国乐器标准化技术委员会在福州进行，会议对《提琴弓通用技术条件》、《4/4小提琴弓》、《4/4大提琴弓》、《4/4小提琴》、《4/4大提琴》等六项行业标准进行复审；12月7日~9日，在武汉举行的全国乐器标准化技术委员会上，《乐器用材-锯材》等行业标准通过审定。

电声乐器制造业

（一）主要经济数据

据中国乐器协会和国家轻工业乐器信息中心统计，2010年我国电声乐器总产量达到126.90万台，同比增长23.52%，其中电子琴66.20万架，同比下降9.6%，数码钢琴27.20万台，同比增长33.92%。美得理电子（深圳）有限公司、吟飞科技（江苏）有限公司、天津雅马哈电子乐器有限公司居电声乐器产量前三位。

2010年中国电子键盘乐器出口数量594.01万架，同比增长16.57%，金额3.2亿美元，同比增长23.32%，其他电子乐器出口数量403.38万件，同比下降8.53%，金额1.99亿美元，同比增长5.32%。以上两类电声乐器出口金额共计5.19亿美元，占中国乐器出口总金额的35.40%。

电子键盘乐器出口135个国家和地区，出口量前十位的国家和地区依次为：美国、香港、德国、日本、英国、韩国、法国、巴西、巴拿马、荷兰；其他电声乐器出口131个国家和地区，出口量前十位的国家和地区依次为：美国、日本、中国香港、英国、德国、荷兰、巴西、加拿大、比利时和澳大利亚。

2010年，中国从印尼、日本、中国台湾、美国等15个国家和地区进口电子键盘乐器6.62万件，同比下降36.71%，进口金额为1482万美元，同比增长3.43%。从日本、美国等15个国家和地区进口其他电声乐器数量3.77万件，同比下降81.4%，金额473万美元，同比增长1.04%。

2010年，中国电声乐器规模以上企业共38家，实现工业总产值44.72亿元，同比增长44.66%；工业销售产值43.52亿元，同比增长44.08%；新产品产值3.62亿元，同比增长83.13%；出口交货值21亿元，同比增长43.06%；工业产品销售率97.32%。电声乐器生产企业主要分布在广东（13家）、天津（1家）、山东（6家）、江苏（4家）、上海（2家）、湖北（1家）、辽宁（2家）、浙江（4家）、福建（1家）、河北（1家）、北京（1家）、黑龙江（1家）、安徽（1家）等13个省市。按工业总产值排序：广东、天津、山东、江苏、上海居前五名，2010年实现工业总产值分别为18.68亿元、8.82亿元、5.86亿元、4.36亿元、1.51亿元；出口交货值以广东、天津、辽宁排名前三位，分别为8.49亿元、7.26亿元、1.27亿元。

（二）国家文化产业示范基地

2010年12月，文化部公布第四批国家文化产业示范基地名单，电声乐器行业中宁波音王集团有限公司、武汉艾立卡电子有限公司名列其中。

（三）知识产权与专利发布

2010年电声乐器专利发布数量为76项，同比增长61.40%，其中，发明专利18项，同比增长28.57%，实用新型专利23项，同比增长109.09%，外观设计专利35项，同比增长59.09%。比较新颖的专利有：数码键盘多弦鼓琴、一种新式钢琴学习、乐器演奏自动翻谱装置、一种电子打击乐传感单元和采用该单元的电子打击乐器等。

4月28日，中国乐器协会电鸣乐器分会在上海天闻律师事务所组织召开电鸣乐器知识产权座谈会。参加座谈会的有得理电子有限公司、上海华新电子有限公司等多家电鸣乐器生产企业的总经理和专业技术人员。电鸣乐器分会盛子斐会长主持座谈会。中国乐器协会曾泽民秘书长应邀参加座谈会。座谈会特别邀请中国乐器协会法律顾问天闻律师事务所主任律师翁才林、上海智信专利代理公司胡美强律师到会作有关知识产权知识讲解。座谈会就目前电子乐器的内置和外置涉及知识产权的有关著作权、署名权和专利技术等各项内容进行详细剖析，并对企业在从事电子乐器产品生产和销售时，应注意所涉及的专利技术或可能构成侵权的环节并给予高度重视，以防止侵权或者运用知识产权作为武器来维护企业自己的专利技术。

（四）标准化工作

11月10日，国家质量监督检验检疫总局、国家标准化管理委员会批准并颁布398项国家标准。乐器行业中，《电鸣乐器均衡类音效装置通用技术条件》（GB/T 25454-2010）、《电鸣乐器放音设备 设备音乐性能评价规范》（GB/T 25455-2010）等四项国家标准于2011年5月1日正式实施。

（五）中国（上海）国际乐器展览会

2010中国（上海）国际乐器展览会上有85家电声乐器厂商参展，比上届增长54.55%，其中国外参展商，来自韩国、意大利、英国。国内参展商来自广东（21）、山东（18）、北京（4）、上海（7）、浙江（6）、天津（3）、湖北（5）、江苏（3）、安徽（1家）、辽宁（1家）等10个省市和台湾（3家）和香港（3家）地区。展览会展示的电子乐器新产品有，美得理电子有限公司508电鼓、DP500音源、MD200电钢；吟飞公司的700型双排键电子琴；广州艾莱森电子有限公司开发的四款三角琴和三款立式钢琴（三角电钢琴采用彩色触摸屏）。

（六）企业获奖及活动情况

2010年获得中国轻工行业乐器十强企业的有美得理电子（深圳）有限公司，武汉艾立卡电子有限公司获得全国轻工业卓越绩效先进企业称号。

获得中国乐器行业强势公司、先进集体的电声乐器企业有，美得理电子（深圳）有限公司、吟飞科技（江苏）有限公司、武汉艾立卡电子有限公司、东莞市三基音响科技有限公司。获得中国乐器行业优秀人物的有，得理乐器（珠海）有限公司副总裁盛子斐、武汉艾立卡电子有限公司董事长张鉴堂。

2010年武汉艾立卡电子有限公司开发的“用于电吉他的延时类数字音效嵌入式系统”及“基于USB的吉他录放系统”分别获得中国轻工业科学技术进步奖二等奖和三等奖。

1月6日，新中国成立60周年武汉杰出创业领军人物暨第七届武汉市十大杰出创业家（人物）颁奖典礼在武汉电视台举行，武汉致嘉钢琴制造有限公司董事长周致嘉获“第七届武汉十大杰出创业家”称号。武汉致嘉钢琴制造有限公司于1999年开发出数码钢琴，该企业被纳入国家科技部重点科技成果推广计划，公司通过ISO9001—2000质量管理体系，并获得CCC、CE、C/UL一系列的质量安全认证。

1月26日广州市副市长徐志彪、市科技和信息化局局长谢学宁，荔湾区区委书记刘悦伦、副区长蓝小环等市区领导一行到广州艾茉森电子有限公司指导工作。广州艾茉森电子有限公司董事总经理刘春清向徐志彪副市长一行汇报了企业的近期发展情况和产品创新方面取得的成绩，并陪同徐副市长一行考察了公司研发部门和生产车间。广州艾茉森电子有限公司是珠江钢琴集团投资控股，集开发、生产、销售和进出口贸易为一体的电子乐器制造股份制企业，艾茉森公司主打产品数码钢琴，目前为止已申请了10多项专利，产品出口美国、英国、意大利、澳大利亚、加拿大等多个国家。

在青海省玉树县发生强震之后，武汉艾立卡电子有限公司举行抗震救灾募捐活动，4月21日中午，在公司三楼举行了“情系玉树，大爱无疆——抗震救灾募捐活动”。张鉴堂总经理等公司领导带头向灾区人民献上自己的一份爱心。经统计，这场募捐活动共募得9126元人民币，用爱心给灾区人民带去一份温暖。

吟飞科技（江苏）有限公司于8月23日至26日举办第二届“吟飞”双排键电子琴比赛。这是继雅马哈双排键电子琴大赛之后，中国电子琴界又一重要的全国性赛事，也是首个以国产双排键电子琴为指定用琴的大型比赛。“吟飞双排键电子琴比赛”为每两年一届。

（七）协会工作

3月4日，中国乐器协会理事长安志、副理事长齐建平、秘书长曾泽民等专程前往广东进行工作调研，调研期间参观了得理乐器（珠海）工业园的生产车间并详细了解情况。得理乐器（珠海）工业园一期工程于2007年12月开工，历时一年多时间，2009年1月峻工，占地10万平方米，其中厂房5.5万平方米。正式投产后，产值将超过5亿元。二期工程也已经开始，总面积将超过9万平方米，年产值规模将达到10亿元。得理公司年产销120万件电声乐器，连续三年保持30%的增长率。得理公司领导向安志一行介绍了员工日常生活及再培养方面采取的一系列措施。得理（珠海）公司生产厂房和职工宿舍同时完成，解决了员工的住宿问题。四栋员工宿舍中还有一栋是夫妻楼，充分体现出公司领导对员工无微不至的关心与体贴。生活区中，有设施完善的健身区、小卖部以及娱乐场所。

12月14日至19日，中国乐器协会理事长安志、秘书长曾泽民等到武汉艾立卡电子有限公司、致嘉钢琴制造有限公司进行考察调研。

打击乐器制造业

（一）主要经济数据

2010年中国出口各类打击乐器1376万件，同比增长13.76%，金额1.4亿美元，同比增长29.29%。在出口的136个国家和地区中，按出口金额排序，前十位依次为：美国、德国、荷兰、巴西、尼日利亚、英国、日本、韩国、加拿大、阿根廷，合计出口总金额为9360万美元，占打击乐器总出口额的66.85%，其中出口美国打击乐器184.6万件，金额1433万美元。2010年中国从世界51个国家和地区进口各类打击乐器27.3万件，同比增长92.98%，金额417.27万美元，同比增长19.51%。主要进口国家和地区为美国、中国台湾、荷兰、德国，进口金额分别为86.59万美元、61.22万美元、53.81万美元、47.65万美元。

（二）中国（上海）国际乐器展览会

2010年参加上海国际乐器展览会的打击乐器参展商共计36家，比上届少一家。其中，来自日本参展商为Canopus Co Ltd和Tokai Gakki Co.,Ltd，台湾参展商为卓悦实业有限公司、明乐乐器有限公司、宇韵工业股份有限公司、宏寰贸易股份有限公司；中国内地参展商30家，分别来自天津（13家）、浙江(6家)、河北（4家）、北京（3家）、广东（2家）、山东（1家）。其中包括台湾功学社（天津）有限公司、天津市津宝乐器有限公司、武汉市邢氏乐器制造有限公司、河北怀来锣厂等知名企业。

（三）专利发布

2010年打击乐器专利发布共计73项，同比增长

102.78%，其中，发明专利18项、实用新型专利30项、外观设计专利25项。天津津宝乐器有限公司24项、广州保嘉乐器有限公司5项，日本雅马哈公司5项，罗兰公司3项，台湾功学社公司1项，得理电子有限公司2项。各类专利项目中包括基于电磁感应的新型电子鼓、新型哑鼓、击鼓踏板的回复装置、一种鼓圈固定方便的乐鼓等。

（四）企业获奖与活动情况

2010年获得中国乐器行业强势企业称号的打击乐器生产企业有功学社(天津)商贸有限公司、天津市津宝乐器有限公司、河北省怀来锣厂。功学社（天津）商贸有限公司是大型国际乐器生产贸易公司，2010年该公司紧跟市场脉搏，转变经营思路，根据市场的不同需求进行了重大内部改组，并成为多家著名国际乐器品牌在中国大陆地区独家代理。天津市津宝乐器有限公司是我国打击乐器龙头企业，2010年共计生产各类架子鼓16万套，销往世界60多个国家和地区，覆盖国内20多个省市。该企业2010年加大力度实施技术改造，在研发具有自主知识产权的数控设备，扩建厂房等方面取得了新进展。4月22日，中国乐器协会理事长安志、秘书长曾泽民前往天津津宝乐器有限公司进行工作调研。

吉他制造业

（一）主要经济数据

2010年，据中国乐器协会和国家轻工业乐器信息中心统计，吉他总产量为473.6万把，同比下降13.83%；出口400万把，同比下降14.52%。其中广东吉他产量373.64万把，同比下降4.35%；江苏56.82万把，同比增长10.11%；河北43.13万把，同比增长7.02%。

海关数据显示，2010年中国向世界148个国家和地区出口其他弦乐器（吉他）类产品金额2.70亿美元，同比增长25.37%。出口金额前十位的国家和地区依次为：美国、巴西、德国、荷兰、英国、法国、意大利、日本、韩国、澳大利亚。出口美国的吉他等弦乐器共计286.28万支，同比增长6.44%，出口金额7377.95万美元，同比增长21.94%。

2010年，中国从世界35个国家和地区进口吉他类产品2.67万把，同比增长121.51%，进口金额182.23万美元，同比增长79.12%。主要进口国为印尼、美国、意大利、日本等，其中从印尼进口17935支，同比增长96.96%，进口金额102.12万美元，同比增长98.22%。

（二）中国（上海）国际乐器展览会

2010年中国（上海）国际乐器展览会有121家吉他生产企业参展，同比增长11%。国外参展商41家，比上届增长51.72%，分别来自西班牙（12家）、日本（5家）、意大利（5家）、韩国（4家）、英国（4家）、德国（3家）、捷克（2家）、美国（2家）、新加坡（2家）、法国（1家）、泰国（1家）等国家和地区。国内11个省市和香港、台湾地区80家吉他生产企业参展，分别来自广东（42家）、江苏（10家）、北京（6家）、山东（6家）、福建（4家）、上海（3家）、浙江（2家）、河北（1家）江西（1家）、辽宁（1家）、天津（1家）、台湾（2家）、香港（1家）。

（三）专利发布

2010年，我国乐器行业共发布吉他专利77件，同比增长57.14%，其中发明专利12件，同比增长71.43%，实用新型专利19件，同比增长35.71%，外观设计专利46件，同比增长64.29%。其中包括：广州市罗曼士乐器制造有限公司“一种具有校音及存放拨片功能的吉他变调夹”、梁泽敏“一种利用水晶板制成的吉他及其制造工艺”、罗兰株式会社“电吉他用的演奏装置”、武汉艾立卡电子有限公司“电吉他游戏控制器”广州红棉吉他有限公司“采用光敏漆对木吉他静电喷涂的系统及其喷涂方法”等。

（四）企业获奖

2010年吉他行业有四会市华声乐器有限公司、广州红棉吉他有限公司、上海奋达乐器有限公司、广州吉声琴业有限公司等四家企业获得中国乐器行业强势公司称号。

（五）专业委员会活动情况

2010年5月14日，中国乐器协会吉他专业委员会二届二次会议在广东省四会市召开，参加会议的有四会华凯乐器公司总经理黄志康、美国AXL乐器公司总裁Alan Liu、上海奋达乐器有限公司总经理成民根、广州红棉吉他有限公司总经理何志强、广州吉声琴业公司总经理梁泽敏、河北金音乐器制造有限公司经理周俊岭、秋长全丰育乐器用品厂总经理蔡赖丰、铭仕乐器配件有限公司董事长宋国诗、江苏大风乐器公司董事长徐宝华、宁波北仑超拔配件厂厂长陈国定、广州传音公司董事长苏常青、广州新艺宝乐器有限公司销售经理赵志毅、深圳伏荣科技有限公司外贸经理李卫等吉他厂商，中国乐器协会秘书长曾泽民应邀出席会议并讲话。与会企业分别围绕国际吉他行业发展现状进行了深入研讨，全丰育乐公司以管理经验及提升产品品质做了主题发言。美国AXL乐器公司总裁Alan Liu结合其在吉他行业27年的从业经历，向与会代表详细介绍了国际吉他行业的整体发展情况。与会代表一致认为，中国吉他制造业将有很大的发展和提升空间。会议期间，全体与会代表参观了四会华凯乐器公司的生产车间。

12月21日河北省音乐家协会吉他艺术委员会第二届理事扩大会议在石家庄阳光艾美特酒店召开，来自全省各地的七十余名理事参加了会议。河北省音乐家协会副主席、省西洋打击乐学会会长张建刚、省音乐家协会管乐艺术委员会会长贾利慰、石家庄市音乐家协会主席武惠安到会祝贺。会上向河北金音集团、河北秦川文体乐器有限公司、河北廊坊日升文体乐器有限公司等三家企业颁发了特殊贡献奖。会议增补了副会长、理事。会长秦传功总结了吉他艺术委员会成立一年多来的工作，提出了2011年委员会的几项重点工作。

手风琴、口琴、竖笛制造业

（一）主要经济数据

据海关数据统计，2010年手风琴及类似产品出口50.14万件，同比增长12.55%，出口金额1555.95万美元，同比下降0.08%；出口世界90个国家和地区，前10位的国家和地区依次为韩国、乌拉圭、美国、巴拿马、阿根廷、哥伦比亚、德国、意大利、斯里兰卡、智利，共计出口37.83万件，占中国手风琴出口总量的74.55%，其中出口韩国143522架，出口金额178.07万美元。

口琴出口数量818万支，同比下降6%，出口金额1177.27万美元，同比增长10.10%。口琴出口到世界99个国家和地区，前10位的国家和地区依次为美国、德国、日本、印尼、印度、英国、土耳其、泰国、马来西亚、韩国，合计出口量为503.58万支，占中国口琴出口总量的61.56%，其中，出口美国2007089支，同比下降10.37%，出口金额242.65万美元，同比增长8.97%。

2010年中国从7个国家和地区进口手风琴，分别为意大利、英国、朝鲜、德国、爱尔兰、美国、荷兰，共计进口287架，同比增长52.66%，进口金额13.21万美元，同比下降51.10%，其中从意大利进口112架，同比下降0.86%，金额10.96万美元，同比下降58.35%。

2010年中国从4个国家和地区进口口琴，分别为日本、中国（复进口）、德国、印度尼西亚，共计进口3.77万支，同比下降77.49%，进口金额14.74万美元，同比下降31.51%。其中，从日本进口4859支，金额10.24万美元。

2010年，国内6家手风琴企业，共计生产48BS以上大型手风琴50034架，同比下降15.82%；9家口琴生产企业共计生产各类口琴1783.1万支，同比增长25.91%，口风琴388.3万支，同比增长32.52%，竖笛783万支，同比下降0.8%。

（二）专利发布

2010年，国家知识产权局发布手风琴实用新型专利5项，其中有江阴金杯乐器有限公司“键盘手风琴琴键定位装置”，上海市奉贤区青少年活动中心“带耳机的手风琴”；发布口琴专利11项，其中有武汉天马人和科技有限公司三项口琴专利，王豫宁“一种无基调变调口琴”，武汉市第十一中学“盲人口琴”。

（三）标准化工作

2010年12月7-9日，全国乐器标准化技术委员会在武汉召开标准审定会，其中《口琴》和《校音器》两项行业标准通过审定，上海口琴总厂、江苏天鹅乐器有限公司等单位参加了标准审定会。

（四）中国（上海）国际乐器展览会

2010年，中国（上海）国际乐器展览会共有手风琴参展商11家，均来自国内，包括天津3家（天津天琴乐器有限公、天津华韵乐器有限公司、天津星翰国际贸易有限公司）；上海2家（博罗威尼-上海朗韵乐器有限公司、上海申乐手风琴有限公司）；江苏3家（江阴金杯安琪乐器有限公司、江阴市申佳乐器有限公司、扬中市华联手风琴有限公司）；河北2家（沧州市金狮乐器有限公司、香河天音乐器有限公司）；广东1家（广州珠江乐器实业公司）。口琴及竖笛参展商17家，比上届多了5家，其中，国外参展商一家，来自德国的J.C. Neupert GmbH & Co KG，其他为国内企业，包括江苏8家、上海6家、天津2家。

（五）企业获奖

2010年，江阴金杯安琪乐器有限公司注册的“金杯”牌乐器获得“中国驰名商标”称号；江阴金杯安琪乐器有限公司、扬中市华联手风琴有限公司、天津华韵乐器有限公司、广州珠江乐器实业公司、江苏奇美乐器有限公司、江苏天鹅乐器有限公司等6家企业获得中国乐器行业强势公司称号。

（六）专业委员会活动

2010年6月中国乐器协会口琴专业委员会在浙江海盐召开五届一次会议，参加单位有上海口琴总厂、上海国光口琴厂有限公司、江苏天鹅乐器有限公司、浙江海盐东方口琴厂、上海凯恩乐器有限公司、上海兰生豪呐乐器有限公司、上海国兴乐器有限公司、上海新效铜材厂、无锡铃木乐器有限公司、江苏孔声乐器有限公司、江苏兄弟乐器有限公司等，浙江河姆渡电器塑料厂和江苏金坛市河头工艺纸品厂等单位作为口琴配套加工单位列席会议，中国乐器协会副理事长齐建平、秘书长曾泽民应邀参加会议。会议分别听取上海口琴总厂厂长蒋林森传达中国乐器协会六届一次会议及中国乐器协会2010年工作会议主要内容；副会长兼秘书长周伟义代表第四届口琴专业委员会作《团结协作、为口琴行业和谐健康发展而努力》工作报告；第四届口琴专业委员会会长陈狄彬作《关于中国乐器协会口琴专业委员会换届选举工作意见》说明。与会代表协商推荐后举手表决产生了第五届中国乐器协会口琴专业委员会领导班子。会长：蒋林森；副会长：陈红梅、周伟义；秘书长：周伟义（兼）。会议聘任陈狄彬为新一届口琴专业委员会顾问。会议还讨论了吸收中国乐器协会新会员有关事宜，并重申了口琴专业委员会的行规行约。会上各单位作交流发言，浙江海盐东方口琴厂表示要在抓好口琴生产的同时开发其他门类产品；江苏兄弟乐器有限公司介绍了口琴座板、盖板采用一次冲压成型的新工艺以及对设备进行技术改造的建议；上海凯恩乐器有限公司提出要提高口琴档次首先要解决口琴簧片材料的问题。会议期间，代表们参观了浙江海盐东方口琴厂。

（七）骨干企业活动

2010年手风琴和口琴骨干企业都相继开展不同形式活动，取得较好经济效益和社会效益。

江阴金杯安琪乐器有限公司抓机遇、求发展，全体员工齐心协力，顽强进取，全年产销保持稳步增长，经济效益较去年增长10%。企业产销规模、经济效益保持了健康、稳定的发展态势。该公司与南京艺术学院合作成立了江阴市申港文化产业基地暨江阴市金杯艺术培训中心。江阴市金杯艺术培训中心是经江阴市教育局批准成立的专业性艺术培训机构，由江阴金杯安琪乐器有限公司投资1500万元建设而成。9月8日举行成立仪式，出席成立仪式的有江阴市市委常委、纪委书记孙英，南京艺术学院副院长何晓佑，南京艺术学院音乐学院院长王建元，南京艺术学院宣传部部长范卫东，南京艺术学院附属中学校长欧景星，江阴市委宣传部部长杨建忠，江阴市文广局局长王建炜，江阴市教育局局长王玉泉及中国乐器协会秘书长曾泽民和有关乐器企业代表。

4月21日，江苏奇美乐器有限公司在青海玉树发生地震后自发组织捐款，为灾区人民献上一份爱心，并向受灾地区学校捐赠竖笛、口风琴、口琴等产品。3月29日，根据各地学校和音乐老师对于“假奇美”乐器举报线索，江阴市公安局经济侦查大队全体干警及长寿、周庄、三房巷、璜塘派出所共计20多名公安干警和江阴市工商局经济监督检查大队及基层工商所二十多名工商执法人员，对造假人住所、半成品生产场地以及注塑车间等三处窝点进行了突击检查。此案经江阴市人民法院审理结案，对造假者给予了刑事处罚。

2010年8月，在北京举办了由中国音乐家协会手风琴学会主办，北京手风琴学会、北京东城少年宫、天津鹦鹉乐器有限公司协办的“鹦鹉杯”2010第二届北京手风琴艺术节，共有来自全国20个省市、37个单位的1400多名选手参加。艺术节期间还举办了鹦鹉手风琴产品展示音乐会，业内专家和教师分别对手风琴行业的发展和手风琴教学现状发表看法，并对天津鹦鹉乐器有限公司在手风琴研制上取得的成绩表示肯定，对鹦鹉牌手风琴的质量给予较高评价。

江苏天鹅乐器有限公司面对困难，改革创新，经济指标稳步提高，销售收入、出口、利税分别比2009年增长9%、19.4%和11.6%。申报发明专利2件，实用新型专利9件，外观设计专利36件，研制的高档半音阶口琴用膜被江苏省科技厅评为高新技术产品。公司通过自主开发，先后投入50多万元成功地研制出了一种半音阶口琴覆盖膜，使半音阶口琴的品质、性能得到进一步提高，市场占有率进一步扩大。

乐器零配件制造业

（一）主要经济数据

2010年乐器零配件制造业规模以上企业共80家，比上年增加2家，实现工业总产值32.05亿元，同比增长14.55%，新产品产值2086万元，同比下降19.73%，工业销售产值32.18亿元，同比增长12.15%，出口交货值4.78亿元，同比下降1.46%，产销率100.4%。

2010年在国内生产乐器零配件的14个省市中，有12个省市处于增长态势，其中黑龙江、江苏、福建、河南等省市增长幅度较大，工业总产值分别增长84.54%、56.13%、29.01%、27.10%,辽宁下降了41.97%。

2010年按乐器零配件工业总产值排序为：广东、浙江、山东、吉林、辽宁、河南、上海、黑龙江、江苏、河北、天津、安徽、北京、福建。广东有26个企业，工业总产值11.27亿元，同比增长26.74%；浙江有15个企业，工业总产值6.49亿元，同比增长5.82%。2010年共有10个省市有乐器零配件出口，按出口交货值排序分别为：浙江、广东、上海、黑龙江、天津、江苏、河北、辽宁、福建、山东，其中，黑龙江、福建、上海、山东出口有所增长，黑龙江增长125.31%，而浙江下降15.53%，其他各地区也处于下降态势。

据海关统计，2010年各类乐器零配件出口金额1.95亿美元，同比增长33.56%，占中国乐器总出口额的13.30%，其中乐器用弦出口金额451.6万美元，同比增长8.06%；钢琴零件附件出口金额3803万美元，同比增长48.42%；弓弦乐器零配件3065.2万美元，同比增长30.72%；电声乐器零配件3499.95万美元，同比增长28.11%；其他零配件8709.94万美元，同比增长31.31%。

2010年，乐器零配件进口总金额为1.19亿美元，同比增长30.76%，占中国乐器总进口额的52.19%。其中，乐器用弦进口466.66万美元，同比增长52.26%；钢琴零件附件2969.34万美元，同比增长54.85%；弓弦乐器零配件869.13万美元，同比增长26.63%；电声乐器零配件3887.94万美元，同比增长22.78%；其他乐器零配件3748.49万美元，同比增长21.93%。以上数据反映出国产乐器采用进口零配件呈明显上升趋势。

（二）专利发布

2010年乐器零配件专利发布119项，同比增长112.5%，其中发明专利53项，同比增长278.57%，实用新型专利51项，同比增长96.15%，外观设计专利15项，同比下降6.25%。其中有，褚晓帅、赵易天、哈布尔“一种键盘乐器新型按键标识和编谱方法”、刘正辉“多用途乐器声膜”、曾平尉“电子拨弦乐器及其拨弦装置”、宁波四海琴业有限公司“低音琴弦绕扣机”、宋从甲“京胡琴托”、天津市津宝乐器有限公司“管号类乐器口形练习工具”、武汉艾立卡电子有限公司“电鸣乐器延时类音效装置技术参数的测量方法”以及中国音乐学院、肖剑声、赵承伟、宋广宁、宋从建、宋从勇“民族乐器代用蟒皮及其制作方法”等。

（三）标准化工作

中华人民共和国国家标准批准公告（2010年第8号），批准公布398项国家标准，其中包括《GB/T25454-2010电鸣乐器均衡类音效装置通用技术条件》、《GB/25455-2010电鸣乐器放音设备设备音乐性能评价规范》、《GB/T25456-2010钢琴用毡》、《GB/T25457-2010钢琴弦轴板》等四项乐器零配件标准。

4月，全国乐器标准化技术委员会在福州召开的全国乐器标准化工作会议，对《风琴音簧》、《钢琴击弦机》、《提琴弓通用技术条件》、《4/4小提琴弓》、《4/4大提琴弓》等乐器零配件标准进行审定；12月7—9日，全国乐器标准化技术委员会在武汉主持召开全国乐器标委会工作会议，对乐器有害物质限量（国家标准）、乐器用材提琴锯材（行业标准）、校音器（行业标准）进行审定。

7月10日，国家质检总局下发国质检标（2010）371号《关于印发"轻工业调整和振兴规划标准化工作方案"的通知》，工作方案中"乐器有害物质限值"和"乐器声学品质评价方法"两项乐器国家标准，列入标准制修订重点领域项目计划。

（四）中国（上海）国际乐器展览会

2010年乐器零配件参加中国（上海）国际乐器展览会参展商有310家，比上年增长7.26%。国外乐器零配件参展企业有67家，分别来自韩国（15家）、奥地利（1家）、德国（11家）、法国（10家）、美国（8家）、日本（6家）、意大利（5家）、英国（3家）、澳大利亚（2家）、捷克（2家）、加拿大（1家）、斯洛伐克（1家）、印尼（1家）、俄罗斯（1家）等国家和地区，国内共有233家乐器零配件企业参展，来自国内16个省市和台湾、香港地区，广东（61家）、江苏（52家）、北京（19家）、河北（17家）、山东（17家）、天津（17家）、浙江（16家）、上海（15家）、福建（5家）、黑龙江（3家）、湖北（3家）、辽宁（3家）、河南（2家）、海南（1家）、江西（1家）、四川（1家）、台湾（7家）、香港（3家）。

（五）企业获奖与活动情况

2010年，宁波森隆乐器股份有限公司、成都川雅木业有限公司和宁波四海琴业有限公司等三家乐器零配件企业获得取中国乐器行业强势公司称号，成都川雅木业有限公司总经理张华君获得乐器行业优秀人物称号。

2010年我国乐器配件生产企业均有较大发展。浙江东方琴业有限公司多年来以科技创新，强化企业现代化管理为发展战略，瞄准世界最新技术，超越世界顶级产品，保持钢琴击弦机、键盘、榔头等主线产品的稳定和持续发展。2010年年产击弦机12万套、键盘12万套、榔头18万套的生产规模，销售收入达到3.8亿元。此外，2010年已在上海浦东新区建立上海森鹤乐器有限公司，预计2015年达到年产电吉他50万把的规模。

河北华丰铸造有限公司2010年在原材料涨价，人民币升值，劳动力成本上升的情况下，凭借优势，依靠标准化生产，大力提倡"自主品牌"，"节能减排"，"关注民生"，使钢琴铁板继续保持十万架生产规模，成为国内规模最大钢琴铁板生产企业。

成都川雅木业有限公司2010年以重点经营高端钢琴音板、肋木、背架、琴键板"四大件"为主，小乐器音板为配套，打基础、练内功，在做强企业上下工夫，销售收入同比增长26%。主要作法是：注重乐器用材森林资源的投资开发和采购；扩建恒温恒湿厂房和改造关键技术设备；改进EMC、工艺流程和企业综合管理，着力培养优秀专门人才充实关键岗位；实施品牌战略，四川省名牌产品"川雅"顺利通过复审。

（六）协会及专业委员会活动情况

12月18日～19日，中国乐器协会材料配件专业委员会二届三次会议在宁波召开。材料配件专业委员会会员企业及相关产品生产企业30余名代表参加会议。中国乐器协会理事长安志、秘书长曾泽民应邀出席会议。罗建峰会长在会上就一年来材料配件专委会的工作作了专题报告，提出行业应努力向"高端、专业、合作"的方向发展，抓住机遇推动整个材料配件产业结构调整升级。安志理事长在讲话中向与会代表简要介绍了乐器行业发展形势，充分肯定了材料配件专业委员会在团结会员，服务行业上发挥的积极作用，并就如何推动行业持续健康发展提出几点建议。曾泽民秘书长在发言中肯定了材料配件专委会开展活动的积极作用和重要意义。与会代表针对材料配件行业的发展情况进行了热烈讨论，结合当前行业整体发展环境和具体问题做了交流。多位代表的发言从各个角度为材料配件行业建言献策，各企业不仅热议宏观背景下行业发展思路，还提出许多切实可行、操作性强的具体措施。

2010年9月、12月，中国乐器协会理事长安志、秘书长曾泽民分别到浙江东方琴业有限公司和宁波四海琴业有限公司、宁波北仑乐器配件厂进行工作调研。

年度评选

2010年中国轻工业乐器行业十强企业评价

本着严谨、科学、公平、公正的原则，2010年中国轻工业行业十强评价结果经相关行业协会确认、中国轻工业联合会审定通过，共评价出乐器、自行车、缝纫机械、钟表、家电等行业十强企业。其中，广州珠江钢琴集团股份有限公司等十家乐器企业入选“中国轻工业乐器行业十强企业”。

中国轻工业联合会自2009年起组织开展轻工行业十强企业评价工作。评价工作公正透明，公信力强，社会认同度高，受到行业、企业的欢迎与支持。评价工作对发挥骨干企业的示范效应、带动轻工业健康发展起到了积极促进作用。

2010年中国轻工业行业十强企业评价工作得到了各相关行业协会和骨干企业的大力支持与配合，本次评价范围涉及29个行业。评价工作以企业自愿向各行业协会申报为基础，经行业协会审核推荐，由中国轻工业联合会按统一评价体系进行量化评价。

本次工作仍然采用4+X的评价体系，对企业的市场能力、盈利能力、价值能力、成长能力进行综合评价。该评价体系不但对企业规模予以评价，而且对企业的市场占有率、获利水平、社会贡献以及成长势头也予以科学评价，较好地反映出企业的综合竞争能力；评价工作中，部分协会引入了品牌优势等新的要素指标，体现了行业竞争力特色。

附：

中国轻工业乐器行业十强企业

广州珠江钢琴集团股份有限公司
北京星海钢琴集团有限公司
天津市津宝乐器有限公司
河北金音乐器集团有限公司
功学社（天津）商贸有限公司
海伦钢琴股份有限公司
宜昌金宝乐器制造有限公司
江苏凤灵乐器集团
得理乐器（珠海）有限公司
上海民族乐器一厂

关于表彰“2010年度中国乐器行业50强、先进集体和优秀人物”的决定

中乐协［2011］16号

2010年是全面贯彻党的十七大、十七届五中全会精神的一年。我国乐器行业坚持以党的十七大精神为指导，深入贯彻落实科学发展观，努力奋斗，开拓进取，凝聚力量，全力应对世界金融危机，各项经济指标保持平稳增长；众多乐器企业在坚持自主创新，转变经济发展方式，加快结构调整，实施品牌战略，扩大内需等方面取得了明显的成效，为乐器行业的健康有序发展打下了坚实的基础。

为鼓励先进，树立榜样，充分发挥先进典型的模范带头作用，继续推动乐器行业在今后的发展中取得新的业绩，中国乐器协会按照评选规则，根据指标测评和广泛征求意见，做出决定：授予广州珠江钢琴集团股份有限公司等50家单位“2010年度中国乐器行业50强”称号、授予中国乐器协会提琴制作师分会等3家单位“先进集体”称号，授予王润培等12名同志“优秀人物”称号。

希望获得乐器行业50强、先进集体和优秀人物的单位和个人保持谦虚谨慎，再接再厉，为中国乐器行业做出更大的贡献。同时，希望全乐器行业，向受表彰的50强、先进集体和优秀人物学习，以他们为榜样，开拓进取，在“十二五”规划开局之年，为实现乐器行业的更大进步和发展而不懈努力。

附件：2010年度中国乐器行业50强、先进集体和优秀人物名单

中国乐器协会

2011年5月11日

2010年度中国乐器行业50强名单

序号	行业类别	单位
1	钢琴（11）	广州珠江钢琴集团股份有限公司
2		杭州雅马哈乐器有限公司
3		北京星海钢琴集团有限公司
4		海伦钢琴股份有限公司
5		宜昌金宝乐器制造有限公司
6		杭州嘉德威钢琴有限公司
7		上海欧亚钢琴乐器有限公司
8		上海玛珂琴业有限公司
9		福州和声钢琴有限公司
10		南京摩德利钢琴有限公司
11		烟台博斯纳钢琴制造有限公司
12	琴行（7）	上海知音琴行有限公司
13		南京乐博乐器有限公司
14		河北秦川文体乐器有限公司
15		浙江天目琴行有限公司
16		四川盛音乐器有限公司
17		武汉银可可琴行有限责任公司
18		南京新辉琴行有限公司
19	提琴（3）	江苏凤灵乐器集团
20		北京华东乐器有限公司
21		广州格利蒙那提琴有限公司
22	西管乐器（2）	河北金音乐器集团有限公司
23		天津圣迪乐器有限公司
24	电鸣乐器（4）	得理乐器（珠海）有限公司
25		吟飞科技（江苏）有限公司
26		东莞三基音响科技有限公司
27		武汉艾立卡电子有限公司
28	打击乐器（2）	天津市津宝乐器有限公司
29		河北省怀来镲厂
30	民族乐器（4）	上海民族乐器一厂
31		河北乐海乐器有限责任公司
32		扬州天韵琴筝有限公司
33		扬州雅韵琴筝有限公司
34	材料配件（5）	宁波森隆乐器股份有限公司
35		成都川雅木业有限公司
36		广州市罗曼士乐器制造有限公司
37		宁波四海琴业有限公司
38		宁波市北仑乐器配件制造有限公司
39	吉他（4）	四会市华声乐器有限公司
40		广州红棉吉它有限公司
41		上海奋达乐器有限公司
42		广州吉声琴业有限公司
43	口琴（2）	江苏奇美乐器有限公司
44		江苏天鹅乐器有限公司
45	手风琴（3）	江阴金杯安琪乐器有限公司
46		广州珠江乐器实业公司
47		天津华韵乐器有限公司
48	综合（3）	功学社（天津）商贸有限公司
49		上海艾克斯尔乐器音响有限公司（原上海超拨乐器有限公司）
50		北京中音新雅科技有限公司

2010年度中国乐器行业先进集体名单

中国乐器协会提琴制作师分会

中国乐器协会口琴专业委员会

广东省乐器协会

2010年度中国乐器行业优秀人物名单

王润培	广州珠江钢琴集团股份有限公司	董事长
王国振	上海民族乐器一厂	厂　长
李　书	泰兴凤灵乐器有限公司	董事长
刘为明	浙江天目琴行有限公司	董事长
朱明江	中国乐器协会提琴制作师分会	副会长
陈海伦	海伦钢琴股份有限公司	董事长
吴天延	宜昌金宝乐器制造有限公司	总经理
张龙贵	江苏奇美乐器有限公司	总经理
何志强	广州红棉吉它有限公司	总经理
徐　俊	美得理电子（深圳）有限公司	总经理
黄茂强	四川盛音乐器有限公司	总经理
蓝汉民	功学社（天津）商贸有限公司	总经理

乐器展览

2010中国（上海）国际乐器展览会总结报告

中国（上海）国际乐器展览会组委会

*** 展览面积再创新高，达70000平方米**

*** 专业观众质量高，人数48047名**

*** 企业新品百花齐放，世界一流乐器完美展示**

*** NAMM大学课程、CMIA琴行论坛、音乐院长论坛，聚焦业内热点**

*** 国际乐器行业高层研讨会、华乐国际论坛首次举办，汇聚行业内重量级嘉宾**

*** 数字音乐体验SHOW，开创全新音乐感受方式，创意玩音乐**

由中国乐器协会、上海国际展览中心有限公司和法兰克福展览（香港）有限公司共同主办的2010中国（上海）国际乐器展览会于10月15日在上海新国际博览中心圆满闭幕。作为亚洲规模最大最具影响力的专业性乐器展览会，展会已经连续成功举办9届，并第8年列为中国上海国际艺术节的品牌项目，整个展览会面积增加至70000平方米，展会规模成为本年度世界第二大乐器展。展会吸引了来自世界各地的供应商、经销商、专业买家、音乐家及艺术家，得到了业内的广泛认可，成为一年一度的业界盛会。文化部、商务部、国家林业局和中国轻工业联合会的有关领导参观指导展会，并给予展会很高评价。

一、展商概况

随着全球经济进一步趋向复苏，企业的参展热情高涨，展商数量再创新高。本届展会共吸引了来自中国、美国、英国、奥地利、荷兰、澳大利亚、丹麦、法国、德国、比利时、印度、印尼、意大利、日本、西班牙、加拿大、捷克、韩国、芬兰、斯洛伐克、挪威、瑞士、俄罗斯、新加坡、泰国以及中国香港、中国台湾等27个国家和地区的1274家企业参展，除了原有的捷克、荷兰、德国、法国、英国、意大利、西班牙以及中国台湾等国家和地区展团外，今年国内的辽宁营口、山东昌乐两大乐器生产基地也以展团的形式参展。

本届展会一如既往地获得了广大国内外知名乐器企业和品牌的参与和支持，汇聚了如珠江（Pearl River）、雅马哈（Yamaha）、握威（Warwick）、上海超拨（AXL）、功学社（KHS）、Peavey、乐兰（Roland）、北京星海（Hsinghai）、施坦威（Steinway）、河合（Kawai）、天津英昌（Youngchang）、敦煌（Dunhuang）、柏斯琴行（Parsons）、知音琴行（Best Friend）、泰兴凤灵（Fengling）、河北金音（Jin Yin）、天津津宝（Jin Bao）、深圳得理（Medeli）等国内外知名品牌和厂商，各大品牌竞相展示了钢琴、键盘乐器、打击乐器、电声乐器、民族乐器、弦乐器、管乐器等各类音乐产品以及乐器配件，上演百家争“鸣”的音乐盛会。

二、观众概况

为期四天的展会共吸引了来自中国、韩国、美国、日本、德国、新加坡、澳大利亚以及中国台湾、中国香港等96个国家和地区的48047名海内外观众，比2009年增加13.5%，观众数量再创新高。而随着全球经济的复苏，海外观众今年共计3578人，较去年增幅达43%，国内外专业观众和买家的质量也得到了广大参展企业的认可。

随着全球经济的逐步回暖，今年主办方加强

了欧洲和美洲地区的宣传推广，同时，也对乐器市场日益发展的亚洲、港澳台地区进行了展会推广，并随着展会的进程，时时更新宣传内容。对国内专业观众的邀请也更具针对性，针对琴行、经销代理商的琴行论坛和NAMM大学课程，针对高等音乐院校的院长论坛和针对中小学管乐教师的培训班等各项展会活动都吸引了无数来自全国各地的专业买家。首次举办的华乐国际论坛，邀请到来自中国内地、台湾、香港地区以及新加坡的重量级华乐名家共同参与，并且通过论坛的影响力，吸引了国内大小民乐团体前来观会。除了国内专业买家的组织工作外，今年展会主办方继续秉承培育音乐人口的理念，特别注重在文艺演出场所、江浙沪具有艺术特色的中小学、社区街道、老年大学、酒吧、乐队排练房等地的推广，收效良好。

观众数据分析

观众感兴趣的产品

民族乐器	43%
铜管、木管乐器	38%
钢琴及键盘	33%
弦乐器	31%
电声乐器	26%
打击乐器	25%
乐器配件	24%
乐谱	20%
音乐相关电脑硬件软件	12%
协会/媒体	6%
其他	3%

数据显示：民族乐器、木管和铜管乐器、钢琴及键盘乐器分别列在观众感兴趣产品的前三位。

观众业务性质

零售/批发	23%
制造商	12%
文艺团体	14%
音乐类院校及音乐培训机构	14%
青少年活动中心/幼儿园/中小学/大学	12%
进出口/代理	11%
媒体	2%
协会	2%
其他	8%

数据显示：零售商、批发商、制造商、文艺团体、培训机构、音乐类院校占观众比例的大部分，专业性较强。

观众工作性质

管理层	23%
业余乐手	8%
音乐爱好者	16%
市场部/销售部	12%
采购	12%
音乐教师	11%
专业乐师	6%
技术员	8%
其他	4%

数据显示：采购人员、管理层以及市场销售人员、音乐人士占到了绝大部分，观众质量高。

参观目的

看样订货	36%
参加会议论坛	36%
收集市场和产品信息	27%
观看现场表演	20%
寻求合作伙伴	14%
比较不同产品/供货商/同行对手	11%
联络固有的供应商和销售商	10%
确定下届是否参展	6%

数据显示：观众参观上海乐器展的首要目的除了看样订货、收集市场和产品信息以外，专业会议与论坛也成为了焦点。

三、同期活动

上海乐器展在努力打造展会商贸平台的同时，也在不断完善展会的音乐人文、音乐教育、音乐演艺这三大平台功能，逐渐将展会从单纯的“乐器贸易”进一步拓展，走向更为广阔的“音乐世界”。

(一) 讲座与论坛

国际乐器行业高层研讨会

今年展会期间，在中国乐器协会的大力倡导下，成功汇聚包括美国国际音乐制品协会、巴西乐器协会在内的国际乐器协会领导、来自中国教育学会音乐教育分会和中国音乐学院的高等音乐教育专家以及海内外知名乐器企业代表，共计40余位，共同探讨《成人音乐普及》，分享各国操作经验、勾画成人乐器市场蓝图，并借此高层研讨会，共同呼吁行业与社会重视成人音乐市场，努力为社会带来更多的音乐。

2010 CMIA琴行论坛

立足于服务中国广大琴行经营者的2010 CMIA琴行论坛，在中国乐器协会秘书长曾泽民以及上海知音琴行有限公司总经理朱文玉主旨发言的基础上，展开了新一届的集中讨论与观点交流。本届论坛的主题是《乐器市场拓展与营销创新》，与会嘉宾除琴行经营者代表四川盛音琴行有限公司总经理黄茂强、武汉银可可琴行有限责任公司总经理何浩、深圳和乐文化传播有限公司执行董事兰荣亮外，还邀请了《乐器》杂志社主任程晋垣、网络营销代表人物星夜钢琴网总经理曾继桂。短短3小时的论坛，吸引了来自全国各地大中小型琴行的160位经营管理人士参加。在对他们的随机采访中，93%的受访者对论坛表示满意，86%的受访者认为论坛对自身业务的发展具有帮助作用。

NAMM大学课程

经过数年培育，在上海乐器展期间举办的NAMM大学课程已在中国业界树立了行业口碑，备受关注。今年，共有100 余人参加了“高端对话－人生积淀 智慧结晶”，通过主持人对嘉宾一对一的深度访谈，聆听到领军者们背后的故事，并广泛了解行业的发展前景。另外，共计840人次参加了8场如何操作培训课程。其中，最受欢迎的单场课程吸引约200名听众。根据现场意见征询，听众对本届NAMM 大学课程的评价较高，近9成受访者对课程内容表示满意，另有超过8成受访者认为此课程对他们的业务发展有明显的促进作用，并表示会将此课程推荐给其他人。

第四届高等音乐院校院长论坛

为提供更加广阔的高等音乐教育交流平台，今年的院长论坛首次对观众开放，并在会议的形式、内容的广度与深度上有了质的提升。这首先体现在参与嘉宾的高层次与多元化背景上。主题发言中，中国教育学会常务副会长谈松华从宏观高度畅谈了中国艺术教育现状、未来发展趋势；武汉音乐学院演艺学院院长周耘、香港艺术发展局艺术顾问郑新文、中国音乐家协会音乐传播学会会长曾遂金、南昌大学艺术与设计学院院长解路军、香港柏斯琴行总裁吴雅玲，这五位在不同领域从事音乐教育事业的专家们从自身教育实践出发，分享特色经验。其次，在圆桌对话中，上海音乐学院副院长杨燕迪、首都师范大学音乐学院院长杨青、南京艺术学院流行音乐学院院长王建元、上海知音琴行有限公司总经理朱文玉，围绕《音乐教育与社会需求的契合与矛盾》，聚焦音乐类人才的出路，共同探索如何完善音乐教育工作，提升国家艺术教育水平等共同关注的课题。

第六期全国中小学艺术教师（管乐指挥）培训班

继第五期培训班获得良好效果，今年展会组委会再次受教育部艺教卫司的委托，与中国音乐家协会管乐学会共同承办第六期全国中小学艺术教师（管乐指挥）培训班。本次培训班的规模与覆盖面有所延展，共有来自北京、天津、辽宁、上海、江苏、浙江、河南、广东、陕西、四川、重庆11个省、直辖市的44位艺术教师参加了培训课程。为期一周的课程，内容精当，且配备了三位当前管乐领域的顶尖专家：人民解放军军乐团团长于海、国家一级指挥程义明、人民解放军军乐团行进管乐专家荣艾国。学员们纷纷表示学习收获很大，并希望能有更多类似学习机会。

首届华乐国际论坛

中国民族音乐源远流长、博大精深。对于其传统性与现代性结合的探索以及采用全球化的发展战略已经成为民乐界当下重要课题。有鉴于此，今年展会期间举办的首届华乐国际论坛，为探索这一课题做出了最新努力。本次论坛在中国民族管弦乐学会的鼎力协助下，成功邀请到了国内外多位从事民族音乐创作、理论、表演、教学等方面的顶尖人物参加。其中包括中国民族管弦乐学会副会长刘文金、香港中乐团艺术总监阎惠昌、台湾中华国乐学会前任理事长陈裕刚、中央民族乐团创作中心主任吴玉霞、中央音乐学院民乐系主任李光华、上海民族乐团团长王甫建、新加坡华乐团总经理何伟山、上海音乐学院民乐系主任王建民等等。重量级嘉宾们通过各自实践经验的案例分享、彼此观念的交流碰撞，紧密围绕论坛主题《中国民族管弦乐队的发展——创作、编制和乐器改良》开展多种交流，吸引了百余位听众的热情参与。

大师班

著名琵琶演奏家方锦龙、著名音乐家、“梁祝”作者之一何占豪、国际提琴制作大师郑荃、曹树堃，四位音乐和乐器制作领域的大师级人物亲临展会现场，各设讲坛，与大家共论音乐人生，分享艺术精华。大师们娓娓道来他们数十载岁月中，与音乐相识、相知、相伴的种种经历。跟随大师们声情并茂的讲述与演示，听众们也得以领略厚重但又别样鲜活的乐器故事与音乐人生。

（二）音乐表演和互动体验活动

数字音乐生活体验秀

由乐器展组委会与数字音频大赛共同发起的数字音乐生活体验秀，虽属首创，却因其公益性、数字时代特有的科技感、互动性和时尚性，引起了观众的广泛参与。数字音乐已经成为了人们当下生活不可或缺的内容，影响着人们的音乐品位和生活方式，在这个纯粹而开放的数字音乐空间里，最新的技术、最炫的产品、最有未来感的理念，结合新颖有趣的视觉、听觉以及触觉的方式立体地呈现出来。人们不仅能亲历数字音乐的独特魅力，还能听到专家现场指导如何使用电脑系统制作和感受音乐。感动无数国人的2010年“中国达人秀”冠军刘伟、超人气选手寿君超等也前来现场，与现场众多音乐爱好者们共同体验音乐新玩法。

音乐缤纷季－现场演奏会

各国各地的音乐人为今年的现场演奏会注入了丰富多样的音乐元素，从摇滚重金属到嘻哈民谣，外场三个舞台在4天的展期中共上演了52场涵盖精彩音乐演出。其中中国人民解放军军乐团世博乐队，以40人的强大阵容、顶尖水准的演出，引来现场观众3次请求返场加演；瑞士天才鼓手Jojo Mayer的震撼表演，吸引了六七百名观众围绕舞台四周，现场气氛十分热烈。另外，德国柏林的摇滚及金属乐队Super700，美国著名吉他演奏家Mike Orlando，波士顿新世纪钢琴家Gary Girouard，美国纽约民谣歌曲作者Liz Nash，澳大利亚的电子音乐人Danny Olesh以及来自中国广播艺术团民乐团国家一级演员李增光，北京的肆伍乐队，知名鼓手孙权等均带来了精彩热烈的表演，引爆现场。

齐鼓乐，鼓舞飞扬

作为展会现场的互动参与性活动，齐鼓乐颇受音乐爱好者们的喜爱，跟随音乐自由敲击乐器，体验音乐带来的欢乐，今年更是注入了舞蹈的元素，安排了寓教于乐的集体非洲鼓乐体验，来自世界各地的音乐爱好者和音乐家Steve Campbell、Lindsay Rust一起互动击鼓，体验鼓舞飞扬，从中得到娱乐和启发。

四、媒体推广综述

专业媒体方面，包括13家杂志和10家网站，在展前、展中及展后对展会陆续进行了跟踪报导。公众媒体方面，本届展会选择了在9个电视频道、14个电视栏目、8个电台频率、12个广播栏目、7家门户网站进行宣传。在平面媒体方面，在上海、北京、江苏、浙江、广州、香港等地的报刊杂志上大篇幅的宣传展会。今年恰逢上海世博会的举办，主办方更是选择了人流量较多，途径世博会主要出入口的地铁7号线，全包其中的1辆列车广告，车内车外发布了展会的形象广告，做为中国（上海）国际乐器展的专车奔驰在地铁7号线上。

五、展会服务

为了给广大展商和观众营造更好的参展环境，主办方每年都会不断总结往年的经验和不足并聆听来自企业和业内人士的建议和意见，给展商和观众提供更细化、更专业以及更为人性化的服务。

展会快讯、展商手册、知识产权通知、音量

控制规定、展商现场须知、展商指南等等相关资料，除了邮寄、快递、邮件、网站上公布外，今年主办方更是多次使用短信群发的形式，高效快速地将展商参展的注意事项和展会进程及时告知所有参展公司。另外，今年场馆对于光地展商布展流程的最新规定于9月1日开始实行，主办方在了解相关情况后，整理了详尽的资料，第一时间发给所有光地参展企业，并电话一一通知，以保证展商顺利的布展。去年展商反映的展品等进馆手续烦琐的问题，我们也与场馆进行了多次协调，从现场运营的情况来看，今年展商办理布展手续也比往年要更为方便和迅速。另外，今年恰逢世博会的举办，主办单位收集了世博会期间对于进沪车辆的一些相关规定告知展商；同时，也让专业的会务公司为展商提供价格优惠的酒店以及代购世博会门票等多项服务。此外，为了更好的服务广大参展企业，主办方在每个展馆的入口处都设立了大会问讯处，并在E2-E6馆设立主办单位办公室，方便展商就近咨询。

另一方面，主办方对展商和观众的服务也需要不断总结，发现问题和不足，加以改进。今年展商集中反映的问题有展馆音量、场馆保安等，针对这些问题，今后，我们将加大音量控制的管理力度，另一方面，与场馆方加强沟通，采取切实有效的措施加以改善，为展商和观众营造良好的参展和观展环境。

总体来讲，今年主办方的服务也得到了参展企业的一致好评，96%的展商对主办方展前工作持满意态度，97%的展商对主办方现场服务予以肯定。与此同时，我们也真诚的希望聆听来自各方的意见和建议，不断提高和完善展会各方面的服务。

六、展望2011

自2002年首次举办以来，上海乐器展已经走过了九个年头，每年的金秋十月，来自世界各地的乐器行业人士都会汇聚上海，收集市场和产品最新信息，寻求合作伙伴，参加行业讲座论坛，观赏现场表演，共襄音乐盛会。2011年我们将迎来上海乐器展十周年，主办方也将策划多种丰富的主题活动，诚邀广大业界人士共同参与2011上海乐器展，欢庆这一时刻的到来。

2010中国（上海）国际乐器展览会数据分析

中国乐器协会信息部

展会规模

展会面积70000平方米，为2002年第一届展览会的4.6倍，突破了近四年来展会面积在60000平方米左右徘徊的局面。

参展商数量

参展商数量1274家，比上届增长9.45%，为第一届展会的4.65倍。其中中国内地参展商969家，比上届增长8.63%，为第一届展会的5.47倍；外国及港澳台地区参展商达到305家，比上届增长了12.13%，是第一届展会的3.14倍。

国内参展商地区分布

本届上海乐器展中国内地参展商，主要来自华东地区429家，比上届增长11.72%，占国内参展商的44.27%；华北地区309家，比上届增长8.04%，占国内参展商的31.89%；中南地区188家，比上届减少2.08%，占19.40%；东北地区31家，比上届增长63.16%，占3.20%；西南地区9家，比上届减少1家，占0.93%；西北地区3家，比上届增加2家，占0.31%。

中国内地参展商来自24个省市，比上届增加1个。参展商最多的省市依次为江苏、广东、北京、上海。其中江苏参展商161个、广东参展商160个，北京参展商153个，上海参展商104个。参展商增长幅度较大的地区是辽宁、上海、江苏、北京，比上届分别增长155.56%、19.54%、18.38%、12.50%。而天津、广东、河南、四川和黑龙江等四个省市的参展商分别比上届减少了1.08%、4.19%、50%和66.67%。

海外参展商地区分布

本届上海乐器展外国及港澳台地区参展商共计305家，比上届增长12.13%，占全部参展商的23.94%。

欧洲参展商165家，比上届下降1.79%，占海外参展商的54.09%；亚洲参展商111家，比上届上升30.59%，占36.39%；北美洲参展商27家，比上届增长42.10%，占8.855%；大洋洲有2家澳大利亚企业参展，与上年相同；南美洲和非洲均没有企业参展。德国、中国台湾、意大利、韩国、法国参展商数量位于海外参展商的前五位，在海外26个参展国家和地区中，有17个国家和地区参展商数量超过上届或者与上届持平，其中日本、美国、中国台湾、芬兰参展商数量上升较快，日本、美国参展商数量分别增长了50%和47.06%，而法国、捷克、印度等国参展商数量比上年有所减少，俄罗斯今年首次参展，冰岛和瑞典本届没有企业参展。

参展乐器类别划分

2010上海乐器展览会的1274家参展商中，西乐器参展商达到572家，比上届增长5.73%，占参展商总数的44.89%；中乐器171家，比上届增长22.14%，占13.42%；乐器零配件310家，比上届增长3.67%；乐器销售商104家，比上届增长50.72%；音乐出版商40家，比上届下降31.03%，其中中国内地出版商6家，英国出版商3家，荷兰8家，德国10家。

在参展乐器产品中，打击乐器、口琴、竖琴、民族乐器、吉他、管乐器、电声乐器、乐器配件、手风琴等产品比上届展会有所增长或者持平；提琴、钢琴和音乐出版参展商比上届有所减少；乐器销售参展商数量比上届增长50%。

参展乐器地区分布

钢琴类产品参展商64家，其中来自海外企业9家，比上届少了4家，德国6家，捷克、中国香港各1家。中国内地55家，分布在北京2家、福建1家、广东5家、河北1家、黑龙江1家、江苏1家、辽宁10

家、山东2家、上海19家、浙江10家，天津1家。

西管类产品乐器参展商100家，来自海外34家，包括美国5家、捷克1家、法国5家、德国4家、日本2家、韩国1家、中国台湾10家、中国香港2家、意大利3家，英国1家。中国内地参展商66家，其中，北京10家，天津14家，河北14家，山东8家。

提琴类产品参展商138家，来自海外32家，包括美国3家、意大利15家，法国4家，德国4家、韩国1家、中国台湾3家、中国香港1家、印度1家。中国内地参展商106家，其中北京54家、天津2家、河北2家、辽宁5家、上海12家、黑龙江1家、江苏21家、广东7家、重庆和陕西各1家。

吉他类产品参展商121家，来自海外44家，包括英国4家、西班牙12家、中国香港1家、韩国3家、新加坡2家、意大利5家、德国3家、法国1家、韩国4家、捷克2家、美国2家、日本5家、中国台湾2家、泰国1家。中国内地展商77家，其中广东42家、北京6家、江苏10家、山东6家。

民族类产品乐器参展商171家，包括江苏57家、浙江21家、河北21家、天津20家、上海10家、山东9家、云南7家等。

乐器配件类产品参展商310家，来自海外77家，主要有韩国15家、德国11家、法国10家、美国8家、中国台湾7家、日本6家、意大利5家、香港3家、英国3家等。中国内地参展商233家，主要有广东61家、江苏52家、北京19家、河北17家、山东17家、天津17家、浙江16家、上海15家。

乐器相关产品参展商分析

乐器相关产品主要指仪器仪表、化工油漆、五金材料、专用机械等产品，本届上海乐器展共有31家企业参展，比上届增加10家。其中海外企业7家，包括专业生产木材涂料（其中韩国京都化学工业株式会社是第三次参展），生产各式音乐主题的文具及礼品、赠品的台湾韦亿塑胶股份有限公司，专为乐团，音乐学院、音乐节和乐器厂定制纪念品的香港Musician Designer公司这次也参加了展览。中国内地有24家企业参展，其中有生产精雕CNC乐器加工机的北京精雕科技有限公司、生产PU头度底漆、NC透明修色漆，高浓度色精的佛山市万正涂料有限公司、专业生产各种高档pvc产品以及与打击乐器配套的各种彩色pvc延伸产品的苏州奥凯塑胶有限公司等。

乐器相关单位参展商分析

乐器相关单位主要指从事乐器经营及音乐教育、宣传媒体、音像资料、音乐书刊、中介组织等单位。本届上海乐器展有189家企业单位和相关单位参展，其中海外参展单位有24家；从事乐器经营的贸易公司和琴行有104家，其中来自上海22家、北京21家、天津15家、广东6家；从事音乐教育单位有5家；宣传媒体24家；中介组织14家；德国展团的赞助商德国经济和技术部、英国皇家音乐学院联合委员会、意大利对外贸易委员会上海代表处、芬兰音乐信息中心、营口乐器协会、荷兰乐谱出版社协会、捷克音乐协会也都参加了本次展会。

观众情况

为期四天的展会共吸引了来自中国内地、韩国、美国、日本、德国、新加坡、澳大利亚以及中国台湾、中国香港等96个国家和地区的48047名海内外观众，比2009年增加13.5%，中国内地观众44469人，同比增长11.16%，上海本地观众22593人，占中国内地观众50.80%，其他省市观众21876人，占中国内地观众49.20%；

海外观众3578人，同比增长43%，占观众总人数7.44%，比上届增加1.3个百分点。其中来自亚洲31个国家和地区2245人、欧洲29个国家651人、北美洲2个国家319人、南美洲14个国家166人、大洋洲3个国家152人、非洲14个国家45人。观众超过100人以上的国家和地区分别是韩国（473人）、中国台湾（384人）、中国香港（366人）、日本（308人）、美国（293人）、泰国（163人）、马来西亚（150人）、新加坡（144人）、澳大利亚（139人）、德国（129人）。

历届中国（上海）国际乐器展览会数据分析

2002～2010年历届上海乐器展基本情况

	2002年	2003年	2004年	2005年	2006年	2007年	2008年	2009年	2010年
展览会总面积（平方米）	15000	26000	30000	40000	60000	60000	65000	65000	70000
参展国家和地区数量（个）	14	15	18	19	24	22	22	23	27
参展商总数（家）	274	419	619	756	999	1019	1112	1171	1274
中国内地参展商数量（家）	177	317	437	554	747	761	861	898	969
海外参展商数量（家）	97	102	182	202	252	258	251	273	305

2002～2010年历届上海乐器展总面积

（单位：平方米）

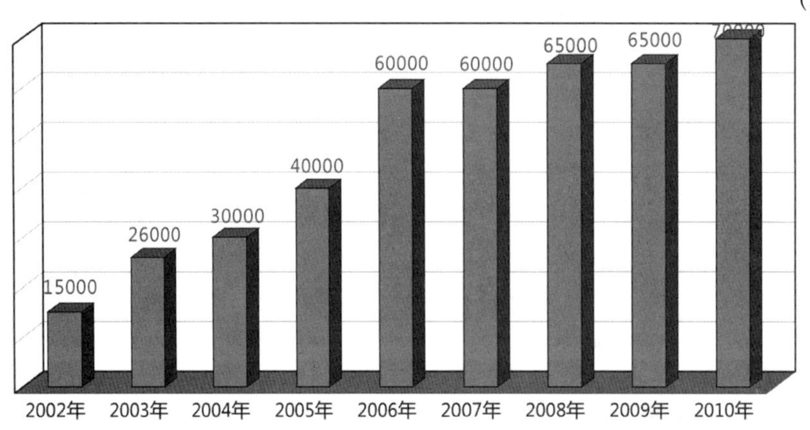

2002～2010年历届上海乐器展参展商总数

（单位：家）

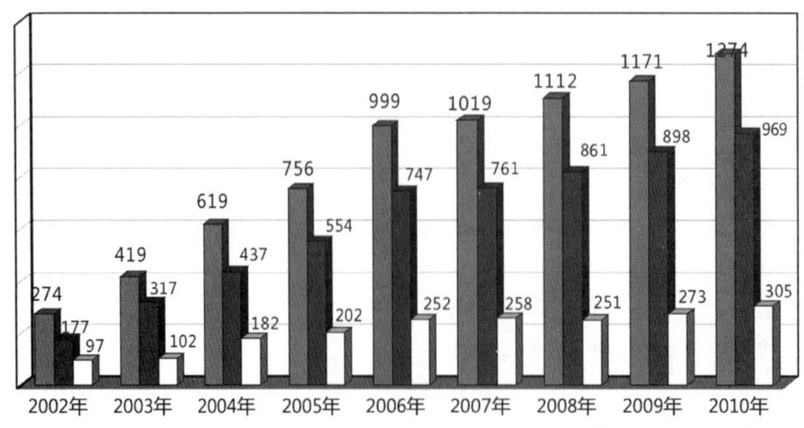

2007～2010年上海乐器展海外参展商国家和地区分布

（单位：家）

序号	洲别	国家或地区	2007年	2008年	2009年	2010年
1	亚洲	中国台湾	26	24	27	36
2		韩国	24	24	27	31
3		中国香港	10	9	15	20
4		日本	8	9	12	18
5		印度	2	2	2	1
6		马来西亚	1	/	/	
7		泰国	1	2	/	1
8		土耳其	1	/	/	
9		印度尼西亚	/	1	1	1
10		新加坡	/	1	/	3
		合计	73	72	84	111
11	欧洲	德国	39	41	36	44
12		法国	27	24	30	27
13		西班牙	19	18	13	13
14		英国	16	17	25	16
15		意大利	13	29	30	32
16		奥地利	11	5	1	3
17		荷兰	10	10	10	10
18		捷克	7	12	11	9
19		比利时	2	/	/	1
20		塞尔维亚	1	/	/	
21		瑞士	1	1	/	1
22		丹麦	/	2	2	2
23		冰岛	/	/	1	
24		芬兰	/	/	2	3
25		瑞典	/	/	5	
26		斯洛伐克	/	/	1	2
27		挪威	/	/	1	1
28		俄罗斯				1
		合计	146	159	168	165
29	大洋洲	澳大利亚	3	2	2	2
30	北美洲	美国	36	16	17	25
31		加拿大	/	2	2	2
		合计	36	18	19	27
总计			258	251	273	305

2002～2010年历届上海乐器展中国内地参展商地区（省、直辖市、自治区）分布

序号	大区	省（直辖市）	2002年	2003年	2004年	2005年	2006年	2007年	2008年	2009年	2010年
1	东北	辽宁	3	6	11	16	16	13	10	9	23
2		黑龙江	2	3	2	3	5	5	5	6	2
3		吉林	/	2	1	2	1	3	2	3	6
4	华北	北京	18	38	58	71	112	118	132	136	153
5		天津	20	35	48	52	70	73	85	93	92
6		河北	10	18	30	38	51	45	59	63	63
7		山西	/	/	/	/	/	2	2	1	/
8		内蒙古	/	/	/	/	/	1	1	1	1
9	华东	江苏	24	61	74	86	117	116	140	136	161
10		上海	38	59	85	96	82	88	90	87	104
11		浙江	7	21	25	49	73	62	64	69	70
12		山东	5	8	18	20	31	47	51	70	71
13		福建	4	3	5	7	11	12	16	16	17
14		江西	1	1	1	2	1	4	2	3	4
15		安徽	/	/	2	1	/	1	1	1	2
16	西北	陕西	1	1	1	1	2	2	1	1	2
17		宁夏	/	1	1	1	1	1	/	/	/
18		甘肃	/	1	1	/	/	/	/	/	1
19	西南	云南	/	/	4	5	6	9	8	7	7
20		重庆	/	/	/	/	/	3	3	1	1
21		四川	1	/	1	3	1	1	1	2	1
22		贵州	/	/	/	1	/	/	1	/	/
23	中南	湖北	5	5	10	9	14	16	12	15	15
24		广东	26	50	62	85	113	124	122	167	160
25		河南	1	3	3	2	7	11	8	9	8
26		湖南	/	1	/	/	3	3	3	2	4
27		广西	/	/	/	/	/	/	1	/	/

2002～2010年历届上海乐器展参展商类别分布

序号	产品与业务类别	2002年	2003年	2004年	2005年	2006年	2007年	2008年	2009年	2010年
1	民族乐器	17	39	54	87	99	123	127	140	171
2	提琴	16	43	73	107	109	101	138	144	138
3	吉他	8	21	25	80	69	85	90	105	123
4	管乐器	20	27	36	62	66	60	78	89	100
5	钢琴	33	46	52	79	66	54	57	72	64
6	电声乐器	18	24	39	30	56	42	59	58	63
7	打击乐器	9	15	25	29	34	32	38	42	63
8	口琴	7	9	8	7	6	7	9	11	16
9	手风琴	3	4	8	15	17	9	9	11	11
10	竖琴	1	2	3	1	5	4	5	3	4
11	配件	11	36	46	181	214	240	300	299	310
12	销售商	21	42	63	20	118	99	106	69	104
13	媒体（期刊）	2	9	11	14	9	27	39	79	64

2003～2010年历届上海乐器展海外观众来自国家和地区

洲别	国家或地区	2003年		2004年		2005年		2006年		2007年		2008年		2009年		2010年	
		人次	比例	人次	比例	人次	比例	人次	比例	人次	比例	人次	比例	人次	比例	人次	比例
亚洲	韩国	194	13.7	220	11.29	235	10.17	282	13.83	486	17.2	387	14.74	316	12.65	473	13.22
	中国台湾	252	18	314	16.11	347	15.02	251	12.31	314	11.11	305	11.61	282	11.29	384	10.73
	中国香港	159	11.4	171	8.77	169	7.31	175	8.58	241	8.53	252	9.60	220	8.81	366	10.23
	日本	126	9	180	9.24	187	8.09	225	11.03	256	9.06	275	10.47	205	8.21	308	8.61
	泰国	18	1.2	46	2.36	59	2.55	61	2.99	87	3.08	79	3.01	90	3.60	163	4.56
	马来西亚	53	3.7	62	3.18	102	4.41	63	3.09	67	2.37	79	3.01	109	4.36	150	4.19
	新加坡	59	4.2	82	4.21	91	3.94	79	3.87	95	3.36	95	3.62	98	3.92	144	4.02
	印度尼西亚	15	1	30	1.54	41	1.77	38	1.86	55	1.95	38	1.45	57	2.28	55	1.54
	印度	5	0.3	24	1.23	20	0.87	22	1.08	53	1.88	32	1.22	36	1.44	54	1.51
	伊朗	5	0.3	23	1.18	32	1.38	14	0.69	34	1.2	30	1.14	22	0.88	37	1.03
	菲律宾	/	/	/	/	/	/	30	1.47	32	1.13	43	1.64	30	1.20	29	0.81
	中国澳门	/	/	/	/	/	/	1	0.05	11	0.39	8	0.30	10	0.40	24	0.67
	越南	/	/	/	/	/	/	4	0.2	8	0.28	3	0.11	10	0.40	14	0.39
	以色列	/	/	/	/	/	/	/	/	9	0.32	4	0.15	8	0.32	5	0.14

洲别	国家或地区	2003年		2004年		2005年		2006年		2007年		2008年		2009年		2010年	
		人次	比例	人次	比例	人次	比例	人次	比例	人次	比例	人次	比例	人次	比例	人次	比例
亚洲	黎巴嫩	/	/	/	/	/	/	2	0.1	7	0.25	3	0.11	3	0.12	5	0.14
	叙利亚	/	/	/	/	/	/	4	0.2	7	0.25	1	0.04	3	0.12	5	0.14
	乌兹别克斯坦	/	/	/	/	/	/	2	0.1	1	0.04	5	0.19	2	0.08	4	0.11
	阿联酋	/	/	/	/	/	/	13	0.64	16	0.57	15	0.57	8	0.32	3	0.08
	约旦	/	/	/	/	/	/	/	/	1	0.04	5	0.19	/	/	3	0.08
	沙特阿拉伯	/	/	/	/	/	/	/	/	3	0.11	2	0.08	3	0.12	2	0.06
	巴基斯坦	/	/	3	0.15	2	0.09	1	0.05	1	0.04	2	0.08	2	0.08	2	0.06
	缅甸	/	/	/	/	/	/	2	0.1	1	0.04	2	0.08	/	/	2	0.06
	文莱	/	/	/	/	/	/	/	/	1	0.04	3	0.11	/	/	2	0.06
	蒙古	/	/	/	/	/	/	/	/	/	/	/	/	/	/	2	0.06
	科威特	/	/	/	/	/	/	/	/	/	/	/	/	/	/	2	0.06
	孟加拉国	/	/	/	/	/	/	3	0.15	/	/	2	0.08	1	0.04	1	0.03
	巴林	/	/	/	/	/	/	/	/	/	/	/	/	/	/	1	0.03
	孟加拉国	/	/	/	/	/	/	/	/	/	/	/	/	/	/	1	0.03
	老挝	/	/	/	/	/	/	/	/	/	/	/	/	/	/	1	0.03
	马尔代夫	/	/	/	/	/	/	/	/	/	/	/	/	/	/	1	0.03
	斯洛文尼亚	/	/	/	/	/	/	2	0.1	1	0.04	1	0.04	4	0.16	/	/
	阿富汗	/	/	/	/	/	/	/	/	/	/	/	/	6	0.24	/	/
	斯里兰卡	/	/	/	/	/	/	13	0.64	1	0.04	4	0.15	2	0.08	/	/
	格鲁吉亚	/	/	/	/	/	/	/	/	/	/	/	/	1	0.04	/	/
	哈萨克斯坦	/	/	/	/	/	/	/	/	2	0.07	2	0.08	/	/	/	/
	吉尔吉斯坦	/	/	/	/	/	/	/	/	1	0.04	/	/	/	/	/	/
	土库曼斯坦	/	/	/	/	/	/	1	0.05	/	/	/	/	/	/	/	/
	亚美尼亚	/	/	/	/	/	/	/	/	1	0.04	/	/	/	/	/	/
欧洲	德国	52	3.7	73	3.75	96	4.15	100	4.9	98	3.47	94	3.58	90	3.60	129	3.61
	英国	22	1.5	34	1.74	65	2.81	29	1.42	66	2.34	64	2.44	82	3.28	103	2.88
	意大利	11	0.7	48	2.46	61	2.64	38	1.86	44	1.56	45	1.71	50	2.00	68	1.90
	法国	19	1.3	26	1.33	34	1.47	27	1.32	46	1.63	38	1.45	45	1.80	61	1.70
	西班牙	16	1.1	36	1.85	19	0.82	24	1.18	25	0.88	32	1.22	28	1.12	43	1.20
	俄罗斯	/	/	/	/	/	/	51	2.5	48	1.7	27	1.03	36	1.44	42	1.17
	土耳其	12	0.8	17	0.87	23	1	11	0.54	19	0.67	16	0.61	15	0.60	29	0.81
	荷兰	12	0.8	21	1.08	19	0.82	14	0.69	27	0.96	16	0.61	17	0.68	27	0.75
	比利时	8	0.5	6	0.31	10	0.43	6	0.29	4	0.14	5	0.19	8	0.32	14	0.39
	瑞典	/	/	/	/	/	/	8	0.39	13	0.46	19	0.72	7	0.28	14	0.39
	捷克	/	/	/	/	/	/	4	0.2	5	0.18	8	0.30	8	0.32	13	0.36

洲别	国家或地区	2003年		2004年		2005年		2006年		2007年		2008年		2009年		2010年	
		人次	比例	人次	比例	人次	比例	人次	比例	人次	比例	人次	比例	人次	比例	人次	比例
欧洲	奥地利	/	/	3	0.15	14	0.61	4	0.2	9	0.32	7	0.27	7	0.28	13	0.36
	瑞士	/	/	/	/	/	/	8	0.39	9	0.32	12	0.46	6	0.24	13	0.36
	丹麦	/	/	/	/	/	/	1	0.05	11	0.39	8	0.30	14	0.56	12	0.34
	挪威	6	0.4	10	0.51	4	0.17	8	0.39	6	0.21	4	0.15	5	0.20	12	0.34
	芬兰	5	0.3	11	0.56	12	0.52	8	0.39	9	0.32	11	0.42	6	0.24	8	0.22
	乌克兰	/	/	/	/	/	/	2	0.1	5	0.18	10	0.38	9	0.36	6	0.17
	波兰	/	/	/	/	/	/	5	0.25	7	0.25	9	0.34	5	0.20	6	0.17
	葡萄牙	/	/	/	/	/	/	3	0.15	6	0.21	6	0.23	3	0.12	6	0.17
	匈牙利	/	/	/	/	/	/	/	/	5	0.18	6	0.23	3	0.12	5	0.14
	希腊	/	/	/	/	/	/	5	0.25	5	0.18	3	0.11	2	0.08	4	0.11
	斯洛伐克	/	/	/	/	/	/	2	0.1	3	0.11	5	0.19	/	/	4	0.11
	爱尔兰	/	/	/	/	/	/	7	0.34	1	0.04	8	0.30	3	0.12	3	0.08
	立陶宛	/	/	/	/	/	/	/	/	1	0.04	1	0.04	1	0.04	3	0.08
	马其顿	/	/	/	/	/	/	/	/	/	/	/	/	/	/	3	0.08
	克罗地亚	/	/	/	/	/	/	1	0.05	3	0.11	3	0.11	/	/	2	0.06
	波斯尼亚	/	/	/	/	/	/	/	/	/	/	/	/	/	/	2	0.06
	阿曼	/	/	/	/	/	/	/	/	/	/	/	/	/	/	1	0.03
	塞尔维亚	/	/	/	/	/	/	1	0.05	3	0.11	1	0.04	4	0.16	1	0.03
	拉脱维亚	/	/	/	/	/	/	2	0.1	2	0.07	2	0.08	/	/	1	0.03
	塞浦路斯	/	/	/	/	/	/	1	0.05	1	0.04	1	0.04	2	0.08	/	/
	阿尔巴尼亚	/	/	/	/	/	/	/	/	/	/	/	/	1	0.04	/	/
	白俄罗斯	/	/	/	/	/	/	1	0.05	/	/	2	0.08	1	0.04	/	/
	爱沙尼亚	/	/	/	/	/	/	/	/	1	0.04	1	0.04	/	/	/	/
	罗马尼亚	/	/	/	/	/	/	3	0.15	1	0.04	2	0.08	/	/	/	/
	马耳他	/	/	/	/	/	/	/	/	1	0.04	/	/	/	/	/	/
	乌兹别克斯坦	/	/	/	/	/	/	/	/	2	0.07	/	/	/	/	/	/
南美洲	巴西	/	/	/	/	/	/	16	0.78	30	1.06	42	1.60	53	2.12	66	1.84
	墨西哥	/	/	/	/	/	/	13	0.64	23	0.81	33	1.26	18	0.72	34	0.95
	阿根廷	/	/	/	/	/	/	6	0.29	8	0.28	14	0.53	8	0.32	16	0.45
	哥伦比亚	/	/	/	/	/	/	4	0.2	9	0.32	3	0.11	15	0.60	9	0.25
	厄瓜多尔	/	/	/	/	/	/	2	0.1	4	0.14	6	0.23	1	0.04	9	0.25
	秘鲁	/	/	/	/	/	/	/	/	9	0.32	3	0.11	3	0.12	7	0.20
	智利	/	/	/	/	/	/	8	0.39	5	0.18	7	0.27	2	0.08	5	0.14
	巴拿马	/	/	/	/	/	/	4	0.2	/	/	/	/	2	0.08	4	0.11
	巴拉圭	/	/	/	/	/	/	/	/	/	/	/	/	/	/	4	0.11

洲别	国家或地区	2003年		2004年		2005年		2006年		2007年		2008年		2009年		2010年	
		人次	比例	人次	比例	人次	比例	人次	比例	人次	比例	人次	比例	人次	比例	人次	比例
南美洲	委内瑞拉	/	/	/	/	/	/	1	0.05	/	/	3	0.11	2	0.08	3	0.08
	哥斯达黎加	/	/	/	/	/	/	1	0.05	1	0.04	1	0.04	2	0.08	2	0.06
	古巴	/	/	/	/	/	/	/	/	1	0.04	1	0.04	/	/	2	0.06
	马提尼克岛	/	/	/	/	/	/	/	/	/	/	/	/	/	/	2	0.06
	玻利维亚	/	/	/	/	/	/	2	0.1	1	0.04	2	0.08	1	0.04	1	0.03
	牙买加	/	/	/	/	/	/	/	/	/	/	/	/	/	/	1	0.03
	阿尔及利亚	/	/	/	/	/	/	/	/	1	0.04	1	0.04	2	0.08	/	/
	危地马拉	/	/	/	/	/	/	3	0.15	1	0.04	2	0.08	6	0.24	/	/
	巴哈马	/	/	/	/	/	/	1	0.05	/	/	/	/	/	/	/	/
	波多黎各	/	/	/	/	/	/	/	/	3	0.11	3	0.11	/	/	/	/
	萨尔瓦多	/	/	/	/	/	/	2	0.05	/	/	/	/	/	/	/	/
非洲	南非	/	/	/	/	/	/	9	0.44	22	0.78	23	0.88	5	0.20	16	0.45
	摩洛哥	/	/	/	/	/	/	/	/	10	0.35	4	0.15	7	0.28	5	0.14
	加纳	/	/	/	/	/	/	2	0.1	1	0.04	5	0.19	1	0.04	4	0.11
	尼日利亚	/	/	/	/	/	/	3	0.15	6	0.21	3	0.11	6	0.24	3	0.08
	埃及	/	/	/	/	/	/	3	0.15	4	0.14	2	0.08	4	0.16	3	0.08
	多哥	/	/	/	/	/	/	1	0.05	/	/	/	/	/	/	3	0.08
	乌干达	/	/	/	/	/	/	1	0.05	/	/	1	0.04	3	0.12	2	0.06
	安哥拉	/	/	/	/	/	/	/	/	/	/	/	/	/	/	2	0.06
	塞内加尔	/	/	/	/	/	/	/	/	/	/	/	/	/	/	2	0.06
	乌拉圭	/	/	/	/	/	/	/	/	/	/	/	/	/	/	1	0.03
	埃塞俄比亚	/	/	/	/	/	/	/	/	/	/	/	/	1	0.04	1	0.03
	刚果	/	/	/	/	/	/	/	/	/	/	/	/	1	0.04	1	0.03
	毛里求斯	/	/	/	/	/	/	/	/	2	0.07	4	0.15	1	0.04	1	0.03
	纳米比亚	/	/	/	/	/	/	/	/	/	/	/	/	/	/	1	0.03
	喀麦隆	/	/	/	/	/	/	/	/	/	/	/	/	/	/	1	0.03
	突尼斯	/	/	/	/	/	/	5	0.25	3	0.11	1	0.04	2	0.08	/	
	博茨瓦纳	/	/	/	/	/	/	/	/	/	/	/	/	1	0.04	/	/
	布基纳法索	/	/	/	/	/	/	/	/	/	/	/	/	1	0.04	/	/
	津巴布韦	/	/	/	/	/	/	/	/	1	0.04	1	0.04	1	0.04	/	/
	科特迪瓦	/	/	/	/	/	/	/	/	2	0.07	2	0.08	1	0.04	/	/
	肯尼亚	/	/	/	/	/	/	/	/	1	0.04	1	0.04	1	0.04	/	/
	卢旺达	/	/	/	/	/	/	/	/	/	/	/	/	1	0.04	/	/
	坦桑尼亚	/	/	/	/	/	/	/	/	1	0.04	1	0.04	1	0.04	/	/
	利比亚	/	/	/	/	/	/	1	0.05	/	/	/	/	/	/	/	/

洲别	国家或地区	2003年		2004年		2005年		2006年		2007年		2008年		2009年		2010年	
		人次	比例	人次	比例	人次	比例	人次	比例	人次	比例	人次	比例	人次	比例	人次	比例
非洲	尼日尔	/	/	/	/	/	/	/	/	1	0.04	1	0.04	/	/	/	/
大洋洲	澳大利亚	23	1.7	48	2.46	78	3.38	47	2.31	93	3.29	78	2.97	94	3.76	139	3.88
	新西兰	/	/	/	/	/	/	4	0.2	13	0.46	9	0.34	12	0.48	12	0.34
	斐济	/	/	/	/	/	/	/	/	2	0.07	/	/	/	/	1	0.03
北美洲	美国	81	5.6	188	9.65	251	10.86	201	9.86	259	9.16	191	7.27	221	8.85	293	8.19
	加拿大	25	1.7	25	1.28	32	1.38	32	1.57	30	1.06	33	1.26	32	1.28	26	0.73

2002～2010年历届上海乐器展观众分析——参观目的

参观目的	2002年	2003年	2004年	2005年	2006	2007	2008年	2009年	2010年
看样订货	10%	17.30%	24.01%	16.61%	19.26%	20.69%	27.37%	36%	36%
参加会议论坛	5%	4.20%	3.62%	2.87%	2.71%	2.23%	6.73%	29%	36%
收集市场和产品信息	22%	16.20%	21.43%	16.07%	17.74%	13.78%	17.19%	23%	27%
观看现场表演	3%	4.80%	13.37%	11.31%	9.59%	13.29%	12.15%	21%	20%
寻求合作伙伴	12%	8.30%	11.02%	7.64%	9.38%	6.82%	8.48%	13%	14%
比较不同产品/供货商/同行对手	7%	5.80%	7.07%	5.48%	5.34%	2.73%	5.33%	9%	11%
联络固有的供应商和销售商	9%	5.30%	50.65%	3.62%	4.57%	4.83%	4.59%	8%	10%
确定下届是否参展	/	/	/	/	/	/	1.67%	5%	6%
其他	2%	2.50%	0.29%	/	4.21%	0.81%	2.78%	/	/

2002～2010年历届上海乐器展观众分析——从事职业

从事的职业	2002年	2003年	2004年	2005年	2006年	2007年	2008年	2009年	2010年
零售/批发	11%	24.50%	16%	15.02%	11.50%	17.07%	19.29%	21%	23%
制造商	27%	21.30%	14%	13.80%	14.71%	11.28%	11.27%	16%	12%
音乐类院校及音乐培训机构	16%	7.30%	10%	17.49%	6.42%	11.76%	15.01%	14%	14%
文艺团体	6%	3.60%	10%	9.74%	21.52%	7.73%	13.60%	13%	14%
青少年活动中心/幼儿园/中小学/大学	/	/	/	/	/	/	/	12%	12%
进出口/代理	26%	33.90%	26%	27.33%	26.70%	34.45%	32.99%	11%	11%
协会	2%	0.70%	4%	2.54%	1.55%	1.82%	2.27%	2%	2%
媒体	2%	0.70%	3%	2.36%	2.17%	2.73%	2.91%	2%	2%
其他	10%	7.10%	12%	7.05%	15.43%	13.16%	2.66%	9%	8%

2002~2010年历届上海乐器展观众分析——感兴趣产品

感兴趣产品	2002年	2003年	2004年	2005年	2006年	2007年	2008年	2009年	2010年
民族乐器	8%	14%	28.63%	14.35%	32.81%	23.66%	17.63%	45%	43%
铜管、木管乐器	8%	17.20%	34.31%	15.61%	34.39%	25.34%	15.13%	37%	38%
钢琴及键盘	28%	14.70%	31.61%	15.03%	31.52%	20.97%	14.27%	31%	33%
弦乐器	6%	10.90%	27.24%	12.92%	28.22%	18.78%	12.52%	29%	31%
电声乐器	18%	9.40%	26.24%	11.69%	26.17%	18.87%	10.56%	25%	26%
打击乐器	6%	8.20%	20.29%	10.11%	23.56%	16.59%	10.29%	23%	25%
乐器配件	12%	7.90%	10.77%	5.33%	10.66%	6.85%	6.61%	22%	24%
乐谱	1.50%	4.40%	15.26%	7.48%	15.93%	10.13%	5.65%	20%	20%
音乐相关电脑硬件软件	1.50%	3%	9.64%	3.97%	8.15%	4.65%	4.27%	11%	12%
协会/媒体	4%	2.30%	5.57%	2.45%	5.28%	3.04%	1.82%	6%	6%
其他	/	/	/	1.06%	3.17%	2.15%	1.25%	3%	3%

第108届美国国际乐器展览会(2010 NAMM SHOW)简况

2010年1月13日，第108届美国国际乐器展览会（2010 NAMM SHOW）在加州阿纳海姆会展中心拉开序幕。据主办方美国国际音乐制品协会（NAMM）公布，本届NAMM乐器展共有1373家展商参展，注册观众87569人，较去年增长2个百分点，但国际观众人数下降2%。尽管参展商数量较去年有所减少，但可喜的是，有近250家新公司参展，创下百年展会一次性吸引新展商参展的新高。

本届展会，包括香港和台湾在内的中国参展商共计134家，其中内地参展商95家，较去年增长13.1%。来自广东的参展企业数量最多，共计34家，较2009年增加7家，其次为浙江、北京、天津等省市。与以往不同的是，钢琴企业的参展数量较以往有所减少，相反，电声乐器企业大放异彩。

展会期间，NAMM主持召开了年度国际乐器联盟大会，为各国乐器行业组织、生产商、销售商及媒体等提供研究、交流的高端平台。本届展会的NAMM大学讲座共计40余节免费课程，每半小时一场，涉及音乐制品行业的各个方面，如乐器公司财务分析、琴行有效经营管理、音乐人口开发、网络乐器营销、音乐教育公关等各个方面内容。

第108届美国国际乐器展览会(2010 NAMM SHOW)参展国家（地区）概况

国家及地区	2010年参展商数	2009年参展商数	增幅（%）
亚洲			
中国内地	95	84	13.10
中国台湾	31	35	-11.43
韩国	36	35	2.86
日本	17	19	-10.53
土耳其	7	9	-22.22
印度	4	7	-42.86
中国香港	2	3	-33.33
泰国	1	3	-66.67
新加坡	1	2	-50.00
欧洲			
德国	45	60	-25.00
意大利	18	22	-18.18

国家及地区	2010年参展商数	2009年参展商数	增幅（%）
西班牙	14	23	-39.13
法国	22	23	-4.35
英国	30	31	-3.23
瑞典	5	8	-37.50
瑞士	8	5	60.00
比利时	2	3	-33.33
荷兰	1	2	-50.00
奥地利	5	3	66.67
捷克	3	1	200.00
波兰	1	2	-50.00
爱尔兰	2	1	100.00
克罗地亚	1	1	0.00
拉脱维亚	1	1	0.00

国家及地区	2010年参展商数	2009年参展商数	增幅（%）
匈牙利	1	1	0.00
芬兰	3	2	50.00
挪威	1	1	0.00
葡萄牙	1	0	/
保加利亚	1	0	/
南美洲			
巴西	9	15	-40.00
阿根廷	3	2	50.00

国家及地区	2010年参展商数	2009年参展商数	增幅（%）
墨西哥	3	1	200.00
北美洲			
美国	1127	1230	-8.37
加拿大	36	60	-40.00
大洋洲			
澳大利亚	6	7	-14.29
新西兰	1	2	-50.00

第108届美国国际乐器展览会（2010 NAMM SHOW）中国内地参展商名录

北京

北方国家集团天津同鑫进出口有限公司
北京榜首科技有限公司
北京倍利可轻工进出口有限公司
北京晨光乐器有限公司
北京东方鹿鸣国际展览有限公司
北京捷宁珍珠贝壳制品有限公司
北京蓝摇乐器公司
北京连怡乐商贸有限公司
北京喜洋洋乐器有限公司
北京星海钢琴（集团）公司
北京艺苑乐器制造有限公司
北京长安乐器有限公司
中音集团
中展海外展览有限公司

福建

厦门欧丽斯乐器有限公司

广东

恩平市邦华电子有限公司
奥新电子科技有限公司
恩平市华纳电声器材厂
恩平市卡赛特电子有限公司
恩平市新盈科电声科技有限公司
广东省恩平市平石茶坑亿科电子厂
广州大铃乐器制造有限公司
广州杜氏音响有限公司
广州花都区康施德乐器厂
广州吉声乐器实业公司
广州市白云区同和天拓麦克风制造厂
广州市迪声音响有限公司
广州市华成乐器制造有限公司
广州市朗睛发展有限公司
广州市罗曼士乐器制造有限公司
广州市天樱电子有限公司
广州市新艺宝乐器有限公司
广州市紫罗兰乐器厂
龙声乐器制造有限公司
深圳市阿诺玛乐器有限公司
深圳市宝业恒实业发展有限公司
深圳市大普舞台灯光科技有限公司
深圳市伏荣科技开发有限公司
深圳市佳浩科技有限公司

深圳市隽乐电子技术发展有限公司
深圳市蓝精灵乐器有限公司
深圳市咪发发科技有限公司
深圳市帕思高电子有限公司
深圳市蔚科电子科技开发有限公司
深圳市兴天炽电子科技有限公司
深圳市伊诺乐器有限公司
深圳市正威电子有限公司
深圳市卓乐科技有限公司
深圳宇音电子有限公司

河北

霸州市銮宇乐器有限公司
衡水多丽乐器有限公司

湖北

武汉斯欧克乐器制造有限公司

江苏

泰兴凤灵乐器有限公司
南京爱韵贸易实业有限公司
吟飞电子常州有限公司
江阴激扬乐器有限公司
江阴金杯安琪乐器有限公司
常州对外贸易有限公司

上海

上海银笛音响有限公司
兰声泓乐进出口有限公司
上海尚胜电子有限公司
上海美食精密仪器有限公司

山东

山东泰山管乐器制造有限公司
潍坊宏韵乐器有限公司

天津

比扬（天津）乐器制造有限公司
天津市久跃科技有限公司
三瑞（天津）国际贸易有限公司
天津金雅佳乐器有限公司
天津圣迪乐器有限公司
天津兆隆国际贸易有限公司
天津创丰乐器进出口贸易有限公司
天津福利特配件有限公司
天津津宝乐器有限公司
天津同鑫进出口有限公司
天津日兴国际贸易有限公司
三金国际贸易（天津）有限公司
东联（天津）国际贸易有限公司

浙江

嘉兴金利达电子有限公司
宁波柏人艾电子有限公司
宁波普洛咪科技有限公司
宁波市向阳集团有限公司
宁波市鄞州奥创电子有限公
宁波市鄞州甬港电子元件厂
杭州斯达特乐器有限公司
杭州沃尔特数码钢琴有限公司
宁波日兴电子有限公司
宁波市镇海磊磊音响器材厂
宁海弘鼎乐器有限公司
宁波市江北雪海音响有限公司
宁波市鄞州艾通电子有限公司
宁波远东进出口有限公司
宁波天升嘉华塑胶制品有限公司
宁波音王集团有限公司
宁波飞扬音响技术有限公司
宁波特诺奇音响有限公司

注1：广州珠江钢琴集团股份有限公司以美国分公司名义参展

注2：本文中所涉及的数据均统计自NAMM官方网站及2010 NAMM展会会刊,仅供参考。

第31届法兰克福国际乐器展览会(2010 Musik messe)简况

第31届法兰克福国际乐器展览会（2010 Music Messe）共有近2340家展商参展，其中乐器类展商1510家，灯光音响类展商829家，国际展商比例达到62%，来自128个国家和地区的近11万名观众参观，德国之外的国际观众约4万名，展商和观众数量较2009年（2388家展商、112478名观众）略有下降。但主办方称，总体来看，世界金融危机对乐器和灯光音响方面的影响有限，本届法兰克福国际乐器展览会的参展商和观众人数均超过预期，进一步巩固了行业领域国际乐器大展的地位。

参展商对行业未来发展前景持较为审慎的态度。据主办方调查统计，展商对本届展会的满意度约为70%，观众满意度约为80%，反映出行业前景发展态势良好。

第31届法兰克福国际乐器展览会(2010 Musik messe)中国内地参展商名录

北京

北京星海钢琴集团公司
北京长安乐器有限公司
中轻文教体育用品进出口总公司
北京双喜乐器有限公司
北京欧佩斯乐器国际贸易有限公司
北京菁菁杰乐乐器有限公司
北京晨光缘乐器有限公司
北京艺博提琴制造有限公司
北京德勇乐器有限公司
北京蓝摇乐器公司
北京艺苑乐器制造有限公司
北京迈氏演艺器材有限公司
北京Airtone乐器有限公司

天津

天津津宝乐器有限公司
天津爱玲国际贸易有限公司
比扬（天津）乐器制造有限公司
天津福利特配件国际贸易有限公司
汇源隆国际贸易天津有限公司
天津津仕达国际贸易有限公司
天津日兴国际贸易有限公司
三瑞（天津）国际贸易有限公司
天津凤丹乐器进出口贸易有限公司
天津华韵乐器（集团）有限公司
天津久跃科技有限公司
天津金雅佳乐器有限公司
天津隆兴集团进出口有限公司
三金国际贸易（天津）有限公司
天津波菲曼国际贸易有限公司
天津创丰乐器进出口贸易有限公司
天津福格斯进出口贸易有限公司
天津市鑫海笛乐器有限公司
天津予华国际贸易有限公司
北方国际集团天津同鑫进出口有限公司
天津星汉国际贸易有限公司
天津大兴乐器有限公司
天佑缝制（天津）有限公司
天津大成乐器厂

天津Master进出口公司

上海

上海民族乐器一厂
上海中雅钢琴有限公司
上海华兴乐器有限公司
晶琴乐器（上海）有限公司
兰生泓乐进出口有限公司
江苏东方乐器有限公司
上海市新忠乐器哨片厂

河北

河北金音乐器有限公司
河北霸州銮宇乐器有限公司
廊坊圣爱工艺品有限公司
香河天音乐器有限公司

山东

山东泰山管乐器制造有限公司
烟台金斯波格钢琴有限责任公司
潍坊宏韵乐器有限公司
潍坊盛大音响有限公司
山东昌乐逸群乐器有限公司
聊城山石麦尔乐器有限公司
龙口东星乐器有限公司
龙口金鸣乐器有限公司
龙口锦盛乐器有限公司
龙口市金英乐器制造有限公司

湖北

武汉艾立卡电子有限公司
武汉海平乐器制造有限公司
武汉邢氏乐器制造有限公司
宜昌金宝乐器制造有限公司

安徽

淮南市乐森黑马乐器有限公司

广东

广州珠江钢琴集团股份有限公司
广州罗曼士乐器制造有限公司
广州轻工集团文体用品有限公司
广州红棉吉它有限公司
广州吉声乐器实业公司
广州阿尔达米拉乐器有限公司
广州市花都区康施德乐器厂
广州市迪声音响有限公司
广州市汇友箱包制造有限公司
广州鲁益乐器箱包有限公司
广州大铃乐器制造有限公司
广州市华成乐器制造有限公司
广州市花都区天声乐器厂
广州威柏乐器制造有限公司
广东衡昇乐器制造厂
广州顺昌乐器有限公司
乐盟国际（中国）股份有限公司
广东三基音响系统工程有限公司
广东明科环保节能有限公司
高要市金信乐器金属制品厂
深圳伊诺乐器有限公司
深圳市阿诺玛乐器有限公司
深圳蔚科电子科技开发有限公司
深圳市卓乐科技有限公司
深圳市伏荣科技开发有限公司
深圳市浩佳科技有限公司
深圳市咪发发科技有限公司
深圳市朗韵乐器有限公司
深圳市蓝精灵乐器有限公司
深圳市隽乐电子技术发展有限公司
深圳郎韵乐器有限公司
佛山佰添乐器有限公司
惠阳市秋长声柏乐器木器厂
佛山市南海区金沙达成弦乐制造厂
惠州市乐音乐器有限公司
惠阳倍铃乐器配件有限公司
揭阳市长城乐器制造厂有限公司
惠阳铭仕乐器配件有限公司
宇声乐器（惠州）有限公司
Kingstar Int' l Enteprise Ltd.
SOAR INT' L TRADING LTD.

Pokar Industrial Ltd.

江苏

泰兴凤灵乐器集团
江苏天鹅乐器有限公司
江苏新世纪乐器有限公司
江阴金杯安琪乐器有限公司
江阴激扬乐器有限公司
吟飞科技（江苏）有限公司
南京摩德利钢琴有限公司
南京爱韵贸易实业有限公司
常州林音电子有限公司
常熟市中安宏方乐器有限公司
苏州明星琴弓乐器有限公司
苏州市相城区骑河乐器配件厂

浙江

杭州沃尔特数码钢琴有限公司
杭州爱尔科电子有限公司
宁波爱歌电声电器有限公司
宁波保税区依格拉工艺品有限公司
宁波市鄞州甬港电子元件厂
宁波市鄞州正美电子元件厂
宁波威信乐器有限公司

2010年世界乐器展览会综述

2010年，随着世界金融危机的影响弱化，全球经济呈逐渐复苏的势头。在此背景下，亚洲、北美洲、欧洲等地举办的别具特色的乐器展览会，为繁荣世界乐器市场、推动行业发展搭建了积极的交流平台。

展览会总数减少但规模扩大

适逢某些国家双年举办乐器展，因此，2010年展览会总数较2009年有所较少，如2010年日本仅有弦乐器制作者协会举办的“日本弦乐器展”，而由日本乐器展览协会主办的展会于2011年底举办。双年展的莫斯科乐器展2010年也未举办，于2011年9月举办。此外，伦敦乐器展主办方宣布，2010年伦敦乐器展不再举办，推迟至2011年9月。总体来讲，2010年多个国家举办的乐器展览会中，无论展商还是观众数量、展出面积均较上年有所增长。

新老展会此起彼伏交相辉映

在众多展览中，既有NAMM展、法兰克福乐器展、加拿大乐器展、上海国际乐器展、意大利克雷蒙娜乐器展、巴西乐器展等规模稳定、相对成熟的乐器展览，也有中东、台湾等新兴乐器展，说明乐器市场既有良好发展基础，又有很大发展后劲。

中国乐器市场依旧受到世界乐器行业积极关注

2010年中国（上海）国际乐器展览会已成功举办了9个年头，展会规模年年提高，受到世界乐器界的极大关注。各参展企业纷纷推出了最新高科技创新产品，为业界和音乐爱好者带来了更新的理念，开拓了视野，为世界乐器市场的复苏和发展发挥了重要作用。

2010年世界乐器展览会一览

美国洛杉矶阿纳海姆冬季乐器展
（The NAMM Show）

第108届

2010.1.12-1.16

展会地点：阿纳海姆

主办单位：美国国际音乐制品协会

展品范围：各种乐器、音响

展会规模：展商1373家，观众总计87569人

中国（广州）国际专业音响、灯光、乐器展览会

第8届

2010.3.10-3.12

展会地点：广州

主办单位：广东省科学技术厅、广东省文化厅、国家轻工业乐器信息中心

展品范围：西乐器、民族乐器

展会规模：乐器参展商182家，观众35750人

德国法兰克福国际乐器、乐谱及附件展览会
（Musikmesse 2010）

第31届

2010.3.24-3.27

展会地点：法兰克福

主办单位：德国法兰克福展览公司

展品范围：各类乐器、乐器配件、乐谱、音乐硬软件、音乐出版物等

展会规模：乐器展商1510家，观众总数79069人

中东（迪拜）乐器博览会（MUSAC 2010）

第5届

2010.4.18-4.20

展会地点：阿联酋迪拜

主办单位：中东IIR展览公司

展品范围：东西方各类乐器、阿拉伯民俗乐器等

展会规模：展商800余家，专业观众人数7000多名

加拿大乐器展（MIAC 2010）

第39届

2010.5.16-5.17

展会地点：多伦多

主办单位：加拿大乐器协会（MIAC）

展品范围：乐器及配件、键盘、音乐软件、专业音响等

展会规模：展商126家，观众2000余人

中国国际专业音响·灯光·乐器及技术展览会（PALM Expo）

第19届

2010.5.20-5.23

展会地点：北京

主办单位：中国演艺设备技术协会

展品范围：乐器、民族乐器等

展会规模：乐器、音响、灯光参展商总计1150家

美国NAMM夏季乐器展（Summer NAMM Show）

2010.6.18-6.20

展会地点：纳什维尔

主办单位：美国国际音乐制品协会

展品范围：以美国国内乐器商展示和音乐教育人士使用的乐器为主

展会规模：370余家展商参展,观众11000余名

台北两岸乐器大展

2010.7.2-7.5

展会地点：台北

主办单位：台北市乐器商业同业公会、中联国际展览有限公司

展品范围：管乐器、弦乐器、键盘乐器、电子乐器、打击乐器、灯光音响区、乐器零配件

展会规模：展出总面积2000多平方米，展商80余家

巴西圣保罗国际乐器展览会（Expomusic 2010）

第27届

2010.9.22-9.26

展会地点：圣保罗

主办单位：FRANCAL展览公司

展品范围：各种乐器、音响及配件、相关媒体及专业刊物

展会规模：展出总面积15000平方米，共200展商参展

澳大利亚乐器展（AMAC 2010）

不定期年度展

2010.9.30-10.1

展会地点：墨尔本

主办单位：澳大利亚乐器协会

展品范围：钢琴、电声乐器、打击乐器

展会规模：展出面积5000余平方米

意大利克雷蒙娜乐器展（Cremona MondonMusica）

第23届

2010.10.1-10.3

展会地点：克雷蒙娜

主办单位：克雷蒙娜乐器展组委会

展品范围：以提琴等弦乐器为主，兼展弹拨乐器、琴弓、配件、乐谱等

展会规模：展商总数314家，观众总数11624人

中国（上海）国际乐器展览会（Music China）

第9届

2010.10.12-10.15

展会地点：上海

主办单位：中国乐器协会，上海国际展览中心有限公司，法兰克福（香港）展览公司

展品范围：钢琴、弦乐器、电声乐器、乐器配件、民族乐器、铜管乐器、打击乐器、相关协会媒体、乐谱、音乐书籍等

展会规模：展览面积达70000平方米，参展商1274家，观众人数达48047名

日本弦乐器展

第53届

2010.11.5-11.7

展会地点：东京

主办单位：日本弦乐器制作者协会

展品范围：提琴等弦乐器及配件、制作工具，吉他、曼陀铃、乐谱、箱包

展会规模：个人及团体展商106家，展出面积2000平方米左右

职业技能鉴定

2010年中国钢琴调律行业现状与发展

钢琴调律与钢琴制造相辅相成，钢琴调律师又称钢琴“保健医生”。

2010年，中国钢琴调律行业随着世界钢琴产业的缓慢复苏以及中国钢琴市场不断回暖，呈现出钢琴调律师队伍稳步扩大，技能素质逐步提高的良好发展态势。据中国乐器协会有关资料显示：自2002年钢琴调律师实行国家职业技能考核制度以来，截至2009年底，共有3397名钢琴调律师获得各级职业技能资格证书，其中初级技能（五级）1017人，中级技能（四级）1025人，高级技能（三级）1125人，技师（二级）134人，高级技师（一级）96人。2010年又有394名钢琴调律师取得了职业技能资格证书，比上年增长7.95%，其中取得初级技能证书159人，中级技能130人，高级技能66人，技师24人，高级技师15人。

记者采访了国内钢琴调律行业有关专家及鉴定站负责人金先彬、王兴龙、冯高昆、王耀中、陈惠庆、秦敏静、梁锐祥、王文琦、潘绮珊等，请他们介绍国内钢琴调律师行业的基本情况。

2010年钢琴调律师行业活动频繁，影响深远

5月28日中国乐器协会调律师分会三届二次会议在北京召开。中国乐器协会及钢琴调律师分会领导参加会议，会议总结了钢琴调律师分会换届以来的各项工作，决定成立由童志成、金先彬、王兴龙、周广仁、石叔诚、王可茂、阎学智、潘仲华组成的专家委员会；由冯高昆、陈重生、陈惠庆、程柏青、李任炜、王耀中组成的资格考试委员会。会议还讨论了2010年技师、高级技师资格鉴定工作、组团参观上海乐器展会及世博会、组团参加2011年在台湾召开的第12届国际钢琴技师及调律师年会、组织钢琴维修保养、调律制作等培训班及技术讲座、筹备2013年在中国召开的第13届国际钢琴技师及调律师年会等诸多事宜。

5月16日，在第20个全国助残日到来之际，“任炜盲人钢琴调律”在北京市少年宫为北京钢琴爱好者举行现场咨询活动，并为北京残疾人免费调修钢琴一次。“任炜盲人钢琴调律”是一家由盲人钢琴调律师组成的钢琴调律服务咨询中心。1999年，在北京市政府、市残联的支持下，为解决残疾人就业，拓宽残疾人就业渠道而创建的。在十多年的发展中，他们积累了上万名固定客户，在北京已占有大约10%的市场，获得用户的支持和认可，得到了“调钢琴找盲人”的良好口碑。上午10时，钢琴知识咨询活动启动仪式开始，“任炜盲人钢琴调律”向5位拥有钢琴的残疾人发放了免费钢琴调律服务卡。盲人钢琴调律师杨康为现场观众演奏钢琴，他纯熟的钢琴演奏技艺感动着每一位观众。

5月～9月，伍氏兴隆杯2010年广东省钢琴调律工种职业技能大赛在广州举行，这项赛事由广东省人民政府主办，广东省乐器协会承办，广州星海音乐学院协办，伍氏兴隆明式家具艺术有限公司冠名，广州珠江钢琴集团股份有限公司提供总决赛用琴。有来自广东省10个地区的300名选手报名参加，进入总决赛的70位选手经过3天的激烈角逐，广州珠江钢琴集团股份有限公司吴智杰以卧式钢琴实操成绩89.16分，荣获第一名，获得了广东省总工会授予的“广东省五一劳动奖章”，奖金三万元。总分前八名的吴智杰、徐婉儿、郭来龙、吴汉洲、陈兆股、林春伟、黄义军、陈伦化获“广东省技术能手”称号。总分前21名选手获“广东省优秀钢琴调律师”称号，授予盲人钢琴调律师陈伟坚“自强精神奖”。此外，对为本次决赛作出贡献的单位广州星海音乐学院乐器工艺系、伍氏兴隆明式家具艺术有限公司授予“特别贡献奖”，对广州珠江钢琴集团股份有限公司、深圳市福田区文化艺术培训行业协会授予“优秀组织奖”。这次比赛得到了广东省政府有关领导高度重视，省人力资源和社会保障厅

郑朝阳副厅长，省工业工会罗鹏雄主席，省职业技能鉴定指导中心陈锐彬主任、杨耀基副主任，星海音乐学院周广平副院长等领导出席了比赛开幕式。广东省钢琴调律师技能比赛不仅在广东省引起强烈反响，在国内也得到了钢琴调律界普遍关注，大大调动了钢琴调律师的积极性。

上海乐器协会成立钢琴调律师俱乐部，现有60多名个人会员，定期开展各项活动。7～10月份，该俱乐部相继组织了三次中外调律师技术交流活动，使国内钢琴调律师有机会学习到外国钢琴调律的先进技术和理念，有力地推动国内钢琴调律的健康发展。一，邀请美国旧金山地区调律师主考官和华人调律师黄智炜先生来上海进行讲课，并组织到上海钢琴公司进行现场示范，互相交流，同时介绍了美国钢琴调律师考核鉴定办法，这是一次中美调律行业面对面交流；二，邀请原日本雅马哈的技术主管大谷照夫先生到上海邦德学院讲钢琴调律和整音的重要性，大谷照夫的生动讲课深得学生一致好评；三，是在上海国际乐器展览会期间，邀请曾在Seiler钢琴公司担任技术总监的德国Joachim Leonardy（约希恩·里昂纳迪）先生，主讲钢琴整音的原理，他用投影仪图文并茂，同声翻译效果非常好，来自全国的七八十位调律师来参加听课，课后大家踊跃提问交流，气氛热烈。组织这些活动的陈惠庆表示，技术是没有国界的，今后要不断用国外好的技术和经验来提高国内的调律技术。

9月18日在上海举行全国钢琴调律技术研讨会，来自全国15个省、市的57名钢琴调律师，在上海邦德职业技术学院参加了由中国乐器协会钢琴调律师分会筹划，上海市乐器行业协会承办的全国钢琴调律技术研讨会。中国乐器协会钢琴调律师分会、中国音乐家协会钢琴调律学会、江苏省钢琴技师调律师协会、浙江省音乐家协会钢琴调律师分会、河南省钢琴调律师专业委员会等都派出代表参加会议。出席本次研讨会的还有中国乐器协会曾泽民秘书长，上海邦德职业技术学院董事长朱德炎教授、院长任淑淳教授、数码分院院长崔子伟教授等。在这次研讨会上，金先彬、王兴龙、陈重生、陈惠庆等钢琴调律专家先后作了专题技术讲座，并就国内调律师所关心的钢琴调律理论知识，调律技巧、方法，和三角钢琴触感调整等问题做了精彩的讲课。

12月12日，吉林省钢琴调律师协会在长春大学音乐学院举行周年庆典暨第二次会员代表大会，来自省内各地市州50余名钢琴调律师参加了此次活动。会议进行了吉林省调律师分会成立一周年的工作总结，同时邀请青岛钢琴调律师李陆霈及长春的张晓康作调律技术讲座。

钢琴调律开始纳入院校正规教学课程

钢琴调律自2003年纳入国家职业大典以后，逐步走上规范教育的课堂，成为一门学历教育专业课程。据初步统计，2010年北京、上海、沈阳、宁波、广州、郑州、石家庄、南京、济南等地10余所大学或职业技术学校都建立钢琴调律本科及专科教育，已先后培养了数百名钢琴调律师，年轻的钢琴调律师们在接受系统的理论学习和实操训练后，陆续走上工作岗位，为钢琴企业及琴行等社会单位输送一批批专业人才，钢琴调律职业技能培训的正规化为社会提供了大量就业机会，钢琴调律师队伍的整体素质也由此得到很大提升。此外，2010年8月，经人力资源和社会保障部审核批准，由中国乐器协会组织专家编写的《钢琴调律师》国家职业资格培训教程1～5册（一级/高级技师、二级/技师、三级/高级技能、四级/中级技能、五级/初级技能）正式出版发行，该教程的出版为钢琴调律行业的人才培养提供了系统的教科书。

金先彬曾任中国乐器协会钢琴调律师分会会长，长期从事钢琴调律教学工作。他说，目前在北京有三所学校设置了钢琴调律专业，分别是北京电子科技职业技术学院，该校的钢琴调律专业有三个班，学生70～80人，三年制大专学历，毕业生就业率90%，每年北京星海钢琴公司都要招收5～6名学生。另外还有通州现代音乐学院和北京联合大学特殊教育学院（盲人调律班）。

上海钢琴公司总工程师陈惠庆多年来一直坚持上海地区的钢琴调律培训教学工作。他说，上海设有钢琴调律培训专业，毕业后颁发大专文凭的学校有三家：1、欧华职业技术学院，2、孔祥东音乐学校，3、邦德职业技术学院。每期招学生二三十人，学校有演奏琴房、调律琴房，还配置了多台三角钢琴，条件比较好，至今已有七八年的历史。过去每届学生有五十多个，今年是三十多个人，前几年社会需要量大，学生接受系统的专业培训如市场营销、钢琴构造、钢琴调律理论、钢琴演奏等课程非常受用人单位的肯定，就业率高达100%，并拿大专学历。琴行需要有知识的调律师，现在的消费者很多是年轻人，需要有专业知识的人员进行介绍和服务。

广州星海音乐学院工艺系主任梁锐祥说，广东省有三所学校设有钢琴调律专业，一所是星海音乐学院。从2002年开始设置调律专业，本科学历，常年招生，招生数量从每年2～3个，现在发展到每年招收15个学生。现共有在校生50人，学习科目主要定位在钢琴调律和维修上，学习重点以专业技能为主，学生就业没有问题，大部分进琴行，也有到外地学校担任调律专业老师的。此外还有地区级学校设立的钢琴调律专业，如：潮州市韩山学院（非常年招生），广东文艺职业学院（大专学历三年制），2007年开始招生，每年30人左右。

沈阳音乐学院乐器工艺系钢琴技术研究室主任秦敏静介绍，近年来辽宁省的钢琴生产与维护保养比前几年有了很大进步，钢琴调律以及售后服务质量也比以前有所提高。过去东北钢琴生产多注重数量，现在注重质量了，特别是琴行和消费者对钢琴质量以及售后服务要求越来越高，因此对调律师的水平素质也越来越严格了，这就给我们沈阳音乐学院调律专业提出了更高的要求，这几年我们学校调律专业学生数量在不断增加，学历有研究生，有本科生，每年招收学生15名左右，就业率大约80%。为了满足社会对调律师的要求，我们加强了专业环节的教学工作，注重提高学生的实际操作能力，与厂家合作，派学生去企业实习，尽可能使学生在学习期间理论与实践更好地结合起来，我们这种作法也受到国内各钢琴企业的欢迎。但我们认为，就目前学生的适应能力来讲，还达不到社会的要求，下一步我们将本着定向培养的目标，加快对学生实操能力的培训，转变社会对学生‘能说不能干’的印象。

各职业技能鉴定站进入规范发展轨道

2010年钢琴调律师职业技能鉴定与培训及鉴定站的资格考核和培训工作保持稳定发展态势，其中，北京鉴定站206名通过考核取得证书，上海鉴定所75名，广州鉴定站99名，南京艺术学院14名。

北京鉴定站负责人说，目前调律师鉴定站考核培训已经走上正轨，一年两次培训考核。全国各地的调律师报名积极，参加者踊跃，报考各级别的人数都有增加，过去报初级的人少，现在也增加了，大家都希望通过资格认证取得证书，以对自身能力有明确认可。为了保证调律师考核鉴定的质量，我们增加了各个级别实操考核难度，要求更加严格。

广州鉴定站负责人潘绮珊说，2010年除正常的一年二次考核以外，还特别针对高校毕业的大专班进行培训考核，对高级技师也进行了一次考试，在广东省钢琴调律职业技能大赛期间，为配合比赛也相应组织培训。

上海鉴定所负责人陈惠庆说，我们按中国乐器协会的要求每年组织两次调律师鉴定考核，每次参加30多人，另外还组织了一次技师鉴定。目前对钢琴调律师的资格鉴定社会上已经认可，调律师本人需要，社会上也需要，现在客户申请钢琴调律时，都开始过问调律师的级别了，上海市劳动局将调律师鉴定纳入正常工作体系，并制定了程序化的考试方法，每年开展各项工作。

社会钢琴调律现状有喜有忧

钢琴调律师分会秘书长王耀中说，目前全国大约有6000～8000个钢琴调律师，但是取得职业资格证书，成为调律师分会会员的仅有3000多人，会员数量还不够多。全国各地有许多具有较高水平的调律师，虽然在当地有较高知名度，但并不是会员，我们希望能把他们吸收进来，而且社会上大多数调律师也都希望加入调律师分会，这样对我们今后工作就有利。从调律师队伍的质量上讲，仍存在着水平参差不齐的状况，一部分调律师没有接触过钢琴的实际生产工艺，不熟悉钢琴的结构原理，只知道调音，不知道整理，调律师到客户家中从事钢琴维护保养工作，只管调音，把其他所有问题都归咎到钢琴质量上，这属于没有尽到一个调律师应尽的责任。

金先彬说，当前钢琴调律中调音问题已经基本解决，存在的主要问题是重调律、轻调整现象还比较严重，有过分追求调律理论，不注意实际操作

的倾向。另外，需要加强对三角琴的调整学习，现在三角琴已经开始进入家庭，但仅有少数调律师掌握这方面的技术，大多数调律师还没能全面掌握，而且三角钢琴调律工具也不完备。为了解决这个问题，我们应当择机举办三角钢琴调整技术研讨班，同时要加强钢琴调律师的培训，举办一些高级调律师培训班。

梁锐祥说，目前广东省的调律师可分为两部分，一是工厂的调律师，如珠江钢琴公司的钢琴调律十分严谨，工作十分认真，有效地保证了珠江钢琴的质量和售后服务。另一部分是为社会服务，集中在琴行和院校，这方面的调律师业务能力参差不齐的现象十分突出，好的钢琴调律师主要集中在院校和品牌钢琴专卖店里。学校毕业的学生水平比较高，完全可以满足进口钢琴、三角琴、演奏会用琴的调律需要，但这些学生大部分不愿意进工厂，都愿意到琴行谋职。目前整个调律师队伍存在的问题是综合素质不高，综合素质包括专业理论，实际操作能力以及对钢琴发展历史、结构、音质音色的理解。

陈惠庆说，现在社会上乐器销售单位有比较喜欢学校毕业的年轻钢琴调律师倾向，年轻的钢琴调律师能讲理论，懂钢琴构造原理还会操作和演奏，受到客户青睐，相比之下，一些老的钢琴调律师在这方面有点欠缺。

对钢琴调律分会和鉴定站充满期待

在记者对以上调律师分会领导、专家、鉴定站负责人进行采访当中，他们在充分肯定我国钢琴调律师取得进步的同时，也对未来钢琴调律行业，调律师队伍的发展提出自己的希望和要求：

希望钢琴调律师分会多开展一些活动，让中国钢琴调律师充满生机和活力，活动更加丰富多彩；希望钢琴调律师鉴定考核工作加快步伐，能够多开设一些鉴定站，多吸收一些调律师加入分会组织；加强调律师队伍的规范化管理，制定各个级别的调律师服务收费标准。

2010年全国钢琴调律师职业资格考核鉴定情况统计表

鉴定站(所)	鉴定日期	"五级/初级技能"	"四级/中级技能"	"三级/高级技能"	"二级/技师"	"一级/高级技师"	合计
北京鉴定站	2010年1月(调律班)	14					14
	2010年4月(考核鉴定)	13	15	11			39
	2010年6月(调律班)	12					12
	2010年10月(调律班)	17					17
	2010年10月(考核鉴定)	12	18	15			45
	2010年11月(安徽考核鉴定)	4	7	6	3	3	23
	2010年11月(技师考核鉴定)				7	7	14
小计		72	40	32	10	10	164
广州鉴定站	2010年4月(考核鉴定)	11	7	3			21
	2010年5月(调律班)	15					15
	2010年6月(调律班)		11				11
	2010年8月(调律班)	9	2				11
	2010年10月(调律班)	5	12	2			19
	2010年11月(技师考核鉴定)				3	2	5
	2010年12月(调律班)	15		2			17
小计		55	32	7	3	2	99
上海鉴定所	2010年4月(考核鉴定)	13	9	8			30
	2010年8月(技师考核鉴定)				11	3	14
	2010年10月(考核鉴定)	18	4	9			31
小计		31	13	17	11	3	75
北京电子科技职业学院(毕业生)		1	21				22
北京联合大学特殊教育学院(毕业生)			20				20
南京艺术学院流行音乐学院(毕业生)			4	10			14
小计		1	45	10			56
2010年合计		159	130	66	24	15	394

2010年通过钢琴调律师国家职业资格考核鉴定名单

北京鉴定站

姓名	性别	证书号	级别
王　琦	男	1058003001100012	一级/高级技师
赵振良	男	1058003001100013	一级/高级技师
毛　翔	男	1058003001100014	一级/高级技师
王来荣	女	1058003001100005	一级/高级技师
王立东	女	1058003001100006	一级/高级技师
朱鸿杰	男	1058003001100007	一级/高级技师
包林庆	男	1058003001100008	一级/高级技师
杨新武	男	1058003001100009	一级/高级技师
王四平	男	1058003001100010	一级/高级技师
王欣源	男	1058003001100011	一级/高级技师
汪　雨	男	1058003001200011	二级/技师
孙亚楠	男	1058003001200012	二级/技师
戚媛媛	女	1058003001200013	二级/技师
葛　栋	男	1058003001200014	二级/技师
王　颂	男	1058003001200015	二级/技师
韩卫国	男	1058003001200016	二级/技师
马希刚	男	1058003001200017	二级/技师
迟　刚	男	1058003001200018	二级/技师
王晓峰	男	1058003001200019	二级/技师
潘益田	男	1058003001200020	二级/技师
唐联斌	男	1058003001300030	三级/高级技能
张　鹏	男	1058003001300031	三级/高级技能
何泽云	男	1058003001300032	三级/高级技能
顾飞跃	男	1058003001300033	三级/高级技能
胡晋帆	女	1058003001300034	三级/高级技能
乌云其木格	女	1058003001300035	三级/高级技能
金　鑫	女	1058003001300036	三级/高级技能

姓名	性别	证书号	级别
董春辉	女	1058003001300037	三级/高级技能
郭　熠	男	1058003001300038	三级/高级技能
刘孝岩	男	1058003001300039	三级/高级技能
葛鲁军	男	1058003001300040	三级/高级技能
孟宪振	男	1058003001300041	三级/高级技能
陈韶君	女	1058003001300042	三级/高级技能
田中华	男	1058003001300043	三级/高级技能
洪布法	男	1158003001300001	三级/高级技能
陈　琲	男	1058003001300054	三级/高级技能
孙　云	男	1058003001300057	三级/高级技能
郑楠楠	男	1058003001300055	三级/高级技能
张世龙	男	1058003001300053	三级/高级技能
卞　霖	男	1058003001300056	三级/高级技能
杨　凯	男	1058003001300058	三级/高级技能
李自强	男	1058003001300009	三级/高级技能
秦　勤	男	1058003001300010	三级/高级技能
刘天龙	男	1058003001300011	三级/高级技能
付　强	男	1058003001300012	三级/高级技能
张　宁	女	1058003001300013	三级/高级技能
焦　惟	男	1058003001300014	三级/高级技能
徐树峰	男	1058003001300015	三级/高级技能
曹　鹏	男	1058003001300016	三级/高级技能
杭　明	男	1058003001300017	三级/高级技能
张晶涛	男	1058003001300018	三级/高级技能
胡照民	男	1058003001300019	三级/高级技能
常云鹏	男	1058003001400010	四级/中级技能
谭家乐	男	1058003001400011	四级/中级技能
张秋实	男	1058003001400012	四级/中级技能
魏　伟	男	1058003001400013	四级/中级技能
李　晨	女	1058003001400014	四级/中级技能
张　翀	男	1058003001400015	四级/中级技能
王　硕	男	1058003001400016	四级/中级技能
张建平	男	1058003001400017	四级/中级技能
王士丹	男	1058003001400018	四级/中级技能
王静蓉	女	1058003001400019	四级/中级技能

姓名	性别	证书号	级别
杨　桦	男	1058003001400020	四级/中级技能
朱文东	男	1058003001400021	四级/中级技能
张　贵	男	1058003001400022	四级/中级技能
李卫家	男	1058003001400023	四级/中级技能
倪　坤	男	1058003001400024	四级/中级技能
韩瑞雪	男	1058003001400070	四级/中级技能
张海龙	男	1058003001400071	四级/中级技能
李邓波	男	1058003001400072	四级/中级技能
黄万敏	女	1058003001400073	四级/中级技能
黄　俊	男	1058003001400074	四级/中级技能
郑　伟	男	1058003001400075	四级/中级技能
吕　鑫	男	1058003001400076	四级/中级技能
金　鑫	男	1058003001400077	四级/中级技能
王义忠	男	1058003001400078	四级/中级技能
冯　炜	男	1058003001400079	四级/中级技能
王　伟	男	1058003001400080	四级/中级技能
于传正	男	1058003001400081	四级/中级技能
董立晓	男	1058003001400082	四级/中级技能
朱乾明	男	1058003001400083	四级/中级技能
张金亮	男	1058003001400084	四级/中级技能
陈敬治	男	1058003001400085	四级/中级技能
安国双	男	1058003001400086	四级/中级技能
徐　健	男	1058003001400087	四级/中级技能
姚　孙	男	1058003001400093	四级/中级技能
陆国福	男	1058003001400095	四级/中级技能
何　远	男	1058003001400096	四级/中级技能
华　宇	男	1058003001400098	四级/中级技能
杨　军	男	1058003001400097	四级/中级技能
明　朗	男	1058003001400094	四级/中级技能
刘　恋	男	1058003001400092	四级/中级技能
崔苑丰	男	1058003001500041	五级/初级技能
周小川	男	1058003001500042	五级/初级技能
高海龙	男	1058003001500043	五级/初级技能
王　康	男	1058003001500044	五级/初级技能
张雅蓉	女	1058003001500045	五级/初级技能

姓名	性别	证书号	级别
呼吉力图	男	1058003001500046	五级/初级技能
杜海顺	男	1058003001500047	五级/初级技能
陈　岱	女	1058003001500048	五级/初级技能
陈　冰	男	1058003001500049	五级/初级技能
韩　飞	男	1058003001500050	五级/初级技能
李旻晔	女	1058003001500051	五级/初级技能
杨　琳	女	1058003001500052	五级/初级技能
张崇强	男	1058003001500054	五级/初级技能
郭燕兵	男	1058003001500055	五级/初级技能
陈　林	男	1058003001500056	五级/初级技能
林　乐	男	1058003001500057	五级/初级技能
裴德华	男	1058003001500058	五级/初级技能
曲　光	男	1058003001500059	五级/初级技能
刘　峰	男	1058003001500060	五级/初级技能
王彦武	男	1058003001500061	五级/初级技能
蔡　军	男	1058003001500062	五级/初级技能
刘腾辉	男	1058003001500063	五级/初级技能
吕凯明	男	1058003001500064	五级/初级技能
李　铁	男	1058003001500065	五级/初级技能
汪　涵	男	1058003001500086	五级/初级技能
康政杰	男	1058003001500084	五级/初级技能
朱洁芸	女	1058003001500085	五级/初级技能
李　根	男	1058003001500087	五级/初级技能
陈向中	男	1058003001500088	五级/初级技能
李俊强	男	1058003001500089	五级/初级技能
黄舒羽	女	1058003001500090	五级/初级技能
高少波	女	1058003001500091	五级/初级技能
杨玉敏	女	1058003001500092	五级/初级技能
白文娟	女	1058003001500093	五级/初级技能
曹　宇	女	1058003001500094	五级/初级技能
崔博文	男	1058003001500095	五级/初级技能
金振华	男	1058003001500096	五级/初级技能
梁克雷	男	1058003001500097	五级/初级技能
白　坤	女	1058003001500098	五级/初级技能
田丰艺	男	1058003001500099	五级/初级技能
王越星	男	1058003001500100	五级/初级技能

姓名	性别	证书号	级别
齐　智	男	1058003001500101	五级/初级技能
刘　超	男	1058003001500102	五级/初级技能
陈格林	男	1058003001500103	五级/初级技能
王运甲	男	1058003001500104	五级/初级技能
张　健	男	1058003001500001	五级/初级技能
曾华宝	男	1058003001500002	五级/初级技能
李　飞	男	1058003001500003	五级/初级技能
周京阳	男	1058003001500004	五级/初级技能
方文静	女	1058003001500005	五级/初级技能
谢家麟	男	1058003001500006	五级/初级技能
康亚涛	男	1058003001500007	五级/初级技能
杨　舶	男	1058003001500008	五级/初级技能
付春发	男	1058003001500009	五级/初级技能
金正日	男	1058003001500010	五级/初级技能
斯琴高娃	女	1058003001500011	五级/初级技能
张　磊	男	1058003001500012	五级/初级技能
叶　勤	男	1058003001500013	五级/初级技能
吕炳刚	男	1058003001500014	五级/初级技能
许喆昊	男	1058003001500028	五级/初级技能
公绪凯	男	1058003001500029	五级/初级技能
刘道坤	男	1058003001500030	五级/初级技能
张　涛	男	1058003001500031	五级/初级技能
孙明涛	男	1058003001500032	五级/初级技能
魏　莉	女	1058003001500033	五级/初级技能
赵安琪	女	1058003001500034	五级/初级技能
陈　瀚	男	1058003001500035	五级/初级技能
林豪斌	男	1058003001500036	五级/初级技能
闫建豪	男	1058003001500037	五级/初级技能
高嘉易	男	1058003001500038	五级/初级技能
崔加辉	男	1058003001500039	五级/初级技能
李　萍	女	1058003001500040	五级/初级技能

广州鉴定站

姓 名	性别	证书号	级别
冯英维	男	1058003001100015	一级/高级技师
徐荣佳	男	1058003001100016	一级/高级技师
肖远华	男	1058003001200021	二级/技师
郭俊超	男	1058003001200022	二级/技师
吴志辉	男	1058003001200023	二级/技师
陈维佳	男	1058003002300001	三级/高级技能
闫 微	男	1058003002300002	三级/高级技能
李雪微	女	1058003002300003	三级/高级技能
朱进强	男	1058003002300004	三级/高级技能
陈云龙	男	1058003002300005	三级/高级技能
李 强	男	1058003002300006	三级/高级技能
陈耀冰	男	1058003002300007	三级/高级技能
麦国漳	男	1058003002400008	四级/中级技能
周秀平	女	1058003002400009	四级/中级技能
刘 元	男	1058003002400010	四级/中级技能
谢家宜	女	1058003002400011	四级/中级技能
苏 素	女	1058003002400012	四级/中级技能
梁宇薇	女	1058003002400013	四级/中级技能
纪 侠	男	1058003002400014	四级/中级技能
何小刚	男	1058003002400015	四级/中级技能
赖文锋	男	1058003002400016	四级/中级技能
饶 瑜	女	1058003002400017	四级/中级技能
周 绘	女	1058003002400018	四级/中级技能
饶芷榕	女	1058003002400019	四级/中级技能
尹文韬	男	1058003002400020	四级/中级技能
陈典明	男	1058003002400021	四级/中级技能
梁冬生	男	1058003002400022	四级/中级技能
洪 伟	男	1058003002400023	四级/中级技能
黄华滨	男	1058003002400024	四级/中级技能
李 锋	男	1058003002400025	四级/中级技能
李 彬	男	1058003002400026	四级/中级技能

姓 名	性别	证书号	级别
吴志源	男	1058003002400027	四级/中级技能
谢祥凤	男	1058003002400028	四级/中级技能
林 松	男	1058003002400029	四级/中级技能
彭文水	男	1058003002400030	四级/中级技能
戴春莲	女	1058003002400031	四级/中级技能
李玉龙	男	1058003002400032	四级/中级技能
李 平	男	1058003002400001	四级/中级技能
许 锋	男	1058003002400002	四级/中级技能
陈权辉	男	1058003002400003	四级/中级技能
傅建泽	男	1058003002400004	四级/中级技能
叶 青	男	1058003002400005	四级/中级技能
余 飞	男	1058003002400006	四级/中级技能
关海涛	男	1058003002400007	四级/中级技能
陈志平	男	1058003002500001	五级/初级技能
袁 熙	男	1058003002500002	五级/初级技能
曾于贡	男	1058003002500003	五级/初级技能
叶丰年	男	1058003002500004	五级/初级技能
梁金荣	男	1058003002500005	五级/初级技能
柳秀伟	女	1058003002500006	五级/初级技能
周朗峰	男	1058003002500007	五级/初级技能
秦福智	男	1058003002500008	五级/初级技能
陈嘉滨	男	1058003002500009	五级/初级技能
黄剑飞	男	1058003002500010	五级/初级技能
潘金龙	男	1058003002500011	五级/初级技能
倪 贇	男	1058003002500012	五级/初级技能
李 燕	女	1058003002500013	五级/初级技能
周蝶儿	女	1058003002500014	五级/初级技能
罗文锋	男	1058003002500015	五级/初级技能
焦天鹏	男	1058003002500016	五级/初级技能
陈志锐	男	1058003002500017	五级/初级技能
刘羽捷	男	1058003002500018	五级/初级技能
冯宇斌	男	1058003002500019	五级/初级技能
徐为觉	男	1058003002500020	五级/初级技能
胡 天	男	1058003002500021	五级/初级技能
李 莉	女	1058003002500022	五级/初级技能

姓 名	性别	证书号	级别
华登文	男	1058003002500023	五级/初级技能
余志华	男	1058003002500024	五级/初级技能
黎青楠	男	1058003002500025	五级/初级技能
翟其敏	女	1058003002500026	五级/初级技能
李幼松	女	1058003002500027	五级/初级技能
柯嘉嘉	男	1058003002500028	五级/初级技能
易 盈	女	1058003002500029	五级/初级技能
孙 斌	男	1058003002500030	五级/初级技能
简海敏	女	1058003002500031	五级/初级技能
田少梅	女	1058003002500032	五级/初级技能
罗程亮	男	1058003002500033	五级/初级技能
刘家亮	男	1058003002500034	五级/初级技能
杨素珊	男	1058003002500035	五级/初级技能
阙小剑	男	1058003002500036	五级/初级技能
刘 利	男	1058003002500037	五级/初级技能
李志松	男	1058003002500038	五级/初级技能
许国庆	男	1058003002500039	五级/初级技能
张明连	女	1058003002500040	五级/初级技能
王晓利	女	1058003002500041	五级/初级技能
刘永全	男	1058003002500042	五级/初级技能
莫梓荣	男	1058003002500043	五级/初级技能
汤天明	男	1058003002500044	五级/初级技能
李俊贤	男	1058003002500045	五级/初级技能
陈建明	男	1058003002500046	五级/初级技能
张 雪	女	1058003002500047	五级/初级技能
刘阶云	男	1058003002500048	五级/初级技能
刘宏飞	男	1058003002500049	五级/初级技能
陈 伟	男	1058003002500050	五级/初级技能
王晓雪	男	1058003002500051	五级/初级技能
樊 奇	男	1058003002500052	五级/初级技能
辛富强	男	1058003002500053	五级/初级技能
陈礼斌	男	1058003002500054	五级/初级技能
姚彭杰	男	1058003002500055	五级/初级技能

上海鉴定所

姓名	性别	证书号	级别
沈美萍	女	1058003001100001	一级/高级技师
林　捷	男	1058003001100002	一级/高级技师
杨良钢	男	1058003001100003	一级/高级技师
金建国	男	1158003001200001	二级/技师
孙志先	男	1058003001200001	二级/技师
胡嘉骏	男	1058003001200002	二级/技师
陈　超	男	1058003001200003	二级/技师
王　炎	男	1058003001200004	二级/技师
王向荣	女	1058003001200005	二级/技师
戴贻家	男	1058003001200006	二级/技师
杜金泽	男	1058003001200007	二级/技师
李玉娥	女	1058003001200008	二级/技师
严　朝	男	1058003001200009	二级/技师
汤　敏	男	1058003001200010	二级/技师
陈　浩	男	1058003001300001	三级/高级技能
戴　伟	男	1058003001300002	三级/高级技能
于　超	男	1058003001300003	三级/高级技能
王　芳	女	1058003001300004	三级/高级技能
陈建新	男	1058003001300005	三级/高级技能
孙云凤	女	1058003001300006	三级/高级技能
陈小林	男	1058003001300007	三级/高级技能
赵　洋	女	1058003001300008	三级/高级技能
孔佳彤	男	1058003001300044	三级/高级技能
马肃伟	男	1058003001300045	三级/高级技能
许世杰	男	1058003001300046	三级/高级技能
徐增建	男	1058003001300047	三级/高级技能
阚延全	男	1058003001300048	三级/高级技能
俞　曦	男	1058003001300049	三级/高级技能
王志远	男	1058003001300050	三级/高级技能
雷远能	男	1058003001300051	三级/高级技能
郭　蓉	女	1058003001300052	三级/高级技能

姓 名	性别	证书号	级别
金石峰	男	1058003001400088	四级/中级技能
陈　倩	女	1058003001400089	四级/中级技能
范怀吉	男	1058003001400090	四级/中级技能
吕志敏	男	1058003001400091	四级/中级技能
耿成龙	男	1058003001400001	四级/中级技能
徐　扬	男	1058003001400002	四级/中级技能
张　岩	男	1058003001400003	四级/中级技能
金　波	女	1058003001400004	四级/中级技能
田发叶	女	1058003001400005	四级/中级技能
任先京	男	1058003001400006	四级/中级技能
周　雪	女	1058003001400007	四级/中级技能
卜莹莹	女	1058003001400008	四级/中级技能
李奇峰	男	1058003001400009	四级/中级技能
汪淑晟	女	1058003001500015	五级/初级技能
秦逸如	女	1058003001500016	五级/初级技能
俞　晔	女	1058003001500017	五级/初级技能
梁　钦	男	1058003001500018	五级/初级技能
朱　亮	男	1058003001500019	五级/初级技能
张　军	男	1058003001500020	五级/初级技能
胡为荣	男	1058003001500021	五级/初级技能
贾凯诺	男	1058003001500022	五级/初级技能
刘伟东	男	1058003001500023	五级/初级技能
葛均松	男	1058003001500024	五级/初级技能
刘效中	男	1058003001500025	五级/初级技能
刘锦汉	男	1058003001500026	五级/初级技能
梁开琴	女	1058003001500027	五级/初级技能
訾冉冉	女	1058003001500066	五级/初级技能
凌　霄	男	1058003001500067	五级/初级技能
陈德生	男	1058003001500068	五级/初级技能
孙增杰	男	1058003001500069	五级/初级技能
杜　仁	男	1058003001500070	五级/初级技能
凌俊杰	男	1058003001500071	五级/初级技能
刘　欢	女	1058003001500072	五级/初级技能
朱烨群	男	1058003001500073	五级/初级技能
郎雨薇	女	1058003001500074	五级/初级技能

姓 名	性别	证书号	级别
黄俊球	男	1058003001500075	五级/初级技能
周 峰	男	1058003001500076	五级/初级技能
许光达	男	1058003001500077	五级/初级技能
刘 琼	女	1058003001500078	五级/初级技能
胡学东	男	1058003001500079	五级/初级技能
徐 徐	女	1058003001500080	五级/初级技能
齐 伟	男	1058003001500081	五级/初级技能
马 赛	男	1058003001500082	五级/初级技能
班胜友	男	1058003001500083	五级/初级技能

北京电子科技职业学院

姓名	性别	证书号	级别
张美圆	女	1058003001400045	四级/中级技能
程 琳	女	1058003001400046	四级/中级技能
王 宇	女	1058003001400047	四级/中级技能
田 园	女	1058003001400048	四级/中级技能
张世超	女	1058003001400049	四级/中级技能
应 慧	女	1058003001400050	四级/中级技能
刘 晶	女	1058003001400051	四级/中级技能
王 彪	男	1058003001400052	四级/中级技能
孟君祥	男	1058003001400053	四级/中级技能
杨亚轩	男	1058003001400054	四级/中级技能
王 帆	男	1058003001400055	四级/中级技能
毛永强	男	1058003001400056	四级/中级技能
史 悦	女	1058003001400057	四级/中级技能
秦 璐	女	1058003001400058	四级/中级技能
娄宇欣	女	1058003001400059	四级/中级技能
刘 曾	男	1058003001400060	四级/中级技能
吴丹妮	女	1058003001400061	四级/中级技能
芮仲文	男	1058003001400062	四级/中级技能
马思雪	女	1058003001400063	四级/中级技能
韩 俊	男	1058003001400064	四级/中级技能
侯萌萌	女	1058003001400065	四级/中级技能
张晨光	男	1058003001500053	五级/初级技能

北京联合大学特殊教育学院

姓名	性别	证书号	级别
陈少华	男	1058003001400025	四级/中级技能
李铠圻	男	1058003001400026	四级/中级技能
周 驰	男	1058003001400027	四级/中级技能
江 凡	女	1058003001400028	四级/中级技能
赵 新	男	1058003001400030	四级/中级技能
刘梅兰	女	1058003001400038	四级/中级技能
叶尊森	男	1058003001400039	四级/中级技能
孙惠敏	女	1058003001400040	四级/中级技能
刘磬扬	男	1058003001400041	四级/中级技能
李重阳	男	1058003001400042	四级/中级技能
彭 文	男	1058003001400043	四级/中级技能
王瑞华	男	1058003001400044	四级/中级技能
邓 芳	女	1058003001400029	四级/中级技能
赵小月	女	1058003001400031	四级/中级技能
冯 博	男	1058003001400032	四级/中级技能
刘延辉	男	1058003001400033	四级/中级技能
陆 洁	女	1058003001400034	四级/中级技能
刘雨原	男	1058003001400035	四级/中级技能
吴建家	男	1058003001400036	四级/中级技能
杨宇伟	男	1058003001400037	四级/中级技能

南京艺术学院流行音乐学院

姓名	性别	证书号	级别
宫　雪	女	1058003001300020	三级/高级技能
胡　蕤	女	1058003001300021	三级/高级技能
祖　彭	男	1058003001300022	三级/高级技能
李鸿遥	男	1058003001300023	三级/高级技能
李旭东	男	1058003001300024	三级/高级技能
范晓露	女	1058003001300025	三级/高级技能
张　晨	女	1058003001300026	三级/高级技能
乔　治	男	1058003001300027	三级/高级技能
雷天慧	女	1058003001300028	三级/高级技能
陆　妍	女	1058003001300029	三级/高级技能
高佳祺	男	1058003001400066	四级/中级技能
高　超	男	1058003001400067	四级/中级技能
许晨飞	男	1058003001400068	四级/中级技能
刘腾飞	男	1058003001400069	四级/中级技能

信息检测标准

中国乐器协会信息部2010年工作总结

2010年，在中国乐器协会领导下，信息部坚持以科学发展观为指导思想，以扩大和提高乐器行业在国民经济和社会发展中的影响力为宗旨，努力为政府、行业、企业做好各项信息服务和宣传报导工作，发挥乐器信息工作“领导耳目、企业参谋、行业资料库”作用。

1、建立和完善协会信息平台

协会信息平台主要由《中国乐器》杂志、《中国乐器年鉴》、《乐器行业专刊》、《中国乐器协会会员通讯录》、“中国乐器协会网”等五种信息媒体构成。《中国乐器》杂志发行8年来，在内容和形式上不断改进、提高，受到海内外音乐与乐器贸易界的关注以及国内乐器生产企业及琴行的高度重视，在音乐艺术教育界的影响逐步扩大；《中国乐器年鉴》内容旨在收集和客观反映某一历史时段乐器行业所发生的历史事件，具有乐器工具书的作用，通过扩大发行，已经发行到国内有关政府主管部门、音乐院校、表演艺术团体、乐器生产企业和琴行；“中国乐器协会网”2003年4月15日开通，以发布行业、企业信息为主、同时兼顾音乐信息、报刊文摘，展会信息以及钢琴调律师资讯，几年来协会网站不断充实改进，增加视频中心、数据中心、英文版网站等栏目，使宣传范围和手段有了进一步提高。

2、建立协会信息外联窗口，扩大信息交流范围

2010年，信息部继续建立与国外有关音乐乐器机构相互联系的有效机制，在信息上相互传递，在工作上相互合作。与美国国际音乐制品协会共同组织上海乐器展的NAMM大学课程、《中国乐器》杂志与日本《音乐贸易》、《MMR》等杂志实现了互换，双方刊登对方刊物文章；定期向NAMM提供中国乐器产业经济数据,纳入《全球乐器报告》编辑工作；大篇幅地翻译外国杂志与乐器产业相关的文章提供给乐器行业有关企业和琴行领导参考。在2010年上海国际乐器展期间，协会信息部对主要海外参展商和乐器行业组织负责人进行采访，及时了解国际乐器行业的发展动态和对国内乐器行业的客观评价和预期。2010年，协会信息部按照“合作共赢，资源共享”的指导思想，与音乐教育培训，音乐表演等单位建立起友好合作关系，与同行之间，《乐器》、《中外乐器信息》等杂志以及“中国乐器网”、“全球乐器网”、“中华乐器网”、“星夜钢琴网”等建立起密切沟通，积极合作，优势互补的关系。2010年与《音乐周报》建立起战略合作伙伴的关系，大家都在为一个共同目标“扩大音乐人口，发展乐器产业”而共同努力。

3、当好协会领导助手，摸清企业，说清行业

了解企业，说清行业是协会信息部主要工作职能之一，在这方面，信息部利用各种形式开展长期不懈的工作，并以此作为乐器信息的常规工作。主要方法和途径：一是通过海关和国家统计局的数据，全面掌握乐器进出口和规模以上乐器生产企业主要经济指标，动态了解乐器行业宏观经济发展概况；二是通过年度或者是半年度的电话采访，掌握一个时间段的乐器经营生产形势，并写出乐器经济分析报告在杂志和网站上发布；三是定期对乐器行业发展的各个历史阶段进行较为详细的总结和评述，目前协会定期发布钢琴等十余种产品的年产量、行业年度报告以及重大历史时期内乐器行业的发展情况，2010年，信息部先后发布“乐器行业十一五回顾”、“世界金融危机”、“上海世博会”等时期乐器行业发展状况等资料，使有关政府部门和业内全面了解乐器行业在这些特定历史环境下中国乐器行业的发展状况。

4、努力配合企业实施各项重要发展战略，做好宣传报道工作

随着经济全球化，市场化的深入，乐器行业普遍重视自身形象宣传和品牌影响力，通过各种媒

体加大企业宣传力度，协会主办的《中国乐器》、“中国乐器协会网”等也是行业与社会媒体之一，我们本着客观、及时宣传原则，努力为企业作为好各项宣传服务工作。凡企业所报信息我们都及时在第一时间上网宣传，从不拖延。同时采取各种形式主动帮助企业提高知名度，如连续七年进行中国乐器强势公司、优秀人物、年度重要新闻的评选工作，不向企业收费，在评选结束后续阶段对入选的强势企业和人物进行重点宣传，受到企业的肯定。此外，在评选“中国名牌产品”，“中国驰名商标”以及省市名牌，著名商标中，我们都及时向有关部门提供企业背景资料，并对入选企业进行宣传报导，有力的促进了乐器行业在社会上整体形象的提高。

国家轻工业乐器信息中心2010年工作总结

2010年是中国经济和社会发展第十二个五年规划的收官之年，国家轻工业乐器信息中心在这一年间积极寻求发展机遇，努力提升媒体的专业度与影响力，在与行业企业、相关政府机构、教育单位和广大读者的广泛接触中，熟悉乐器产业相关构成，宣传行业发展成就，进一步提升乐器行业的社会认知度，同时增强行业媒体信息工作的专业化程度。

2010年，围绕乐器行业信息搜集与推广的中心工作，国家轻工业乐器信息中心以刊物出版、网站建设、综合业务三大板块为载体，努力拓展行业信息推广的层面和服务深度，把信息中心建设成为乐器行业主流的信息发布平台和行业咨询、企业推广的重要机构，树立乐器信息中心公益第三方的媒体服务品牌，建立客观公正、高端专业、与时俱进的机构发展理念，打造乐器信息中心的良好信誉与部门形象。

一、整合期刊出版资源，建设专业媒体平台

期刊出版是乐器信息中心开展行业服务和推广工作的重要形式之一，也是扩大和保持信息中心行业权威性与话语权的重要工具。2010年，信息中心整合旗下媒体资源，在《乐器》、《中外乐器信息》和“中国乐器信息网”的“两刊一网”基础上，与行业相关媒体机构展开广泛合作与交流，如与中国乐器协会信息部、音乐周报、吉他中国网等媒体联合开展对国内外乐器展览会、音乐艺术活动等的专题报道，建立良好的媒体合作关系。

通过整合品牌期刊的优势资源，开展学术、信息和商贸交流活动，提升乐器信息中心的行业影响力。2010年，借助信息中心的行业地位，参与协办首次在中国举办的第29界世界音乐教育大会新闻报道工作，并与专业展览公司合作举办“音乐制品展览会”，为国内乐器行业企业在国际高端专业音乐教育盛会上，搭建起交流与合作的良好平台，多家参展企业成为会议期间新闻媒体的报道焦点，取得了很好的宣传推广效果。2010年成功举办广州国际乐器展览会。2010年，在改版运营“中国乐器信息网”基础上，《中外乐器信息》电子杂志于年初正式上线，为读者提供免费下载阅读。随着新媒体技术的发展，电子阅读方式将被广泛引入大众媒体，乐器信息中心将进一步学习应用现代传播技术，提高行业信息发布和推广的现代化程度，用领先科技提升乐器行业信息工作发展水平。

二、规划综合业务平台，实施开展多元媒体服务

随着行业信息工作水平的提升，乐器行业企业对信息工作也提出了更高的要求，乐器信息中心从推动媒体自身发展的需要出发，抓住信息中心媒体平台整合和员工队伍不断充实与相对稳定的有利时机，进一步开发乐器信息中心资源，开展多领域综合业务，实施专业化与多元化并举的媒体服务理念。在充分建设好媒体信息服务平台的基础上，2010年起，乐器信息中心与行业内外建立广泛合作关系，积极参与各类大型音乐、艺术和相关比赛等活动，除进行新闻报道外，在活动招商、媒体支持等多个方面为活动主办方或承办单位提供相关咨询与服务，逐步拓展信息中心的活动领域，丰富信息中心的工作内容，为相关行业企业提供更及时、有

效的信息与咨询服务。

回顾2010年信息中心各项工作的开展，总体发展较为平稳，各项工作开展更为顺畅，与行业企业及相关部门、同行间的关系也更为融洽，形成了更为良好的互动合作关系。借助北京乐器研究所所属“三个中心”，即“国家轻工业乐器质量监督检测中心”、“全国乐器标准化技术中心”和“国家轻工业乐器信息中心”的联动合作，信息中心将不断加强与乐器行业各部门、机构的沟通、合作，学习、借鉴乐器行业及其他领域信息媒体的工作方法和成功经验，积极拓展业务领域，在有利于行业和研究所整体发展的前提下，促进乐器信息中心的发展，加速乐器行业信息平台的建设和发展。

《乐器》杂志社2010年工作总结

《乐器》杂志作为具有52年办刊历史的乐器科技类期刊，由国家轻工业联合会主管，全国乐器工业信息中心、中国乐器协会主办的国内乐器行业公开出版、海内外发行的杂志。多年来，《乐器》杂志坚持乐器科技为导向，以传播器乐文化为己任，贴近市场，贴近读者。2010年度，《乐器》杂志共发表各类乐器科技文献，乐器社会文化活动和行业市场专题报道超过百余万字。《乐器》杂志紧跟行业发展脉搏，共参与并着重报道国内重大国际乐器展览会3次，配合各类型乐器厂家和商家完成品牌文化推广与音乐文化普及工作，获得行业人士的认可。 2010年度，《乐器》杂志继续坚持以市场需求为导向，杂志面向各类乐器演奏者和爱好者，内容紧跟时事，旨在第一时间对乐器科技、音乐教育、器乐文化、电声乐器、行业市场的重大事件进行深度报道，有效完成行业与市场信息的传播工作。

首先，“技术天地”栏目内容以钢琴制造与调律科技，提琴制作艺术与发展，民族乐器改革，西洋管乐、打击乐乃至电子乐器科技创新推广为栏目基石，以乐器选购、乐器维修、乐器制作、乐改探索等具有服务性的文章，弘扬乐器科技创新，力邀乐器制作名家畅谈科技创新的思路，为乐器制作专业人士提供经验交流平台。我国是乐器消费大国，其中钢琴、提琴、管乐一直占据消费市场的主导地位，受众对乐器品质的认识更加趋于理性。为此，《乐器》杂志与院校专家结盟，就钢琴的整音与维护，钢琴调律，提琴制作声学课题，管乐品牌评测与维修展开了大量丰富实用的知识内容，受到院校师生与厂商技师的欢迎与认可。

其次，《乐器》杂志从厂家生产、商家销售、客户使用的良性循环角度入手，面对院校师生和普及乐器爱好者，继续组织与安排了乐器教育和器乐文化的内容，协助乐器厂商共同培育乐器消费市场，让更多社会人群领略乐器学习与演艺的文化魅力。在厂商急需扩大音乐人口的前提下，《乐器》杂志顺应市场需求，将音乐教育与器乐文化内容定位在器乐文化普及和促进院校器乐教育发展。在“乐器学堂”栏目中，聘请国内高校的专家与教授亲自撰文，采用图文并茂的形式，由名家现身说法，教授乐器演奏的知识与实用技巧。感悟名家心路历程，感受缤纷器乐文化，在”漫步乐林“栏目中，《乐器》记者主动出击，展开了大量的人文访谈工作，本着做读者的朋友，帮助读者答疑解惑的访谈宗旨，我们提出的问题尽量避免泛泛之谈，针对读者的知识需求和疑问，提出了更多有针对性和指导意义的访谈问题，受到广发乐器爱好者的好评。

最后，为赢得年轻消费群体的需求，《乐器》杂志在“电声广场”栏目设置了丰富多彩的电脑音乐制作、吉他演奏技巧等多项知识，其中“E鼓时尚”紧跟时代脉搏，向读者介绍了大量电鼓选购、评测和练习的实用内容，深受读者欢迎和肯定。此外，该栏目中还设置有“明星走廊”、“谈音聊乐”等人文访谈板块，带领读者走进国内外电声乐手、制作人的音乐世界。

2010年，《乐器》杂志无论从内容还是到精良的印刷包装，《乐器》杂志通过更新、更细、更实际、更丰富的栏目内容满足了多元化读者的乐器知识需求。可以说，2010年是《乐器》杂志沉淀积累和持续创新的一年，坚持固有的办刊特色，针对新时期市场需求，《乐器》编辑坚持内修外练的办刊精神，旨在用最精美的图文报道还原新闻时事，使得乐器真正为爱乐人提供精神给养。生活因乐器而更加美好，愿在新的一年，新老朋友与《乐器》杂志继续一路前行。

国家轻工业乐器质量监督检测中心2010年工作总结

2010年，国家轻工业乐器质量监督检测中心在上级部门的正确领导与全乐器行业各企业大力支持与配合下，按预期目标实现并完成了全年的各项工作计划。现将检测中心全年完成的各项工作总结如下。

2010年，随着全球经济的复苏，我国乐器行业的总体形势也有了明显的好转与提升。与此同时我中心也积极地在行业内开展各项工作，充分发挥中心职能作用，严把质量关，最大限度地为企业及广大消费者做好服务工作。

在产品检测/校准方面，全年共完成各类乐器产品委托检测400余台件，音准仪等重点仪器设备校准50余台件；共向社会出具《检测报告》285份、《校准证书》45份。产品检测覆盖率接近80%。中心按照年初制定的总体计划，先后完成了对北京、上海、江苏、浙江、辽宁、山东、福建、广东等地区钢琴生产企业的年度产品质量现场抽样检测；完成了全国各地区各类中西乐器产品的委托抽样/送样检测。从总体情况来看，产品质量较往年有了大幅度的提升，检测结果令人满意，同时也反映出了我国乐器生产企业对提高产品质量，增强产品市场竞争力的意识有了大幅度的提高。5月份，中心接受浙江省德清县质量技术监督局委托对德清县辖区内的39家钢琴生产企业近50台钢琴产品进行了集中式现场检测，并在工作结束后与当地政府、技术监督部门以及受检企业负责人进行了广泛的技术交流与沟通；6月份，中心在接到由中国轻工业联合会下达的“关于在全国范围内开展二胡、古筝、琵琶、扬琴四种民族乐器质量调查的通知”后，与中国乐器协会合作，历时两个多月时间，派出企业调查与产品抽样工作组对包括北京、上海、天津、河北、河南、江苏、陕西以及重庆等地区在内的53家企业进行了企业调查与产品抽样，共抽取33家企业生产的四种民族乐器产品，共计146件。参加产品抽样的企业均属我国民族乐器行业大中型生产企业。随后，检测中心对被抽样品按行业标准进行了全项检测，根据检测结果对分属于33家企业的合格产品分别授予“产品质量达标”证书；同时，聘请国内知名的专家教授对自愿参加第二阶段评选活动的28家企业67件产品，进行了为期5天的评选，分别评选出了四种民族乐器产品中的“优质工艺奖”和“优秀声学品质奖”，并为各获奖企业和产品颁发了奖牌，以示鼓励。

实验室建设方面，为确保质量监督检测机构的权威性，我中心按照中国合格评定国家认可委员会颁布的CNAS-CL01:2006《检测和校准实验室能力认可准则》要求，在历经近两年的体系运行与充分准备后，于6月12日接受了国家认可委实验室处对我中心实验室的现场评审，8月27日，收到国家认可委评审通过通知以及《认可证书》。至此，我中心正式升级为国家认可委授权实验室；也成为我国乐器行业内唯一独立拥有该项资质的实验室机构。该资质的获取能够更为充分、有效的为乐器生产企业，特别是产品出口型企业搭建起一条与国际产品质量体系进行对接的快速通道。更深层面的保护好我国乐器生产企业的实际利益。

在科研工作方面，为不断提高实验室技术能力，拓宽研究领域，为行业提供更多技术支持。我中心利用北京市科委提供的专项科研经费进行了消声室的基础环境建设工作。目前，消声室主体结构部分已建设完成，经中国计量院检定，各项性能参数指标均达到或超过预期目标。未来，中心计划利用消声室设施广泛地与各企业开展乐器声学频谱分析等方面的研究与合作。另外，按照中心科研规划，为配合即将发布的《乐器产品有毒有害气体释放量限制》国家标准，2011年实验室还将陆续完成乐器用大型VOC气候室项目，以及乐器耐候性环境模拟仓项目等。

人才队伍建设方面，“以人为本”的原则是我中心能够持续发展的重要保障。为加强我中心人才队伍建设，在对现有人员进行定期专业培训的基础上，已为更新、完善后的实验室项目引进了各类专业技术人才。同时，为满足乐器产品特殊性，更大范围的与国内权威的演奏、技术专家进行密切交流与合作。

以上是国家轻工业乐器质量监督检测中心2010年度的工作总结。还望行业及社会同仁批评、指导，多提宝贵意见。为我中心更好的服务于我国乐器行业，促进行业蓬勃发展做出应有的贡献。

国家轻工业乐器质量监督检测中心（广州站）2010年工作总结

2010年，广州乐器检测中心的工作十分繁重，在检测中心全体人员同心协力下，出色地完成了各项工作任务，其中的主要任务有：出口产品商检（数量多，时间紧）、产品监督检验和委托检验、广州市钢琴调律师技能竞赛、钢琴调律师技能鉴定和培训、计量认证复评审工作、标准化工作等。

一、产品检测

1. 为配合生产企业的新产品开发和质量控制，使产品检验能覆盖整个产品系列，2010年钢琴的定期委托检测和新产品的委托检测任务较多，特别是开发的新产品增多，新产品的检验也随之增多。

2. 根据广州市质量技术监督局下达的2010年的产品质量监督抽查计划，对钢琴、吉他、提琴、鼓乐等产品进行监督抽查，并按时完成任务。

3. 做好国家轻工业乐器质量监督检测中心（广州）和广东省质量监督乐器检验站的计量认证复评审工作的准备、迎审及现场审核、整改工作，修改质量手册，编写整改报告，落实整改措施，检查整改效果，上报整改材料，最后取得计量认证授权证书。

二、职业技能培训、鉴定工作

为了进一步做好职业技能培训和鉴定工作，做了如下工作：

按计划完成全年两期的技能鉴定工作，做好资格审核工作，组织好考试、阅卷、成绩计算、网站成绩上传、成绩及鉴定材料上报等工作。

组织对广东文艺职业学院培训场地考察，并组织文艺职业学院和星海音乐学院应届毕业生进行钢琴调律师考前培训及鉴定。

组织一次钢琴调律技师、高级技师的鉴定工作，组织技师考试考前培训和鉴定工作的实施。

为了适应培训的要求，原来一年两期的钢琴调律师培训改为一年三期的培训，培训量接近饱和。今年继续做好培训招生工作的网上咨询，使每期的招生人数均达到了场地的极限，效果明显。

做好培训教学和学员管理工作，特别是定期对学员宿舍进行防火、安全、卫生监督检查。发现问题，及时进行整改，加强对学员的管理，防止事故发生。积极与广州消安防火宣传中心联系，对教师和学生进行消防知识的培训，提高了教师和学生的消防意识，反应良好。

今年广东省和广州市分别举行了钢琴调律师

技能竞赛活动，市的技能竞赛在我鉴定站举行，鉴定站承担了大部分的组织发动工作和技术文件的起草、命题，与市组织单位的沟通和联系，竞赛机构的组织和人员的分工，竞赛的实施，费用的收支管理以及人员培训等。

组织市竞赛前8名进行省竞赛前的集训和技术指导，参与省竞赛的技术文件及命题的部分工作，组织人员对省决赛用琴进行调整，组织广州队参加竞赛，最后在省竞赛中广州队以优异成绩胜出，取得了第一、二、四、五名的好成绩。

三、标准化工作

积极参与乐器行业的标准化工作，参与乐器标准的审定和承担标准的制修订工作。

1．对《古筝》、《琵琶》、《阮》等11个民族乐器行业标准提出具体修改建议和意见，及时反馈意见，并参加这些标准的审定会。

2．对《乐器有害物质限量》、《乐器用材 提琴锯材》、《校音器》、《口琴》等4个行业标准提出具体建议和意见，及时反馈意见，并参加这些标准的审定会。

3．编写《中提琴》、《倍大提琴》、《中提琴弓》、《倍大提琴弓》行业标准的标准经费资助项目申请，并取得了广州市的专项补助资金。

4．完成三项标准申报稿及项目建议书的编写工作。

5．组织钢琴弦标准的拉伸强度测试，为钢琴弦标准的编写进行验证。

6．对《乐器有害物质限量》标准的制定继续查找资料进行研究，并找寻相关的试验机构，根据标委会的要求，对钢琴有害物质甲醛进行测试。

全国乐器标准化技术委员会2010年工作总结

一、2010年乐器行业标准化工作

2010年，全国乐器标委会主要在以下几个方面开展工作：

一是完成国家标准委、国家工业和信息化部、中轻联等有关部门下达的《2009-2010年乐器标准项目计划》（共15项，其中国家标准1项，行业标准14项）。有14家乐器企业和有关单位参加或参与了上述标准的制修订工作。另根据国家标准委《2010年国家标准项目立项指南》的要求和工作部署，秘书处依据《乐器标准体系》（草案）并对行业现状进行了分析和广泛征求行业意见后，向国家标准化主管部门提出了2010～2011年国家标准制定的计划项目为9项，主要涉及基础和方法标准，这些标准是乐器行业缺失和急需制定的项目。2010年乐器行业申报的标准制修订项目计划共有19项，分别为：气鸣乐器类（西管乐）12项；电鸣乐器类6项；乐器辅助类1项。国家工信部已以公示的形式向社会征求意见。

二是按照工信部及中轻联《关于全面清理工业行业标准及开展行业标准复审工作》的要求，对2005年以前发布的乐器行业标准进行了全面清理。经过2009年、2010年连续两年的标准复审工作，初步完成了全部49项标准的复审。

三是开展了国家标准宣贯及培训工作。根据国家标准委“关于做好贯彻实施《GB/T1.1-2009》标准化工作导则(第一部分)：关于标准的结构和编写通知”的总体要求，秘书处组织全国乐器标委会委员及各企业从事标准化工作的人员召开了宣贯GB/T1.1国家标准（新版）的培训会，对参会人员进行培训、辅导和现场考核。

四是继续完善和加强乐器标准化体系建设，主要是作一些调研等基础性工作，向国家标准体系建设工程数据库填报了乐器标准体系（表）。

五是加强乐器标委会自身建设，包括修订标委会工作细则，加强财务制度，调整乐器标委会成员等。

二、“十一五”期间乐器行业标准工作概况

“十一五”期间全国乐器标准化技术委员会共

完成制修订乐器各级、各类标准46项，其中制定国家标准8项，修订3项；制定行业标准15项，修订20项。

（一）目前，乐器行业现行国家、行业标准及已批准的计划项目共有79项

其中：按级别分：国家标准11项，占总数的13.9%；行业标准68项，占总数的86.1%。按属性分：强制性标准1项，占总数的1.3%；推荐性标准78项，占总数的98.7%；按类别分：基础标准11项，占总数13.9%；方法标准9项，占总数的11.4%；产品标准56项，占总数的70.9%；材料标准2项，占总数的2.5%；环保安全标准1项，占总数的1.3%。

（二）国家工信部在"十一五"的后两年，提出了"全面清理工业行业标准，对现有标准的适用性进行评估、修订和完善"

秘书处根据国家各级标准化主管部门对标准复审工作的总体要求和工作安排以及《标准化法实施条例》中"标准复审周期一般不超过5年的规定"的要求，对本行业现行的68项乐器行业标准进行了梳理。初步确定有49项行业标准属复审范围，并多次组织有关部门和行业专家对标准进行复审，分别提出了"继续有效"和需要"修订"的处理意见。其中：确认"继续有效"11项，确认需要"修订"的38项除已完成修订的16项标准外，于2010年批准修订计划15项，另有7项正待研究处理结果。此项工作完成后，乐器行业现行标准的标龄全部控制在5年以内。

（三）"十一五"期间乐器标准采标情况

根据国家对标准化工作的"双采"规定，乐器标准在制定过程中积极认真贯彻。由于国际标准化组织（ISO）未对乐器颁布相应的国际标准（或技术规范），所以，我国乐器标准的制修订大多是采用的先进国家的同类标准。在已正式颁布的我国各级、各类乐器标准中，通过修改采用、非等效采用或剖析产品进行数据比对等诸项措施，制定出了既符合我国乐器生产实际又以市场化为原则，切实可行能为我所用的采标方案，并收到了显著的效果。

（四）"十一五"期间乐器行业标准水平分析

"十一五"期间制修订的各项乐器标准，通过与国外先进国家同类标准文本进行分析和比对，我国现行乐器各类标准(特别是产品标准)中所规定的各项技术要求和质量指标，基本上不低于先进国家现行的技术标准，其中某些技术要求和质量指标比起德国、日本、台湾、前苏联等国家和地区的同类标准所规定的更明确、更具体。目前，我国已制定的现行乐器70多项标准，经行业管理、企业、商业、院校、质检科研等部门和机构的审查，以及生产经营、市场实践检验，可以认为我国乐器行业各类标准水平已接近国际先进，达到了国际一般水平。

我国乐器制造业虽已有50多年的历史，但由于行业基础较薄弱，导致中国乐器产品整体质量仍处于较低水平。从标准工作的角度分析，其原因有以下几点：①计划经济时代标准立项的动因，不是主要来自市场，而是来自政府和标准机构。制修订的标准不能很好的反应市场需求，由此造成标准适应性差。②企业参与标准制定的积极性、对标准化工作的重要性认识不足。③标准在各类经济活动中没有真正起到应有的主导作用。④乐器标准信息工作滞后，新技术、新工艺不能在标准中得到及时更新。⑤标准工作经费不足。以上各项因素都是造成或制约目前乐器工业标准水平整体偏低和数量少的因素。

（五）"十一五"期间乐器标准化体系(表)建立

"十一五"期间乐器行业制修订标准项目完成表

标准类别	国家标准	行业标准	合计制修订数
基础标准	2	5	7
方法标准	5	4	9
环保标准	1	——	1
材料标准	——	2	2
产品标准	3	24	27
总计	35	46	

情况

标准化体系（表）是乐器行业一项重要的指导性文件，建立标准化体系(表)也是乐器行业一项重要的基础工作。

由于乐器产品种类繁多，涉及面较广，因此，在编制乐器产品标准体系表时，依据乐器行业采用的国际通行的现代乐器分类法，即以“弦鸣乐器、气鸣乐器、体鸣乐器、膜鸣乐器及电鸣乐器”五大类作为基础，经过广泛调研、收集论证有关资料，并且考虑了各类乐器产品本身在国民经济中的地位作用、效果、产量以及行业的具体情况等因素，确定了每项标准在体系表中所处的地位与相应的层级。在综合上述因素的基础上已初步编制出乐器产品标准体系表（作为国家标准化体系表的子表），报国家标准委备案。

三、“十二五”乐器行业标准化工作的指导思想和目标任务

（一）“十二五”乐器标准化工作的指导思想

全国乐标委将充分依托乐器行业中各类产品的龙头或骨干企业承担更多标准的起草工作，充分认识标准化工作主体源于市场，要加强责任感和使命感，要从全行业角度考虑乐器领域标准化体系建设，优化标准化工作机制，加快重点产品标准制修订速度，优先解决好先进技术、科技成果向标准的转换，扩大和利用现有的渠道，加强标准化工作信息平台的构建；积极推进产品标准在制定市场经济规则中的主导地位，加快建立和完善乐器标准体系，将目前尚无标准且发展较快的领域，特别是乐器行业中缺失较多的基础标准、方法标准和检测标准纳入规划重点；拓宽标准制订范围，增加对乐器材料、环境保护、污染物排放与回收及涉及人身健康等领域的标准制定；加强国际间标准化工作的交流，加快采用国际标准和国外先进标准的步伐，积极参与国际标准化活动。与此同时，根据国家对标准制修订原则，做好对现行但适用性滞后、不适应当前生产且标龄过长的国家、行业标准的复审和修订工作。

（二）“十二五”乐器标准化工作的预期目标

“十二五”期间力争实现标准修订周期控制在3年以内，标龄控制在五年以内，相关国际标准、国外先进标准的采标率达到90%以上，使乐器标准化工作达到国际先进国家的水平。加快制订乐器行业急需的一系列通用基础标准，如：乐器种类目录、乐器声学基本术语等；检测和评价方法标准；如：乐器声学品质评价方法、乐器音乐性能评价方法等；材料标准，如：乐器用木材、铜材一般质量要求等；涉及环保领域的标准，如：乐器有害物质限量等，以逐步达到乐器标准化体系表中明确列出的标准项目和数量。

（三）“十二五”乐器标准化工作主要内容及重点

“十二五”期间全国乐器标准化技术委员会将会同全国乐器标准化中心着力做好以下五个方面工作：

1、把乐器标准化工作重点转移到增加和补充对通用基础标准、方法标准、检测标准的制定上、将以出口主导产品、国家实行强制认证的产品、标准化对象发生变化的产品、市场有一定影响而无统一技术规范的产品以及标龄接近5年的标准列为“十二五”规划中的工作重点。

2、继续完善乐器标准体系的建立。根据国家标准委《国家标准体系建设工程》总体要求和编制原则，拟先将已编制完成的“电鸣乐器门类”的标准体系纳入到乐器标准体系框架中，然后逐步开展对其他乐器门类标准体系的编制工作，力争用两年时间完成乐器标准体系建设的调整完善和编制工作。

3、继续保质、保量按时完成各级标准化主管部门批准下达的乐器标准制修订项目和“十一五”末延续的乐器标准制修订项目，做好“十二五”期间每年度标准项目计划的编制工作。

4、做好标准复审工作

在“十二五”期间除完成好每年度乐器标准项目的制定和修订工作外，并将重视和做好乐器各类标准的复审工作。

5、做好标准宣贯工作

继续积极贯彻国家对标准化工作有关的方针和政策，认真学习并领会国家对标准工作的精神及要点，确保国家颁布和乐器领域出台的标准给予积极的宣传与贯彻。

《中华人民共和国国家、行业标准（轻工）目录》乐器部分

国家标准

1. GB/T 10159-2008　钢琴
2. GB/T 12105-2007　电子琴通用技术条件
3. GB/T 12106-2007　电子琴的环境试验要求和试验方法
4. GB/T 23146-2008　十二平均律的频率与音分的计算
5. GB/T 23151-2008　乐器产品使用说明的编制原则
6. GB/T 23173-2008　乐器分类
7. GB/T 25454-2010　电鸣乐器均衡类音效装置通用技术条件
8. GB/T 25455-2010　电鸣乐器放音设备 设备音乐性能评价规范
9. GB/T 25455-2010　钢琴用毡
10. GB/T 25455-2010　钢琴弦轴板

行业标准

1. QB/T 1153-2006　吉他
2. QB/T 1207.1-1999　民族弦鸣乐器通用技术条件
3. QB/T 1207.2-1999　琵琶
4. QB/T 1207.3-1999　筝
5. QB/T 1207.4-1999　阮
6. QB/T 1207.5-1999　三弦
7. QB/T 1207.6-1999　月琴
8. QB/T 1207.7-1999　京胡
9. QB/T 1207.8-1999　二胡
10. QB/T 1298-2006　手风琴通用技术条件
11. QB/T 1299-1997　口琴
12. QB/T 1477-2003　电子钢琴
13. QB/T 1657.1-2002　唇振动气鸣乐器通用技术条件
14. QB/T 1657.2-2002　小号
15. QB/T 1657.3-2002　圆号
16. QB/T 1658.1-2002　簧管气鸣乐器通用技术条件
17. QB/T 1658.2-2002　长笛 短笛
18. QB/T 1658.3-2002　单簧管
19. QB/T 1658.4-2002　高音双簧管
20. QB/T 1658.5-2002　巴松
21. QB/T 1658.6-2002　萨克斯风
22. QB/T 1817-2010　琴弦通用技术条件
23. QB/T 1818-2010　提琴弦
24. QB/T 1947.1-1994　民族气鸣乐器通用技术条件
25. QB/T 1947.2-1994　笛子
26. QB/T 1947.3-1994　笙
27. QB/T 1947.4-1994　箫
28. QB/T 1947.5-1994　唢呐
29. QB/T 1948-2004　柳琴
30. QB/T 1949-2004　扬琴
31. QB/T 1984-2000　风琴
32. QB/T 1985-2000　风琴音簧
33. QB 2100-2007　十二平均律音名标注方法
34. QB/T 2167-2003　4/4小提琴
35. QB/T 2168-2003　4/4小提琴弓
36. QB/T 2169-2006　电吉他
37. QB/T 2175.1-1995(2009)　响铜体鸣乐器通用技术条件
38. QB/T 2175.2-1995(2009)　虎音锣
39. QB/T 2175.3-1995(2009)　武锣
40. QB/T 2175.4-1995(2009)　苏锣
41. QB/T 2175.5-1995(2009)　手锣
42. QB/T 2175.6-1995(2009)　抄锣
43. QB/T 2175.7-1995(2009)　水镲
44. QB/T 2175.8-1995(2009)　吊镲
45. QB/T 2175.9-1995(2009)　军镲
46. QB/T 2279-2004　钢琴击弦机
47. QB/T 2417-1998　校音器
48. QB/T 2444-2010　钢琴零部件名称
49. QB/T 2587-2003　4/4大提琴
50. QB/T 2607-2003　提琴弓通用技术条件
51. QB/T 2663-2004　4/4大提琴弓

52. QB/T 2740-2005　口风琴
53. QB/T 4131-2010　键盘乐器键宽尺寸系列
54. QB/T 2838-2006　爵士鼓
55. QB/T 2841-2007　乐器调音装置准确度级判定
56. QB/T 2916-2007　自由低音手风琴
57. QB/T 2978-2008　钢琴音板
58. QB/T 2979-2008　乐器用材 钢琴锯材
59. QB/T 4014-2010　电子鼓通用技术条件
60. QB/T 4015-2010　MIDI键盘通用技术条件
61. QB/T 4016-2010　中提琴弓
62. QB/T 4017-2010　倍大提琴弓
63. QB/T 4018-2010　倍大提琴
64. QB/T 4019-2010　中提琴
65. QB/T 4129-2010　吉他弦
66. QB/T 4130-2010　竖笛

（全国乐器标准化中心提供）

名牌产品

2010年度乐器产品获国家省（市）级名牌产品、著名商标名录

分类		品牌名称	企业名称	产品类别
中国名牌产品		珠江	广州珠江钢琴集团有限公司	钢琴
		星海	北京星海钢琴集团有限公司	钢琴
		Nordiska	营口东北钢琴（集团）公司	钢琴
		HAILUN	宁波海伦乐器制品有限公司	钢琴
中国驰名商标		珠江	广州珠江钢琴集团有限公司	钢琴
		星海XINGHAI及图	北京星海钢琴集团有限公司	钢琴
		津宝及图	天津津宝乐器有限公司	爵士鼓、军鼓、萨克斯
		Taishan	山东泰山管乐器有限公司	管乐器
		嘉德威	杭州嘉德威钢琴有限公司	钢琴
		凤灵fitness及图	泰兴凤灵乐器有限公司	提琴
		金杯及图	江阴市金杯乐器有限公司	手风琴
		ORIENT	宁波森隆乐器股份有限公司	乐器配件
省(市)名牌产品	上海市	施特劳斯	上海钢琴有限公司	钢琴
		敦煌牌	上海民族乐器一厂	古筝、二胡、琵琶
		海曼	上海中雅钢琴有限公司	钢琴
		华星	上海华新电子电器总厂	电子琴
	天津市	津宝	天津津宝乐器有限公司	爵士鼓、号
		鹦鹉	天津鹦鹉乐器有限公司	手风琴
		雅乐	天津华韵乐器有限公司	脚踏风琴、手风琴
		圣迪	天津圣迪乐器有限公司	西管乐器
	江苏省	润韵	扬州天韵琴筝有限公司	古筝
		碧泉	扬州市正声民族乐器厂	古筝
		凤灵	泰兴凤灵乐器有限公司	吉他、提琴系列产品
		奇美	江苏奇美乐器有限公司	竖笛、口风琴、口琴
		摩德利	南京摩德利钢琴有限公司	钢琴
		凤灵	泰兴凤灵乐器有限公司	提琴
		天鹅	江苏天鹅乐器有限公司	琴笛
		雅韵	扬州龙凤琴筝有限公司	古筝
		虎丘	苏州民族乐器一厂有限公司	二胡

分类		品牌名称	企业名称	产品类别
省(市)名牌产品	广东省	珠江	广州珠江钢琴集团有限公司	钢琴
		PaoChiaBlueDiamond	广州保嘉乐器制造厂有限公司	鼓乐
		红棉	广州珠江钢琴集团有限公司	提琴
		美得理（MEDELI）	得理电子（深圳）有限公司	电子琴
	河北省	JY	河北金音乐器制造集团有限公司	长笛
		月坛	饶阳北方民族乐器制造有限公司	二胡
		成乐	饶阳成乐民族乐器有限责任公司	扬琴
		乐海	乐海乐器有限责任公司	民族乐器
	山东省	金斯波格	烟台金斯波格钢琴有限公司	钢琴
		SEJUNG（世正）	青岛世正乐器有限公司	钢琴
		仙乐	百灵乐器公司	电吉他
		飞灵	潍坊惠好乐器有限公司	电吉他
	湖北省	TOYAMA(托雅玛)	宜昌金宝乐器制造有限公司	钢琴
		艾立卡	武汉艾立卡电子有限公司	电声器件
	福建省	HARMONY（哈曼尼）	福州和声钢琴有限公司	立式钢琴
	河南省	中州	开封中原民族乐器有限公司	古筝
省(市)著名商标	上海市	施特劳斯	上海钢琴有限公司	钢琴
		海曼	上海中雅钢琴有限公司	民族乐器
		敦煌	上海民族乐器一厂	军鼓、爵士鼓、萨克斯
	天津市	津宝	天津津宝乐器有限公司	手风琴、提琴
		鹦鹉	天津鹦鹉乐器有限公司	风琴
		雅乐尔	天津市雅乐尔乐器有限公司	钢琴
	江苏省	摩德利	南京摩德利钢琴有限公司	口琴,口风琴
		天鹅	江苏天鹅乐器有限公司	小提琴
		凤灵	泰兴凤灵乐器有限公司	竖笛、口风琴、口琴
		奇美	江苏奇美乐器有限公司	筝、胡琴、七弦琴
		雅韵	扬州龙凤琴筝有限公司	二胡
		虎丘	苏州民族乐器一厂有限公司	长笛、小号、萨克斯
	广东省	珠江	广州珠江钢琴集团有限公司	钢琴
	河北省	JY	河北金音乐器制造集团有限公司	扬琴
		成乐	饶阳成乐民族乐器有限责任公司	二胡
		月坛	北方民族乐器制造有限公司	民族乐器
		乐海	乐海乐器有限责任公司	钢琴
	山东省	KINGSBURG及图	烟台金斯波格钢琴有限公司	电吉他
		仙乐	百灵乐器公司	钢琴
	浙江省	HAILUN	宁波海伦乐器制品有限公司	钢琴
		嘉德威	杭州嘉德威钢琴有限公司	钢琴
	福建省	HARMONY （哈曼尼）	福州和声钢琴有限公司	古筝
	河南省	中州	开封中原民族乐器有限公司	古筝

地方协会

上海市乐器行业协会2010年工作总结

一、围绕世博，服务世博，我为世博作贡献

在上海市有关部门的部署下，2010年协会以上海世博会为核心，部署全年的工作。开展“我为世博作贡献”活动，形成人人关心世博，人人参与世博，在各自的工作岗位上作出自己的贡献。

二、抓住机遇，寻求发展，进一步加强协会自身建设

2010年，协会围绕上海世博会，以服务世博为中心，做了大量的工作，在努力为世博多做贡献的同时，协会也抓住机遇，取得了发展。

1、年初召开会员大会，部署全年工作。

在会员大会上，统一部署了2010年以世博为中心的协会各项工作，并倾听了会员的意见和建议，进一步加强和会员企业沟通，为会员企业的服务。

2、为使协会更能代表行业形象，反映行业呼声，2010年发展了上海泓旸钢琴，上海爱乐职业学校加入协会组织。

3、组织会员企业，参加各类讲座，帮助企业了解政策，扩大信息渠道。在有关协会的帮助下，2010年共组织如“经济形势和借贷政策”、“小企业挟持与发展”、“企业节能成排”等各类讲座17次。

4、组织会员企业和部分理事等单位，参观了泰兴风灵乐器公司的提琴产业园区和“乐器博览馆”，不仅学习了兄弟企业的成功经验，也相互交流了各企业的经营和工作经验。

5、由协会学术部组织，邀请上海音乐学院原院长杨立青教授主讲“现代音乐讲座”，使会员企业代表受益匪浅。

三、围绕企业生产经营，立足为企业做好服务

2010年，协会始终把“服务企业”职能放在协会工作的主要位置。因为只有服务企业，企业才会关心支持协会工作，协会工作才有生命力。

1、协助上海贸促会国际展览公司，组织上海民族乐器一厂赴印度尼西亚参展和市场推介，取得一定的市场效果。民乐一厂的产品和敦煌新语乐队的精彩表演给东南亚客户留下深刻的印象。2011年将组织第二次参展活动。

2、协会作为协办单位，继续协助办好2010年中国（上海）国际乐器展览会。2010年上海国际乐器展览会，规模之大，企业之多，人数之众，又创历史最高水平。协会组织、推荐企业参展获取市场信息，使企业取得良好的效益。

3、钢琴调律师鉴定工作进一步制度化、规范化。协会坚持做好每年的钢琴调律师鉴定工作，以确保鉴定工作质量，并从完善制度和规范考核二方面着手，确保考核“公平、公正”，做到岗位人员上墙公示，接受监督，取得了考生的信任。2010年除了鉴定三、四、五级钢琴调律师技术人员外，又在中国乐器协会支持下，鉴定钢琴调律师二级技师，高级技师14位，为企业发展培养又一批技术人才。

4、积极帮助会员企业，争创名牌产品工作。协会利用自身平台，积极帮助、扶植企业开展名牌产品争创工作。2010年，先后帮助民乐一厂的敦煌牌古筝，中雅钢琴公司，海曼牌钢琴做好名牌产品争创工作，支持企业创名牌、保名牌、发展名牌。

四、其他方面工作

1、和上海口琴会，组织“口琴进中国”90周年沪、浙、台纪念活动。

2、举办全国钢琴调律师研讨会，进一步推进钢琴调律师技术的发展。在中国乐器协会钢琴调律师分会的支持下，2010年7月在上海举办“全国钢琴调律师研讨会”。

3、开展“诚信企业”创建，公众满意企业调查工作。协会该项工作2010年开始起步。在市“诚信企业创建”领导小组的指导和支持下，已推荐上海钢琴公司、上海民族乐器一厂、上海华新乐器公司、上海柏斯琴行、上海海音琴业公司、上海蒙特罗琴业公司等为市公众满意企业荐名单位。2011年这方面工作将有步骤，扎实地推进。

4、加强党建和工会工作。2010年协会党支部在“学习实践”活动验收合格的基础上，开展党员对党组织的评价活动。在党风廉政建设方面与上级党委签订党风廉政工作责任书。在最近开展的党支部，党员“创先争优”活动中，提出了“承诺”的要求。党组织结合党风廉政建设，配合协会认真开展了“小金库”自查工作，进一步完善协会财务制度。在“玉树大地震”中，协会动员会员企业，积极捐款，献爱心。据不完全统计，共计捐款49176元（不包括捐物）。

广东省乐器协会2010年工作总结

2010年，继北京奥运会之后，中国迎来了万众瞩目的上海世博会和广州亚运会。两场接踵而来的盛会为中国各行各业带来巨大的发展契机与展示的舞台。

广东乐器行业作为中国乐器行业的前锋，在过去的一年里取得了骄人的成绩。2010年，广东乐器行业趁着亚运的东风，及时把握发展的良机和时代的脉搏，大踏步提升自我。在亚运会的开幕式上，龙头企业的珠江概念钢琴，悄然亮相，与郎朗和章子怡共同演绎了一曲美妙悠长的《时光》，传达着乐器制造人默默的奉献与对行业的热爱之情。

2010年广东省乐器行业规模以上企业74家，实现工业销售产值59. 41亿元，同比增长26.1%，占全国的27.6%；工业总产值59.88亿，同比增长27.65占全国的27.12 %；新产品产值4.66亿元，同比增长17.43；出口交货值18.6亿元，同比增长33.92%。经济数据居我国乐器行业榜首，发展速度连年刷新，无愧于省委、省政府建设文化强省对乐器行业的寄望。

钢琴调律被列入广东省竞赛项目：比技能赢喝彩

2010年是广东省职业技能大赛年，由广东省政府主办的2010年技能竞赛项目有三十个工种，钢琴调律工种被列入其中。该工种的技能竞赛由广东省乐器协会承办，于2010年9月23日至27日在广州星海音乐学院举行。在广东省人力资源和社会保障厅正确指导下，广东省乐器协会汇集行业力量，团结行业同仁，圆满的完成了广东省政府交给的职业技能大赛钢琴调律工种决赛的所有工作事项。通过技能竞赛，调动了广大技术人员的学习积极性与创新活力，在全省范围内掀起了学知识、长技能、比技艺的浪潮，营造了良好的学习氛围。促进我省乐器行业技能型、复合型、创新型、知识型人才的储备，从而促进人才成长、推动产业优化升级。为广东乐器行业的大繁荣、大发展和建设文化强省做出了应有的贡献。

树典型，调动积极性，促进技术创新

为了在业内乃至全社会树立新时期劳动模范的典型，激发技术人员的创造活力，促进技术创新，我会向各级工会建议授予在国际获19个奖项的广东籍提琴制作师朱明江为“全国劳动模范”人选，通过区、市、省各级工会的层层考察推荐，经全国总工会的批准，2010年国务院授予朱明江“全国劳动模范”荣誉称号。这大大调动全体提琴制作师的劳动创新积极性。

推荐高端人才作为全国文化产业优秀人才表彰对象及进入文化部人才库，促进高技能人才队伍建设

广东省文化厅粤文人[2010]94号转发《文化部关于开展全国文化行业高技能人才选拔表彰工作的通知》，按照该文件精神，广东省乐器协会推荐朱明江、徐弗、陈锦农、梁国辉、关尚持、盛子斐、梁锐祥、徐永成、李瑞龙、冯汉辉、张鸿超、谢文剑、吴智杰、肖巍、龚承忠、陈日明、梁绍棠、程柏青、谭建华、周有恩、冯英维等21位同志进入全国文化行业高技能人才库。推荐在乐器制造业发展中有突出贡献的关尚持作为高技能人才表彰对象；12月24日，《中国文化报》刊登了广东著名提琴制作师关尚持的简要事迹，极大鼓舞乐器行业高技能人才士气，大大调动了全行业的积极性。

向政府相关部门建议恢复乐器行业技术人员职称评定及开设乐器设计职称系列

为加强乐器人才队伍建设，鼓励自主创新，激发创作活力，储备技术人才，调动技术骨干的积极性。我会特向广东省人力资源和社会保障厅建议：将中断20余年对乐器行业技术人员的职称评定工作给予恢复及开设乐器设计职称系列。以此，调动技术人员的研发积极性，增强技术人员的社会责任感，促进行业的加快升级。2011年3月28日，广东省人力资源和社会保障厅下发粤人社发【2011】83号文《关于恢复乐器设计专业技术资格评审工作的通知》，乐器制造业专业技术人员评定职称的请示得以批准。这将进一步加快我省乐器制造业的专业人才队伍建设，大力推动乐器行业的发展。

推荐企业参与标准创新贡献奖评选

2010年，广东省质量技术监督局在全省范围内开展标准创新贡献奖评选活动，我会推荐珠江钢琴集团、得理乐器（珠海）有限公司两家企业为全省标准创新贡献奖表彰建议名单。以推进全行业的标准建设，提高企业的社会与经济效益。

在我会的推荐下，珠江钢琴集团起草的企业联盟标准《高档钢琴》获2010年广东省标准创新贡献一等奖。

推荐企业参加“省名牌产品”评价

我省乐器制造业借着评“广东省名牌产品”的东风，不断促进企业产品的升级换代，不断完善产品的售前售后服务，大大提升了企业品牌的知名度和美誉度。

2010年，我会根据全省乐器行业的发展现状，向省名牌推进委员会推荐电子琴、提琴、琴弦、电子钢琴、电子鼓等五个种类的产品申请列入该年度的省名牌评价范围。美得理电子琴通过该年度的省名牌产品复审评定。

成功承办深圳文博会乐器展，为企业搭建优质的展示平台

第六届中国（深圳）国际文化产业博览交易会于5月14-17日在深圳会展中心隆重举办。中央政治局常委李长春同志于16日视察了乐器展区，对乐器制造业员工给予了极大鼓舞。此次文博会，协会组织了“海伦钢琴”、“博兰斯勒”钢琴，广州保嘉乐器，美得理电子（深圳），“哈曼尼”钢琴，珠江手风琴等众多省内外优秀企业及优质产品参展。参展的乐器企业在该展会中吸引了众多采购商的注意，拥有许多潜在商机。参展商对协会承办的乐器展区工作表示赞赏；也肯定了借助文博会的平台展示乐器行业的风貌是明智的选择，在这一平台上展示和扩大了企业的知名度及认知度，对树立企业品牌有不可低估的推动作用。

协会主办的《广东乐器世界》及网络平台，锐意创新，坚持为企业服务

《广东乐器世界》创刊至今已有12个年头，一直坚持为企业服务宗旨，紧跟建设文化强省的政策步伐，不断探索、锐意创新，得到业内及音乐界人士的肯定，受读面越来越广。2010年该刊加大推广力度，报道多项音乐界盛事，策划了“世纪肖邦”、“纪念马勒”等世界顶级音乐大师专题，介绍多位音乐家的艺术创作风格，以此推动音乐艺术的普及化，为建设文化强省尽绵薄之力。

自2010年3月我会接受省政府给予我会承办钢琴调律技能竞赛这一任务后，在我会主办的《广东乐器世界》上开设技能竞赛专栏，宣传大赛的目的意义、发动全省广东钢琴调律人员积极参加比赛，上传下达有关活动信息进程及相关政策，报道活动中的好人好事。全省钢琴调律技能决赛结束后，将2010年《广东乐器世界》第五期设为技能竞赛专刊，将协会承办的比赛活动做了全面的总结。这一专刊得到广东省人力资源和社会保障厅及组委会领导的好评。

协会搭建的网络平台成为行业人士了解业内信息的主要渠道，针对电子商务的快捷性与便捷性的特点，对平台的信息随时刷新，发挥着时效、高效的作用。会员单位通过协会网站，及时了解最新出台的相关政策和最新的行业消息；在举办全省钢琴调律竞赛期间，协会更是充分发挥了网站的作用，将竞赛所有事项如：各项通知、复习范围、评判标准、竞赛指南等即时、快速传至网络平台，及时更新网页，让参赛者第一时间了解比赛的进程及要求，使各方人员为参赛做好最充分的准备。

昨天，我们走过的辉煌，熬过了坎坷，在每一次的沉寂后厚积薄发。历史见证着广东乐器行业的日新月异，百炼成钢。今天，我们已经形成行业内的丰厚积累与良性循环。务实创新的精神推动着质量的提升与市场的开拓。明天，面向2011的召唤，我们回顾复苏，肯定成果，展望未来。世界人民生活水平的不断提高，催生在国内外更广大更繁荣的乐器市场，而经济大环境的复苏和行业自身的调整优化让行业始终保持着强劲发展势头。当今的乐器行业，应当继续走国家化与品牌化的道路，加强技术创新，提高产品附加值，实现产业升级，走健康稳定可持续发展的道路。

昌乐县乐器行业协会2010年工作总结

郚部镇位于昌乐县西南部，总面积223.9平方公里，辖45个行政村，10.3万人，是省政府确立的首批“省级中心镇”、山东省“环境优美乡镇”、“山东省文明镇”。郚部乐器产业发端于20世纪70年代中期，当时由青岛知青创办了一个社办乐器厂，生产二胡、笛子等民族乐器。80年代末，韩国客户与当时的镇办乐器厂合资成立了缪斯乐器公司，生产木吉他和电吉他。后来镇里又创办了百灵乐器厂，这两家企业成了郚部乐器产业的“孵化器”。目前，郚部电声乐器生产企业已从2000年的2家发展到80家，从业人员万余人，产品包括电吉他、电贝司、木吉他、木贝司、音箱、数码钢琴和乐器配件7大系列360多个花色品种，产品80%以上销往国外。2010年，全镇乐器产量吉他400万把，音箱60万支，乐器配件500万套，实现主营业务收入35亿元。郚部镇电声乐器产业集群优势明显，2007年被山东省政府命名为首批“特色产业镇”，2008年被评为“山东省电声乐器产业基地”，2009年6月份，又被中国乐器协会命名为“中国电声乐器产业基地”。

昌乐县乐器行业协会成立于2002年，现有会员单位106家。协会的主要工作任务是：提供产品研发、技术创新、电子商务及物流、创业辅导、人员培训等相关服务。现有工作人员62名，其中高级职称11名，中级职称24名，中级职称以上的专业技术人员占总人数的56%。

2010年协会投资2000万元，建设了建筑面积1200平方米的电声乐器产业发展中心。中心具有规范行业竞争行为，信息技术交流，产品研发检测，市场分析，网络推广销售，物流运输，宣传郚部乐器品牌等服务功能。协会与中国乐器协会、山东大学、山东师范大学、山东艺术学院建立了长期合作关系，科研力量较强。与同行业科研机构相比，在科研开发基础条件、科研队伍状况、研究开发水平到成果转化应用、推动本行业科技进步等方面均占有一定优势。2010年，研发新产品16项，实施技术改造50多项，提供行业信息1000多条。聘请专家授课10余次，培训人员达10000多人次，促进了产业的健康发展。协会还帮助部分乐器企业进行了ISO9000、ISO14000、ISO18000三个体系认证以及计量体系、标准化良好行为、采样认可、采标标志四个标准的申报培训工作，提升了企业管理和产品质量管理水平。潍坊惠好乐器有限公司生产的“飞灵”牌吉他在协会的帮助下被评为“山东名牌产品”。

随着郚部乐器产业的不断发展，协会提供有关服务项目越来越受到乐器企业的欢迎。去年为100多家乐器企业提供各类服务10000余次。新建的电声乐器产业发展中心，通过解决技术、研发、销售、人才等方面的问题，使企业得到持续发展。建设的电子商务及物流平台、产品研发平台、展览展示平台，为乐器企业提供以下服务：

1、网络及物流服务平台。根据郚部乐器产业集群的现状，以电子商务门户配合网店销售的平台模式最为适合，主要建设分以下几大模块：门户模块：包含资讯、视频展播、售后服务。网店模块栏目：分类、产品展示、售前导购、支付、购物车、物流查询、搜索优化等。但现在没有统一的网络平台，只能进行网上推广，不能实现网上交易，迫切需要建立一个完善的网络交易平台。物流方面没有建立完善的物流网络，依靠物流公司的时候比较多，需要建立一个专业的物流网络，以实现网上推广、交易、物流一体化，增加服务能力，解决企业困难。

2、产品研发平台：进行电声乐器新产品及配件产品的研制生产，并定期到企业进行技术指导、培训技术人员，解决企业因为投资较大而难以解决的产品研发问题，为各企业研发专利产品提供技术支持。

3、展览展示平台，为乐器企业提供产品展览、展示平台，把每个企业的产品集中进行展示。负责组织各企业参加上海、德国法兰克福等国内外知名乐器展销会，进一步提高产品知名度。

2011
中国乐器年鉴
CHINA MUSICAL
INSTRUMENT YEARBOOK

中国乐器行业产业集群综述

丰元凯

产业集群是经济社会发展到一定阶段的产物，相对于非产业集群而言，它所表现的主要特征系从事某种产品，包括成品、零配件及相关配套产品的企业集中在某一地区进行生产和销售，形成区域性产业链。

一、 中国乐器产业集群的形成和演变

某一产品的产业集群形成都有其特定的原因。全面回顾和总结一下中国乐器产业集群的形成和演变过程，应当说与其他商品有着相同之处，也有着不同之处。中国乐器产业集群的形成都不是偶然的，都有着一定的历史背景和存在基础。

1、国有企业经济体制改革不断深化

中国乐器产业集群大多形成于20世纪80年代的改革开放初期。为什么它是产生在改革开放以后，而不是在新中国成立以后呢？新中国成立初期，乐器的生产与销售形不成工业化生产模式，城市中只有少量的乐器手工作坊；当时经济发达程度和老百姓的生活水平都很低，乐器的生产与消费也根本谈不上形成市场。

而20世纪50年代以后，社会主义工业化改造，形成了各个地区的国有或者集体所有制的乐器生产企业。其表现形式是在一些大城市有一二个综合性的乐器生产企业，这些企业是国家计划经济的产物，或者说是在政府指令下产生的。

中国乐器产业集群的形成是国有企业经济体制改革和市场经济不断深化的结果。

20世纪70年代后期，国家的工作重心转移到一切以经济建设为中心，全国各地的国有或者集体乐器生产企业与其他行业一样，开始进入“自我调节，自我生产，自负盈亏”的市场经济阶段，国家对企业不再实行包下来的政策，“企业吃国家大锅饭，职工吃企业大锅饭”暴露得矛盾越来越突出，国有乐器生产企业旧有的生产体制已经不能适应“以销定产，多品种，小批量”市场经济新形势。在这个情况下，国有乐器企业为了维持生存，大都采取把产品下放到乡镇企业生产，成立乡村乐器联营厂的模式，为城市国有乐器生产企业进行加工生产，从乐器零部件加工逐渐发展到成品加工，一开始乡村联营厂没有独立的销售权，只负责乐器生产加工，到后来连销售权也转到乡村乐器联营厂。比如，河北饶阳地区的民族乐器生产，江苏泰兴的提琴生产，都是通过这种转移方式形成的。

2、农村工业化进程的加快

改革开放以后农村经济体制不断深化，农村工业化进程的加快以及实行农民个体经营制度，不仅使农村的土地使用权私有化，同时各种集体性质的村办或者乡办乐器联营厂的职能也不断弱化，原来的乐器集体企业逐步分化瓦解，大部分掌握了一定乐器制造技术的农民从联营企业中走出来，自己办厂，原来的乐器生产企业也被当地村官、乡官或者是原厂长承包，转为私有企业。这些企业的逐步形成和壮大，是中国乐器产业集群的基础。这些企业的主导者也就成为中国乐器产业集群的创始人，他们通过长期与国有企业的合作，在基本掌握了部分乐器的生产技术，销售渠道，原材料采购来源和部分技术工人的基础上，他们的产业发展也越来越大，在国家外贸体制全部放开以后，集群的企业基本上都获得了自营进出口权，大量乐器开始出口。这些企业发展起来后，进一步引起了当地政府的关注和当地农村的青睐，由此吸引了更多农民加入生产乐器的行列，引发更多的乐器配件加工厂产生，其生产方式大多是以家庭手工生产方式存在。

上述与城市乐器生产企业有关的产业集群是中国乐器产业集群的主体。比如，江苏的泰兴黄桥镇“中国提琴产业之都”就是由原上海提琴厂实行产业转移而形成的；北京平谷“中国提琴产业基地”是在原北京提琴厂实行产业转移基础上形成的；广州地区的“吉他产业基地”是在广州红棉吉它厂扩大加工业务的基础上形成的；河北饶阳、肃宁的“民族乐器产业基地”是在北京民族乐器厂向河北扩散加工点的基础上形成的。

扬州“古筝之乡”是上海民族乐器一厂扶持扬州当地的一家乐器生产企业生产古筝，而逐步扩大发展起来，扬州的古筝引起了市政府的重视，并与古筝演奏艺术以及扬州当地特色雕刻漆品工艺相结合，形成如今具有鲜明特色扬州古筝。

山东龙口地区管乐器生产基地是当时北京管乐器厂实行跨地区联营扩大加工业务所形成的。

浙江湖州洛舍镇的“钢琴之乡”是改革开放时期，当地从上海钢琴厂“挖”走了三个工程师，开始兴办湖州钢琴厂，因而在当时还引发了一场官司，这场风波停息后，湖州钢琴厂不断扩大，扩散，逐步形成洛舍镇“农民造钢琴”独特的生产方式。

营口乐器生产基地的形成是新中国成立初期，当时国家为了抗美援朝的需要，将上海的钢琴、口琴、提琴、手风琴等部分乐器生产企业迁至营口，改革开放后，国有乐器生产企业转制，围绕这些产品逐步形成了一个多品种的乐器综合加工生产基地。

天津静海的管乐器生产基地，河北武强、深州的管乐器生产基地都与当时天津管乐器厂和北京管乐器厂有关，这些产业集群大多是通过与北京、天津管乐器厂加工零配件的基础上逐渐发展起来的。

3、乐器产业集群的形成和演变的其他因素

（1）与原材料产地有关。凭借当地得天独厚的资源优势，就地取材，就地加工，就地销售是改革开放不断深化以后形成的乐器行业又一种产业集群表现形式。比如：浙江中泰乡的“中国竹笛之乡”，河南兰考的“民族乐器产业基地”，前者是有着取之不尽，用之不竭的制作竹笛最佳材料的苦竹，后者是当年“县委书记的好榜样焦裕录”所培育桐木原材料基地，桐木是民族乐器最为理想的振动音板材料。

（2）与当地保留的传统工艺技术有关。目前天津静海的民族管乐器，山东郯城的二胡，武汉的响铜乐器，河北怀来新保安的响铜乐器，山东周村的响铜乐器，河北廊坊的儿童打击乐器都是在当时有一批生产乐器的匠人，改革开放以后，他们利用自己手中的技术，发展农村乐器加工以发家致富。

（3）与当地非物质文化遗产传承有关。中华民族56个民族都有自己的特色乐器，有的集中在某一地区加工，形成了民族地区的特色产业，如新疆民族乐器就集中在喀什的一个村里生产叫“新疆乐器村”，还有贵州玉屏县的“玉屏箫笛”，苏州二胡，云南葫芦丝等都是集中在一个地区生产，形成了相对集中的产业集群。

（4）与外国乐器公司向中国内地转移有关。改革开放后，一些发达国家和地区的乐器公司为了降低劳动力成本和实现规模效益，便把某产品的生产技术转移到中国，在中国设厂，因而在中国某一地区形成了比较集中的产业集群。如山东潍坊的电声乐器产业基地是由于韩国转移电吉他生产技术而形成的。广东惠州地区有着20多家台资木吉他和电吉他加工企业，也形成了一定规模的乐器产业集群。

二、乐器产业集群的优势与弱点

任何事物都是一样，当量的积累达到一定程度时，就会产生“质”的变化，正像“单支筷子容易折断，如果把一把筷子捆在一起时就不容易折断了”的比喻意思是一样的，与单个乐器生产企业相比，乐器产业集群在整体形象和规模效益等方面都有所不同。

中国乐器产业集群具有的优势：

（1）受到当地政府的关注，虽然乐器产业集群在当地的经济地位并不突出，但它属于文化特色产业，大多数被当地政府确立为文化支柱产业，区域名片，重点扶持发展，因此中国乐器产业集群较容易得到国家和当地政府政策、财政、金融等方面的支持，以得到更大的发展。

（2）乐器产业集群的企业相对集中，扎堆效应的产生，在知名度和影响力等方面相对容易提升，有利于国内外各种形式的贸易活动开展。

（3）有利于各种资源的综合利用，如物流、资金流、人力资源等。

但当前中国乐器产业集群的弱点也是客观存在的：

（1）基本上由中小企业构成，缺少龙头企业支撑，品牌效益较差，多数产品属中低档产品，贴牌生产。

（2）绝大多数乐器产业集群地处农村，企业生产模式大多属于传统手工业，劳动密集型产业，与现代制造业工业化差距较大，企业管理薄弱、厂房简陋、工人文化水平和技术素质相对落后。

（3）绝大多数乐器产业集群并没有形成完整的产业链，各企业之间相互联系较少，竞争大于合作，按产业链配置资源和社会化分工协作水平还不高，没有建立相互依存，共同发展的模式。

（4）一些出口型乐器产业集群中的各企业产品还存在着不正当竞争的状态，容易被外商所利用。

三、 中国乐器产业集群未来的思考

中国乐器行业经过20多年的发展，已经成为世界最大的乐器生产国和出口国，目前中国乐器经济呈现多元化发展态势，各种经济类型的乐器生产企业，国有、民营、外资齐头并进，在竞争中求得不断发展。

而乐器产业集群是中国乐器经济高速发展后形成的一种新模式，它构成中国乐器行业的一个新亮点，受到业内和社会上的关注。中国轻工业联合会和中国乐器协会从2002年开始，先后通过《关于共建和授予中国乐器行业特色区域称号的行业规范标准》，授予江苏省泰兴市黄桥镇“中国提琴产业基地”称号，后升格为“中国提琴之都”，授予北京平谷区东高村镇为“中国提琴产业基地”，授予山东省昌乐县鄌郚镇“中国电声乐器产业基地”，浙江省杭州余杭区中泰乡为“中国竹笛之乡”。

乐器产业集群的形成和发展也受到了社会专家学者的关注，北京大学城市与环境学院教授王缉慈，浙江师范大学教授朱学友等分别将乐器产业集群调查研究纳入到国家自然科学基金重点项目“中国产业集群的理论和实证研究”和浙江省自然科学基金“乡镇乐器专业化产业区的变迁与升级研究”科研课题的范围之中，他们带领学生长途跋涉，不辞辛苦地到我国多个乐器产业相对集中的地区进行专项调查和研究，写出了一批有较高学术价值的文章，对指导今后乐器产业集群的健康发展起到十分重要的指导作用。

中国乐器产业集群的发展也受到各地政府的重视和支持，各地政府不仅将乐器产业集群的发展纳入到地方中长期发展规划，以及“十二五”规划当中，同时也开始注重以乐器产业集群的形象进行整体宣传。如每年一度的中国（上海）国际乐器展览会上，山东昌乐县鄌郚镇“中国电声乐器产业基地”，浙江洛舍镇钢琴产业基地，营口市乐器产业基地也都开始以“乐器产业集群”的形象亮相。一些地区政府也开始准备投入大量资金，以乐器产业集群为主体打造各种类型的文化产业基地，如，北京市政府要打造“中国乐谷”，天津静海市要打造“东方乐器城”，营口市要打造“北方乐器之都”，河北武强县要打造“国际乐器产业基地”。

笔者认为，目前中国乐器产业集群虽然得到了政府和社会各界的高度重视，但问题是宣传声势不小，真正付诸实施和取得效果不足。许多地区的乐器产业集群注重形式，忽视内在质量的提高。许多工作仍然停留在政府层面的宣传，而相关企业对这方面的意义和关注度并不够明显，积极参与度也不够，许多企业还处于观望状态。

中国乐器产业集群未来发展应当朝什么方向努力，北大王缉慈教授在《超越集群》（科学出版社，2010年）一书中写到：真正成功的区域是拥有别的区域难以模仿的创新优势的区域，是具有持续发展能力的区域。我感到这就是中国乐器产业集群未来的努力目标。

泰兴黄桥镇“中国提琴产业之都”发展纪实

2009年12月份黄桥镇被中国轻工业联合会、中国乐器协会授予“中国提琴产业之都”的称号。一年来，全镇的提琴产业得到迅速发展，现就产业发展情况汇报如下：

一、授牌以来发展情况

授牌之初，黄桥镇共有56家专业生产提琴企业，相关配套企业26家。通过ISO质量体系认证的企业20多家，已形成了提琴及提琴配套企业相互协作多元化格局。年产各类普、中、高档提琴56万套。吉他系列产品60万套，提琴产量约占全国产量的60%，占世界生产总量的30%。近年来，由于行业组织的指导帮助及各级政府大力支持，黄桥的提琴产业发展如雨后春笋，真正成为了全镇的富民产业，至今年7月底，提琴生产企业已达98家，年销售额达1000万元以上的规模企业已由授牌前10多家增加到了21家，相关配套企业达112家，年产量增幅都在15%左右，尤其是中、高档提琴产量增幅都在30%以上。目前，全镇为这个行业生产服务的人员达2.6万人，约占全镇劳动力的40%左右，至2010年底，全镇提琴产业销售收入5.2亿元，实现利税0.98亿元，其他三产增加值约2.5亿元，利税5000万元，2010年全镇提琴产业发放工人工资和福利2.8亿元，直接从事生产工人平均年收入超过2万元。

作为全镇提琴产业的龙头企业——江苏凤灵集团形势更是喜人，2010年集团共完成销售3.2亿元，销售收入与2009年相比增幅达21.8%，中、高档琴产量比例已达整个集团提琴产量的40%左右。

在中国提琴产业之都，不仅仅是凤灵集团这样的领军企业发展迅猛，其他企业也处于良性发展状态。如斯坦特乐器有限公司、琴艺乐器有限公司、东方乐器有限公司、东进乐器有限公司、泰乐乐器有限公司、声威乐器有限公司等规模企业都为提琴产业之都的发展作出了很大贡献。

二、黄桥镇政府主要做了以下几方面工作

1、在创新理念上，着重抓好提琴制作人才培训

近年来，各企业在追求高品质、制作优质琴上狠下功夫，在产品高档化、品牌国际化方面都走出了坚实的步子。黄桥镇政府针对以上情况主动出击，对提琴生产企业进行统一组织、协调，并从中央音乐学院、中国艺术研究院、上海音乐学院等地聘请国际制琴大师郑荃教授、声学研究专家韩宝强博士、专业高级琴制作师华一志等专家作为技术顾问，来镇定期进行指导、培训、授课，至今年7月份接受专家制作培训人数达16人次，大大提高了制作人员的技艺；另外，镇政府还组织职称申报活动，制定了相应的奖励政策，对获得高级制作师职称给予重点奖励。

2、在创新模式上，着重鼓励引导企业转型升级

2009年，黄桥镇提琴生产总量中有近80%是普及琴，附加值低，利润率低。根据这种情况，镇政府不断出台优惠政策，积极引导，鼓励企业进行转型升级，不断由生产低档琴向中、高档提琴方向发展。通过近两年来的努力，全镇生产的提琴总量中，中、高档琴份额由过去的20%提高到40%左右。另外，由于市场人力资源相对紧张，且用工代价偏高，政府积极引导鼓励企业投入，增添自动化程度高的机械设备，以机械化代替人工操作，既解决了人工技术上参差不齐，影响产品质量，又解决了用工难的问题。

3、在创新方式上，着重抓好品牌建设、科技创新

2010年初，黄桥镇政府制定了《关于促进提琴产业做大做强的奖励意见》，并设立了科技创新奖和品牌创建奖，以促进企业进行技术创新和品牌创建。2010年“凤灵”商标在2008年获“江苏省著名商标”后，又荣获了中国驰名商标，“凤灵”品牌经权威机构评估无形资产价值高达16亿元。全镇已有20多个品牌成为提琴教学的指定品牌。“注重品牌”已成为我镇提琴生产企业老总的一致共识。另外，在科技创新方面，在镇政府帮助支持下，凤灵

集团2010年获泰州市政府“工程开发中心”授牌。近两年来，全镇共开发新品60多种，其中有24项提琴和吉他新品种获得国家专利，并已逐步在全镇提琴行业中全面推广。

4、在管理方式上引导企业由粗放型向现代化、科学化管理推进

2009年前，全镇提琴生产企业多数处于粗放型管理模式，对照中国提琴产业之都的要求，还存在一定差距。近年来，镇政府先后三次组织全镇提琴生产企业的老总去凤灵等企业进行现场观摩活动，听凤灵等企业的负责人介绍管理经验。通过举办这样的活动，企业的老总体会颇深，有效地促进了全镇提琴行业的管理水平。另外，镇政府充分发挥泰兴市乐器协会的作用，并帮助乐器协会修改完善《提琴行业管理办法》，整个提琴行业从材料价格、品牌保护、人才流动、技术工艺等方面得到了规范，从而使全镇提琴行业向现代化、科学化推进。

当前政府在引导企业认真学习十七届五中全会精神，学习胡锦涛总书记“七一”讲话精神推动企业进一步改革开放，把创新转型升级作为重点工作，把改变发展方式作为重点方向，我们坚信“中国提琴产业之都”一定会不断健康、稳定、快速的发展。

昌乐鄌郚镇“中国电声乐器产业基地”发展纪实

鄌郚镇位于昌乐县西南部，总面积223.9平方公里，辖45个行政村，10.3万人，是省政府确立的首批“省级中心镇”、山东省“环境优美乡镇”、“山东省文明镇”。因电声乐器产业集群优势明显，2007年被山东省政府命名为首批“特色产业镇”，2008年被评为“山东省电声乐器产业基地”，2009年6月份，又被中国乐器协会命名为“中国电声乐器产业基地”。

昌乐乐器产业发端于20世纪70年代中期，当时由青岛知青创办了一个社办乐器厂，生产二胡、笛子等民族乐器。70年代末期，韩国客户与当时的鄌郚镇乐器厂合资成立了缪斯乐器公司，生产木吉他和电吉他。后来镇里又创办了一家百灵乐器厂，这两家企业成了昌乐乐器产业的“孵化器”。现在昌乐七成以上的乐器企业厂长、经理，都是从这两个企业走出来的技术、营销骨干。到目前，昌乐电声乐器生产企业106家，从业人员1.8万人，产品包括电吉他、电贝司、木吉他、木贝司、数码钢琴、音箱和乐器配件7大系列近400个花色品种，80%以上的产品销往国外。2010年，全镇乐器产量400万把，音箱60万只，乐器配件500万套，实现主营业务收入35亿元。鄌郚镇先后被评为首批省级特色产业镇、山东省电声乐器产业基地、中国电声乐器产业基地、山东省特色景观旅游名镇和全国特色景观旅游名镇。

在抓乐器产业发展工作中，我们主要做了以下三个方面的工作：

1．加强规范引导，保障产业健康发展。我们根据电声乐器产业的特点，从“行业自律、品牌创建、质量管理”等方面，加强对产业、企业的组织引导，取得了较好的效果。

一是成立乐器协会，实现产业的规范有序发展。昌乐电声乐器产业的快速发展集中在近十年的时间，而得到健康发展仅仅四五年的时间。在产业快速发展初期，企业之间“抢客户、争订单、竞相压价、互相挖骨干技术人员”等恶性竞争现象非常普遍。为此，我们逐个企业征求意见，统一认识，引导成立了乐器行业协会，制定了行业自律公约，产业逐步走上了有序发展的路子。同时，通过与中国乐器协会以及吉他专业委员会的联系，强化行业之间的信息交流沟通，及时掌控国际、国内的产业动态，既促进了企业管理水平、创新能力的提高，又推动了企业之间的资源共享和共同发展。

二是打造自主品牌，提升产业持续发展能力。

昌乐电声乐器产业是以出口为主的外向型产业，80%以上出口，基本上是国外知名品牌的加工基地，贴牌生产不但被人牵着鼻子走，而且利润空间非常小。昌乐县从建立企业管理、质量管理体系入手，帮助企业争创名牌。由政府出资100余万元，聘请专家帮助骨干乐器企业进行了ISO90001、ISO140001、ISO180001三个体系认证和计量体系、标准化良好行为、采标认可、采标标志四个标准认证，规范了企业管理行为，为争创名牌产品和著名商标奠定了基础。同时，多次邀请省、市、县质检、工商部门的领导来指导创牌工作。短短两年，全县乐器企业商标注册总数达到了40多个。2009年，百灵乐器公司的"仙乐"牌电吉他和惠好乐器公司的"飞灵"牌电吉他被评为"山东名牌产品"，惠好乐器公司同时被省旅游局确定为"省级工业旅游示范点"；2010年，惠好公司的"飞灵"牌电吉他商标被省工商局评定为"山东省著名商标"。随着品牌知名度的提高，这几家企业的订单明显增多，效果很好，带动了其他企业对商标、品牌建设的重视。

三是加强质量管理，打造优质产品。昌乐县政府高度重视创建山东省优质产品生产基地工作，制定出台了创建山东省优质产品生产基地建设工作规划和科技、质量、品牌、财税、金融、流通等扶持政策，并纳入当地国民经济和社会发展规划。建立了政务服务、技术创新、质量检测、产品研发、贷款担保、培训教育、人才引进、营销物流等公共服务平台。县各有关部门严格落实质量和打假工作责任制，对产业集群质量状况实施有效监控，形成了质量监管长效机制。各企业产品严格采用国际标准、国外先进标准生产，质量稳定可靠，质量管理和质量控制体系健全，技术工艺水平先进，龙头骨干企业带动和辐射作用突出，产业链和配套服务体系完善，产业规模居全国前列。

2．实行综合配套服务，助推产业科学发展。近几年，昌乐县实施了包括制定产业发展规划、提升产业园区、建设产业服务平台、培植产业龙头、加快特色城镇建设等一系列综合配套的措施，来推动产业、企业的科学发展。

一是抓好园区建设，为产业发展创造良好环境。从2008年开始，先后投资3000余万元，对鄌郚乐器产业园进行了改造提升，重点实施了绿化、亮化、道路硬化、供排水等配套工程，产业园环境的改善，承载能力的提升，不仅带动了老企业纷纷增资扩产，而且吸引了大量客户投资，就连已迁走多年的缪斯乐器厂也回到了鄌郚。这两年，乐器产业园还吸引了"乐器喷漆、箱包、木材加工、镶嵌"等十几家配套生产企业落户，产业分工大大细化，提高了生产效率，拉长了产业链条。目前，乐器产业园内已有乐器及配件生产企业40余家。今年县政府提出了建设千亩乐器产业园的发展目标。我们要尽快搞好规划设计，大力抓好推进实施，在鄌郚镇尽快打造全国最大、最好、最全的"中国乐器产业园"。2009年初，我们又针对乐器企业产品质量检测难，产品开发能力不足，市场经营人才缺乏等问题，投资2000多万元，建设了集产品展览展销、产品研发、质量检测、电子商务于一体的乐器产业发展中心，为乐器企业提供全方位服务。

二是培植骨干企业，带促产业发展。注重通过引进现代企业制度，引进资金、引进技术嫁接改造等措施，推动企业管理水平的提高和规模的膨胀。经过近几年的努力，惠好、雅风、百灵、宏韵、盛大等乐器企业已经逐渐成长为行业知名的电声乐器骨干企业。在这些骨干企业的带动下，上下产业链的配套企业得到了迅速发展，目前，全县配套企业发展到了40余家。为进一步整合资源带动和促进产业发展，2009年10月份，以昌乐县乐器行业协会为依托，骨干乐器企业参股，组建了潍坊大唐乐器发展有限公司，为所有乐器企业提供电子商务、组织参展、调配订单等一系列服务，让乐器企业腾出更多的精力抓产品市场开发，收到了很好的效果。

三是抓好城镇建设，提升对产业的承载能力。在城镇建设中，注意将产业元素揉和进来，聘请深圳国际建筑设计有限公司对鄌郚镇区进行了城市和景观规划设计，整个城镇的色调以烟灰色为主，体现鄌郚作为商贸古镇的历史文化积淀；重要节点建筑和一系列城镇主题雕塑全部体现乐器和音乐元素，表现音乐的律动和活力，增强视觉冲击力。同时，以较大的投入，开工建设了行政服务、商贸和教育等一系列重要的城镇建设项目，使城镇建设的档次，综合服务功能有了大幅度的提升，为投资商和务工者提供了良好的生活、工作环境。

3．多渠道借势借力，加速产业集群崛起。在产业集群发展到一定规模后，我们注重借助更高层次，更广泛的支持，来进一步助推产业向更高层次发展。

一是借势媒体宣传，提升产业知名度。充分利用与报纸、电视、网络等多种媒体建立起来的良好合作关系，全方位宣传昌乐乐器产业。鄌郚镇里组建了鄌郚乐器产业网站，由专业人士管理，全方位展示乐器产业；乐器协会还成立了大鄌电声乐队，通过主办或参与各种文艺活动，让人们更多地了解昌乐乐器；同时，积极争创行业荣誉，先后取得了一系列的省级和国家级的荣誉称号，提高了昌乐乐器的知名度。

二是借势领导支持，加速产业发展。充分抓住近两年，省、市领导对昌乐电声乐器产业的关注，积极争取政策等方面的支持。2010年7月，山东省委常委、副省长王军民亲临昌乐指导产业发展工作，并形成了七条扶持昌乐乐器产业发展的意见。在去年11月召开的全省特色产业镇创富论坛上，王副省长又安排省中小企业办帮助昌乐在驻济高校中推介电声乐器，并亲自出席了在山东艺术学院举办的昌乐鄌郚电声乐器进高校启动仪式。同时，在王副省长的亲自协调下，省国土部门特批了100亩乐器产业发展用地指标；由省、市、县三级共同投资1600万元的乐器质检中心即将在昌乐开工建设；乐器产业集群和乐器产业发展平台，也分别列入了2011年省级扶持项目计划。

三是借势国际市场，提高市场占有率。积极鼓励企业主动走出去，变贴牌生产、代理出口为自营出口，打自主品牌。每年，政府都拿出专项资金组织规模以上乐器企业参加北京、天津、上海、广州以及美国、德国、加拿大等国内外知名乐器展会，使更多的企业直接从展销会上拿到国外客户的订单，减少了中间环节，提高了利润空间，扩大了昌乐乐器在国内外的影响力。2010年10月份举办的上海国际乐器博览会上，将原来的企业分散参展变为集中参展，统一租赁摊位，统一进行摊位设计装潢，共组织了30多家乐器企业参展，形成了轰动效应，吸引了众多的国内外客户，一下子就拿回来了6个亿的订单，政府组织引导的价值得到了充分体现。

四是借助专家资源，搞好产业规划。积极与中国乐器协会及行业专家沟通交流，借助专家资源优势，结合昌乐乐器产业实际，立足国际、国内乐器产业及区域经济发展态势，对乐器产业发展定位、产业体系、产业结构、空间布局等进行了科学规划，制定了昌乐县乐器产业十二五发展规划，为全力推动产业集群由粗放生产到集约化发展奠定了坚实的基础。

关于乐器产业集群发展的思考

北京大学 王缉慈 马铭波 王敬甯

产业集群是一组在地理上靠近的公司和机构，它们同处或相关于特定的产业领域，由于具有共性和互补性而联系在一起。文献普遍认为，产业集群的理论脉络有两支，一是马歇尔的产业区（Industrial district）理论，以持续创新的工业设计为特征的意大利式中小企业集聚的产业区成为区域学习的典范。二是波特的集群(cluster)理论，哈佛商学院战略管理大师波特（M. Porter）极力强调地理群聚现象对生产力和创新能力的意义。产业集群的特点可以归纳为：行为主体的地理邻近；部门专业化；企业之间紧密合作；创新基础上的相互竞争、信任和社会文化认同；积极的自助组织，以及区域和城市政府的支持。

相关企业共栖并互相配合、相关产业共生共荣并非新现象。从同一个产业来看，在不同的发展阶段，在价值链上高低不同的环节，在世界上发达程度不同的地方，都会发生相关企业集聚现象。外部经济的存在、集体效率的增强，使企业降低成本。在基于创新的高端集群中，在合作服务机构的促进下，在良好的法制环境中，企业之间以及产学研之间合作，产业融合，知识溢出，不断催生创新的产品和服务；而在基于低成本的低端集群中，虽然企业在地理上靠近，产业配套完善，却往往恶性竞争，以牺牲劳力和环境的代价来换取经济效益。

改革开放以来，以数十个甚至千百个中小企业组成产业集群并从事专业化生产，通过分工而获得经济优势的现象在我国非常普遍。在很多乡镇，少数领先企业家创业并抓住了机遇，中小企业成长并壮大，大量“游击队企业家”进入配套服务，从而形成了“一村一品”、“一镇（乡）一品”的现象。从地理分布来看，沿海省份甚密，中小城镇明显，甚至出现在很多乡村。从产业门类来看，以消费品产业为主。中国发展迅速的产业集群与经济腾飞高度相关，与科技创新高度相关，与文化变迁高度相关，在吸引投资、出口创汇、创造就业等方面贡献突出。在独特的经济转型背景下，产业集群走出了多样化的道路，深刻地改变着全国的经济空间格局。

从2003年下半年开始，很多省市相继召开了促进本省（市）产业集群发展的会议；自2004年以来，国家科技部、发改委、文化部等部门以及纺织工业协会等行业协会都对产业集群表示了极大的关注。然而，如果产业集群的发展误入口号式、简单化的“集群构造”运动，陷入“货物崇拜”[①]（Cargo Cult）的尴尬，将严重贻误我国产业集群的发展。

改革开放以来，乐器产业除在北京、上海、广州等城市发展了一些较大的企业之外，在农村工业化基础上形成了很多乡镇专业化区域，乐器产业集群和其他消费品部门的产业集群在发展道路上十分类似。例如，溪桥镇小提琴产业的成长史——城乡联营、工贸联营、中外合资、企业改制等，提供了乡镇企业发展的生动样本。近些年，中国轻工业联合会和中国乐器协会正在对一批具有鲜明乐器产业特色的地方（镇、县、市）进行调研、认定、支持和培育，相继授予中国乐器行业特色区域荣誉称号，例如江苏泰兴溪桥镇的“中国提琴产业之都”、山东昌乐县“中国电声乐器产业基地”、北京平谷区东高村镇“中国提琴产业基地”、江苏扬州“中国古筝之乡”、浙江杭州余杭区中泰乡“中国竹笛之乡”。此外，浙江湖州洛舍镇、辽宁营口市、天津静海县、河北的武强县等，都在积极筹备成立区域性乐器协会或者向中轻联、乐器协会申报产业基地命名，以充分发挥当地乐器行业的产业集群优势，为当地经济和文化建设做出贡献。

与其他部门的产业集群类似，乡镇的乐器产业集群存在以下问题：

（1）从原材料初加工发展起组装生产，技术能力不足。（2）缺乏人才，走低端道路。如在意大利克雷莫纳小提琴制造师要经过四年的培训，手工生产少量演奏琴，而中国的溪桥镇一年生产数万把普及型练习琴，农民经培训一个月就可进入车间。

（3）一些生产存在污染问题。（4）缺少品牌，多是贴牌生产，产品附加值低。（5）企业之间形成“扎堆”却缺少联系，合作不足，甚至“逐底竞争（race to the bottom）”。（6）政府支持不足，地方行业协会较弱。

如何更加有力地在这些地方推动产业集群的发展以提升乐器行业竞争力？还需要把产业集群所面临的挑战置于全球化背景下进行认识。

全球化背景下乐器产业集群面临的挑战

“专业化引起创新和地方经济增长”这一命题是培育特色产业基地的理论支撑。很多国家都专注于国内知识基础及其优势的创造，其难以被模仿的竞争优势往往存在于创新集群之中。相关的专业化企业的集聚，规模经济的报酬递增，会刺激专业化要素的投入；在良好的法规制度和基于诚信的社会网络环境中，本地分工网络深化，专业技术人才和企业不断繁衍，知识和技术创新基础结构不断完善，激发技术和知识创新，推动财富的增长。由于经验积累，最初偶然的专业化分工可能变成永久分工。

全球化也会导致专业化并加强专业化。当生产要素向从事某种特定活动的国家的最佳地点迁移时，就可能引起该地的专业化。跨国公司在进行海外生产布局时，与原供应网络内的配套企业常会投资到同一城镇，形成大规模的专业化制造中心。其生产专业化和长期合作关系使其创新能力得到增强，而东道国的当地企业却很难打入该专业化系统。为世界市场提供低成本的中间品制造或加工装配服务的某些特色产业区域，会受到高度专业化的制造业过程的限制，从而形成“路径依赖”，落入依赖于外来跨国公司的“陷阱”。由于跨国生产的片断化和模块化，本地供应商的知识被限定在特定产业领域的特定环节，而对其他相关领域一无所知，如果不加强研发投入和对核心能力的培育，仅使用廉价的劳动力，这些区域就极易被其他低成本地区所取代。

发展中国家的地方产业集群往往成为跨国公司离岸外包的首选合作伙伴。掌控关键资源的全球领先企业将获取更多的垄断权，而分散的低成本供应商则不断受到上下游企业的挤压，利润空间越来越窄小，在全球价值链上的地位趋于边缘化，产业升级困难。

目前，中国大陆的乡镇产业集群区域面临的挑战是十分严峻的。在一些产业集群中，未来企业数量可能会减少，企业规模结构会变化，创新型企业会成长壮大；然而在另一些产业集群中，企业可能会在本地改行、转产，也可能会转移到成本更低的地方去。此外，产业集群所在的乡镇也会发生变迁。在乐器行业，在国际竞争压力下，不仅我国的原有国有企业面临极大的升级压力，而且我国在农村工业化基础上的乐器产业集群的企业面临“自生自灭”的危险，尽管在一段时间内这些企业受到了国内外零散经销商的青睐，但是这种低端道路是难以持续的。由此可见，全球化背景下的城镇专业化也有被锁定在价值链低端环节的危险。

一些农村地区的乐器产业集群是在乐器产业国际转移的背景下，在本地企业家力量的基础上形成的，其工业化的技术基础还不稳固，甚至关键技术和设备还需从国内外其他地方提供；这些制造地通常缺乏文化底蕴，所制的产品尚不是高端的艺术品而是低端的工业品。在乐器制造的基础上，大力发展当地的文化教育和营造地方文化氛围是十分必要并且可行的。尽管如此，在其工业化水平和技术创新能力还不高的情况下，就一跃而成文化创意产业基地，甚至耗巨资打造园区，想当然地打造乐器产业集聚区，享受地方优惠政策，对全国的乐器制造企业招商引资，殊不知低端的目前发展阶段的乐器制造过程中需要消耗资源、可能污染环境、需要雇用外来劳工，而只能赚取微薄利润。这样做是存在相当大风险的。

不能专注于某个产业或者产品而进行持续的积累，是不能做精产品的根本原因。中国改革基金会国民经济研究所所长樊纲在谈及中小企业拓宽融资渠道时说，一个前提就是专注，不要总搞多元化，搞什么转产，而是要更加专注地发展自己有竞争力的制造业。

所以，认定特色产业基地只是第一步，在技术创新和区域治理方面，更加深入细致地对这些基地进行指导和帮助是必要的。

台湾后里乐器产业升级的启示

下文将以台湾的台中县后里乡为例，说明乐器产业集群需要接受相关的技术辅导和踏踏实实的技术学习，以实现产业升级。

以务农人口为主的台中后里乡是世界萨克斯管主要供应地之一。20年前，世界每3支萨克斯管，就有一支来自后里。21世纪初，后里的企业从十多年前的20多家减少到15家，产量也从每年外销4000－5000支，降到1500－2000支。当大陆的萨克斯产业兴起，台湾功学社为大量出货而自己建了工厂时，后里许多萨克斯企业雪上加霜，顿时失去订单，被迫走向分工生产，节约成本1/3。那些没有品牌、没有标准技术流程而仅靠技术经验和贸易商接单生产的后里萨克斯企业，面临产业转移的严峻挑战。

后里乐器产业升级的措施有二：（1）在“台湾经济部工业局”的“地方群聚产业辅导计划”下建立产业联盟——“后里乐器家族（Saxhome）”（2）台湾工业技术研究院（下称“工研院”）对后里乡乐器产业进行技术支持。

1、后里的乐器工业辅导计划

“台湾经济部工业局”2004年7月1日起实行了为期两年的“地方群聚产业辅导计划”，其中，后里乐器工业辅导计划由工研院机械所执行（目前后里的15家厂商中，刚开始只有9家加入）。这项专案计划名为“推动地方工业创新及转型发展计划——后里乐器工业辅导计划”，通过产品研发与制程改善，提高产品质量，增加产业竞争力；并通过建立自有品牌，共同营销以及举办乐器节等活动，进行区域形象推广，促进产业发展（图1）。

工研院机械所帮助后里地区的乐器从业者成立厂商联谊会，一起打造集体品牌Saxhome，并举办Saxhome杯萨克斯管制作竞赛，后里乡的厂商制作的萨克斯管得到国际知名演奏大师和鉴赏大师的肯定，大大提升了后里的乐器知名度。

后里Saxhome就是萨克斯管故镇在后里的意思，以此作为后里萨克斯管业者的共同品牌，使企业不再单打独斗。把过去分散的业者组成产业联盟，实现上中下游的整合，以共同品牌外销，不仅获得更大利润，而且面对贸易商有更大的谈判空间，也更能在世界上取得优质萨克斯管的形象。除萨克斯管以外，后里还拓展出爵士鼓、长笛等产品，成为乐器之镇。进而后里乡又在乐器制造基础上注入了数字内容。例如，2007年后里乡的张连昌萨克斯管纪念馆参与台湾数字典藏计划，建立产业史的数据库。

2、台湾工研院的技术支持

产业升级要从关键零部件、关键材料等的研制和关键技术的攻关做起。

台湾工研院协助后里乐器厂商进行产品分析，从材质的研发开始，建立标准生产流程与检测程序，协助企业解决生产的问题，并建立标准的音准与音色

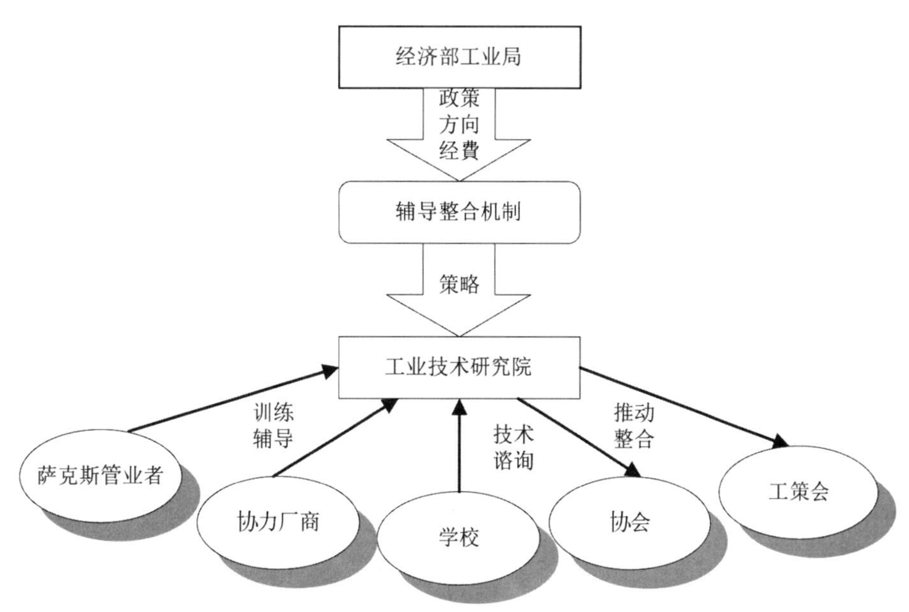

图1　后里乐器工业辅导计划组织架构

比对技术。这样一套标准作业流程，确保产品质量的稳定，是后里乐器产业升级最关键的一步。

工研院机械所发现，当时后里萨克斯管产业的问题在于手工制作缺乏标准化的生产流程无法保证产品质量和提升产品辨识度，价格便无法提升。为此，协助企业把萨克斯300多个零件生产标准化，还准备用纳米技术，让萨克斯管成为高技术的工艺品，确保竞争优势。另外，吹奏萨克斯管需要手部重复施力，学习或演奏时某些肌腱不正确的用力，手部会受到伤害与劳累。在产品定位的过程中，机械所特别寻找业者合作，打造最适合东方人体工学的萨克斯管。西方乐器本地化也使得订单增加。

工研院机械所从基础研究着手，协助企业开发萨克斯主要材料黄铜的电解抛光技术，分析铜锌的最适比例，并研发新材料。铜材、小羊皮、簧片与吹嘴等材料原来要从日本等国进口，机械所与材料所合作，成功研发出适合制造萨克斯管，编号6535号的黄铜，由台湾铜材料企业负责生产；另外还研发出竹子做的簧片，利用当地资源。

工研院机械所为萨克斯产业建立了检测规格和开发音色、音准的检验系统。工研院和台湾清华大学动力机械所无回响室配合，在完全静音的空间内，以核磁共振技术准确测试乐器的音准与音色，建立音准音色数据库，提供厂商乐器音质的评价基础。工研院还与连昌乐器公司合作，开发出数字化的萨克斯，将音孔位置数据标准化，形成接近完美的声音。机械所也研究解决了萨克斯孔内抛光不到位的问题，并应用电着涂装技术，提升萨克斯管的质感。为了改善台湾萨克斯管的音质与质量，工研院花了20多万元新台币；买一支法国制造的萨克斯管，对其构造及零件进行解剖分析，用量测技术测量其音孔位置及材质，找出决定其美妙音质的因素。

小结

当前，在发展文化产业的诸多利好政策的背景下，中国大陆的乐器行业迎来了大发展时期。与其他消费品产业相比，乐器产业还具有以下特点：（1）在生产、消费、服务等环节中有独特魅力的文化内涵，让消费者陶冶艺术情操，提高素质。（2）消费者购买乐器后要经过培训才能使用。因此乐器的制造对相关服务行业如教育、培训、演出等活动具有拉动效应。同时，为社会提供了很多潜在的就业岗位。（3）与电子信息业、新材料业、物流业、环保业、研发和设计行业以及旅游业紧密联系。（4）通过扩大内需，拉动经济增长。与发达国家相比，中国的乐器普及率很低，市场潜力很大。

乐器产业既属劳动密集型和资源消耗型产业，又具有技术、工匠技艺与艺术相结合的特征。乐器制造产业与文化艺术、音乐教育，音乐生产、商业地产等发展密不可分，交叉和缠绕在一起。很多地方政府正在试图扭转过度依赖制造业的局面，促进现代服务业和制造业融合，布局新的园区。然而，乐器产业集群的发展过程中，最重要的是发挥集体效率，提升企业技术能力，这需要政府和行业协会的干预，克服浮躁之风，扎实做好科研和产学研合作。

①货物崇拜比喻肤浅地理解一种系统或现象的表面，而不了解其实质。第二次世界大战（以下简称二战）时期，美军在太平洋很多小岛上设立补给站和机场，岛上土著民看到“钢铁大鸟”送来现代物品和食物，便视为神。二战结束，美军撤走，土著以为神不来了，就模仿当初的搭台，发展出一套礼仪，坐在搭台中期待大鸟再度出现。

作者简介：

王缉慈，北京大学城市与环境学院教授、同济大学兼职教授、博士生导师。主要从事产业集群和区域发展方面的研究。2003年底在“国家中长期科技发展战略规划”研究中，担任第20专题组（区域科技组）副组长，负责完成了“产业集群和高新区研究”的子课题。代表性著作有《现代工业地理学》（中国科学技术出版社，1994年）、《新的产业空间——高技术产业开发区的发展与布局》（合著，北京大学出版社，1993年）、《创新的空间——企业集群与区域发展》（北京大学出版社，2001年）、《超越集群——中国产业集群的理论探索》（科学出版社，2010年）等。发表中英文论文近二百篇。

小提琴奏出大乐章：泰兴溪桥小提琴产业区发展的思考

浙江师范大学地理与环境科学学院　沈 璐

摘要：泰兴溪桥小提琴产业区的形成是一个空间集聚的奇迹。本文研究其发展历程、产业特征，分析了泰兴溪桥小提琴产业的发展困境。在此基础上，论文从追求高附加值、创新环境建设、构建文化产业链和健全机制等四个方面提出了泰兴溪桥小提琴产业区升级的几点建议。

1 引言

20世纪70年代末期以来，在日趋激烈的全球经济竞争背景下，区域发展问题逐步成为国际学术界研究的一个热点领域。其中，在经济地理学和区域科学领域，产业区研究作为当代经济学的新热点而受到了学者们的极大关注。

改革开放30年来，我国从一个初级工业化国家变成世界制造业基地。经过30年的发展，在经济特区和沿海开放城市形成大量以代工(OEM)为主的外向型专业化产业集聚区。这种以数十个甚至千百个中小企业组成地方生产系统并从事专业化生产、通过分工而获得经济优势的现象在我国非常普遍。从地理分布来看，沿海省份甚密，中小城镇明显，甚至出现在很多乡村。从产业门类来看，消费品产业为主，甚至出现在商品农业中。无论在产业区的数量、产业区内企业数量，还是产业区的产值等方面，均呈现较快增长。这些专业化产业区制造了大批量且廉价的工业产品，其中出口“世界第一”的有上千种之多[1]。

泰兴溪桥小提琴产业区就是盛开在长江之滨的一朵奇葩。位于苏北平原黄桥老区的泰兴市溪桥镇，有70多家小提琴制造企业，100多家乐器配件制造厂，年产各式提琴60万把，木吉他、电吉他等乐器80万套，90%以上的产品出口五大洲的60多个国家和地区。全镇有2.5万人从事乐器制造，他们以该地区70%的劳动力创造出占国内70%、占全球30%以上的提琴产量。截止2009年底，溪桥镇累计出口各类提琴500万把，实现外贸收购额30亿元之多，被全球演艺界誉为“提琴王国”。2006年12月1日，中国轻工业联合会、中国乐器协会正式授予江苏省泰兴市溪桥镇“中国提琴之乡”的荣誉称号。2010年，溪桥镇被中国轻工业联合会与中国乐器协会联合命名为“中国提琴产业之都”[2]。

2 溪桥小提琴的发展历程

溪桥镇小提琴产业的成长史几乎就是乡镇企业发展历程。它借助区域经济优势，发展特色产业，打造乐器产业集群，并且勇于走出国门，奋力开拓国际市场，不仅使小提琴产业成为带动当地经济发展的支柱产业，还营造出怡人的“小提琴文化”，极大地促进了溪桥镇的精神文明建设，演绎出经济和文化双赢的佳话。

改革开放带来的机遇，让昔日提琴手工小作坊，发展成为年销售额2亿元的全国最大的提琴生产企业。1968年两位上海提琴厂的下放职工在故乡溪桥建小型乐器配件厂，为上海乐器厂加工琴头和弓杆。这成了溪桥镇乐器制造的开端。1970年这家区区小厂年产小提琴琴头5.2万只，琴弓5.2万支，企业渐成规模并相继生产小提琴、吉他、尤格利利等西洋乐器，通过上海外贸口岸出口东南亚地区。到1979年，生产资料凭指令性计划供应采购难、平均分配的工资机制调动工人积极性难、资金人才技术缺乏扩大再生产难、供求脱节产品销售难等问题使得工厂濒临倒闭。1984年全国倡导开展城乡联营搞活经济，利用城市工厂向乡镇企业输送人才、技术、原材料和资金，共同生产经营使乡镇企业的产业结构逐步优化升级，提高竞争力。当时的厂长李书顿时感到机遇来了，于是他不厌其烦地到上海提琴厂跑项目、求支持。1985年初，他和上海提琴厂签定联营协议后，获得了40万元资金和整套提琴制作核心技术。8年后，乐器厂产值突破1000万元，成为全国提琴行业“十强”企业。20世纪90年代，溪桥地区的乐器制造产生裂变效应，先后衍生出多家乐器厂，其中泰兴溪桥提琴厂的产销量占该地区乐器总量的80%左右，跃居全国提琴制造业之首，被江苏省人民政府命名为“江苏省明星企业”，厂长李书被授予“明星企业家”称号。1996年，与美国某著名乐器销售公司合资，建立“凤灵乐器有限公司”。国际资本的注入使企业不断做强，3年内企业实现年销售收入3500万元，90%产品实现出口，昔日的小企业逐步成为国际乐器市场的“巨无霸”。在世纪之交，乡镇集体企业中又掀起一股体制改革的热潮。此时，时任厂长的李书抓住机遇，推行企业改制，出资买下了自己多年苦心经营的企业。其后，公司在美国洛杉矶直接成立销售公司，当年销售额4300余万元，一举成为全国最大的提琴生产企业。

如今，溪桥提琴已远销美、英、法、埃及等60多个国家和地区，李书管理的凤灵乐器公司成为全世界生产小提琴数量最多的企业，成为真正的“提琴王国”。同时凤灵公司还被世界权威乐器杂志《音乐贸易》列为全球乐器音响制造业225强之一。

从当初仅仅能加工琴头琴弦的小作坊，到现在全世界最大的提琴制造工厂，溪桥提琴产业走过一段段艰辛创业之路。如今溪桥镇每年都要举办“提琴文化科技节”，通过这个平台，来自各地的乐器制造家们交流技术创新，至今已取得40余项专利，使得溪桥镇提琴制作品质和工艺不断走上新台阶。

3 溪桥小提琴产业的发展困境

3.1 处在全球价值链的低端

虽然，泰兴溪桥小提琴产量已占全国提琴总产量的70%以上，满足全世界30%的市场需求,，产品销往欧美等50多个国家和地区。但是溪桥主要生产的是普及琴和学习琴，普及小提琴的利润率相当低。再加上在市场竞争中，企业相互压价，原材料价格上涨，一把小提琴的价格被压至不到两百元。此外，溪桥的小提琴企业大多没有自己的品牌，主要靠做代加工（OEM）为主。品牌知名度和工艺水平决定在价值链中所能够分配到的利润水平。 来自美国营销业内分析数字显示，品牌厂商的平均产品毛利率为27%，而普通厂商的平均产品毛利率仅为10%。

3.2 待开发的国内大市场

泰兴市溪桥镇最大的凤灵乐器每年销往欧美国家的份额占其生产总量的97%，而内销占国内市场的份额却只有3%。工艺提琴外销份额达到99%。显然，国内市场巨大的消费能力还没有得到有效的开发。据数据显示，中国目前有5000万儿童在学习钢琴，另外有1000万儿童在学习小提琴，而这个数据还在不断地往上攀升。就在黄桥镇，这两年也出现了大量的艺术培训班和乐器专卖店，由此可见国内市场也是相当可观的。

3.3 潜在竞争者的威胁

在国内，北京和广州都是小提琴生产的重要地区，他们相对于泰兴的优势不言而喻。除了具有渠道网络优势和技术优势以外，北京和广州的城市名片作用使得处于该城市的小提琴生产商可以更加贴近市场，拥有更好的资金支持。如今，在北京、广州等地的企业迅猛发展的前提下，该镇仍能占据国内产量的头把交椅靠的是比较优势资源—劳动力成本低廉的优势。随着长三角经济的日益发展,劳动力成本也随之提升，这一优势也会逐渐消失。

除此之外，人才的缺失（尤其是高级制琴师）也是溪桥小提琴产业面临的一个困境，作为乡镇很难留得住人才，他们更愿意去大城市发展。目前，在溪桥小提琴企业中，经验丰富的制琴师大多是外聘的，并且不是长期呆在溪桥镇。

4 对泰兴溪桥小提琴产业区进一步发展的思考

4.1 追求高附加值

一是继续接受大批量订单，在全球价值链中学习和升级，尽管短期来看会有微薄利润，但这条路会走得很艰难，难以摆脱大贸易商的控制。因此，“抱团”，即合作行动，以发挥集体效率是重中之重。当然，这需要进行政策干预，并发挥协会的作用，促进产业联系，增强学习效应，联合应对外部激烈的竞争环境，使初级的集群能够成长。

二是创立自主品牌，增强产品国际竞争力。民营小提琴企业要求生存、求发展，首先要摒弃单纯依靠代工（OEM）的粗放型增长方式，而应该致力于提高产品的质量，建立自有品牌，以质取胜。泰兴溪桥的小提琴产品出口量虽然很大，但加工贸易占据了很大部分，企业可以从代工中获得的利润大约只占产品全部市场利润的10%左右。目前，我国小提琴企业能够拥有国际知名品牌的屈指可数，泰兴溪桥的小提琴企业要在国际市场中谋求到核心竞争优势，必须转变经营方式，在代工的基础上学习国外名牌产品的生产技术、制造工艺以及管理模式，了解产品渠道、营销手段，不断加大研发投人，持之以恒地培育出有自主知识产权的系列名牌产品。

创建品牌，通过品牌信誉的产品来营造市场壁垒，并不是从旧有的OEM 到高附加值生产的唯一途径。企业可以有多种方式，发展新的高附加值的生产活动，例如设计独特的产品，以及缩短生产周期和快速转向。在此过程中，生产的灵活性是重要的，要生产出能满足顾客千差万别需求的产品，要快速觉察到趋势变化并作出反应，要将产品迅速交付客户，要能够在生产车间同时加工不同产品并灵活转换产品，实现柔性生产。

4.2 创新环境的建设

新产业区最大的源动力是内部不断的集体创新与突破。要切实推进产业区的发展，必须注重在发展中实现管理、技术、人才、资金等多种要素的创新，以及借鉴、引进国外先进经营理念、方式、人才并与实际相结合的再创新。实现包括观念创新、制度创新、机制创新、技术创新、管理创新等在内的的创新，具体可从以下几个方面着手进行：

一是创新与企业家精神密切相关、活跃的企业家群体是产业集群创新的重要源泉。因此，要通过积极建立技术共享、信息交流等支撑体系来帮助集聚空间内企业家的活动，培育活跃的企业家群体。同时要加强专业性知识和人才的流动，促进区内企业间的学习和创新活动；要积极引导高等院校与科研机构同企业的创新合作。

二是必须在更高层次上加强软环境的建设形成鼓励创新，保护创新大环境。政府应该对创建生产技术信息中心、标准、测试和质量控制中心、产业研究与开发实验室等组织机构提供资金和管理上的帮助。这些服务性机构的存在，有利于创造一种支持企业创新和学习的良好环境。

4.3 琴艺谋合构建乐器文化产业链

一是加强演艺培训。演艺培训是推动乐器发展的基础和动力。一个产业区的发展和其地方根植性有很大的关。溪桥镇应充分利用凤灵文化艺术中心这一耀眼的产业发展平台，继续普及小提琴学习。另外，定期聘请国内外大师级的制琴师和演奏家来溪桥交流学习。

二是致力于文化产业园区建设。为进一步将我国的乐器产业融入全球文化市场，建设一个以产、学、研相结合，科、工、贸为一体的国际化产业区是很有必要的，这样可以使原先单纯的乡镇企业集群，走上产业区的发展道路，有利于提高企业合力，增强国际竞争力。

4.4 建立健全有利于产业转型升级的体制机制

一是健全有利于产业转型升级的企业制度。积极引导企业建立规范的现代企业制度，完善促进民营企业发展的体制机制，充分发挥民间资本在扩大内需中的积极作用。

二是健全有利于产业转型升级的政策引导机制。完善加快产业转型升级的利益导向，使产业转型升级成为广大企业和各级各部门的内在要求和自觉行动。应探索建立市场供求关系、资源稀缺强度、环境损害成本的生产要素价格形成机制，完善生态补偿、污染排放控制等制度，引导市场主体形成有利于资源节约和环境保护的生产模式和消费方式。

三是健全有利于产业转型升级的行政管理体制，深化行政审批制度改革，减少审批环节，提高办事效率。

参考文献：

[1] 王缉慈,刘譞.经济危机背景下对我国专业化产业区的反思——重温意大利式产业区的价值[J]. 地域研究与开发, 2009,28(3):1-6.

[2]孟建军.溪桥镇获授中国提琴产业之都称号. http://www.cmii.com.cn/c/cn/news/2010-01/27/news_3877.html

对昌乐鄌郚镇“中国电声乐器产业基地”发展的思考①

浙江师范大学地理与城市环境学院　陈 庆　谢 维　朱华友

摘要：山东昌乐鄌郚镇电声乐器产业区的发展是乡镇经济发展中的一朵奇葩，但是与国内其他乐器产业区一样，电声乐器产业区在集聚过程中也出现了诸如OEM代加工、附加值不高、国内市场份额少、忽略区域文化底蕴的培植、管理方式落后等问题。在此基础上，本文对鄌郚电声乐器产业区的未来发展提出若干思考和建议。

1 引言

鄌郚镇的乐器产业发端于20世纪70年代初期，在70年代初期，创办了昌乐第一家乐器厂，主要生产二胡等民族乐器。到了改革开放初期，又转产小提琴等西洋乐器。80年代末，当时的镇政府领导派考察小组三进韩国、数下广州，对外地先进乐器行业进行学习考察，并与韩国合作创建了昌乐县缪斯乐器有限公司，主要生产木吉他、电吉他等乐器，主要出口到韩国后再贴牌转销其他国家和地区。缪斯乐器有限公司与之后创办的百灵乐器厂成了鄌郚乐器产业的“孵化器”。历经近30年，鄌郚乐器产业已从单纯的作坊式生产发展为一个规模优势突出的产业集群。至今，鄌郚已成为省内特色产业名镇，获得“山东省特色产业镇”、“中国电声乐器产业基地”等各种称号。

2 鄌郚镇乐器产业发展现状及优势

2.1 发展过程

鄌郚最早的乐器厂建于1972年，主要生产二胡、笛子等民族乐器。1980年，由于当时的乐器市场不景气，鄌郚乐器厂转向文体用品的生产，乐器厂虽在，却形同虚设。直至80年代末期，镇政府所派的考察小组于一次偶然的机缘，结识了看中中国市场的韩国客户，之后经过多番洽谈，与其合资成立了缪斯乐器公司，生产木吉他和电吉他。而后，受自主创业思潮的影响，后来镇里又创办了一家百灵乐器厂，与缪斯乐器公司一起共同成为了鄌郚乐器产业的“孵化器”。现在鄌郚七成以上的乐器企业厂长、经理，都是从这两个企业走出来的技术、营销骨干。到目前，鄌郚的电声乐器生产企业和配件生产企业发展到200余家，其中22家有自营进出口权，2009年产量达到400万把，产值35亿元。鄌郚已被中国乐器协会授予“中国电声乐器产业基地”（图1）。

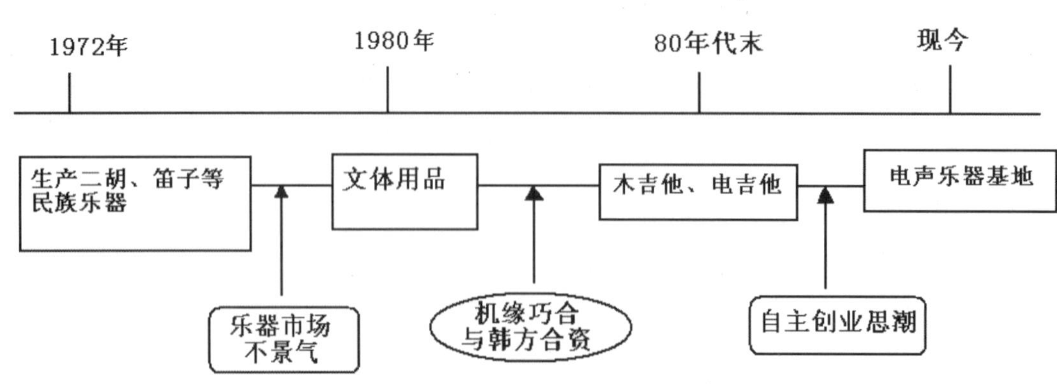

图1　鄌郚乐器产业发展过程

至今，郿部已有民营企业136家，其中乐器及其配件生产企业78家，乐器产业从业人员10000余人，占全镇工业用工人数的60%，各企业共有各类生产设备4200多台（套）。主要生产电吉他、电贝司、木吉他、木贝司、音箱和乐器配件等。其销路主要为出口韩国、日本、美国、澳大利亚等30多个国家和地区。2009年，全镇乐器产量达350万把，音箱40万支，乐器配件480万套，分别约占全国同类产品产量的32%、20%、27%，实现主营业务收入35亿元。乐器产业的发展，对郿部经济的发展起到了巨大的推动作用，加快了郿部镇城镇化进程，带动了全镇二、三产业的迅猛发展。

2.2 **发展优势**

2.2.1行业协会健全

2001年5月，在镇政府积极推动下，昌乐百灵乐器有限公司总经理郝际坤牵头成立昌乐县乐器产业协会。协会成立后，经过多年努力，解决了企业之间互相刹价，挖人等不正当竞争，规范了竞争秩序，实现了企业之间和谐共处，相互帮助的良好局面。甚至还出现了一家企业拿到剩余订单，转让给其他企业的可喜现象。此外，行业协会还整合了郿部乐器产业的优势资源，成立研发机构，推动产品向更高层次跨越。实现了企业之间资源、信息及技术的交流，促进了产业健康有序的发展。

2.2.2 政府支持

郿部镇政府对乐器生产企业出台了一系列发展乐器产业优惠政策，从各方面给投资者提供最优的服务。主要体现在以下几个方面：（1）为企业无偿提供土地使用权。政府从农民手中租赁土地200亩，建立工业园区，免费提供给乐器生产企业使用，使用期10年；（2）为企业作好开办服务。镇政府协助新办企业办理所有工商注册、税务登记手续；（3）尽可能为企业正常生产经营活动创造有利条件。为此，镇政府专门成立工业园办公室，除了帮助乐器生产企业解决用电、用水、用工等事宜，镇领导还亲自接待外商客户，同时还免费提供由政府投资安装的变压器的使用权以及外贸洽谈时接送客户的车辆。（4）协助企业联系业务。郿部镇领导亲自到宁波、余姚地区帮助企业联系业务，招商引资，现在已经有10家企业先后到郿部镇落户。（5）“以人为本”，给予人文关怀。镇政府关心并帮助解决企业老板及员工的家庭生活及私人问题，小到家庭的婚丧嫁娶，使企业时时刻刻感受到政府的温暖。

2.2.3 自主开发

郿部镇乐器产业以乐器行业协会为依托，先后开发了指板、拾音器、EQ电声配件、音箱等乐器配件，并对喷漆工艺到组装工艺进行了技术改进，如百灵乐器公司、惠好乐器公司成功通过了ISO9000质量体系认证。此外，各企业还注重品牌的培育，先后注册了“仙乐”、“feeling”、“大树”、“胜利者”、“PIY”等品牌。通过多年的精心经营，这些品牌已在国际市场赢得了较好的声誉，并以其优异的产品质量在国际市场取得立足之地。目前昌乐百灵乐器有限公司以及潍坊惠好乐器有限公司正在全力申报“山东名牌”。

2.2.4 自营出口

郿部镇政府和乐器协会积极争取上级的支持，先后有14家企业办理了自营出口权，拓展了出口渠道，进一步扩大了郿部乐器的市场占有率。现在全镇80%以上的乐器产品出口国际市场。此外，有关部门还组织企业参加德国、美国以及上海等国家和地区的国际乐器展会，建立了乐器产业网站、大乐队，同时，还通过召开企业发展座谈会、筹建企业信贷联盟、优化发展环境等措施，有力地推动了企业发展。

3 郿部镇乐器产业发展的限制因素

3.1 缺少区域名片和龙头企业

郿部镇现有乐器及其配件生产企业78家，其中规模较大的电声乐器制造厂家主要有惠好、百灵、东方和宏韵等乐器厂，这几家制造企业的生产规模差距不大，郿部缺少在国际上叫得响的龙头企业。作为区域品牌，很少有人把郿部和电声乐器联系起来，乐器产业的区域影响力弱。

3.2 落后的企业管理和人才培养方式

郿部镇现有乐器产业从业人员9200余人，占全镇工业用工人数的60%左右。乐器制造业的发展不仅带动了区域经济的发展，而且使人民的生活水平有了很大程度的提高。像绝大多数的乡镇企业一样，郿部镇乐器制造企业的工人绝大多数来自于本地土生土长的农民。本地农民工的聘用有利于增加企业的凝聚力，但是同时对企业的管理造成了极大的挑战。农民工在工作之余还要兼顾家庭和农业生产，不利于企业的统一管理和生产秩序的维护。另一方面，农民员工由于本身知识的局限性，给企业员工的培训和技能提高造成了一定的困扰。

3.3 处于国际价值链低端

虽然郿部镇的电声乐器制造企业每年约生产400万把乐器，基本适应国际市场的需求，但是整个电声乐器制造行业的利润率却相当低。很多国外的琴行找郿部镇的生产企业作OEM，贴上自己的商标来出售，从中提升自己的利润空间。据美国首席营销官协会的数字统计，品牌厂商的平均产品毛利率为27%，而OEM厂商的平均产品毛利率仅为19%，两者之间在利润分配上仍存在着较大悬殊。

3.4 国内市场潜力开发不够

目前，郿部镇的电声乐器产品出口量约占总产量的80%。显然，国内这块巨大的市场还没有得到充分的开发和利用。中国是世界最大的发展中国家，人口占世界总人口的四分之一。近年来经济发展以每年10%左右的速度快速前行,人民的生活水平也得到了很大的改善。随着生活水平的提高,人们越来越关注自身的全面发展,特别是对精神生活的追求。如果我国15岁以下的孩子中有百分之一的人学弹电吉他，我国电吉他的消费量就应有300万把，可以说我国国内的市场潜力是非常巨大的。积极开拓国内市场，对电声乐器产业的发展和国民的素质教育都是一种有力支撑。

3.5 文化底蕴不足

郿部镇虽贵为“中国电声乐器产业基地”，但令人遗憾的是，在这电吉他唾手可得的小镇，却难得听到悠扬动听的吉他声。关于电吉他演奏的培训和演出更是甚少。特色文化不仅能促进该产业的发展，其本身也是一种生气勃勃的产业，如瑞士的钟表和法国的葡萄酒等，都将产业和文化很好地融为了一体。郿部不仅要出最好的电吉他和电贝司，还要出最好的琴童和优秀的演奏家。

4 对策建议

4.1 加强品牌建设

一方面要努力培植龙头企业带动产业升级。重点培植百灵、惠好、宏韵、雅风和盛大等龙头企业，促其加大投入，努力膨胀企业规模，增强企业抵御风险的能力，为乐器行业的可持续发展打下坚实的基础。大力发展配件生产加工等上下游相关产业，不断拉长产业链条，提升产业聚集度和市场竞争力。另一方面，要继续扩大郿部镇作为其区域品牌的效应，打造郿部电声乐器。可以通过建设郿部牌电吉他、郿部牌电贝司来扩大区域的影响力，带动旅游业等相关产业的发展。

4.2 提高企业管理水平

一方面，积极汲取先进企业在生产管理、质量管理、劳动管理、财务管理、物资管理等方面的成功经验，认真学习现代化管理知识，及时总结本企业的管理经验。在加强日常管理的同时，注重加大技术研发和人员培训力度，并通过组织乐器生产厂家负责人参加国际展会、到先进地区参观学习等形式，开阔视野，交流经验。提高企业家队伍素质，促进企业管理上水平上档次，增强企业发展后劲。另一方面，针对特殊的农民员工群体制定特殊的企业管理制度，推行人性化管理。在不影响企业正常生产秩序的前提下，兼顾农民员工的家庭生活和农业生产秩序。以增强企业的凝聚力，从而增强企业的市场竞争力。

4.3 构建一体化的产业链模式

积极寻求产业科技化、产品高精化、品牌国际化的研发途径；加强与高校的合作，聘请教授前来讲学授课；成立科研所，加强电声乐器材料的研发，提升乐器质量；发挥“政府搭台经济唱戏”的作用，举办电声乐器演奏及表演大赛，打响地方名气；成立培训机构，培养高素质的乐器演奏家。最终形成一个以研、产、学、相结合，销、培、演为一体的国际化产业模式。

4.4 积极开拓国内市场

面对潜力巨大的国内市场，企业必须改变过去80%的乐器产品出口、市场风险大的局面。以自主品牌开辟国内市场，抢占竞争制高点，实行“国际市场、国内市场两条腿走路”的方针。企业要加强与琴行、学校的合作，扩大产品内销渠道。

4.5 注重培育区域文化底蕴

区域文化底蕴的培植可以通过以下几个方面的努力：（1）举办电声乐器演奏及表演大赛，打响地方名气；（2）成立培训机构，培养高素质的乐器演奏家；（3）在学校开设电声乐器欣赏和演奏课程，从学生抓起；（4）编写培训教材，把电声乐器的生产制造工艺及演奏技术记录下来，既可以传承老一代的工艺技术，还能扩大区域的知名度，增强了区域的凝聚力，丰富了区域的文化底蕴。

4.6 建设创意型文化产业园区

加强与旅游业，培训业等相关产业的联动，将电声乐器的文化创意产业园区、科技创新产业园区、制造产业园区三者进行有机融合。在文化产业园区内建成以展示国内外名家名曲为主体的电声乐器博览馆；以播放名乐名曲音乐喷泉为主体的音乐广场；以彰显世界各国文化艺术界名人名家中西合璧的雕塑群为特色的文化主题公园；以追溯国际电声乐器发源、发展历程，欣赏中西方经典音乐相融合的多功能演播厅。从而将郿部打造成一个独具特色的电声乐器产品展示中心、文化艺术培训中心、和文化旅游鉴赏购物中心。

① [基金项目]：浙江省自然科学基金《乡镇乐器专业化产业区的变迁与升级研究》（Y5100215）。

浙江省洛舍钢琴产业区的变迁和升级研究①

俞国军　沈美丽　朱华友

浙江师范大学地理与环境科学学院　浙江师范大学初阳学院

摘要：本文在大致介绍我国钢琴产业发展情况的前提下，从以洛舍镇为代表的我国乡镇钢琴产业区的变迁入手，研究我国乡镇钢琴产业区的演变以及升级机制。通过对洛舍钢琴产业变迁以及相关表象的分析，提出升级策略，以为其他乐器产业区的升级提供借鉴。

1 引言

中国已成为全球乐器经济最具活力的国家[1]。以钢琴制造为例，2010年中国钢琴总产量35.85万架，占世界总产量的75%左右，已超过日本和韩国，成为世界主要钢琴生产和出口国家。鉴于中国在钢琴产业中廉价劳动力的优势，世界上主要钢琴生产国家纷纷把生产和技术向中国转移，在中国建立独（合）资生产企业或销售公司[2]，中国在钢琴产业中的比较优势使得美国Steinway &Sons公司决定将在韩国生产的埃塞克斯品牌钢琴转移到中国珠江钢琴公司生产[3]。另外，中国广阔的钢琴消费市场、相对低廉的土地资源、对外（合）资企业的政策扶持等因素也是吸引国外钢琴企业向中国转移的原因。

随着国外钢琴企业向中国转移，国外钢琴生产的新技术、新设备、新理念也转入国内，给我国钢琴产业的发展带来了前所未有的机遇。但同时应注意到，近年来国外钢琴企业对中国钢琴企业的冲击大有“各个击破”之势，如营口“东北钢琴”于2007年被美国“鲍德温（Baldwin）”收购。另外雅马哈（Yamaha）、施坦威（Steinway&Sons）、英昌（Young Chang）、卡瓦伊（Kawai）等工厂，有的设新厂，有的合资合作，有的入股国内钢琴厂，不但抢占了国内市场，而且使国内钢琴企业的生存更加困难。因此，以洛舍钢琴产业区为例，探究变迁的内在机理，分析存在的问题，提出相关升级措施，对我国乡镇乐器产业区的发展有重要借鉴意义。

2 洛舍钢琴产业区发展现状

浙江德清县洛舍镇地处杭嘉湖平原西部，距全国四大避暑胜地之一的莫干山27公里，距杭州60公里，上海200公里，地理位置优越，交通便利。改革开放以来，洛舍镇经济发展迅速，2008年全镇实现工业总产值65.9亿元，农民人均纯收入11656元，镇财政总收入1.07亿元，形成木材加工和钢琴生产两大特色产业，占全镇经济总量的70%以上，被誉为“木业重镇、钢琴之乡”[4]。

洛舍镇自1984年兴办第一家钢琴企业—湖州

钢琴厂以来，目前已衍生在册钢琴企业达46家，其中22家能生产钢琴整琴，其余24家专业生产钢琴配件，质量参差不齐。另有少量未经工商登记的家庭作坊式钢琴生产商，从业人员达2000余人，专业技术人员200余人，创造了农民造钢琴的奇迹。2009年，洛舍镇钢琴产业总产值突破2亿元，钢琴产量超过3万架，约占国内钢琴总产量的1/10。产品出口欧洲、东南亚等10多个国家和地区。在湖州钢琴厂成立后的近30年中，洛舍镇相关产业快速集聚，德华集团、巨峰木业、宝丽华木业、华谱钢琴、海尔乐器、杰士德钢琴、乐韵钢琴、鼎王木业等一批企业发展壮大，现有木业加工和钢琴制造及配件生产企业174家，在无木之乡开创了木业大业。大、中、小企业和现代家庭工业结构合理、协作互补，形成专业化产业配套体系，木材资源综合利用率高，循环经济效益明显[5]。在钢琴产业推动洛舍木业的发展的同时，洛舍木业也同样推动了洛舍钢琴产业的发展，如凯诚木业有限公司原来只生产普通的木制品，后来看到钢琴中有大量的木质部件，就开始研发生产，现在已是一家专业生产钢琴音板的企业[6]。

3 洛舍钢琴产业区的变迁

从湖州钢琴厂这“第一粒种子”在洛舍扎根起，洛舍钢琴产业区在各方面有了巨大的转变。从企业数量的少到多，从企业规模的小到大，从经营种类的单一到多元化，从没有钢琴制造经验的小镇到年产钢琴近三万架，从过去的重短期效益到重视产业区的长远发展，从单纯的企业经营到政企合作经营，从过去的企业单打独干到如今怀有“抱团”愿景……洛舍钢琴产业区在企业组织、技术能力、文化、与区外产业区的联系等方面不断向前推进。

3.1 产业区的企业组织变迁

洛舍钢琴制造及配件企业从1984年的1家到1994年后迅速衍生，至2010年底洛舍有在册企业46家，另少量家庭作坊式生产商，在产业区内已形成了较为完整的钢琴制造产业链。从产业区的衍生情况来看，2005年以前，企业主要在洛舍镇范围内扩散，新生的企业主要以钢琴整琴生产企业为主。2005年以后，企业开始向乾元镇、钟管镇、武康镇等洛舍周围的镇区扩散（图1），新生的企业中有不少是钢琴配件企业。湖州钢琴厂的诞生存在历史的偶然，还与蕴含在洛舍人身上的木匠技术、企业家精神和政府的作风是分不开。当时湖州钢琴厂的工人大部分是木匠出身。而湖州钢琴厂也正是在木匠王惠林的努力和当时德清县政府的推动下成立起来的。从湖州钢琴的“无”到“有”并运营十几年的过程中，钢琴厂的工人逐步掌握了企业创立和运营的技巧。在此过程中，洛舍镇的钢琴企业的创办与运营模式的“惯例”初步形成，推动了1994年以后洛舍

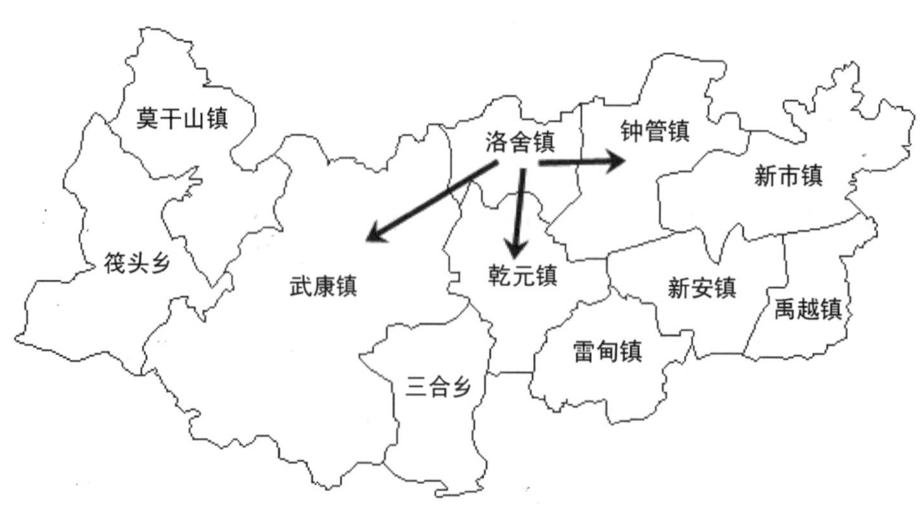

图1　洛舍镇钢琴企业向周围镇区扩散示意图

钢琴企业的大量繁衍，原先集中于湖州钢琴厂的技术、经营模式、管理方法等随着企业的衍生在整个洛舍钢琴产业区中传播、扩散。洛舍钢琴产业区的企业组织变迁具有其特定的规律（图2）。

自1994年以来，洛舍钢琴企业衍生有其内在机制可究。但无论是合作伙伴之间的矛盾还是亲朋好友相互介绍使得企业繁衍，终其原因均是早期在洛舍办钢琴企业的直接收益丰厚（相对当地农民原来的收入）驱动。虽然洛舍钢琴产业区规模的不断扩大，使得洛舍钢琴制造业的声名崛起，但衍生出的企业规模小、创新能力低、重复投入严重，同质化倾向严重，企业间价格逐底竞争严重。产业区内除德清罗宾电子科技有限公司一家外资研发公司外，尚无其他专业的钢琴技术研发机构，钢琴协会能力偏弱，服务钢琴产业发展的专业中介机构极少。洛舍钢琴产业区的发展和企业的生存受到较大的压力。

3.2 产业区的技术能力变迁

1985年初，新成立的湖州钢琴厂用重金从上海钢琴厂“挖聘”何水潮、包悦新、陈宝福、郑文标四名技术人员。在他们的指导下，湖州钢琴厂开始了121型、131型钢琴的试制工作[7]，并于1985年10月成功研制首批8台“伯乐”牌钢琴，得到了我国钢琴艺术家吴乐懿教授的高度评价。湖州钢琴厂培养了钢琴300多道生产工序的技术人员，完备了钢琴制造必要的原始设备，为德清县钢琴制造业的后续发展打下技术和设备基础。现在，在洛舍能采购到音板、码克、键盘、外壳等除了部分五金件以外的绝大部分钢琴零部件[8]。

从最初的简单组装到现在能专业生产大部分零部件，洛舍钢琴生产技术在上海钢琴厂技术人员的指导下完成了原始积累。尤其是近年来一些厂家通过给国外厂家贴牌加工、技术引进等方式使得洛舍钢琴的生产技术有了突破性飞越。但总体说来，随企业组织变迁而带动的技术扩散存在“路径依赖”，技术上创新主要依赖于区外技术引入。由于企业家、工人均是农民出身，基本不懂音乐，靠区内自身研发而使得技术水平大幅提升很少（图3）。另外，产业区内企业之间以松散的产业链垂直联系居多，水平联系极少，使得钢琴生产隐含经验类知识难以彼此学习，知识、理念等被锁定于固定企业，先进技术很难在产业区内扩散开来。

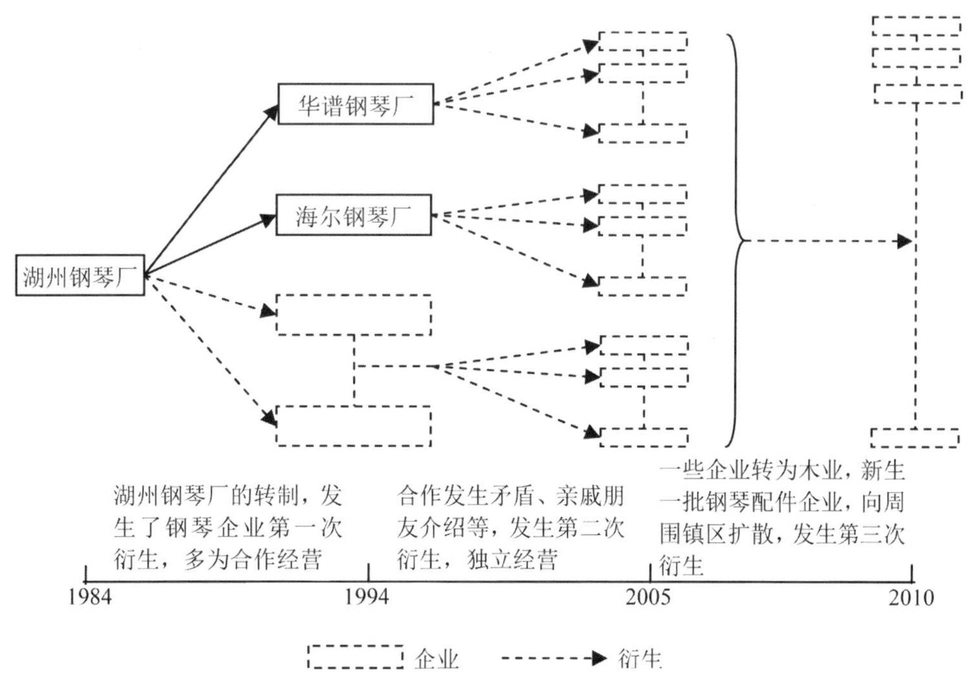

图2　洛舍钢琴产业区企业组织演化发展脉络示意

3.3 **产业区的文化变迁**

产业区的文化变迁，是指由于产业区内部的发展或和产业区外其他因素之间的接触而引起的产业区内文化的改变。2001年到2010年，洛舍镇政府在学习其他钢琴厂的宣传方式后，积极举办了六届“洛舍钢琴文化节”，以浙江省少儿钢琴精英赛、百架钢琴秀杭州等形式把品牌宣传与文化培育相结合，提升洛舍钢琴社会知名度的同时推动了当地高雅文化氛围的形成以及国民素质的提高[9]。从2005年第一次参加上海（国际）乐器展览会的很多企业不愿意参加到后续几届上海乐器展企业纷纷积极报名参加，企业对宣传逐步重视。近年来，结合国家发展文化产业的政策，德清县于2005年专门出台了《关于加快钢琴产业发展的若干意见》，决心把钢琴产业作为该县一项重要的文化产业来抓，重视产业区在技术创新、品牌建设、人才培养等多方面发展[10]，并在各方努力下于2009年向国家工商总局商标局申请了“洛舍钢琴”集体商标。

洛舍钢琴产业区的文化变迁受多方面因素的影响。总的说来，洛舍钢琴产业区的文化变迁包括创新变迁、传播变迁。创新变迁主要表现在企业家的自主创业。传播变迁主要表现在政府的导向作用对企业的影响。企业家的自主创业创新意识、企业家之间的相互交流、矛盾冲突和政府采取积极推动企业发展措施是洛舍钢琴产业区的文化变迁的内在机制。而受产业区外其他钢琴厂、市场变动和国家政策影响是洛舍钢琴产业区文化变迁的外在机制。外在机制通过内在机制产生作用。洛舍钢琴产业区的文化变迁过程证明洛舍发展钢琴产业的经验积累正在逐步提升。但文化变迁具有延续性，外界刺激往往很难改变产业区内整合度较好的文化系统。自1994年湖州钢琴厂解体后，洛舍钢琴企业发展模式存在“路径依赖”，企业家不敢突破创新和“求稳”的经营策略是洛舍钢琴难以改变企业规模小而散的重要原因。

3.4 **产业区与区外知识源地的联系**

古钢琴在14-18世纪之间流行于欧洲。1709年意大利人B.克里斯托弗里制造了世界上第一台钢琴。在后来的几百年里，钢琴在型制、结构、材料、音域、音色、音量等方面被不断改进。18世纪初到19世纪中页，钢琴制造产业在欧洲迅速发展，可以说欧洲人精谙钢琴制造技术。由于美国钢琴需求的增加，1850年后，钢琴产业在美国崛起，不少欧洲的钢琴制造厂也转移到美国。在美国聚集了大量名牌钢琴制造商，如Hallet、Davis、Hazelton、Baldwin、Steinway等。1960年前后钢琴产业在日本崛起，而后到了韩国，如今中国是世界上最大的钢琴生产国，但是质量不及欧美国家生产的钢琴。

洛舍钢琴产业区与区外知识源地的联系，在大企业之间特别明显。如2003年8月，珠江钢琴与德华

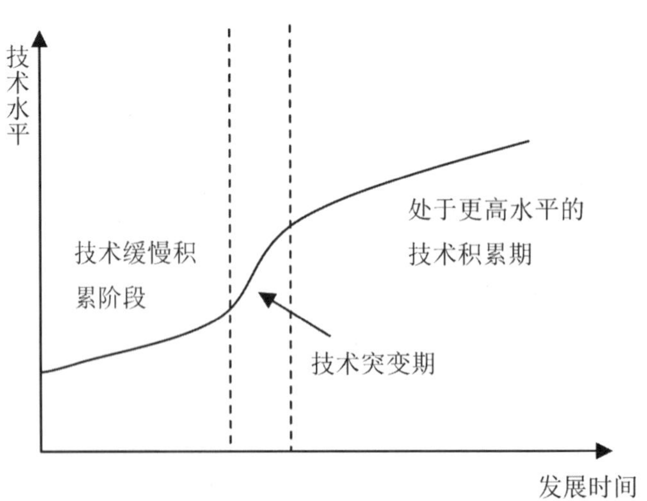

资料来源：作者根据实地调研资料抽象

图3 洛舍钢琴产业区技术变迁示意图

集团强强联手，合作投资创办浙江珠江德华钢琴有限公司；2005年，由美国一家公司投资20万美元的罗宾电子科技有限公司在当地成立；此后日本卡瓦依公司与杰士德钢琴有限公司合作[11]，乐韵钢琴厂和奥地利的“克拉维克”钢琴品牌合作，蓝海钢琴和奥地利“约翰·内梅赤克”钢琴生产厂商合作，等。而今，洛舍钢琴用的一些关键部件仍从区外引进，如音板用木从东北、俄罗斯进口，钢丝从日本、德国进口，击弦机从宁波东方琴业采购，油漆从江苏常熟某些公司采购等，洛舍没有真正造好影响钢琴质量的核心部件或掌握影响钢琴质量的核心技术。与洛舍钢琴产业区发展初期力争任何部件都自己做、用自己的知名度低下的牌子相比，与区外知识源地的联系为洛舍钢琴产业的发展注入了新的活力，但同时也暴露了洛舍钢琴发展的内发动力不足。

4 洛舍钢琴产业的升级策略

从上文可知，洛舍钢琴产业区在变迁过程中，优势与劣势共存。在全球-地方的双重竞争压力下，洛舍钢琴产业区亟待升级。其升级是一项系统工程，既要考虑到钢琴产业全球化对本地的影响、国内市场对钢琴的需求，又要考虑本地钢琴产业发展的实际条件。而无论怎样升级，最终实践这种改变的必然是行为主体。本文从产业区的各个行为主体出发，结合上述分析，提出洛舍钢琴产业发展的升级策略。

4.1 提升钢琴制造技术、钢琴质量以及本地品牌影响力等

企业是产业区的主导者，而优秀的产品品质是企业发展的根基，技术不断更新是保持企业持久竞争力的必要条件。从钢琴生产的各道工序入手，以钢琴选材、人才培养、技术引进、与科研机构合作等为突破口，细分钢琴生产的各个环节，力争将各个环节、各个部件尽善尽美。以掌握钢琴制造的核心技术为基础，逐渐淡出为国外品牌产品贴牌制造的行列，提升本地钢琴品牌在国内市场的影响力，进而提升本地钢琴产业在世界钢琴产业发展中的话语权。

政府要协助并监督企业做好钢琴质量的把控工作，积极推动产业区内钢琴检测中心的建设工作，建立有效的质量监管体系，通过政策调控等手段淘汰质量不达标、污染严重的企业，扶持质量达标但仍比较落后的企业。另外，要积极支持企业贷款、借款，防止外国钢琴企业大量注资本地钢琴企业，进而提升本地钢琴企业对自身企业的资产把控权。

行业协会是产业区的服务者。协会作为政府与企业之间的桥梁，在实际中更具有操作性。一方面，协会可以根据已制定的钢琴质量标准与掌握的国内外先进技术，加强和企业的交流和调研工作，即时了解本钢琴产业区和区外钢琴在质量和技术上的差距，以获得原始数据，反馈给政府，以便政府制定更好的政策。另一方面，协会可以根据相关政策与标准，可以对企业的生产进行实际指导，有利于相关政策与标准的落实。

4.2 积极开展主体合作，加大科研和人才引进工作力度

“持久的创新能力是产业区得以持续发展的先决条件。”而仅仅通过市场、单个企业或政府的产业政策，很难满足企业对创新的需求，因此需要大力发展区内行为主体之间的网络组织[12]。企业可积极开展与相关大学、科研部门的交流合作，建立钢琴相关的学生实习基地，政府可加大对本地乡镇硬件设施、娱乐设施等投资，以为人才的培养、引进并留住人才做好铺垫工作，加紧推动人才本地化、本国化进程，以推动本地钢琴企业的“产学研”进程，促进网络组织良性循环的形成。

4.3 加强主体间的交流，引导企业资源整合

政府和行业协会可以组织相关的学习、交流、文化集市活动，促进不同企业的交流，防止小、散、产能低下、设备落后、技术滞后的钢琴企业无序扩散。通过政府和行业协会搭建的平台，启发、引导现有企业进行产能整合、技术力量整合、人才整合、品牌整合等，加强洛舍钢琴企业的凝聚力，以获得更大的竞争力。此外，及时掌握企业发展重要的市场信息，加强与区外的知识源地的联系，促进信息的有效流通，以期获得更多隐含经验类知识，壮大产业区的软实力。

4.4 定位消费者群体，拓展销售渠道

通过加强企业、政府、行业协会与消费者的互动，了解消费者的需求。结合自身钢琴质量、品牌的现状和未来预期，制定近期、中期、长期的消费

者定位方案，与市场需求同步发展，而不是盲目追求品牌提升，急功近利地追求品牌带来的附加值和吸引高水平群体。另外，政府、企业要保持已有宣传方式，拓展新的宣传方式，加大对公民、学校的宣传力度，推动音乐教育事业的发展，致力于钢琴“欣赏群”、“学生群”的培养，让更多的人热爱音乐、热爱乐器，使乐器产业与文化产业和音乐教育事业的结合，扩大内需，推动洛舍钢琴产业的发展。再者，通过加强企业和琴行的互动，推动洛舍钢琴销售体系的建立，适时适地地开展专售渠道，以强化对市场销售的控制力度，促进洛舍钢琴的销售。

参考文献

[1] 丰元凯.新中国乐器工业60年[J].演艺设备与科技,2009,(05):58.

[2] 丰元凯.乐器行业“十一五”发展规划[J].演艺设备与科技,2006,(05):70-73.

[3] Ying Fan, COUNTRY OF ORIGIN, BRANDING STRATEGY AND INTERNATIONALISATION:THE CASE OF CHINESE PIANO COMPANIES[J],2006:10.

[4] 洛舍概况[EB/OL].浙江省湖州市洛舍县人民政府网.

[5] 2008年中国乐器行业年度报告——钢琴制造业[EB/OL].中国乐器协会信息部,2009-7-31.

[6] 浙江省洛舍钢琴[EB/OL].肖红丽.中国轻工业,2010-03-16.

[7] 浙江德清县钢琴业调查报告[EB/OL].《中国乐器》,2004-09-21.

[8] 从装配钢琴到独立自主造钢琴——洛舍钢琴产业链在延伸[EB/OL].德清新闻网,2008-3-12.

[9] 宣宏.洛舍钢琴打造区域品牌走品牌联合经营之路[J].轻工标准与质量,2010,(02):20-22.

[10] 德清洛舍用25年把优雅的钢琴产业做成全国第二[EB/OL].德清新闻网,2010-04-07.

[11] 洛舍的钢琴产业和钢琴文化[EB/OL].2006-12-30.

[12] 王缉慈等.创新的空间[M].北京:北京大学出版社,2001.132-135..

① 【基金项目】浙江省自然科学基金《乡镇乐器专业化产业区的变迁与升级研究》（Y5100215）资助。

扬州古筝产业区的发展态势研究①

浙江师范大学地理与环境科学学院　朱华友　吕 飞

摘要：随着对产业区研究的逐步深入，产业区的升级问题愈加受到关注。本文以扬州古筝乐器专业化产业区为例，具体分析了扬州古筝制造业发展的态势，提出了其提升的主要内容和升级思路。

1 扬州古筝产业区的发展历程

据文献记载，筝至少在2500多年前便已存在，现代人习惯在其名字前冠以"古"字以表示其悠远的历史。西周年代，秦人聚居西陲之时，筝就用来作为占卜、伴唱的常见乐器，为秦人所崇尚。到了汉朝，筝曲成为宫廷中演奏的音乐，在宫廷乐府所采集的各地民歌俗乐中，皆有用筝的记载。东汉文人中赞扬古筝的作品也很多见，如张衡的《南都赋》中"弹筝吹笙，更为新声"。尽管有这些文人论筝之作，但从整体看，筝始终是作为民间乐器流传至今的。20世纪初，全国形成南北两大筝派的格局，北派有河南派与山东派，南派有浙派、潮州派与客家派，筝乐发源地的陕西筝乐已经衰落。

古筝产业在我国民族乐器产业中有着特殊的地位。古筝在其发展中不断积淀了丰富的文化内涵，是中华民族的文化瑰宝。通过近些年的快速发展，古筝产业在我国民族乐器中占有举足轻重的地位。据中国乐器协会和国家轻工业乐器信息中心统计，2008年主要民族乐器生产企业产品产量为656566件，其中古筝就占了172532件 [1] 。

扬州早在唐代就成为古筝的重要产地。到了明朝，著名的《陶庵梦忆》之"扬州清明"一章记载"……长塘丰草，走马放鹰，高阜平岗，斗鸡蹴鞠；茂林清樾，劈阮弹筝。"盛大的踏青活动中，"弹筝"是一个重要项目。扬州的古筝演奏活动，在明末清初相当活跃，"千家养女先教曲"的传统习惯更是一直流传至今。清代，扬州的古筝演奏家们汲取了以山东、河南为代表的北派和以广东潮州为代表的南派演奏长处，创立了"广陵琴派"，将古筝演奏艺术和技巧推向成熟和繁复，表现力更加丰富。《扬州画舫录》卷首还记有"年年肠断玉箫声，檀板红牙小部筝"。20世纪30年代，筝艺大师史荫美先生回到故乡扬州，由于他在扬州的活跃，当时的筝坛一度欣欣向荣，可是，随着日本侵华战争的全面爆发，艺人们各地流散，筝坛衰落。当代扬州古筝的复兴始于20世纪80年代。1979年，张弓老师在扬州市少年宫创办了全国第一个少儿古筝培训班，1983年，扬州第一家古筝制造厂成立。1982年，利用扬州市文联的200元拨款，张弓先生做出了扬州现代琴筝业的第一批四台古琴；1983年，张弓、田步高、卢玉平等人，通过与上海联营生产，创办了扬州第一家古筝厂——扬州民族乐器厂。1986年，又出现了扬州民族乐器研制厂，其生产的"龙凤牌"古筝，标志着扬州人独立制筝的开始，拉开了扬州古筝产业的序幕。创建于1988年的扬州古筝厂在1991年达到生产、品质高峰，逐渐成为国内批量化和演奏会用筝的供应商。1996年，扬州正声乐器厂的新厂房落成，成为扬州第一家有正规厂房的古筝厂，标志着扬州古筝制造进入了工业化阶段。1998年，扬州凭借其古筝生产的规模与质量，被文化部评定为中国古筝之乡，这是对扬州古筝产业发展的肯定，也标志着扬州古筝生产开始在全国占有重要地位和影响。在扬州形成了古筝生产的产业区。

2 扬州古筝产业区发展的态势分析

借助生态位理论进行分析。生态位通常可分为"态"和"势"两个基本属性：生物单元的态，包括能量、生物量、个体数量、资源占有量和适应能力等，是过去生长发育、学习以及与环境相互作用积累的结果；生物单元的势，即生物单元对环境的现实影响力或支配力，如能量和物质变换的速率、生产力、增长率、占据新生境的能力 [2]。

本文认为扬州古筝产业区生态位是指扬州古筝产业区所占据的自然资源和社会资源及其在社会经济发展中所占据的地位和所发挥的功能的总和。扬州古筝产业区生态位的"态"指扬州古筝产业区生态位当前的状态，是在过去的发展中累积的结果，如与市场资源环境相关的原料、产品工艺、技术创新等；“势”指扬州古筝产业区生态位对环境的现实影响力，如市场地位、市场绩效等。

2.1扬州古筝产业区生态位的态

扬州古筝产业区生态位的态有良态和劣态之分。在良态方面主要有：

（1）原料来源。据文献记载：古筝的选材非常关键，直接影响到古筝的音色、音质。制作古筝的材料，主要是梧桐木、红木、花梨木、紫檀木、乌木和其他较硬的木材。梧桐木的材质松软，易于振动、传音，一般用于作面板。梧桐木的选择以老旧的桐木最好，如果是新桐木，就要找木纹顺、棕眼大的沙桐，有回纹的会影响音色，带疤节的发音脆亮。木料用的时候要干透了，这样才不会变形。筝柱在古代，多用木、竹、驼骨或象牙，现在一般用花梨、紫檀了，既雅致又与弦色协调，有“玫瑰柱”的美称。盛唐的木柱，在顶部嵌有象牙或兽骨，也有用象牙或兽骨制的，目前扬州的筝厂只有做高档筝或者客户有特殊要求时才会使用。

经专家鉴定，在全国十几个地区的桐木板材中，兰考桐材为制作民族乐器面板的最佳材料。由于河南兰考地理、气候、土质等条件的影响，在沙质土壤中生长的桐木疏松度适中，不易变形、制成乐器音板纹路清晰美观，共鸣程度高，透音性能好，具有优良的声学品质。扬州距离兰考较近，便于兰考泡桐这一原材料的运输。此外，很多原材料诸如红木、紫檀、进口钢丝等需要从海外进口，扬州又位于我国沿海地区，便于上述原材料的进口与使用。

（2）工艺。古筝有13弦筝、16弦筝、18弦筝、21弦筝、23弦筝等之分。以前的筝都是纯手工制作，在现在的制作工艺中，加入了电刨、热压、电锯等现代工艺，但对工匠的要求依然是高的。生产一台古筝，从材料到成品一般周期都需要100多天，雕刻、镶嵌是纯手工的，需要极大的耐心。目前已经有厂家将扬州漆器的优秀制作技艺运用到古筝制作中，提升了古筝的文化品位，提高了古筝的收藏价值。

（3）技术创新。近年来，为了进一步树立“扬州筝”品牌，扬州市古筝生产企业不断加大科技创新力度，在产品研发、内部管理、市场营销等各个方面都进行了新的尝试。在古筝制造技术的基础上，扬州古筝制造企业申请古筝制造专利 100 多项，包括转调筝、电声古筝、蝶式古筝、创意古筝等。2000年，新型转调筝（简称“新筝”）在扬州全国古筝学术研讨会上首次亮相，它具备两个个相对独立而又密切联系的演奏区，可以演奏调式复杂的作品，表现力得到了极大丰富，引起了强烈反响[3]。

扬州古筝产业区生态位的劣态：

（1）空间布局分散。扬州古筝企业的分布比较分散。扬州现有古筝企业120多家，但是几家规模较大的企业位于郊区，一些规模较小的古筝企业位于工业园区内，但是这些工业园区并不是专一乐器产业的园区。

（2）企业规模较小。扬州古筝制造企业生产规模较小，多数为作坊式，虽有以金韵、雅韵、天艺、正声等为代表的几家具备一定规模和产量的古筝厂，但谈不上什么绝对的产业领袖。企业内部完成大部分工序，生产流程难以分割，企业之间缺乏互相交流和分工协作。

（3）劳动力素质偏低。古筝制造对于工艺技术要求很高，但扬州目前高技术的工人并不多，很多工人没有接受良好的技术培训就上岗，甚至一些企业的厂长也不懂古筝。因此，产品的质量差别很大，有人戏称“全国最好的和最差的古筝都产自扬州”。

表1　扬州古筝木材产地或来源表

木材	白松	桐木	紫檀	金丝楠木	红木
产地或来源	秦巴山区、渭北山区丘陵	河南省东部平原地区和山东省西南部	热带、亚热带原始森林	全国各地收集来的老的房梁、家具、船舶、寿材等木料	缅甸、泰国、老挝等东南亚国家

（4）近年原料价格上涨带来的成本增加，对古筝生产和销售造成一定压力。据调查，桐木价格从2005年的800元每立方米上升至2007年的1500元每立方米，涨幅达到87.5%。但是古筝成品的价格近年来涨幅不大，导致企业利润下降。

（5）缺乏产业规范。各个厂家为了抢占市场，生产的古筝质量参差不齐，标准不一，主要表现为：大小尺寸不规范，弦距不统一，面板标准不一，琴码（雁柱）、金属弦钉子、用弦质量等级相差很大（目前古筝普遍的生产标准为1.63米，21弦，但没有成文的规定），这些导致了全国范围的古筝市场上，扬州古筝质量良莠不齐，降低了人们对于扬州古筝的评价。

2.2扬州古筝产业区生态位的势

扬州古筝产业区生态位的势也有优“势”和劣“势”之分。主要优“势”有：

（1）市场份额比较优势。我国目前主要有扬州、上海和兰考三个古筝产业区，其中扬州古筝产业的集聚现象最为显著与典型。据悉，目前扬州古筝企业已有120多家，古筝年产量近20万台，产值达2亿元，千万元产值的企业有近10家，拥有古筝制造专利100多项，获江苏名牌和著名品牌的有4家企业，古筝产量达全国古筝产量的2/3，一些产品在全国性各种评比中多次获得金奖，根据有中国福布斯之称的中国排行榜网数据显示，2010年中国古筝行业十大品牌中扬州占了8席，另外两家是上海的敦煌和西安的朱雀。

（2）社会影响力增强。中国古筝艺术学术交流会1986年、1991年、1996年、2000年、2004年和2008年连续六次在扬州召开。“中国古筝之乡”的头衔顺理成章地落在扬州的头上。特别是2008年8月19至22日，由中国音乐家协会、扬州市人民政府主办的中国古筝艺术第6次学术交流会，除全国各省区市以及香港、台湾等地外，还有日本、美国、新加坡、新西兰、加拿大等国的代表参加，扬州市8家古筝生产企业提供赞助支持，同时通过各种形式融入古筝音乐事业中。1988年百（人）筝大齐奏，1995年百（人）筝大齐奏（在香港），这些活动的举行不仅推动了我国古筝音乐事业的发展，也带动了古筝制造业技术水平和产品质量的提高。

（3）潜在市场大。调查中发现，目前在我国的器乐培训中，古筝培训仅次于钢琴，消费群体庞大。随着越来越多的消费者对古筝的青睐，古筝乐器的制造对相关服务行业如教育、培训、演出等活动具有拉动效应。同时，为社会提供了很多潜在的就业岗位。

扬州古筝产业区生态位态势的劣“势”主要表现为：

（1）GDP比重小，政府重视不够。尽管扬州古筝产量在中国古筝制造中所占比重很大，但仍未在扬州的城市经济发展中处于重要地位，相比当地电子信息、服装等产业，劣势明显，也比不上其他文体产品，如江都羽毛球拍，难以受到政府部门的重视和支持。如2008年扬州古筝产值为2亿元，贡献比重小，在扬州市“十一五”规划中并没有提及民族乐器的发展。

（2）产业发展的低端道路。由于产业区缺乏人才，古筝生产主要满足低端市场的需要。据调查，在扬州年总产量近20万台的古筝中，有80%以上是学生练习用筝，高级的演奏筝不多。

3 扬州古筝乐器产业区的进一步发展

3.1优化环境

首先是政府要为古筝产业发展建立良好的平台。既包括制定科学的产业集群发展规划以更好地引导扬州古筝产业集群的可持续发展，又包括在实际工作中大力支持和扶持这一特色文化产业的发展；其次，要重视艺人的保护和培养，利用艺人的关系网络，一方面提升产业区生态位内部结构的整体价值能力和创新能力，另一方面提高产业区生态位内部结构之间及与外部环境的协同共生性；从外部关系整合来看，要通过合理建构产业区生态位空间，提高应对和处理外部关系变化的能力，增强对外部关系变化态势的预见性和把握性，提高产业区的竞争优势。

3.2优化结构

第一，是优化空间布局结构。改变古筝企业生产布局相对分散的局面，强化产业集聚效应，将一些分散在城郊的古筝生产企业组织到产业区（或工业园区）中，促进企业间的联系和交流，培育创新机制；第二，优化产业组织结构。改变企业规模偏小的状况，培育龙头企业，加强企业间的分工和合作，改变企业单打独斗的局面；第三，优化产品结构，实行工艺标准化。利用扬州市得天独厚的琴筝文化基础，加强研发，降低生产成本，统一古筝制作标准，推进古筝产业的文化产业化和产业文化化。

3.3**提升功能**

首先，进一步发挥扬州古筝产业区在全国的比较优势，提升市场份额。同时，利用扬州古筝涉及的工业、艺术门类多、范围广的特点，发展木工、油漆、绘画、工艺品装饰、金属嵌丝、珐琅彩、景泰蓝，以及乐器配件等，提升古筝产业在扬州市GDP中的比重，扩大产业影响；第二，改变古筝产品的市场低端道路，提升产品技术含量和产品附加值，走高低端相结合的道路；第三，挖掘国内潜在市场，扩大社会效应。利用古筝乐器产品使用前需要培训的特点，将教育、培训和演出相结合；同时利用古筝这一民族乐器老少皆宜的特点，加强普及型教育；第四，走产业发展的国际化道路。作为中国民族传统乐器的象征，在经济全球化的今天，古筝不失为一种很好的中外文化交流手段。可以看出，其国际市场前景是广阔的。

参考文献：

[1] 中国乐器协会信息部.2008年中国乐器行业年度报告——民族乐器制造业[R]. 中国乐器协会信息网，2009.7.31

[2] 朱春全.生态位态势理论与扩充假说[J].生态学报,1997,17(3):324-332.

[3] 尚彦沙．谈新筝之“新”[J]．乐器, 2004(3): 36-38.

① 【基金项目】浙江省自然科学基金《乡镇乐器专业化产业区的变迁与升级研究》（Y5100215）资助。

山东省郯城二胡产业区的演化与升级研究①

浙江师范大学地理与环境科学学院　姚思佳　朱华友

摘要：通过发展特色产业区来培育众多中小企业的集体竞争优势，是提升区域竞争力的关键。山东郯城是我国特色鲜明的二胡产业区，聚集着大量中小企业。郯城二胡产业区在长期的形成和演化过程中，历史文化沉淀、能人示范和政策扶持和集聚效应是影响其形成的主要因素。产业区演化的特点和问题也是很明显的，因此，本文结合产业区发展的相关理论，从研发、营销、管理和合作四个方面提出了郯城二胡产业区升级的框架。

1　引言

产业区的概念最早由阿佛里德·马歇尔提出，基于他对英国谢菲尔德的刀具和西约克郡的毛纺织工业的观察，他提出了“产业区”的概念：同一产业中大量小企业的地理集中，这种集中会促进大规模的生产[1]。

我国的民族乐器产业历史悠久。改革开放以前，民族乐器的制作以手工作坊和个体生产的形式存在，主要集中在沿海地区，如上海、江苏、山东等地。现在国内许多地方都形成了特色鲜明的乐器产业区；如江苏扬州古筝产业区，浙江德清钢琴产业区和江苏溪桥提琴产业区。二胡属于我国民族乐器之一，生产二胡的企业大部分在华东、华北地区，高度集中在江苏、河北、山东等地。有分布集中度高、规模差异性强、总体规模较小的特点。全国各省中，二胡生产企业最多的省是江苏，其中又以苏州市和无锡市为多。其次集中分布在华北地区的河北、北京、天津一省两市。除了江苏省和京津河北地区，浙江、上海、江西也有为数不少的二胡生产企业。

山东省郯城县历史悠久、物产丰富，是中国杞柳之乡、中国银杏之乡，同时也是著名的历史典故“孔子师郯子”的发生地。郯城县有悠久的乐器制作历史，被称为中国民族乐器之乡。在郯城县现有的民族乐器制造企业中，数量最多的也最具代表性的就是二胡。据不完全统计，郯城县现有的二胡生产加工厂家有878家，经销批发商家有700家，而在临沂市市区有1084家经销批发商家。一个初具规模的二胡产业区已在郯城形成。

2 郯城二胡产业区的演化过程及影响因素

2.1 演化过程

2.1.1形成初期（20世纪20-30年代）

庙山镇岳庄村高永贵和高振保父子是郯城地区最早开始二胡制作的民间艺人之一。早年郯城闹饥荒，高永贵逃荒到江苏地区，在那里追随师傅学习二胡等民族乐器的制作工艺，回到郯城后，将手艺传了下来。并由此为起始，发展了当地的二胡制造产业。

2.1.2成长扩张期（20世纪末）

改革开放以后，随着乐器产业在国内外的市场逐渐扩大，乐器的需求量越来越大。特别是随着中国民族乐器在国内外的影响逐渐加大，郯城县的民乐制造也开始成长扩张。这一期间，形成了少量二胡生产企业。

2.1.3集聚形成期（21世纪初）

郯城县乐器制作，为代表的庙山镇岳庄村共有一百余户，几乎家家户户都从事二胡制造业，有400多人从事二胡加工，村民收入的80%以上来自乐器制作，产品主要销往北京、青海、郑州、沈阳等地。庙山镇以岳庄村为龙头，辐射带动了周围6个村300余户加工二胡,年加工二胡等乐器10万余把,成为中国江北最大的二胡加工生产基地。

2.2 影响因素

2.2.1历史文化沉淀

马歇尔的产业区理论认为，产业区的形成一开始就具有社会与地域有机整合的特征。空间接近和文化的同质性构成了产业区形成的两个重要条件[2]。郯城县当地盛行戏剧，传统艺术表演形式柳琴戏在当地被称为郯城“国粹”。这种极具地方特色的戏种起源于清朝乾隆年间，至今在当地几乎人人会唱。2006年5月，柳琴戏被列入第一批国家级非物质文化遗产名录。因此，郯城县有着丰富的历史文化底蕴。二胡是我国历史悠久的民族乐器，郯城县丰富的民族文化底蕴促使了二胡产业进一步发展，倘若没有如此的“沃土”，当地居民也不会把二胡制造当作产业来做，并且一直传承这门手艺的。

2.2.2能人示范

庙山镇岳庄村是郯城地区生产二胡的主要基地，这里有一个二胡制作世家，高振保是这个世家的当家人。他有四个儿子，除了在部队的三儿子之外，家里的每一个人都是二胡制作的能手，甚至妻儿亦可对二胡制作了如指掌，手艺精湛。

高振保的父亲高永贵是郯城乐器制作的老行家，他制作的乐器工艺精湛，在圈内十分有名，许多专家及乐器爱好者都慕名来购买。高振保不仅继承了父亲精湛的工艺，而且不断研究深造，研究出更美观、实用、经久耐用的乐器产品。在高家父子的带动下，在经济利益的驱使下，郯城县岳山庙镇有越来越多的人开始二胡制作及销售，逐步形成了今天的产业集聚的格局。

2.2.3政策扶持

郯城县二胡产业的起飞始于改革开放，而在改革开放之前的村办工厂也说明政策的支持是二胡产业发展的主要因素之一。郯城县政府把当地的二胡制造产业定位为文化产业，制定一系列的政策为二胡产业发展保驾护航。除此之外，庙山镇政府还提供信息支持，使用远程教育设备发展经济；同时定期对制作工匠进行学习培训，按时公布节目预告，组织党员、干部、群众收看。全镇已有31个村建起了“农民网吧”，村民可以通过远程教育设备获取信息，足不出户就了解市场动态，进行网络销售。

2.2.4 空间集聚效应

古典的产业区理论认为同一产业的大量企业的地理集聚可以产生地方化的外部规模经济——地方化经济。这种依靠地理接近性产生的生产和交易成本的降低是不言而喻的。郯城二胡产业区从早期的由民间艺人制作并贩卖二胡的手工作坊式生产到形成一个具有地方特色的二胡产业区，产业区的集聚效应是其发展壮大的内部机制。由集聚带来的郯城二胡产业的专业化投入和分工，提高了经济效益，同时也产生了具有地方特色的“产业氛围”。

3 郯城二胡产业区的演化特点与存在问题

3.1 产业区规模不断扩大

自从20世纪20-30年代第一家二胡制作厂在郯城落地生根，发展到今天，郯城县有二胡生产加工厂家有878家，现年产二胡十余万把，成为中国江北最大的民乐制作基地。郯城二胡产业区已初具规模。

3.2 品牌发展低端化

郯城二胡产业区区域的品牌意识的不断增强，是伴随着产业区的产生而逐渐形成的。郯城二胡产业区内部各中小企业之间在企业文化上具有较强的亲和力，它们在长期的互动过程中，基于一些共同的理念，而逐渐形成了一种能适应社会的共同的品牌文化。但是由于各企业的经济实力和经营方向不同，郯城县二胡产业区的品牌发展参差不齐。郯城县现有高振保、鲁杰等国内知名品牌，但至今还没有高端乐器品牌，且大量二胡生产企业仍在贴牌生产，既不能获取由于品牌所产生的巨大利润，也不利于产业区的品牌建设。

3.3 管理水平有待提高

从严格意义上说，目前郯城二胡产业区的大多数企业还不能称之为企业，现有的民乐制造企业属于小规模、小作坊式，处于低级的生产阶段。大多数二胡生产者都出身于农民，综合素质比较低，他们满足于现状，缺乏管理观念。产业区内部缺少高素质的技术人才和管理人才，直接影响到企业的经济效益。

3.4 形成了一定的生产网络

在产业区内部，各企业在新的经济、社会范式下，基于长期的发展目标，面对新的资源需求形式会建立起资源共享网络[3]。郯城二胡产业区围绕二胡等民族乐器的生产制造，相关企业展开了分工协作。二胡的生产制造、配件的生产制造一系列不同但又相互联系的增值活动包括：研究、设计、试制、原料选购、生产制作、运输、销售及售后服务等环节，这些环节形成一个完整的链状网络结构。各个环节按照专业化分工原则分散于不同的企业，促使各产业之间联系加强。

尽管产业区的生产网络已经形成，但也存在问题：首先，外部企业准入问题。产业区目前的民族乐器制作依然以内生型企业为主导，二胡及配件的生产均为本地企业，鲜有外地零部件企业的身影。其次，产业间联动问题。从理论上看，乐器产业不同于一般的消费品，消费者购买乐器后要经过培训才能使用。因此乐器的制造对相关服务行业如教育、培训、演出等活动具有拉动效应，与电子信息业、新材料业、物流业、环保业、研发和设计行业以及旅游业紧密联系。但是郯城二胡产业区与二胡相关的产业没有得到应有的发展，产业之间的联动效应得不到体现。

4 郯城二胡产业区的升级框架

鉴于郯城二胡产业区发展的现状和产业区运营流程图（图1），我们认为，郯城二胡产业区已经囊括了价值链的研发、原料供应、生产、销售等环节，但各环节都较薄弱。特别是位于价值链上游的研发和下游的营销两个环节，是高利润区，但郯城二胡产业区的这两个环节发展落后。从郯城二胡产业区产业价值链现状出发，郯城二胡产业区可以从研究、管理、合作和营销四个方面实现升级。升级框架如图2所示。

4.1 研发升级

研发的创新是地方产业区升级的基础和内在动力，升级最终必须依赖自主创新。郯城二胡产业区研发升级可以选择以下两方面的路径：

首先，技术的创新。二胡的关键部位都是靠纯手工制作，因此对工艺的要求很高，可以对传统的制作工艺进行创新，获得生产效率的核心竞争力。

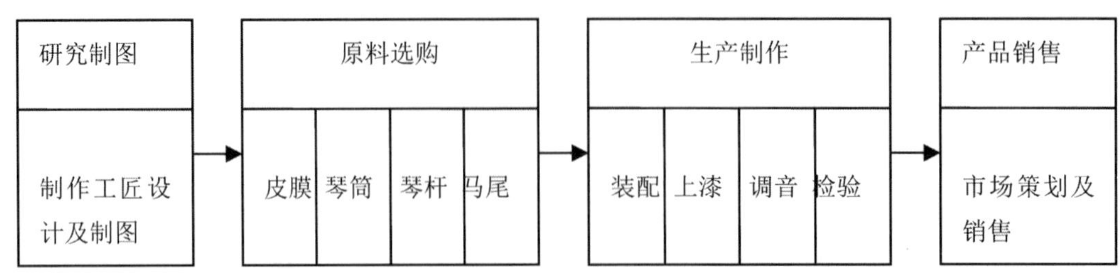

图1　二胡产业运营流程示意图

其次，设计的创新。意大利式产业区的核心价值在于持续创新的工业设计，生产独一无二的定制产品。这些产品往往在款式和个性上甚至是唯一的，不会有第二件重复[5]。郯城二胡产业区也可通过自主创新制造出更多外形独特或功能先进的二胡产品，增加其产品附加值，满足市场需要。

4.2 营销升级

首先，市场的创新。将国内市场和国外市场结合，将本地生产系统的内力和国际资源的外力结合。资料表明，近年来随着中国传统文化在国际上的传播，日本、韩国等国兴起了二胡热。而这些国家均没有二胡生产企业，很多二胡爱好者通过代购的方式从中国买入二胡。因此，郯城二胡产业区可同国外的二胡爱好者协会进行市场互动合作。

其次，品牌的建设。应从战略高度重视区域品牌的建设和经营，建立完善的品牌市场化运营体系[6]。郯城县政府、二胡生产协会和生产企业等多方面力量都要积极投入到区域品牌的建设及维护中，明确在区域品牌营销过程中的职责。以政府引导、中介促进、企业自主结盟为原则，推动企业建立营销联盟，延伸产业链，促进名牌产品企业的多层次、全方位联合协作，实现品牌资源共享，实现区域品牌创新，打造郯城二胡区域品牌。同时，根据郯城二胡产业区的特点制定出具体的品牌发展战略和具体的操作策略。可以通过加入品牌俱乐部的形式，充分享受高振保这一知名品牌对市场的影响力，这样可以降低进入市场的成本；而高振保二胡则可以借此迅速壮大实力。需要注意的是，打造区域集体品牌，产品质量是保证。要彻底改变市场对郯城二胡贴牌生产的低档次认识，实现郯城二胡的形象升级。

4.3 管理升级

首先是产业区管理方式的升级。应建立产业区协调管理委员会和区域产业发展研究机构，发挥行业协会在管理和组织上的作用。产业区内各主体之间特别是政府管理部门和企业之间、企业和员工之间会出现一些分歧，在这种情况下，行业协会搭建平台，一方面使企业和政府部门互动，促进政企之间的沟通；另一方面，协调企业和员工之间的矛盾，最大程度地解决劳资纠纷。此外，行业协会还要积极构筑对外交流平台，加强企业与外界的联系，并引导企业家形成产业发展的合理预期。

其次是企业管理方式的转变。通过制度建设和文化建设、感情投资和事业吸引，引进高层次管理人才和技术人才，弥补老一代企业家的在管理和文化方面的不足，提高企业管理水平。

4.4 合作升级

郯城二胡产业区的合作升级既包括产业区内部的企业、商户及相关组织的合作，又包括同产业区外部的各产业间的联动合作。

首先建立真正以产业区为导向的企业关系。对于已有的企业发展要重视相关产业的网络体系建

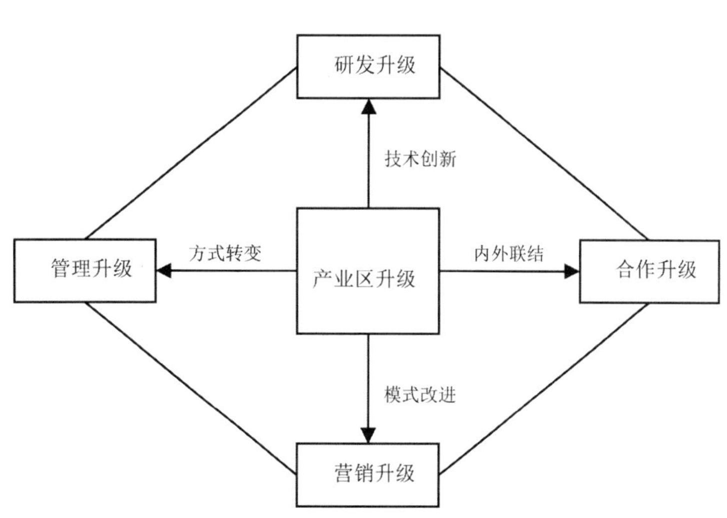

图2　郯城二胡产业区升级框架

设，努力形成各企业紧密配合、专业分工与协作完善的网络体系；其次，要加强本地企业和外地企业或供应商之间的交流，了解市场的潜在需要和发展趋势；第三，产业区的发展要和科研力量结合起来。力争形成“产学研”合作机制，郯城二胡产业区可以和临沂大学、山东师范大学等高校进行互动，实现利益共享；第四，进一步促进产业联动的实现。郯城二胡产业区可加强同培训、演出和旅游等方面的产业联动，实现企业关系、产业关系和区域关系的优化，获得1+1>2的协同效应[8]。

参考文献：

[1]Marshall A.Principle of economics[M]. Cambridge University Press,1961(First published in 1890). 15-20.

[2]苗长虹.马歇尔产业区理论的复兴及其理论意义[J].地域研究与开发,2004,23(1): 56-61

[3]阮平南，武斌.企业战略网络生成机理研究[J].管理纵横,2007,(3): 12-15.

[4]王缉慈，林涛.我国外向型制造业集群发展和研究的新视角[J].北京大学学报(自然科学版),2007,2(2):37-41.

[5]王缉慈,刘譞.经济危机背景下对我国专业化产业区的反思——重温意大利式产业区的价值[J].地域研究与开发,2009,28(3):1-6.

[6]王瑛.地方产业集群升级的两维性分析[J].科技进步与对策, 2009,26(5):78-80.

[7] Piore M，Sabel C．The Second Industrial Divide：Possibilities for Prosperity[M]．New York：Basic Books，1984.

[8]吕涛,聂锐.产业联动的内涵理论依据及表现形式[J].工业技术经济, 2007,26(5): 45-48.

①基金项目：浙江省自然科学基金《乡镇乐器专业化产业区的变迁与升级研究》（Y5100215）。

2011

中国乐器年鉴

CHINA MUSICAL INSTRUMENT YEARBOOK

海外信息篇之一：全球乐器与音响制品行业225强

2009年全球乐器与音响制品行业225强综述

根据资料显示，银行倒闭、信用紧缩、高失业率、过高的举债经营等扰乱了世界经济，全球范围内的经济疲软也被反映在2009年的225强榜单企业中。225强涵盖了世界多数国家以及乐器和音响制品行业的各个门类，为2009年乐器行业的表现提供了一个有用的衡量标尺。225强榜单中企业的发展意味着行业的发展，反之一样。榜单中的每家企业都面临着属于自己的一系列挑战：欧洲钢琴制造商在不利的货币汇率和消费者对大件物品的反感中艰难前行；软件公司抱怨为与苹果和微软新推出的操作系统保持一致，开发成本不断增长；由于更多的消费者开始青睐于低价位的吉他产品，吉他制造商被迫降低利润，大家普遍认为经济不景气使得一切变得更加糟糕。

在过去的18个月中，世界各个国家都经历了大致相同，犹如过山车般的经济情况。2008年底的金融危机给市场的快速发展带来了“急刹车”，惊惶失措的决策者、企业家、消费者都面临从山顶掉下悬崖的可能。2009年初恐慌消退，经济的“世界末日”并没有来到，让位给调整成本结构的艰巨任务，销售的降低，牵扯到裁员、降低库存、关闭工厂等很多不愉快的局面。事实上，有些企业的倒闭是对在适应困难环境下工业技能的肯定。美国、欧洲以及其他发达国家的失业率不断攀升，但最大的裁员却发生在中国几十家不知名的大型工厂。中国经济持续增长，但劳动力和经营成本的上升迫使低效率制造商破产，由此产生的合并将对整个行业有重大的短期影响。关闭一家工厂比开一个工厂容易得多，即便需求稍有回升，也可能导致在未来的18个月严重短缺。

225强包括乐器制造商、音响公司、分销商，但他们都是在服务于音乐艺术创作领域。各个企业的关系就像一个复杂的产业生态系统，尽管短暂的经济困难非常擅于满足世界音乐制作者的需要，但有多么擅长？从阿富汗到扎伊尔，榜单中大部分企业为几乎全球每一个国家提供产品。通过更好的生产方式和分配，年复一年使其产品更加便宜。举个例子，在1995年，一个中等收入的美国工人需要工作7小时才能挣够买SHURE SM58话筒的钱，而今天他可以买同样的产品只需要工作4小时，大多数其他产品也取得了类似的价格改进，这种现象归功于数千人的努力工作、个人创造力和运用新技术有效的分配资源。

225强的入榜企业和排名较2008年没有太大变化，自从我们编制225强的名单时，YAMAHA、ROLAND、HARMAN就已稳稳地占据了前三名。不过第一印象总感觉有些被欺骗，看着一个一个的企业名称和企业销售收入的数字，然而发现个别企业的状态持续动荡。例如YAMAHA公司，由于看重中国内地正在快速增长的钢琴市场，其生产基地已经从中国台湾转入中国内地；HARMAN也做了类似的投资，稳固其在印度市场的位置；ZOOM结合其音频专长去创造出了全新的录像机；LINE 6希望用新的数字科技转变无线电市场，这只是有关努力保持竞争力去面对科技变化和消费者喜好的转变的几个例子。总之，虽然企业名称不会发生大的变化，但名称后面的公司不断地被重新界定，那些不具备创新能力的公司必将滑落出225强这个榜单。

就像足球比赛、赛马、NASCAR，甚至政治选举那样，人们自然地被吸引到了有竞争力的比赛中，正如我们本能地放慢车速观察高速公路上发生的车祸一样，我们趋向于评估赢家和输家。作为衡量行业的标尺，这个榜单记录着谁的排名提前了，谁落后了，谁出局了。各个企业的销售收入使它能够评估长期肩并肩的对手情况，例如FENDER和GIBSON公司 SHURE和SENNHERSER公司以及

STEINWAY和YAMAHA公司。还有其他很多类似的情况，这些竞争带动着企业的创新，对行业向前发展具有重要作用。大多数225强企业与上榜其他公司建立了合作关系，反映出全球企业间的相互依存关系。例如，世界各地的顶级制造商纷纷和MUSIK MEYER建立合作关系，推广自己的产品打开德国市场大门；D'ADDARIO & CO.提供吉他弦给中国的制造商，中国制造商分别生产各种不同品牌的吉他分销至全球；金山集团是一家订单型电子生产商，为一些知名的音响品牌生产配件；大多数零售商并不知道世界大部分鼓的硬件是由台湾公司负责制造的。以上的列子足以说明没有人可以自己做所有事情。

自从1995 GarageBand软件（是一款由苹果电脑编写的数码音乐创作软件）问世以来，苹果已经卖了约2000万台多轨录音系统，由于GarageBand软件产生的收入是无法量化的，并且音乐并不是苹果公司的核心业务之一，因此我们没有把苹果公司列入统计对象中。作为主要DJ设备供应商，Pioneer 和 Denon 理论上应该列入225强当中，然而他们销售收入中有十亿美元是与DJ设备无关的，因此很难得出一个准确的数字。总之我们尽可能统计所有的销售数据，但排除缺少数据的限制以外，相信225强榜单仍然是充满活力的行业的宝贵“快照”。

榜单中一部分企业主营业务不同于我们定义的传统乐器行业的概念，或者说毫不相干。例如，Shure公司生产用于通讯和广播设备的扩音器；雅马哈公司除生产乐器之外，还生产浴缸和家具；QSC公司为电影院提供扩音器；罗兰公司生产专业的电脑打印机。在进行该榜单统计时，我们尽可能不把非乐器产品的销售收入计算在内，但如果不能精确区分出非乐器销售收入，则只能将其全部计算在内。

2009年，列入统计的国家和地区乐器市场销售收入共计151亿美元，但225强榜单中的销售收入共计182亿美元，两个数据显然有差别。造成误差的其中一个原因就是将非乐器销售收入也统计在榜单内。

另一个原因则是销售收入的重复计算。以金山集团为例，2009年销售收入为1.88亿美元，其收益的大部分来自于旗下生产的产品，这其中相当一部分产品又被榜单中其他企业进行再销售，最终，这两次销售的收入均被统计在225强的总销售收入中，造成数据的重复计算。再例如，Remo鼓皮的销售被计算在Remo公司的年度销售收入之中，但同时其他使用Remo鼓皮制作打击乐器的生产企业以及销售Remo鼓皮的经销商，也都将它的销售收入纳入其企业名下。因此，在缺少行之有效的方法解决统计中重复计算的问题之前，我们所能做的就是维持现状，统计企业的总销售收入。预计，因重复计算大约会增加30%的总销售收入。

关于225强榜单的统计工作有几点需要告知：首先，该榜单统计的数据是2009年度或最近一个财政年各企业的报表或评估。其次，统计的数据来源于不同渠道：榜单中有21家上市公司，它们的销售情况有案可查。一些欧洲公司，尤其是法国和意大利的公司，业绩公报使我们能够获取详细的销售数据。如果没有公报的公司，我们则参考企业提交的数据、综合评估以及相关协会提供的数据，进行汇总统计。

（高萍 编译自美国《音乐贸易》2010 No.12）

1、2009年全球乐器与音响制品行业225强国家和地区分布情况

排名	国家和地区	公司数量		销售收入（美元）		
		2009年	2008年	2009年	2008年	同比%
1	日本	27	27	7636703239	8168694620	-6.51
2	美国	79	83	4975626000	5910388652	-15.82
3	德国	17	18	1355668000	1292823243	4.86
4	中国内地	24	20	745797865	658459715	13.26
5	中国香港	4	4	503209458	615500000	-18.24
6	中国台湾	10	10	476062317	545375000	-12.71
7	加拿大	6	6	434792000	406800000	6.88
8	韩国	5	6	380094871	411629000	-7.66
9	意大利	7	7	292360000	297544000	-1.74
10	法国	4	4	267100000	277600000	-3.78
11	英国	7	7	234242000	252525000	-7.24
12	澳大利亚	4	4	183565000	145052000	26.55
13	巴西	4	4	98913000	100325000	-1.41
14	丹麦	1	1	97000000	105000000	-7.62
15	瑞士	2	2	89800000	91600000	-1.97
16	瑞典	3	3	88500000	89500000	-1.12
17	俄罗斯	3	1	86925000	65000000	33.73
18	西班牙	3	3	53903546	52795000	2.10
19	比利时	1	1	52750000	54269000	-2.80
20	阿根廷	2	2	49579269	45700000	8.49
21	菲律宾	1	1	34550000	32750000	5.50
22	捷克	2	2	30000000	33505000	-10.46
23	奥地利	2	1	26150000	17950000	45.68
24	墨西哥	1	1	26000000	26500000	-1.89
25	以色列	1	1	20950000	24250000	-13.61
26	印度	1	1	19870000	20000000	-0.65
27	泰国	1	1	12900000	12706000	1.53
28	智利	1	1	12650000	14250000	-11.23
29	挪威	1	1	11975000	13300000	-9.96
30	波兰	1	1	11250000	10100000	11.39

2、2009年全球乐器与音响制品行业225强名录

排名		公司名称	销售收入（美元）	员工数	负责人	国家和地区
2009年	2008年					
1	1	YAMAHA CORPORATION	4322356000	25658	Misuru Umemura	JAPAN
2	2	ROLAND CORPORATION	921523772	2699	Hidekazu Tanaka	JAPAN
3	4	KAWAI MUSICAL INSTRUMENTS MFG. Co.LTD.	688373467	2851	Hirotaka Kawai	JAPAN
4	3	FENDER MUSICAL INSTRUMENTS	600750000	2765	Larry Thomas	USA
5	5	HARMAN PROFESSIONAL	493000000	1550	Dinesh C. Paliwal	USA
6	6	SENNHEISER ELECTRONIC	452000000	2050	Jorg Sennheiser	GERMANY
7	7	SHURE INC.	395000000	2300	Sandy LaMantia	USA
8	8	STEINWAY MUSICAL INSTRUMENTS	306436000	2007	Dana D. Messina	USA
9	9	GIBSON GUITAR CORP.	287500000	3100	Henry E. Juskiewicz	USA
10	11	功学社乐器股份有限公司	279000000	4000	谢武弘	中国台湾
11	10	AUDIO-TECHNICA CORPORATION	276808000	530	Kazuo Matsushita	JAPAN
12	15	JAM INDUSTRIES	255000000	425	Martin Golden	CANADA
13	12	AVID TECH.(M-AudioDigidesign)	253960000	500	Garry Greenfield	USA
14	14	THE MUSIC GROUP	200000000	3500	Uli Behringer	GERMANY
15	13	金山工业公司	187959458	1270	罗仲荣	中国香港
16	17	KORG INC.	180000000	300	Seiki Kato	JAPAN
17	16	YAMANO MUSIC COMPANY LTD.	177500000	500	Masamitsu Yamano	JAPAN
18	18	PEAVEY ELECTRONICS CORP.	165000000	620	Hadley Peavey	USA
19	22	柏斯琴行有限公司	162000000	2450	吴天延	中国香港
20	21	HAL LEONARD CORPORATION	157600000	413	Keith Mardak	USA
21	20	HOSHINO GAKKI CO. LTD.	144827000	150	Yoshihiro Hoshino	JAPAN
22	19	LOUD TECHNOLOGIES	140000000	290	Mark Graham	USA
23	25	广州珠江钢琴集团股份有限公司	138325000	2800	黄伟林	中国内地
24	36	AUSTRALIAN MUSIC GROUP	134496000	580	Hohn Helme	AUSTRALIA
25	26	CASIO ELECTRONIC MUSICAL INSTRUMENTS	132000000	N/A	Kazuo Kashio	JAPAN
26	28	YOUNG CHANG AKKI LTD.	123000000	2600	B.J.Park	SOUTH KOREA
27	23	SAMICK MUSICAL INSTRUMENTS COMPANY LIMITED	122607871	3000	Jong Sup Kim	SOUTH KOREA
28	29	ALGAM	122000000	220	Gerard Garneier	FRANCE
29	24	D'ADDARIO & COMPANY	121000000	1001	James D'Addario	USA
30	27	通利琴行有限公司	115000000	500	李敬章	中国香港

排名		公司名称	销售收入（美元）	员工数	负责人	国家和地区
2009年	2008年					
31	39	SOUND HOUSE INC.	105000000	150	Rick Nakajima	JAPAN
32	30	THE MUSIC SALES GROUP	100000000	350	Robed Wise	U.K.
33	33	TCI GROUP	97000000	350	Anders Fauerskov	DENMARK
34	41	GEWA MUSIC GMBH	95200000	258	Hans Peter Messener	GERMANY
35	32	ESP CO. LTD.	93000000	700	Masatoshi Chuma	JAPAN
36	42	QSC AUDIO	88000000	301	Barry&John Andrews	USA
37	38	MUSIK MEYER GROUP	85171000	198	Matthias Meyer	GERMANY
38	34	LINE 6	85000000	260	Mike Muench	USA
39	51	音王集团有限公司	83000000	2350	王祥贵	中国内地
40	40	MARTIN GUITAR COMPANY	82750000	754	Christian F. Martin IV	USA
41	47	HOHNER MUSIK INSTRUMENTE GMBH&CO.KG	82047000	322	Stefan Althoff	GERMANY
42	52	北京星海钢琴集团有限公司	82000000	3750	赵惠臣	中国内地
43	46	AXL MUSICAL INSTRUMENTS	80750000	1550	Alan Liu	USA
44	35	PEARL MUSICAL INSTRUMENTS CO. LTD.	80500000	650	Masani Yanagisawa	JAPAN
45	37	MUSIK HUG AG	79850000	330	Erica Hug	SWITZERLAND
46	45	NUMARK INDUSTRIES	77000000	76	John O'Donnell	USA
47	43	CORT MUSICAL INSTRUMENT CO. LTD.	76500000	1000	Young H. Park	SOUTH KOREA
48	48	PROEL SPA	72000000	155	Fabrizio Sorbi	ITALY
49	50	SAMSON TECHNOLOGIES CORP.	69500000	126	Scott Goodman	USA
50	55	青岛世正乐器有限公司	68750000	2200	李在锡	中国内地
51	54	ALFRED PUBLISHING COMPANY	68500000	285	Ron Manus	USA
52	49	BUFFET CRAMPON GROUP	67840000	400	Antoine Beaussant	FRANCE
53	53	ROLAND MEINL MUSIKINSTRUMENTE GMBH	67250000	200	Reinhold Meinl	GERMANY
54	44	HERMES	65500000	250	Alberto Kremerman	USA
55	31	FIRST ACT	65000000	114	Mark Izen	USA
56	64	MONZINO SPA	62300000	101	Antorio Monzino	ITALY
57	60	YORKVILLE SOUND	62000000	285	Steve Long	CANADA
58	63	ERNIE BALL / MUSIC MAN	60000000	350	Sterling Ball	USA
59	58	A&T TRADE	58850000	325	Aleksey Kurochkin	RUSSIA

排名		公司名称	销售收入（美元）	员工数	负责人	国家和地区
2009年	2008年					
60	62	KYORITSU CORP.	57250000	100	Shinichi Suzuki	JAPAN
61	59	BEYERDYNAMIC	56500000	335	Fred R. Beyer	GERMANY
62	61	THE RAPCO HORIZON COMPANY	55000000	500	Dale Williams	USA
63	68	ADAM HALL GMBH	54500000	125	David Kirby	GERMANY
64	84	ZOOM CORPORATION	54350000	55	Masahiro Lijima	JAPAN
65	56	TAYLOR GUITAR	54000000	495	Kurt Listug	USA
66	72	PRIMA GAKKI CO. LTD.	53000000	100	Hitoshi Ohashi	JAPAN
67	66	EMD MUSIC GROUP	52750000	135	Leonardo Baldocci	BELGIUM
68	67	AVEDIS ZILDJIAN COMPANY	49855000	130	Craigie Zildjian	USA
69	71	宏寰贸易股份有限公司	48737000	50	陈少宏	中国台湾
70	70	KANDA SHOKAI CORPORATION	48500000	80	Masayuki Suzuki	JAPAN
71	65	TASCAM	48000000	110	Yoshiaki Sakai	JAPAN
72	81	MOGAR MUSIC S.P.A.	46510000	58	Carlo Bonami	ITALY
73	76	REM0 INC.	45500000	141	Brock Kaericher	USA
74	69	TROPICAL MUSIC GROUP	45000000	21	Oscar Mederos	USA
75	83	COSMOS CORP.	44428000	90	Kwankil Min	SOUTH KOREA
76	75	NONAKA BOEKI CO. LTD.	44375000	100	John Nonaka	JAPAN
77	86	EKO GROUP	43150000	48	Stelvio Lorenzetti	ITALY
78	88	C.BECHSTEIN PIANO FOR TEFABRIK AG	43000000	340	Karl Schulze	GERMANY
79	82	VANDOREN S.A.	42985000	200	Bernard Vandoren	FRANCE
80	85	SF MARKETING	41542000	122	Sol Fleising	CANADA
81	74	HANSER MUSIC GROUP	41500000	88	Jack Hanser	USA
82	80	GODIN GUITAR COMPANY	41250000	375	Robert Godin	CANADA
83	100	浙江东方琴业有限公司	41200000	1020	罗森鹤	中国内地
84	79	STANTON GROUP	41000000	83	Tim Dorwart	USA
85	106	SUZUKI MUSICAL INSTRUMENT MFG. CO.LTD.	40650000	160	Manji Suzuki	JAPAN
86	77	SKB CORPORATION	40500000	350	Dave Sanderson	USA
87	73	STAMER GROUP	40000000	185	Hans & Lothar Stamer	GERMANY
88	101	KONIG & MEYER	39500000	250	Gabriela Konig	GERMANY
89	94	M. CASALE BAUER SPA	38750000	24	Patrizia Bauer	ITALY
90	90	WARWICK GMBH & CO.-MUSIC EQUIPMENT	38540000	70	Hans-Peter Wilfer	GERMANY
91	98	EM NORDIC AB	38400000	110	Benny Englund	SWEDEN

排名		公司名称	销售收入（美元）	员工数	负责人	国家和地区
2009年	2008年					
92	78	美得理电子有限公司	38250000	1000	郑刚	中国香港
93	99	LUTHMAN SCANDINAVIA KB	35750000	54	Orjan Kylhammar	SWEDEN
94	103	上海知音琴行有限公司	35627335	181	朱文玉	中国内地
95	111	PRO SHOWS(Brasil)	35550000	40	H.Martellotta&V.de Souza	BRAZIL
96	87	MARSHALL AMPLIFICATION PLC	35500000	150	Dr. Jim Marshall	U.K
97	95	高琳乐器制造有限公司	35000000	75	吴懋仁	中国台湾
98	107	G.A. YUPANGCO & CO.	34550000	375	Philip Yupangco	PHILIPPINES
99	89	HENRI SELMER ET CIE.	34275000	500	Patrick Selmer	FRANCE
100	91	B&S MUSIK GMBH	34000000	250	Gerhard Meinl	GERMANY
101	102	HARRIS-TELLER INC.	32500000	65	Michael Harris	USA
102	93	DRUM WORKSHOP INC.	30200000	119	Chris Lombardi	USA
103	97	PAUL REED SMITH GUITARS	30000000	225	Paul Reed Smith	USA
104	110	ViC FIRTH INC.	29900000	125	Vic Firth	USA
105	N	ROYAL INSTRUMENTS	29785000	120	Rene Moura	BRAZIL
106	165	DUNLOP MFG.	29500000	217	James Dunlop	USA
107	152	宁波海伦乐器制品有限公司	27000000	1200	陈海伦	中国内地
108	139	GHS / R0CKTRON	26500000	125	Russell S. McFee	USA
109	119	THE MUSIC PEOPLE	26470000	45	James Hennessey	USA
110	117	CASA VEERKAMP S.A. DE C.V.	26000000	125	Gerhardt Veerkamp	MEXICO
111	N	GLOBAL&CO.INC.	25800000	55	Kazu Matsuda	JAPAN
112	122	EQUIPSON S.A.	25400000	49	Jose Vila Ortiz	SPAIN
113	104	ARMADILLO ENTERPRISES	25000000	45	Elliott Rubinson	USA
114	126	MORIDAIRA MUSICAL INSTRUMENTS CO. LTD.	24900000	45	Tamio Minagawa	JAPAN
115	172	TEVELAM S.R.L	24850000	42	Hugo Martellotta	ARGENTINA
116	N	B-52 PRO AUDIO	24750000	125	Ell El-Kiss	USA
117	114	TODOMUSICA S.A.	24729269	90	Rafael Pedace	ARGENTINA
118	112	GCI	24550000	45	Alan & Artie Cabasso	USA
119	135	JOHN HORNBY SKEWES & COMPANY LTD.	24300000	90	Dennis Drumm	U.K.
120	109	ZEN-ON MUSIC CO. LTD.	24000000	125	Noriyuki Honma	JAPAN
121	118	NADY SYSTEMS	23925000	75	John Nady	USA
122	144	SCHECTER GUITAR RESEARCH	23750000	41	Michael Ciravolo	USA
123	138	GRAND GLOBE鼓厂	23600000	500	Tony Huang	中国台湾

排名		公司名称	销售收入（美元）	员工数	负责人	国家和地区
2009年	2008年					
124	120	ELECTRO-HARMONIX	23500000	65	Mike Matthews	USA
125	116	PRIDE MUSIC	23478000	60	Lucio Grossman	BRAZIL
126	N	KAILING ELECTRONIC CO.LTD.	23100000	375	N/A	中国内地
127	123	SABIAN LTD.	23000000	125	Andy Zildjian	CANADA
128	113	ARAI & CO. INC.	22750000	55	Kaz Matsuda	JAPAN
129	115	EMINENCE SPEAKER LLC.	22255000	160	Robet Gault	USA
130	124	天津津宝乐器有限公司	22125000	1700	刘明	中国内地
131	129	TKL PRODUCTS CORPORATION	22000000	75	Thomas Dougherty	USA
132	142	EASTMAN MUSIC COMPANY	21000000	66	Qian Ni	USA
133	127	RBX INTERNATIONAL CO.LTD.	20950000	100	Yoel Brand	ISRAEL
134	163	SOUND TECHNOLOGY PLC	20776000	38	David Marshall	U.K.
135	92	全域股份有限公司	20655317	578	王敏烈	中国台湾
136	137	M&M MERCHANDISERS INC.	20500000	75	Marty Stenzler	USA
137	143	河北金音乐器制造有限公司	20275000	1200	陈学孔	中国内地
138	125	WHIRLWIND AUDIO	20250000	150	Michael Laiacona	USA
139	131	SCHIMMEL PIANOFORTEFABRIC	20150000	175	Hannes Schimmel Vogel	GERMANY
140	128	HHB COMMUNICATIONS LTD.	20000000	49	lan Jones	U.K.
141	150	SARA-TRANS GROUP	19870000	603	Jasbeer Singh	INDIA
142	156	PRO-MARK CORP.	19715000	49	Maury L. Brochstein	USA
143	132	深圳市帕思高电子有限公司	19420000	100	林俊杰	中国内地
144	130	雅歌乐器企业股份有限公司	19285000	250	廖明幸	中国台湾
145	134	ALLEN ORGAN COMPANY	19200000	225	Steve Markowitz	USA
146	213	ABLETON	19185000	108	Gerhard Behles	GERMANY
147	145	BBE SOUND / G&L	19000000	49	John McLaren	USA
148	136	PIANODISC	18900000	125	Gary& Kirk Burgett	USA
149	161	THE MUSIC LINK	18100000	42	Steve Patrino	USA
150	151	AUSTRALIS MUSIC GROUP PTY. LTD.	18018000	27	Trevor Morrow	AUSTRALIA
151	153	PETROF	18000000	210	Zuzana Petrof	CZECH REPUBLIC
152	140	FERNANDES CO. LTD	17750000	45	Shigeki Saito	JAPAN
153	157	CELESTION	17650000	50	Brian Li	UK
154	162	泰兴凤灵乐器有限公司	17570000	1200	李书	中国内地
155	147	AMERICAN DJ INC.	17500000	90	Charles Davies	USA

排名		公司名称	销售收入（美元）	员工数	负责人	国家和地区
2009年	2008年					
156	148	VISCOUNT INTERNATIONAL	16850000	100	Loriana Galanti	ITALY
157	146	MAPES PLANO STRING COMPANY	16800000	126	William L. Schaff	USA
158	167	乐盟国际股份有限公司	16560000	45	C.C. Tsai	中国内地
159	166	RENNERLOUIS GMBH	16525000	100	Frank Gerbert	GERMANY
160	170	SEYMOUR DUNCAN/D-TAR	16500000	130	Phil Ressler	USA
161	182	RICKENBACKER INTERNATIONAL	16450000	90	John C. Hall	USA
162	N	JYJ MUSICAL INSTRUMNET CO.LTD.	16400000	295	N/A	中国内地
163	154	SUZUKI CORP.	16250000	20	Howard Feldman	USA
164	155	IAG国际音响集团	16200000	1300	Bernard Chang	中国内地
165	171	THOMASTIK-INFELD GMBH	16150000	190	Peter Infeld	AUSTRIA
166	181	STENTOR MUSIC CO. LTD.	16016000	33	Michael C. Doughty	U.K.
167	173	CHARLES DUMONT & SON	16001000	48	Charles J. Dumont	USA
168	199	RANE CORPORATION	16000000	87	George Sheppard	USA
169	185	CMI MUSIC&AUDIO	15950000	34	Drago Trojkovic	AUSTRALIA
170	187	MAKEMUSIC! INC.	15750000	110	Ron Raup	USA
171	141	CARVIN CORP.	15719000	110	Carson Kieset	USA
172	175	广州保嘉乐器制造厂有限公司	15575000	1500	邢宝嘉	中国内地
173	174	COMMUNITY PROFESSIONAL	15500000	85	Bruce Howze	USA
174	N	LTM	15200000	55	Victor Yakubovskiy	RUSSIA
175	159	允有兴业股份有限公司	15150000	300	N/A	中国台湾
176	197	AUSTRALASIAN MUSIC SUPPLIES PTY LTD	15101000	45	Kevin Hague	AUSTRALIA
177	176	CALZONE / ANVIL CASE CO.	15000000	80	Joseph E. Calzone III	USA
178	168	广东四会市华声乐器有限公司	14750000	1700	黄炳金	中国内地
179	204	ENRIQUE KELLER S.A	14636546	85	Jorge Keller	SPAIN
180	160	FUJIGEN INC.	14550000	100	Yuichiro Yokouchi	JAPAN
181	N	ST.LOUIS MUSIC	14500000	47	Mark Ragin	USA
182	186	CLAVIA DIGITAL MUSIC INSTRUMENTS	14350000	25	Hans Nordelius	SWEDEN
183	169	CHESBRO MUSIC	14250000	40	Vanetta Wilson	USA
184	164	秋长全丰音乐用品厂	14200000	700	蔡经纬	中国内地
185	210	LYON & HEALY HARPS	14150000	118	Antonio Forero	USA
186	149	RODGERS INSTRUMENTS LLC	14000000	110	Ikutaro Kakehashi	USA
187	184	MEL BAY PUBLISHING	13900000	49	Bryndon Bay	USA
188	196	MANUFACTURAS ALHAMBRA S.L.	13867000	100	Juan Sachis Reig	SPAIN

排名		公司名称	销售收入（美元）	员工数	负责人	国家和地区
2009年	2008年					
189	217	武汉艾立卡电子有限公司	13820530	316	张鉴堂	中国内地
190	203	CONNOLLY MUSIC COMPANY	13750000	28	John M. Connolly III	USA
191	195	FISHMAN TRANDUCERS	13605000	60	Larry Fishman	USA
192	183	SHIMRO MUSICAL INSTRUMENTS CO.LTD.	13559000	180	Won Jung Kim	SOUTH KOREA
193	180	MESA BOOGIE	13500000	104	Randall Smith	USA
194	201	KIKUTANI MUSIC CO. LTD.	13465000	25	Toshi Kikutani	JAPAN
195	N	广州市大铃乐器制造有限公司	13400000	300	N/A	中国内地
196	188	WAVES INC.	13250000	35	Gilad Keren	USA
197	189	FOSTEX COMPANY	13200000	32	Yoichi Takahashi	JAPAN
198	179	GETZEN COMPANY	13000000	95	Thomas R. Getzen	USA
199	207	TYCOON MUSIC CO.LTD.	12900000	150	Stephen Yu	THAILAND
200	N	ARSENAL MUSIC	12875000	73	Vlasimir Cherepanov	RUSSIA
201	191	FATAR S.R.L.	12800000	90	L.Rangni	ITALY
202	194	冠舟企业有限公司	12750000	500	陈国瑶	中国台湾
203	193	AUDIOMUSICA S.A.	12650000	105	Armando Gotelli	CHILE
204	N	CHICHENG RHYTHM MUSICAL INSTRUMENT CO.LTD.	12500000	100	Sophia Liang	中国内地
205	192	TAKAMINE GAKKI SEISAKUSHO CO. LTD.	12275000	100	Ichiro Katayama	JAPAN
206	190	WESTHEIMER CORP.	12250000	14	Jack Westheimer	USA
207	205	SHADOW ELEKTROAKUSTIK	12100000	100	Joe Marinic	GERMANY
208	177	LARRIVEE GUITARS	12000000	85	Jean Larrivee	CANADA
209	198	AMATI-DENAK S.R.O.	12000000	260	Vaclav Hnilicka	CZECH REPUBLIC
210	202	LYDROMMET AS	11975000	20	Christian Wille	NORWAY
211	206	国巧乐器木器厂	11900000	400	蔡经茂	中国台湾
212	218	深圳市蔚科电子科技开发有限公司	11550000	250	徐建	中国内地
213	N	聊城山石麦尔乐器有限公司	11550000	225	Liu Shuguang	中国内地
214	220	MEGA MUSIC SP. Z.O.O;	11250000	30	Dariusz Adamowicz	POLAND
215	121	NEIL A. KJOS MUSIC COMPANY	11000000	70	Neil A. Kjos. Jr.	USA
216	209	吟飞电子（上海）有限公司	10900000	400	赵平	中国内地
217	200	PRO CO SOUND INC.	10850000	81	Debbie Stephenson	USA
218	214	EMG INC.	10200000	93	Robert A. Turner	USA

排名		公司名称	销售收入（美元）	员工数	负责人	国家和地区
2009年	2008年					
219	N	UNIVERSAL PERCUSSIONLNC.	10135000	34	Thomas W. Shelley	USA
220	222	WERIL INSTRUMENTS MUSICALS LTDA.	10100000	200	Nelson Weingrill	BRAZIL
221	N	BROOMANN PIANO GROUP	10000000	20	Christian Hoeferl	AUSTRIA
222	178	GEMSTONE.LLC	10000000	44	Dave Pirtle	USA
223	208	TAY-E乐器有限公司	9985000	100	Chen Ell Chiang	中国台湾
224	211	PAISTE HOLDING AG	9950000	75	Erik Paiste	SWITZERLAND
225	N	CAD PROFESSIONAL	9750000	20	Brig Carr	USA

3、2009年全球乐器与音响制品行业225强中国内地乐器企业名录

排名		公司名称	销售收入（美元）	员工人数	公司负责人	
2009年	2008年					
23	25	广州珠江钢琴集团股份有限公司	138325000	2800	黄伟林	
39	51	音王集团有限公司	83000000	2350	王祥贵	
42	52	北京星海钢琴集团有限公司	82000000	3750	赵惠臣	
50	55	青岛世正乐器有限公司	68750000	2200	李在锡	
83	100	浙江东方琴业有限公司	41200000	1020	罗森鹤	
94	103	上海知音琴行有限公司	35627335	181	朱文玉	
107	152	宁波海伦乐器制品有限公司	27000000	1200	陈海伦	
126	N	武汉开菱电器有限公司	23100000	375	N/A	
130	124	天津津宝乐器有限公司	22125000	1700	刘明	
137	143	河北金音乐器制造有限公司	20275000	1200	陈学孔	
143	132	深圳市帕思高电子有限公司	19420000	100	林俊杰	
154	162	泰兴凤灵乐器有限公司	17570000	1200	李书	
158	167	乐盟国际股份有限公司	16560000	45	C.C. Tsai	
162	N	天津金雅佳乐器有限公司	16400000	295	N/A	
164	155	IAG国际音响集团	16200000	1300	Bernard Chang	
172	175	广州保嘉乐器制造厂有限公司	15575000	1500	邢宝嘉	
178	168	广东四会市华声乐器有限公司	14750000	1700	黄炳金	
184	164	秋长全丰音乐用品厂	14200000	700	蔡经纬	
189	217	武汉艾立卡电子有限公司	13820530	316	张鉴堂	
195	N	广州市大铃乐器制造有限公司	13400000	300	N/A	
204	N	赤城胡义乐器有限公司	12500000	100	Sophia Liang	
212	218	深圳市蔚科电子科技开发有限公司	11550000	250	徐建	
213	N	聊城山石麦尔乐器有限公司	11550000	225	Liu Shuguang	
216	209	吟飞电子（上海）有限公司	10900000	400	赵平	

4、2009年全球乐器与音响制品行业225强中国香港乐器企业名录

排名		公司名称	销售收入（美元）	员工人数	公司负责人	国家和地区
2009年	2008年					
15	13	金山工业公司	187959458	1270	罗仲荣	中国香港
19	22	柏斯琴行有限公司	162000000	2450	吴天延	中国香港
30	27	通利琴行有限公司	115000000	500	李敬章	中国香港
92	78	美得理电子有限公司	38250000	1000	郑　刚	中国香港

5、2009年全球乐器与音响制品行业225强中国台湾乐器企业名录

排名		公司名称	销售收入（美元）	员工数	负责人	国家和地区
2009年	2008年					
10	11	功学社乐器股份有限公司	279000000	4000	谢武弘	中国台湾
69	71	宏寰贸易股份有限公司	48737000	50	陈少宏	中国台湾
97	95	高琳乐器制造有限公司	35000000	75	吴懋仁	中国台湾
123	138	GRAND GLOBE鼓厂	23600000	500	Tony Huang	中国台湾
135	92	全域股份有限公司	20655317	578	王敏烈	中国台湾
144	130	雅歌乐器企业股份有限公司	19285000	250	廖明幸	中国台湾
175	159	允有兴业股份有限公司	15150000	300	N/A	中国台湾
202	194	冠舟企业有限公司	12750000	500	陈国瑶	中国台湾
211	206	国巧乐器木器厂	11900000	400	蔡经茂	中国台湾
223	208	TAY-E乐器有限公司	9985000	100	Chen Ell Chiang	中国台湾

海外信息篇之二：全球乐器市场评估

2009全球乐器市场评估报告

不同人对“音乐制品”这个术语有着不同的定义和理解。本报告中所提及的音乐制品泛指电子及声学弦乐器、管乐器、键盘乐器、打击乐器、功放、录音设备、音乐软件、计算机终端、乐谱以及各类相关产品的配件。报告中涉及的数据及评论来自各国行业协会的统计资料、上市公司公开报表以及世界贸易组织的数据库。在二十多年前，世贸组织就为各类产品制定了统一代码，为获取全球进出口数据提供了便捷条件。通过监控贸易流向，我们能更精准的评估当地市场规模。

本报告囊括了37个国家和地区的乐器市场，约占世界人口的72%。为便于比较，按2009年12月31日当日汇率，将各国的销售收入转换为美元后进行统计。由于中东、中亚以及非洲等国家没有建立规模化的销售网络以及乐器销量过于微少，不具备统计价值，因此该报告中没有纳入这些国家。

已经蔓延了18个月的经济危机，几乎触及全球每一个角落，多数行业都未能幸免。然而，在突如其来的经济危机下，各国的影响和走势各不相同。疾风骤雨般的美国次贷危机，造成了全球范围内的经济增长放缓并伴随全球性的通货膨胀。几乎一夜之间，习惯刷爆信用卡的美国消费者立即捂紧腰包，停止一切不必要的开销，音乐制品销售额立即以两位数大幅骤减。相比之下，由于多数欧洲国家的消费观念较为保守，民众积累了一定的储蓄，因此销售额呈缓慢下降趋势。近几年，中国、印度以及巴西的民众个人收入快速增长，拉动了消费，市场表现不俗。尽管这三个新兴国家的出色表现在一定程度上缓解了乐器市场的低靡走势，但毕竟他们所占的市场份额相对较小，注定“难成大业”。

2009年，全球乐器行业笼罩在一篇阴霾中，尽管所有乐器制造商都在逆境中蹒跚，但不同国家的市场表现仍然大相径庭。美国和加拿大民众的人均乐器消费约19美元，而印度人均仅有0.06美元。人均GNP和人口结构是产生差距的主要因素。首先，GNP是衡量国家经济的指标，也是反映国家富裕程度的标尺。国家富裕程度又决定了人均乐器消费水平，二者成正比关系。此外，音乐制品的主要消费群体是12至28岁的青少年，人口结构也决定了其乐器市场的消费水平和未来潜力。老龄化国家的乐器消费能力必然会受到制约，市场也会随老龄化而逐步萎缩。

那么，人均GNP和人口结构又是如何影响和制约乐器销售的呢？以美国乐器市场为例，人口平均年龄36.8，低于37.2的全球平均年龄，但其人均GNP是全球人均的3.5倍，这意味着美国的民众可支配收入高于全球绝大多数国家，同时，青少年比重较大，构成了乐器市场现有和未来的主力消费群体。因此，美国乐器市场较为繁荣。欧洲人均GNP为美国的60%，人均乐器消费仅为美国的三分之一，导致欧美两大市场的悬殊，人口结构的差异性起到了关键作用。二十多年前欧洲的低出生率引发了当前老龄化问题，也因此丧失了乐器市场的主要购买力。

文化底蕴以及彼此之间的差异对市场的影响是难以量化的。过去几十年来，中国经济的快速发展，使其产生了一个巨大的新中产阶级，汽车购买量居全球榜首。同时，中国也是世界乐器制造大国。然而，相对于其高速发展的经济，中国的乐器消费能力仍相对滞后。正如柏斯琴行总裁吴天延所说：“三十多年前，西方音乐在中国不被大众接受。现如今，越来越多的中国人开始将音乐作为娱乐休闲、陶冶情操的一种方式，广泛流行。但音乐教师的缺口仍然很大，也很少有父母能成为孩子音乐教育道路上的启蒙老师。因此，我们需要有足够的耐心等待市场的逐步成熟。”

日本与中国的情况截然不同。由于乐器制造业及音乐普及在日本已具有一定的规模，为日本乐器行业的发展奠定了扎实的基础。尽管日本是世界上老龄化最为严重的国家，出生率还在不断下降，但长久以来建立并不断完善的校园音乐教育以及大多父母的鼓励和支持，使得国内音乐文化氛围浓厚，人均乐器消费高于全球平均值两倍。

不同国家的购买力水平虽然存在较大差异，但是选购的产品类别却非常相似。在报告统计的国家中，吉他无疑是最受欢迎的乐器。国家的富裕程度决定了市场上最适宜的价格点，同时也就确定了消费者对产品偏好的一致性。在任何一个国家的乐器市场中，任一类产品的销售前五名的品牌大多相同。

这个报告从某些方面来说，印证了自由贸易的长处。从地域角度来看“粗放性”贸易把国与国之间紧密相连，相互促进；从经济学角度来看也是大有益处，全球乐器市场需求量仍很大，乐器消费市场潜力无限；从民众来说，种类繁多的产品满足了各个层次和各个国家消费者的兴趣和满意，丰富了音乐文化生活。

（高萍 编译自：美国《音乐贸易》2010 No.12）

2009全球乐器市场前20位国家及地区

排序	国家（地区）	乐器销售额（万美元）	较2008年增长（%）	人均乐器消费(美元/人)	占全球份额（%）	平均年龄（岁）	人口总数（人）	GNP（亿美元）	人均GNP(美元/人)	GNP增长（%）
1	美国	590400	-17.2	19.23	39	36.8	307212123	141400	46056.8	-3.5
2	日本	212000	-16.8	16.68	14	44.6	127078679	41500	32656.9	-5.8
3	德国	98900	-8.8	13.18	6.5	44.3	82329758	28100	34131	-4.6
4	中国内地	93300	0.2	0.7	6.2	35.2	1338612968	87480	65351	9.4
5	法国	71800	-7.4	11.15	4.7	39.4	64420073	20970	32552	-2.7
6	加拿大	66000	-14.9	19.3	4.4	40.7	33487208	13360	38067.5	-0.1
7	英国	62750	-22	10.27	4.1	39.8	61113205	21280	34820.6	-5.7
8	澳大利亚	32920	-6.2	15.48	2.2	37.5	21262641	7511	35324	-5.5
9	意大利	29000	-15.2	4.99	1.9	43.7	58126212	17390	29917.7	-5.4
10	韩国	27100	-8.4	5.59	1.8	37.9	48508972	13640	28118.5	0.3
11	巴西	20900	1.1	1.04	1.4	28.9	198739269	20130	10128.8	-0.2
12	俄罗斯	19770	-17.8	1.41	1.3	38.5	140041247	21100	15067	-7.9
13	荷兰	17700	-9.2	10.59	1.11	40.8	16715999	6600	39483.1	-4
14	墨西哥	15410	-11.3	1.39	1	26.7	111211789	14650	13173.1	-6.3
15	比利时	15000	-8.9	14.4	1	42	10414336	3834	36814	-2.9
16	西班牙	13870	-16.3	3.42	0.9	40.1	40525002	13620	33608.9	-3.9
17	瑞士	11930	-9.3	15.69	0.8	41.3	7604467	3147	41383.6	-1.3
18	中国香港	11800	-8.2	16.73	0.8	42.8	7055071	3018	42777.7	-3
19	奥地利	9220	-10.9	11.23	0.59	42.6	8210281	3218	391940	-3.6
20	中国台湾	9080	-11.3	3.95	0.6	37	22974347	7354	32009.6	-2.2

译者注：本表数据主要源于世界贸易组织产品进出口情况数据库。

中国乐器规模以上企业(年销售收入500万人民币及以上)销售收入应为174.37亿元人民币，合25.64亿美元

海外信息篇之三：美国乐器市场

2010年美国乐器市场调查

过去两年，美国音乐制品行业销售额剧烈下滑，但2010年音乐制品销售明显改观，销售额增至63.9亿美元，增幅达7.6%。虽然该年度销售额仍低于2005年的峰值时期，但这一小幅增长的比例已是明显信号，说明美国经济基本面开始好转。各个产品类别音乐制品销售有着迥异差别：便携式键盘增长34%，校园乐器没有很大变化，而卡拉OK市场则下滑4个百分点。然而业内人士一致认为，经济最颓势的时期已告终结。

尽管外部条件不断改善，始于2008年后半期经济危机影响依然存在，各规模不一的厂商在经营方面依然谨慎。由于突如其来的金融危机对销售产生重要震荡，多数乐器公司不再进行长远投资计划。所有厂商都把库存和成本控制在合理水平，各公司今后的扩张速度很大程度上依赖于对经济走势的信心能否及时恢复。

附表所列的数据反映出厂家批发给琴行的销售金额，而非琴行实际零售额。7.6%的增幅中，一半是源自原有库存增加，而另一半则是音乐制品的实际销售额。这一数据统计与社会商品整体零售趋势非常吻合。据美国商务部公布的数据，2010年，由于消费者收入增加，对经济形势信心提升，全美整体零售额上升3.3%。另外，联邦储备委员会的数据也与此相似，显示出经济在不断回暖。

市场消费力不断增强，总体负债水平下降，信用卡消费和房地产等不良资产抵押数量也在减少，所有这些因素都对行业回暖构成利好因素。技术不断提升，人口年龄结构变化等积极因素在促进行业销售上也发挥了重要作用。

由于技术更新，数码类储存器的价格迅速降低。2007年，容量为1G的存储卡零售价格约50美元。时至今日，50美元可很容易购到容量达16G的存储卡。电子产品反映出的价格变化使电声乐器价格变得愈加低廉，甚至创生出独立的新产品门类。由于价格便宜、功能更多的电子配件不断翻新，今天售价500美元的键盘比5年前价格2000美元的产品性能更为卓越。同样，录音产品、调音器、电子鼓、效果器等含硅的产品也是一样。技术更新促使产品价格呈不断下降态势。

在数码产品价格呈下降趋势的同时，近年来传统乐器价格则明显提高。过去18个月，各类金属原料价格飙升了50%，亚洲人力成本也在上升。两个因素叠加起来，传统乐器和音响产品价格下降的局面将宣告终结。优质木材稀缺，木材出口管制措施更加严格，肯定会在高档吉他、提琴和钢琴的价位上有所反映。那么，成本提高能够带动零售价提高？或是销量萎缩？或二者兼而有之？时间会给出答案。

人口结构变化对行业的影响还是较为明显的。音乐制品行业中最大消费群体的年龄集中在12-28岁之间。据联邦统计局报告，2000年到2009年人口平均增速为0.6%，而2010年，该年龄段人口小幅收缩0.09%。预计未来两年仍然会表现出类似的下降趋势。按可比情况考虑，该年龄段人口总数约为6300万人，这一小幅下降代表着行业将减少约5万名潜在客户。如果缺乏创新动力，那么行业可能难以走上快速增长之路。音乐制品行业分散度较大，但技术更新、产品创新能把分散的行业凝聚起来。每一分行业均有其自身特点。哪些因素会对行业销售产生影响？本刊试做一分析。

弦乐器

2010年，吉他零售总金额8.39亿美元，增幅为2.2%，低于音乐制品行业总体增幅。尽管销售表现相对平凡，但无论从哪方面衡量，吉他仍是市场中的主流乐器。2010年销量达237万把。主导市场的是声学吉他，零售额增长6.9%，达4.18亿美元；电吉他销售额下降2.1%，为4.2亿美元。吉他平均销售价格为353美元，下降3个百分点。要着重强调的是，比例下降并非实际零售额下滑而是消费者购买偏好有所转移。高端吉他产品（价格高于1500美元）销售势头良好，而对产品品质不甚关注的消费者则倾向于廉价的低档次产品，拉低了平均价格。在众多款式吉他产品中，900至1200美元的吉他尤为受到青睐。行业顶尖吉他制造商为适应市场消费群体选择偏好，推出了价位在500至800美元的产品。

市场消费偏好的转移，以及金融危机带来的影响渐渐淡化，使得吉他行业销售温和上涨。过去20年，学习吉他的人数增加，且一个人不止购买一把吉他，这是吉他产品市场增长的重要原因。据上年度调查统计，购买价位在900美元以上的吉他爱好者平均拥有2.9把吉他。当前消费环境似乎并不适宜于添置新吉他，因此销售额有所下降。更具意义的是，低价位的吉他销售良好，说明吉他还有不小的吸引力。

吉他市场的技术更新并不是很快，而功放和效果器则不尽然。经济形势和乐器风格、款式，都是影响高端吉他功放销售的重要因素，也让人们从大件乐器转向小型、廉价的产品。电子产品技术的持续更新使得人们从传统功放转向数码电子替代品。据零售商报告，新一代买家善于甄别传统和数码功放，无疑会把注意力转向附加值更高、功能更多的数码功放。

新款产品不断问世以及相对较低的销售价格，推动了吉他效果器销量强劲增长。多功能效果器销量增长12.8%，一些吉他手想寻求新的音效，却不愿或不想买新吉他，因此对新款效果器情有独钟。众多乐器零售商认准这个趋势，在琴行显要位置展示效果器。正如一位效果器制造商所言，吉他手为追求“完美音色”，每隔六个月就会有对效果器提出要求，促使吉他功放制造商不断推陈出新。

正如婴儿用品销售和新出生人口数量密切相关，吉他琴弦销售活跃也是吉他演奏人员数量增多的直接体现，这是不争的事实。过去10年来，吉他年均销量达270万把，巨大的销量也是带动吉他琴弦销售额稳步增长的重要原因。2010年琴弦销售额达1.8亿美元，同比增幅5.6%。尽管该年度原材料价格大幅上涨，但吉他琴弦的销售价格几乎没有调整。

打击乐器

2010年，打击乐器制品销售增长3.9%，其中套鼓、单鼓及其他相关鼓增幅为6%。由于买家对3000美元及以上的套鼓产品出手较为谨慎，鼓制品的平均销售价格持续下滑；鼓配件制品收益较低，但降幅并不大；教育类套鼓，由于学校预算经费开支减少而有所下降；手鼓销售最高，涨幅为9%。

作为音乐制品行业中一个较大的产品门类，在消费低迷、创新匮乏的背景下，打击乐器新产品不多，消费者对手头产品的升级换代动力不足。此外，该门类产品的销售还受到初级套鼓产品的不断涌入而受到负面冲击。据零售商报告，过去一年越来越多的消费者选择入门级电子套鼓。另据客户反映，行业的整体表现和经济形势密切相关，一旦形势好转，销售会相应回升。

家用键盘

金融危机后，声学钢琴在行业中最先感触经济寒流，并一度遭遇严重的销售下滑。而2010年，该产品类别却翻身一跃，取得良好收益。三角钢琴销售增长24%，立式钢琴剧增37%，自动钢琴销售上涨33%。销量增长的同时，钢琴平均售价也在提高，原因主要是，过去一年来自中国制造的钢琴价格有所提高。

2010年度钢琴销售增长势头良好，反映出琴行的钢琴库存恢复正常。自2008年底金融危机爆发后，美国国内信贷收紧，市场恐慌情绪蔓延，致使许多零售商暂停了增加库存。而2010年，随着景气指数回升，股市逐步活跃，消费者信心稳步恢复，受市场稳定性看好因素影响，琴行逐渐加大积累库存力度。

各种外部经济因素对钢琴行业的影响是巨大的。长期以来，钢琴销售和房地产发展密切相关，新房销售持续下跌，二手房市场冷清对钢琴销售构成了一定阻力。此外，社会融资也是阻碍钢琴销售的另一大障碍。各商家融资难度加大，而且债务累累的消费者不愿再去刷卡购买大宗商品，都对大宗商品销售带来负面影响。如2010年汽车销售额仅是近十年平均水平的40%，家具销售也仅为2007年的一半。

2010年，数码钢琴销售额上涨29.9%，达1.298亿美元，销售表现较为平稳。数码钢琴的音色质量不断改善，性价比提高，正慢慢占据声学钢琴的市场份额。

2010年，家用键盘乐器市场最大的亮点是，便携式键盘乐器销售异军突起，零售价199美元以上的产品销量陡增61.8%。而199美元以下的普通产品销售增幅为11.6%，主要通过百货店等形式营销。外在音色质量是处理器速度和容量技术创新的具体体现。容量越大，功能越强，越能发出更复杂、更细腻的声音。技术进步使效果器的价格不断降低，甚至一些便宜的音乐玩具上都备有丰富音色的效果器。以上情况说明，这些成本相对较低的产品已占据了高端数码钢琴、键盘拾音器甚至声学钢琴的部分市场份额。虽然产品向低价位转移的趋势给经营带来挑战，但该类产品销量大增也显示出市场对电子音乐有着较强需求。

校园乐器

2010年，校园乐器市场可谓“喜忧参半”。不利因素主要还是联邦和各州校园经费预算缩减，影响了校园音乐活动开展。到2010年年中，只有两个小州—蒙大拿州和北达科他州财政拨款资金到位。其他48个州都不同程度存在预算减少，开销过大的问题。开支减少对音乐教育具体带来怎样的影响有待观察，好在大部分校园音乐活动的主要经费来源和预算拨款没有太大的关系，而更多来自乐器租赁费，以及支持音乐教育的热心志愿者在社会广泛募集所得。2010年，由于预算经费减少，管乐器在各学校的销售也有所降低，给管乐制造商带来了困难。

从积极方面看，尽管入学学生数量同比持平，但学生使用的租赁乐器并未受到经济衰退影响。事实证明，由于银行收紧放贷，许多乐器零售商减少新购管乐，而更加注重原有库存管乐器的护理和保养，以便更好出租。总而言之，校园乐器在学生和家长中仍然受到青睐。

乐器配件

公司生存的本能必须对市场和消费者的需求变化做出快速反应。自2008年发生经济衰退以来，乐器配件是音乐制品行业中表现最好的分支之一。2010年销售额达4.358亿美元，同比增长6.9%。相对金融危机前的最高峰时期，各类乐器不同程度地下滑了10%-20%，而乐器配件仅仅低了2个百分点。配件产品包含箱包、支架、节拍器、定音器、乐器护理工具、口琴等诸多门类--还有在琴行柜台摆放的各类小品种。

乐器配件的活跃有几个因素。首先从用户角度讲，其相对较低的价格备受消费者青睐—簧片、松香、背带、支架等用一段时间后往往需要更换。其次，无论普通琴行还是吉他中心等网络乐器零售商，各商家都积极拓展这种商机，想用户之所想。最后，乐器配件总会出现创意性的新产品。NAMM乐器展就能反映出配件市场的活力—在约1500家展商中，有600家左右展示的是配件类产品。

电声乐器

2010年，电声乐器销售额达2.26亿美元，同比增长14.1%，从一个侧面反映出经济环境在改善。琴行库存也在不断增加。但在电声乐器各门类产品中，销售增幅也不尽相同，如键盘控制器增幅较大，而鼓机则相对滞后。

技术进步与消费需求相结合，创造了受市场欢迎的产品，如IPAD、多功能智能化电话等。电声乐器可以说与电脑技术最贴近，能受技术驱动而不断创新。电声乐器门类中发展速度最快的是和电脑、视频制作软件密切结合的低价位键盘控制器。2010年，全美销售的键盘控制器多达26.5万个，增长势头迅猛，反映出人们对该产品的概念在逐渐改变。对多数用户而言，这种产品主要是用来把录制的音乐及数据输入到录音系统中。键盘控制器由电脑和合成器软件相结合而成，其成本更低，逐渐占据了键盘合成器的市场份额。此外，2010年，电子鼓销售额增幅为3.6%，销售额的增长说明消费者正看好低价位产品。作为配合其他乐器演奏设备的高端产品，电子鼓市场零售价700美元，和入门的初级套鼓价格相当。

教堂及家用管风琴

教堂及家用管风琴一直受到经济低迷影响。该大件产品价格较为昂贵，需要通过融资等金融手段购买。2010年，其销售额同比下降8.7%，为6090万美元，仅相当于2007年销售额的一半。教堂用管风琴销售下降的原因是宗教仪式趋于简化，管风琴器乐演奏有时也会被其他乐器临时替代。

（常杰 编译自美国《音乐贸易》2011 No.4）

2006～2010年美国吉他市场概况

（单位：把）

	2010年销量	同比%	2009年销量	同比%	2008年销量	同比%	2007年销量	同比%	2006年销量	同比%
声学吉他										
199美元以下	588211	13.10%	520201	-3.10%	537000	2.00%	526600	-15.30%	621439	-24.4%
200-499美元	114220	-7.40%	123357	-20.70%	155500	2.20%	152140	-8.00%	165418	-10.50%
500-1499美元	67000	3.90%	64461	-19.60%	80200	-8.50%	87650	1.40%	86435	6.80%
1500美元以上	19900	14.60%	17361	-26.90%	23750	-8.30%	25900	-8.50%	28315	22.50%
声学电吉他										
199美元以下	135200	-6.7	144947	-18.10%	177000	1.10%	175010	-9.00%	192244	26.60%
200-499美元	175000	12.80%	155187	-34.50%	237000	-10.60%	265200	-5.30%	280169	-2.50%
500-1499美元	80300	21.80%	65936	-18.60%	81000	-7.00%	87100	-0.90%	87925	18.30%
1500美元以上	21000	14.80%	18288	-29.90%	26100	-8.10%	28400	0.30%	28315	7.20%
声学吉他总计	1200831	8.20%	1109738	-15.80%	1317550	-2.30%	1348000	-9.50%	1490260	-9.70%
电吉他										
199美元以下	428250	0.70%	425117	-13.80%	493000	-0.60%	496000	-4.80%	520847	-16.00%
200-600美元	319877	4.40%	306253	-22.50%	395000	-7.70%	428000	1.10%	423282	5.00%
601-1250美元	110250	-0.90%	111272	-24.30%	147000	-5.00%	154800	19.90%	129086	9.60%
1251-2000美元	19250	6.90%	18005	-28.60%	25200	-6.70%	27000	12.40%	24016	3.40%
2000美元以上	10820	3.30%	10477	-29.70%	14900	-6.30%	15900	5.90%	15010	50.80%
空体电吉他										
200-500美元	29800	-13.40%	34412	3.70%	33200	-15.10%	39100	-16.00%	46531	-36.20%
500美元以上	10355	1.70%	10177	-63.00%	27500	-11.60%	31100	21.90%	25517	2.60%
电贝斯										
250美元以下	118233	-6.20%	126093	-20.20%	158000	-1.40%	160200	-1.20%	162108	-28.10%
251-500美元	76122	2.40%	74353	-23.30%	97000	-4.00%	101000	3.50%	97565	1.40%
501-1000美元	49622	11.30%	44597	-23.10%	58000	-7.90%	63000	16.60%	54036	-9.50%
1000美元以上	3900	27.00%	3072	-6.90%	3300	-15.40%	3900	29.90%	3002	-39.70%
电吉他总计	2377310	4.60%	2273566	-17.90%	2769650	-3.40%	2868000	-4.10%	2991260	-9.50%

2006～2010年美国声学钢琴市场概况

（单位：架）

	2010年销量	同比%	2009年销量	同比%	2008年销量	同比%	2007年销量	同比%	2006年销量	同比%
按型号划分										
立式钢琴										
44″以下	6255	57%	3955	-30.58%	5697	-21%	7249	-32%	10698	-17.40%
44″-47″	15977	59%	10017	-41%	16977	4.30%	16275	-14%	18960	-14.10%
工作室用琴	5177	-13%	5955	-28.89%	8374	2.60%	8157	-21%	10204	-24.80%
自动演奏钢琴	455	40%	325	-21.31%	413	-13.10%	475	-19%	589	-9.10%
立式钢琴总计	27834	37%	20252	-33.46%	30435	-5.40%	32156	-21%	40451	-17.80%
三角钢琴										
5′以下	2455	24.30%	1974	-50.14%	3959	-11.80%	4484	-27%	6154	-19.00%
5′-5′5″	4115	18.70%	3466	-44.19%	6210	-15.20%	7321	-29%	10312	-20.50%
5′6″-5′10″	2217	18.10%	1877	-37.41%	2999	-21.20%	3850	-12%	4390	-30.70%
5′11″-6′4″	1687	27.20%	1326	-45.99%	2455	-18.50%	3012	6.20%	2835	-28.20%
6′5″-7′10″	1158	53.30%	755	-54.68%	1666	-32.50%	2467	11%	2223	-25.10%
7′11″及以上	955	50.30%	635	-37.13%	1010	-4.30%	1055	3.30%	1021	-26.80%
自动演奏钢琴	3357	20.90%	2775	-49.06%	5448	-34.50%	8191	-14%	9580	-15.40%
三角钢琴总计	15944	24.40%	12808	-46.06%	23747	-21.90%	30380	-17%	36515	-21.20%
声学钢琴总计	43778	32.42%	33060	-38.98%	54182	-13.40%	62536	-18.70%	76966	19.50%
按单价划分										
三角钢琴										
10000美元以下	3067	3.79%	2955	-43.98%	5275	2.90%	5125	-40%	8471	-30.80%
10000美元以上	12877	30.69%	9853	-46.66%	18472	-26.90%	25255	-10%	28044	-17.80%
立式钢琴										
4000美元以下	19679	38.05%	14255	-21.86%	18244	-7%	19616	-27%	27102	-22.10%
4000美元以上	8155	35.98%	5997	-50.81%	12191	-2.80%	12540	-6%	13349	-7.60%

2006～2010年美国声学钢琴主要进口来源国

立式钢琴										
中国	11885	69.80%	6999	-28.00%	9721	-13.30%	11208	-15%	13176	-24.50%
印尼	6504	52.00%	4277	-44.31%	7680	37%	5574	-34%	8371	-26.40%
日本	4255	32.10%	3221	-25.01%	4295	-8.70%	4702	-3.70%	4879	-28.40%
韩国	285	-31.30%	415	-20.65%	523	-52%	1069	8.10%	988	-29.20%
美国	355	-16.40%	425	-56.85%	985	-85%	6935	-21%	8737	15.60%
三角钢琴										
中国	4025	46.10%	2755	-41.83%	4736	-43%	8237	-29%	11764	-24.60%
印尼	4515	35.70%	3325	-53.65%	7173	25%	5710	-26%	7725	-28.50%
日本	4955	44.80%	3420	-50.38%	6893	-4.30%	7202	-19%	8913	-26%
韩国	55	-81.60%	300	-49.83%	598	-63%	1644	74%	944	-52.00%
美国	1275	1.50%	1255	-34.81%	1925	-15%	2268	-13%	2607	2.30%

2010年美国乐器市场零售概览

（金额单位：美元）

年份	销量	同比%	批发额	零售额	同比%	平均单价
吉他						
声学吉他						
2010年	1200831	8.20%	280455000	418589000	6.90%	349
2009年	1109000	-15.77%	262253000	391423000	-17.21%	353
2008年	1317550	-2.30%	312042390	472791500	-8.20%	359
2007年	1348000	-9.50%	345007000	514936000	-6.10%	382
2006年	1490260	-9.70%	367438000	548415000	2.20%	367
2005年	7657074	2.00%	359521000	536599000	10.90%	325
2004年	1618700	38.60%	324274000	483991000	16.70%	299
2003年	1168237	20.00%	289377000	415142000	-6.30%	355
2002年	973522	14.90%	260647000	443172000	0.50%	465
电吉他						
2010年	1176479	1.10%	281675000	420411000	-2.10%	357
2009年	1163000	-19.85%	287646000	429323000	-24.20%	369
2008年	1452100	-4.50%	376630464	566361600	-5.90%	390
2007年	1520000	1.30%	403286000	601920000	6.90%	396
2006年	1501000	-9.50%	382154000	562875000	-8.30%	380
2005年	1658648	-1.50%	416735000	621993000	15.40%	375
2004年	1683970	43.50%	361043000	538870000	10.40%	320
2003年	1173314	21.00%	305920000	488119000	2.10%	416
2002年	969103	8.20%	267536000	477885000	-0.70%	538
吉他总计						
2010年	2377310	4.60%	562130000	839000000	2.20%	353
2009年	2273000	-0.179	549900000	820746000	-0.210	361
2008年	2769650	-3.40%	691036812	1039153100	-7.00%	375
2007年	2868000	-4.10%	748293000	1116856000	0.50%	389
2006年	2991260	-9.60%	749593000	1111290000	-4.10%	372
2005年	3309722	0.20%	776256000	1158592000	13.30%	350
2004年	3302670	41.00%	686317000	1022861000	13.30%	309
2003年	2341551	20.50%	595297000	903261000	-1.90%	386
2002年	1942625	11.40%	528183000	921057000	-0.13%	529

注1：声学吉他类含班卓琴、曼陀林及其他声学弦乐器

注2：电吉他类含电贝斯

年份	销量	同比%	批发额	零售额	同比%	平均单价
			功放			
2010年	901400	3.20%	149407000	229857000	-9.20%	255
2009年	873200	-20.33%	164598200	253228000	-25.47%	290
2008年	1096000	-1.40%	220844000	339760000	-9.90%	310
2007年	1112000	1.80%	245029000	376968000	4.60%	339
2006年	1092000	-12.00%	234234000	360360000	-9.20%	330
2005年	1240921	-3.00%	258111000	397094000	6.70%	320
2004年	1279300	31.30%	241979000	372276000	9.80%	291
2003年	974000	18.00%	220318000	338952000	-5.60%	348
2002年	825120	7.90%	225000000	359000000	-0.60%	435
			钢琴			
三角钢琴						
2010年	12587	25.50%	97977000	174959000	36.20%	13900
2009年	10033	-45.17%	71916000	128422000	-48.18%	12800
2008年	18299	-17.50%	138789924	247839150	18.50%	13544
2007年	22189	-17.60%	170234000	303989000	-5.10%	13700
2006年	26935	-23.50%	179313000	320203000	-19.90%	11887
2005年	35211	8.80%	224077000	400137000	12.60%	11364
2004年	32377	3.00%	202634000	355499000	-1.70%	10980
2003年	31433	2.10%	207862000	361500000	-6.80%	11500
2002年	30776	9.70%	223699000	387777000	2.30%	12599
2001年	28064	-16%	218996000	378864000	-15.90%	13500
立式钢琴						
2010年	27379	37.40%	63984000	112253000	54.80%	4100
2009年	19927	-33.63%	41344000	72534000	-37.49%	3640
2008年	30022	-5.20%	66140121	116035300	-3.10%	3865
2007年	31681	-20.50%	68259000	119754000	-7.20%	3780
2006年	39862	-17.80%	73571000	129073000	14.20%	3237
2005年	48527	-1.90%	85747000	150433000	1.70%	3100
2004年	49453	-12.30%	85761000	147864000	15.60%	2990
2003年	56401	5.90%	100771000	175255000	-3.20%	3107
2002年	53266	4.60%	104684000	181104000	4.30%	3399
2001年	50923	-16.00%	100347000	173647000	-22%	3409
自动演奏钢琴						
2010年	3812	23.00%	31166000	55655000	32.90%	14600
2009年	3100	-47.11%	23436000	41850000	-48.26%	13500
2008年	5861	-32.40%	45293808	80881800	-33.20%	13800
2007年	8666	-14.30%	67844000	121150000	-8.70%	13980
2006年	10169	-13.70%	74286000	132654000	-10.30%	13044
2005年	11780	0.90%	82822000	147897000	4.10%	12555

年份	销量	同比%	批发额	零售额	同比%	平均单价
2004年	11670	22.50%	79598000	142140000	26.20%	12180
2003年	9530	-0.20%	62925000	112595000	-9.30%	11815
2002年	9550	0.80%	68500000	124150000	-6.40%	13000
2001年	9470	-17%	71433000	132580000	-17%	14000
钢琴销售总计						
2010年	43778	32.40%	193128000	342868000	41.20%	7832
2009年	33060	-38.98%	136697000	242806680	-45.41%	7344
2008年	54182	-13.40%	250223853	444756250	18.40%	8209
2007年	62536	-18.80%	306338000	544894000	-64%	8713
2006年	76966	-19.40%	327170000	581930000	16.60%	7560
2005年	95518	2.20%	392647000	698469000	8.20%	7312
2004年	93500	-4.00%	367993000	645503000	-0.60%	6903
2003年	97364	4.00%	371558000	649350000	-6.30%	6669
2002年	93592	5.80%	396883000	693031000	1.10%	7404
2001年	88457	-16%	390776000	685091000	17.70%	7744
数码钢琴						
2010年	118000	15.70%	77880000	129800000	29.90%	1100
2009年	102000	-16.97%	59976000	99960000	-17.64%	980
2008年	122850	1.80%	72825480	121375800	-1.30%	988
2007年	120620	-3.50%	73819000	123032000	14.40%	1020
2006年	125000	-13.20%	86250000	143750000	16.80%	1150
2005年	144000	20.80%	103680000	172800000	4.60%	1200
2004年	119240	43.10%	99088000	165147000	10.00%	1385
2003年	83300	3.80%	90330000	149000000	-2.20%	1788
2002年	80200	-7%	103605000	152380000	-6.10%	1900
2001年	81619	-5.20%	110185000	162421000	2.50%	1990
			校园乐器			
铜管乐器						
2010年	216315	3.30%	102787000	186886000	-1.10%	864
2009年	209500	-11.90%	103957000	189012000	-15.89%	902
2008年	237800	-0.40%	123596550	224721000	-4.00%	945
2007年	238800	8.10%	128713000	234024000	11.50%	980
2006年	220950	4.50%	115446000	209902000	5.60%	949
2005年	211400	-6.70%	109293000	198716000	-2.60%	940
2004年	226595	7.50%	112164000	203935000	-1.90%	900
2003年	210836	-3.30%	114381000	207967000	-3.10%	986
2002年	217930	-7.50%	119255000	214660000	-9.30%	984
木管乐器						
2010年	348022	-3.10%	143312000	260567000	-1.90%	749
2009年	359300	-8.19%	146162000	265749000	-7.61%	740
2008年	391347	4.70%	158202025	287640045	1.90%	735

年份	销量	同比%	批发额	零售额	同比%	平均单价
2007年	373800	1.70%	155220000	282219000	2.40%	755
2006年	367580	2.00%	151626000	275685000	1.50%	750
2005年	360282	-2.20%	149408000	271652000	5.50%	754
2004年	368336	7.20%	141606000	257466000	-4.50%	699
2003年	343714	0.43%	148171000	269402000	10.80%	784
2002年	345191	-5.50%	167801000	302042000	-7.60%	874
弦乐器						
2010年	296610	1.90%	46330000	84237000	3.60%	284
2009年	290845	-16.70%	44714000	81299000	-16.70%	280
2008年	350850	-16.70%	36277890	65959800	-19.70%	188
2007年	421074	2.90%	45160000	82109000	5.60%	195
2006年	409131	1.60%	42754000	77734000	13.60%	189
2005年	382331	11.00%	37633000	68425000	12.90%	178
2004年	341016	-4.50%	32822000	58677000	3.20%	170
2003年	357089	-2.90%	31816000	57848000	-7.50%	162
校园乐器总计						
2010年	860947	0.20%	292430000	531691000	-0.80%	618
2009年	859645	-12.28%	294833625	536061137	-12.12%	624
2008年	979997	-5.20%	318076465	578320845	-3.30%	590
2007年	1033674	3.60%	329093000	598352000	6.20%	579
2006年	997661	2.40%	309826000	563321000	4.50%	564
2005年	954013	4.10%	296336000	538793000	3.40%	553
2004年	935947	2.60%	286336000	521078000	2.60%	556
2003年	911639	4.00%	294368000	535217000	-7.60%	532
			电声乐器			
键盘合成器						
2010年	88200	19.50%	72182000	105840000	8.70%	1200
2009年	73779	-7.27%	66418807	97388280	-17.29%	1320
2008年	79560	4.00%	80304682	117748800	-3.20%	1480
2007年	76523	-3.80%	82980000	121671000	5.50%	1590
2006年	79530	11.30%	78647000	115315000	3.10%	1449
2005年	71460	9.50%	76271000	117834000	3.90%	1565
2004年	65240	-0.50%	73199000	107646000	3.30%	1650
2003年	65555	2.50%	70890000	104250000	0.30%	1590
键盘控制器						
2010年	100000	34.20%	13299000	19500000	19.00%	195
2009年	74500	-15.34%	11177000	16390000	-13.37%	220
2008年	88000	11.40%	12903440	18920000	4.60%	215
2007年	79000	6.80%	12338062	18091000	45.50%	229
2006年	74000	421.00%	8478000	12432000	22%	168
2005年	14200	184.00%	6972000	10224000	127%	720

年份	销量	同比%	批发额	零售额	同比%	平均单价
2004年	5000	-20.60%	3150000	4500000	-52.40%	900
2003年	6300	5.00%	6615000	9450000	5.10%	1500
电钢琴、专业管风琴						
2010年	15400	-4.90%	18117000	26565000	-7.90%	1725
2009年	16200	-18.18%	19666152	28836000	-19.09%	1780
2008年	19800	-8.40%	24306480	35640000	-12.80%	1800
2007年	21620	-18.40%	27867000	40861000	-8.20%	1890
2006年	26500	-19.70%	30362000	44520000	-27.00%	1680
2005年	33000	-8.30%	41636000	61050000	-16.40%	1850
2004年	36800	-0.70%	51133000	73048000	-8.40%	1985
2003年	37072	25.00%	55793000	79705000	16.90%	2150
电子鼓						
2010年	n/a	n/a	33077000	48500000	3.60%	n/a
2009年	n/a	n/a	31938060	46830000	-16.00%	n/a
2008年	n/a	n/a	38022741	55751819	2.10%	n/a
2007年	n/a	n/a	37240000	54605000	5.20%	n/a
2006年	n/a	n/a	35399000	51906000	5.50%	n/a
2005年	n/a	n/a	33554000	49200000	11.10%	n/a
2004年	n/a	n/a	30996000	44280000	7.30%	n/a
2003年	n/a	n/a	29000000	41255000	2.10%	n/a
电声乐器销售总计						
2010年	n/a	n/a	142364000	226070000	14.10%	n/a
2009年	n/a	n/a	135073292	198054680	-16.82%	n/a
2008年	n/a	n/a	162385066	238101269	-3.10%	n/a
2007年	n/a	n/a	167632000	245794000	4.00%	n/a
2006年	n/a	n/a	161117000	236243000	-3.20%	n/a
2005年	n/a	n/a	166588000	244265000	1.00%	n/a
2004年	n/a	n/a	166830000	241756000	-7.40%	n/a
2003年	n/a	n/a	180498000	261020000	0.10%	n/a
打击乐器						
套鼓						
2010年	179800	7.00%	69420000	105183000	6.10%	585
2009年	168000	-15.80%	65419200	99120000	-19.74%	590
2008年	199520	-10.20%	81511901	123502880	18.30%	619
2007年	222300	-18.00%	99768000	151164000	-9.80%	680
2006年	271167	-3.80%	110603000	167587000	-3.30%	617
2005年	281878	5.10%	114414000	173355000	7.90%	615
2004年	268200	24.30%	107636000	160657000	11.40%	599
2003年	215800	4.10%	96500000	144154000	1.10%	668
2002年	207275	11.00%	96300000	142546000	6.00%	687

年份	销量	同比%	批发额	零售额	同比%	平均单价
鼓（含支架、踏板、相关零件等）						
2010年	n/a	n/a	40859000	61908000	6.00%	n/a
2009年	n/a	n/a	38546713	58404111	-12.70%	n/a
2008年	n/a	n/a	44154311	66900471	-6.00%	n/a
2007年	n/a	n/a	46972000	71170000	-7.00%	n/a
2006年	n/a	n/a	50508000	76527000	0.90%	n/a
2005年	n/a	n/a	39399000	75769000	9.10%	n/a
2004年	n/a	n/a	36174000	69450000	6.40%	n/a
2003年	n/a	n/a	33425000	65300000	2.80%	n/a
2002年	n/a	n/a	32500000	63500000	5.30%	n/a
教学用打击乐器（含行进打击乐器、槌棒、工具等）						
2010年	n/a	n/a	36342000	55063000	-1.00%	n/a
2009年	n/a	n/a	36709191	55619986	-7.00%	n/a
2008年	n/a	n/a	39472248	59806437	-1.00%	n/a
2007年	n/a	n/a	39870000	60410000	3.30%	n/a
2006年	n/a	n/a	38597000	58480000	5.10%	n/a
2005年	n/a	n/a	36689400	55590000	9.00%	n/a
2004年	n/a	n/a	34170000	51000000	2.50%	n/a
2003年	n/a	n/a	34845000	49780000	1.10%	n/a
2002年	n/a	n/a	34100000	49250000	-0.90%	n/a
镲片						
2010年	n/a	n/a	46288000	70133000	3.50%	n/a
2009年	n/a	n/a	44723121	67762305	-9.50%	n/a
2008年	n/a	n/a	49417814	74875475	-6.00%	n/a
2007年	n/a	n/a	52572000	79654000	-2.00%	n/a
2006年	n/a	n/a	53645000	87280000	6.60%	n/a
2005年	n/a	n/a	41936000	76248000	8.00%	n/a
2004年	n/a	n/a	38830000	70600000	9.00%	n/a
2003年	n/a	n/a	35785000	64770000	2.00%	n/a
2002年	n/a	n/a	35085000	63500000	4.40%	n/a
鼓槌和槌棒						
2010年	n/a	n/a	59345000	89917000	1.00%	n/a
2009年	n/a	n/a	58757805	89026977	-4.50%	n/a
2008年	n/a	n/a	61526497	93221966	1.10%	n/a
2007年	n/a	n/a	60857000	92207000	6.00%	n/a
2006年	n/a	n/a	57412000	86988000	6.90%	n/a
2005年	n/a	n/a	41500000	81373000	12.00%	n/a
2004年	n/a	n/a	37054000	72655000	13.00%	n/a
2003年	n/a	n/a	32385000	64297000	8.00%	n/a
2002年	n/a	n/a	29990000	59535000	8.00%	n/a
2001年	n/a	n/a	27701000	55125000	4.00%	n/a
2000年	n/a	n/a	26620000	52974000	9.00%	n/a

年份	销量	同比%	批发额	零售额	同比%	平均单价
手鼓						
2010年	n/a	n/a	22308000	35410000	9.00%	n/a
2009年	n/a	n/a	20466882	32487115	-12.00%	n/a
2008年	n/a	n/a	23257821	36917176	-5.00%	n/a
2007年	n/a	n/a	24481000	38860000	-9.00%	n/a
2006年	n/a	n/a	26903000	42703000	-2.00%	n/a
2005年	n/a	n/a	27452000	43575000	5.00%	n/a
2004年	n/a	n/a	26975000	41500000	3.20%	n/a
2003年	n/a	n/a	26130000	40200000	2.60%	n/a
2002年	n/a	n/a	25455000	39200000	0.80%	n/a
2001年	n/a	n/a	25243000	38875000	-5.00%	n/a
2000年	n/a	n/a	26582000	40937000	9.00%	n/a
鼓皮						
2010年	n/a	n/a	38601000	61271000	5.00%	n/a
2009年	n/a	n/a	36762906	58353818	-8.00%	n/a
2008年	n/a	n/a	39959680	63428064	-5.00%	n/a
2007年	n/a	n/a	42062000	66766000	-1.00%	n/a
2006年	n/a	n/a	42487000	67440000	1.00%	n/a
2005年	n/a	n/a	42067000	66773000	5.50%	n/a
2004年	n/a	n/a	46836000	63292000	6.30%	n/a
2003年	n/a	n/a	37206000	59530000	3.00%	n/a
2002年	n/a	n/a	36125000	57800000	5.30%	n/a
2001年	n/a	n/a	34296000	54875000	3.90%	n/a
2000年	n/a	n/a	32581000	52782000	11.00%	n/a
打击乐器总计						
2010年	n/a	n/a	313166000	478888000	3.90%	n/a
2009年	n/a	n/a	301385819	460774313	-11.16%	n/a
2008年	n/a	n/a	339300272	518652468	-7.40%	n/a
2007年	n/a	n/a	366585000	560234000	-3.60%	n/a
2006年	n/a	n/a	380155000	580999000	1.40%	n/a
2005年	n/a	n/a	343458000	572684000	8.20%	n/a
2004年	n/a	n/a	338033000	529149000	8.40%	n/a
2003年	n/a	n/a	296276000	488031000	2.70%	n/a
2002年	n/a	n/a	289555000	475331000	4.60%	n/a
2001年	n/a	n/a	260166000	454074000	-1.00%	n/a
2000年	n/a	n/a	277200000	458385000	9.90%	n/a

注：“n/a”表示数据不适用、无统计

2010年美国音乐制品行业回顾

如果评价2010年美国音乐制品行业表现，可以用这样的笑话来做一形象比喻，像“一个人不断用锤子砸自己脑袋，而停下来后备感舒服。”在音乐制品行业发展历史中，2010年并不会被认为是销售增长、产品创新或有明显进步的一年。但在过去连续18个月销售急剧下滑中，相对而言该年度表现平平也可被看作是一种慰籍。当过去的一年尘埃落定之时，行业整体销售情况略高于上年，但仍然落后于金融危机前即2007年水平。

过去两年来，消费者对那些可买可不买或可以推迟购买的非生活必需品态度漠然。行业销售轨迹与其他行业情况大体相似：汽车销售较2007年高峰时期相比下滑33%，电子产品消费与两年前相比减少12%，航空业务降低12%，珠宝销售也减少了22%。相形之下，音乐制品行业的整体表现还不算太差。

美国乐器琴行季度零售统计数据显示，2010年乐器市场销售仅出现很小波动。相反，在所统计的乐器和音响制品各季度的进口数据则出现较大波动。2010年第一季度，销售同比仅下滑了0.7%。而同期，木吉他进口减少31%，电吉他进口减少36%，钢琴进口下滑25%，音响下滑25%；第二季度，乐器零售也仅仅减少0.6%，但吉他进口却下降3%，钢琴进口剧增57%，音响进口增长20%；第三季度数据同样如此，说明消费和进口之间存在一定程度脱节。

这种巨大的不平衡性说明，在产业上游的供应端，乐器零售商、分销商、制造商等仍在根据消费市场的需求变化调整产品供应，由于消费者把目光转向低价位商品，零售商积压了太多库存，工厂也在尽力压缩产量，因此产销不平衡成为常态。大量音响产品滞销，高档产品需求匮乏。从中国的生产工厂到美国销售办公室，供销持续不平衡既影响了厂家利润，也给零售商带来了压力。幸运的是，行业的生产能力正在逐渐达到或赶上需求水平。

即使不看数据，读者也能马上看出，描述行业的词汇在发生细微的变化。5年前，对行业的评论多伴随着“最大”、“创下记录”、“史无前例”、“前所未有”等词汇，而现在口径有所收缩，表达上更注意尺寸把握。

一般而言，每当销售下滑，就有人担心音乐活动有所消减，人们会转向其他类型的娱乐活动，行业也会处于波动阶段，但实际上，音乐制品行业有其特殊一面，尽管外界环境会出现变化，但人们对音乐的兴趣却不会因此而降低。尽管全美各州遇到前所未有的预算困难问题，但校园音乐活动几乎未受到什么影响，这要归因于音乐活动的日益流行以及行业广泛开展的推广活动。分析报告数据显示，管弦乐队活动很活跃，其中网站的作用功不可没。Ultimate guitars.com在1500万个网站中排名第610位，该网站提供了大量免费的吉他学习技巧，每月访问流量达600多万，这很现实地反映出很多人仍对音乐抱有好感。数据表明，消费者的消费意愿并未降低，而是行业正在历经转折。

2010年，美国音乐制品商在产品创新和技术升级改造上的“亮点”也不少，反映出各制造商增强了对未来市场的发展信心。保罗•里德•史密斯吉他公司在马里兰州新上一条产品线，大力改进木吉他；Line 6开发了新式数码系统，进入前景广阔的无线麦克风市场；罗兰公司的技术团队以数码科技开发新的钢琴音色，进一步增强了音色的表现力；德国握威乐器公司总裁汉斯•彼得•维尔弗投巨资开发”Framus”吉他产品线，该品牌一度曾是欧洲销量最好的顶级吉他品牌，曾是约翰•列侬和比尔•怀曼选择的吉他，对于此次投资，维尔弗表示有信心占据市场份额；中国海伦钢琴公司也斥巨资整体改造钢琴生产，提高产品标准化水平；音乐出版集团Hal Leonard公司拓建了位于明尼苏达州的图书分销库房；功学社继续大举开拓美国市场，在田纳西州新开了10万平米的产品分销中心用来储存杰普特（Jupiter）、美派司(Mapex)、罗斯(Ross)、奥特斯（Altus）长笛和瓦尔登（Walden）吉他等品牌乐器；为大举挺进新兴国家市场，哈曼音响公司在印度拓展了生产线，并收购了巴西的Selenium音响公司；泰勒吉他公司着力拓展其在欧洲的分销网络；

塞勒钢琴公司在田纳西州新开了优雅、精美的钢琴展示中心。另值得一提的是，塔吉特百货公司前任首席执行官鲍勃投资2.5亿美元在凤凰城兴建了世界最大的乐器博物馆。

此外，行业处于不断的发展过程中，人员结构也处于动态变化中。2010年美国音乐制品行业主要人事变动有：自1978年起即在吉他中心工作的马蒂•阿尔伯森，今年将接力棒交给了贝恩资本公司顾问Greg Trojan；而2005年卸任吉他中心首席执行官的拉里•托马斯担任芬达乐器集团总裁，接替在此工作30年之久的比尔•蒙德隆；其他公司的人事变动中，罗兰美国分公司丹尼斯•郝利汉升任公司董事长，克里斯•布里斯顿被任命为罗兰美国分公司首席执行官。

“持续性”这个词在多个行业中被大量使用，同样适用于描述去年的音乐制品行业。面对瞬息万变的市场环境，很多公司主动适应来体现其“持续性”。在银行和金融公司退出的时候，雅马哈组建了“雅马哈客户服务金融中心”，此举保持了其销售的持续性；一年来，马丁吉他公司投巨资改进生产，转向了低价位乐器，取得立竿见影的成效，

2010年，劳动力成本提高，质量控制缺失，运输成本上升等因素让许多公司考虑是否继续把生产基地继续设在中国。美国头号配件企业达达里奥琴弦公司总裁吉姆·达达里奥发起“回家”行动，将生产基地重新迁至纽约弗明戴尔。他认为，如果仔细分析，会发现来自中国进口的产品报价含有17%的隐形成本，所以生产基地回迁美国有益于公司经营。

2010年，广受讨论的“信用危机”，使公司之间的兼并和重组成为热门话题。随着信用额度减少，公司间并购行为显著降低。公司老总们面临着内部整治和管理的种种挑战，所以不太倾向于走出去并购其他公司。不过并不意味着该年没有并购交易案：百灵达进军高端音响市场，从博世（Bosch）电子集团买下“克拉克”和“密达斯”品牌，但交易细节并未公布；Sabian买下“Gon Pops”，进军手鼓市场；Hal Leonard出版公司与风靡业界的Faber公司签署协议，授权其出版业界享有盛誉的钢琴乐谱；韩国三益乐器集团扩大了对施坦威的投资，增持其34%的普通股，该集团老总表示，此举仅仅是“财务投资”而已；音响方面，Avid科技公司收购高档音响公司Euphonix。

对于那些真正相信音乐力量的人而言，营销不仅仅是把产品推销出去。2010年，行业里展开了大量富有活力的活动，在广阔的范围里普及了音乐教育，传播了“音乐的福音”。NAMM也因长久以来推进音乐教育而取得良好成效。最近，NAMM还发行了音乐推广专辑，包括总统候选人和知名艺人参与音乐活动的内容。这次活动所发行的CD在沃尔玛超市销售，收入所得用于赞助校园音乐活动；保罗·里德·史密斯吉他公司则为吉他爱好者举办了吉他“迪士尼”式的参观活动，开放吉他生产工厂供游人参观，“体验PRS吉他节”。约有2500多名爱好者参加这次活动，其中不乏音乐团体和同行交流。

然而，这些值得赞许的草根音乐活动、推进行业发展的积极做法有时却受到来自政府的影响，最明显的当属《雷斯法案》，该法案要求规范木材砍伐。按照法案规定，任何木制品必须出具全套、完整的证明文件，包括所使用木材种类、材质、来源，最后还需附上木材均为合法采集的声明。如违反该法案，制造商和零售商就会受到处罚、没收，情节严重甚至面临监禁。法案虽尚未对行业造成负面影响，但在新法案影响下，渔业、野生动植物保护部门的官员配合联邦调查局对吉普森集团展开了排雷式清查，声称要搜查出非法采集的乌木和玫瑰木。现在结果尚不明确。而另一次检查中，亚特兰大的一位钢琴经销商就没那么走运了，不仅被拘捕，还被处以高达50万美元罚金。他的“罪证”是无法对7架贝森朵夫“古董级”钢琴上的百年象牙键盘提供有效来源证明。目前案件还在亚特兰大地方法院进一步审理中。

本刊（《音乐贸易》）出版120年来，经济下滑情况时有发生。每当经济发展速度减慢，一种无可奈何的悲观论调就喧嚣尘上。可事实证明这种观点往往是错误的。人类不断追求创新的内在秉性在不断推动着世界发展、推动行业发展。以前有过先例，现在所面临的“泥潭”一定会过去，行业会越来越向企稳回升的方向发展。

（常杰 编译自美国《音乐贸易》2011 No.1）

2010年美国音乐制品行业供应商100强分析

2010年，美国音乐制品行业供应商100强销售总收入为73.18亿美元。在面临几十年来经济衰退最严重的背景下，美国的各大音乐制品行业供应商们逆境而上，瞄准市场需求开发新品，显示出卓越的适应性和灵活性。

2010年，美国音乐制品行业供应商100强的产品销售额同比增长7%。不过，这一百分点仅仅是反映总体情况的平均数，有的大幅超过这一比例，而另一些公司则未达到该标准。每家公司所取得不俗业绩的过程，都像一部充满跌宕起伏的旋律曼妙交响曲。科技进步，汇率变化，政策法规，劳动成本等等因素相互交织，谱写出一个个情节复杂而感人的经营故事。概括来讲，经济形势仍是各公司整体经营表现中最重要的影响因素。

自2008年后半年突如其来爆发的金融危机后，音乐制品行业发展势头便遭遇强劲逆风，无论公司大小均或多或少地受到影响。即使后来华尔街走出谷底，经历过金融危机的消费者仍然紧捂口袋，削减了非日常生活用品的开销；与此同时，银行信贷收紧，琴行被迫清理库存，造成供应商销售急速下滑而无人得以幸免。

幸运的是，2010年经济内生动力慢慢恢复，4年来首次创造出新的市场需求。尽管恢复的基础还不够稳固，音乐制品行业的销售额仍不及2005—2006年度的峰值时期，但总而言之有所改善，行业销售取得“温和”收益。

对于涵盖从小提琴到音乐软件等诸多产品门类、极为多元的音乐制品行业，要想概括其发展，很难达成一致共识。谈到2010年销售增长的原因，有两点是一致的，即零售商开始着手从供应商处补充乐器存货，从而带动了供应商的销售增长；另一方面，经济恢复，市场购买力有所增强。零售商和批发商的库存水平正慢慢恢复到相对正常的水准，但他们仍不敢掉以轻心—要想取得更好收益，似乎还要有赖于整体消费大环境的改观，更具体地讲，3亿美国人的购买意向提高。

在经济大环境处于波动的境况下，100强供应商仍在继续不断开发新产品，提升产品内在价值，让音乐的魅力遍及更多人群。为记录行业发展脉络，本刊（《音乐贸易》）整理了一份榜单排名，以力图量化100强供应商（总计约28000名员工）的规模大小。如果严格地从销售数据看，并没有什么大的突破，而如果从内在经营角度来看还有不少故事：过去一年，持续的经济困难并未打消供应商对产品质量和创新的追求，相反在某些方面还促使各大公司强化了产品研发的力度。过去12个月，中国劳动力成本上涨了近30%，人民币的升值又进一步推高了商品价格。然而这些隐形成本的增加并未反映在零售价格中，倒是逼迫厂家提高劳动生产率，改善经营效率。行业里的研发人员有效地提升了产品科技含量，如增强效果器、键盘乐器、录音设备甚至乐器功放等电子产品的内置容量，提高其运行速度。

比较而言，每年出炉的音乐制品行业供应商100强名录变化并不大：雅马哈乐器、芬达吉他和哈曼音响似乎总是锁定了榜单的前三位，紧随其后的几家公司在行业内也是耳熟能详。但如果从较长的时间跨度来看，榜单还是有很大变化。自本刊1993年起首度进行排名以来，33家公司由于兼并、破产或效益下滑退出榜单，而后起的新兴公司则持续不断地填补空白。可能让人感到奇怪的是，尽管遭遇被认为是二战后最严重的经济衰退，今年榜单排名却几乎没有变化。这是由于信贷政策收紧，公司间减少互相并购。去年，没有一家公司因兼并或收购而退出榜单。信贷政策收紧也影响到新上榜的公司数量，2010年只有两家新公司入围，分别是Blue Microphones和PreSonus.

榜单排名相对固定，实际上也体现出100强的集体管理智慧。尽管外部因素不利，但各大公司经营并未遇到重大挫折，各公司管理层均审时度势，找到了应对外部经营环境的有效方法，采取的改革方法不多却非常奏效。似乎大家都信守两条法则：1.不能出局；2.永远记住第1条。

另对本次排名统计方式作一说明。100强是依据经营公司的销售收入进行排名。在统计中既含美国本土公司，也包括在美经营的外资公司。对于前者，像芬达、施坦威、Peavey等包括其全球销售收入；而对雅马哈、罗兰等公司，仅统计其在美国分公司的销售收入。

另外关于数据统计做一说明。在对音乐制品行业的统计中，美国乐器、音响制品零售总额为63.9亿美元，而供应商100强的销售收入就达73亿美元。这如何解释？这个问题有几方面原因。首先，销售数据中很大一部分包括出口外销金额。比如芬达、马丁、施坦威、Peavey等公司的销售收入很大一部分包括其在美国国外的经营收入，此外像Tropical和Hermes，完全是做出口业务的公司；第二，像雅马哈、哈曼、Shure Peavey等公司很大一部分销售收入并非源自音乐制品，它们还经营电子类消费产品。由于难以精确划分，便将全部销售收入一并统计在内；第三，榜单中的一些公司间的销售涉及第三方行为，因此不可避免会发生重复统计，如一家公司把产品卖给下家，而下家又把同样的货物卖给第三家，因此发生重复计算。类似这样的统计让榜单整体销售额有所“膨胀”。

这样一个多元化的公司都被列入同一榜单，不禁让人提出，“何为音乐制品公司？”从最基本的含义讲，我们给出的定义是它包括生产各类乐器和配件的公司，也包括数量较多的功放和录音设备公司，而近来DJ产品制造商也属于音乐制品范畴。随着行业的发展，和电脑有关的一些相关公司也被列入。如果按此定义，苹果公司是否属于音乐公司？毕竟该公司制作的软件GarageBand在录音设备中得到最广泛的采纳应用。过去，判断一家公司能否入榜，是看其所销售的产品走琴行渠道还是大众百货渠道。现在大众百货渠道中，像百思买和亚马逊等大百货公司也摆放了不少乐器，所以这一区分界限也变得模糊。那么，电脑制造商是否属于音乐制品公司？与音乐密切相关的iphone功放公司呢？这些问题均有待讨论，但为榜单排名起见，本刊主要统计对象是指产品通过琴行零售渠道销售的公司。

在这样一个产品多元、销售系统较为分散的行业中，要对数据进行收集和分析并非易事。任何数据的整理都有预测和估计的成分，也会受到质疑。但无论如何，只要在把情况说清楚的背景下，运用有效统计方式持续把这项工作进行下去，也不失为更好掌握行业脉络的一把有用标尺。

（常杰 编译自美国《音乐贸易》2011 No.4）

2010年度美国音乐制品行业供应商100强名录

排名	公司名称	预计收入（美元）	员工人数	首席执行官
1	芬达乐器集团	625000000	2800	Larry Thomas
2	哈曼音响	522736000	1575	Dinesh C.Paliwal
3	雅马哈美国分公司 ※	516591000	441	Takuya Nakata
4	Shure Inc.	425000000	2375	Sandy LaMantia
5	施坦威乐器集团	318000000	1680	Dana D.Messina
6	Jam Industries	285000000	455	Martin Golden
7	Avid Audio	282669000	515	Garry Greenfield
8	吉普森吉他公司	275000000	2775	Henry E.Juszkiewicz

排名	公司名称	预计收入（美元）	员工人数	首席执行官
9	Numark IndustriesI	235000000	292	John O'Donnell
10	Peavey Electronic Group	185000000	541	Hartley Peavey
11	Hal Leonard	160220000	414	Keith Mardak
12	Loud Technologies	155000000	468	Mark Graham
13	D'Addario&Company	141000000	1025	James D'Addario
14	罗兰美国分公司	135000000	160	Chris Bristol
15	Sennheiser Electronic Group	118000000	120	John Falcone
16	QSC Audio	95000000	350	Joe Pham
17	马丁吉他公司	87250000	772	Christian F.Martin IV
18	英国Korg美国分公司 ※	84000000	97	Joe Castronovo
19	AXL乐器公司	82000000	1680	Alan Liu
20	Line 6	80000000	271	Mike Muench
21	Samson Technologies Corp.	79000000	130	Scott Goodman
22	Alfred Publishing Company	69000000	175	Ron Manus
23	Hoshino USA	68000000	100	Bill Reim
24	First Act	68000000	223	Mark Izen
25	Ernie Ball	66750000	418	Sterling Ball
26	泰勒吉他公司	66000000	709	Kurt Listug
27	Yorkville Sound	64500000	280	Steve Long
28	Hermes Music	63500000	225	Alberto Kreimerman
29	卡西欧美国分公司	62600000	180	Toshiharo Okimuro
30	Audio-Technica ※	59000000	120	Phil Cajka
31	卡瓦依钢琴美国分公司 ※	52100000	38	Naoki Mori
32	Avedis Zildjian Company	51850000	135	Craigie Zildjian
33	The Papcohorizon Company	51250000	500	Dale Williams
34	百灵达美国分公司 ※	51000000	10	Uli Behringer
35	Tropical Music Group	48000000	23	Oscar Mederos
36	Remo	47500000	154	Brock Kaericher
37	Stanton Group	47000000	85	Tim Dorwart
38	Godin吉他公司	44500000	385	Robert Godin
39	SF Marketing	44000000	125	Sol Fleising
40	SKB Corporation	42000000	350	Dave Sanderson
41	Hohner Inc ※	41000000	43	Clay Edwards
42	功学社美国分公司 ※	38250000	60	Tabor Stamper
43	Hanser Music Group	38000000	80	Jack Hanser

排名	公司名称	预计收入（美元）	员工人数	首席执行官
44	The Music People	34000000	50	James Hennessey
45	TCI Group America ※	33000000	55	Anders Fauerskov
46	Dunlop Manufacuer	32500000	242	James Dunlop
47	Paul Reed Smith Guitars	32000000	249	Paul Reed Smith
48	Vic Firth Inc	31695000	135	Vic Firth
49	Presonus Audio Electronics	31000000	67	Jim Odom
50	韩国三益美国分公司 ※	30125000	34	Baik Lee
51	Harris-Teller	29755000	63	Michael Harris
52	GCI Technology	27750000	36	Alan and Artie Cabasso
53	GHS/Rocktron	27500000	108	Russell S.McFee
54	Eminence Speaker LLC	26705000	151	Chris Rose
55	Drum Workshop	26500000	113	Chris Lombardi
56	Nady Systems	26000000	77	John Nady
57	Pearl Corporation	25250000	66	Takenori Isomi
58	Armadillo Enterprises	25000000	45	Elliott Rubinson
59	Electro-Harmonix	24950000	67	Mike Matthews
60	法国布菲管乐器美国分公司 ※	24750000	20	Antonine Beaussant
61	Tascam ※	24500000	15	Norio Tamura
62	ESP USA ※	24200000	39	Matt Masciandaro
63	B－52 Pro Audio	24000000	115	Eli El-Kiss
64	Sabian Ltd.	23250000	125	Andy Zildjian
65	M&M Merchandiser Inc	23000000	80	Marty Stenzler
66	TKL Products Corporation	23000000	75	Thomas Dougherty
67	Schecter Guitar Research ※	21790000	39	Michael Ciravolo
68	PianoDisk	21500000	152	Gary Burgett/Kirt Burgett
69	American DJ	21250000	95	Charles Davies
70	Eastman Music Company	20250000	62	Qian Ni
71	Whirlwind Audio	20000000	150	Michael Laiacona
72	Mapes Piano Strings Company	19450000	128	William L.Schaff
73	Fishman Tranducers	19084450	63	Larry Fishman
74	The Music Link	18500000	40	Steve Patrino
75	Allen Organ Company	18350000	237	Steve Markowitz
76	Rane Corporation	17900000	102	George Sheppard
77	ST.Louis Music	17500000	47	Mark Ragin
78	Blue Microphones	17250000	45	John Maier

排名	公司名称	预计收入（美元）	员工人数	首席执行官
79	Make Music Inc	17150000	100	Jeff Koch
80	BBE Sound	17000000	50	John McLaren
81	Dansr Inc.	16950000	17	Michael Skinner
82	Carvin Corp	16750000	112	Carson Kiesel
83	Rickenbacker International LLC	16550000	90	John C.Hall
84	Calzone/Anvil Case Co.	16500000	75	Joseph E.Calzone Ⅲ
85	Community Professional	15500000	85	Bruce Howze
86	Charles Dumont Sons	15457000	42	Charles J.Dumont
87	Seymour Duncan	14900000	120	Cathy Carter Duncan
88	Connolly Music Company	14600000	28	John M.Connolly Ⅲ
89	Rodgers Instruments LLC	14000000	110	Ikutaro Kakehashi
90	铃木乐器美国分公司 ※	13750000	18	Howard Feldman
91	Waves Inc	13550000	35	Gilad Keren
92	Mesa Boogie	13500000	98	Randall Smith
93	Chesbro Music	12500000	50	Vanetta Wilson
94	Carl Fischer	12250000	42	Hayden Connor
95	Lyon&Healy Harps	12150000	134	Antonio Forero
96	Westheimer Corp	12000000	14	Jack Westheimer
97	Mel Bay Publishing	11900000	51	Bryndon Bay
98	Getzen Company	11895000	88	Thomas R.Getzen
99	Universal Percussion	11775000	38	Thomas W.Shelley
100	EMG Pickups	11750000	91	Robert A.Turner

注：※ 为外国在美设立的分公司；
销售数据来自公开发布数字、协会统计、企业自报等。

海外信息篇之四：日本乐器市场

1995年～2010年日本国产乐器销售实绩

编者按：根据（日本）全国乐器制造协会、经济产业省和财务省相关数据，《日本音乐贸易》于每年4月例行公布上年度日本乐器生产、国内销售、乐器进出口数据。所统计乐器分钢琴、风琴、弦乐器、管乐器、打击乐器、教学乐器、电声乐器等。

类别 \ 年份	声学钢琴总计		立式钢琴		三角钢琴		电钢琴		电风琴	
	数量	金额（千日元）	数量	金额（千日元）	数量	金额（千日元）	数量	金额（千日元）	数量	金额（千日元）
1995	167500	58733000	137552	36326000	29948	22405000	217452	25949000	55556	16736000
1996	153425	55640000	123879	33342000	29546	22297000	245168	28705000	51922	15677000
1997	162046	58350000	130225	33823000	31821	24527000	284437	32222000	45751	14563000
1998	155830	56566000	122678	29982000	33152	26583000	277142	32484000	42056	17671000
1999	138451	54178000	105384	28417000	33067	25761000	248759	26249000	37101	12989000
2000	133772	52372000	98442	24325000	35330	28047000	252466	25309000	32653	10372000
2001	117779	44726000	87474	21024000	30305	23702000	240062	22715000	27751	8704000
2002	112785	43325000	81923	19552000	30862	23773000	263707	21611000	27705	7549000
2003	117294	42835000	85306	19218000	31988	23617000	233902	19545000	21647	4526000
2004	115007	40850000	84065	17524000	30942	23326000	209582	17662000	34295	11948000
2005	116173	40132000	84285	17100000	31888	23032000	199881	16302000	25581	7729000
2006	128784	40545000	97476	17712000	31308	22833000	168423	15370000	16054	5215000
2007	128041	41296000	97406	17495000	30635	23801000	176123	15704000	15993	4800000
2008	131900	36547000	103945	15991000	27955	20556000	189251	16302000	16600	4825000
2009	97799	24781000	82962	12433000	14837	12348000	156657	13022000	14180	3860000
2010	119276	26515000	100315	12402000	18961	14113000	180021	14423000	14630	3597000

类别 \ 年份	声学钢琴总计		立式钢琴		三角钢琴		电钢琴		电风琴	
	数量	金额（千日元）	数量	金额（千日元）	数量	金额（千日元）	数量	金额（千日元）	数量	金额（千日元）
1995	1158585	32976000	1015011	22048000	143574	10928000	335034	1592000	257950	15932000
1996	890159	28351000	743319	18069000	146840	10282000	305234	1684000	290968	17118000
1997	1048781	32118000	902740	21702000	146041	10416000	138786	806000	264833	17714000
1998	918248	30839000	790129	20768000	128119	10071000	184819	1004000	280127	19917000
1999	848422	25661000	729767	16777000	118655	8884000			283462	19726000
2000	608588	19616000	495330	10571000	113258	9045000			274055	18692000
2001	525647	17670000	396769	8029000	128878	9641000			257750	18637000

类别 年份	声学钢琴总计		立式钢琴		三角钢琴		电钢琴		电风琴	
	数量	金额（千日元）	数量	金额（千日元）	数量	金额（千日元）	数量	金额（千日元）	数量	金额（千日元）
2002	294084	14601000	174771	4918000	119313	9683000			257831	18503000
2003	246006	12167000	114076	2794000	131930	9373000			268424	20196000
2004	274010	13133000	129030	2750000	144980	10383000			269301	21140000
2005	261949	13782000							251349	20622000
2006	266626	13453000							264255	22333000
2007	226370	12671000							277890	24077000
2008	224284	11965000							235229	22372000
2009	218156	7079000							212679	18183000
2010	197125	7723000							204098	18278000

注：1999年及以后发布的关于电子键盘的各类数据中不包括小型电子键盘数据，该类别数据不再统计。2005年起，电子键盘和键盘集音器等两个类别（均不含小型电子键盘）调整后列入“各类电子键盘总计”。

类别 年份	声学钢琴总计		立式钢琴		三角钢琴		电钢琴		电风琴	
	数量	金额（千日元）	数量	金额（千日元）	数量	金额（千日元）	数量	金额（千日元）	数量	金额（千日元）
1995	179068	10957000	78882	4977000	411461	10324000	94487	2457000	316974	7867000
1996	191452	5059000	99516	5526000	422849	11190000	116709	2602000	306140	8588000
1997	194732	12197000	70101	5523000	445362	11265000	151625	3108000	293737	8157000
1998	201094	13387000	79033	6530000	475831	12282000	167882	3272000	307949	9010000
1999	197832	13075000	85630	6651000	413953	10759000	154380	3152000	259573	7607000
2000	187075	11996000	86980	6696000	348418	9431000	139286	3167000	209132	6264000
2001	171405	11810000	86345	6827000	271591	7624000	108160	2555000	163431	5069000
2002					241703	7177000				
2003					247963	7334000				
2004					236272	7326000				
2005					266594	8657000				
2003					295072	8514000				
2007					323410	9616000				
2008					309427	9291000				
2009					216998	6571000				
2010					215621	6091000				

注：2002年起目录分类有变动，木管乐器、铜管乐器、声学吉他和电吉他的数据不再单列，列入“管乐器总计”、“吉他总计”。

（高萍 编译自《日本音乐贸易》2011 NO.4）

1999年～2010年日本乐器产销量统计

品目		类别	年度	海外产量	国内产量	总产量	销售						库存量
							出口		内销		销售总计		
							数量	金额(千日元)	数量	金额(千日元)	数量	金额(千日元)	
声学乐器	钢琴	总计	1999	4309	134895	139204	91738	25486445	47982	26700734	13972	52187179	10432
			2000	6196	136396	142592	92679	27206329	47270	26315061	139949	53521390	14314
			2001	12082	118735	130817	88402	2384325	41936	23303110	130338	47146360	14755
			2002	14964	107589	122553	89258	24943400	37879	21557776	127137	46501176	10169
			2003	17023	116553	133576	96978	25564726	37356	21230153	134334	46794879	9249
			2004	17206	11555	132756	101814	27329710	31199	17638861	133013	44968571	8971
			2005	14383	121520	135903	10546	28057605	29309	16766395	134455	44824000	10399
			2006	17777	132480	150257	121355	29428196	28788	16706698	150143	46134894	10470
			2007	22966	133139	156105	129415	31935716	27029	16336800	156444	48272516	10115
			2008	24737	139726	164463	139385	29609913	22553	13835609	161938	43445522	12632
			2009	17816	97952	115768	99361	17183037	20132	11982490	119493	29165527	9173
			2010	32607	118909	151516	133488	22398389	16356	10385457	149844	32783846	10340
		立式钢琴	1999	4093	101777	105870	69083	10040097	37568	16381542	106651	26421639	8297
			2000	5436	100356	105792	66195	8770132	37835	16488562	104030	25258694	11303
			2001	10405	86928	97333	65520	8633473	32973	14190181	98493	22823654	10138
			2002	12451	79349	91800	65277	9165048	28622	12538228	93899	21703276	8018
			2003	13394	84285	97679	71339	9844558	27478	11763619	98817	21608177	6747
			2004	14635	83427	98062	75469	10269774	22996	9752559	98465	20022333	6326
			2005	9488	89463	98951	76069	10344765	21388	9074880	97457	19419645	7806
			2006	13391	100461	113852	93047	11910751	20983	9021326	114030	20932077	7593
			2007	19284	102234	121518	102721	14142355	18821	8161477	121542	22303832	7564
			2008	20852	110710	131562	113456	13982543	15998	6858993	129454	20841536	9668
			2009	15773	83240	99013	87653	9570375	14521	6224943	102174	15795318	6779
			2010	28944	100576	129520	115799	11994525	11672	5199443	127471	17193968	8393
		三角钢琴	1999	216	33118	33334	22655	15446348	10414	10319192	33069	25765540	2135
			2000	760	36040	36800	26484	18436197	9435	9826499	35919	28262696	3011
			2001	1677	31807	33484	22882	15209777	8963	9112929	31845	24322706	4617
			2002	2513	28240	30753	23981	15778352	9257	9019548	33238	24797900	2151
			2003	3629	32268	35897	25639	15720168	9878	9466534	35517	25186702	2502
			2004	2571	32123	34694	26345	17059936	8203	7886302	34548	24946238	2645
			2005	4895	32057	36952	29077	17712840	7921	7691515	36998	25404355	2593
			2006	4386	32019	36405	28308	17517445	7805	7685372	36113	25202817	2877
			2007	3682	30905	34587	26694	17793361	8208	8475323	34902	25968684	2551
			2008	3885	29016	32901	25929	15627370	6555	6976616	32484	22603986	2964
			2009	2043	14712	16755	11708	7612662	5611	5757547	17319	13370209	2394
			2010	3663	18333	21996	17689	10403864	4684	5186014	22373	15589878	1947

品目		类别	年度	海外产量	国内产量	总产量	销售						库存量
							出口		内销		销售总计		
							数量	金额（千日元）	数量	金额（千日元）	数量	金额（千日元）	
声学乐器	弦乐器	总计	1999	329129	132951	462080	226096	3180824	233509	5150717	459605	8331541	31990
			2000	408925	138631	547556	322881	3487693	200812	4973011	523693	8460704	48326
			2001	508624	108544	617168	478117	4589903	157527	3533986	635644	8123889	42803
			2002	540053	104727	644780	517985	5074073	140756	3354359	658741	8428432	27465
			2003	569097	98572	667669	551075	5131457	109320	3111270	660395	8242727	27372
			2004	592466	84248	676714	580580	5000454	99183	2804105	679763	7804559	22800
			2005	517966	84039	602005	507459	4566525	95833	2721767	603292	7288292	20348
			2006	508960	108852	617812	505110	5325928	102845	6301359	607955	11627287	36337
			2007	577791	116561	694352	574746	5953037	113668	6655128	688414	12608165	40489
			2008	554118	251978	806096	698797	6527369	97619	3012100	796416	9539469	39876
			2009	713433	57944	771377	667333	5267344	86142	2246633	753475	7513977	64319
			2010	795037	47215	842252	772112	5595797	68270	1864113	840382	7459910	29395
		吉他	1999	328152	28759	356911	201205	2671160	152387	2662869	353592	5334029	20728
			2000	406662	40684	447346	300427	2984911	125289	2489134	425716	5474045	34322
			2001	503675	39111	542786	465481	4227394	96846	1825865	562327	6053259	29050
			2002	535783	37153	572941	50613	4688610	83142	1723538	589272	6412148	14682
			2003	562290	33472	595762	538270	4728025	55613	1220186	593883	5948211	16283
			2004	587968	26461	614429	568323	4592249	49335	1152829	617658	5745078	12403
			2005	509413	33783	543196	492006	4049296	53069	1168987	545075	5218283	11017
			2006	487328	48045	535373	485509	4322548	44946	1006256	530455	5328804	15455
			2007	511795	60596	572391	516298	4842344	55550	1316861	571848	6159205	15439
			2008	501585	199399	700984	633933	5852407	54725	1769244	688658	7621651	28291
			2009	670372	9637	680009	627268	4844108	41849	1098572	669117	5942680	46305
			2010	738791	4338	743129	715998	5159471	27790	850356	743788	6009827	9124
		大正琴	1999		33358			33327	854122	33327	854122	854122	3336
			2000		35188	35188			35670	1074513	35670	1074513	2965
			2001	48	27012	27060			27528	819335	27528	819335	2017
			2002		24722	24722			24910	747668	24910	747668	1146
			2003	1565	23504	25069	5	118	25471	846992	25476	847110	976
			2004	738791	17223	17223	22	572	17475	522085	17497	522657	512
			2005		14722	14722	5	103	14697	467082	14702	467185	558
			2006		17809	17809	9	453	17553	535245	17562	535698	924
			2007	1894	12978	14872	75	1285	14708	469788	14783	471073	941
			2008	1482	9695	11177			10673	426102	10673	426102	1557
			2009	788	7742	8530			9390	353714	9390	353714	1132
			2010	960	5709	6669			7037	275143	7037	275143	560
		其他弦乐器	1999	977	70834	71811	24891	509664	47795	1633726	72686	2143390	7926
			2000	2263	62759	65022	22454	502782	39853	1409364	62307	1912146	11039
			2001	4901	42421	47322	12636	362509	33153	888786	45789	1251295	11736
			2002	4270	42847	47117	11855	385463	32704	883153	44559	1268616	11636
			2003	5242	41596	46838	12800	403314	28236	1044092	41036	1447406	10113
			2004	4498	40564	45062	12235	407633	32373	1129191	44608	1536824	9885

品目		类别	年度	海外产量	国内产量	总产量	销售						库存量
							出口		内销		销售总计		
							数量	金额（千日元）	数量	金额（千日元）	数量	金额（千日元）	
声学乐器	弦乐器	其他弦乐器	2005	8553	35534	44087	15448	517126	28067	1085698	43515	1602824	8773
			2006	9420	32877	42297	14091	494047	24804	816058	38895	1310105	11308
			2007	51176	33267	84443	53722	597708	25946	901379	79668	1499087	14928
			2008	51051	42884	93935	64864	674962	32221	816754	97085	1491716	10028
			2009	42273	40565	82838	40065	423236	34903	794347	74968	1217583	16882
			2010	55286	37168	92454	56114	426326	33443	738614	89557	1174940	19711
	管乐器	总计	1999	2337	269496	271833	212320	12554538	67247	6908091	279567	19462629	27334
			2000	2621	274566	277187	206031	12189801	64807	6791919	270838	18981720	33680
			2001	1227	256873	258100	193775	12433179	60387	6518022	254162	18951201	37511
			2002	3332	259697	263029	194448	12078441	62949	6685858	257397	18764299	47253
			2003	5569	283143	288712	226078	14128942	62415	6940251	288493	21069193	47766
			2004	4086	283837	287923	231744	14726826	66381	7388848	298125	22115674	38205
			2005	3442	289529	292971	219212	14376697	70484	7675891	289696	22052588	41519
			2006	9869	296056	305925	237873	15516783	74627	8744852	312500	24261635	43601
			2007	89833	311926	401759	328696	19789494	76889	9165017	405585	28954511	39602
			2008	80702	326964	407666	328039	18993157	71459	8999111	399498	27992268	48483
			2009	175126	191589	366715	265264	14048634	61132	7602264	326396	21650898	89638
			2010	176670	108028	284698	274954	14125669	57800	7380064	332754	21505733	41917
		木管乐器	1999	1737	184399	186136	149450	7881524	44212	4889130	193662	12770654	17225
			2000	2276	185?12	187988	140832	7425280	42795	4828145	183627	12253425	21566
			2001	796	168827	169623	129047	7557555	38498	4517240	167545	12074795	23539
			2002	2785	174900	177685	135439	7806934	40943	4650250	176382	12457384	28981
			2003	4453	201914	206367	163855	9435579	40076	4868408	203931	14303987	31716
			2004	3801	200904	204705	167146	9848249	43835	5246909	210981	15095158	26122
			2005	3262	204180	207442	156730	9362511	46875	5512453	203605	14874964	29892
			2006	9051	207759	216810	174742	10198210	51597	6532338	226339	16730548	28917
			2007	67186	216925	284111	231833	12942464	52691	6781619	284524	19724083	28343
			2008	76828	223934	300762	244277	12807856	48742	6740487	293019	19548343	36597
			2009	95573	142876	238449	178930	8823661	42273	5677971	221203	14501632	54800
			2010	125921	81820	207741	195905	9488804	39664	5415127	235569	14903931	27307
		笛子	1999	1574	96942	98516	79212	3319320	26293	2754289	105505	6073609	7875
			2000	2224	101046	103270	74638	3289100	24855	2760558	99493	6049658	11632
			2001	671	90577	91248	68225	3389393	22063	2556311	90288	5945704	12487
			2002	2124	94605	96729	74755	3665239	21610	2497288	96365	6162527	16025
			2003	3674	114567	118241	94936	4302299	21299	2648265	116235	6950564	18317
			2004	3146	111369	114515	96521	4312575	22353	2793965	118874	7106540	14640
			2005	2510	114449	116959	91282	4244030	22226	2736076	113508	6980106	18074
			2006	5115	106873	111988	93774	4018605	25163	3476469	118937	7495074	11391
			2007	33071	111658	144729	121097	4943316	25515	3536847	146612	8480163	9194
			2008	42764	109850	152614	121688	4623221	23823	3607581	145511	8230802	16813
			2009	75064	45236	120300	89505	2980194	21938	3220312	111443	6200506	25541
			2010	70418	28305	98723	91013	3116841	21064	3259854	112077	6376695	12473

品目		类别	年度	海外产量	国内产量	总产量	销售						库存量
							出口		内销		销售总计		
							数量	金额（千日元）	数量	金额（千日元）	数量	金额（千日元）	
声学乐器	管乐器	黑管	1999	142	35528	35670	28692	1008736	8273	763372	36965	1772108	4119
			2000	49	33176	33225	25061	913078	7527	723531	32588	1636609	4756
			2001	153	27389	27542	19006	823899	6944	664251	25950	1488150	6348
			2002	346	26692	27038	20181	946762	6881	617636	27062	1564398	7289
			2003	166	29859	30025	24776	1181444	6815	653226	31591	1834670	5723
			2004	24	30565	30589	22053	1162982	7505	748564	30558	1911546	5754
			2005		31488	31492	22772	1162367	7905	759451	30677	1921318	6569
			2006	18	36234	36216	25052	1283667	7470	724713	32522	2008380	10263
			2007	12306	35972	48278	43245	1879072	7635	741765	50880	2620837	7661
			2008	21226	36985	58211	53850	2113552	7115	719001	60965	2832553	4907
			2009	11299	39438	50737	35110	1347685	6161	515725	41271	1863410	14373
			2010	23174	18534	41708	43807	1549835	6094	482265	49901	2032100	6200
		萨克斯	1999	23	51531	51554	41479	3504656	9260	1270884	50739	4775540	5061
			2000	3	50968	50971	41072	3175991	9984	1229000	51056	4404991	4976
			2001	17	50367	50350	41742	3291750	9089	1195675	50831	4487425	4495
			2002	307	53200	53507	40431	3136313	12029	1434253	52460	4570566	5542
			2003	595	56938	57533	44059	3881820	11487	1453890	55546	5335710	7542
			2004	607	57494	58101	47474	4291288	12744	1560167	60218	5851455	5425
			2005	747	57113	57860	42570	3862495	15662	1863685	58232	5726180	5053
			2006	3965	64013	67978	55819	4806062	18368	2173455	74137	6979517	7182
			2007	21807	68222	90029	67100	5945230	18695	2235938	85795	8181168	11416
			2008	12849	75862	88711	68432	5875477	16974	2150378	85406	8025855	14721
			2009	9206	55618	64824	52831	4206050	13389	1661777	66220	5867827	13956
			2010	32326	31654	63980	58146	4424914	11786	1463947	69932	5888861	8004
		其他木管乐器	1999	2	398	396	67	49812	386	100585	453	149397	170
			2000		522	522	61	47111	429	115056	490	162167	202
			2001	11	494	483	74	52513	402	101003	476	153516	209
			2002	8	403	411	72	58620	423	101073	495	159693	125
			2003	18	550	568	84	70016	475	113027	559	183043	134
			2004	24	1476	1500	98	81404	1233	144213	1331	225617	303
			2005	1	1130	1131	106	93619	1082	153241	1188	246860	196
			2006	11	639	628	97	89876	596	157?01	693	247577	81
			2007	2	1073	1075	391	1?4846	846	267069	1237	441915	72
			2008	11	1237	1226	307	195606	830	263527	1137	459133	156
			2009	4	2584	2588	1484	289732	785	280157	2269	569889	930
			2010	3	3327	3330	2939	397214	720	209061	3659	606275	630
		铜管乐器	1999	600	85097	85697	6287	4673014	23035	2018961	85905	6691975	10109
			2000	345	88854	89199	65199	4?64521	22012	1963774	87211	6?28295	12114
			2001	431	88046	88477	64728	4875624	21889	2000782	86617	6876406	13972
			2002	547	84797	85344	59009	4271507	22006	2035608	81015	6307115	18272
			2003	1116	81229	82345	62223	4693363	22339	2071843	84562	6765206	16050
			2004	285	82933	83218	64598	4878577	22546	2141939	87144	7020516	12083

品目	类别		年度	海外产量	国内产量	总产量	销售						库存量
							出口		内销		销售总计		
							数量	金额(千日元)	数量	金额(千日元)	数量	金额(千日元)	
声学乐器	管乐器		2005	180	85349	85529	62482	5014186	23609	2163438	86091	7177624	11627
			2006	818	88297	89115	63131	5318573	2303	2212514	86161	7531087	14684
			2007	22647	95001	117648	96863	684703	24198	2383398	121061	9230428	11259
			2008	3874	103030	106904	83762	6185301	22717	2258624	106479	8443925	11886
			2009	79553	48713	128266	86334	5224973	18859	1924293	105193	7149266	34838
			2010	50749	26208	76957	79049	4636865	18136	1964937	97185	6601802	14610
		小号类	1999	299	41727	42026	28932	1003022	13373	734088	42305	1?37110	4499
			2000	78	41660	41738	28248	908999	12439	688130	40687	1597129	5564
			2001	215	43807	44022	30528	1132815	11896	654889	42424	1787704	7162
			2002	185	45404	45589	32246	1232168	11708	620732	43954	1852900	8792
			2003	496	43184	43680	31197	1281805	11994	673679	43191	1955484	9281
			2004	73	41721	41794	31803	1308710	11853	675885	43656	1984595	7419
			2005	243	41453	41696	30917	1397943	13163	765133	44080	2163076	5119
			2006	851	43905	44756	30546	1497229	12589	766856	43135	2264085	6809
			2007	14616	47574	62190	51688	2218697	13295	853162	64983	3071859	4016
			2008	3334	52122	55456	41878	1802752	12260	772310	54138	2575062	5536
			2009	52686	19701	72387	48049	1816462	10129	659256	58178	2475718	20077
			2010	26544	16725	43269	45687	1648603	9550	688425	55237	2337028	8109
		长号	1999	146	12953	13099	9033	478329	3888	344276	12921	822605	1814
			2000	111	13917	14028	9644	476521	3931	349338	13575	825859	2256
			2001	145	13495	13640	9455	476867	3948	349494	13403	826361	2491
			2002	188	12578	12766	7669	415279	4292	462075	11961	877354	3279
			2003	288	12772	13060	9491	540170	4154	383763	13645	923933	2694
			2004	204	13601	13805	10312	628254	4278	386469	14590	1014723	1909
			2005	6	14526	14520	9029	547239	4705	433999	13734	981238	2699
			2006	7	14029	14022	9726	590417	4617	423423	14343	1013840	2411
			2007	8046	16258	24304	19662	971738	4831	462264	24493	1434002	2216
			2008	560	19647	20207	16093	823475	4593	435975	20686	1259450	1737
			2009	21757	8239	29996	21121	1040578	3667	372037	24788	1412615	6945
			2010	8789	7483	16272	16026	726747	3807	450732	19833	1177479	3384
		其他铜管乐器	1999	155	30417	30572	24905	3191663	5774	940597	30679	4132260	3796
			2000	156	33277	33433	27307	3379001	5642	926306	32949	4305307	4294
			2001	71	30744	30815	24745	3265942	6045	996399	30790	4262341	4319
			2002	174	26815	26989	19094	2624060	6006	952801	25100	3576861	6201
			2003	332	25273	25605	21535	2871388	6191	1014401	27?26	3885789	4075
			2004	8	27611	27619	22483	2941613	6415	1079585	28898	4021198	2755
			2005	57	29370	29313	22536	3069004	5741	964306	28277	4033310	3809
			2006	26	30363	30337	22859	3230927	5824	1022235	28683	4253162	5464
			2007	15	31169	31154	25513	3656595	6072	1067972	31585	4724567	5027
			2008	20	31261	31241	25791	3559074	5864	1050339	31655	4609413	4613
			2009	5110	20773	25883	17164	2367933	5063	893000	22227	3260933	7816
			2010	15416	2000	17416	17336	2261515	4779	825780	22115	3087295	3117

品目		类别	年度	海外产量	国内产量	总产量	销售						库存量
							出口		内销		销售总计		
							数量	金额(千日元)	数量	金额(千日元)	数量	金额(千日元)	
声学乐器	打击乐器	总计	1999	20547	376070	396617	122636	2632030	261575	5710806	384211	8342836	98906
			2000	62364	338762	401126	196864	3791814	188242	5503351	385106	9295165	124783
			2001	85784	316067	401851	191040	4042589	229534	5307114	420574	9349703	110597
			2002	115086	319058	434144	220908	4392393	206061	5241015	426969	9633409	72901
			2003	184420	300593	485013	297236	4373738	211088	4660450	508324	9034188	73270
			2004	242660	277799	520459	357065	4932408	171951	4066898	529016	8999306	69167
			2005	451185	275100	726285	596917	4938146	370044	3310137	966961	8248283	75173
			2006	256352	279217	535569	365209	5415767	164067	3829035	529276	9244802	61631
			2007	264872	243167	508039	368976	5612886	133032	3357329	502008	8970215	62043
			2008	157506	380752	538258	395495	6450444	121688	3122942	517183	9573386	84421
			2009	111055	245267	356322	259479	4050757	107112	3083578	366591	7134335	61912
			2010	129077	291270	420347	310395	3742423	109362	2992116	419757	6734539	48547
		音乐会鼓	1999	310	15475	15165	8589	285298	6662	398837	15251	684135	1708
			2000	107	17743	17850	11416	311839	6667	388646	18083	700485	1610
			2001	7845	19663	27508	19938	414029	5707	379167	25645	793196	3466
			2002	4972	15480	20452	14371	338208	5181	329206	19552	667414	1564
			2003	1088	4502	5590	1658	210725	4395	282124	6053	492849	1366
			2004	2206	3417	5623	399	86402	5479	306525	5878	392927	1189
			2005	2308	3546	5854	420	89748	5291	281638	5711	371386	1907
			2006	3054	2303	5357	362	71842	4665	263545	5027	335387	2113
			2007	3186	3315	6501	1541	265281	5640	281152	7181	546433	1627
			2008	3735	4391	8126	2504	382573	4882	284316	7386	666889	1759
			2009	2728	2673	5401	886	145460	4649	249859	5535	395319	1764
			2010	3604	2832	6436	1534	248255	4918	271896	6452	520151	1637
		行进鼓	1999	257	24567	24310	7192	134411	17353	271122	24545	405533	2515
			2000	40	28781	28741	7568	166306	20717	307874	28285	474180	3080
			2001	16	25093	25077	8432	178433	16053	269576	24485	448009	3661
			2002	5505	19067	24572	6341	135184	15970	25876	22311	393944	6295
			2003	1649	24941	26590	15168	231834	17670	245333	32838	477167	6503
			2004	4672	30012	34684	22195	330284	15942	249381	38137	579665	4528
			2005	4210	27729	31939	17982	272540	13608	220119	31590	492659	4879
			2006	5640	29477	35117	18796	293212	13073	211938	31869	50515	8609
			2007	5456	23970	29426	18424	321786	12228	198952	30652	520738	7390
			2008	4343	24012	28355	19277	313252	9759	174622	29036	487874	5348
			2009	4523	17147	21670	10540	205880	10478	146168	21018	352048	5097
			2010	5089	19344	24433	13032	217170	11878	172020	24910	389190	4684
		爵士鼓	1999	20017	158977	178994	96484	1512283	73623	1510202	170107	3022485	28891
			2000	58933	174983	233916	167256	2464103	61613	1230841	228869	3694944	35241
			2001	76447	140782	217229	154448	2553271	66530	1160053	220978	3713324	38666
			2002	104074	150689	254763	189662	3053434	69575	1117172	259237	4170606	39276
			2003	181751	146003	327754	270223	3048150	68457	1096208	338680	4144358	32458
			2004	235341	130757	366098	316470	3462119	60099	938839	376569	4400958	29736

品目		类别	年度	海外产量	国内产量	总产量	销售						库存量
							出口		内销		销售总计		
							数量	金额（千日元）	数量	金额（千日元）	数量	金额（千日元）	
声学乐器	打击乐器	爵士鼓	2005	225014	140951	365965	311084	3596780	55374	776845	366458	4373625	22066
			2006	237397	141976	379373	327708	4039620	49013	676047	376721	4715667	24313
			2007	228076	161534	389610	330366	4081980	50106	674405	380472	4756385	35166
			2008	121076	297928	419004	356011	4720021	43978	581409	399989	5301430	55604
			2009	84264	182043	266307	233576	2754154	42483	526501	276059	3280655	33979
			2010	103861	219553	323414	279725	2581666	42667	497180	322392	3078846	31051
		其他打击乐器	1999	1057	145538	146595	11	134938	137864	2343008	137875	2477946	62354
			2000	3343	82210	85553		176745	70088	2399152	70091	2575897	80277
			2001	1510	98063	99573	16	246528	114728	2378826	114744	2625354	60017
			2002	532	100262	100794	1218	229665	90567	2502896	91785	2732561	21985
			2003	38	92718	92680	1530	160964	94755	2029607	96285	2190571	29746
			2004	441	81449	81890	8688	210647	67952	1586297	76640	1796944	30428
			2005	219654	74198	293852	258994	240298	275192	1103220	534186	1343518	42458
			2006	9343	76364	85707	9327	221767	77618	1794054	86945	2015821	22854
			2007	27556	26278	53834	10133	48022	44897	1334454	55030	1382476	14131
			2008	27729	26672	54401	8088	50982	44534	1202355	52622	1253337	18047
			2009	12057	23998	36055	7398	45948	29629	1320445	37027	1366393	17425
			2010	16332	26397	42729	9629	32751	32653	1219684	42282	1252435	7992
		立奏用木琴	1999	49	6474	6523	3353	468918	4344	634746	7697	1103664	1057
			2000	18	7873	7891	4061	587558	4286	626167		1213?25	1489
			2001	13	7943	7956	4031	588546	3962	626069	7993	1214615	1452
			2002	9	7454	7463	3661	555478	3783	608705	7444	1164183	1421
			2003	21	7763	7?84	4299	664101	377	588870	8069	1252971	1256
			2004	32	8580	8612	4794	778384	3673	599725	8467	1378109	1389
			2005	3	7809	7812	4271	685577	3308	554650	7579	1240227	1666
			2006	332	6818	7150	4452	724277	2954	530443	7406	1254720	1034
			2007	2	8260	8258	5230	841902	2940	509894	8170	1351796	1119
			2008	12	8667	8655	5733	929570	2703	528205	8436	1457775	1372
			2009	3	7233	7230	4804	860215	2496	501141	7300	1361356	1302
			2010	8	6182	6174	3674	618025	2498	493265	6172	1111290	1304
		桌用木琴	1999		13224	13224	4558	53926	11878	64135	16436	118061	441
			2000		18192	18192	4506	53667	14872	74009	19378	127676	706
			2001		17378	1?378	2777	32493	13806	65?56	16583	98249	1501
			2002		15734	15734	3606	43502	13165	55366	16771	98868	366
			2003		16058	16058	3022	36065	14354	59615	17376	95680	352
			2004		14189	14189	2896	34574	11207	48832	14103	83406	396
			2005		12385	12385	2819	33501	9989	50375	12808	83876	921
			2006		13928	13928	3006	37213	9914	48325	12920	85538	1426
			2007		11386	11386	2276	28711	9446	49931	11722	78642	1086
			2008		10905	10905	2646	34401	8592	48552	11238	82953	757
			2009	6887	2724	9611	1510	19606	7966	46382	9476	65988	874
			2010		9538	9538	1918	23909	7721	43231	9639	67140	770

品目		类别	年度	海外产量	国内产量	总产量	销售						库存量
							出口		内销		销售总计		
							数量	金额(千日元)	数量	金额(千日元)	数量	金额(千日元)	
声学乐器	打击乐器	立奏钟琴	1999	10	4889	4879	133	15644	4876	394803	5009	410447	883
			2000	3	5036	5039	59	7746	4848	408711	4907	416457	1015
			2001	15	4354	4339	97	12096	4408	369366	4505	381462	849
			2002	6	4462	4456	155	15535	3920	313449	4075	328984	1193
			2003	51	3346	3295	94	8038	3478	290670	3572	298708	824
			2004	32	6341	6309	79	11057	6084	294680	6163	305737	925
			2005	4	2742	2738	42	4662	2869	252349	2911	257011	589
			2006	131	2654	2785	68	8074	2673	242899	2741	250973	513
			2007		2509	2509	56	12232	2502	228207	2558	240439	465
			2008	39	2614	2653	31	4110	2457	231545	2488	235655	639
			2009	1	7075	7074	63	9340	7147	247564	7210	256904	783
			2010	1	2091	2090	53	10026	2142	221697	2195	231723	398
		桌用钟琴	1999	1	6926	6927	2916	26612	4975	93953	7291	120565	1057
			2000		3944	3944	1995	23850	5151	67951	7146	91801	1365
			2001		2791	2791	1301	17193	4340	58301	5641	75494	985
			2002		5910	5910	1894	21387	3900	55461	5794	76848	801
			2003		5262	5262	1242	13861	4209	68023	5451	81884	765
			2004		3054	3054	1544	18941	1515	42619	3059	61560	576
			2005		5740	5740	1305	15040	4413	70941	5718	85981	687
			2006	455	5697	6152	1490	19762	4157	61784	5647	81546	769
			2007	600	5915	6515	950	12972	5273	80334	6223	93306	1059
			2008	596	5563	6159	1205	15535	4783	71938	5988	87473	895
			2009	600	2374	2974	702	10154	2264	45518	2966	55672	688
			2010	200	5333	5533	830	10621	4885	73143	5715	83764	711
	校园乐器	总计	1999	924887	4607360	5532247	3031674	884739	2441440	4845901	5473114	5730640	1348982
			2000	1331812	4839011	6170823	3428222	860221	274882	5199147	6177042	6059368	1275865
			2001	1385726	4803747	6189473	3331378	859366	2539166	4908802	5870544	5768168	1584112
			2002	951484	3858219	4809703	2726520	785729	2037947	3144509	4764467	3930238	1755793
			2003	585399	4751762	5337161	3282695	995204	2354424	4072443	5637119	5067647	1497291
			2004	963591	4403793	5367384	3354618	1019482	2213880	3979483	5568498	4998965	1286620
			2005	969105	4697818	5666923	3384147	917100	2277584	4164791	5661731	5081891	1315905
			2006	1348291	4649331	5997622	3783180	1021154	2152484	4078420	5935664	5099574	1377570
			2007	1461102	4640712	6101814	3916589	1091856	2168998	4080742	6085587	5172598	1402634
			2008	1437358	4720496	6157854	3886763	1057971	2142018	4158017	6028781	5215988	1530164
			2009	3807765	1645774	5453539	3338626	861008	1959475	3351670	5298101	4212678	1684342
			2010	1953093	3849553	5802646	4010158	1451248	1877464	2471787	5887622	3923035	1543584
		口琴	1999	82106	630214	712320	19883	153154	462680	656118	661510	809272	281995
			2000	52277	817141	869418	203660	175755	639964	879654	843624	1055409	312924
			2001	82825	698464	781289	190389	143172	549088	787912	739477	931084	325035
			2002	208367	578614	786981	215686	168709	503469	610027	719155	778736	338645
			2003	59；946	557458	617404	173833	153556	441249	590267	615082	743823	350139
			2004	5979	552239	558218	186549	187465	350632	548019	537181	735484	343004

品目		类别	年度	海外产量	国内产量	总产量	销售						库存量
							出口		内销		销售总计		
							数量	金额(千日元)	数量	金额(千日元)	数量	金额(千日元)	
声学乐器	校园乐器	口琴	2005	116409	471934	588343	253966	187955	360260	524629	614226	712584	341566
			2006	60758	462149	522907	251276	227976	295618	516699	546894	744675	306673
			2007	66761	554957	621718	297299	256321	320140	529998	617439	786319	311046
			2008	53096	524823	577919	268709	259951	291995	484867	560704	744818	327259
			2009	54276	417101	471377	254491	241079	259288	476939	513779	718018	285058
			2010	70384	717378	797762	551970	278948	232445	456074	784415	735022	298300
		键盘口琴	1999	20801	958691	979492	48088	75503	892203	2547511	940291	2623014	245746
			2000	10576	937403	947979	33934	57654	951834	2710672	985768	2768326	208636
			2001	25988	950428	976416	41336	59661	921545	2593549	962881	2653210	222160
			2002	36667	549?10	586377	1958	5591	539990	1319400	541948	1324991	238382
			2003	92211	944652	1036863	145759	237484	918371	2284354	1064130	2521838	236459
			2004	96295	874558	970853	124595	195329	895747	2284491	1020342	2479820	205999
			2005	2967	949707	979377	57009	93523	937997	2445249	995006	2538772	186045
			2006	37613	942768	980381	61268	96694	931856	2408177	993124	2504871	166996
			2007	50716	925153	975869	47692	84414	917084	2383882	964776	2468296	186042
			2008	53790	1015991	1069781	49822	82773	976681	2557638	1026503	2640411	229185
			2009	763505	267799	1031304	43273	60444	831911	1891246	875184	1951690	385239
			2010	566420	252643	819063	44681	565826	801971	1253148	846652	1818974	313869
		手风琴	1999	750	10141	10891	648	26009	10561	501169	11209	527178	4173
			2000	928	10120	11048	450	18198	10030	469437	10480	487635	4741
			2001	722	8169	8891	145	6241	9229	431534	9374	437775	4258
			2002	716	7790	8506	404	15932	7938	363830	8342	379762	4421
			2003	498	6126	6624	191	6735	7182	339054	7373	345789	3821
			2004	565	6454	7019	460	19652	6757	324300	7217	343952	3723
			2005	589	6979	7568	201	6815	6946	325114	7147	331929	4173
			2006	238	6276	6514	175	6206	6306	308736	6481	314942	4207
			2007	298	6262	6560	169	8246	5906	302762	6075	311008	4670
			2008	325	5540	5865	66	2504	5704	292412	5770	294916	4757
			2009	44	3473	3517	82	2481	4108	225085	4190	227566	4038
			2010	50	1780	1830			1729	109776	1726	109776	588
		录音设备	1999	821230	3008314	3829544	2784108	630073	1075996	1141103	3860104	1771176	817068
			2000	1268031	3074347	4342378	31901?8	608614	1146992	1139384	4337170	1747998	?49564
			2001	1276191	3146686	4422877	3099508	650292	1059304	1095807	4158812	1746099	1032659
			2002	705734	2722105	3427839	2508472	595497	98655	851252	3495022	1446749	1174345
			2003	432744	3243526	3676270	2962912	597429	987622	858768	3950534	1456197	906872
			2004	860752	2970542	3831294	3043014	617036	960744	822673	4003758	1439709	733894
			2005	822437	3269198	4091635	3072971	628807	972381	869799	4045352	1498606	784121
			2006	1249682	3238138	4487820	3470461	690278	918704	844808	4389165	1535086	899694
			2007	1343327	3154340	4497667	3571429	742875	925868	864100	4497297	1606975	900876
			2008	1330147	3174142	4504289	3568166	712743	867638	823100	4435804	1535843	968963
			2009	2989940	957401	3947341	3040780	557004	864168	758400	3904948	1315404	1010007
			2010	1316239	2867752	4183991	3413507	606474	841319	652789	4254826	1259263	930827

品目	类别	年度	海外产量	国内产量	总产量	销售 出口 数量	销售 出口 金额(千日元)	销售 内销 数量	销售 内销 金额(千日元)	销售总计 数量	销售总计 金额(千日元)	库存量
电声乐器	合计	1999	1438887	1897426	3336313	2067955	63789862	1223049	45949516	3291004	109739378	302325
		2000	1272042	1583958	2856000	1813397	57087338	917031	3944263	2730428	96529968	362856
		2001	1119097	1260879	2379976	1656024	54672095	787254	35011612	2443278	89683707	207966
		2002	1070478	1166395	2236873	1598924	54634623	655038	30396663	2253962	85031286	160003
		2003	1868571	1184321	3052892	2354430	66355147	677504	27306298	3031934	93661445	175913
		2004	2034705	1038903	3073608	2373577	70132400	713855	34570414	3087432	104752814	153063
		2005	2066976	1024168	3091144	2432660	68241316	638574	29957110	3071234	98198426	175123
		2006	1946933	1040660	2987593	2384098	72501672	592951	23008843	2977049	95510515	198784
		2007	2126296	1159029	3285325	2624184	83206579	648943	24498240	3273127	107704819	199229
		2008	2063160	1126018	3189178	2493979	79038078	675620	27779696	3169599	106817774	200154
		2009	1992216	615932	2608148	1984819	51528662	636336	24951864	2621155	76480526	194330
		2010	2123657	273515	2397172	1796751	44617274	633245	24511388	2429996	69128662	108420
	电吉他	1999	126261	222139	348400	88928	2962640	198873	7842153	287801	10804793	25686
		2000	85407	174004	259411	117588	3079834	139892	6618212	25748	9698046	28110
		2001	142557	142348	284905	181644	3806863	103674	5892952	285318	9699815	26810
		2002	196669	128078	324747	243057	4681517	86000	5287555	329057	9969072	21950
		2003	197635	152958	350590	253676	4901019	92435	5242835	346111	10143854	25694
		2004	195642	131241	326883	255908	5035031	78056	5693450	333964	10728481	18361
		2005	197377	151526	348903	252087	4884141	103030	6666196	355117	11550337	15066
		2006	156585	162418	319003	214000	5293186	981	6500449	312100	11793635	23901
		2007	162172	174921	337093	249081	6015998	91341	6345085	340422	12361083	20249
		2008	150990	169462	320452	212383	4313647	104438	6895516	316821	11209163	23058
		2009	135219	111081	246300	165022	3695707	83074	6152989	248096	9848696	24736
		2010	133082	112311	245393	141766	2821773	102628	6153144	244394	8974917	16415
	电风琴	1999	247	40142	40389	10283	2186094	29054	11106651	39337	13292745	4166
		2000	31	32452	32483	8304	1164064	24687	9004214	32991	10168278	3808
		2001	258	27155	27413	8760	1191955	20035	7350125	28795	8542080	2400
		2002	98	30878	30976	5776	944374	24377	6759532	30153	7703906	3262
		2003	229	32590	32819	7366	825646	25546	49568	32912	5782446	3776
		2004	393	36304	36697	6656	1055109	30994	11313648	37650	12368757	1841
		2005	878	26814	27692	6191	702859	21751	7332185	27942	8035044	1943
		2006	1041	17726	18767	4870	618794	15001	4950841	19871	5569635	1872
		2007	726	17048	17774	3131	512955	14815	4378283	17946	4891238	1669
		2008	837	17718	18555	4104	715491	14675	4305454	18?79	5020945	1522
		2009	1981	13963	15944	3204	486902	12727	3531736	15931	4018638	1510
		2010	2365	14566	16931	5262	710383	11431	3135066	16693	3845449	1551
	电钢琴	1999	84701	228782	313483	176500	17526472	137017	14920070	313517	32446542	25652
		2000	77460	213864	291324	169219	14856536	129386	13340052	298605	28196588	18993
		2001	101294	227071	328365	180504	15058686	140814	13067264	321318	2812595	29087
		2002	113600	215336	328936	19681	17824262	136076	11846885	332886	29671147	21103
		2003	134101	207149	341250	194324	17417943	144432	11123919	338756	28541862	24031
		2004	165017	211611	376628	214697	19018687	163926	11057750	378623	30076437	18502

品目	类别	年度	海外产量	国内产量	总产量	销售						库存量
						出口		内销		销售总计		
						数量	金额（千日元）	数量	金额（千日元）	数量	金额（千日元）	
电声乐器	电钢琴	2005	191250	206034	397284	228464	18679018	167014	10287659	395478	28966677	20849
		2006	229216	168531	397747	230106	18619483	162477	9985556	392583	28605039	26893
		2007	329962	185886	515848	307922	22957512	197605	11771211	505527	34728723	37686
		2008	332800	192908	525708	351043	24928640	178908	10787911	529951	35716551	33466
		2009	381573	66456	448029	271104	16290878	184304	9979969	455408	26270847	26343
		2010	445405	73777	519182	345031	19483213	170313	10594234	515344	30077447	27213
	电子键盘	1999	448042	533229	981271	552536	12869493	408248	5975321	960784	18844814	74948
		2000	476541	298252	774793	470474	10118206	320458	5019992	790932	15138198	58786
		2001	380172	204252	584424	334531	8869964	267988	4401914	602519	13271878	54327
		2002	357504	143352	500856	289682	7278093	221678	3220952	511360	10499045	29980
		2003	1164944	156806	1321750	1054749	19524989	255752	3295170	1310501	22820159	41113
		2004	1307919	145663	1453582	1179279	2017035	288014	3161663	1467293	23332013	27104
		2005	1213674	147875	1361549	1154664	17388185	198802	2190166	1353466	19578351	32829
		2006	1161877	133746	1295623	1118338	20475154	186851	1981020	1305189	22456174	22351
		2007	1198220	177229	1375449	1134508	19541855	224572	2275703	1359080	21817558	38996
		2008	1151194	179837	1331031	1091076	17499265	243658	2378043	1334734	19877308	34603
		2009	1110984	13330	1124314	896737	12167175	224901	2052275	1121638	14219450	35918
		2010	1320799	18316	1339115	1138038	14030804	201297	1763196	1339335	15794000	17835
	便携式电子键盘	1999	623094	34968	658062	509397	2742073	170581	408568	679978	3150641	11662
		2000	357701	42973	400674	257494	1726743	134757	435665	392251	2162408	20084
		2001	244201	33201	277402	155299	1310071	133789	300412	289088	1610483	8392
		2002	170679	17580	188259	102186	896139	89209	248027	191395	1144166	5299
		2003	146588	8624	155212	77665	635581	80277	212710	157942	848291	2569
		2004	136109	22395	158504	71336	598468	87745	898047	159081	1496515	4151
		2005	153778	28597	182375	92583	728165	86743	905226	179326	1633391	7180
		2006	138619	36324	174943	86138	605797	78341	740720	164479	1346517	14838
		2007	80080	35747	115827	54981	598711	73220	696609	128201	1295320	5264
		2008	85372	19905	105277	37123	580732	69145	499233	106268	1079965	4273
		2009	78275	849	79124	13967	195364	65581	435813	79548	631177	3849
		2010	87088	630	87718			87888	159592	87888	159592	58
	键盘拾音器	1999	213	113848	114061	97202	6872541	19697	1952188	116899	8824729	9302
		2000	1780	108114	109894	96760	7495787	14946	1431841	111706	8927628	8823
		2001	12947	128554	141501	121792	8925447	16666	1506784	138458	10432231	9984
		2002	31686	106844	138530	125292	9317260	14296	1187703	139588	10504963	7615
		2003	1807	96113	97920	89635	7943977	8846	873494	98481	8817471	5700
		2004	2648	101503	104151	93848	8273802	8706	794341	102554	9068143	7153
		2005	8054	89877	97931	88433	8019046	9109	805154	97542	8824200	7539
		2006	21062	89939	111001	97511	7811327	10417	813750	107928	8625077	10964
		2007	34180	75445	109625	98728	9094499	11407	784471	110135	9878970	10051
		2008	41701	65348	107049	95438	7913062	10925	818535	106363	8731597	9661
		2009	45934	20018	65952	57162	3797894	11276	795200	68438	4593094	8175
		2010	45444	37764	83208	68039	4362658	12125	768738	80164	5131396	11153

品目	类别	年度	海外产量	国内产量	总产量	销售						库存量
						出口		内销		销售总计		
						数量	金额(千日元)	数量	金额(千日元)	数量	金额(千日元)	
电声乐器	其他电声乐器	1999	46306	556139	602445	385596	9247780	221558	3136243	607154	12384023	113389
		2000	134493	547558	682051	416345	9105668	120917	3061707	537262	12167375	191267
		2001	8186	375588	457448	417683	6081954	77130	2082983	494813	8164937	48834
		2002	35212	399411	434623	362937	4719331	60943	1438958	423880	6158289	49888
		2003	54398	273055	327453	279650	4771775	47235	1186263	326885	5958038	44600
		2004	31395	176062	207457	172931	3953475	28598	1145778	201529	5099253	43406
		2005	38426	132596	171022	141172	3873388	23519	1303714	164691	5177102	39828
		2006	51903	206682	258585	231291	4468011	27694	1504106	258985	5972117	59530
		2007	47937	221195	269132	258988	5312663	23081	1624047	282069	6936710	32683
		2008	65671	148056	213727	180961	4377912	20202	1458915	201163	5836827	37457
		2009	50538	130204	180742	153502	3117184	24924	1465704	178426	4582888	43715
		2010	6691	13708	20399	51694	2703013	16980	1278500	68674	3981513	11690
	乐器用功放	1999	110023	168179	278202	247513	9382769	38021	608322	285534	9991091	37521
		2000	138629	166741	305370	277213	9540500	31988	530947	309201	10071447	32985
		2001	155808	122710	278518	255811	9427155	27158	409178	282969	9836333	28132
		2002	165030	124916	289946	273184	8973647	22459	407051	295643	9380698	20906
		2003	168869	257029	425898	397365	10334217	22981	415107	420346	10749324	28430
		2004	195582	214124	409706	378922	12077478	27816	505737	406738	12583215	32545
		2005	263539	240849	504388	469066	13966514	28606	466810	497672	14433324	49889
		2006	198842	235415	434257	407345	15118800	29612	476201	436957	15595001	47085
		2007	285945	281278	567223	521496	19684086	30366	589931	551862	20274017	61812
		2008	234595	332784	567379	521851	18709329	33669	636089	555520	19345418	56114
		2009	187712	260031	447743	424121	11777558	29549	538178	453670	12315736	50084
		2010	82783	2443	85226	46921	505430	30583	658918	77504	1164348	22505
总合计		1999	2720096	7418906	10139002	5?52419	108528438	4275596	95317717	10028015	203846155	1819983
		2000	3083959	7312063	10396022	6060078	104633446	4167690	88272864	10227768	192906310	1859828
		2001	3112540	6865467	9978007	5938748	100462210	3816363	78614966	9755111	179077176	1997799
		2002	2695401	5816242	8511643	5348053	101928528	3141083	70412268	8489136	172340796	2073682
		2003	3230079	6735281	9965360	6808502	116566319	3452474	67343634	10260976	183909953	1830919
		2004	3854714	6204438	10059152	6999405	123202692	3296729	70467781	10296134	193670473	1578905
		2005	4023057	6492179	10515236	7245545	121104315	3482028	64609581	10727573	185713896	1638502
		2006	4088182	6506831	10595013	7396834	129226910	3115986	62685210	10512820	191912120	1728429
		2007	4542860	6604621	11147481	7942620	147612346	3168664	64100984	11111284	211713330	1754117
		2008	4317581	6945944	11263525	7942469	141692898	3130957	60907475	11073426	202600373	1915734
		2009	6817411	2854462	9671873	6614888	92946084	2870329	53218499	9485217	146164583	2103714
		2010	5210141	4688490	9898631	7297858	91930800	2762497	49604925	10060355	141535725	1782203

2010年日本乐器出口国家及地区概况

（金额单位：千日元 重量单位：公斤）

国家及地区	立式钢琴		三角钢琴		键盘弦乐器		弓弦乐器		吉他和其他弦乐器		铜管乐器	
	数量	金额	数量	金额	数量	金额	数量	金额	数量	金额	数量	金额
韩国	2594	379698	766	517667	1	1778	27	3144	605	13209	329	49881
中国内地	39635	3476816	2368	1309052	192	12601	6	3190	12	1727	235	27613
中国台湾	4668	340467	763	423657			58	1546	127	7564	131	17789
蒙古			1	350								
中国香港	4707	981643	234	141447	1	1068	41	1636	195	14984	320	40834
越南	7831	718028	284	112572	15	340	5	1924	1631	2573	8	1127
泰国	1856	287362	155	125174					1418	10921	704	61461
新加坡	2622	548803	252	190643			12	238	193	16904	342	52847
马来西亚	6319	423318	171	75523					60	10001	89	11074
文莱	3	1218	1	395								
菲律宾	950	44062	157	38559					8	504	3	372
印度尼西亚	2714	267587	189	84660							54	6459
柬埔寨												
老挝	9	4429			9	1328						
印度尼西亚	37	12452	10	8117							13	1016
斯里兰卡	490	18586	6	2599					381	926		
孟加拉	1	267										
伊朗	48	8226										
巴林												
沙特阿拉伯									4	760		
科威特	12	4120	7	6583								
卡塔尔												
阿曼	5	1204	1	528								
以色列	679	53309	21	17945					44	2803	10	676
约旦	3	795										
叙利亚	3	925	1	1044								
黎巴嫩	271	20092	32	10393								
阿拉伯联合酋长国	334	101551	166	155604			17	394			124	16301
冰岛												
挪威	31	8832	7	8176			1	1800	12	825	11	2266

国家及地区	立式钢琴		三角钢琴		键盘弦乐器		弓弦乐器		吉他和其他弦乐器		铜管乐器	
	数量	金额	数量	金额	数量	金额	数量	金额	数量	金额	数量	金额
瑞典	26	10616	26	27091							750	67868
丹麦	70	16848	51	41741					160	7232		
英国	1696	334201	417	358954	2	286	17	31436	888	18442	631	70019
爱尔兰	406	43960	38	15262								
荷兰	895	141810	42	35055			1	847	4261	222924	8	1748
比利时	1058	173016	123	85909			3	338	42	1603		
卢森堡											1	557
法国	1403	368192	527	507172			55	4554	243	5770	2549	261750
摩纳哥												
安道尔	1	240	1	1060								
德国	1771	596151	1458	1439147	1	360	98	9039	818	39246	5107	467223
瑞士									10	1351		
葡萄牙	217	34740	39	31970								
西班牙	717	121499	88	67949					6	1012	6	1592
意大利	1979	251177	341	243855			6	1035	20	5850	41	11462
芬兰	237	73967	57	60251							24	2190
波兰									5	739		
俄罗斯	17	8572	160	157722			30	1275	113	3234	77	6770
奥地利	14	2299										
匈牙利	43	2725	4	1300								
塞尔维亚												
希腊	283	37054	11	6919					12	2943		
罗马尼亚									5	441		
保加利亚												
塞浦路斯	15	2299										
土耳其	29	6104	10	7225								
爱沙尼亚												
拉脱维亚	2	609	9	5645								
立陶宛									6	279		
乌克兰											2	593
白俄罗斯												
克罗地亚	3	1107	5	4001								
斯洛文尼亚	61	12507	14	11083								
捷克			2	2365								

国家及地区	立式钢琴		三角钢琴		键盘弦乐器		弓弦乐器		吉他和其他弦乐器		铜管乐器	
	数量	金额	数量	金额	数量	金额	数量	金额	数量	金额	数量	金额
斯洛伐克												
加拿大	2332	497545	578	512627			79	5316	550	28547	1251	161067
美国	6838	1546295	3570	2750252			441	18218	7635	195895	13713	1629064
墨西哥	69	14700	52	42591							244	23151
巴拿马	16	7177	18	18351			2	210	3	512	1265	174947
巴巴多斯			1	705								
开曼群岛			2	2665								
哥伦比亚	3	175									239	34939
委内瑞拉			1	10143							70	12186
厄瓜多尔	16	1090									9	1147
秘鲁	2	284	8	5555					1273	1679		
玻利维亚			1	764								
智力	3	888	4	2465					108	5452	8	1685
巴西	31	9968	110	91335			6	293	604	40025	160	11970
阿根廷	6	1444	14	8990								
摩洛哥	81	9703	3	1530								
埃及												
尼日尔									30	576		
肯尼亚	15	1135	1	323								
乌干达												
马达加斯加			1	2560								
毛里求斯			1	931								
留尼旺岛	4	1263										
南非	27	7936	46	37186					70	4733	78	9496
澳大利亚	3880	773534	587	507366			34	479	550	25370	786	84120
新几内亚岛											3	201
新西兰	260	37514	7	5368					227	8111	4	361
瓦努阿图												
斐济												
新喀里多尼亚	1	400	2	1334					6	298		
法属波利尼西亚												
关岛												
总计	100349	12855074	14022	10345403	221	17761	939	86912	22335	705962	29399	3325822

国家及地区	其他管乐器		鼓		其他打击乐器		电子键盘乐器		电吉他		其他电子乐器	
	数量	金额	数量	金额	数量	金额	数量	金额	数量	金额	数量	金额
韩国	53361	866838	379	15147	7928	20799	2639	229949	703	38756	241	17197
中国内地	6694	192588	205	13900	103	12114	1211	139034	763	37581	556	16237
中国台湾	62442	204633	161	12453	503	46576	878	71048	686	38202	74	5724
蒙古							3	426				
中国香港	10343	229957	211	8554	2123	17878	1752	132955	1341	81032	602	49939
越南	1080	1502					107	9496			45	1987
泰国	18557	56787	414	17545	47	10801	603	38103	432	21221	134	8306
新加坡	5947	89386	312	13090	173	11505	1571	123671	762	49125	164	12113
马来西亚	2579	10633	106	4763	24	1914	167	29116	307	14045	15	645
文莱												
菲律宾	600	224	12	551	8	340	338	35418	923	5772	19	1669
印度尼西亚	14	1020	92	3870	9	2283	145	24246	65	3107		
柬埔寨							43	202				
老挝												
印度尼西亚	484	1028					212	22508	204	7592	782	28743
斯里兰卡							1484	2107	632	1817		
孟加拉			8	463								
伊朗							163	9970			21	2068
巴林									21	1462		
沙特阿拉伯	408	503					12	1691				
科威特							47	10298			8	1082
卡塔尔							6	1089	19	1428	13	1666
阿曼												
以色列	6052	16518	16	844			575	52530	74	4683	137	10447
约旦												
叙利亚									23	1301	12	484
黎巴嫩			15	649			51	4894	11	909	76	1976
阿拉伯联合酋长国	4043	18982	46	10905	8	2255	1025	104414	103	7542	806	23737
冰岛	421	221							15	822		
挪威	1889	6429	20	804			1	464	246	15421		
瑞典	8171	68520	321	10604	27	3421	3741	281032	481	31667	280	7746
丹麦	760	6814					2238	192535	49	4274	378	33147
英国	80430	303301	553	20095	3578	15131	12368	750605	1677	115800	2313	109074
爱尔兰	606	674										
荷兰	5534	166991	167	5040	289	23038	1393	52426	5381	199638	700	21669

国家及地区	其他管乐器		鼓		其他打击乐器		电子键盘乐器		电吉他		其他电子乐器	
	数量	金额	数量	金额	数量	金额	数量	金额	数量	金额	数量	金额
比利时	2346	7594					4225	362260			1325	125719
卢森堡												
法国	35614	314595	1170	38514	386	62719	8235	591096	923	69785	1415	53591
摩纳哥	1592	832										
安道尔	730	942										
德国	149719	1526284	2789	81405	368	57527	20860	1918550	3860	269980	4041	199776
瑞士	2814	55716	78	2616			2051	132565	287	20672	359	26183
葡萄牙	1331	2736					113	2762	66	3106		
西班牙	12936	50083	35	1210			1575	89284	591	43243	286	16034
意大利	66915	110390	406	12449	15	797	2316	105722	1743	132271	1098	62797
芬兰	3396	36144	107	3186	5	859	195	28284	340	22094		
波兰	2856	10199					304	7116	147	5666	55	1958
俄罗斯	4146	23340	220	6483	20	3646	513	37918	2937	105215	77	3417
奥地利	2636	10001	13	629					174	9279		
匈牙利	2807	29575					848	70206			120	10628
塞尔维亚							249	11792	7	806	22	499
希腊	800	5484					309	16734	67	4775	116	5364
罗马尼亚	3	1185					68	2340				
保加利亚							63	2276	16	1175	18	443
塞浦路斯							5	297	9	717		
土耳其	1038	4118	27	1103			106	6740	308	15317	57	3666
爱沙尼亚									30	717		
拉脱维亚			18	691			504	23344	72	5244		
立陶宛	325	470							57	1718		
乌克兰	499	618					14	773	57	3137		
白俄罗斯									10	778		
克罗地亚	3	554										
斯洛文尼亚	26	7965	8	238					35	2417	4	496
捷克	11113	9769					123	3373			36	853
斯洛伐克	580	247										
加拿大	51372	173674	1282	56190	2038	50569	6068	436410	337	26312	1178	71976
美国	189327	1638368	14785	390386	4411	380885	47940	3246014	18622	902994	10232	634335
墨西哥	7646	31003	268	7311	1	678	893	59088	26	2869	100	2635
巴拿马	13588	64645	928	98600	127	20304	646	70643	8	826		
巴巴多斯												

国家及地区	其他管乐器		鼓		其他打击乐器		电子键盘乐器		电吉他		其他电子乐器	
	数量	金额	数量	金额	数量	金额	数量	金额	数量	金额	数量	金额
开曼群岛												
哥伦比亚	37	4286	62	2302	1	1188						
委内瑞拉	61	12377	60	9190	1	282						
厄瓜多尔	12	1384										
秘鲁	2757	3029					3143	21087	1069	2829		
玻利维亚												
智力	973	1003	15	422			358	28465	434	27611	16	416
巴西	14107	55415					2794	270953	357	10827	369	20178
阿根廷	3416	5565	8	357			237	7800	270	6730		
摩洛哥												
埃及							14	1740	32	2334	10	1086
尼日尔			6	230			515	1759				
肯尼亚												
乌干达							216	582				
马达加斯加	1	508										
毛里求斯			5	238					61	384		
留尼旺岛							8	904				
南非	2462	13322	97	5097			651	61238	355	17996	61	4959
澳大利亚	13325	168827	322	15797	1498	14140	3758	294396	1596	95751	623	40426
新几内亚岛												
新西兰	1264	3852	20	1312			370	19028	168	9750	13	519
瓦努阿图							2	386				
斐济							2	295				
新喀里多尼亚												
法属波利尼西亚							2	265				
关岛							6	1133	5	412		
总计	874988	6629648	25767	875233	23689	761649	761649	10255845	49994	2508934	29007	1643160

国家及地区	八音盒		乐器弦		钢琴零配件		弦乐器零配件		电子乐器零配件		节拍器、音叉	
	数量	金额	数量	金额	重量	金额	重量	金额	重量	金额	重量	金额
韩国	5683	4794	123	1440	204	5485	946	4416	3768	22320	2647	49717
中国内地	61	1298	672	954	4091066	2254590	5236	43542	522618	801930	135262	1177999
中国台湾	441	697	1006	2090	14320	41908	166	1672	1862	7909	2554	40574
蒙古									285	236		
中国香港	1	277	184	762	905	2862	4182	22447	14699	148423	21778	156923
越南			188	1270	1993	4522	132	1740			22	399
泰国	2764	3455	668	6719			76	881	447	5808	1709	9651
新加坡			15	236	133	523	249	491	3364	6136	1719	8869
马来西亚	14600	2183	623	466	110	552	133	1813	921	4779	2635	10706
文莱												
菲律宾			17	254	1381	3061			2037	6419		
印度尼西亚			5131	10867	2713740	2012786	9863	31537	126024	520640	250477	2014805
柬埔寨												
老挝												
印度尼西亚									453	3384	270	722
斯里兰卡												
孟加拉												
伊朗									103	290		
巴林												
沙特阿拉伯												
科威特									189	780		
卡塔尔												
阿曼												
以色列									234	806	11	275
约旦												
叙利亚												
黎巴嫩												
阿拉伯联合酋长国			3119	3575					1755	5203	22	232
冰岛												
挪威									60	991	3	268
瑞典							493	4526	4603	13483	471	6880
丹麦					1972	1888			4741	15190	12	1046
英国			144	760	1204	1863	148	2569	37539	91015	580	17314
爱尔兰							54	669				
荷兰							254	2489	5132	25025	1023	7079

国家及地区	八音盒		乐器弦		钢琴零配件		弦乐器零配件		电子乐器零配件		节拍器、音叉	
	数量	金额	数量	金额	重量	金额	重量	金额	重量	金额	重量	金额
比利时					27	227			11520	35807	30	1177
卢森堡												
法国			226	7396	229	2314	579	6126	26615	91559	2498	34117
摩纳哥												
安道尔												
德国			487	5014	17499	54160	611	8387	57239	243108	12762	151646
瑞士			10	401	50	1825			3279	9903	24	2456
葡萄牙	2	227							40	282		
西班牙							407	8582	3685	15496	276	5462
意大利					667	1778	516	4939	177658	540664	4111	14647
芬兰							365	3925	740	4129	633	2616
波兰							21	242	156	2171	7	381
俄罗斯			764	1163	20	212	39	428	2228	18571	409	2335
奥地利					60	467			31	217		
匈牙利									1410	4643		
塞尔维亚												
希腊							183	1892	258	1511	216	838
罗马尼亚												
保加利亚											60	230
塞浦路斯												
土耳其					12	211			121	2251	240	601
爱沙尼亚												
拉脱维亚									2	300	135	439
立陶宛												
乌克兰												
白俄罗斯									65	674		
克罗地亚												
斯洛文尼亚											28	1066
捷克							207	3204	112	1148	0	540
斯洛伐克									75	619		
加拿大					2284	2722	911	16946	11539	48265	3277	23127
美国	462	1030	2441	22662	21130	64620	19708	211608	165447	732179	95876	358981
墨西哥							853	12336	460	1754	74	1253
巴拿马									46	203	2604	16725
巴巴多斯												

国家及地区	八音盒		乐器弦		钢琴零配件		弦乐器零配件		电子乐器零配件		节拍器、音叉	
	数量	金额	数量	金额	重量	金额	重量	金额	重量	金额	重量	金额
开曼群岛												
哥伦比亚												
委内瑞拉											36	1257
厄瓜多尔												
秘鲁												
玻利维亚												
智力									120	895		
巴西									4967	21498	91	2987
阿根廷							274	1791	681	4176		
摩洛哥												
埃及												
尼日尔												
肯尼亚												
乌干达												
马达加斯加												
毛里求斯												
留尼旺岛												
南非									385	1924	330	1480
澳大利亚	17	364			423	2042	672	7837	7510	32732	1457	11234
新几内亚岛												
新西兰							31	246	69	772	150	533
瓦努阿图												
斐济												
新喀里多尼亚												
法属波利尼西亚												
关岛												
总计	24031	14325	15818	66029	6869437	4460756	47309	407281	1208546	3498665	546585	4140218

2010年日本乐器进口国家及地区概况

（金额单位：千日元 重量单位：公斤）

国家及地区	立式钢琴		三角钢琴		键盘弦乐器		弓弦乐器		吉他		其他弦乐器		铜管乐器	
	数量	金额	数量	金额	数量	金额	数量	金额	数量	金额	数量	金额	数量	金额
韩国	15	1518					31	754	1001	33269	25	597	2	500
中国内地	1149	130991	146	47924			28040	281800	100959	655828	75804	208513	10892	103215
中国台湾							148	3015			61	1659	5138	156826
蒙古														
中国香港													1	225
越南	182	16844	13	3935					96	1663	3367	11582	363	2013
泰国														
马来西亚														
菲律宾									197	463	1500	204		
印度尼西亚	3166	472073	62	17991			401	2911	15611	106415	220	1694		
老挝														
印度											279	1257	85	3887
巴基斯坦											392	3637		
尼泊尔														
伊朗														
以色列							1	225						
黎巴嫩									1	229	1	367		
瑞典									50	1435	218	1545		
丹麦														
英国					4	1810	299	71016	78	26034	4	2035	38	11663
爱尔兰														
荷兰			1	1535	3	7251	37	5164	4	701	31	1409	17	3859
比利时							145	15125	2	1067				
卢森堡													21	2549
法国	3	2675	5	8907	2	5831	780	134188	25	5192	60	15117	302	74969
德国	236	181076	209	810488	2	1077	3895	366634	190	51766	738	61500	1593	491513
瑞士							20	7923	1	223	8	1381	108	42961
葡萄牙														
西班牙							2	1107	2547	161949				
意大利			11	46305	5	2434	662	386755	11	3873	390	103561	4	1428
芬兰									5	1338	24	1565	10	2330
波兰							11	3301	39	2852				

国家及地区	立式钢琴		三角钢琴		键盘弦乐器		弓弦乐器		吉他		其他弦乐器		铜管乐器	
	数量	金额	数量	金额	数量	金额	数量	金额	数量	金额	数量	金额	数量	金额
俄罗斯											6	393	50	12319
奥地利			26	117514			2	788	1	701			15	5729
匈牙利							134	9447						
希腊														
罗马尼亚							2282	74871	260	1343				
保加利亚							83	7951						
塞浦路斯							15	2168						
土耳其														
爱沙尼亚			1	1595										
克罗地亚														
斯洛文尼亚														
捷克	151	68358	88	106157			1044	42752	285	22203			56	7820
斯洛伐克							11	1280						
加拿大							2	873	884	27160	5	858		
美国	13	17912	53	113428	11	8707	273	89510	8036	985201	3174	198040	4169	551292
墨西哥									2806	51011	528	6741		
危地马拉														
巴哈马													10	2137
特里尼达与多巴哥														
委内瑞拉														
秘鲁														
玻利维亚											49	742		
巴西							1	242	9	2094	24	1810		
阿根廷														
塞内加尔														
几内亚														
科特迪瓦														
加纳														
马里														
布基纳法索														
喀麦隆														
南非														
澳大利亚	1	360							242	22016	1	427		
新西兰							1	1093	1	339				
总计	4916	891807	615	1275779	27	27110	38320	1510893	133341	2166365	86909	626634	22874	1477235

国家及地区	风琴		手风琴		口琴		其他管乐器		鼓		电子键盘乐器		电吉他	
	数量	金额	数量	金额	数量	金额	数量	金额	数量	金额	数量	金额	数量	金额
韩国							35	320	46916	19001	1137	11985	21983	486082
中国内地	600	340	122561	127140	299302	79347	354709	159152	1354759	436639	552122	3840928	263636	1881044
中国台湾							58172	274837	145684	250189	360	6407	47	901
蒙古														
中国香港														
越南							649	19767	9690	3457			6256	25021
泰国									29655	88603				
马来西亚														
菲律宾									280	295			1608	25444
印度尼西亚			421380	368258			989734	1116465	17255	16491	90147	2985561	40655	557392
老挝														
印度									76224	35831			950	13744
巴基斯坦									1294	851				
尼泊尔									4261	1418				
伊朗									2	760	4	730		
以色列														
黎巴嫩														
瑞典							18	309	3250	8576	1010	93621	1	497
丹麦													3	764
英国	2	1094	1	422									48	9794
爱尔兰			1	479	900	802	1586	826						
荷兰	2	14281					350	4711	393	57175	22	9493	12	1973
比利时	1	3397					10	1795						
卢森堡							4	3428						
法国	8	97914	2	334			12219	1813935	91	6579	13	1998	52	6179
德国	1287	24177	1823	8443	50488	56929	3863	239821	25245	91772	202	22917	877	85728
瑞士	2	64990					281	11036	4053	42055				
葡萄牙											1	316		
西班牙									3864	12631			7	899
意大利	7	38503	108	21520			2495	5310	1483	12014	105	29076		
芬兰													10	902
波兰													13	1195
俄罗斯														
奥地利							20	4157	24	2406				

国家及地区	风琴		手风琴		口琴		其他管乐器		鼓		电子键盘乐器		电吉他	
	数量	金额	数量	金额	数量	金额	数量	金额	数量	金额	数量	金额	数量	金额
匈牙利	1	15642												
希腊														
罗马尼亚														
保加利亚														
塞浦路斯														
土耳其									3148	25749				
爱沙尼亚														
克罗地亚													2	202
斯洛文尼亚														
捷克			43	3100			63	17349					103	8263
斯洛伐克														
加拿大	1	15000	1	249			402	248	20709	117058			895	42766
美国							2863	303767	60220	459142	274	45035	29542	2995207
墨西哥									2737	2806			8538	240448
危地马拉									1	263				
巴哈马														
特里尼达与多巴哥									349	6100				
委内瑞拉							3	5310						
秘鲁							5603	461	3794	921				
玻利维亚							861	1129						
巴西									1745	5529	1	555		
阿根廷														
塞内加尔									11374	1215				
几内亚									394	1858				
科特迪瓦									1256	5206				
加纳									10145	2305				
马里									2915	2071				
布基纳法索									1620	312				
喀麦隆									938	354				
南非							1100	3019						
澳大利亚							73	612	23	2062	30	385		
新西兰														
总计	1911	275338	545920	529945	350690	137078	1435235	3990550	1846094	1722171	645436	7051241	375238	6384445

国家及地区	其他电子乐器		八音盒		乐器用弦		钢琴零配件		弦乐器零配件		电子乐器零配件		节拍器、音叉	
	数量	金额	重量	金额	重量	金额	重量	金额	重量	金额	重量	金额	重量	金额
韩国	80	2985			7651	21612	4546	30465	1274	13334	20271	106812		
中国内地	134008	782560	1029208	227728	43866	124331	144952	115041	282733	216733	674193	816226	42774	267009
中国台湾	2393	32472	98400	3268	701	7011	2791	5975	80977	46319	52472	94480	33	209
蒙古					4	329								
中国香港					2518	21073			411	2573	269	1185	435	2349
越南	468	2056	5280	1962					25747	35792			32382	206131
泰国			1	295					58	461				
马来西亚	90	1334					81441	24618	7	269	64	434		
菲律宾									93	434	2078	8699		
印度尼西亚	3894	40128			203	1615	2308056	1048241	57	596	1791991	961660		
老挝									324	1317				
印度									2053	13329				
巴基斯坦														
尼泊尔														
伊朗														
以色列														
黎巴嫩														
瑞典	4	828			49	3641					594	4006		
丹麦					218	26528			6	1196	439	7453		
英国	7	2826	15	8928	3363	27732			826	33866	42	2267	30	920
爱尔兰														
荷兰									459	6896	391	1819		
比利时	1	214			2	1555			21	25474				
卢森堡														
法国	2	540	1299	3860	1373	21133			569	173911				
德国	119	9859	2319	21170	7935	281843	4085	52352	7932	155745	7022	61879	2758	15622
瑞士			3592	74391	17	4899			73	48155				
葡萄牙							0	288			500	2947		
西班牙	2	877			15	223			44	1731			32	274
意大利	239	29767	166	586	2818	32705	58	271	1271	32872	10366	21003		
芬兰											89	1204		
波兰									30	390	224	348		
俄罗斯									34	550	103	1922		
奥地利					2606	313595	92	1378	218	21208	5	471		

国家及地区	其他电子乐器		八音盒		乐器用弦		钢琴零配件		弦乐器零配件		电子乐器零配件		节拍器、音叉	
	数量	金额	重量	金额	重量	金额	重量	金额	重量	金额	重量	金额	重量	金额
匈牙利														
希腊														
罗马尼亚									8	220				
保加利亚									3	273				
塞浦路斯									0	2933				
土耳其														
爱沙尼亚														
克罗地亚														
斯洛文尼亚									232	3525				
捷克									51	6104				
斯洛伐克					22	2385			0	238	90	1787		
加拿大					58	728			2404	90560	474	4625		
美国	153	13112	45	26692	129696	911377	18051	14753	15098	161874	143279	752836		
墨西哥					19925	145441								
危地马拉														
巴哈马														
特里尼达与多巴哥														
委内瑞拉														
秘鲁														
玻利维亚														
巴西					3	1365			104	28164				
阿根廷														
塞内加尔														
几内亚														
科特迪瓦														
加纳														
马里														
布基纳法索														
喀麦隆														
南非														
澳大利亚											50	272		
新西兰									15	381	12	387		
总计	141460	919558	1140325	368862	223043	1951121	2564072	1293382	423132	1127423	2705018	2854722	79043	502497

（高萍 编译自《日本音乐贸易》2011 NO.4）

海外信息篇之五：2010年各国乐器市场概述

日本

日本音乐行业产品三种不同类型的统计资料：音乐产品的生产（销售）、进口和出口。上述资料由日本乐器制造商协会（JMIMA）、日本经济、贸易与产业省（METI）和日本财务省关税局共同编制。由于日本经济、贸易与产业省的统计资料近些年来更加简化，当前这些数据仅适用于有限的项目产品。在本资料中，日本乐器制造商协会的统计资料（包括多种产品种类的详细数据）对于回顾日本音乐产品行业来说，是最可靠的资料来源。关于进出口数字的任何评论均是在财务省资料的基础上做出的。

根据日本乐器制造商协会编制的2010年统计资料，音乐产品的国内销售和出口比上年减少了3%，跌至1415亿日元。国内销售额为9190亿日元，下跌了7%，而出口额减少了1%，降至9190亿日元。在经历了2009年28%的大幅下降之后，日本市场尚未能从最近的经济低迷时期完全恢复过来。

在绝大多数产品种类中（包括声学钢琴、电子琴、数字钢琴、电子键盘乐器、木管乐器、吉他及以学校为市场的乐器），出口额获得增长。只有少数种类的产品（包括铜管乐器、电子吉他、其他电子乐器及乐器功放）出口额下降。

钢琴制造商在去年经历了向发展中国家（包括中国）出口乐器的有利环境。对先进模式的高度认可的同时也带来了竞争性销售模式的增加。这有助于巩固 “日本制造”钢琴在上述地区的品牌形象。数字钢琴和电子键盘乐器的情形相同。

与出口市场（绝大多数种类产品在年终时都具有相对良好的表现）的形势相反，除长号、音乐会/行进爵士鼓、桌面木琴、电子吉他、键盘合成器、便携式电子键盘和乐器功放外，日本国内市场去年持续处于销售疲软状态。

键盘集音器的销售量增加了7.5%，但从价值上讲，却减少了3.4%。据报告显示，键盘集音器的单位销售量创下了过去八年来的销售记录新高。在汹涌澎湃的需求结束之时，市场上有许多不同寻常的新型产品。雅马哈（Yamaha）公司宣布他们在MONIF XF产品首次推出三年之后，对其进行了改进。Roland公司和Korg公司也启动了新型产品揭幕仪式，这些新型产品具有非同寻常的功能，这些产品简单易用、质地轻且价格合理。很明显这些具有吸引力的产品带动了这部分产品的销售。iPhone和iPad使用的新软件歌曲设计应用程序也在键盘集音器中产生了重要影响。尽管单位数量上具有巨大的销售额增幅，这种形势说明了这样一个事实：制造商成功维持了具有竞争性的价位，因此，单位价格出现了大幅的下跌。

电子吉他和乐器功放的强化普及很大程度是归因于一系列流行音乐主题电影和动画卡通片（包括“Soranin”），该片的特点是著名的演员Aoi Miyazaki演奏电子吉他和“BECK”（关于花蕾乐队成员的故事）。这有助于在初中生、高中生和年轻人中间激发他们对乐队活动的兴趣。

数字钢琴在2010年单位销售量有所下降，但这并不意味着什么，因为数字钢琴的平均单价上涨。制造商引入了增值型产品模式，这样做的结果是提升了销售价值。雅马哈（Yamaha）公司扩大了其高质量ARIUS产品生产线。Roland公司的新型产品是具有超自然功能的钢琴，在市场上非常受欢迎。Casio公司用一些具有纪念意义的新型产品来庆祝其从事乐器商业30周年。

2010年，电键盘乐器和电子键盘乐器以占总进口量17.1%的增长量成为增长最大的两类乐器产品。电吉他以15.5%的增长量紧随其后，管乐器的增长量为9.7%。在过去的一年中，电吉他的进口量迅猛增长16%（数量）和7%（价值）。然而，其他乐器部分的进口量则出现了3%-8%之间的下跌。立式钢琴在数量上跃增了73%，在价值上增长了53%，钢琴零部件在数量上也增长了26%，价值上增长了20%。因为这些产品仅代表所有进口乐器的一小部分，本年末乐器的总进口额为411亿日元，比前一年减少了2%。

下图是在日本乐器制造商协会（JMIMA）、日本经济、贸易与产业省（METI）和日本财务省关税局提供、由《日本音乐贸易》发布的资料的基础上绘制的，由《日本音乐贸易》杂志主编泽野优进行注释。

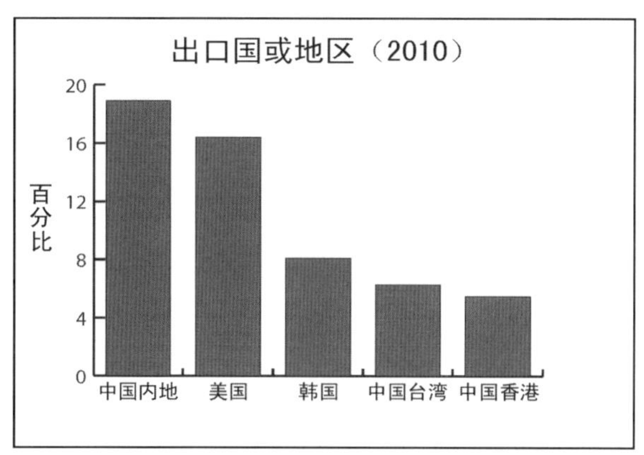

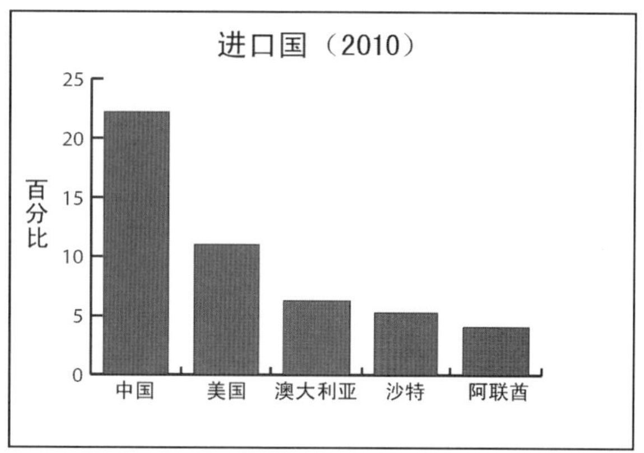

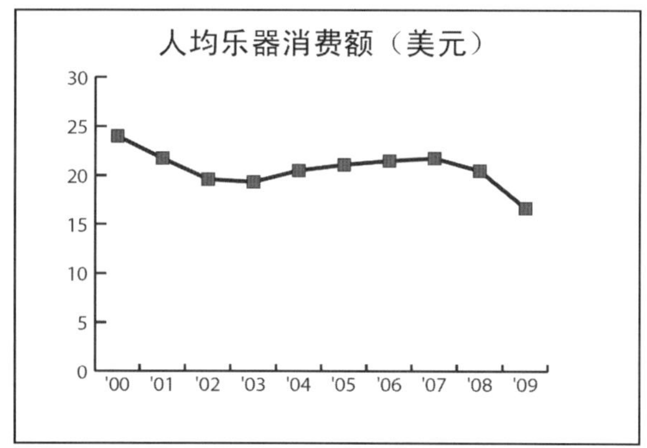

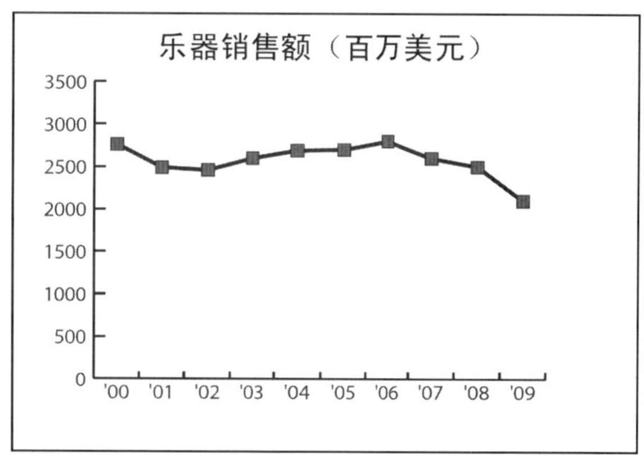

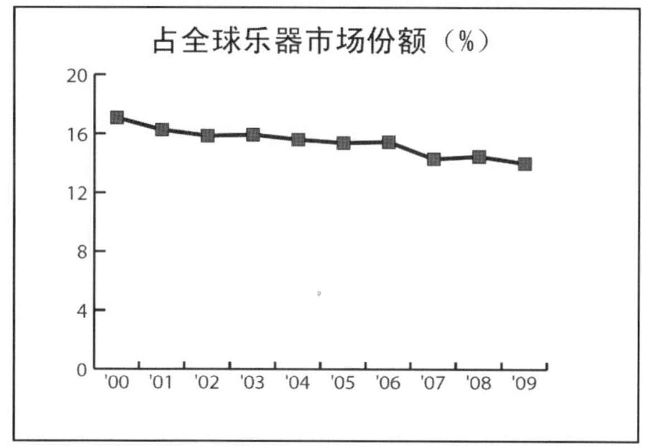

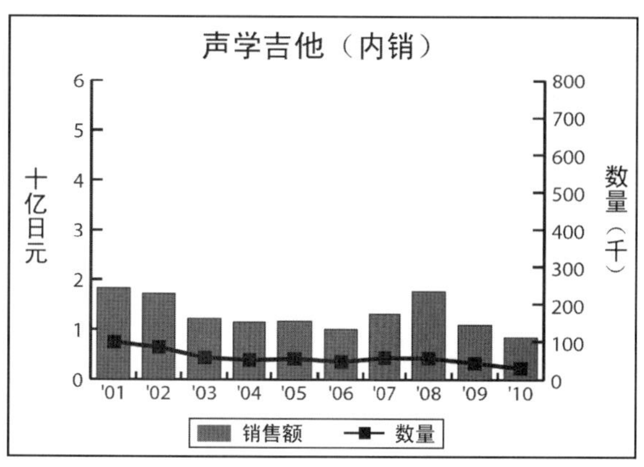

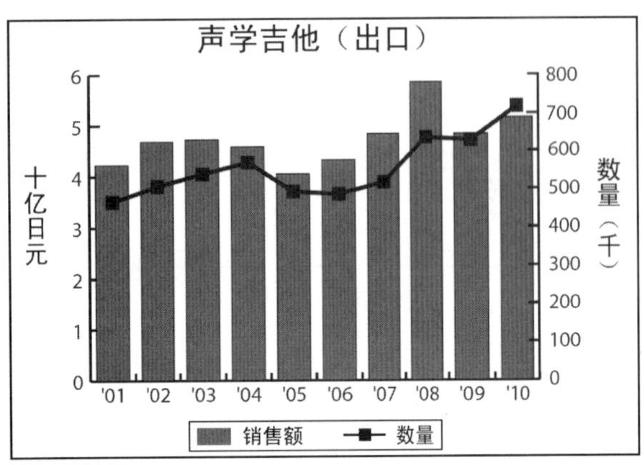
声学吉他（出口）
十亿日元
0 1 2 3 4 5 6
数量（千）
0 100 200 300 400 500 600 700 800
'01 '02 '03 '04 '05 '06 '07 '08 '09 '10
销售额
数量

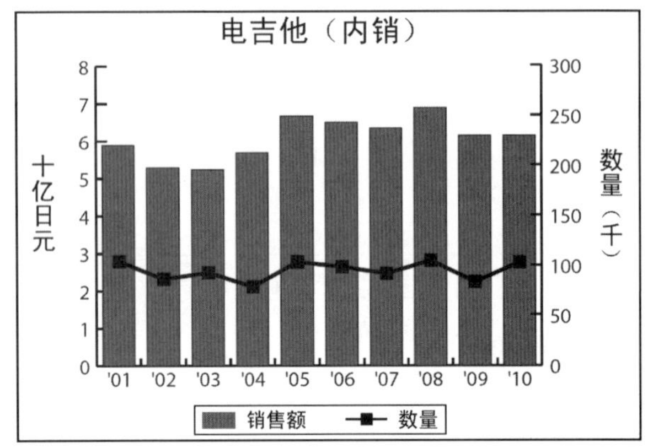
电吉他（内销）
十亿日元
0 1 2 3 4 5 6 7 8
数量（千）
0 50 100 150 200 250 300
'01 '02 '03 '04 '05 '06 '07 '08 '09 '10
销售额
数量

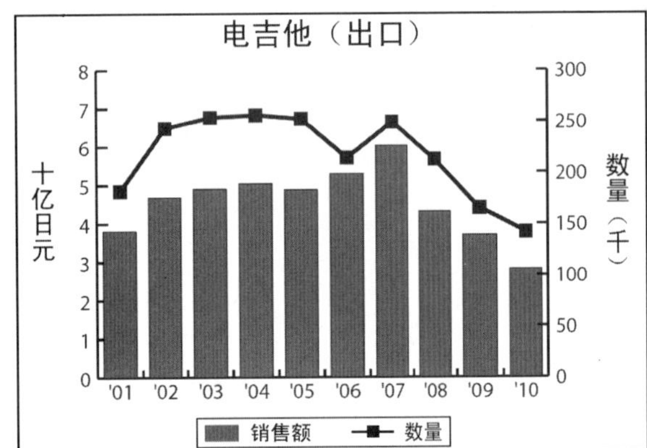
电吉他（出口）
十亿日元
0 1 2 3 4 5 6 7 8
数量（千）
0 50 100 150 200 250 300
'01 '02 '03 '04 '05 '06 '07 '08 '09 '10
销售额
数量

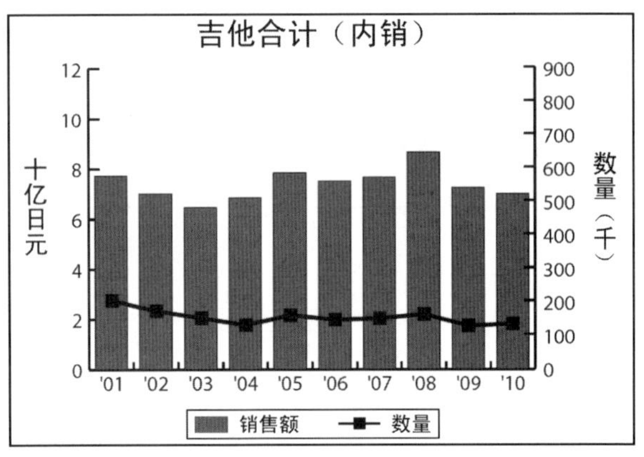
吉他合计（内销）
十亿日元
0 2 4 6 8 10 12
数量（千）
0 100 200 300 400 500 600 700 800 900
'01 '02 '03 '04 '05 '06 '07 '08 '09 '10
销售额
数量

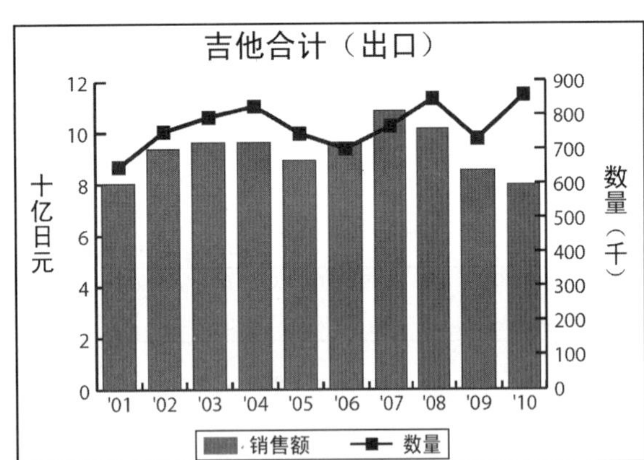
吉他合计（出口）
十亿日元
0 2 4 6 8 10 12
数量（千）
0 100 200 300 400 500 600 700 800 900
'01 '02 '03 '04 '05 '06 '07 '08 '09 '10
销售额
数量

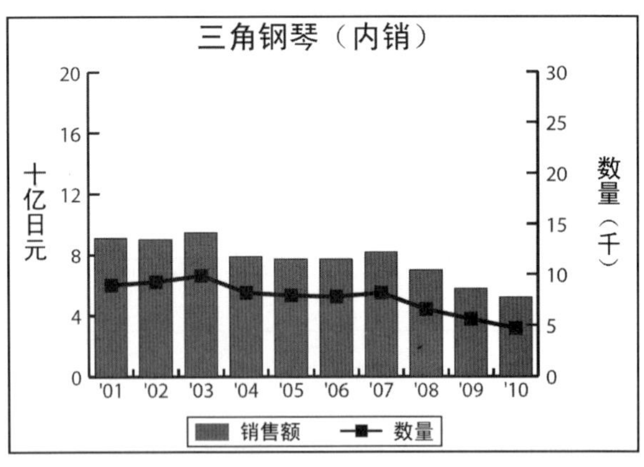
三角钢琴（内销）
十亿日元
0 4 8 12 16 20
数量（千）
0 5 10 15 20 25 30
'01 '02 '03 '04 '05 '06 '07 '08 '09 '10
销售额
数量

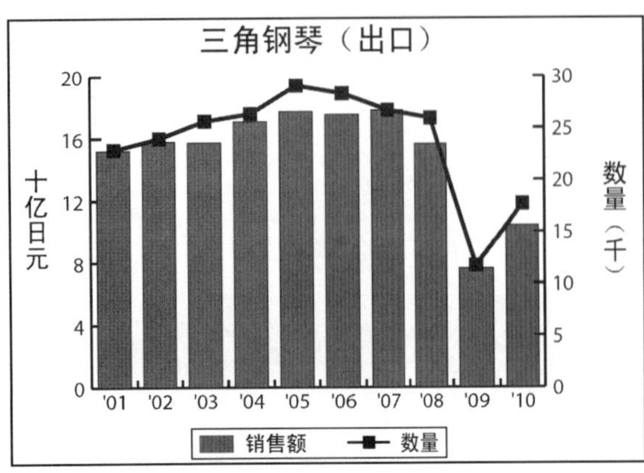
三角钢琴（出口）
十亿日元
0 4 8 12 16 20
数量（千）
0 5 10 15 20 25 30
'01 '02 '03 '04 '05 '06 '07 '08 '09 '10
销售额
数量

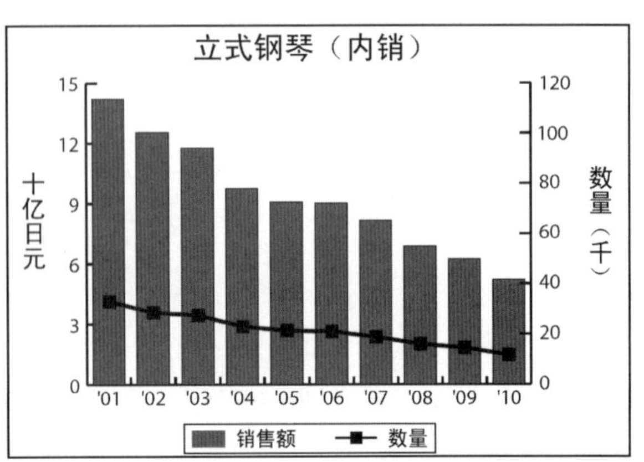
立式钢琴（内销）
十亿日元
0 3 6 9 12 15
数量（千）
0 20 40 60 80 100 120
'01 '02 '03 '04 '05 '06 '07 '08 '09 '10
销售额
数量

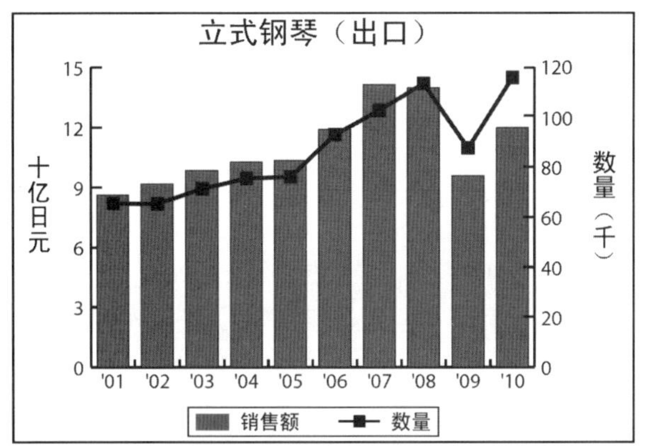
立式钢琴（出口）
十亿日元
数量（千）
销售额
数量

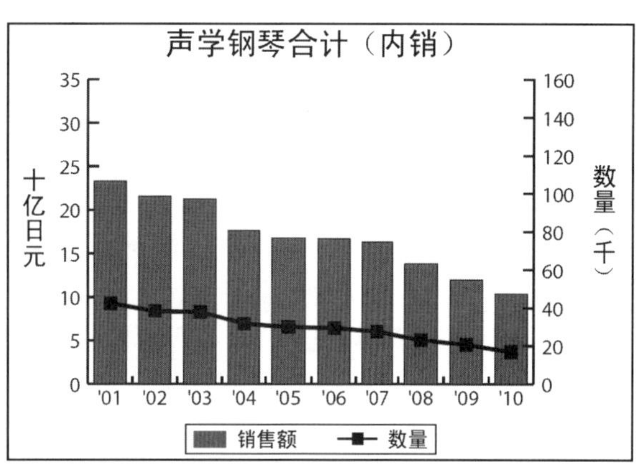
声学钢琴合计（内销）
十亿日元
数量（千）
销售额
数量

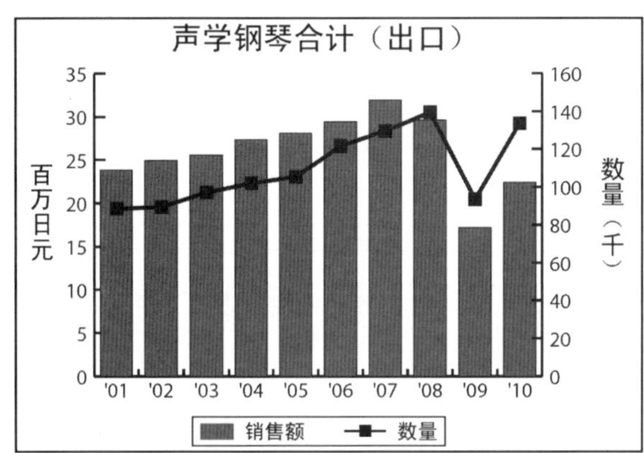
声学钢琴合计（出口）
百万日元
数量（千）
销售额
数量

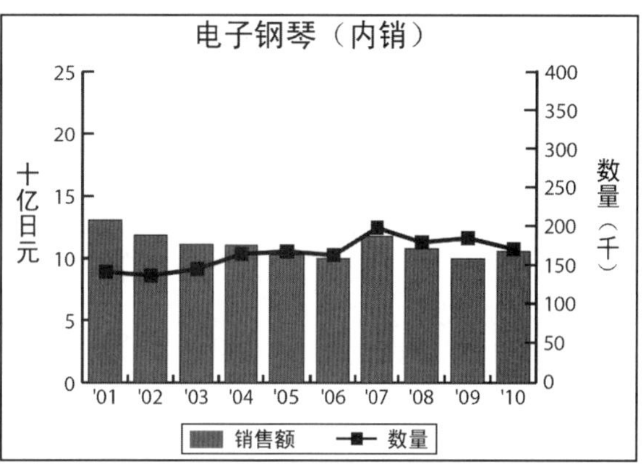
电子钢琴（内销）
十亿日元
数量（千）
销售额
数量

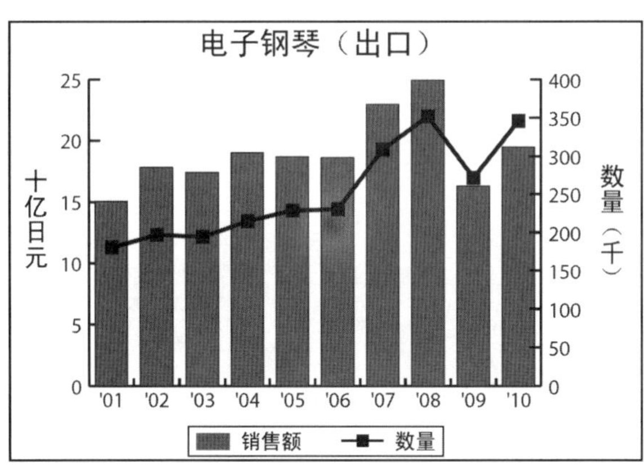
电子钢琴（出口）
十亿日元
数量（千）
销售额
数量

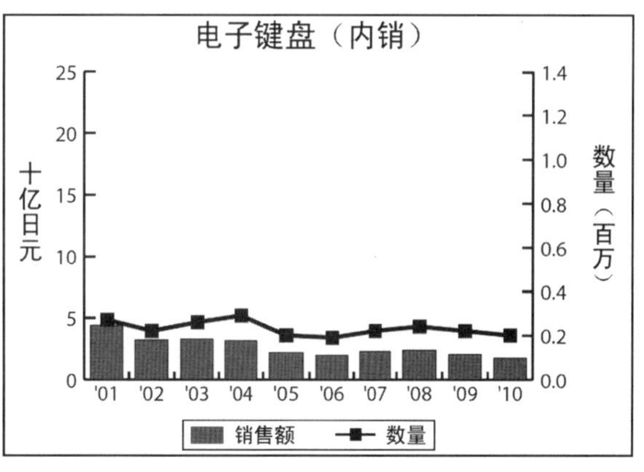
电子键盘（内销）
十亿日元
数量（百万）
销售额
数量

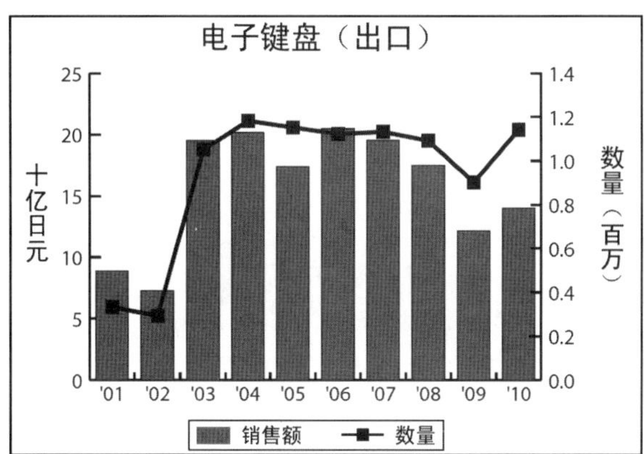
电子键盘（出口）
十亿日元
数量（百万）
销售额
数量

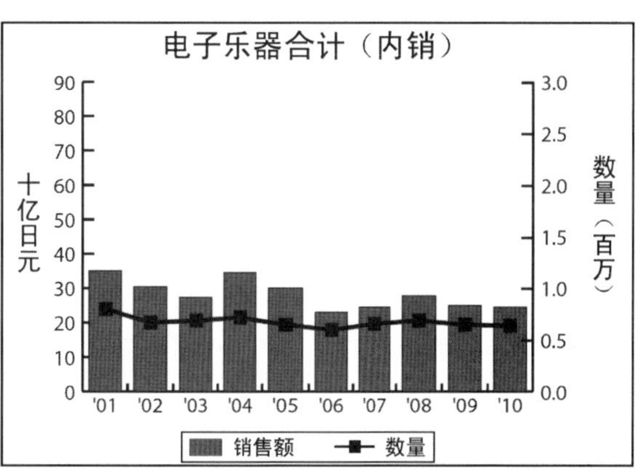
电子乐器合计（内销）
十亿日元
数量（百万）
销售额
数量

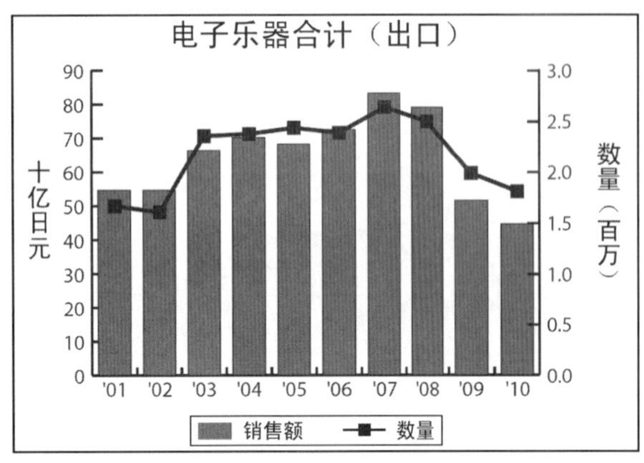
电子乐器合计（出口）
十亿日元
数量（百万）
'01 '02 '03 '04 '05 '06 '07 '08 '09 '10
销售额
数量

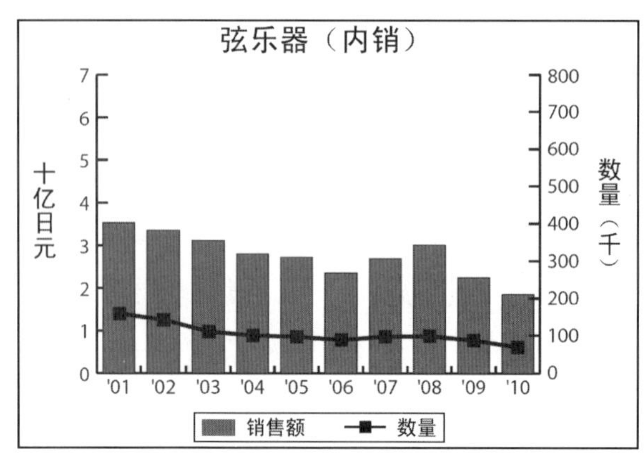
弦乐器（内销）
十亿日元
数量（千）
'01 '02 '03 '04 '05 '06 '07 '08 '09 '10
销售额
数量

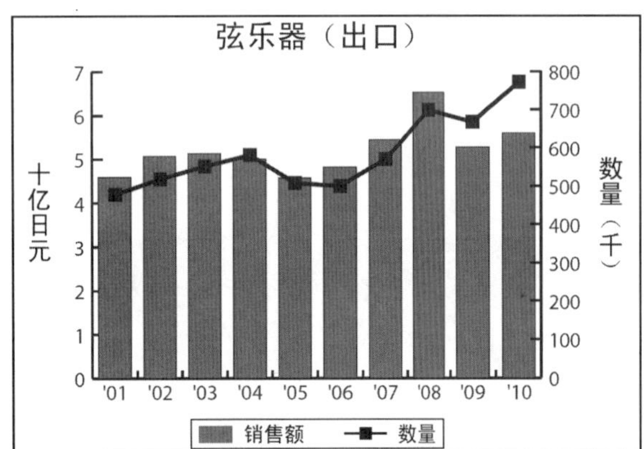
弦乐器（出口）
十亿日元
数量（千）
'01 '02 '03 '04 '05 '06 '07 '08 '09 '10
销售额
数量

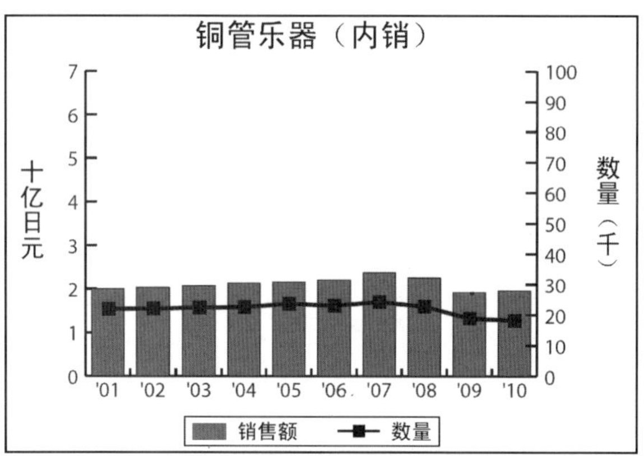
铜管乐器（内销）
十亿日元
数量（千）
'01 '02 '03 '04 '05 '06 '07 '08 '09 '10
销售额
数量

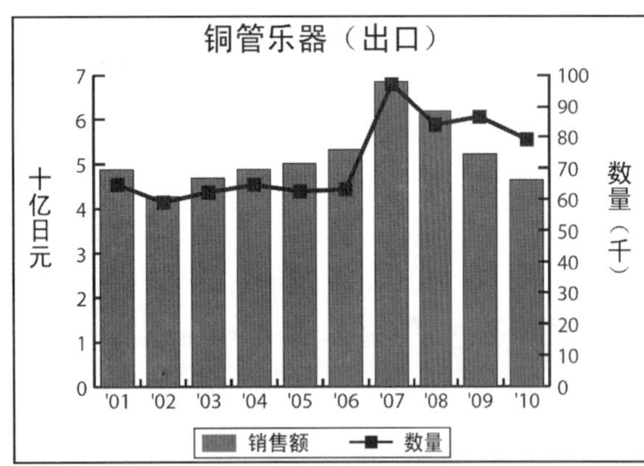
铜管乐器（出口）
十亿日元
数量（千）
'01 '02 '03 '04 '05 '06 '07 '08 '09 '10
销售额
数量

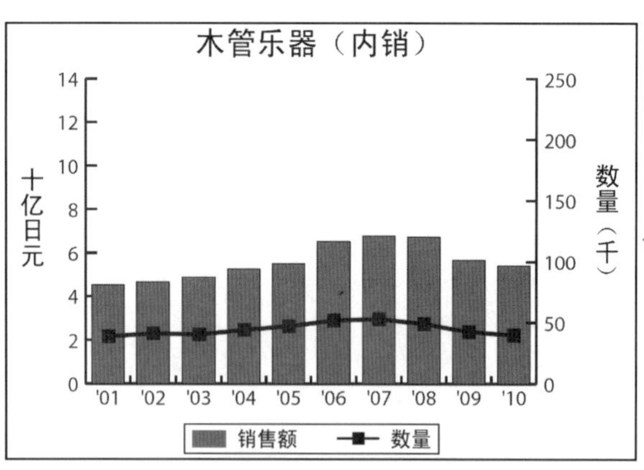
木管乐器（内销）
十亿日元
数量（千）
'01 '02 '03 '04 '05 '06 '07 '08 '09 '10
销售额
数量

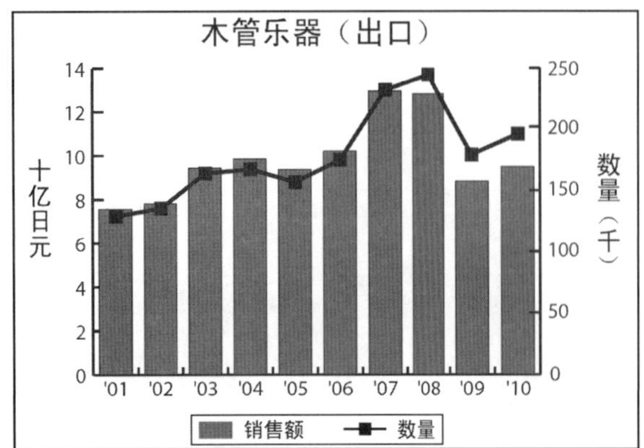
木管乐器（出口）
十亿日元
数量（千）
'01 '02 '03 '04 '05 '06 '07 '08 '09 '10
销售额
数量

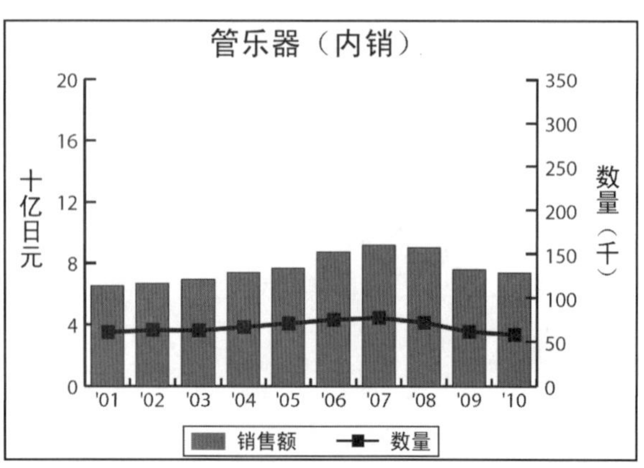
管乐器（内销）
十亿日元
数量（千）
'01 '02 '03 '04 '05 '06 '07 '08 '09 '10
销售额
数量

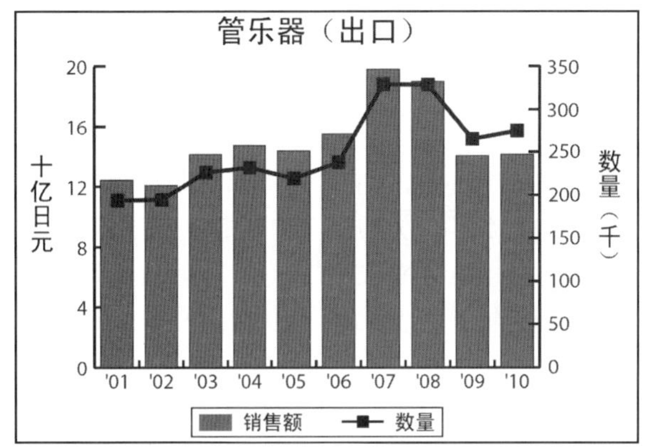
管乐器（出口）
十亿日元
数量（千）
20
16
12
8
4
0
350
300
250
200
150
100
50
0
'01 '02 '03 '04 '05 '06 '07 '08 '09 '10
销售额
数量

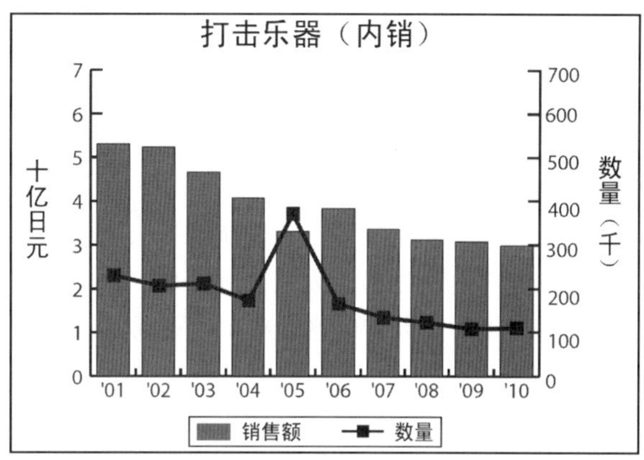
打击乐器（内销）
十亿日元
数量（千）
7
6
5
4
3
2
1
0
700
600
500
400
300
200
100
0
'01 '02 '03 '04 '05 '06 '07 '08 '09 '10
销售额
数量

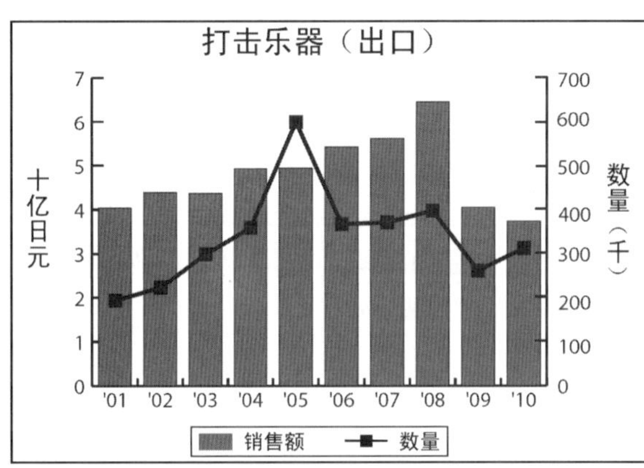
打击乐器（出口）
十亿日元
数量（千）
7
6
5
4
3
2
1
0
700
600
500
400
300
200
100
0
'01 '02 '03 '04 '05 '06 '07 '08 '09 '10
销售额
数量

德国

制造商之间的稳定状态

以德国乐器制造商协会（BDMH）为代表的德国乐器制造业保持了稳定发展形势：1600家左右的乐器公司拥有员工约6400名，实现营业额约6.5亿欧元。

几乎一半的营业额是由前23家最大的乐器公司创造的，上述公司从业人员总数超过行业总人数的一半。最新数据显示，上述公司的营业额同比增长了0.3%，达2.863亿欧元。出口乐器营业额的增加弥补了德国国内营业额的减少。乐器出口额与国内营业额的比例介于2:3至1:3之间。其中，乐器出口总量的40%销往欧元区，余下的60%则销往世界各地。

对外贸易中的变化：进、出口额均实现增长

在经济发展高峰时，德国的对外贸易盈余一度达到1500万欧元，然而，在过去的两年上述格局发生了变化，现在则背负了1500万欧元的外贸赤字。同时，德国进口了价值将近5亿欧元的乐器。

超过一半的进口乐器来自中国、日本和印度尼西亚。来自中国的进口乐器占进口总量的30.6%，来自日本的进口乐器占13.5%，来自印尼的进口乐器占12.7%，来自美国的进口乐器数量紧随其后，占8.1%。

德国乐器出口已遍及很多国家。过去几年，出口到美国的乐器持续下降。美国也因此失去了其作为德国乐器主要出口市场的地位。然而，上述形势并非无法逆转，因为美国市场仍然占世界乐器市场的50%。占德国乐器出口总量的9.4%，美国目前仍然是继法国（占德国乐器出口总量的10.5%）之后，第二大德国乐器出口目的地。紧随其后的是奥地利（占德国乐器出口总量的8.3%）、日本（占6.9%）、荷兰（占6.6%）和瑞士（占6.1%）。再后是意大利、西班牙和英国（各占5%）。

乐器类型不同，发展情况不一

从生产数量上来看，在2009年乐器产量下降后，2010年，德国立式钢琴和三角钢琴的生产分别增长6%和8%。

所有产品的总体出口趋势都更加活跃，产品出口贸易的结构较为相似。铜管乐器的出口保持稳定，弦乐器方面有较大幅度增长。立式钢琴和三角钢琴的出口增长更是达到了两位数。

对2011年及未来发展趋势保持谨慎乐观

2011年，乐器出口方面有望实现小幅增长。但难以达到2009年那么高的水平，德国市场有望保持平稳，因为购买推动力主要来自海外，尤其是欧元区以外的地方。

上述境况受许多因素影响，如宏观经济和人口发展趋势。人口的减少和老龄化问题是德国和许多其他欧洲国家面临的典型问题，势必导致地方性和全国性的市场的规模更小。

受到来自亚洲的廉价进口乐器的价格压力影响，可以肯定地方市场销售量将下降。“中国制造”的商品急剧增加，致使乐器行业出现明显的通货紧缩。这种情况由于经销商网络（尤其是互联网/在线销售渠道）的巩固而被放大。

德国制造商对政府采购的相关招标过程表示不满，因为在几乎所有的招标项目中，价格（与质量或其他特征无关）是确定谁将获得订单的决定性因素，而原本更应该强调乐器的可演奏性能和声音。建议应对投标人的投标规则或投标资质进行修改，以便反映出某个乐器更适用于某种特定用途（比如高质量的音乐教育）；另外一个有争议性的问题是应当给予“德国制造”的乐器以额外的优惠，因为本国生产的乐器能保护本国工艺的“专门技术”和当地的制造业，这样会在德国国内产生许多积极结果，从而实现增值。

关于通过实施各种计划（比如全日制国立学校、音乐进课堂、“儿童人手一乐器”等计划）来扩大乐器市场的目标，正在积极施行中。在全球金融危机的影响下，欧洲国家遭受重创，恐怕用于文化项目上的消费会急剧消减，这一现象已在许多地方出现。

在经济增速高于全球平均经济增速的国家和/或人口不断增长的国家，如中国、印度和南美洲的部

分国家（例如巴西），发展形势则较为积极。上述市场的购买力总体来说仍然很低，但是，由于其市场、人口规模及中产阶级不断增加，上述国家成为具有吸引力的出口目标市场。

由于上述的发展趋势（德国本地市场和欧洲市场上因出现更具竞争力的亚洲产品，其市场将不变或缩小），德国乐器制造商仅具备几种有限的方法来增加市场份额，其中之一便是致力于高端产品领域拓展，从而使乐器制造业竞争力更加巩固；另一种方式是持续努力在上述发展中国家市场上进行销售。还有一种解决德国国内压力的方案是建立合资企业，或在制造商之间和/或贸易和制造业之间开展适当形式的合作。

下列图表是根据德国乐器制造商协会（BDMH）提供的国内生产和出口数据绘制，由会长温弗莱德进行评述。

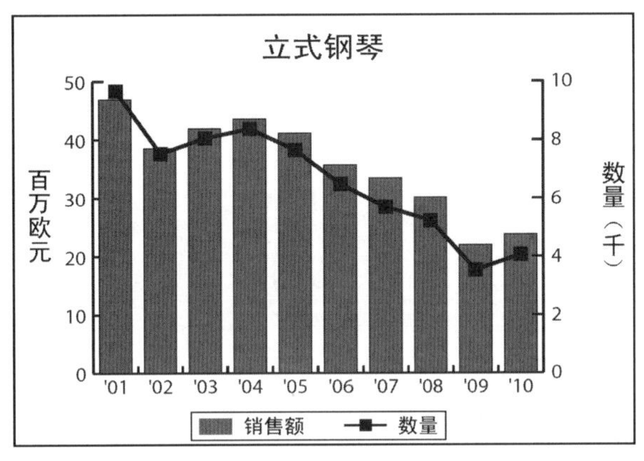

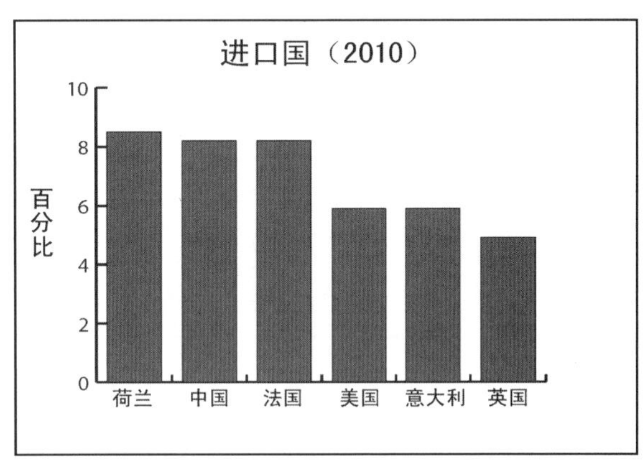

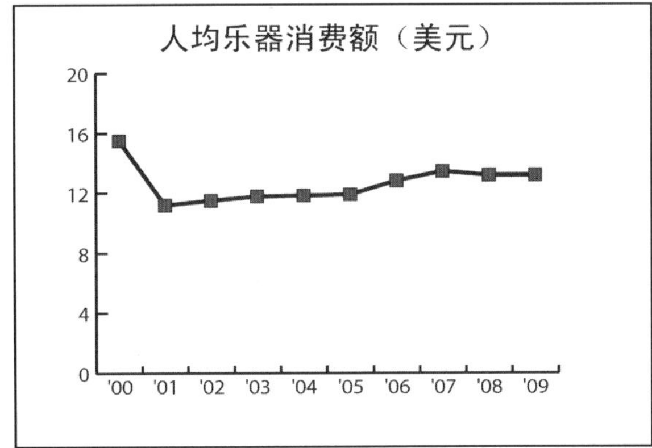

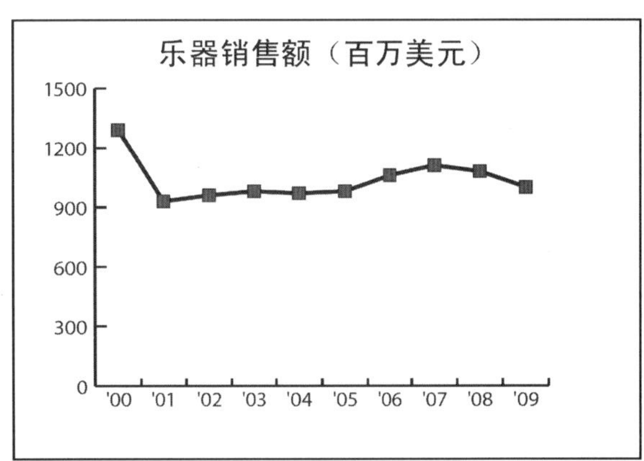

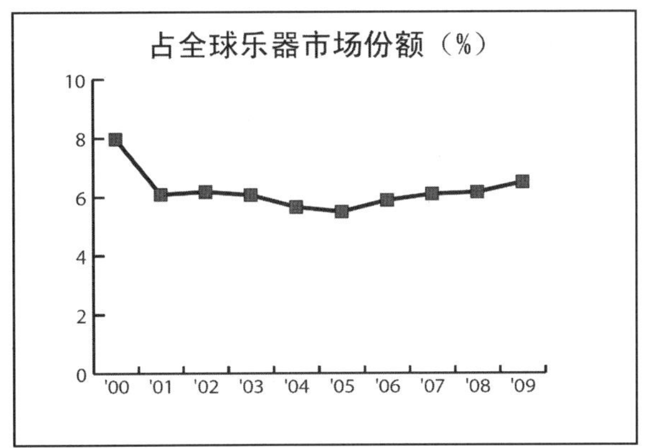

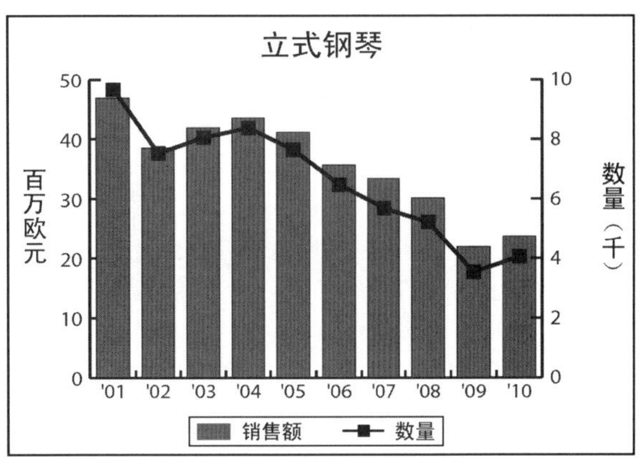

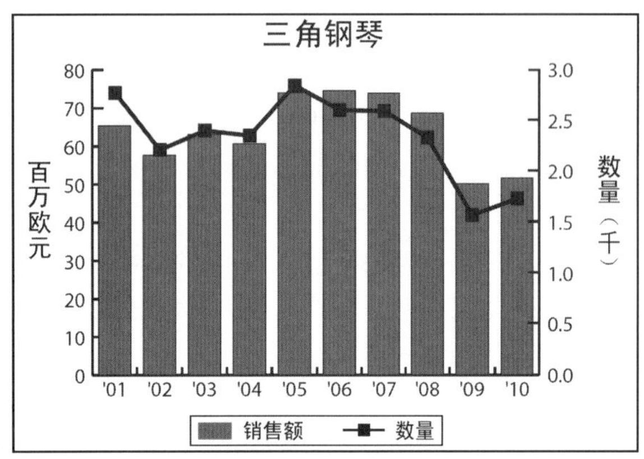
三角钢琴
百万欧元
数量（千）
'01 '02 '03 '04 '05 '06 '07 '08 '09 '10
销售额
数量

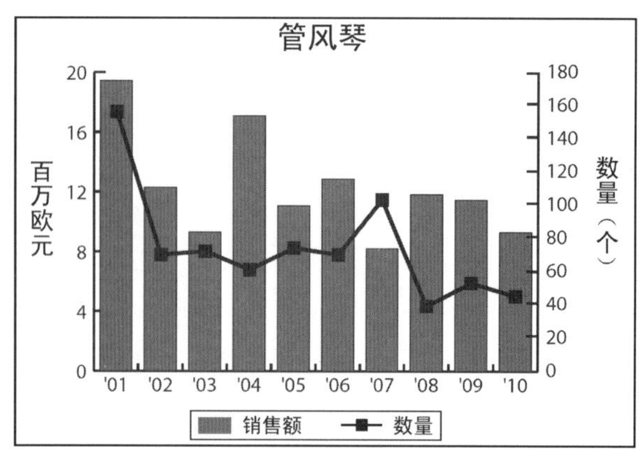
管风琴
百万欧元
数量（个）
'01 '02 '03 '04 '05 '06 '07 '08 '09 '10
销售额
数量

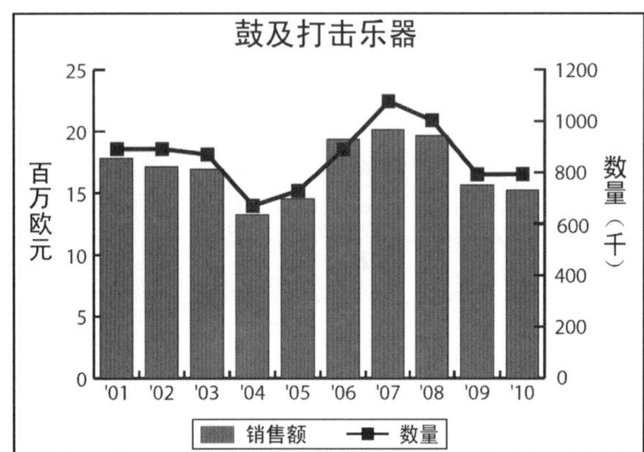
鼓及打击乐器
百万欧元
数量（千）
'01 '02 '03 '04 '05 '06 '07 '08 '09 '10
销售额
数量

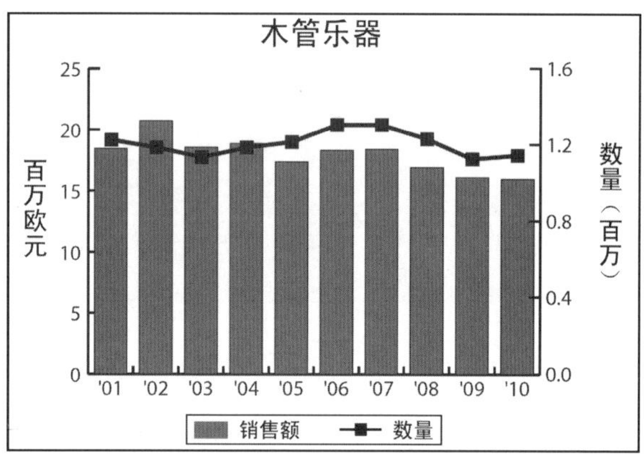
木管乐器
百万欧元
数量（百万）
'01 '02 '03 '04 '05 '06 '07 '08 '09 '10
销售额
数量

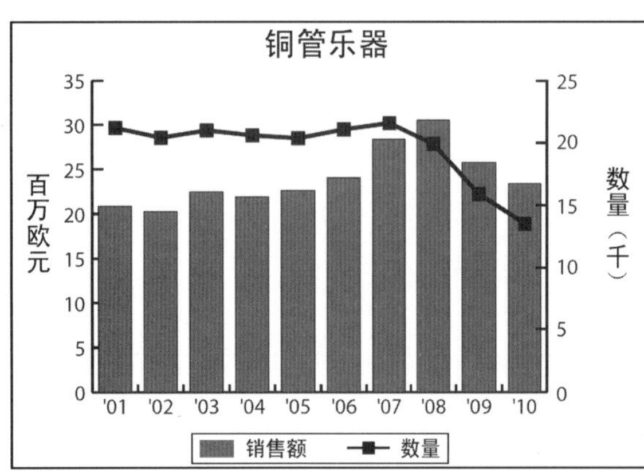
铜管乐器
百万欧元
数量（千）
'01 '02 '03 '04 '05 '06 '07 '08 '09 '10
销售额
数量

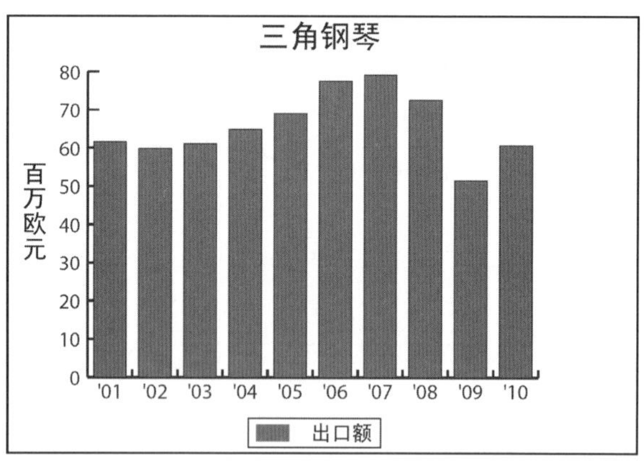
三角钢琴
百万欧元
'01 '02 '03 '04 '05 '06 '07 '08 '09 '10
出口额

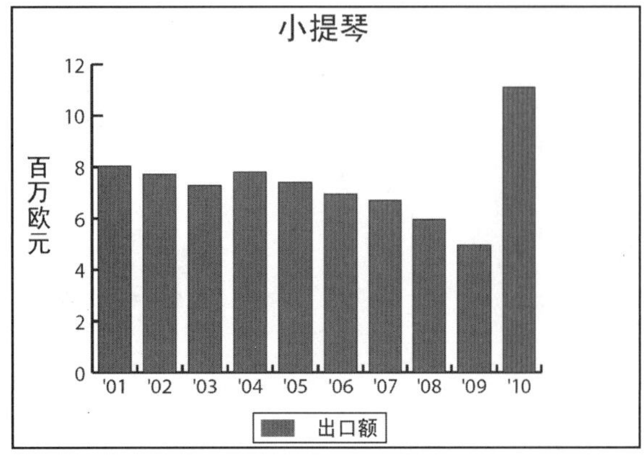
小提琴
百万欧元
'01 '02 '03 '04 '05 '06 '07 '08 '09 '10
出口额

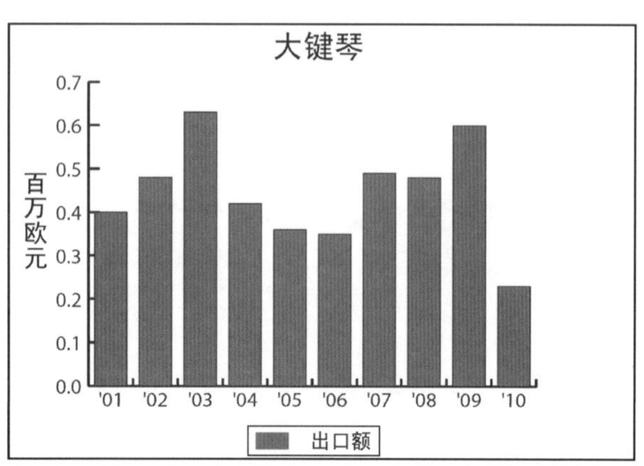
大键琴
百万欧元
'01 '02 '03 '04 '05 '06 '07 '08 '09 '10
出口额

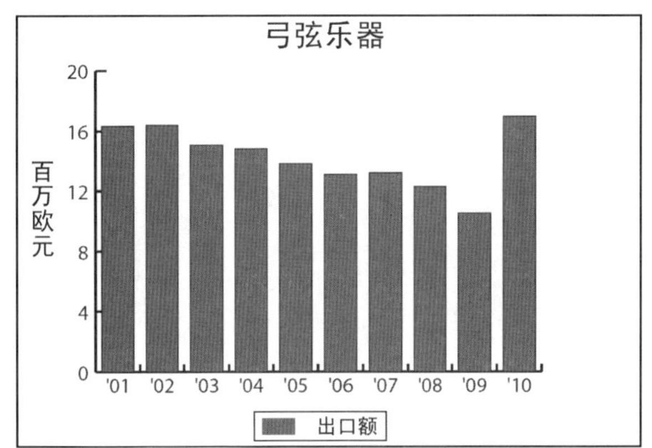
弓弦乐器
百万欧元
20
16
12
8
4
0
'01 '02 '03 '04 '05 '06 '07 '08 '09 '10
出口额

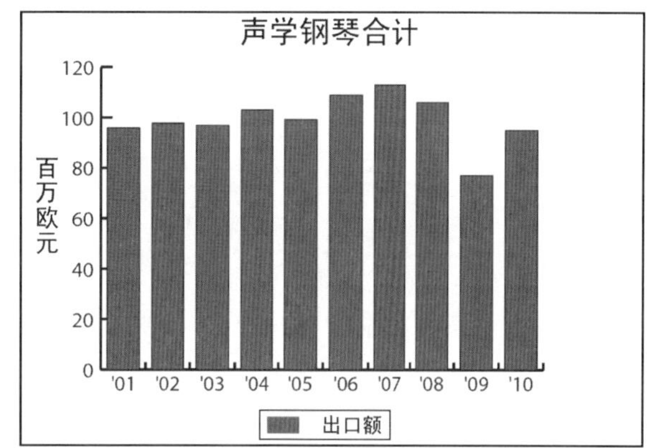
声学钢琴合计
百万欧元
120
100
80
60
40
20
0
'01 '02 '03 '04 '05 '06 '07 '08 '09 '10
出口额

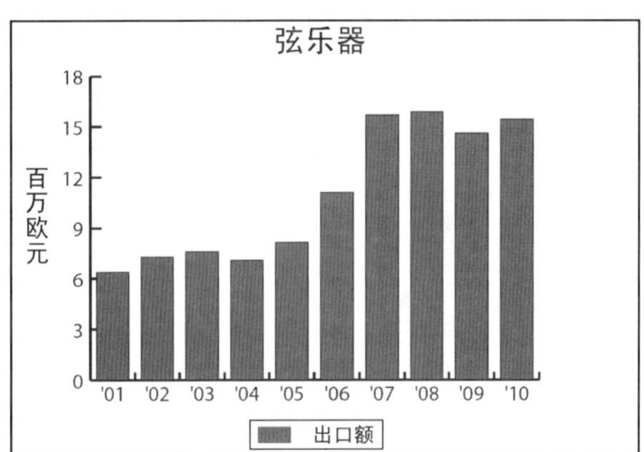
弦乐器
百万欧元
18
15
12
9
6
3
0
'01 '02 '03 '04 '05 '06 '07 '08 '09 '10
出口额

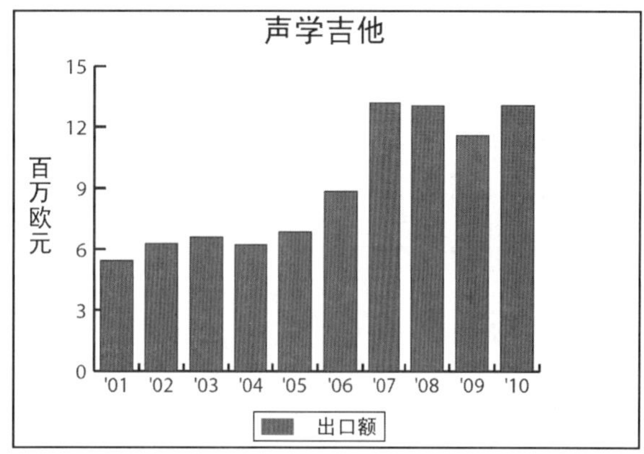
声学吉他
百万欧元
15
12
9
6
3
0
'01 '02 '03 '04 '05 '06 '07 '08 '09 '10
出口额

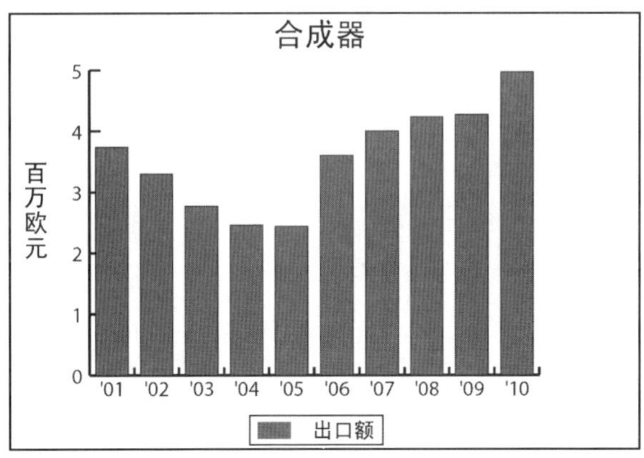
合成器
百万欧元
5
4
3
2
1
0
'01 '02 '03 '04 '05 '06 '07 '08 '09 '10
出口额

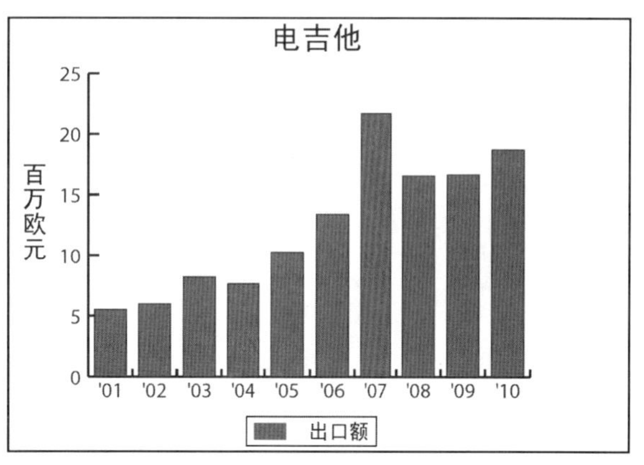
电吉他
百万欧元
25
20
15
10
5
0
'01 '02 '03 '04 '05 '06 '07 '08 '09 '10
出口额

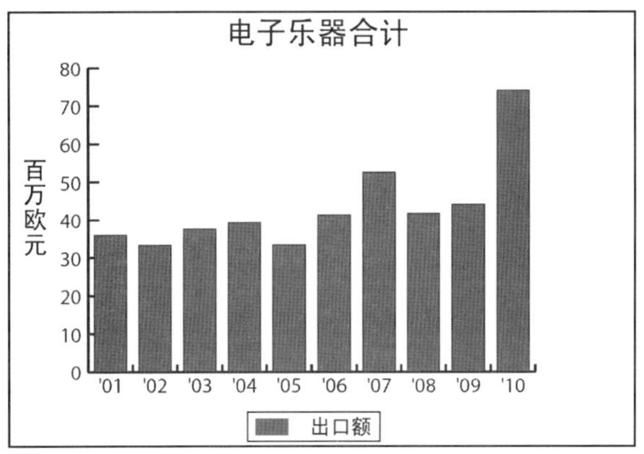
电子乐器合计
百万欧元
80
70
60
50
40
30
20
10
0
'01 '02 '03 '04 '05 '06 '07 '08 '09 '10
出口额

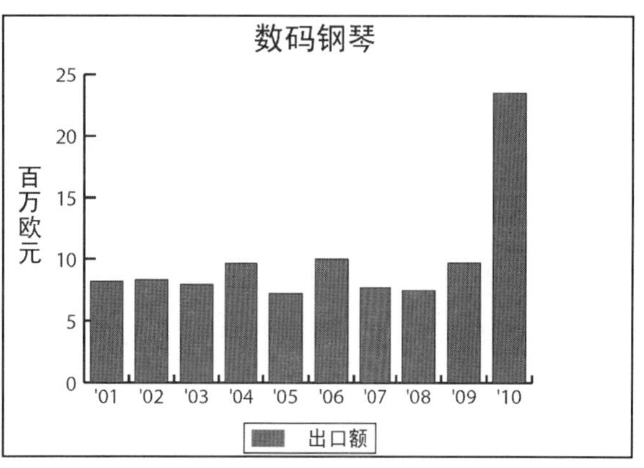
数码钢琴
百万欧元
25
20
15
10
5
0
'01 '02 '03 '04 '05 '06 '07 '08 '09 '10
出口额

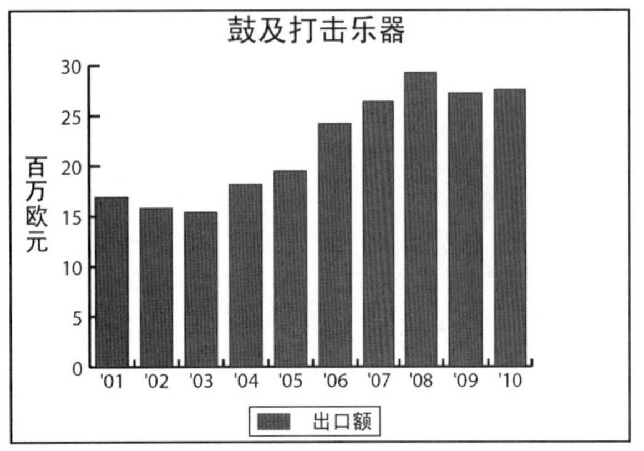
鼓及打击乐器
百万欧元
30
25
20
15
10
5
0
'01
'02
'03
'04
'05
'06
'07
'08
'09
'10
出口额

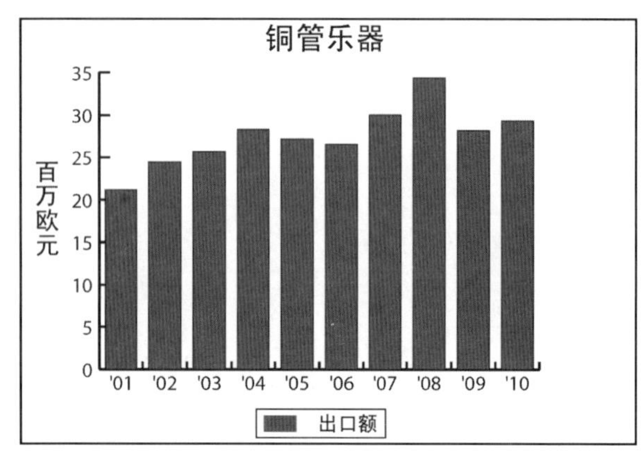
铜管乐器
百万欧元
35
30
25
20
15
10
5
0
'01
'02
'03
'04
'05
'06
'07
'08
'09
'10
出口额

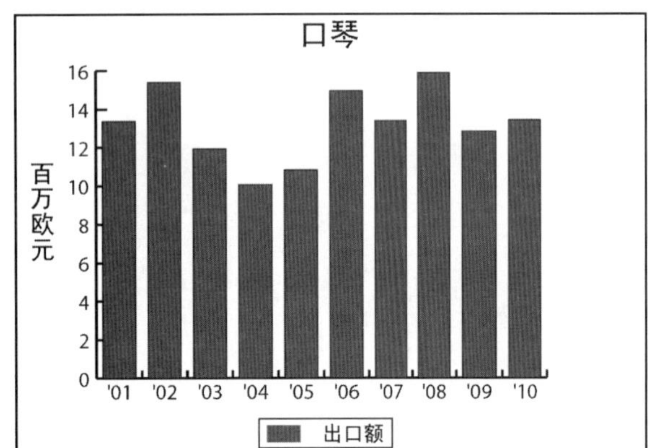
口琴
百万欧元
16
14
12
10
8
6
4
2
0
'01
'02
'03
'04
'05
'06
'07
'08
'09
'10
出口额

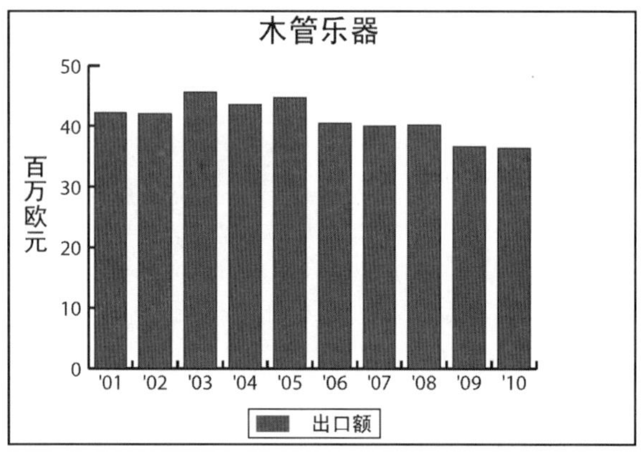
木管乐器
百万欧元
50
40
30
20
10
0
'01
'02
'03
'04
'05
'06
'07
'08
'09
'10
出口额

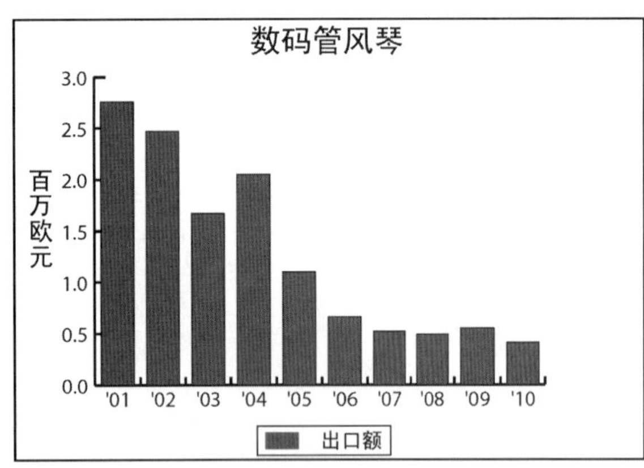
数码管风琴
百万欧元
3.0
2.5
2.0
1.5
1.0
0.5
0.0
'01
'02
'03
'04
'05
'06
'07
'08
'09
'10
出口额

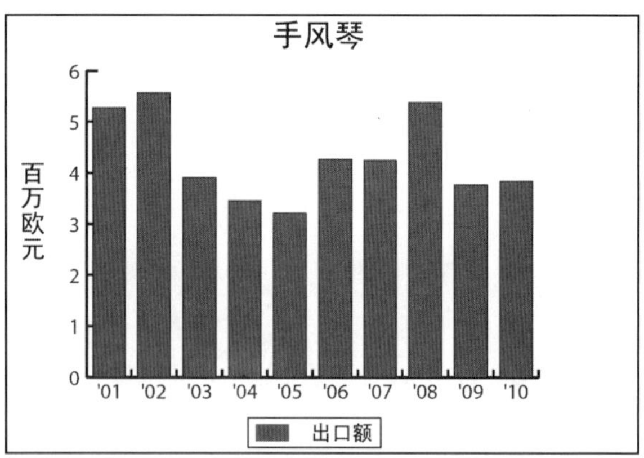
手风琴
百万欧元
6
5
4
3
2
1
0
'01
'02
'03
'04
'05
'06
'07
'08
'09
'10
出口额

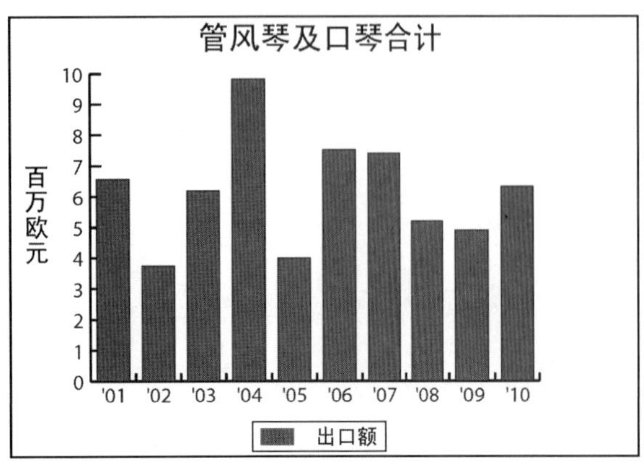
管风琴及口琴合计
百万欧元
10
9
8
7
6
5
4
3
2
1
0
'01
'02
'03
'04
'05
'06
'07
'08
'09
'10
出口额

加拿大

尽管美国金融危机并未越过加拿大边界，但并不等于加拿大没有受到影响。加拿大和美国经济往来频繁，两国经济关联度很强，经济危机爆发后，加拿大经济也未能幸免。由于美国是加拿大重要的出口市场，实际上，加拿大是西方七国集团中唯一的产品净出口国。美国经济下滑，对加拿大的资源和商品需求自然会有明显下降。由于全球金融危机影响，商品价格同时下降，加拿大市场形势趋于恶化。

在颇具挑战形势的经济环境下，加拿大经济发展水平在多个方面超过“西方七国集团”成员。2009年第4季度加拿大GDP实际增长为4.9%，到2010年第1季度，GDP快速增至5.6%。复苏主要是因为在政府和社会投资大幅带动下，消费开支强劲反弹。目前，加拿大在西方七国集团中的负债率是最低的。

经历了奇迹般的经济复苏后，2010年第2季度，经济增长速度降低到2.3%，而到第3季度，又进一步降至1.0%，2010年上半年，新增就业率也明显放缓，这些因素使得加拿大经济进入另外一个发展阶段，即平稳发展期。

历史证明，音乐制品行业难以完全“免疫”于外部经济环境。在美国《音乐贸易》2010年No. 12公布的数据显示，加拿大乐器和音响年销售额为6.6亿美元，同比上年降低约15%。目前，加拿大在世界音乐制品市场份额为4%。从数字来看，加拿大所占市场份额较低，但加拿大人口仅仅3400万，是世界上乐器和音响人均消费额最高的国家——达到19.30美元，首次超过美国。这说明，加拿大音乐制品市场虽受制于艰难的外部因素，但全球市场回暖的步伐加快，曙光就在前方--加拿大消费者对音乐制品的兴趣也在日渐提升。

以下图表是2010年音乐制品销售额和销量的变化状况。

产品名称	销售额变化（%）	销 量 变 化（%）
声学吉他	-11.4	-22.83
铜管乐器	8.49	2.78
DJ产品	-20.83	-19.11
鼓	-4.91	24.6
电吉他	-15.07	-17.78
三角钢琴	11.87	11.2
键盘乐器	18.48	11.76
打击乐器	7.74	-7.07
音乐出版物	-18.66	-0.58
弓弦乐器	26.67	8.08
立式钢琴	14.61	22.26
木管乐器	-14.41	9.38

下列图表所采集数据来源于《加拿大统计》，文字由加拿大乐器协会（MIAC）执行主任芭芭拉女士执笔。

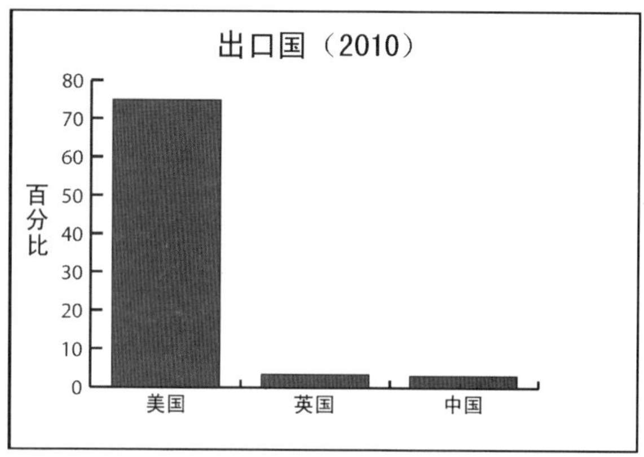

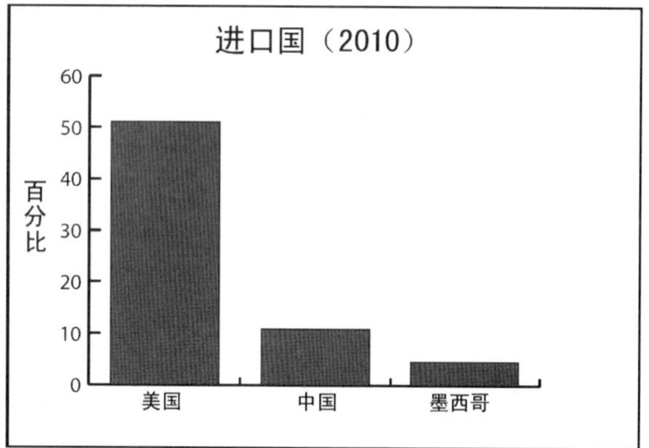

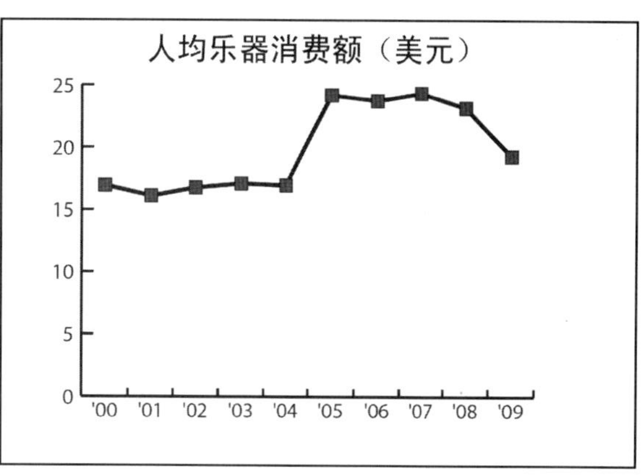

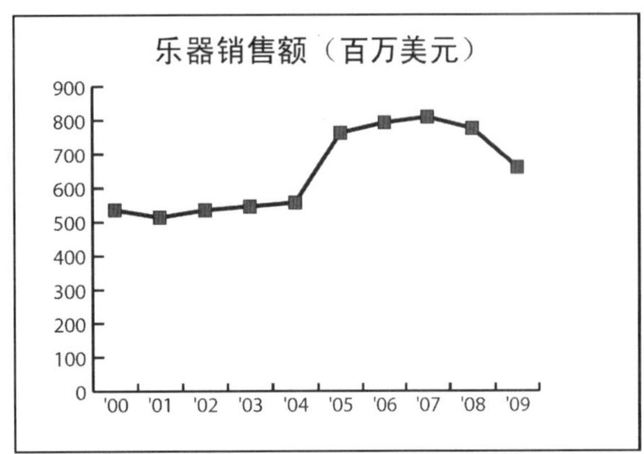
乐器销售额（百万美元）
900
800
700
600
500
400
300
200
100
0
'00 '01 '02 '03 '04 '05 '06 '07 '08 '09

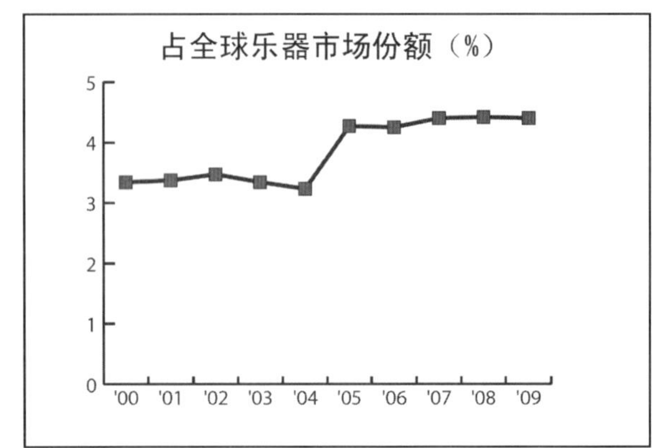
占全球乐器市场份额（%）
5
4
3
2
1
0
'00 '01 '02 '03 '04 '05 '06 '07 '08 '09

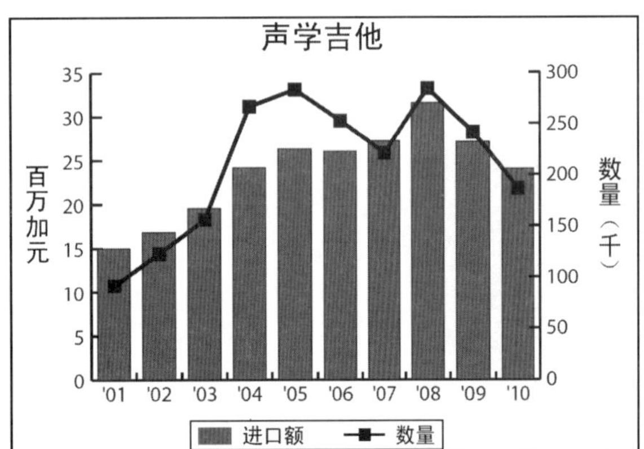
声学吉他
百万加元
数量（千）
35
30
25
20
15
10
5
0
300
250
200
150
100
50
0
'01 '02 '03 '04 '05 '06 '07 '08 '09 '10
进口额
数量

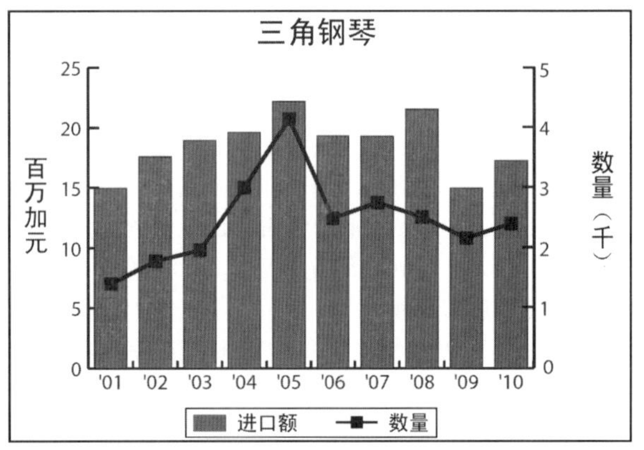
三角钢琴
百万加元
数量（千）
25
20
15
10
5
0
5
4
3
2
1
0
'01 '02 '03 '04 '05 '06 '07 '08 '09 '10
进口额
数量

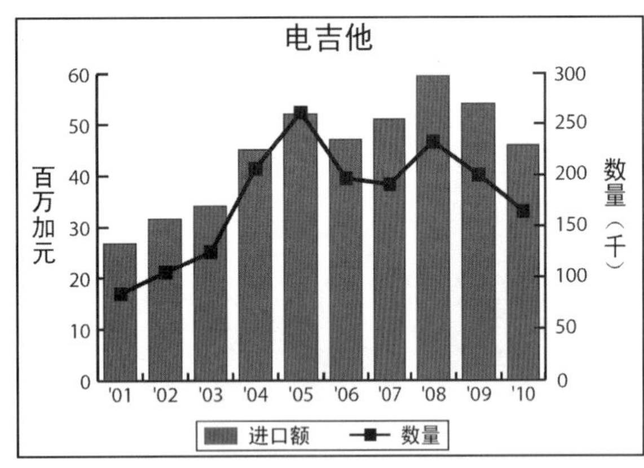
电吉他
百万加元
数量（千）
60
50
40
30
20
10
0
300
250
200
150
100
50
0
'01 '02 '03 '04 '05 '06 '07 '08 '09 '10
进口额
数量

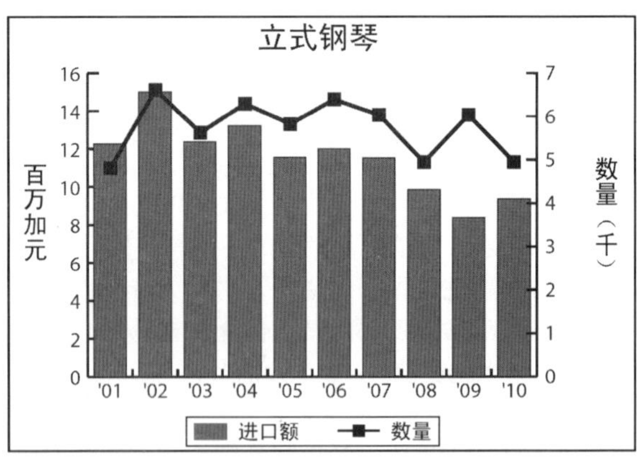
立式钢琴
百万加元
数量（千）
16
14
12
10
8
6
4
2
0
7
6
5
4
3
2
1
0
'01 '02 '03 '04 '05 '06 '07 '08 '09 '10
进口额
数量

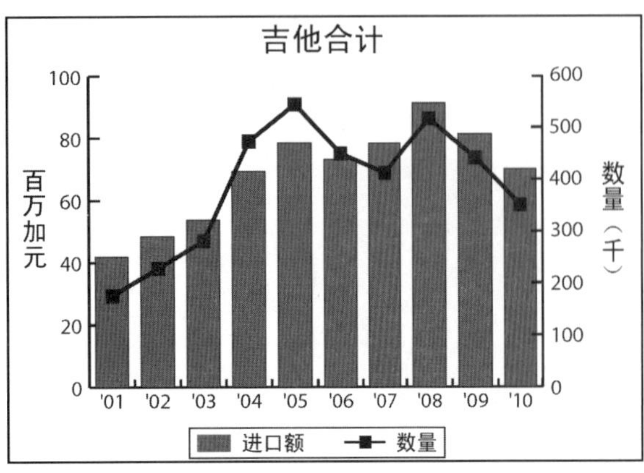
吉他合计
百万加元
数量（千）
100
80
60
40
20
0
600
500
400
300
200
100
0
'01 '02 '03 '04 '05 '06 '07 '08 '09 '10
进口额
数量

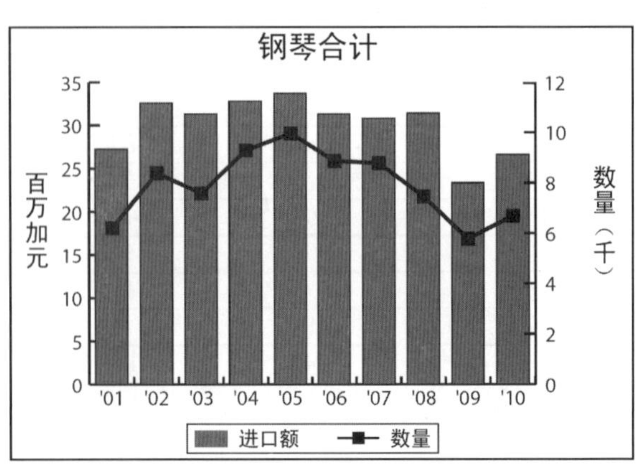
钢琴合计
百万加元
数量（千）
35
30
25
20
15
10
5
0
12
10
8
6
4
2
0
'01 '02 '03 '04 '05 '06 '07 '08 '09 '10
进口额
数量

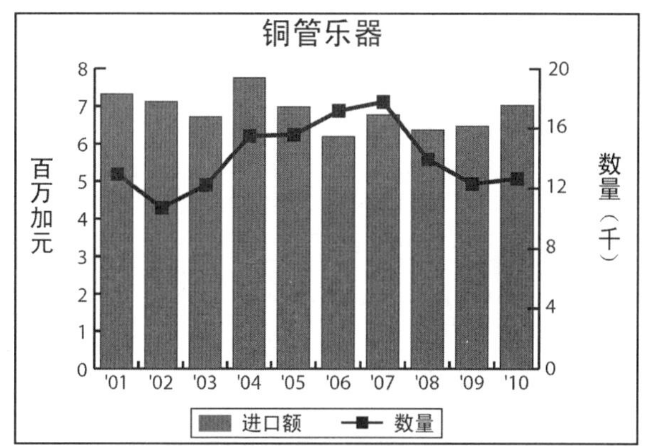
铜管乐器
百万加元
数量（千）
'01 '02 '03 '04 '05 '06 '07 '08 '09 '10
进口额
数量

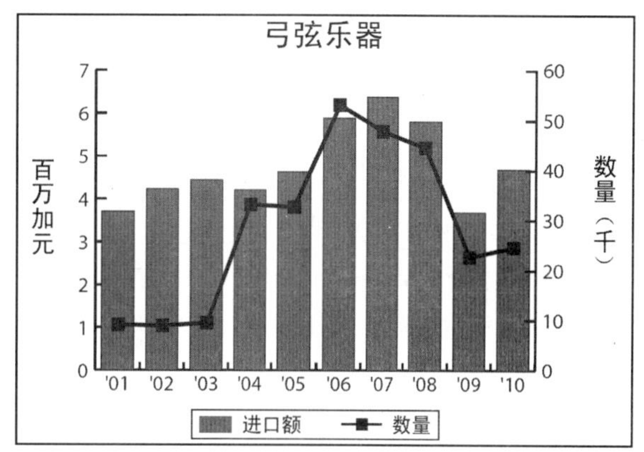
弓弦乐器
百万加元
数量（千）
'01 '02 '03 '04 '05 '06 '07 '08 '09 '10
进口额
数量

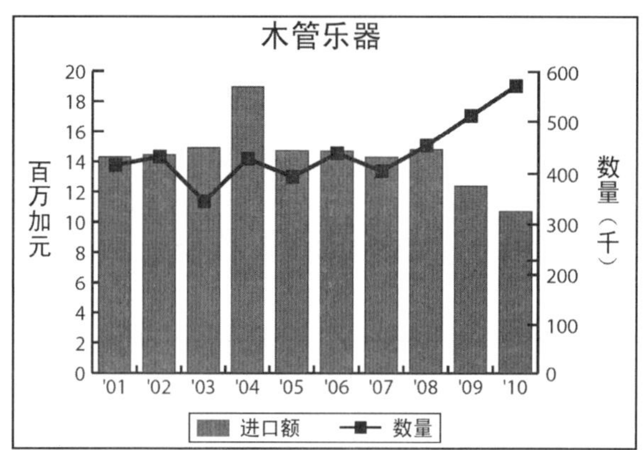
木管乐器
百万加元
数量（千）
'01 '02 '03 '04 '05 '06 '07 '08 '09 '10
进口额
数量

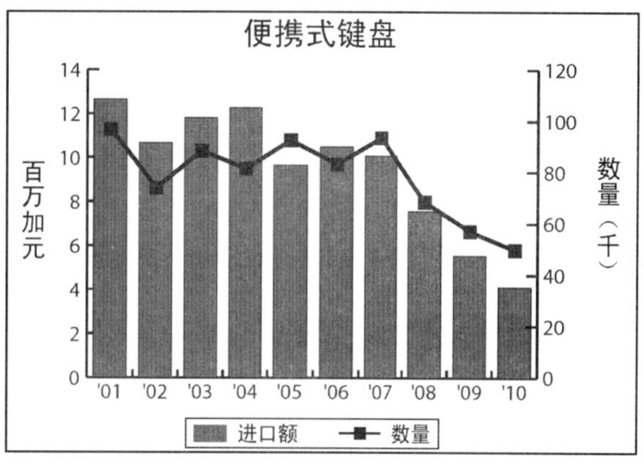
便携式键盘
百万加元
数量（千）
'01 '02 '03 '04 '05 '06 '07 '08 '09 '10
进口额
数量

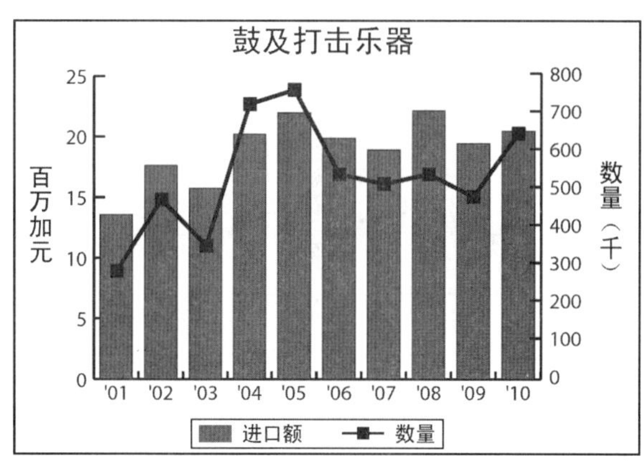
鼓及打击乐器
百万加元
数量（千）
'01 '02 '03 '04 '05 '06 '07 '08 '09 '10
进口额
数量

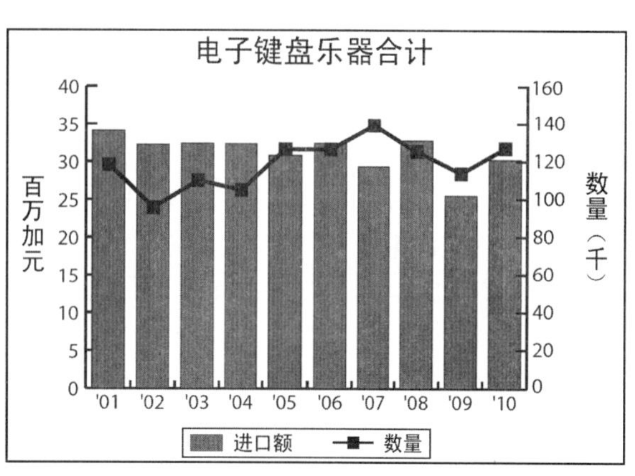
电子键盘乐器合计
百万加元
数量（千）
'01 '02 '03 '04 '05 '06 '07 '08 '09 '10
进口额
数量

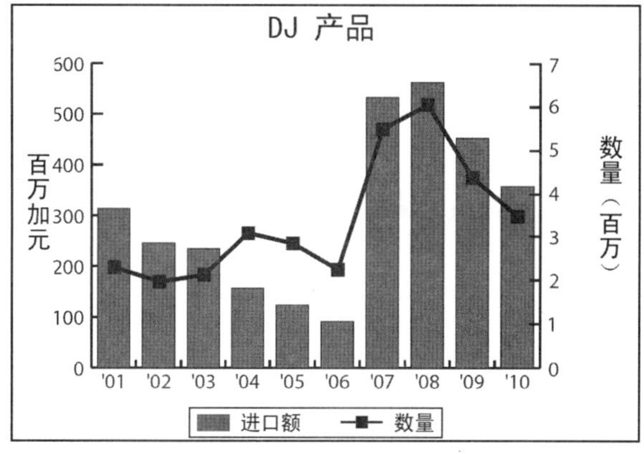
DJ 产品
百万加元
数量（百万）
'01 '02 '03 '04 '05 '06 '07 '08 '09 '10
进口额
数量

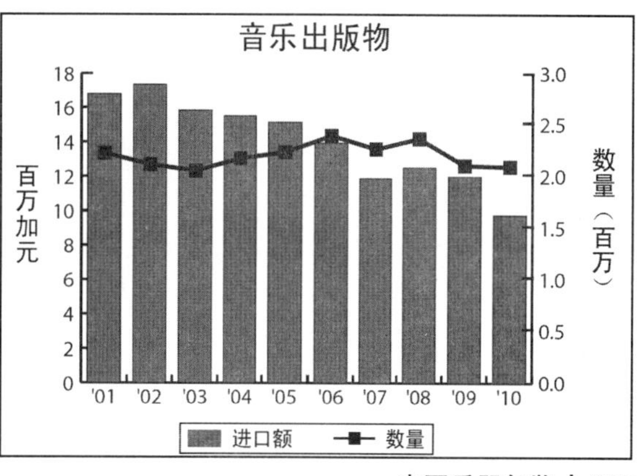
音乐出版物
百万加元
数量（百万）
'01 '02 '03 '04 '05 '06 '07 '08 '09 '10
进口额
数量

英国

行业多年的发展模式似乎已经证明，英国乐器市场销售情况总是美国行业变化轨迹的“复制本”，速度总比其滞后一至两年。2010年，英国乐器市场经营惨淡，成为近年来市场环境最萧条的时期之一。

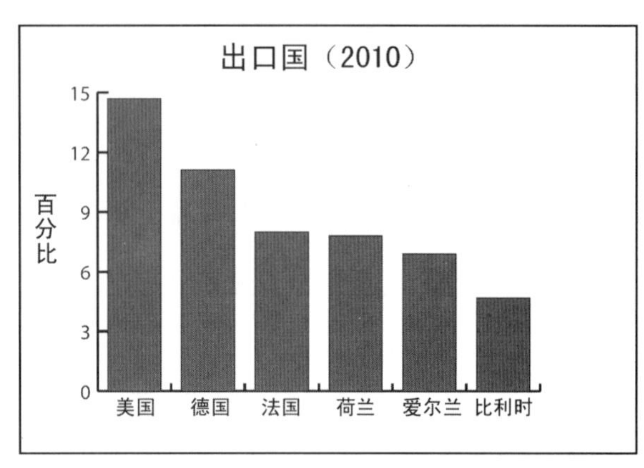

2010年同比2009年全年总体销售额下滑9.7个百分点。从乐器销量看下降了6个百分点。多年来，吉他一直在英国乐器行业占据重要位置，2010年却下滑了13.2%，即便如此，吉他仍然占据着英国乐器市场40%的份额，吉他销售受到业界普遍关注。

其他乐器产品类别也有不同程度下降，但也不乏“亮点”，麦克风、提琴及电子打击乐器类产品的下滑幅度相对较小。

由于经济衰退，非生活必需品和休闲娱乐品的销售并不受市场青睐。政府开工建设项目新一轮削减使社会就业率降低，社会成员可支配收入减少。这种政策效应，使得校园乐器的资金预算问题面临更多不确定性。

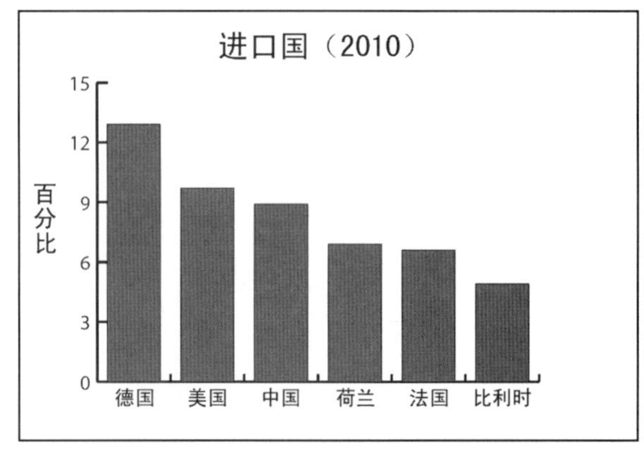

总而言之，英国乐器市场将会回暖，但具体回暖期限尚不确定。社会经济整体不景气对乐器行业发展形成重大挑战。如果市场消费意愿继续紧缩，那么英国乐器行业须想方设法努力培育出爱好音乐和乐器的新客户群体。

文字评述由英国乐器协会会长保罗执笔。另受英国乐器协会（MIA）委托，英国GFK商品零售调查公司密切跟踪了79000家商品零售网点，并据此总结、提炼综合销售数据。GFK和英国200家最大的综合零售商场、1000家个体零售网点展开合作，其中该调查公司还具体下设乐器零售调查部跟踪70余家销售乐器终端百货店或琴行，每月或每周分析乐器销售信息。基于GFK在网上和实地所整理的乐器销售数据，下面的图表总体上从类型、规模和地域方面反映出英国乐器市场零售情况。

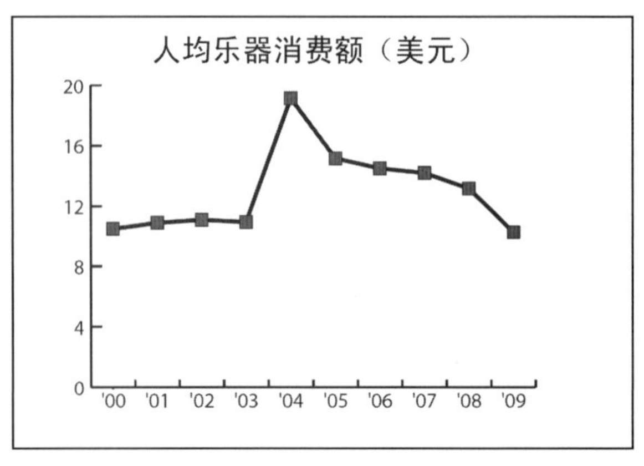

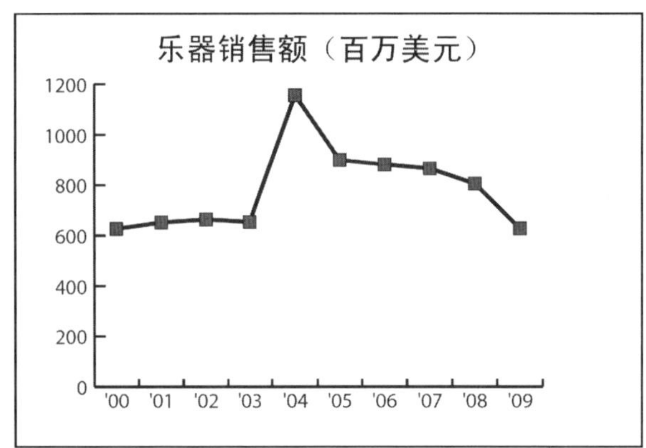

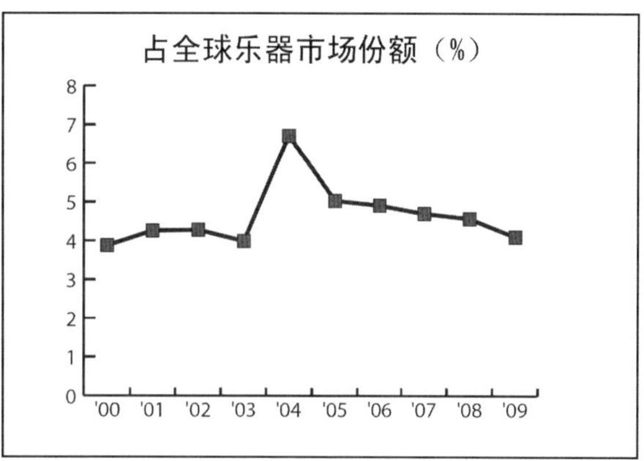

英国国内乐器市场情况（销售额）

	销售额（百万英镑）				同比（%）
	2007年	2008年	2009年	2010年	
电吉他	80.19	80.36	93.41	81.53	-12.70%
电贝司	15.81	14.48	17.31	15	-13.40%
电吉他合计	96	94.83	110.72	96.53	-12.80%
声学吉他	27.05	27.82	32.83	27.87	-15.10%
半声学吉他	23.44	25.48	29.18	25.49	-12.60%
古典声学吉他	7.57	9.36	11.07	9.8	-11.50%
声学吉他合计	58.06	62.67	73.07	63.16	-13.60%
吉他合计	154.06	157.5	183.8	159.69	-13.10%
数码钢琴	42.93	41.74	42.1	42.19	0.20%
Midi工作站	10.82	9.65	13.44	12.56	-6.60%
便携式键盘	25.33	24.58	25.75	24.46	-5.00%
键盘乐器合计	79.08	75.97	81.29	79.21	-2.60%
乐器功放	47.16	43.61	49.27	42.15	-14.50%
乐器用弦	8.26	8.47	9.89	9.64	-2.50%
声学打击乐器	10.39	9.78	10.19	8.89	-12.80%
数码打击乐器	12.52	12.92	15.4	15.06	-2.20%
多轨录音机	5.74	4.84	5	4.36	-12.80%
麦克风	13.94	15.61	17.22	17.09	-0.80%
铜管乐器合计	13.81	14.55	15.38	12.41	-19.30%
弦乐器合计	14.38	14.05	15.02	14.45	-3.80%
木管乐器合计	26.95	27.48	30.41	28.38	-6.70%
英国乐器市场合计	**387.72**	**388.85**	**438.94**	**396.4**	**-9.70%**

英国国内乐器市场情况(销量)

	销量（千）				同比（%）
	2007年	2008年	2009年	2010年	
电吉他	330.34	322.71	312.75	274.97	-12.10%
电贝司	72.17	65.47	63.64	55.45	-12.90%
电吉他合计	402.52	388.19	376.39	330.42	-12.20%
声学吉他	174.31	188.6	185.66	171.66	-7.50%
半声学吉他	102.45	104.48	111.43	98.55	-11.60%
古典声学吉他	173.3	179.75	186.47	168.18	-9.80%
声学吉他合计	450.06	472.83	483.56	438.39	-9.30%
吉他合计	852.57	861.01	859.95	768.81	-10.60%
数码钢琴	54.32	51.75	45.75	43.91	-4.00%
Midi工作站	30.24	31.82	52.75	53.94	2.30%
便携式键盘	196.34	182.78	166.4	163.17	-1.90%
键盘乐器合计	280.91	266.36	264.9	261.02	-1.50%
乐器功放	267.81	267.32	275.02	239.86	-12.80%
乐器用弦	1484.52	1528.81	1549.36	1519.08	-2.00%
声学打击乐器	50.91	51.47	51.09	44.89	-12.10%
数码打击乐器	38.29	44.32	44.54	41.06	-7.80%
多轨录音机	23.36	21.1	19.5	16.36	-16.10%
麦克风	167.43	196	207.7	184.33	-11.20%
铜管乐器合计	30.25	29.28	27.89	27.92	0.10%
弦乐器合计	81.13	80.77	72.77	64.3	-11.60%
木管乐器合计	234.32	287.5	278.3	253.96	-8.70%
英国乐器市场合计	**3531.12**	**3682.21**	**3710.01**	**3486.89**	**-6.00%**

意大利

经济

2010年，意大利国内生产总值（GDP）继续低速增长，平均增幅为1.3%。国内需求增长1.7%，出口复苏2.2%，对经济发展具有积极贡献；社会整体失业率稳定在上年度平均水平，但年轻人失业率有所增加；由于劳务市场疲软，可支配收入预期不确定，意大利家庭开支的主要特点是谨慎消费。

音乐产业

“2010年度，乐器和音乐出版物营业额严重下滑”。

以下亏损的六大类产品中包含21种音乐制品，其中10种产品的营业额是增加的，而另外11种是减少的。

2010年部分音乐制品营业额减少值（欧元）

乐器配件	-9748685
声学吉他、电吉他及其他弦乐器	-9702627
扩音设备	-5123492
信号处理器	-1079841
音乐出版物	-989179
弦乐器	-533316

上述六项产品中，前三项下滑幅度较大，即乐器配件，声学吉他、电吉他及其他弦乐器，扩音设备；紧随其后的是信号处理器、音乐出版物和弦乐器。

结论：

2010年，乐器产业摇摆不稳，它同时显示出我们行业的“短板”并采取必要的补救措施。2010年是保持谨慎乐观的一年（这源于2009年令人感到鼓舞的业绩），从2009年的结果来看，意大利行业未受金融危机影响，甚至在一定程度上避开了危机。

与国家的整体经济相比，乐器行业属于产值较小的特殊领域，但也是受这场危机影响最小的行业。由于行业反应的滞后性，也许我们现在还在经历这场危机，而其他领域去年已经渡过并部分战胜了危机。2010年的行业发展形势，以事实印证了金融危机已侵入我们的产业，2010年的各项数据就是影响的具体体现。主要原因不在于价格，也不在于产品。相反地，分析证明，部分经销商、制造商和零售商采取的各种举措及其所做的种种努力，其目的均在阻止和应对余波不断的危机。尽管各方都做出顽强承诺，但仍需实际行动。

考虑到行业在金融危机的收尾阶段受到了严重的冲击，我们在2010年的发展结果尽管是负数，但比其他领域要好，销售量整体存在恢复的可能性，可能带动行业取得以前所达到的峰值业绩。

下图是在意大利乐器零售商协会（DismaMusica）所提供零售数据的基础上绘制的，文字由意大利乐器零售商协会会长克劳迪•弗斯玛评述。所引用信息出自意大利中央银行公布的经济报告（2010年度意大利经济）。

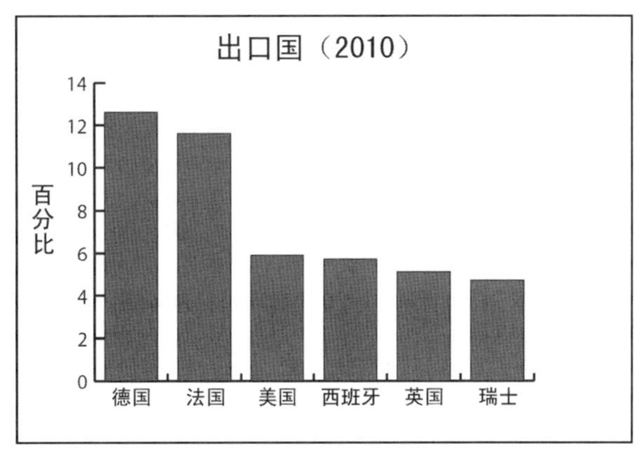

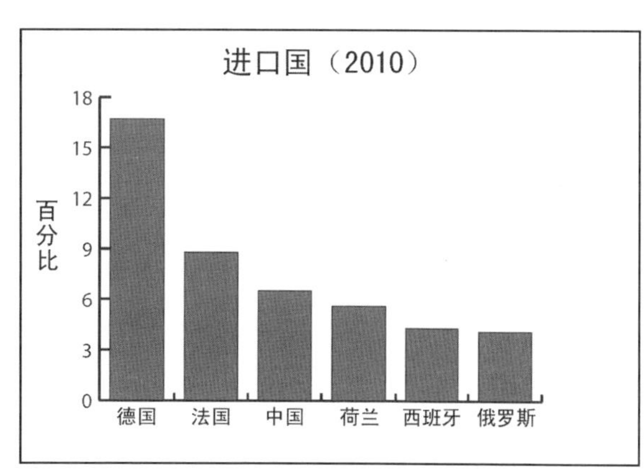

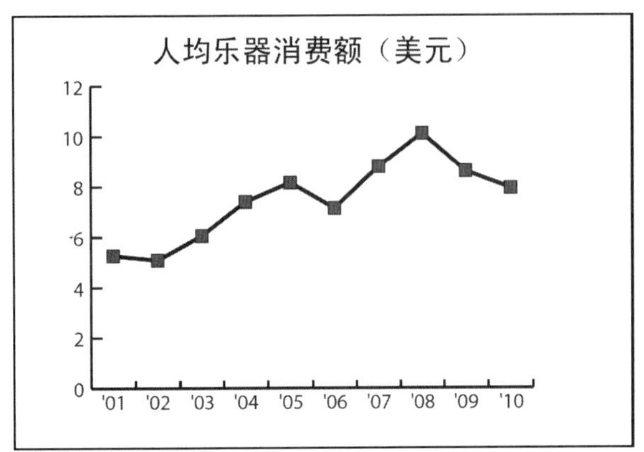
人均乐器消费额（美元）
12
10
8
6
4
2
0
'01
'02
'03
'04
'05
'06
'07
'08
'09
'10

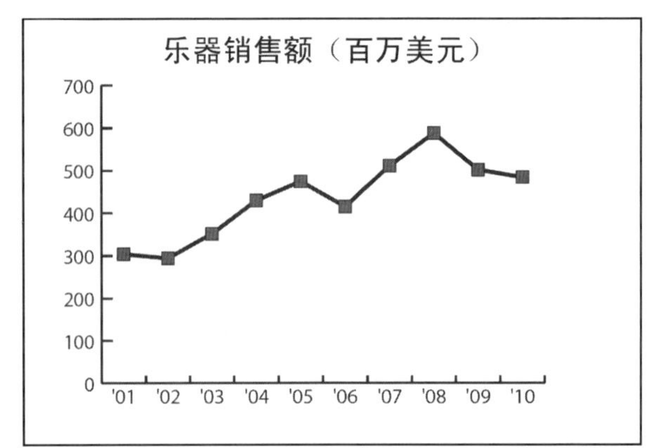
乐器销售额（百万美元）
700
600
500
400
300
200
100
0
'01
'02
'03
'04
'05
'06
'07
'08
'09
'10

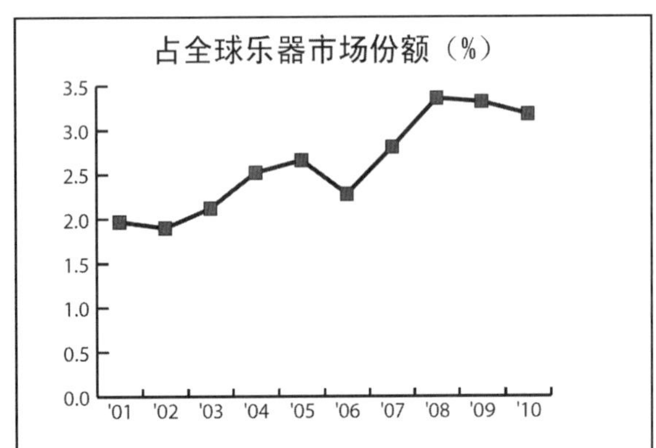
占全球乐器市场份额（%）
3.5
3.0
2.5
2.0
1.5
1.0
0.5
0.0
'01
'02
'03
'04
'05
'06
'07
'08
'09
'10

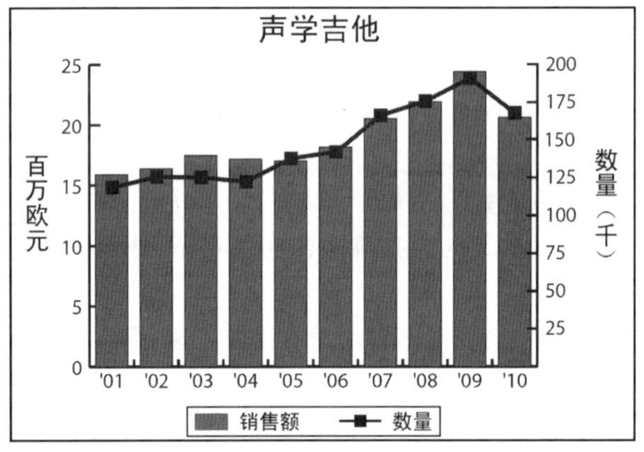
声学吉他
百万欧元
数量（千）
25
20
15
10
5
0
200
175
150
125
100
75
50
25
'01
'02
'03
'04
'05
'06
'07
'08
'09
'10
销售额
数量

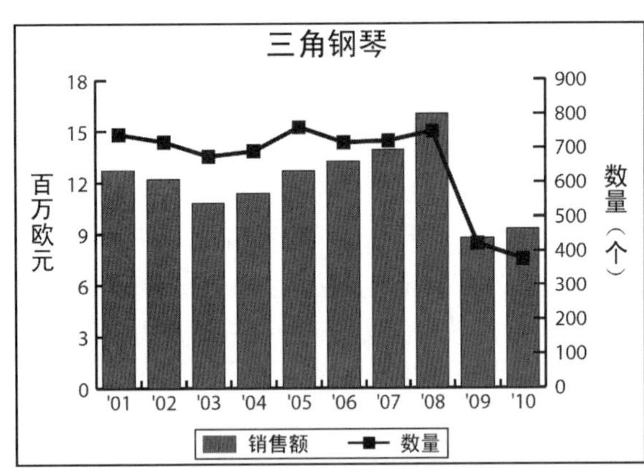
三角钢琴
百万欧元
数量（个）
18
15
12
9
6
3
0
900
800
700
600
500
400
300
200
100
0
'01
'02
'03
'04
'05
'06
'07
'08
'09
'10
销售额
数量

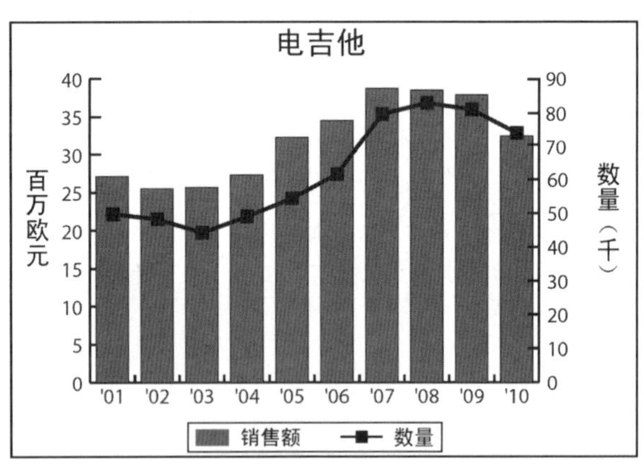
电吉他
百万欧元
数量（千）
40
35
30
25
20
15
10
5
0
90
80
70
60
50
40
30
20
10
0
'01
'02
'03
'04
'05
'06
'07
'08
'09
'10
销售额
数量

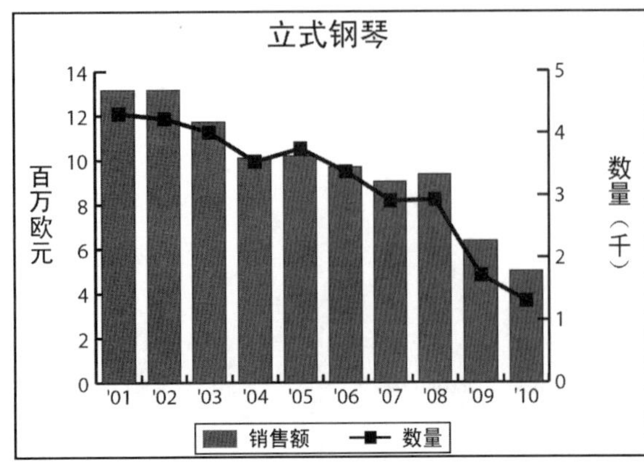
立式钢琴
百万欧元
数量（千）
14
12
10
8
6
4
2
0
5
4
3
2
1
0
'01
'02
'03
'04
'05
'06
'07
'08
'09
'10
销售额
数量

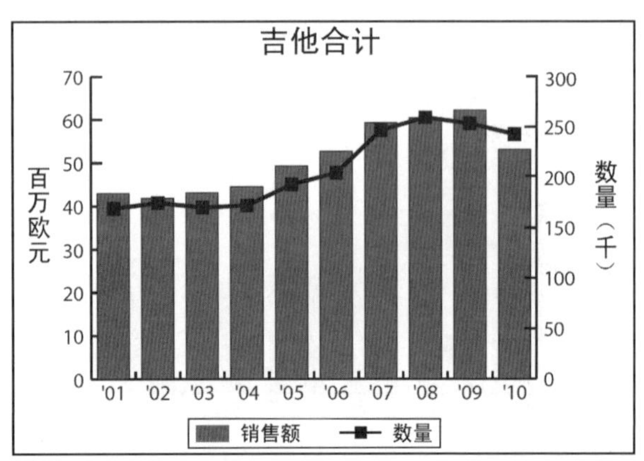
吉他合计
百万欧元
数量（千）
70
60
50
40
30
20
10
0
300
250
200
150
100
50
0
'01
'02
'03
'04
'05
'06
'07
'08
'09
'10
销售额
数量

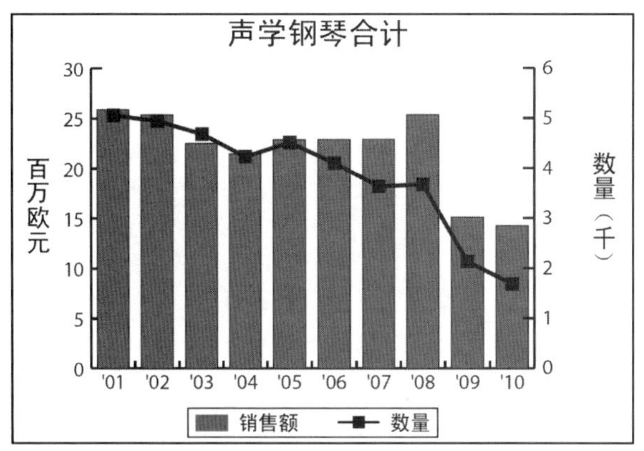
声学钢琴合计
百万欧元
数量（千）
'01 '02 '03 '04 '05 '06 '07 '08 '09 '10
销售额
数量

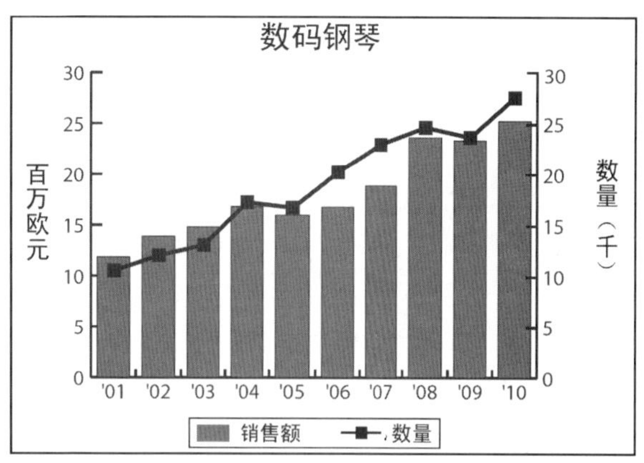
数码钢琴
百万欧元
数量（千）
'01 '02 '03 '04 '05 '06 '07 '08 '09 '10
销售额
数量

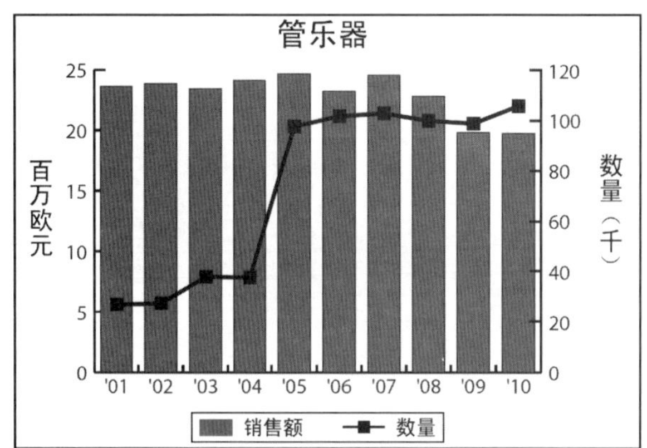
管乐器
百万欧元
数量（千）
'01 '02 '03 '04 '05 '06 '07 '08 '09 '10
销售额
数量

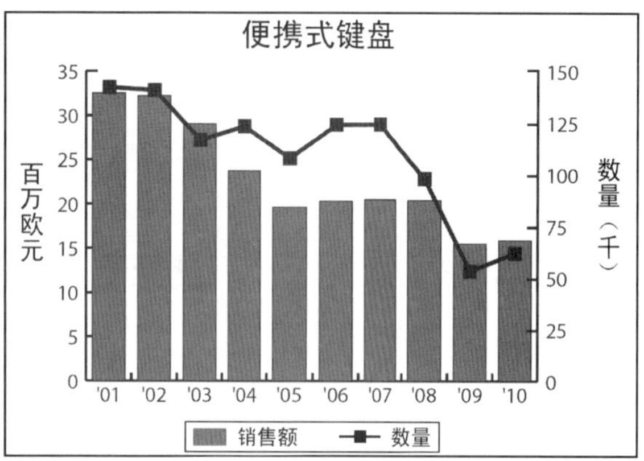
便携式键盘
百万欧元
数量（千）
'01 '02 '03 '04 '05 '06 '07 '08 '09 '10
销售额
数量

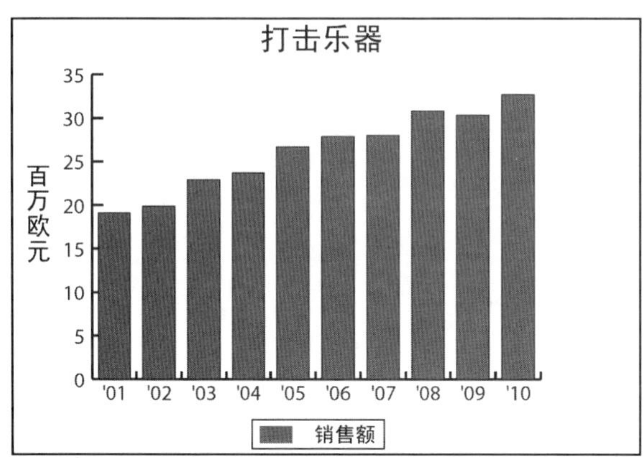
打击乐器
百万欧元
'01 '02 '03 '04 '05 '06 '07 '08 '09 '10
销售额

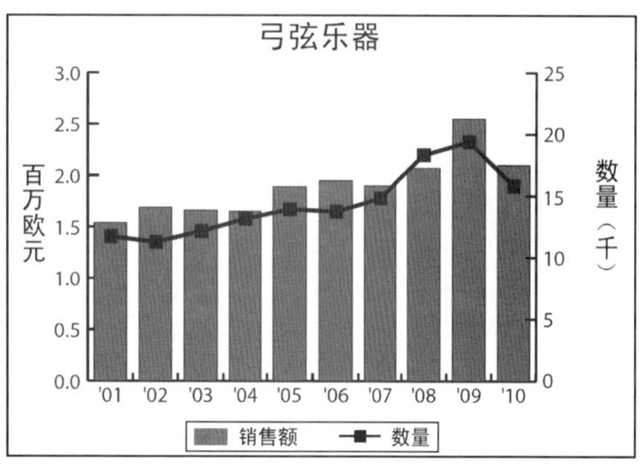
弓弦乐器
百万欧元
数量（千）
'01 '02 '03 '04 '05 '06 '07 '08 '09 '10
销售额
数量

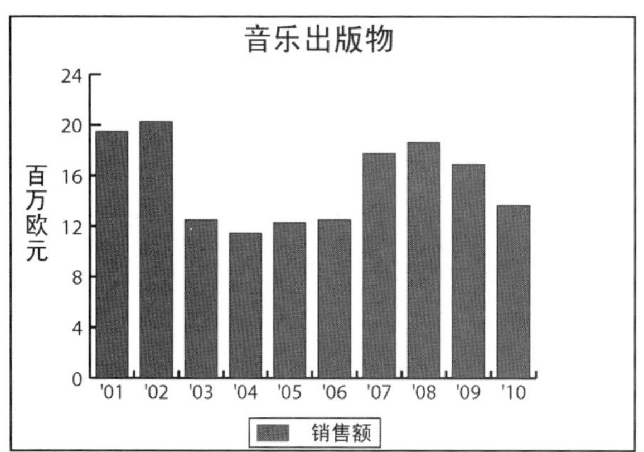
音乐出版物
百万欧元
'01 '02 '03 '04 '05 '06 '07 '08 '09 '10
销售额

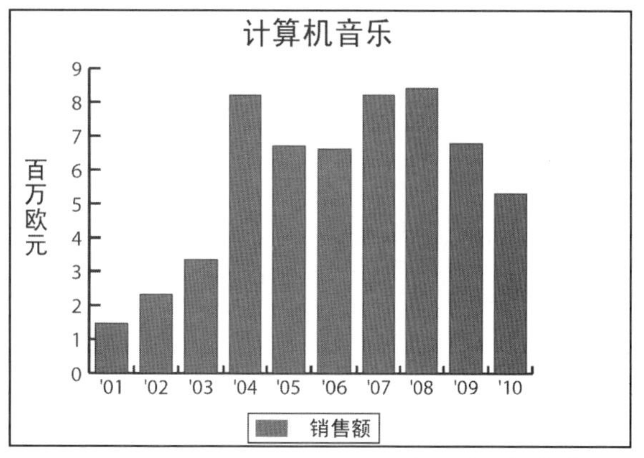
计算机音乐
百万欧元
'01 '02 '03 '04 '05 '06 '07 '08 '09 '10
销售额

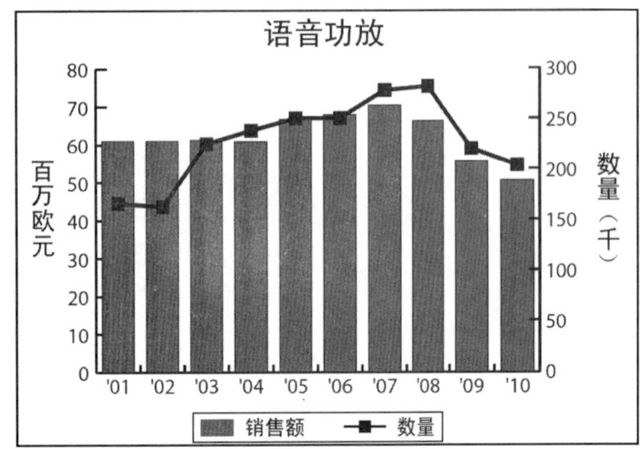
语音功放
百万欧元
数量（千）
'01 '02 '03 '04 '05 '06 '07 '08 '09 '10
销售额
数量

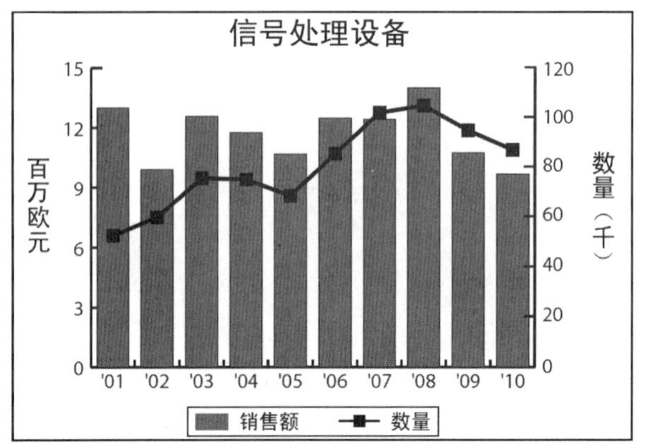
信号处理设备
百万欧元
数量（千）
'01 '02 '03 '04 '05 '06 '07 '08 '09 '10
销售额
数量

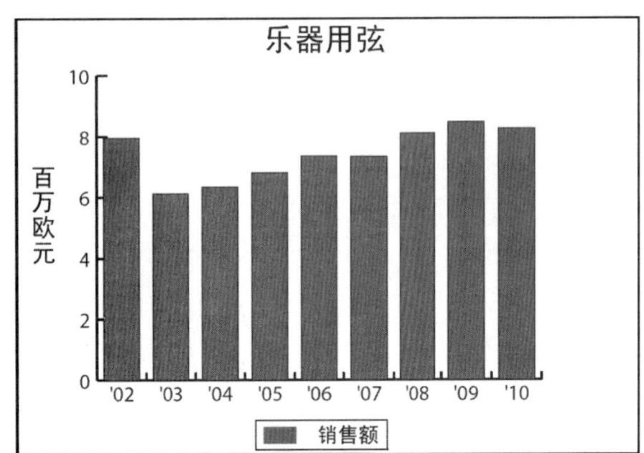
乐器用弦
百万欧元
'02 '03 '04 '05 '06 '07 '08 '09 '10
销售额

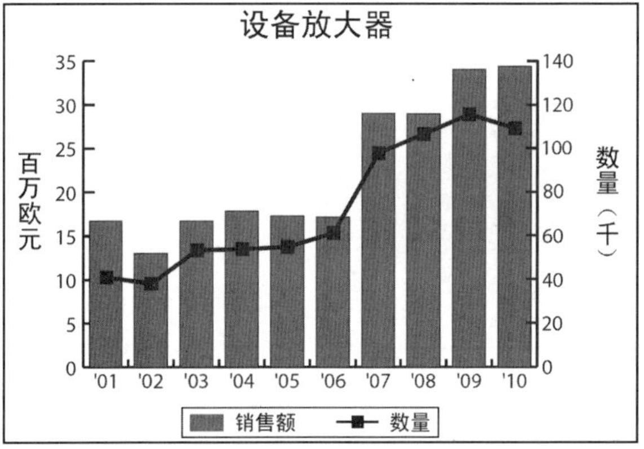
设备放大器
百万欧元
数量（千）
'01 '02 '03 '04 '05 '06 '07 '08 '09 '10
销售额
数量

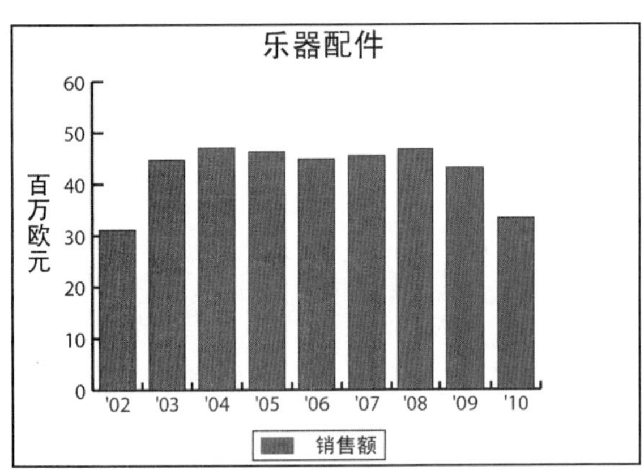
乐器配件
百万欧元
'02 '03 '04 '05 '06 '07 '08 '09 '10
销售额

澳大利亚

澳大利亚乐器产业在2010年只是经历了一场小小的“寒流”：几十年来这种情况从未像现在这样，经济变化之快让人惊讶。全球金融危机基本结束，澳大利亚这艘“航船”在全球金融危机之中实际并未受伤。

目前澳大利亚经济仍然保持着健康的发展势头。2010年，澳大利亚经济发展得益于以下因素：较高就业率（失业率约4.5%）、积极的外贸发展、史无前例的低利率（4.8%）。此外，澳大利亚拥有坚挺的货币——澳元，在进口贸易中占有较为有利的地位。

澳大利亚经济发展出现的这些新特点很大程度上捂紧了人们的钱包，使人们进入了用术语所说的“新节约时代”。

所有外部因素及内部因素致使2010年音乐制品进口量出现大幅下降。进口数量下降了6%，而进口金额下降了10%。上一次进口量全面收缩是在1999--2000年。

更不利的是商业经营费用成本持续上涨。尤其是工资增长，商业租金、借贷费用及能源和燃料成本大幅上涨，这意味着经营成本每上升12%，单位产值就会降低10%。

2010年音乐制品行业几乎普遍下挫，部分产品成为销量中的“胜利者”，数码钢琴、套鼓、计算机音乐软件和扬声器，此类乐器的营业额与下跌趋势相反，也是最引人注目的部分。

平均单位数量和金额下跌，几乎肆虐了整个行业，吉他类乐器尤为明显。总体上来讲，吉他的进口数量小幅增长1%，然而进口金额却下跌了约20%，或许原因在于澳元太坚挺，亦或来自中国、印尼和其他低成本生产地制造的货物成本持续降低所致，在下降的6200万美元总金额中，仅吉他部分就占了3300万美元。此外，2010年管弦乐产品类也乏善可陈。

最后，2010年，世界经济形势给澳大利亚音乐制品行业带来不良影响。澳元基本与美元持平（或略高）、澳元对欧元和英镑的汇率达到创记录的新高。澳大利亚海外购买力变得前所未有地强大，越来越多澳大利亚人的消费模式转向网络在线购买，为购买含乐器在内的各种货物而向海外商品供应商支付的金额达数十亿美元，这种情况为澳大利亚本土零售业务造成重大挑战。对澳大利亚音乐制品行业来说，这一过去竞争只限于本国的行业，也不得不面对上述挑战。

预计2011年行业发展与2010年基本相似，市场形势不会发生重大变化，但消费者支出适度缩紧，澳大利亚议会的选举结果依然悬而不决，网购等制约因素也给行业今后的发展前景带来一丝凉意。

下列图表是基于澳大利亚统计局在澳大利亚乐器协会（AMA)的协助下以代理人的身份收集的国内市场的主要数据而绘制，澳大利亚乐器协会首席执行官Ian Harvey做了文字评述。

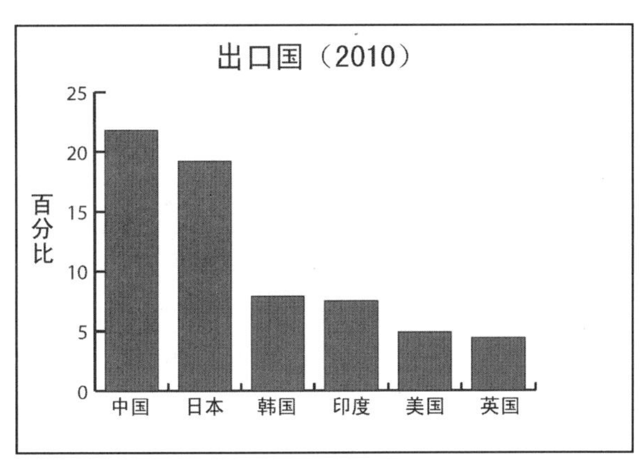

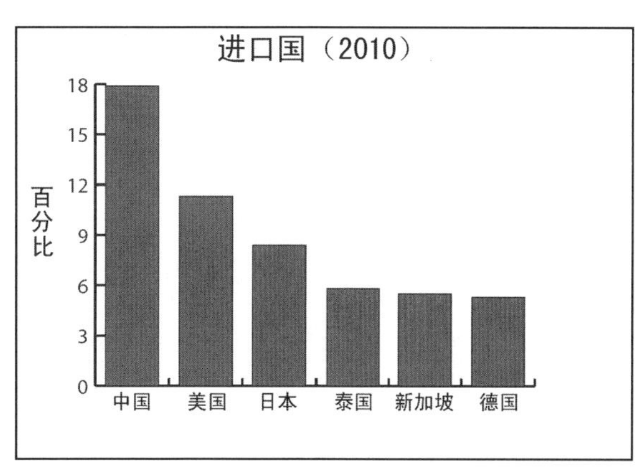

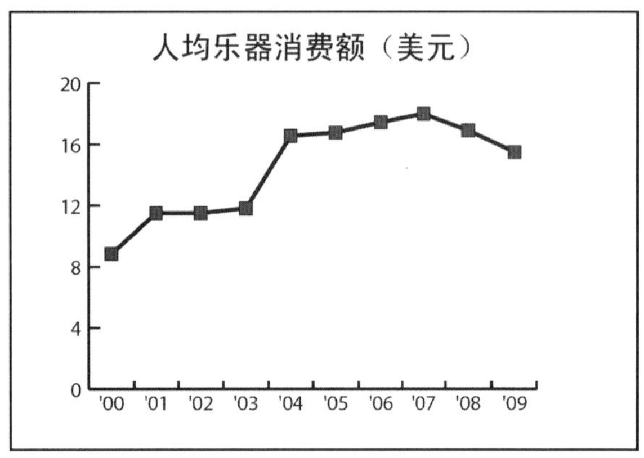
人均乐器消费额（美元）
20
16
12
8
4
0
'00 '01 '02 '03 '04 '05 '06 '07 '08 '09

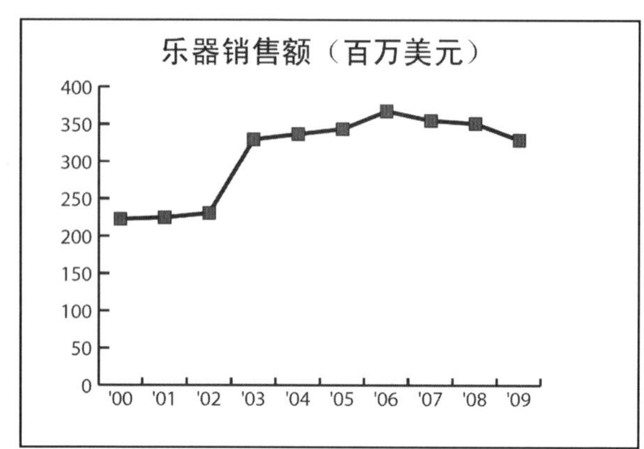
乐器销售额（百万美元）
400
350
300
250
200
150
100
50
0
'00 '01 '02 '03 '04 '05 '06 '07 '08 '09

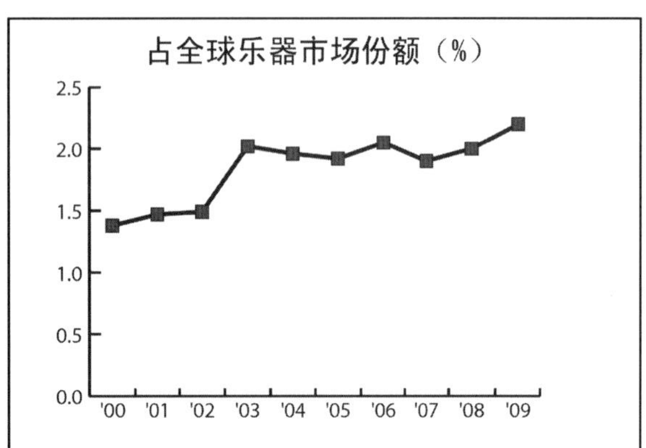
占全球乐器市场份额（%）
2.5
2.0
1.5
1.0
0.5
0.0
'00 '01 '02 '03 '04 '05 '06 '07 '08 '09

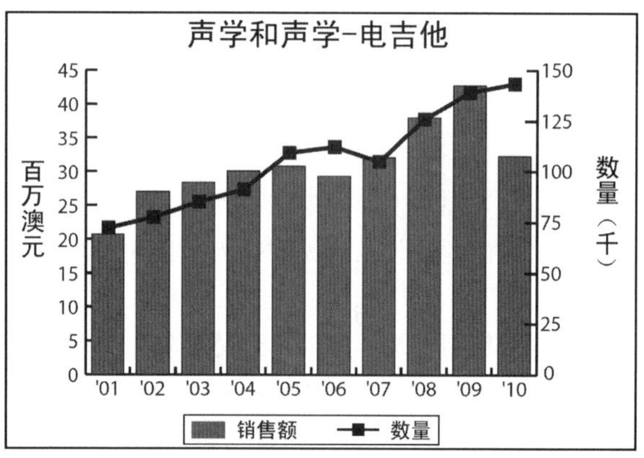
声学和声学-电吉他
百万澳元
45
40
35
30
25
20
15
10
5
0
数量（千）
150
125
100
75
50
25
0
'01 '02 '03 '04 '05 '06 '07 '08 '09 '10
销售额
数量

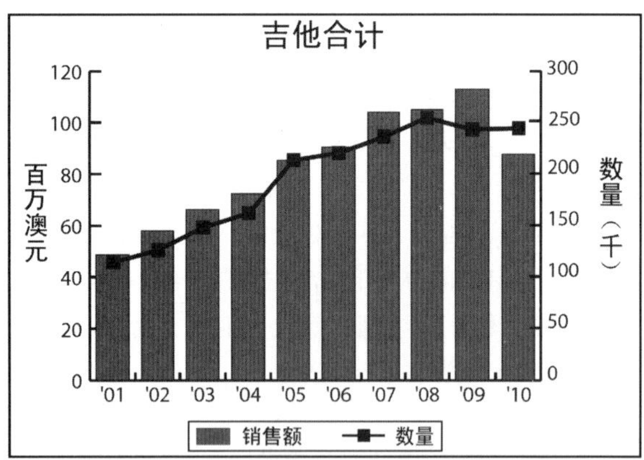
吉他合计
百万澳元
120
100
80
60
40
20
0
数量（千）
300
250
200
150
100
50
0
'01 '02 '03 '04 '05 '06 '07 '08 '09 '10
销售额
数量

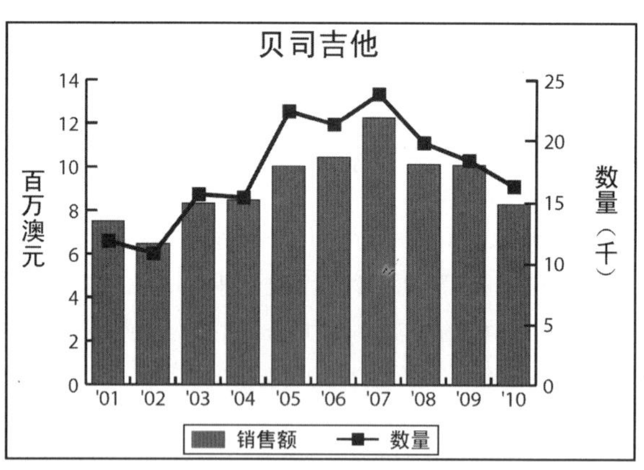
贝司吉他
百万澳元
14
12
10
8
6
4
2
0
数量（千）
25
20
15
10
5
0
'01 '02 '03 '04 '05 '06 '07 '08 '09 '10
销售额
数量

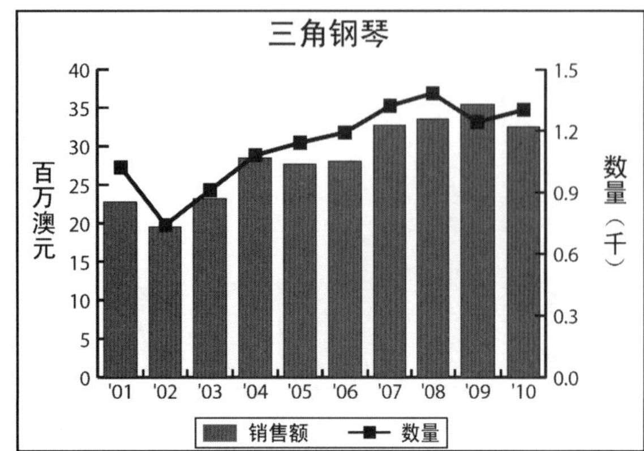
三角钢琴
百万澳元
40
35
30
25
20
15
10
5
0
数量（千）
1.5
1.2
0.9
0.6
0.3
0.0
'01 '02 '03 '04 '05 '06 '07 '08 '09 '10
销售额
数量

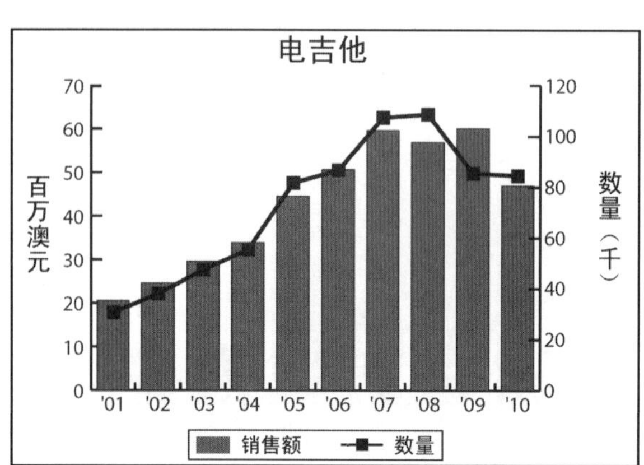
电吉他
百万澳元
70
60
50
40
30
20
10
0
数量（千）
120
100
80
60
40
20
0
'01 '02 '03 '04 '05 '06 '07 '08 '09 '10
销售额
数量

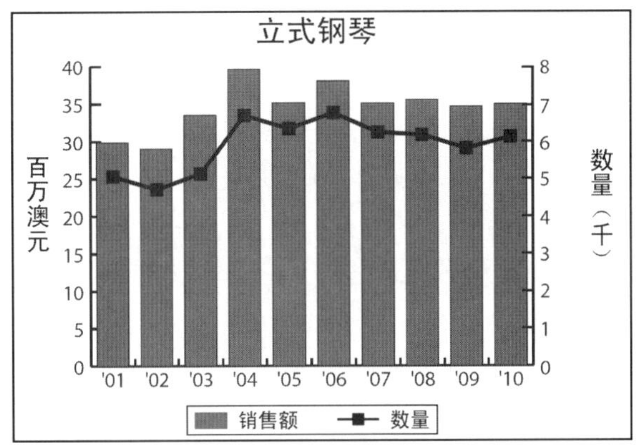
立式钢琴
百万澳元
数量（千）
'01
'02
'03
'04
'05
'06
'07
'08
'09
'10
销售额
数量

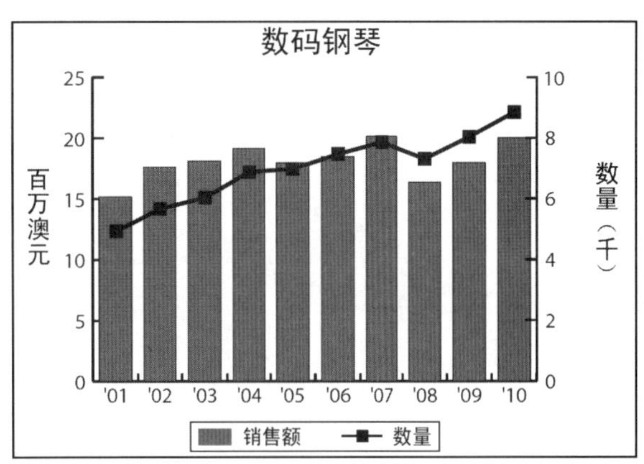
数码钢琴
百万澳元
数量（千）
'01
'02
'03
'04
'05
'06
'07
'08
'09
'10
销售额
数量

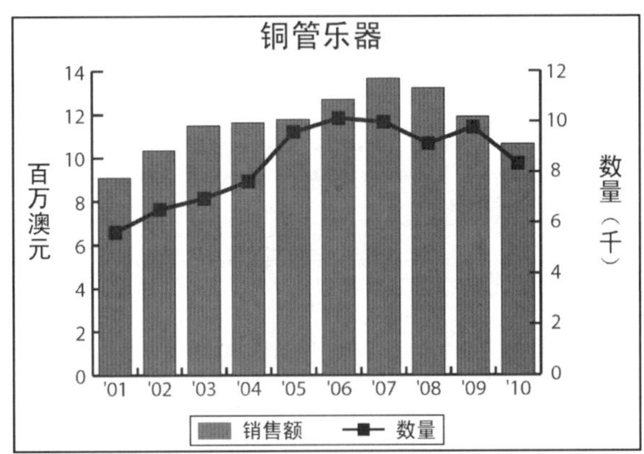
铜管乐器
百万澳元
数量（千）
'01
'02
'03
'04
'05
'06
'07
'08
'09
'10
销售额
数量

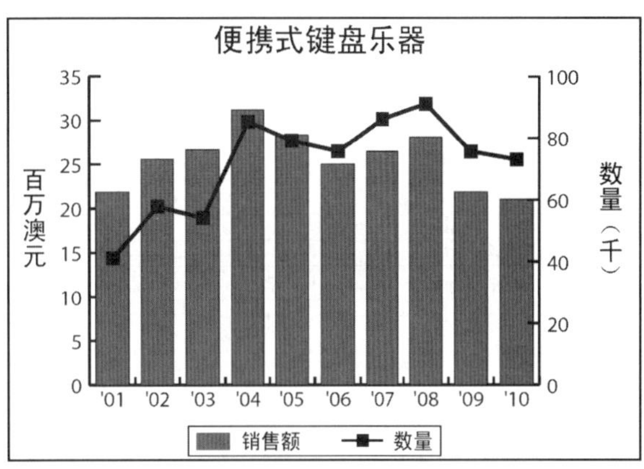
便携式键盘乐器
百万澳元
数量（千）
'01
'02
'03
'04
'05
'06
'07
'08
'09
'10
销售额
数量

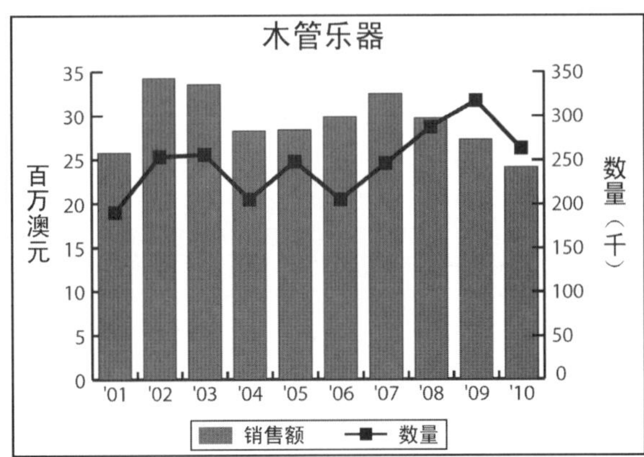
木管乐器
百万澳元
数量（千）
'01
'02
'03
'04
'05
'06
'07
'08
'09
'10
销售额
数量

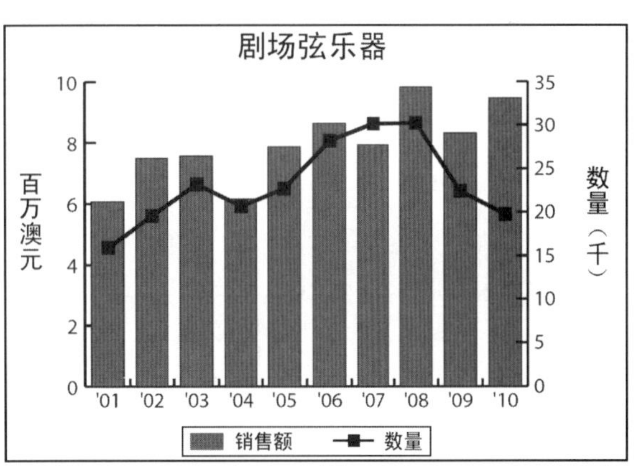
剧场弦乐器
百万澳元
数量（千）
'01
'02
'03
'04
'05
'06
'07
'08
'09
'10
销售额
数量

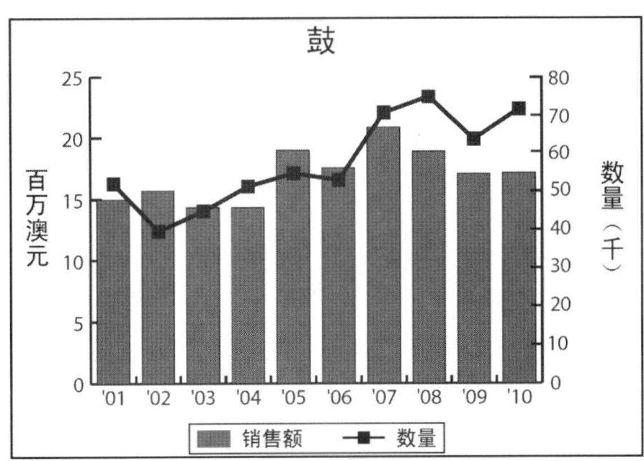
鼓
百万澳元
数量（千）
'01
'02
'03
'04
'05
'06
'07
'08
'09
'10
销售额
数量

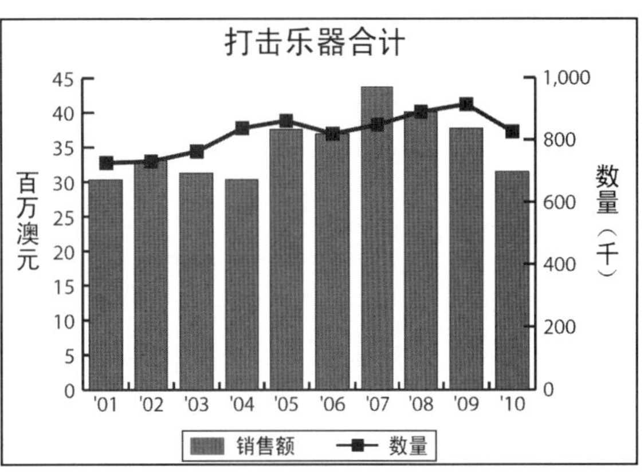
打击乐器合计
百万澳元
数量（千）
'01
'02
'03
'04
'05
'06
'07
'08
'09
'10
销售额
数量

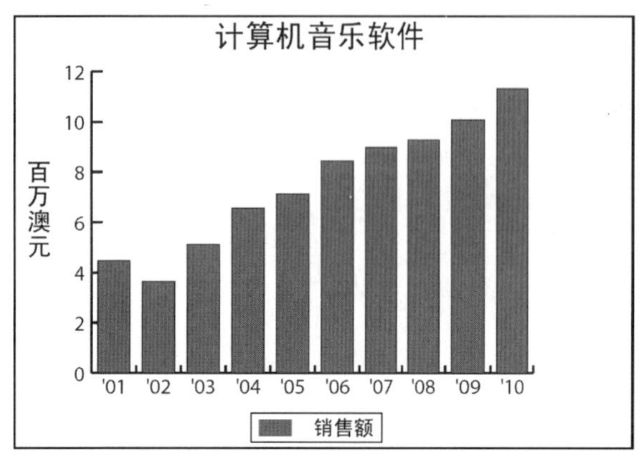
计算机音乐软件
百万澳元
12
10
8
6
4
2
0
'01 '02 '03 '04 '05 '06 '07 '08 '09 '10
销售额

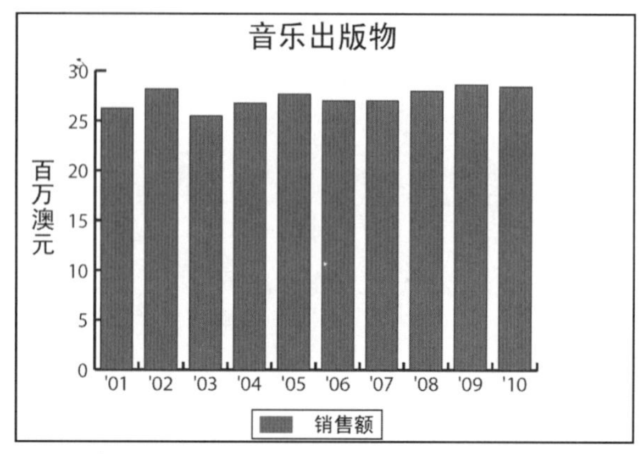
音乐出版物
百万澳元
30
25
20
15
10
5
0
'01 '02 '03 '04 '05 '06 '07 '08 '09 '10
销售额

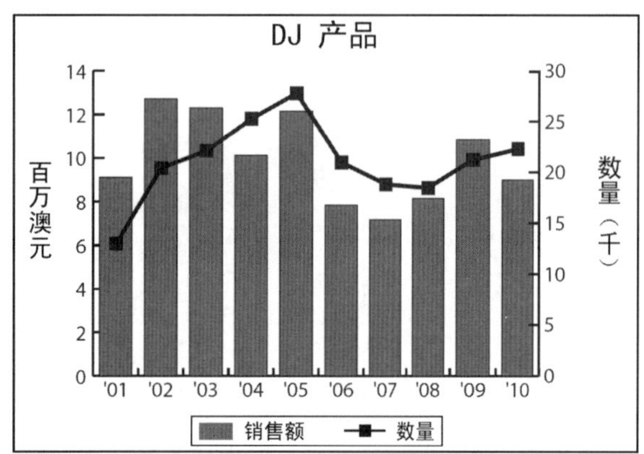
DJ 产品
百万澳元
数量（千）
14
12
10
8
6
4
2
0
30
25
20
15
10
5
0
'01 '02 '03 '04 '05 '06 '07 '08 '09 '10
销售额
数量

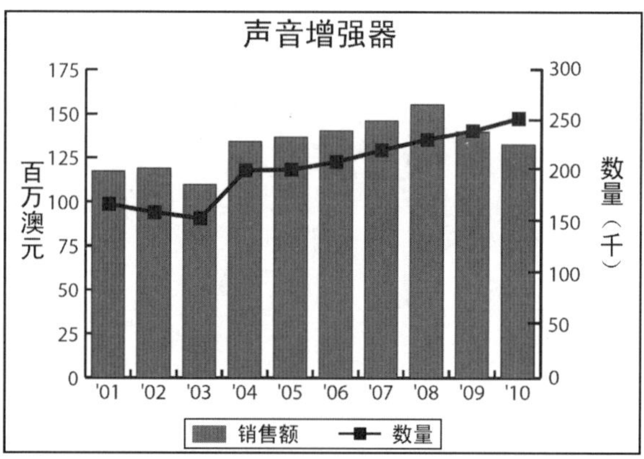
声音增强器
百万澳元
数量（千）
175
150
125
100
75
50
25
0
300
250
200
150
100
50
0
'01 '02 '03 '04 '05 '06 '07 '08 '09 '10
销售额
数量

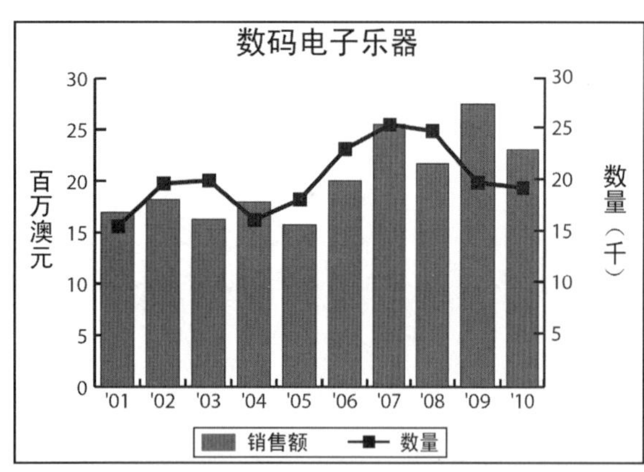
数码电子乐器
百万澳元
数量（千）
30
25
20
15
10
5
0
30
25
20
15
10
5
'01 '02 '03 '04 '05 '06 '07 '08 '09 '10
销售额
数量

韩国

下列图表所基于的数据来自国际贸易中心（ITC）网站

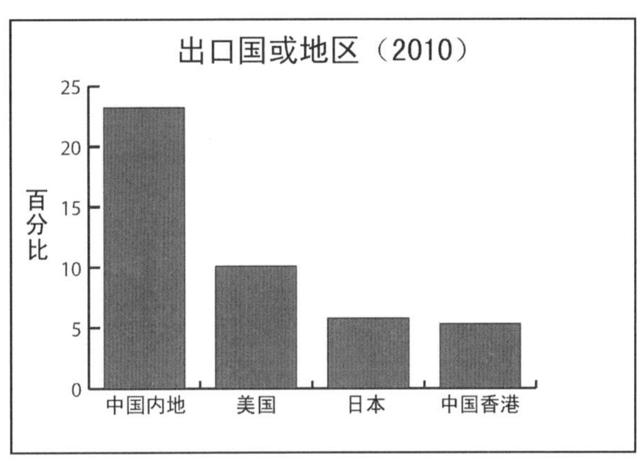

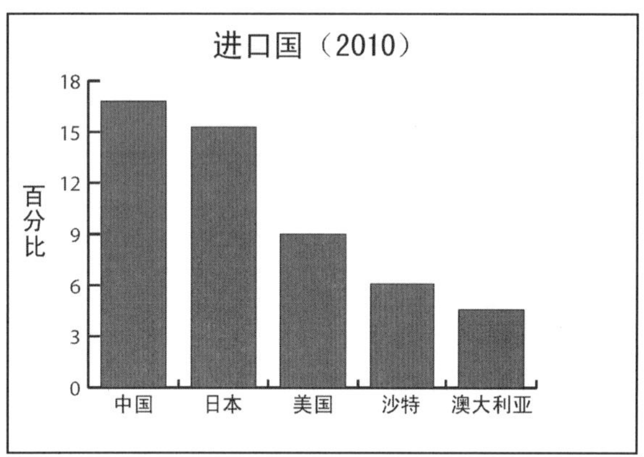

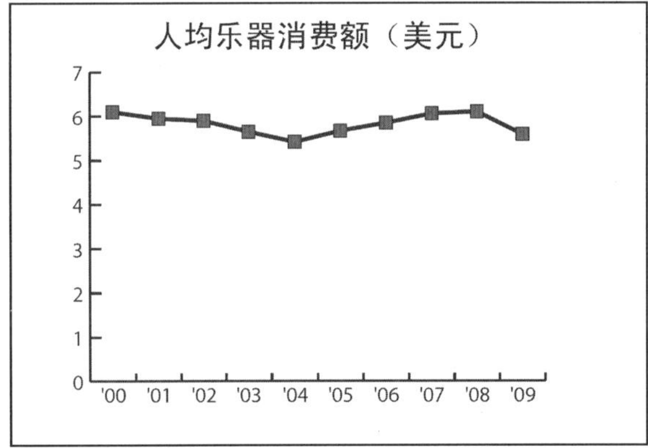

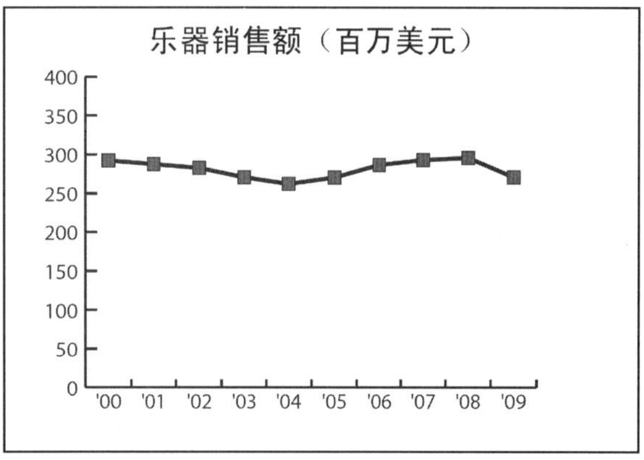

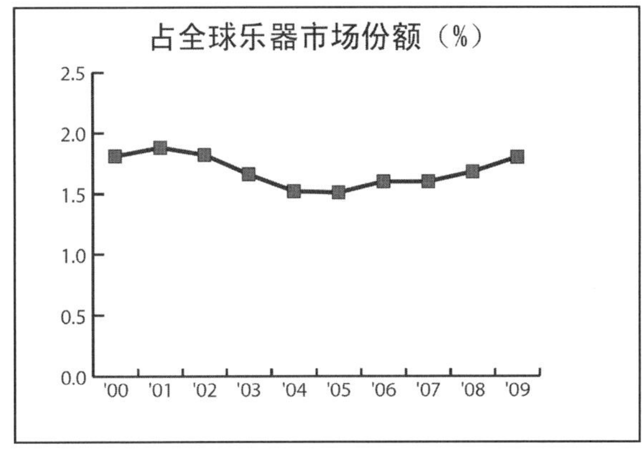

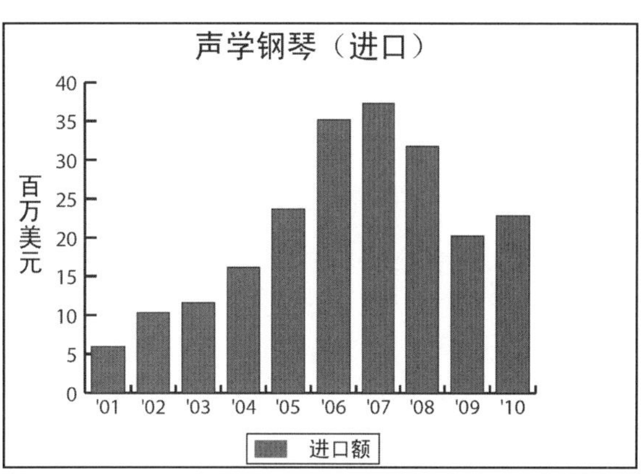

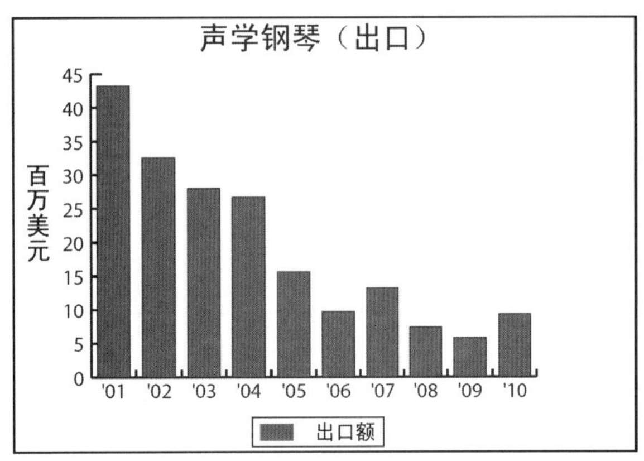
声学钢琴（出口）
百万美元
45
40
35
30
25
20
15
10
5
0
'01 '02 '03 '04 '05 '06 '07 '08 '09 '10
出口额

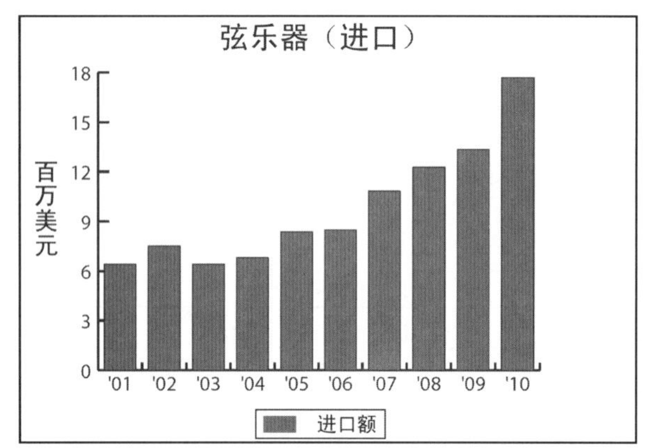
弦乐器（进口）
百万美元
18
15
12
9
6
3
0
'01 '02 '03 '04 '05 '06 '07 '08 '09 '10
进口额

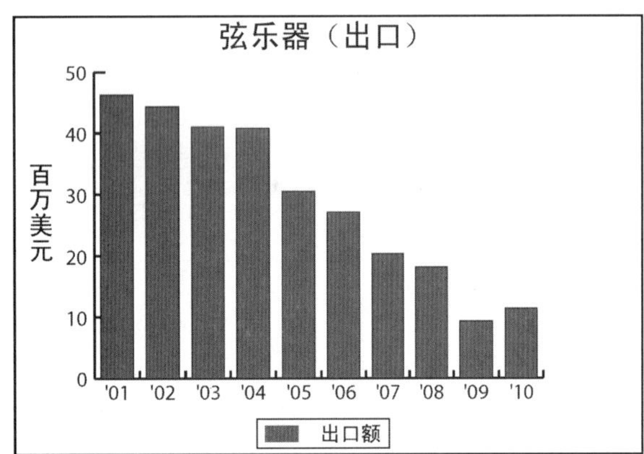
弦乐器（出口）
百万美元
50
40
30
20
10
0
'01 '02 '03 '04 '05 '06 '07 '08 '09 '10
出口额

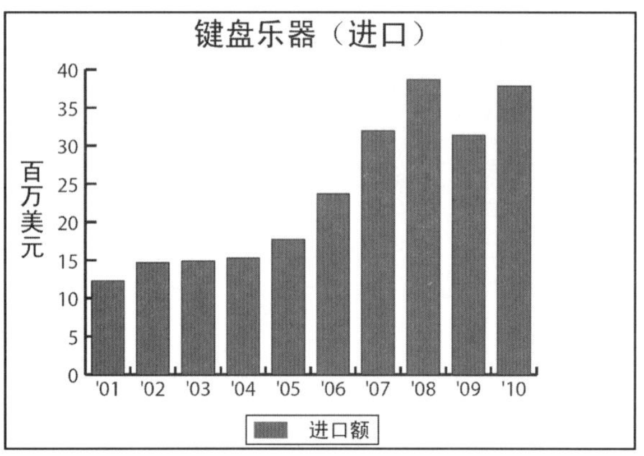
键盘乐器（进口）
百万美元
40
35
30
25
20
15
10
5
0
'01 '02 '03 '04 '05 '06 '07 '08 '09 '10
进口额

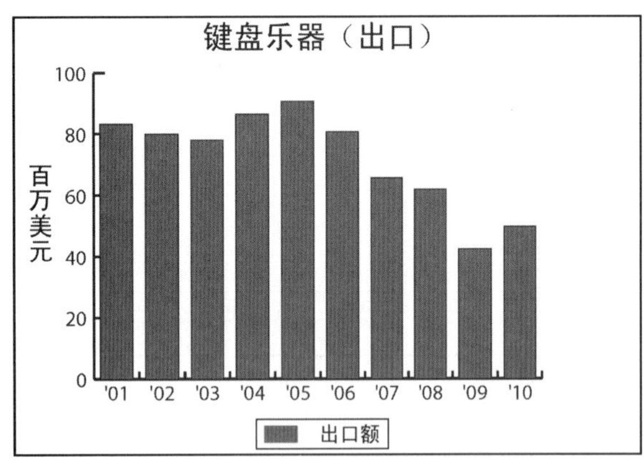
键盘乐器（出口）
百万美元
100
80
60
40
20
0
'01 '02 '03 '04 '05 '06 '07 '08 '09 '10
出口额

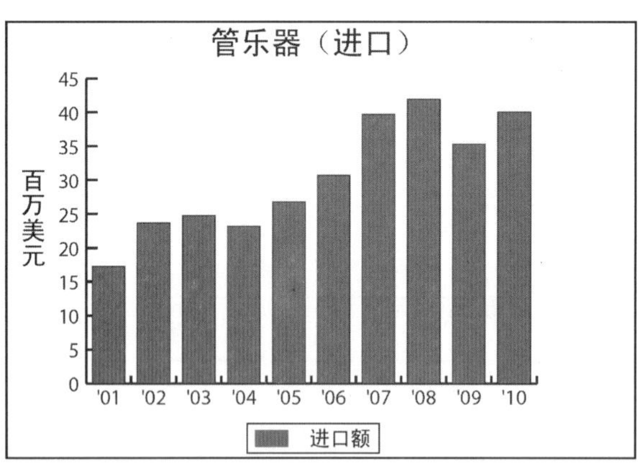
管乐器（进口）
百万美元
45
40
35
30
25
20
15
10
5
0
'01 '02 '03 '04 '05 '06 '07 '08 '09 '10
进口额

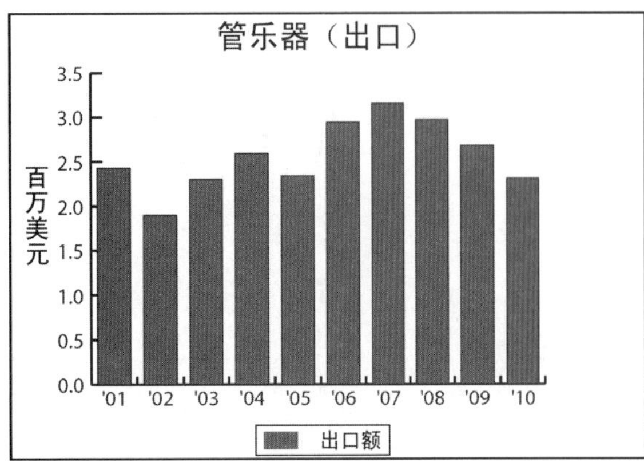
管乐器（出口）
百万美元
3.5
3.0
2.5
2.0
1.5
1.0
0.5
0.0
'01 '02 '03 '04 '05 '06 '07 '08 '09 '10
出口额

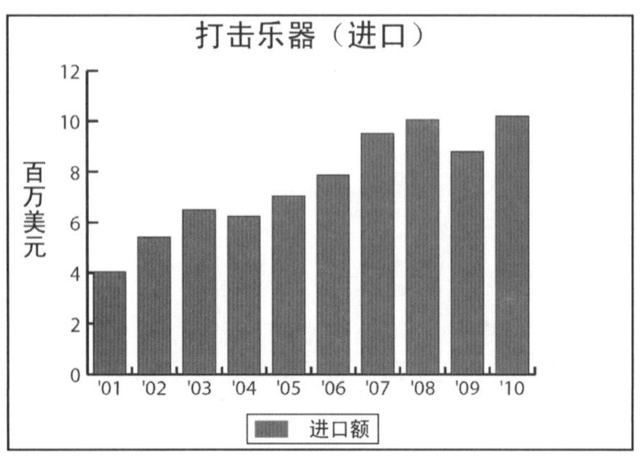
打击乐器（进口）
百万美元
12
10
8
6
4
2
0
'01 '02 '03 '04 '05 '06 '07 '08 '09 '10
进口额

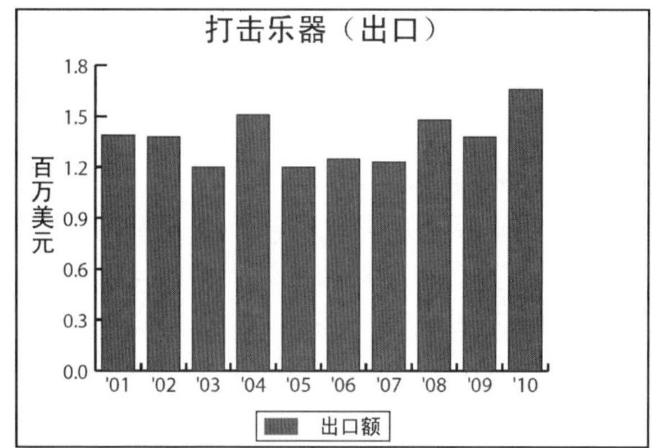
打击乐器（出口）
1.8
1.5
1.2
0.9
0.6
0.3
0.0
百万美元
'01
'02
'03
'04
'05
'06
'07
'08
'09
'10
出口额

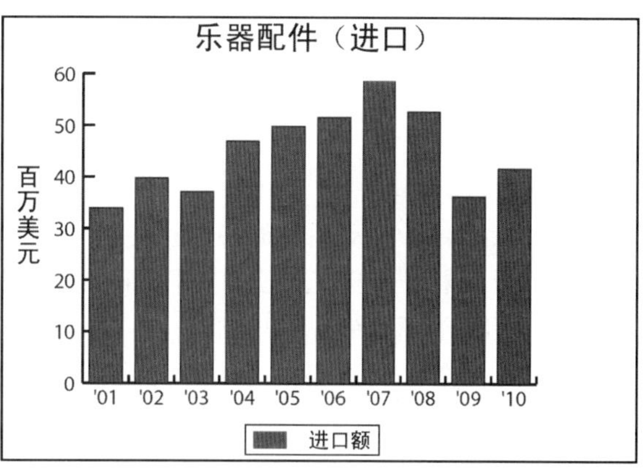
乐器配件（进口）
60
50
40
30
20
10
0
百万美元
'01
'02
'03
'04
'05
'06
'07
'08
'09
'10
进口额

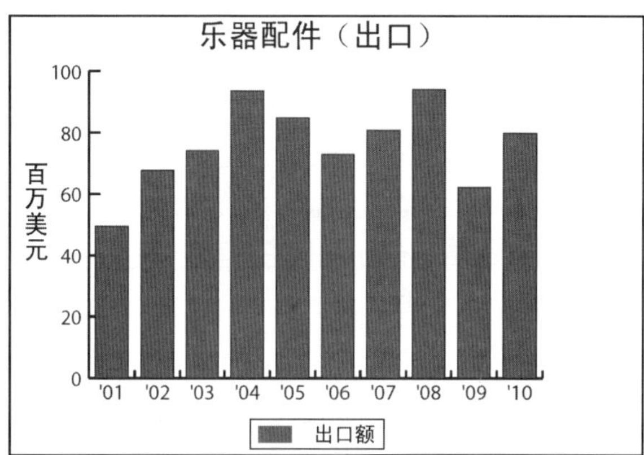
乐器配件（出口）
100
80
60
40
20
0
百万美元
'01
'02
'03
'04
'05
'06
'07
'08
'09
'10
出口额

巴西

校园音乐活动开展

有关校园音乐活动项目的相关法规已于2010年开始执行。未来五年内，巴西乐器市场有望增长51%。巴西政府所面临的主要挑战是尽可能为校园音乐教学提供充足的课程科目和教学方法。为刺激零售商们投资到相应计划中，制造商们已开始着手应对可能到来的大量市场需求。至少有35%的声学吉他销售公司已备足产品，准备参与市场角逐。

基础设施投资带动音响需求

巴西新任总统迪尔玛•罗塞夫一直关注如何改善该国基础设施。音响市场是能够从基建中受益的一块领域。另外，巴西世界杯、奥林匹克运动会和其他一些重要项目对社会劳动力有很大需求，也将助推巴西经济增长，增加社会财富并提高低收入群体的收入水平。上述政策还将对机场、体育馆和其他场所的音频装置形成高度需求。

更为活跃的商业活动格局

巴西政府同时致力于通过使用信息系统（使用信息系统可侦查到以低于市场价格出售的进口产品及其销量，以及从事上述非法商业买卖的公司）来最大程度减少非法商业活动。许多公司（包括一些生产国际名牌产品的公司）都受到了市场不规范经营所带来的负面影响而使企业形象受损。合法的商业活动、完备的市场准入、规范的市场秩序有助于在各行各业中形成良性竞争，吸引投资项目。

在巴西开设的新公司

许多跨国乐器公司主管曾造访过巴西，对在当地设置办事处有很大兴趣。亚马逊州的马瑙斯市接待了大量参观考察者，有兴趣的厂家已启动了相关制造装备和配套设备商业项目，当地经销商对营销和其他能够刺激市场需求的举措（过去是没有的）也做出配套投资。

分销渠道多元化

圣保罗州仍是巴西主要商业中心，但其他地区也开始形成并集聚了商业中心。就乐器展览会来说，圣保罗市有一全国性的乐器展会，此外，还有七个中小型地方乐器展会则分布在不同的州。这种辐射式的分散格局有助于乐器公司应对不同的市场销售环境，开发当地的乐器零售市场。

零售价格降低

销售价格大幅下滑，平均降幅约30%。全球知名品牌在巴西占有较高销售比重，这一情况迫使政府逐步改变过去那种征收高额进口关税的传统作法。

下列图表是在巴西商业开发、产业与贸易署（Brazilian Bureau of Business Development Industries and Trade）和巴西贸易部（Ministry of Trade）提供的进口产品数据基础上编制的，文字部分由巴西《乐器市场》杂志主编丹尼尔•纳维斯评述。

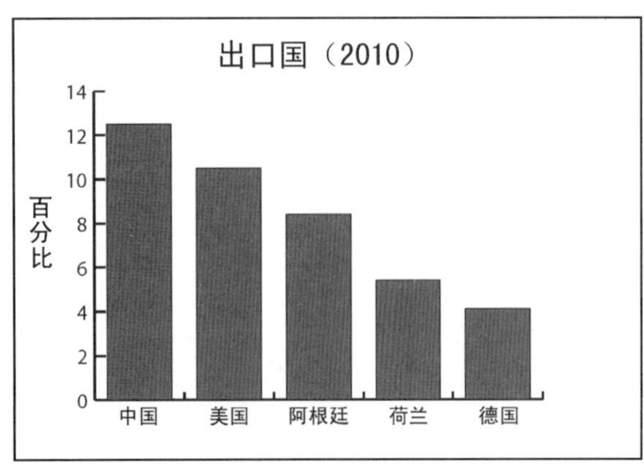

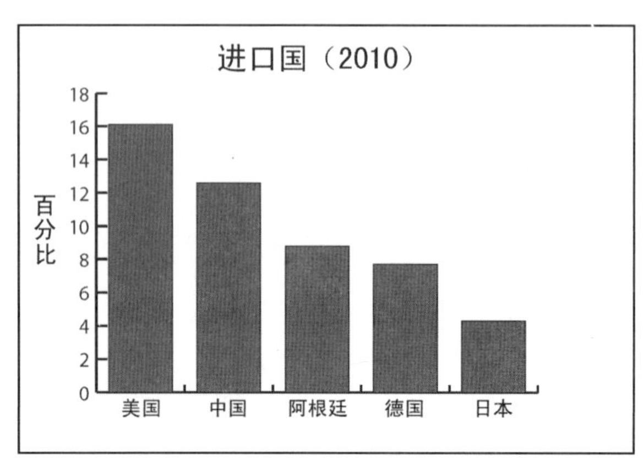

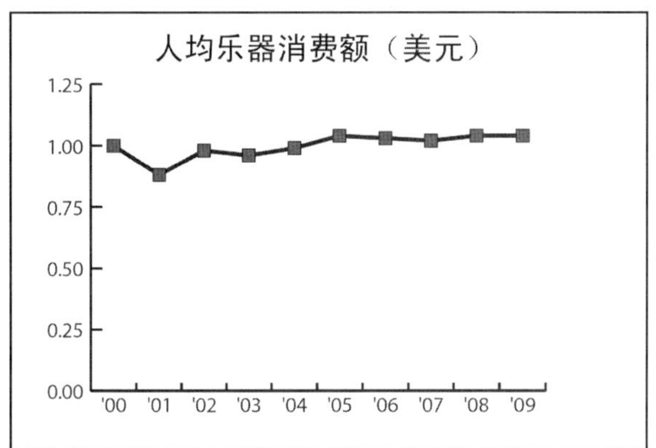
人均乐器消费额（美元）
1.25
1.00
0.75
0.50
0.25
0.00
'00 '01 '02 '03 '04 '05 '06 '07 '08 '09

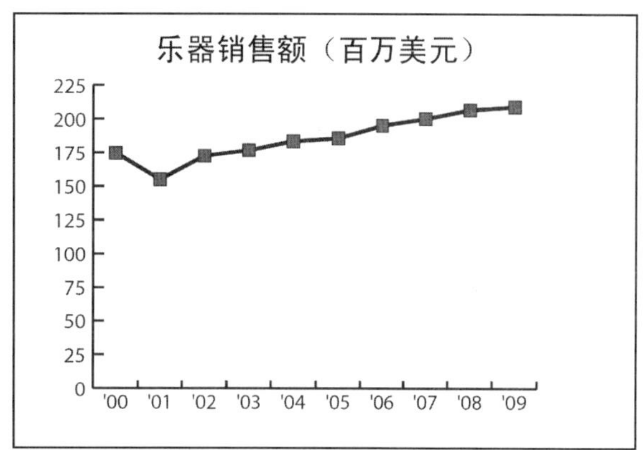
乐器销售额（百万美元）
225
200
175
150
125
100
75
50
25
0
'00 '01 '02 '03 '04 '05 '06 '07 '08 '09

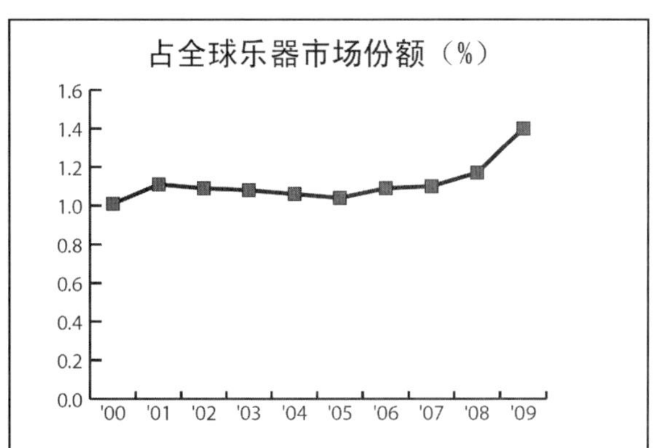
占全球乐器市场份额（%）
1.6
1.4
1.2
1.0
0.8
0.6
0.4
0.2
0.0
'00 '01 '02 '03 '04 '05 '06 '07 '08 '09

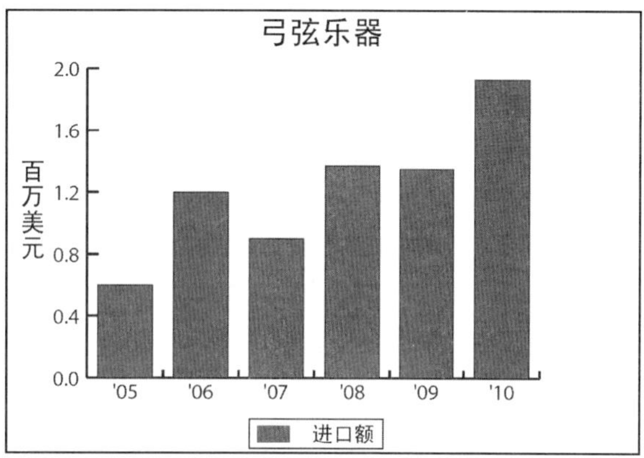
弓弦乐器
百万美元
2.0
1.6
1.2
0.8
0.4
0.0
'05 '06 '07 '08 '09 '10
进口额

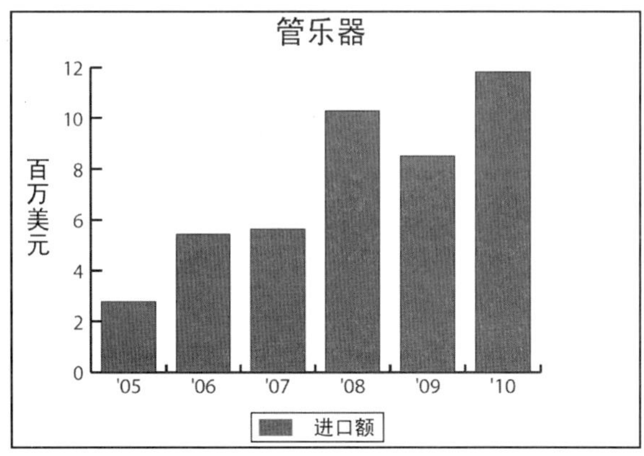
管乐器
百万美元
12
10
8
6
4
2
0
'05 '06 '07 '08 '09 '10
进口额

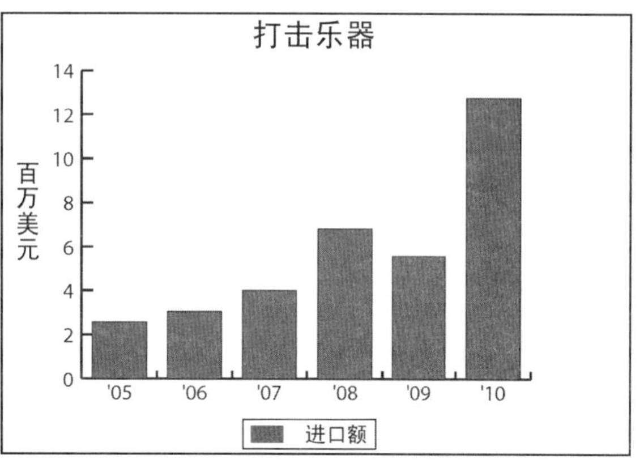
打击乐器
百万美元
14
12
10
8
6
4
2
0
'05 '06 '07 '08 '09 '10
进口额

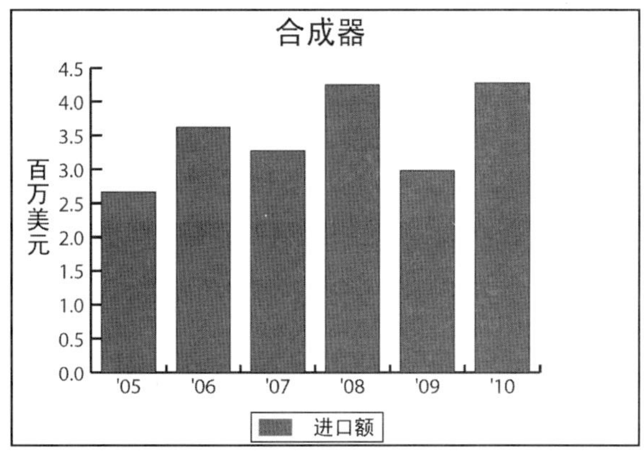
合成器
百万美元
4.5
4.0
3.5
3.0
2.5
2.0
1.5
1.0
0.5
0.0
'05 '06 '07 '08 '09 '10
进口额

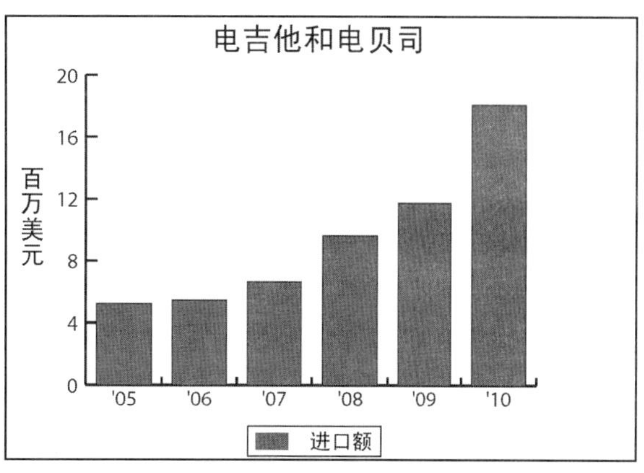
电吉他和电贝司
百万美元
20
16
12
8
4
0
'05 '06 '07 '08 '09 '10
进口额

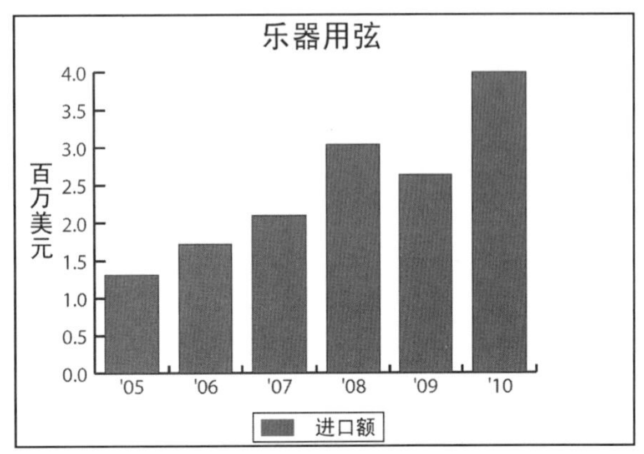
乐器用弦
百万美元
4.0
3.5
3.0
2.5
2.0
1.5
1.0
0.5
0.0
'05
'06
'07
'08
'09
'10
进口额

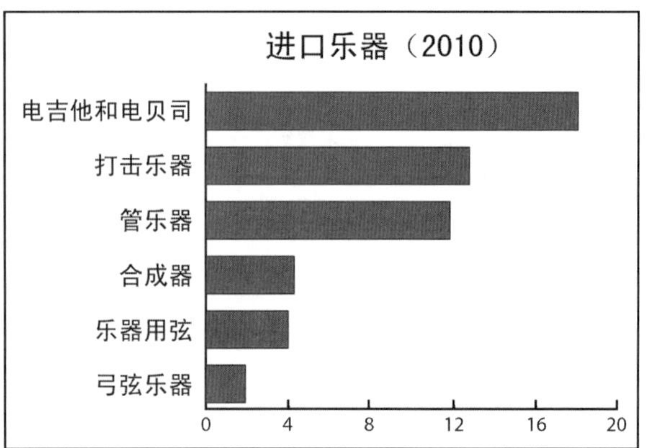
进口乐器（2010）
电吉他和电贝司
打击乐器
管乐器
合成器
乐器用弦
弓弦乐器
0
4
8
12
16
20

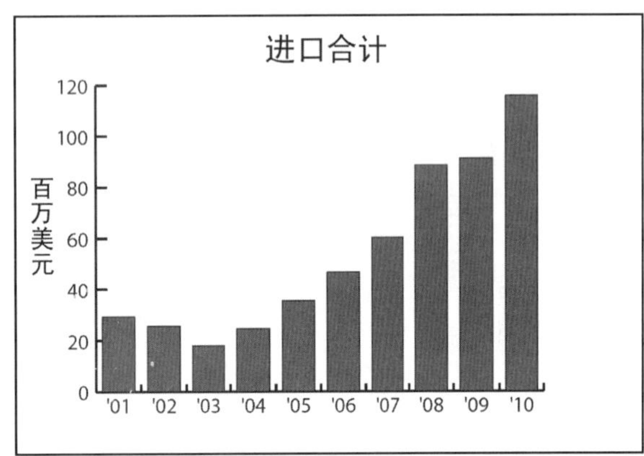
进口合计
百万美元
120
100
80
60
40
20
0
'01
'02
'03
'04
'05
'06
'07
'08
'09
'10

俄罗斯

下列图表所基于的数据来自国际贸易中心（ITC）网站

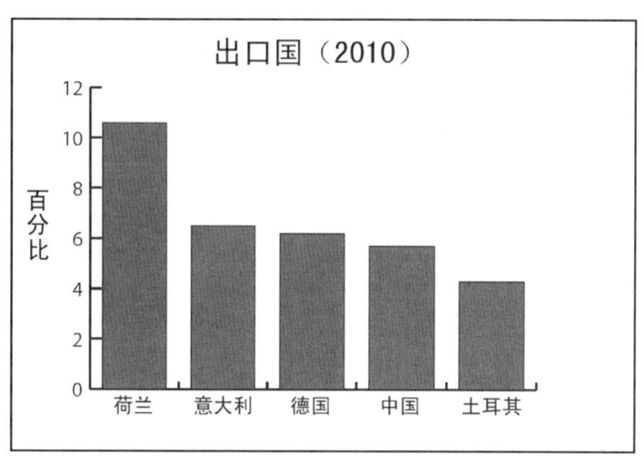

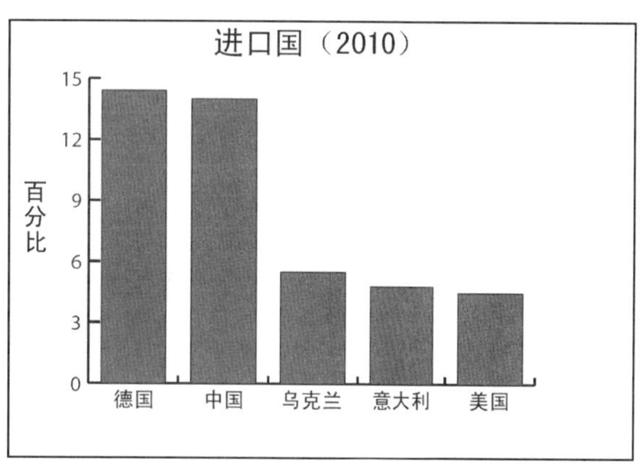

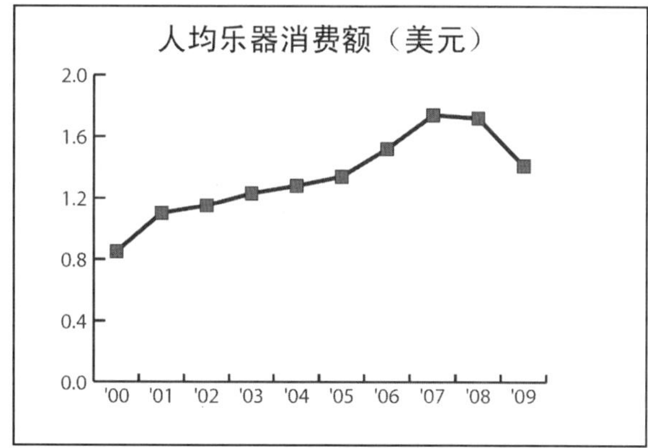

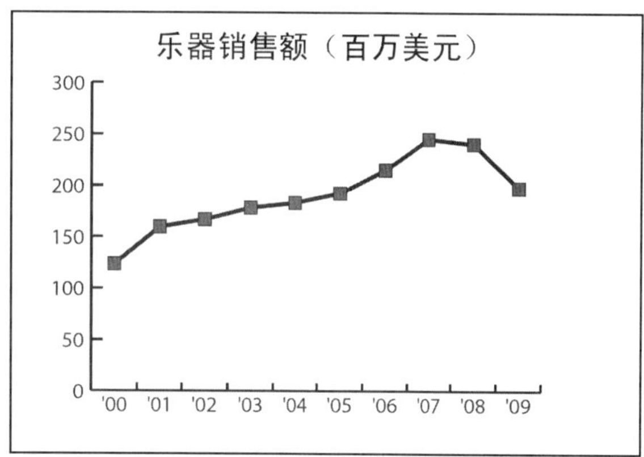

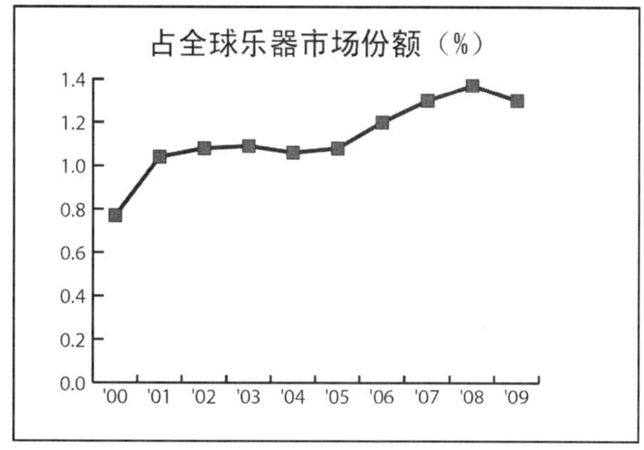

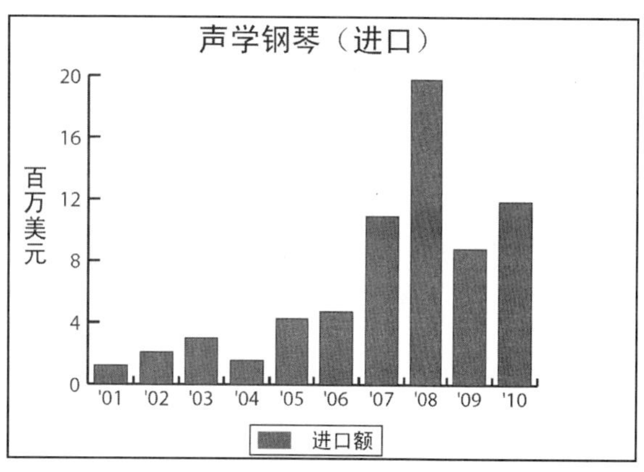

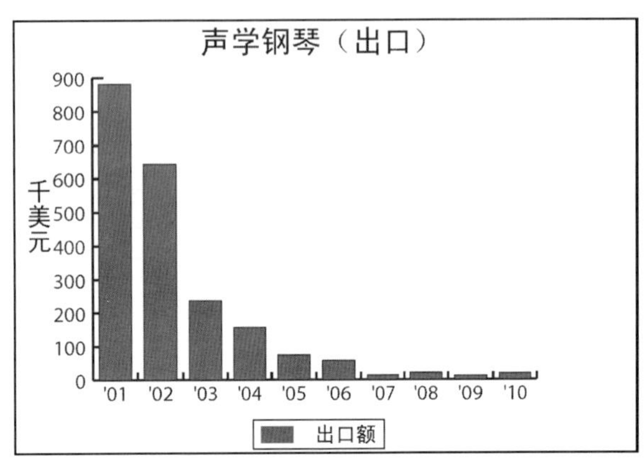
声学钢琴（出口）
千美元
'01 '02 '03 '04 '05 '06 '07 '08 '09 '10
出口额

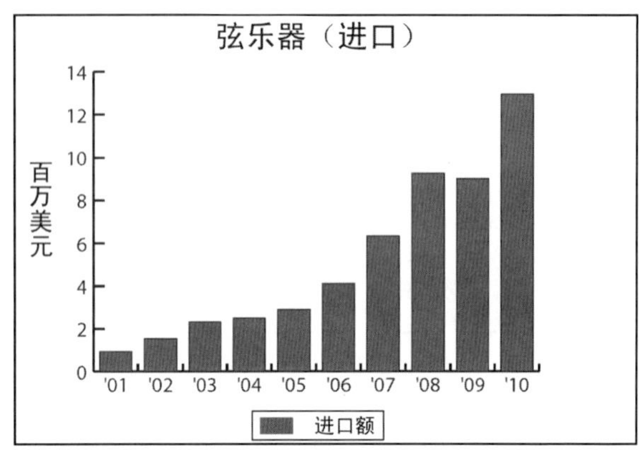
弦乐器（进口）
百万美元
'01 '02 '03 '04 '05 '06 '07 '08 '09 '10
进口额

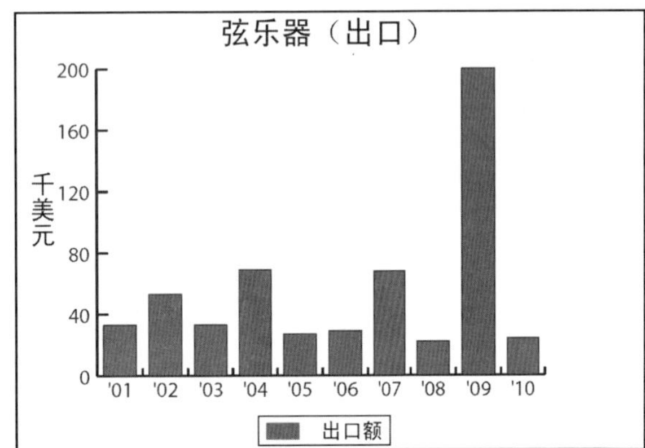
弦乐器（出口）
千美元
'01 '02 '03 '04 '05 '06 '07 '08 '09 '10
出口额

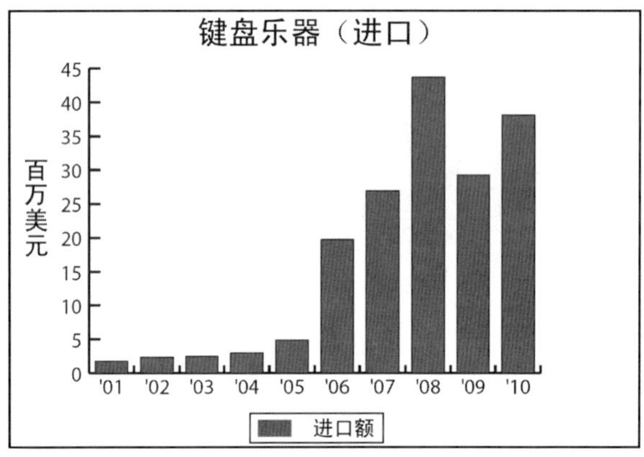
键盘乐器（进口）
百万美元
'01 '02 '03 '04 '05 '06 '07 '08 '09 '10
进口额

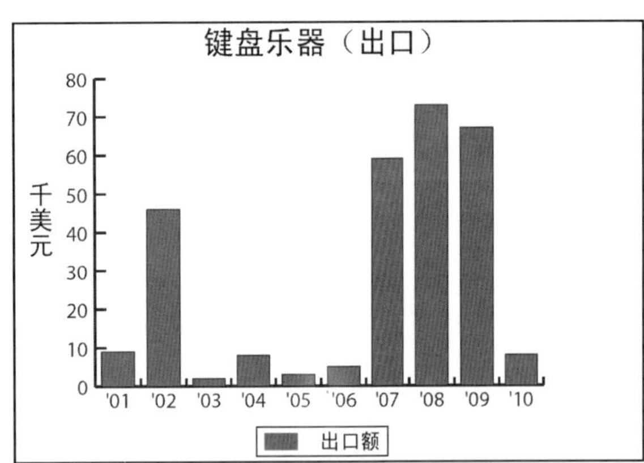
键盘乐器（出口）
千美元
'01 '02 '03 '04 '05 '06 '07 '08 '09 '10
出口额

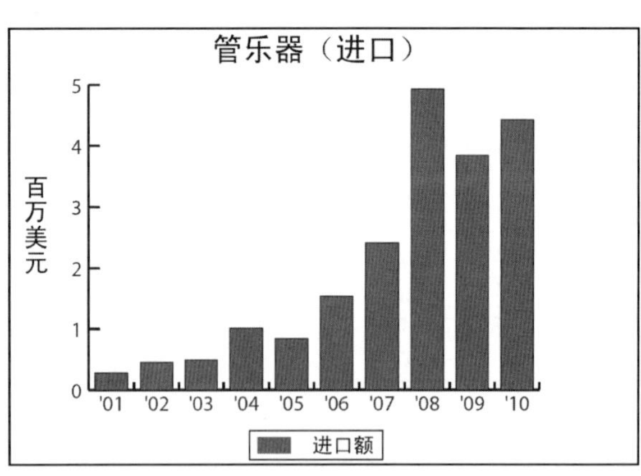
管乐器（进口）
百万美元
'01 '02 '03 '04 '05 '06 '07 '08 '09 '10
进口额

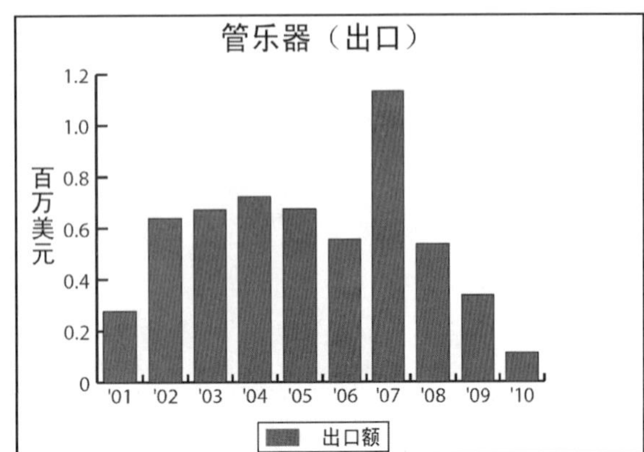
管乐器（出口）
百万美元
'01 '02 '03 '04 '05 '06 '07 '08 '09 '10
出口额

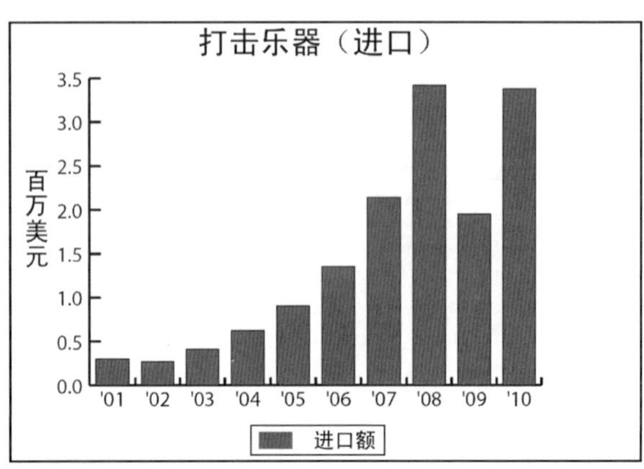
打击乐器（进口）
百万美元
'01 '02 '03 '04 '05 '06 '07 '08 '09 '10
进口额

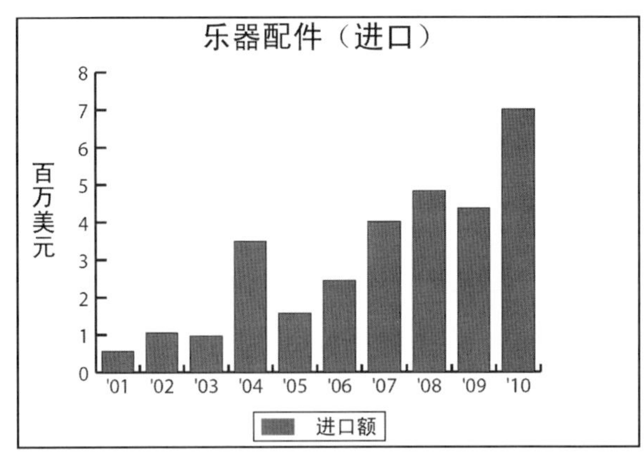

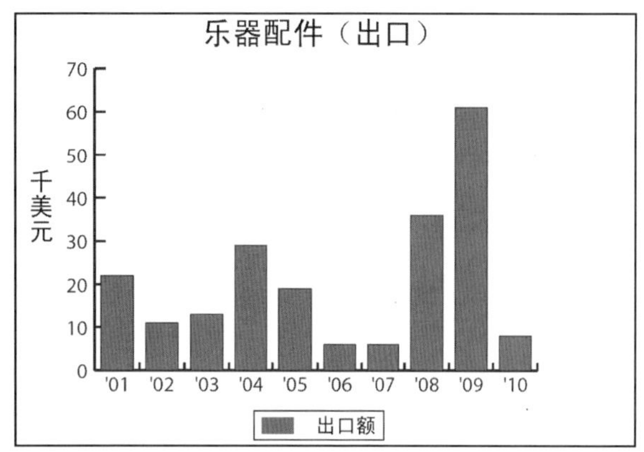

西班牙

受经济危机影响，西班牙乐器市场整体上受到严重影响。此外，来自其他国家的网络乐器销售也一定程度上影响了国内销售。

由于缺乏详细统计数据，对2010年西班牙乐器市场情况和2011年市场形势只能做一大致预测。从目前掌握的数据看，2010年市场销售下降约15%，2011年，除非经济环境出现明显改观，这种趋势还将延续下去。

如前所述，西班牙乐器市场处于传统销售与网络销售相互交织的运行状态。有25%的销售额来源于国外的网络乐器销售，这一现象引起西班牙乐器行业的高度关注，这一因素使西班牙境内不少传统乐器琴行被迫关张。

作为协会，西班牙乐器协会正尽力采取必要措施，应对来自国外网络销售对国内琴行造成的冲击。如果这些努力奏效，那么2011年1季度即可出现积极效果。

下列乐器零售数据和图表由西班牙乐器协会（Comusica）提供，文字评述由会长胡安•格雷科斯执笔，进口数据来自国际贸易中心（ITC）网站。

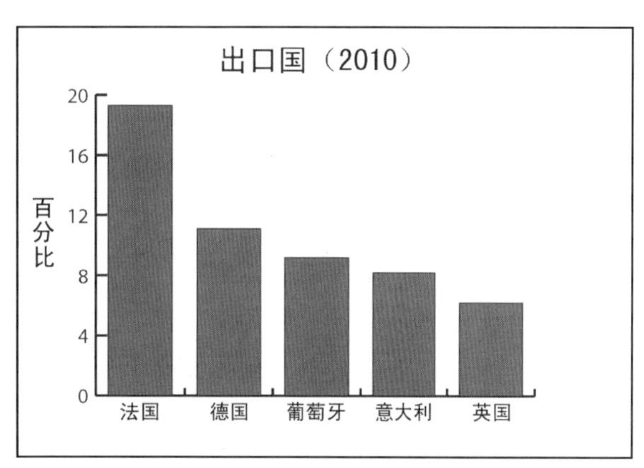

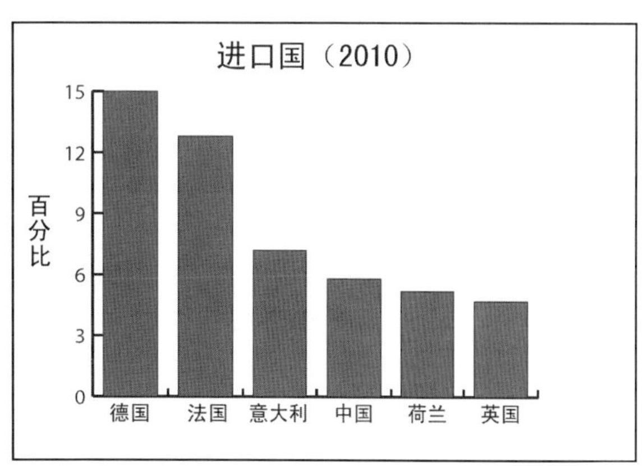

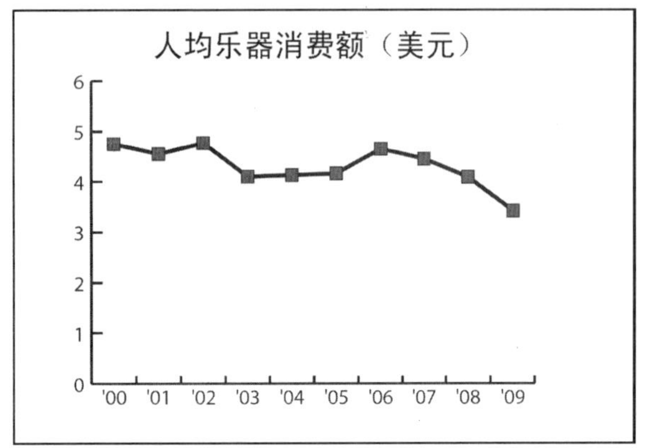
人均乐器消费额（美元）
6
5
4
3
2
1
0
'00 '01 '02 '03 '04 '05 '06 '07 '08 '09

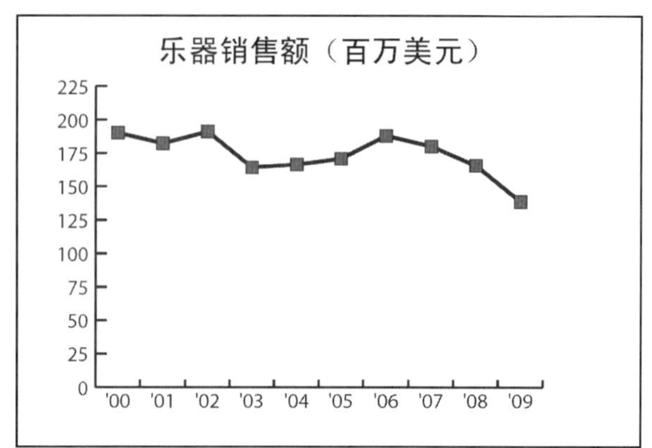
乐器销售额（百万美元）
225
200
175
150
125
100
75
50
25
0
'00 '01 '02 '03 '04 '05 '06 '07 '08 '09

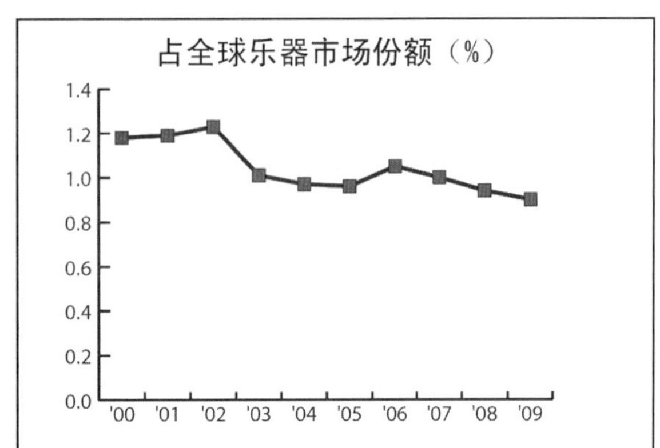
占全球乐器市场份额（%）
1.4
1.2
1.0
0.8
0.6
0.4
0.2
0.0
'00 '01 '02 '03 '04 '05 '06 '07 '08 '09

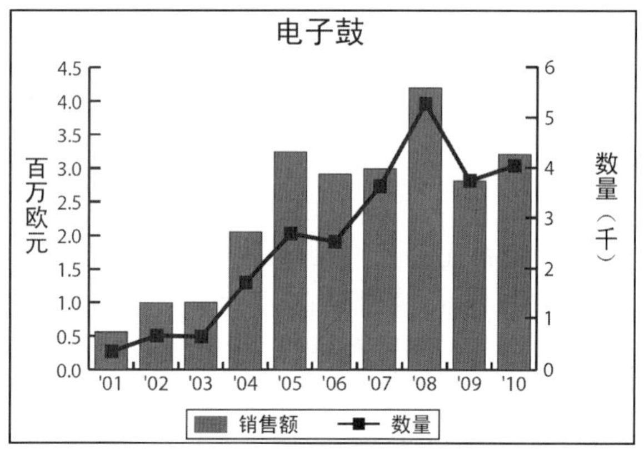
电子鼓
百万欧元
数量（千）
4.5
4.0
3.5
3.0
2.5
2.0
1.5
1.0
0.5
0.0
6
5
4
3
2
1
0
'01 '02 '03 '04 '05 '06 '07 '08 '09 '10
销售额
数量

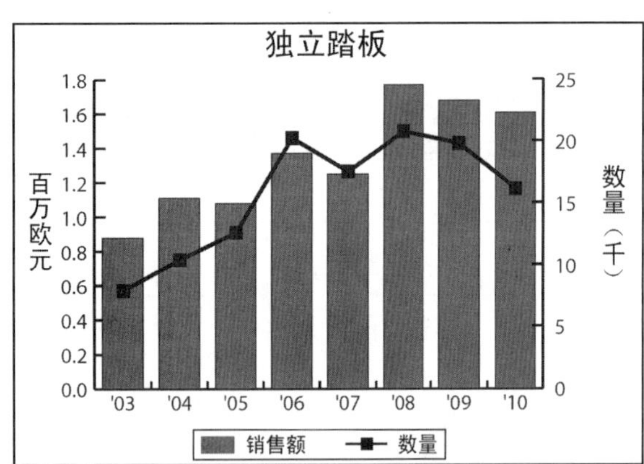
独立踏板
百万欧元
数量（千）
1.8
1.6
1.4
1.2
1.0
0.8
0.6
0.4
0.2
0.0
25
20
15
10
5
0
'03 '04 '05 '06 '07 '08 '09 '10
销售额
数量

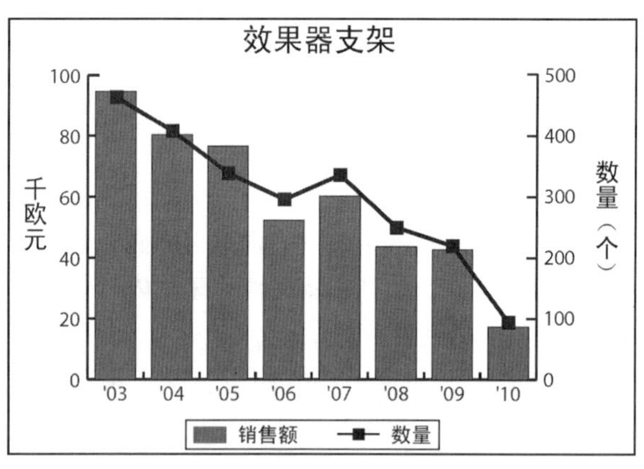
效果器支架
千欧元
数量（个）
100
80
60
40
20
0
500
400
300
200
100
0
'03 '04 '05 '06 '07 '08 '09 '10
销售额
数量

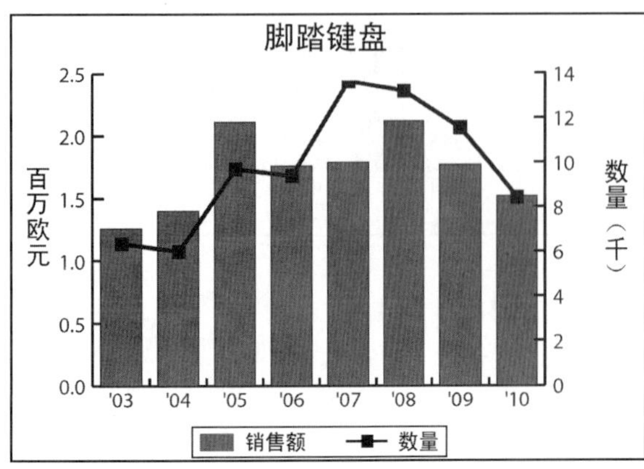
脚踏键盘
百万欧元
数量（千）
2.5
2.0
1.5
1.0
0.5
0.0
14
12
10
8
6
4
2
0
'03 '04 '05 '06 '07 '08 '09 '10
销售额
数量

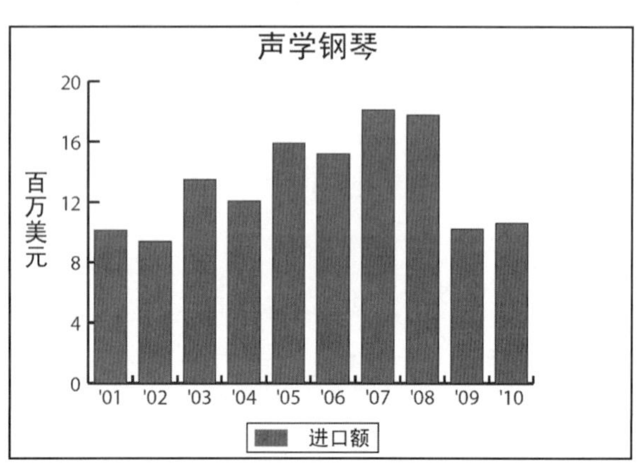
声学钢琴
百万美元
20
16
12
8
4
0
'01 '02 '03 '04 '05 '06 '07 '08 '09 '10
进口额

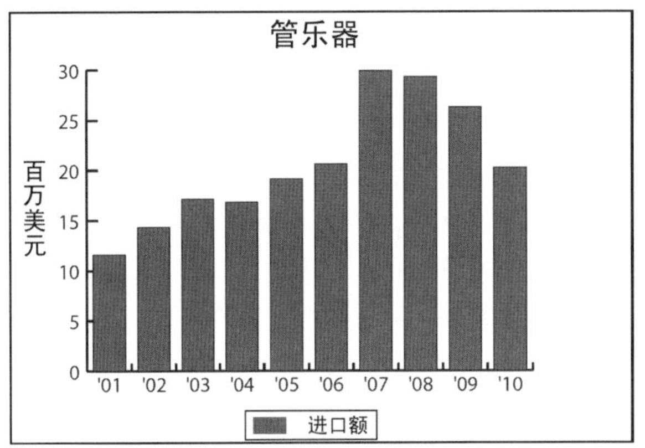
管乐器
百万美元
30
25
20
15
10
5
0
'01 '02 '03 '04 '05 '06 '07 '08 '09 '10
进口额

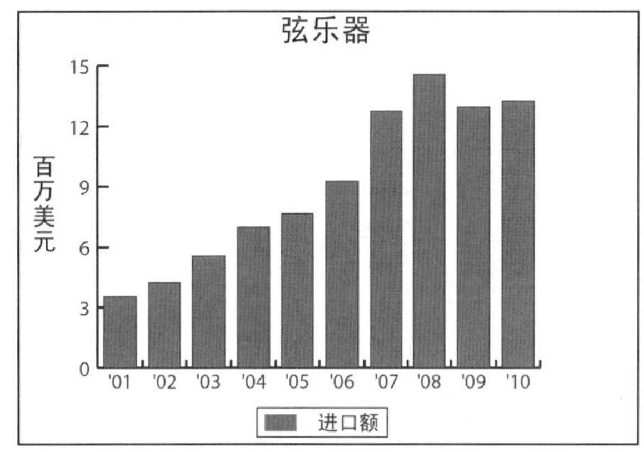
弦乐器
百万美元
15
12
9
6
3
0
'01 '02 '03 '04 '05 '06 '07 '08 '09 '10
进口额

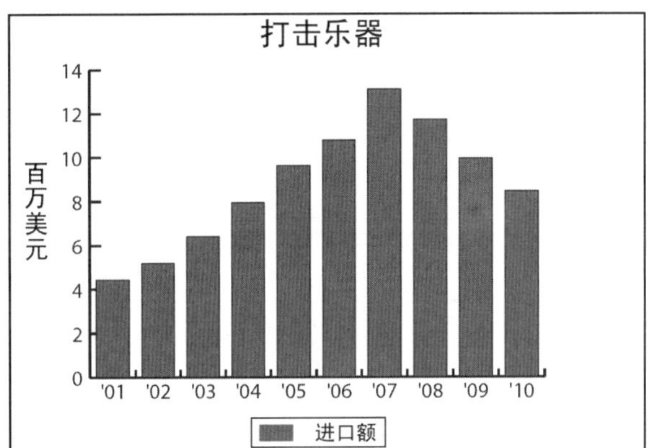
打击乐器
百万美元
14
12
10
8
6
4
2
0
'01 '02 '03 '04 '05 '06 '07 '08 '09 '10
进口额

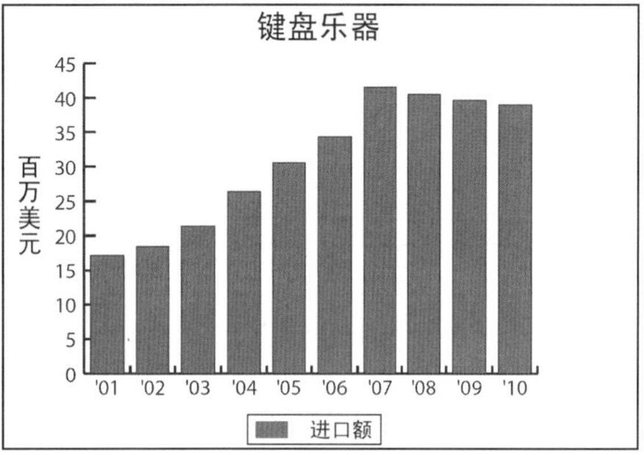
键盘乐器
百万美元
45
40
35
30
25
20
15
10
5
0
'01 '02 '03 '04 '05 '06 '07 '08 '09 '10
进口额

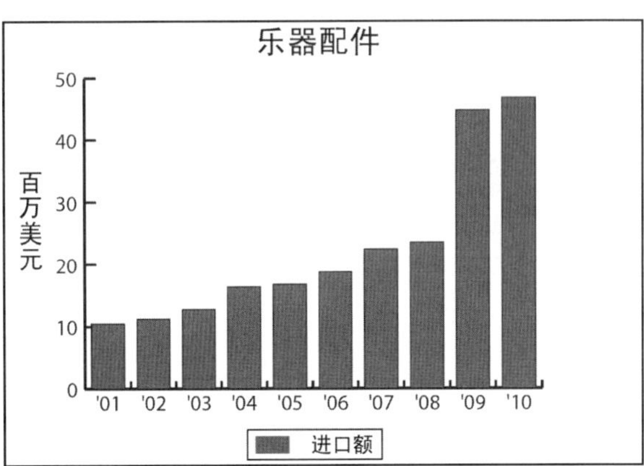
乐器配件
百万美元
50
40
30
20
10
0
'01 '02 '03 '04 '05 '06 '07 '08 '09 '10
进口额

瑞士

世界多数地区仍受到全球金融危机的影响，而瑞士经济却“幸免于难”。瑞士面临着失业率逐年增高、出口业务日渐萎缩。此外，欧元币值波动使产品的零售价格难以稳定。换言之，相对于周边国家，瑞士物价相对较高。由于消费形势保持稳定，市场并未受到影响。

瑞士国民非常注重生活品质，消费开支主要是在国内，包括国内度假旅游、投资理财等。据乐器经销商报告说，总体来看，2010年经营形势很好。乐器再度在国内流行，似乎人们把时间投资在乐器上的兴致越来越浓。

2010年，瑞士乐器与2009年相比增长3%（注：这一数据中不包括其他有技术含量的音乐制品，如录音设备、音乐软件、扬声器、效果器以及灯光系统等）。

关于2011年行业发展，我们认为将继续保持2010年的稳定发展态势。

下列进口数据由瑞士联邦统计署以及罗兰（瑞士）公司代表、欧洲乐器制造商联盟（CAFIM）瑞士代表迈克尔提供。文字部分由迈克尔评述。

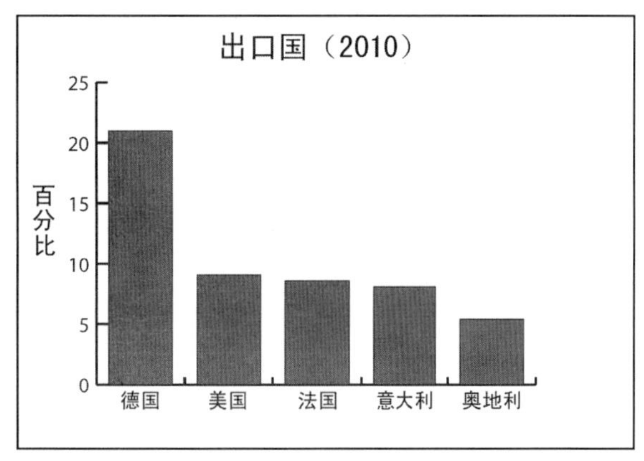

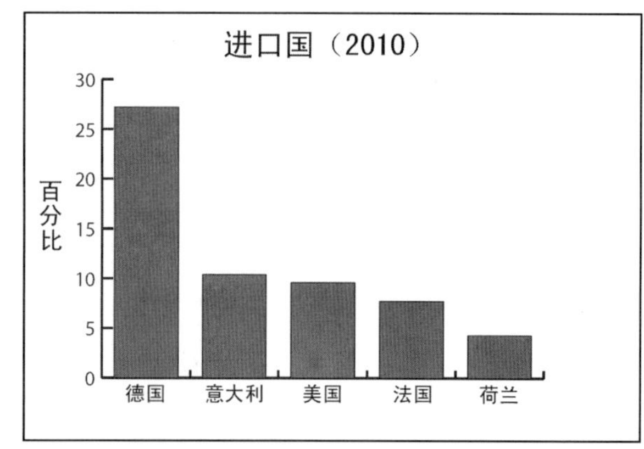

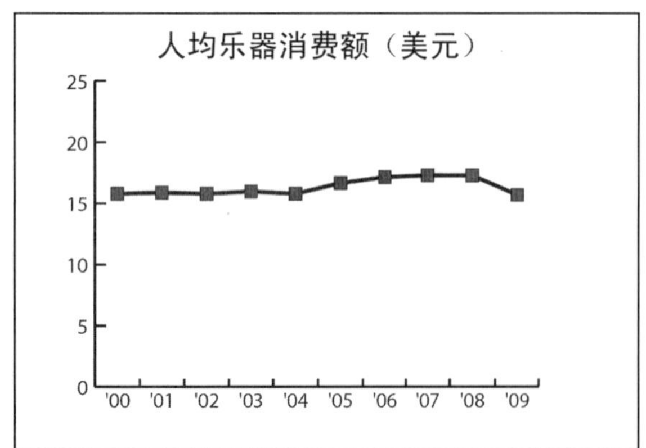

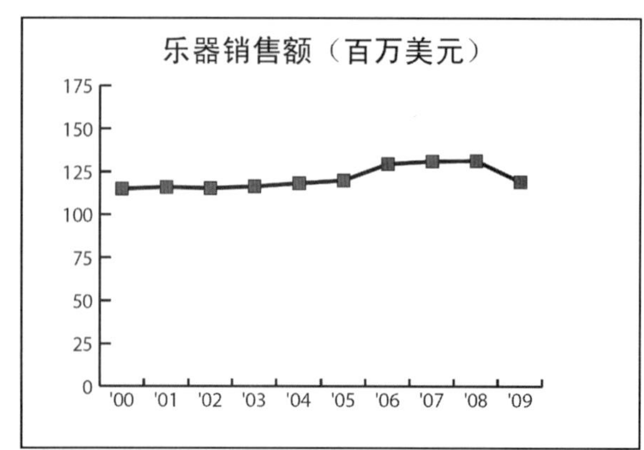

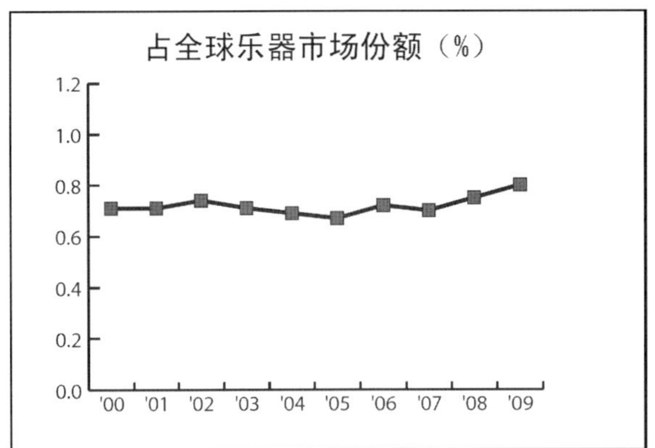
占全球乐器市场份额（%）
1.2
1.0
0.8
0.6
0.4
0.2
0.0
'00 '01 '02 '03 '04 '05 '06 '07 '08 '09

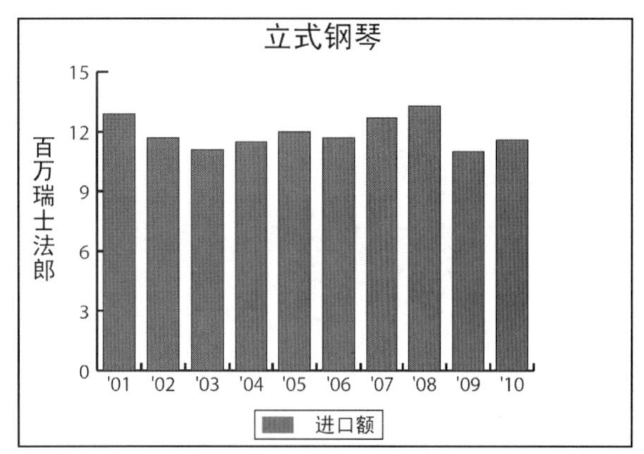
立式钢琴
百万瑞士法郎
15
12
9
6
3
0
'01 '02 '03 '04 '05 '06 '07 '08 '09 '10
进口额

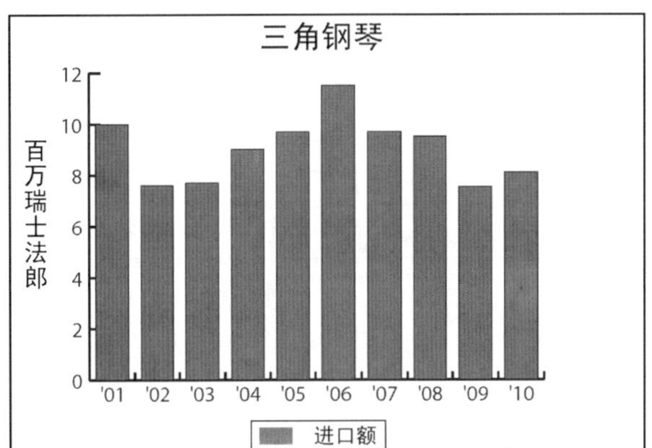
三角钢琴
百万瑞士法郎
12
10
8
6
4
2
0
'01 '02 '03 '04 '05 '06 '07 '08 '09 '10
进口额

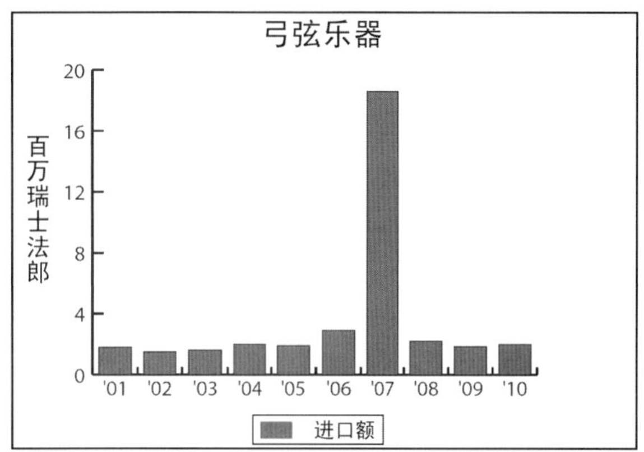
弓弦乐器
百万瑞士法郎
20
16
12
8
4
0
'01 '02 '03 '04 '05 '06 '07 '08 '09 '10
进口额

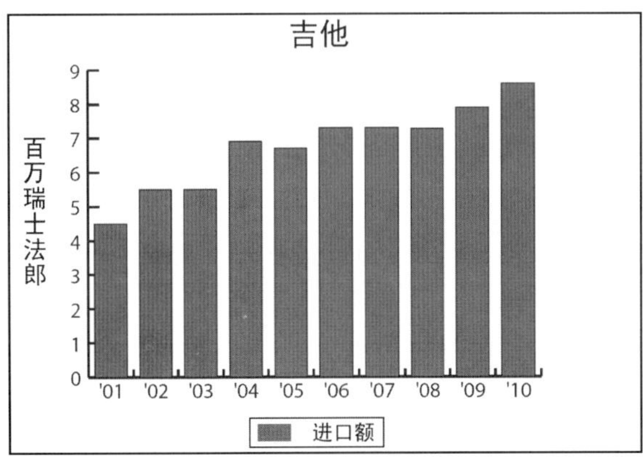
吉他
百万瑞士法郎
9
8
7
6
5
4
3
2
1
0
'01 '02 '03 '04 '05 '06 '07 '08 '09 '10
进口额

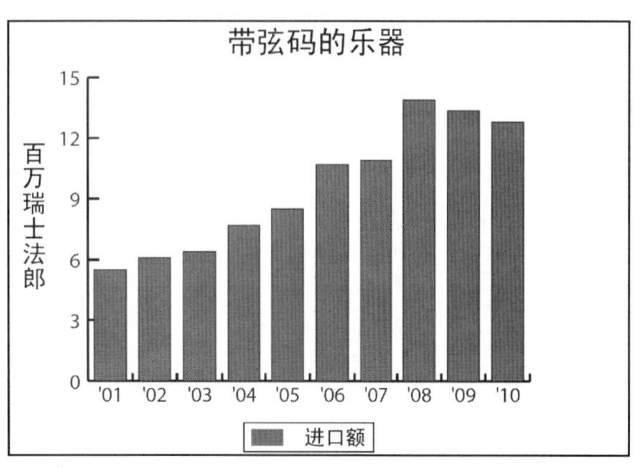
带弦码的乐器
百万瑞士法郎
15
12
9
6
3
0
'01 '02 '03 '04 '05 '06 '07 '08 '09 '10
进口额

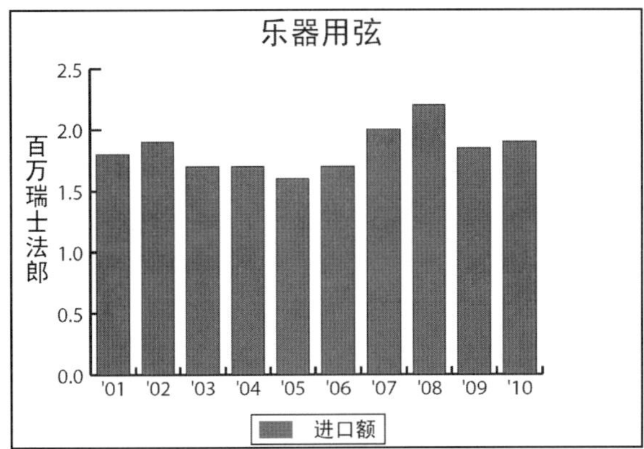
乐器用弦
百万瑞士法郎
2.5
2.0
1.5
1.0
0.5
0.0
'01 '02 '03 '04 '05 '06 '07 '08 '09 '10
进口额

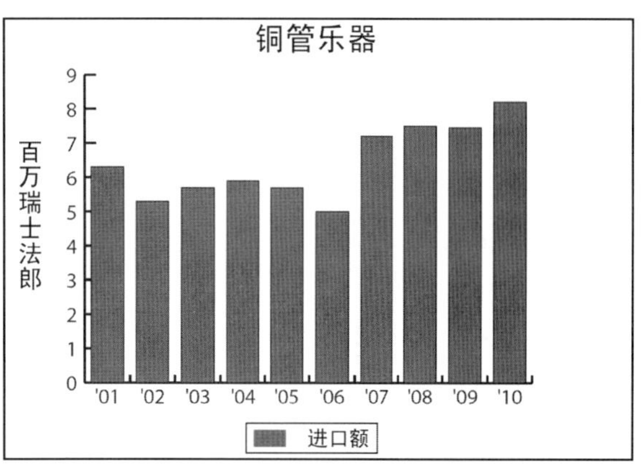
铜管乐器
百万瑞士法郎
9
8
7
6
5
4
3
2
1
0
'01 '02 '03 '04 '05 '06 '07 '08 '09 '10
进口额

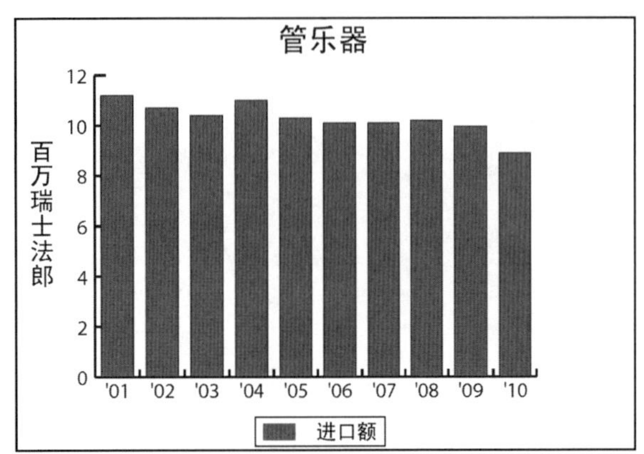
管乐器
百万瑞士法郎
12
10
8
6
4
2
0
'01 '02 '03 '04 '05 '06 '07 '08 '09 '10
进口额

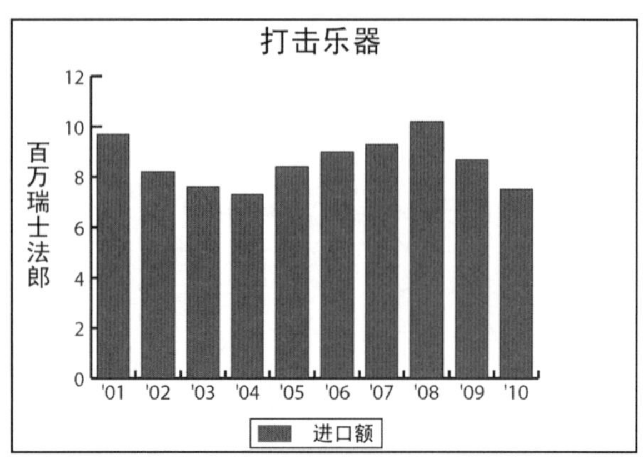
打击乐器
百万瑞士法郎
12
10
8
6
4
2
0
'01 '02 '03 '04 '05 '06 '07 '08 '09 '10
进口额

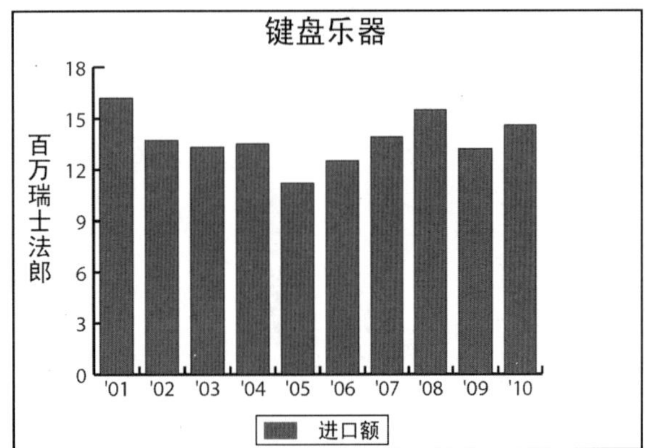
键盘乐器
百万瑞士法郎
18
15
12
9
6
3
0
'01 '02 '03 '04 '05 '06 '07 '08 '09 '10
进口额

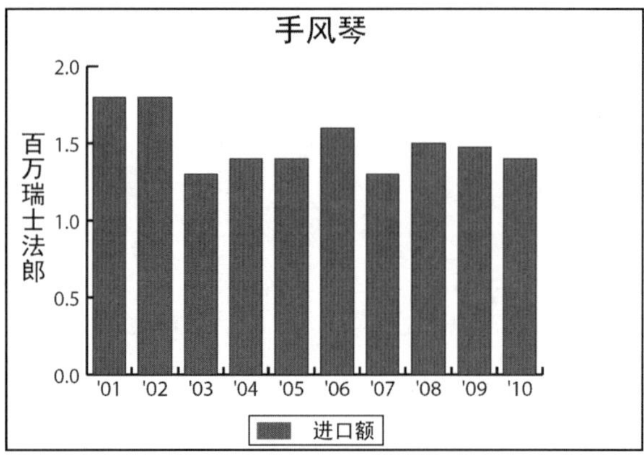
手风琴
百万瑞士法郎
2.0
1.5
1.0
0.5
0.0
'01 '02 '03 '04 '05 '06 '07 '08 '09 '10
进口额

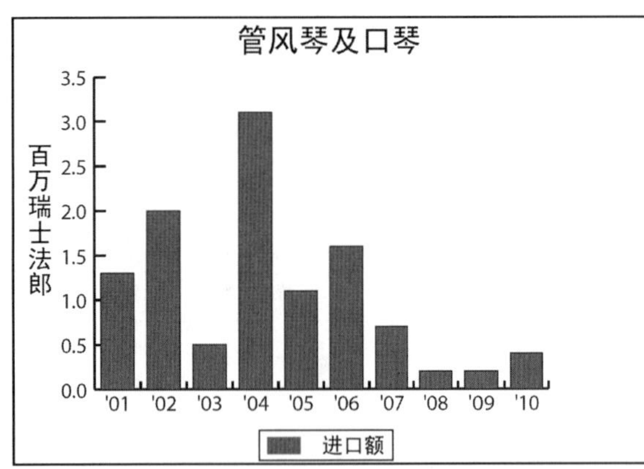
管风琴及口琴
百万瑞士法郎
3.5
3.0
2.5
2.0
1.5
1.0
0.5
0.0
'01 '02 '03 '04 '05 '06 '07 '08 '09 '10
进口额

挪威

2010年，挪威国内乐器市场销售总额为6920万美元，相对于2009年的7320万美元有所减少。本报告涵盖的6类产品进口有所增长，有一半的出口有所增长。

各类乐器制品中，弦乐器和弓弦乐器进口增幅最大，从2009年的480万美元增至2010年的600万美元（增幅为24%）。木管乐器紧随其后，进口从2009年的820万美元增至2010年的990万美元，增幅为21%。2009年到2010年度，各类音乐制品增速如下：

部分乐器进口额变化情况表

键盘乐器	+11.2%
乐器配件	+7.5%
钢琴	+5.8%
打击乐器	+2.7%

部分乐器出口额变化情况表

弓弦乐器	+62.3%
乐器配件	+23.4%
打击乐器	-23.6%
钢琴	-48.1%

下列图表数据所采集数据来自国际贸易中心（ITC）网站，文字评述由NAMM研究分析员Erin Block提供。

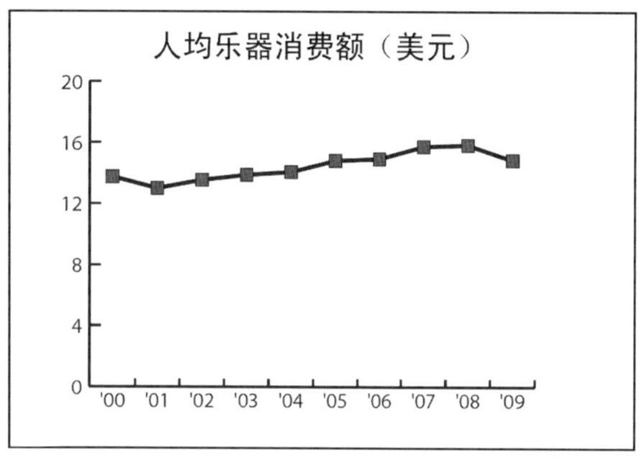

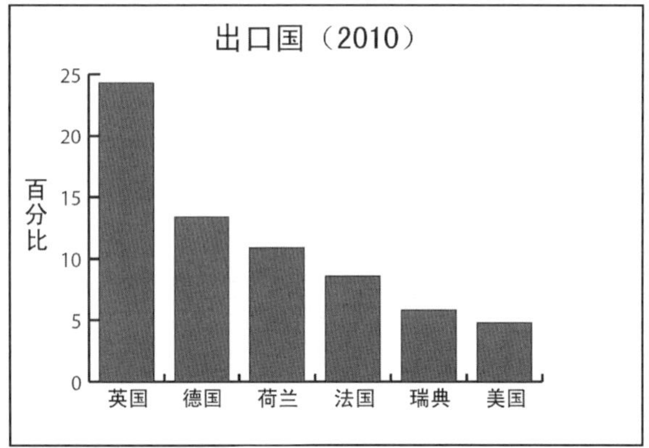

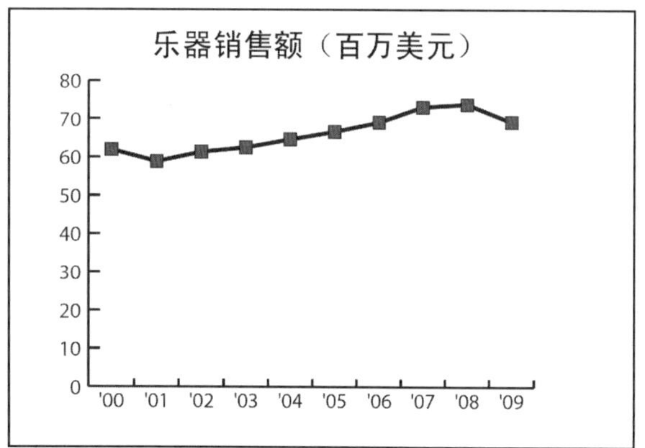

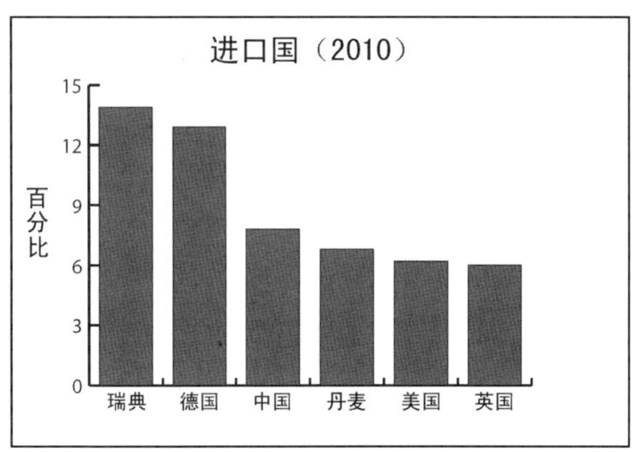

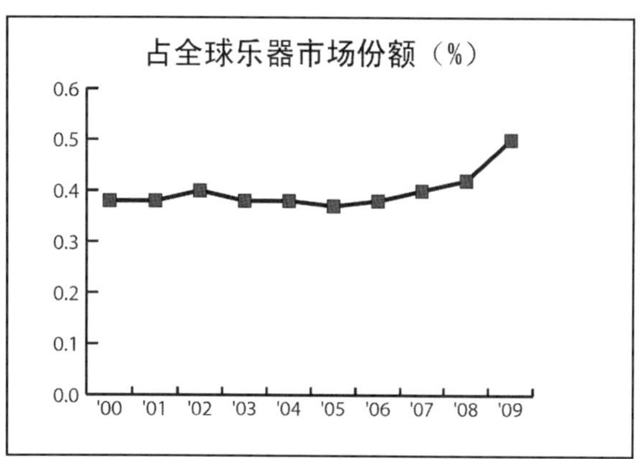

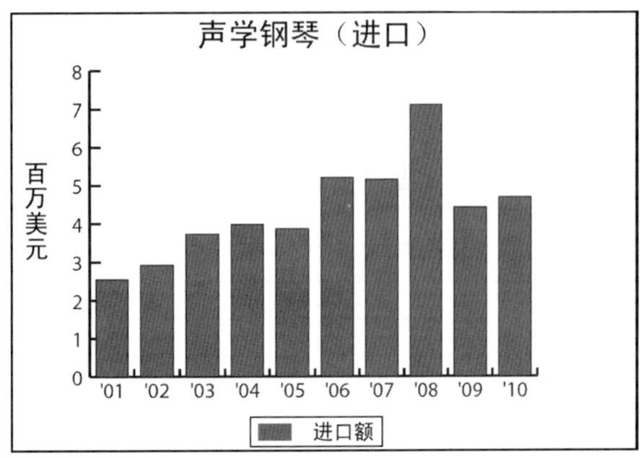
声学钢琴（进口）
百万美元
8
7
6
5
4
3
2
1
0
'01
'02
'03
'04
'05
'06
'07
'08
'09
'10
进口额

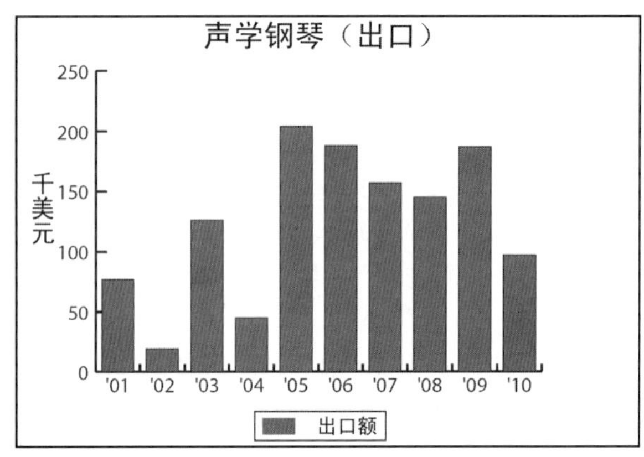
声学钢琴（出口）
千美元
250
200
150
100
50
0
'01
'02
'03
'04
'05
'06
'07
'08
'09
'10
出口额

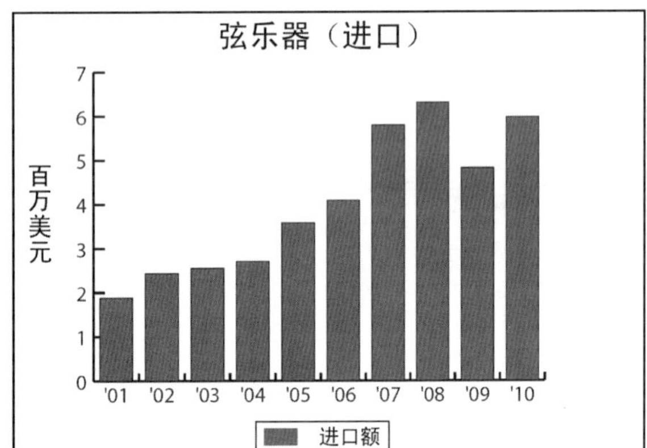
弦乐器（进口）
百万美元
7
6
5
4
3
2
1
0
'01
'02
'03
'04
'05
'06
'07
'08
'09
'10
进口额

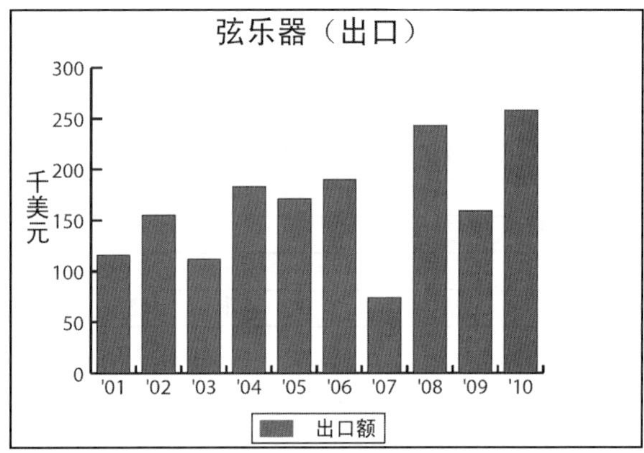
弦乐器（出口）
千美元
300
250
200
150
100
50
0
'01
'02
'03
'04
'05
'06
'07
'08
'09
'10
出口额

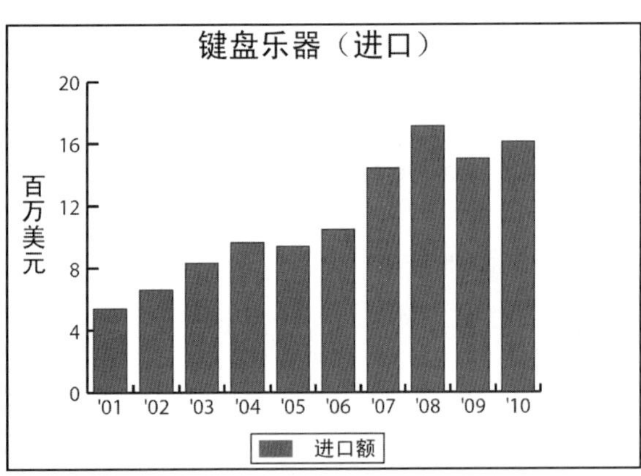
键盘乐器（进口）
百万美元
20
16
12
8
4
0
'01
'02
'03
'04
'05
'06
'07
'08
'09
'10
进口额

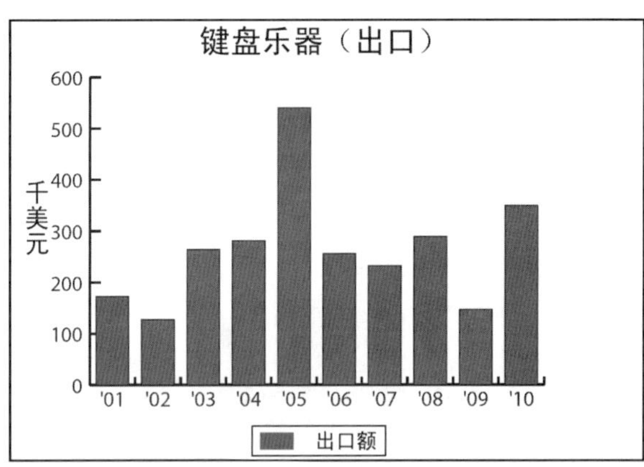
键盘乐器（出口）
千美元
600
500
400
300
200
100
0
'01
'02
'03
'04
'05
'06
'07
'08
'09
'10
出口额

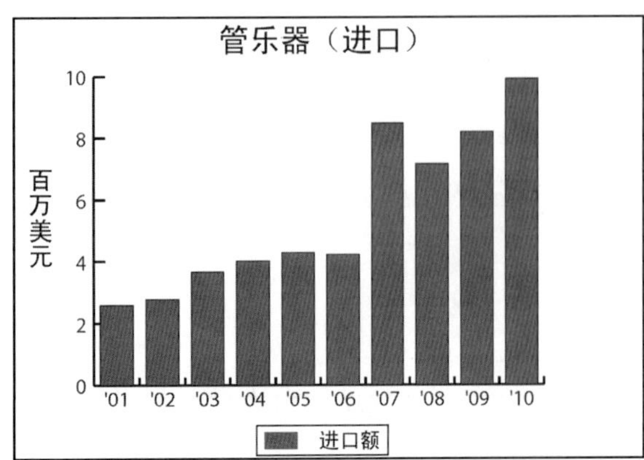
管乐器（进口）
百万美元
10
8
6
4
2
0
'01
'02
'03
'04
'05
'06
'07
'08
'09
'10
进口额

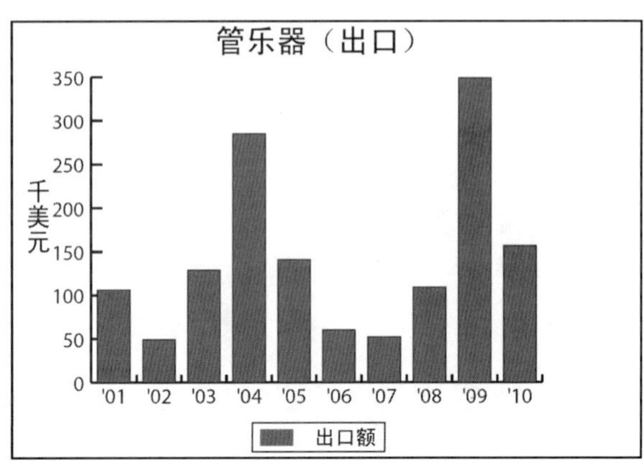
管乐器（出口）
千美元
350
300
250
200
150
100
50
0
'01
'02
'03
'04
'05
'06
'07
'08
'09
'10
出口额

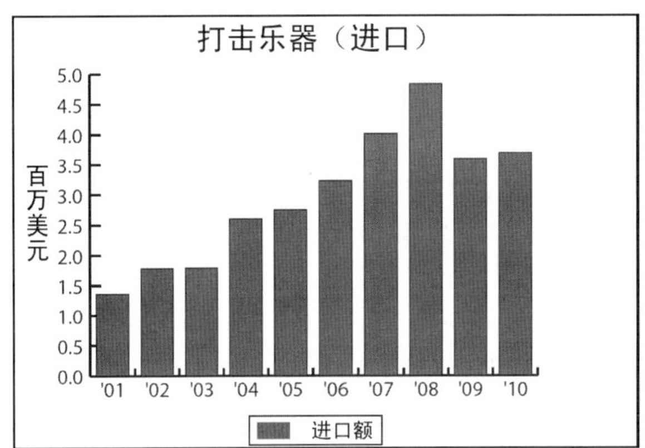
打击乐器（进口）
百万美元
5.0
4.5
4.0
3.5
3.0
2.5
2.0
1.5
1.0
0.5
0.0
'01 '02 '03 '04 '05 '06 '07 '08 '09 '10
进口额

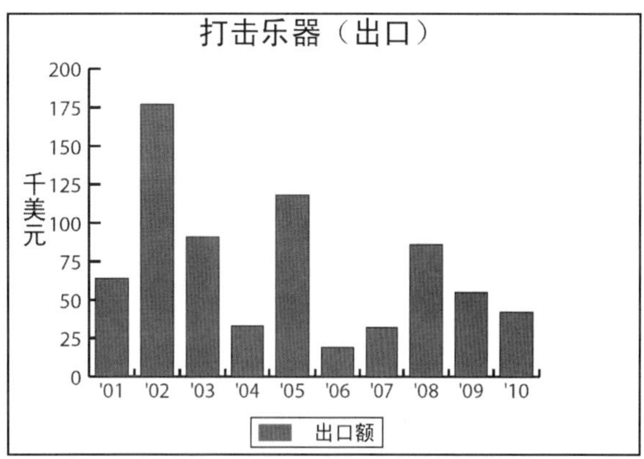
打击乐器（出口）
千美元
200
175
150
125
100
75
50
25
0
'01 '02 '03 '04 '05 '06 '07 '08 '09 '10
出口额

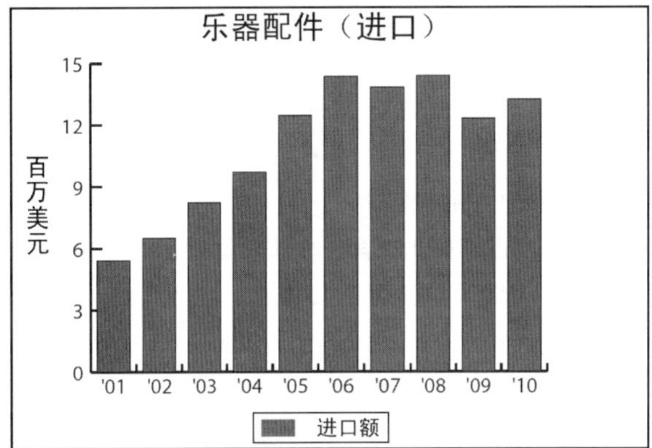
乐器配件（进口）
百万美元
15
12
9
6
3
0
'01 '02 '03 '04 '05 '06 '07 '08 '09 '10
进口额

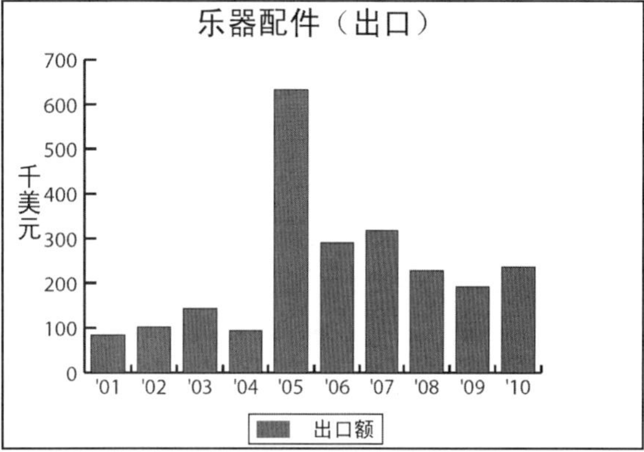
乐器配件（出口）
千美元
700
600
500
400
300
200
100
0
'01 '02 '03 '04 '05 '06 '07 '08 '09 '10
出口额

印度

印度乐器行业很大部分（几乎占70%）仍处于无序且高度分散状态。准确、可靠的官方资料和统计数据较难获取。据保守估计，印度乐器行业的总规模在6600万~7700万美元之间。

印度有55~60种不同种类民族乐器，乐器遗产较为丰富，在乐器销售较为集中的大都市，传统印度乐器销售不断衰退。近些年来，乐器行业内未出现任何重大创新、质量升级或大规模可持续生产。这些因素导致乐器销售增长停滞不前，甚至逐年缩减。

乐器零售商仍以小型琴行为主，进货量小，且态度保守。为最大程度降低风险，经销商并不大范围采购各类乐器制品，而是进行选择性采购，由此造成市场销售增长停滞，这使得印度和国际乐器市场流行的乐器新品之间的互动性和关联度较小。

但也有一群新的年轻零售商愿尝试新理念和创新。他们有的是传统乐器制造商/零售商的第二代传承人，开起了爵士乐等多种乐器品牌陈列室，并配备即兴演奏音乐设施、音乐会等，其中，有的销售业绩增长甚至达到每年20%~25%。

绝大多数经销商的销售年均增长率为15%~18%，在过去的3-4年基本保持这一增长速度（因为经济衰退，上一财政年度除外，增幅下跌了4%~6%）。由于音乐深深根植于印度文化中，因此音乐市场规模大且增长势头强劲。

进入乐器市场较早的一些乐器制造商处于有利地位，仍在积极开拓印度市场。例如，至少有两家键盘乐器制造商已开发出印度专用乐器，它内置于印度传统的乐器中。此外，为拓展市场，他们还在全国开办音乐会，从而提高产品销量并确保品牌的市场忠诚度，这也是其营销战略的一部分。

政府正在国营和私营电视频道呼吁，试图通过区域性和全国性的音乐比赛，通过奖励制度、税收优惠等措施来振兴音乐行业。一部分制造商已经成功地发明出电子或数字版的印度传统乐器，有的甚至用于出口。然而，当前在大都市销售的乐器仍有70%是西方乐器。

一个值得关注的问题是，有许多演奏者使用质量很次的OEM产品。这些行为有损品牌形象。印度乐器行业内也有很多灰色市场产品交易，上述情况使合法正当经营的乐器经销商在对乐器合理定价时显得困难。

从积极的一面来讲，印度人口基数很大（根据最近的人口普查资料，印度人口11.9亿，是世界第二人口大国），印度具有巨大的乐器市场潜力。印度还有一个规模庞大且稳定增长的中产阶级。这些人有时间、有能力追求自己偏爱的音乐爱好，并将其变为现实。与6-8年前相比，这些因素导致学习音乐的人数以及购买乐器和设备的消费者在不断增加。由英国皇家音乐学院联合研究会和伦敦圣三一音乐考试机构提供的结构严谨、经过认证的音乐课程，在印度有将近45000名学生参加。最近几年，各大城市和许多大的城镇涌现出规模大、档次高的购物商场和高级商业中心。很多商场和商业中心为不少高级品牌乐器提供奖励性的售货空间，并确保潜在的年轻买主能够光临惠顾。这些商店通过各式各样的方式提供娱乐服务，包括音乐会和摇滚爵士音乐的即席演奏会。

印度乐器行业的几点不足：

· 缺乏长期发展规划战略。比如政府应当通过在学校开展必要的音乐培训/教育来开始音乐推广计划。

· 具有可持续制造设施、生产过程中统一的质量控制标准及创新研发能力的公司较少。

· 缺乏提供辅助服务的基础设施（尤其是针对高价乐器，比如钢琴、管风琴等）。

· 印度的互联网普及率相对较低（目前只占人口的6.5%）

· 相对较低的互联网速和带宽，在线音乐培训的基础仍然不够稳固，

· 娱乐产业作为一项优先发展的领域尚未获得认可。

· 没有有效的论坛或代表贸易机构，因此，集体议价力缺失。

印度乐器行业面临的一些挑战：

· 除一些地方外，经销商分散地域广，但分布密度低；

· 绝大多数经销商投资门槛低，没有能力维持稳定的库存；

· 没有适当的论坛获取音乐家们的需求信息反馈；

· 将音乐与学校中的主流教育合并，深入更加广泛的社会阶层；

· 在教育中提升对音乐价值的认识，使更多的人们选择乐器作为课外活动来学习；

· 行业内各级经销商都希望增加利润，但高税率对赢利带来压力。

下列图表是在国际贸易中心网站进出口资料基础上进行编辑整理，由NAMM会员、Furdado（印度最大琴行）的安瑟尼•格姆斯、萨拉特兰琴行的扎西比•辛格和印度托马斯乐器公司的阿贝•托马斯做文字评述。

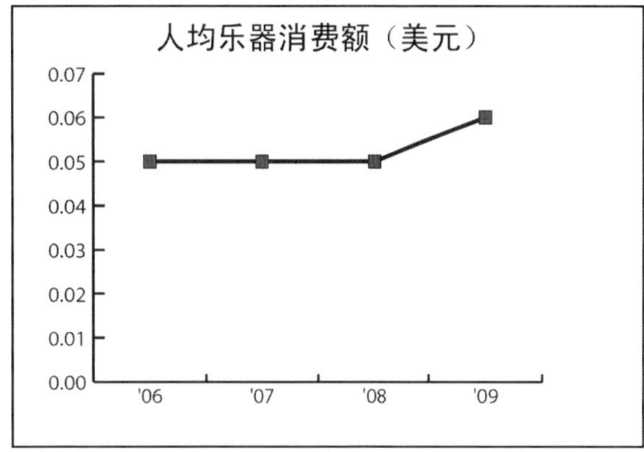

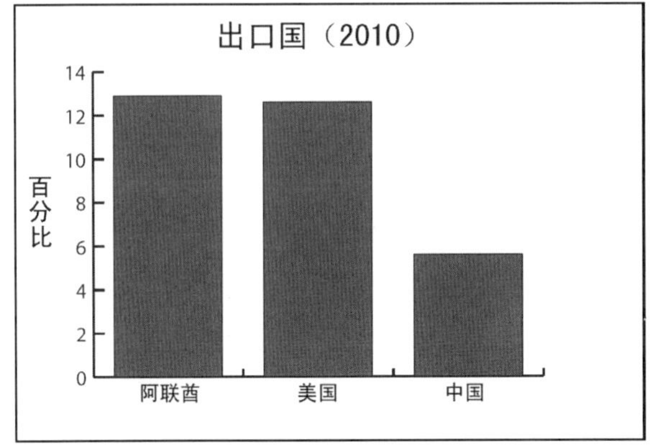

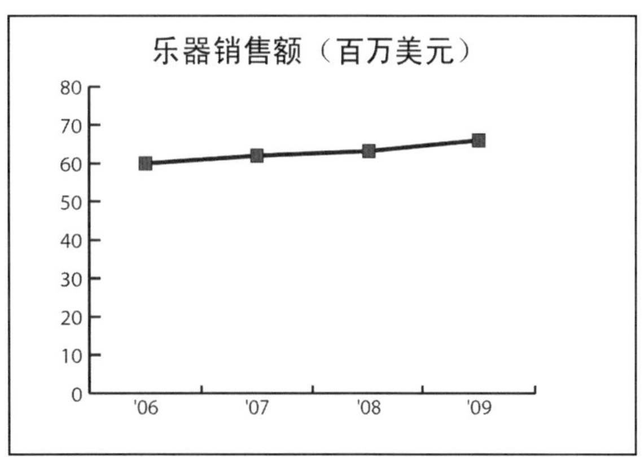

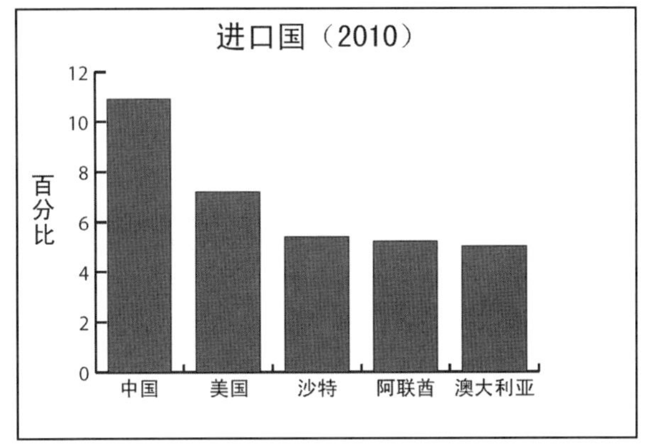

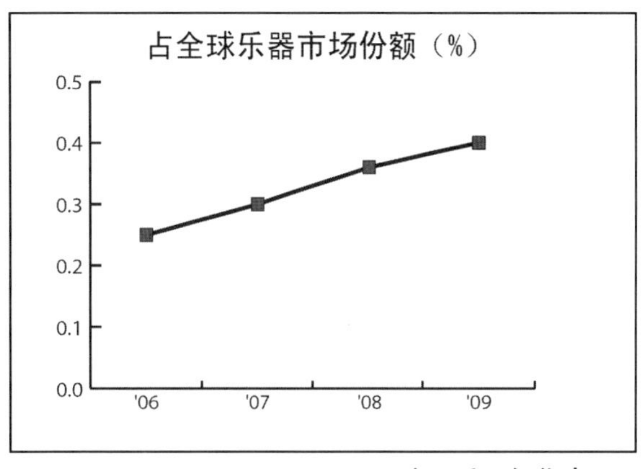

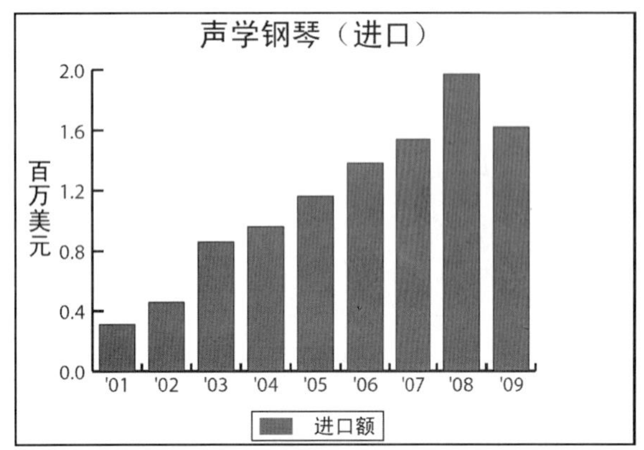
声学钢琴（进口）
百万美元
2.0
1.6
1.2
0.8
0.4
0.0
'01 '02 '03 '04 '05 '06 '07 '08 '09
进口额

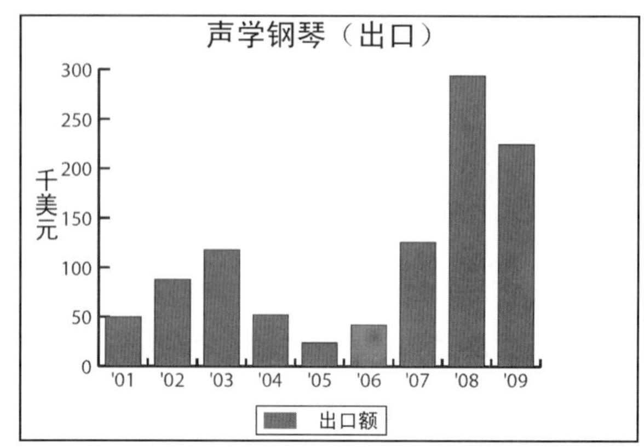
声学钢琴（出口）
千美元
300
250
200
150
100
50
0
'01 '02 '03 '04 '05 '06 '07 '08 '09
出口额

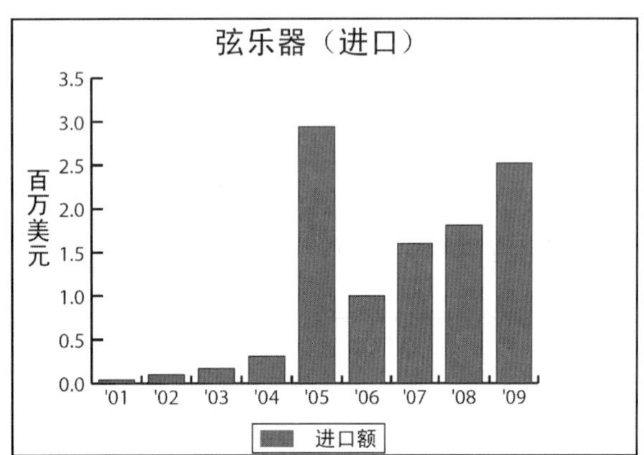
弦乐器（进口）
百万美元
3.5
3.0
2.5
2.0
1.5
1.0
0.5
0.0
'01 '02 '03 '04 '05 '06 '07 '08 '09
进口额

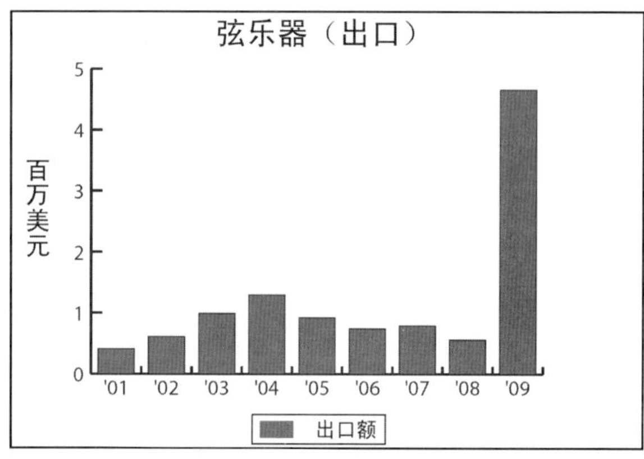
弦乐器（出口）
百万美元
5
4
3
2
1
0
'01 '02 '03 '04 '05 '06 '07 '08 '09
出口额

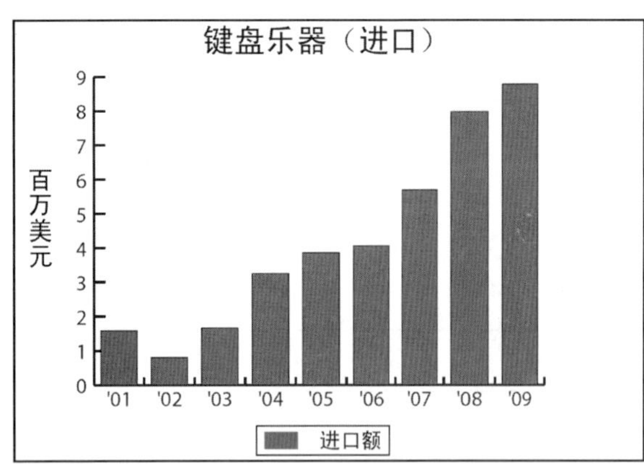
键盘乐器（进口）
百万美元
9
8
7
6
5
4
3
2
1
0
'01 '02 '03 '04 '05 '06 '07 '08 '09
进口额

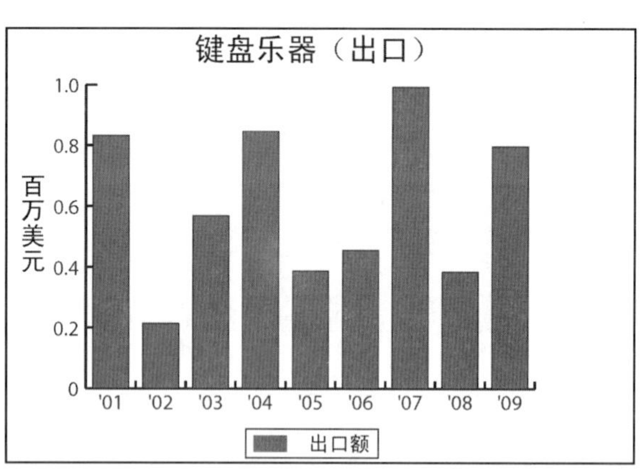
键盘乐器（出口）
百万美元
1.0
0.8
0.6
0.4
0.2
0
'01 '02 '03 '04 '05 '06 '07 '08 '09
出口额

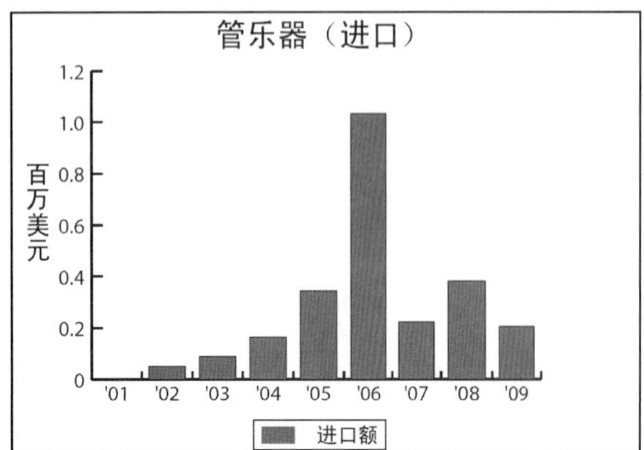
管乐器（进口）
百万美元
1.2
1.0
0.8
0.6
0.4
0.2
0
'01 '02 '03 '04 '05 '06 '07 '08 '09
进口额

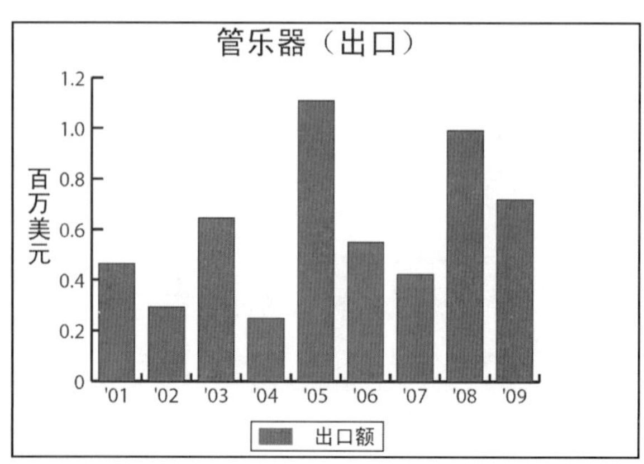
管乐器（出口）
百万美元
1.2
1.0
0.8
0.6
0.4
0.2
0
'01 '02 '03 '04 '05 '06 '07 '08 '09
出口额

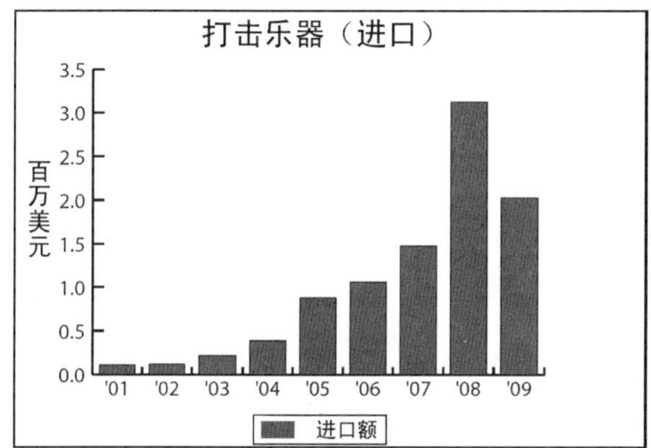
打击乐器（进口）
百万美元
3.5
3.0
2.5
2.0
1.5
1.0
0.5
0.0
'01 '02 '03 '04 '05 '06 '07 '08 '09
进口额

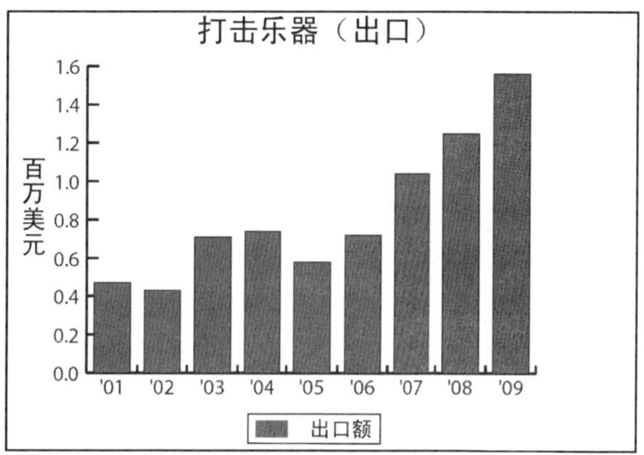
打击乐器（出口）
百万美元
1.6
1.4
1.2
1.0
0.8
0.6
0.4
0.2
0.0
'01 '02 '03 '04 '05 '06 '07 '08 '09
出口额

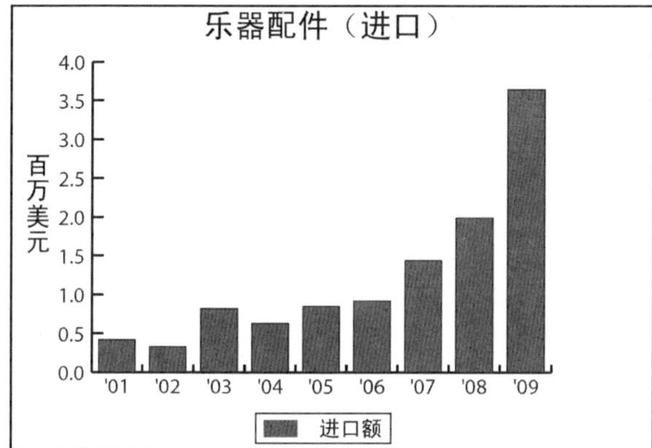
乐器配件（进口）
百万美元
4.0
3.5
3.0
2.5
2.0
1.5
1.0
0.5
0.0
'01 '02 '03 '04 '05 '06 '07 '08 '09
进口额

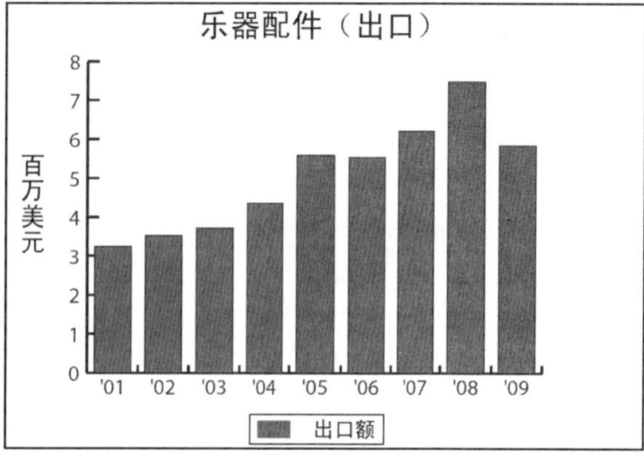
乐器配件（出口）
百万美元
8
7
6
5
4
3
2
1
0
'01 '02 '03 '04 '05 '06 '07 '08 '09
出口额

2011

中国乐器年鉴

CHINA MUSICAL INSTRUMENT YEARBOOK

广州珠江钢琴集团股份有限公司

2010年珠江钢琴集团坚持科学发展再创新，保持企业高质量发展的态势。实现钢琴产销量均突破10万架，成为国内钢琴行业首家年产销量达10万架的企业，创造了中国乐器行业的新里程碑。公司被国家科技部、国资委、文化部等部门分别认定为“国家创新型试点企业”、“国家文化产业示范基地”、“国家AAAA级标准化良好行为企业”、“中国轻工业行业十强企业”、首届“广州市政府质量奖”、“广州市进出口知识产权优势企业”、“广州市环境友好企业”，公司“PTR钢琴成套技术研发及产业化”项目列入“国家火炬计划”。

自主创新成效显著。全年获受理授权专利有9项；开展有关新材料、新工艺、新工装的工艺试验199项；开发新产品型号共92个，创下历史之最，包括恺撒堡KD（德国造）系列、KA（艺术家）系列，P/T/T三大系列新增花式琴、M/L/C三大系列中高档专卖琴、京珠系列新增花式琴、有机玻璃概念琴等新产品。其中，KD系列钢琴凸显“欧洲制造”这一特点，采用更多的欧洲进口材料制作，整个装配过程全部在德国工厂完成，由德国技师按照欧洲演奏会级钢琴的工艺要求进行制作和控制，进一步提升恺撒堡品牌的技术内涵和品质水平。全年实现120以上型号的产品销售持续增长，近年新推出的恺撒堡钢琴、三大系列钢琴的销售量也快速增长。

亚运会开幕式，珠江扬帆。2010年亚运会开幕式最大的特色就是在时空上有革命性的突破，跳出传统的演出形式和概念模式，让演出从形式到内涵都带来很大的拓展空间。珠江钢琴集团依靠技术实力和工艺水平，获得亚运会组委会的主动邀约，在短短两个月时间内，为亚运会开幕式特别制作了以广州英文字母GZ为外观造型的“海之韵”概念琴，充分展现了造型工艺美学与音乐艺术的完美结合，给人们留下深刻印象。这台珠江概念钢琴，在亚运开幕式中篇《白云之帆》中，冉冉升起在珠水中央，与珠水、华灯辉然一体，由著名青年钢琴家郎朗及著名演员章子怡共同演绎了《时光》。

数码钢琴成功投产。是年共开发了15款数码钢琴新产品，产品已正式投放市场，并在国内外市场同时拓展出一定的市场份额；已获得8项专利，并获得了科技部门颁发的科技专利奖。继续推进自主品牌中高档新产品的销售，并取得了明显成效。

音乐文化品牌不断提升。不断完善艺术中心经营运作，已形成较为成熟的运作模式，设有社区分支机构并与少年宫持续展开合作；并与刘诗昆、黄楚芳等著名钢琴家合作举办广州、武汉演出音乐会，与国家教育部共同主办“第六届‘珠江·恺撒堡’钢琴全国普通高等学校音乐学（教师教育）本科专业学生基本功比赛”，在星海音乐学院举办第二届珠江·恺撒堡奖学金钢琴比赛等活动，进一步提升珠江钢琴集团在音乐教育文化产业方面的品牌形象和影响力。

北京星海钢琴集团有限公司

2010年是星海钢琴集团外扩市场、内抓管理、巩固实力、平稳发展的一年，也是实施星海“十一五”发展规划的收官之年。在这一年里，星海公司坚持以市场为导向，不断完善营销政策；坚持以市场为目标，持续强化品牌建设；坚持以市场为出发点，促进产品创新；坚持以市场稳固为使命，强调质量是企业的生命线。企业主要经济指标取得了突破性进展，全面实现了年初的预定目标，钢琴产量同比增长4.7%，主营业务收入同比增长4.4%；生产组织更适应市场变化；低成本、低消耗的意识和行动进一步增强了企业的盈利能力。

一、提升品牌形象 调整扩充市场

2010年星海公司以实施市场“拓荒”、“裂变”为营销战略，通过抓住机遇、开发新品、完善机制、整顿市场、引导消费等措施，促进了市场的扩充。为了牢牢把握一切促销机遇，千方百计扩大销量，星海公司利用举办工贸洽谈会、产品订货会以及参加各种展会等多种机会，全力向国内外消费者展示星海产品。先后举办十余次不同形式、不同规模的产品推介活动，进一步提升了星海品牌、星海产品、星海技术在消费者心目中的形象。第十三届“星海杯”全国少年儿童钢琴大赛是历届比赛中规模最大、参赛人数最多、涉及城市最广、影响力最大的一届，公司在全国各地设置了四十三个分赛场，为更多的少年儿童搭建了一展钢琴演奏技艺的舞台。

2010年是星海历年来市场调研力度最大，走访地区最多的一年，企业各级领导共走访了全国20多个省、市、自治区，深入了解了市场状况。经过评估、分析，对多个地区的营销网络进行了调整，一批有实力，有影响，发展后劲强劲的合作伙伴充实了星海钢琴营销网络，激活了传统市场，形成了新兴市场。

国际市场上，星海以“稳定老客户，开发新市场，实现出口增长”为总体目标，根据不同国家和地区的市场状况，随时调整出口策略，调动国际客户的积极性，使得钢琴出口数量同比增长14.17%，出口额同比增长11.8%。

2010年，公司技术部设计研发了两款“荣耀版”钢琴、三款巴赫多夫立式钢琴、两款卡利西亚三角琴、一款卡利西亚立式钢琴、16款定制钢琴，全年累计共开发24款新品钢琴，这些新产品的研发、上市，有力地促进了星海钢琴市场份额的提升。

二、强化过程控制 促进质量提升

2010年质量管理主要围绕产品来做文章。首先，严格考核钢琴拆箱合格率，对各时期市场反馈的质量信息进行汇总、归类、分析，寻找主要矛盾，实行检查项目动态管理。2010年度钢琴综合拆箱合格率明显提高。

为了稳定国际市场，星海改变了出口钢琴的质量控制方式，变终端验收为过程控制。以订单为单位，从外壳加工到总装调试，每道工序都采取专人负责制，随时解决生产中出现的质量隐患。

三、节约降耗并举 精细组织生产

2010年，在生产组织上，星海继续坚持“以销定产、细化管理”的原则，紧紧围绕两个市场的波动来调整生产节奏。同时运用市场竞争机制，引进新的供应商，在确保质量的前提下，降低部件采购价格，控制了生产成本。

设备管理内容不断细化，将检修、保养等工作层层落实到人，降低了设备故障率。根据生产情况合理分配能源，控制部分生产及辅助设备的使用，保证了生产任务的顺利完成，降低了能源消耗。

2011年星海钢琴集团将进一步推进精品理念、精致服务、精细管理的“三精”战略和机制创新、科技创新、管理创新、市场创新、品牌建设创新的“五新”思想，进一步优化、调整生产结构，节能和减排并重，加强人才队伍的培养、使用和管理，使星海公司在“十二五”开局之年进入“主辅并进、做好做强”的可持续发展轨道。

上海民族乐器一厂

2010年,上海民族乐器一厂发扬“奋发有为，激流勇进，创新求变，追求卓越”的精神，紧抓世博会契机，各项经济指标创历史新高，被授予国家级非遗项目、中华老字号称号，并再次获得全国轻工业卓越绩效先进企业、上海市著名商标、上海名牌产品等荣誉称号，在百舸争流的民族乐器市场中独领风骚，又开启了崭新的一章。

2010年，在全厂员工的共同努力拼搏下，企业总产值同比增长17.5%，销售收入同比增长13.5%，实现利润同比增长28.3%，超额完成预定经济指标。员工收入也有大幅提高，年人均同比增长10.55%。

2010年，上海民族乐器一厂锐意进取，继续实践文化营销战略，走品牌兴业之路。5月1日，企业入驻上海世博园区，成为世博会“中国元素”乐坊传习区的承办单位。通过乐器展示、乐器制作、乐器表演等环节，多角度、多形式地展现中国民族器乐文化。10月8日，企业受邀参加世博会上海活动周非遗展,俞振声书记、韩正市长等市领导莅临展位进行指导。10月31日，企业新研制的世博专用琵琶精彩亮相世博会闭幕式舞台，品牌建设达到新的高度。

2010年，企业与VIVA-Girls雅乐团签约，首次以赞助乐队的形式推广民族音乐，携手乐队推动中国民族器乐文化的发展；参与协办“敦煌杯”首届全国青少年二胡大赛，形成建国以来中国二胡界专业和综合比赛中评委阵容最为专业、最为强大的一次二胡赛事；积极参加一年一度的上海国际乐器展、法兰克福乐器展、大连轻工展等展览性活动，引领行业技术潮流、弘扬传统文化风采；“敦煌新语”组合赴石家庄、邯郸、保定、天津等地参加“敦煌之夜”系列音乐会，在上海世博会宝钢大舞台倾情演奏，赴社区普及乐器知识，赴国家大剧院传递民乐情怀,并再次走出国门，前往印尼、日本进行宣传演出，带动“敦煌”品牌走向世界。

2010年，上海民族乐器一厂加强产品、技术创新，完成10项专利申请。在新产品开发中导入文化、艺术、科技、时尚等元素，打造有竞争力的文化产品，推出了巨型乐器、世博纪念版、古典文学版、时尚动感版、极品版系列乐器；将新产品开发与结构调整相结合，提高中高档产品的比例，满足民族乐器市场的高消费需求，焕发品牌新活力。

2011年是国家十二五规划的开局之年，也是企业实现转型发展的重要机遇期。瞬息万变的市场环境对企业生存发展提出更高的要求，上海民族乐器一厂将继续秉持创新理念，组织行业活动，弘扬民族文化，为民族乐器行业开拓更为广阔的天地。

江苏凤灵乐器集团

江苏凤灵集团由一个乡办加工零件小厂发展到今天拥有员工1300多人，其中技术人员400多人，占地面积13万平方米，建筑面积5.8万平方米，具备年产各类型号和各种档次的提琴产品30万套，大提琴5万套，木吉他产品50万套，电吉他20万套的生产能力，98%以上的产品销往美国、德国、日本、意大利等86个国家和地区，提琴的生产规模、技术力量、材料储备、出口创汇均居世界首位，凤灵提琴连续16年世界销量第一。决定因素在于公司在创品牌、树形象、促发展、做大做强提琴产业方面做了大量的工作，取得了显著的成绩。

一、创立品牌强化管理

品牌是广大消费者对一个企业信誉度、美誉度的衡量标准，是对一个企业产品形象，产品价值的衡量标准，是企业经营和管理升级的象征，品牌就是企业的无形资产，俗话说，一流企业做文化，二流企业做品牌，三流企业做产品，作为中国提琴行业的龙头企业凤灵，创立自己的品牌无疑是企业管理工作的重中之重，首先坚持以人为本的科学发展观，在全体员工中树立品牌意识，促进品质提高，通过广泛宣传教育，使每个员工充分认识和深刻理解“质量让客户满意，服务让客人感动”和“凤灵提琴音质感动世界”的公司宗旨的内涵，并努力落实到每个员工的实际工作中。多年来，公司秉承“靠科技提升产品品质，靠品牌确定龙头地位，靠优质赢得更大市场、靠诚信营造发展机遇”的管理理念，不断改进产品工艺，提高劳动生产力，不断开拓市场，开发新品，营造企业“创新、和谐、靠实、进取”的良好氛围，严格按照ISO9001：2000质量体系的要求实施品牌战略，近几年来，企业在追高品质，制作优质产品上求突破，在产品高档化，品牌国际化，科技产品化方面开拓创新，一是注重科技发展，从改变制作乐器的木材性能入手，与江南大学生物工程学院合作开发了《乐器材料生物处理与提琴音质改良》的项目，2007年5月，该项目通过了文化部的成果验收，该技术填补了国际国内空白，2007年12月获国家发明专刊，2009年又获国家科技发明二等奖，近十年来分别从中央音乐学院，中国艺术研究院，上海音乐学院等地请来国际制琴大师郑荃教授，声学研究专家韩宝强博士，专业高级琴制作师华一志老师等专家作为技术顾问常年来公司定期指导，并从日本、美国等国家请来制作师现场讲授制琴技艺，还与意大利制琴大师，日本专业从事提琴研究的客商合作，与意大利、日本合作成立了“殴莱娜高级提琴制作公司”，专业从事高档琴的研究开发、制作，创出了一条“最大最多”向“最强最优”发展的新路子，如今凤灵产品不再是普及琴的简称，而是优质品和高档品的“牌照”，至目前，公司已开发了新品种100多种，其中有56项提琴和吉他的新品种获得了国家专利。

质量是品牌的本质基础，也是品牌的生命，服务是品牌的内涵，为了确保凤灵品牌，公司在实践中形成了一套严谨而科学的现代化管理体系，提出了“质量第一，改进提高，诚信第一，顾客至上”的质量方针，制定了“人人把关，层层把关”的质量管理制度和质量管理奖惩条例，建立了以质管部为中心的质量管理团队，厂长、车间主任是质量管理的第一责任人，职工是产品质量的第一质量者，下道工序就是“客户”，在车间里，职工不做不合格产品，不接受不合格产品，不流动不合格产品，这就形成了全员重视质量的良好风气，质量水平不断提升，现在在国际国内市场上“买提琴就买凤灵”，凤灵提琴享有崇高的美誉。

公司还以热情周到的服务让客户感动，公司注重与客户的交流沟通，充分利用电话、传真、E-mail等有效手段进行售后服务，客户的质量回执保证在12小时内作出答复，每年召开国际国内客户见面洽谈会，广泛征求客户意见，把客户作为真正的上帝，以客户要求作为我们行动的标准，不断提升公司的服务质量，这样建立了良好的企业客户合作关系，为开拓市场，促企业发展，夯实了人脉基础。

辛勤的耕耘结出了丰硕的果实，凤灵商标连续12年被认定为“中国著名商标”、“江苏省著名商标”、“江苏省名牌”，02年被确认为“外贸免检产品”，06被认定为“国家免检”。2010年被评为“中国驰名商标”这是提琴行业唯一的国家级三个品质荣誉。凤灵产品还多次荣获国际博览会“金奖产品”，出口企业品质全国“双优”奖，“全国卓越绩效先进企业特别奖”，“全国轻工业质量效益型企业”，“中国乐器行业强势公司”，“江苏省明星企业”，被命名为“国家文化产业示范基地”，“国家文化产品出口重点企业”等30多项国家级荣誉称号。

二、品牌战略，扩大形象

品牌是通过市场活动而表现出来的结果所形成的一种形象认知度、感觉认知度、品质认知度和客户忠诚度，实施品牌战略，放大品牌形象，注重品牌效益是企业长足发展的命脉，公司从每一个环节做起，通过对员工的培训，全面宣传和引导品牌理念，通过管理形式、宣传橱窗的精心规划，形成整齐划一的“凤灵”形象，让每一个走进凤灵的人都感受到一种特殊的品牌意境，在每年的美国、德国、法国、中国上海以及其他举办乐器展销会的国家和地区的国际性展览会上，公司不仅产品好，展位大，而且更注重“凤灵”独特的艺术色调和“凤灵”品牌的风格展示，在每次的展会上，公司都以精湛的设计给人以耳目一新的艺术享受。

公司的品牌战略让世界提琴业高度关注，更让国内外媒体备加关注，2007年元月13日美国《洛杉矶时报》，元月17日美国NBC全国广播电台，3月15日意大利电视台，4月3日英国电视台，5月23日香港电台，香港《文汇报》，6月16日台湾东森电视台，6月20日日本国家电视台，8月1日美国哥伦比亚电视台，9月20日德国国家电视台，11月22日日本《读卖新闻》等38个国家电台媒体都对凤灵提琴纷纷给予新闻报道。2008年中央电视台《新闻联播》，一套《三星智力快车》，二套《财富故事会》，四套《走进中国提琴之乡》，音乐频道《音乐人生》，七套《致富经》，九套《外国人看中国人——提琴王国中国凤灵》，上海东方卫视《财富人生》，江苏卫视《苏商》，《参考消息》，《经济日报》，《解放军报》，《新华日报》，《扬子晚报》，《名牌周刊》，《乐器》，《中国乐器》，《中国乐器采购》等媒体及有关栏目也都纷纷对凤灵品牌进行了全面报道，这样凤灵品牌的形象更完善，影响更扩大。品牌战略推进了品牌价值的升华，扩大了品牌效益，集团销售连续10年以30%以上的速度递增，达到了世界提琴行业第一位，全国乐器行业的前茅。

三、品牌升华，文化经营

树立凤灵提琴文化形象，打造凤灵提琴品牌，发展凤灵文化事业是凤灵集团的奋斗目标，多年来，公司始终把提琴产业发展和文化事业发展放在同等位置来抓。2001年10月的“凤灵之夜”金秋晚会上，俞丽娜老师的经典乐章和蒋大为老师的嘹亮歌声开启了凤灵提琴文化产业的大门，自此，在凤灵每年都举办各类大型和多形式的文化活动，走出了一条有特色的文化产业之路。为了把提琴产品推向国内外专业舞台，2007年，凤灵集团与国际著名小提琴演奏家吕思清正式签约，聘请他为凤灵提琴的国际形象代言人，使凤灵提琴的文化活动更为活跃，为提琴品牌的国际化和产业的集聚化，起了重大作用，2004年在吉宁省，2005年在陕西省，2007年在上海，2008年在中央电视台CCTV，2010年在北京、在浙江举行了凤灵杯提琴大奖赛，2007年在泰兴，2008年在上海音乐厅，2009年在南京、在泰州举办了“凤灵提琴之夜”世界名曲音乐会，并举办了2007年、2010年中国提琴产业发展论坛，得到了同行们的广泛赞誉，江苏先后搞了五届“凤灵杯”

提琴大奖赛，把凤灵的特色提琴文化推向了高潮，扩大了凤灵提琴品牌文化的影响力和凤灵品牌的无形价值。

为了进一步推动凤灵品牌的升华，2010年，公司聘请了国际著名小提琴演奏家迈克嘉玛尼斯和大提琴演奏家沙拉梅尔为凤灵提琴国家文化大使，在国家大戏院、上海、南京、青岛、南宁、泰州等城市举办了他们的专场音乐会，公司还大力开展提琴教育，2010年，公司在陕西、甘肃、宁夏等革命老区建立了100个凤灵提琴音乐教育班，凤灵文化艺术中心自2003年7月开办以来先后举办培训班100多期，受培学员达10000多人次，学员参加中央音乐学院考级成绩合格率达85%以上，2010年公司又在黄桥镇中小学生中开办了提琴教育培训班18个，让提琴之乡响起悠扬的乐曲，让提琴之乡的后代从小就受到提琴这一高雅的艺术熏陶，为提高老区人民的生活质量作出贡献。

打造世界乐器行业最大最强的百年凤灵是公司的愿景，以品牌战略，品牌文化为重大基础，公司将进一步充分发挥“国家文化产业示范基地”、“国家文化产品出口重点企业”和“国家工业旅游示范点”的强大优势，强化品牌建设，促进企业快速、健康发展，为振兴中国提琴产业，为泰兴经济发展，为致富更多百姓作出更大贡献。

美得理电子（深圳）有限公司

2010年面对全球复杂的经济形势和人民币升值的压力，集团加大内部资源整合，深挖内部潜力，使工作效率不断提升；同时公司充分利用资金和人才优势，不断加大研发投入力度，努力掌握关键核心技术，大力推动传统技术。在稳步发展传统电子键盘乐器的同时，电子打击乐产品也得到了很大的提升，从而使集团公司的销售比上年有20%的增长，这是公司始终坚持“务实创新、诚信共赢”理念的结果。

企业双品牌战略取得显著成效

2010年是公司实施双品牌战略的第三年，也是美得理和魔鲨品牌稳步发展的一年。在渠道上，公司加大了新兴市场的开发力度和音乐教室建设；在产品上，不断的推陈出新，在内部管理上强化全员服务意识，从而使传统的美得理电子琴、电钢琴键盘乐器进一步得到提升，魔鲨电鼓更是在市场上迅速被广大消费者所认知，魔鲨电鼓的销售已连续两年成倍增长。

企业成长，不忘回馈社会

得理集团在注重经济效益增长的同时，始终不忘肩负的社会责任。汶川大地震后，得理集团启动两个教育慈善项目，第一个项目是资助四川汶川威州中学数十名品学兼优的贫困学生直至高中毕业，其中考上大学的再资助到大学毕业。第二个项目是资助四川青神县南门小学的扩建工程。2010年捐资修建的得理希望小学落成。得理集团创始人郑刚先生启动清华励学金项目，将于五年内每年资助20名电子工程系一、二年级的贫困学生。同年，“清华校友郑刚、李竹林励学金捐赠协议书”在清华大学正式签署。

2010集团大事记

年初，签约中国鼓坛极具实力的五位鼓手，作为美得理公司魔鲨电鼓形象代言人。

6月，携手中国打击乐协会、中国鼓手联合会合作，冠名赞助“魔鲨杯第二届全国鼓手大赛”。全国共设25个分赛区，有几千名鼓手参加了初赛，最后有300多名选手参加了在北京的决赛，此活动在打击乐界反应强烈。

8月，冠名赞助的“MEDELI美得理”杯万名超级琴童PK大赛。

荣获2010年中国轻工（乐器）十强企业

被评为2010年中国教育装备优秀供应商

年末，通过了ISO28000职业健康体系、ISO14000环境管理体系、ISO9000质量管理体系的监督审核认证和清洁生产的验收工作。

海伦钢琴股份有限公司

海伦钢琴股份有限公司自2001年开始生产钢琴以来，一直保持着健康、快速的发展势头，是专业从事钢琴研制与生产的国家级重点高新技术企业、国家级文化产业示范基地、国家文化产业重点出口企业及中国乐器协会副理事长单位。

近年来，在各级政府的大力支持下，通过企业全体员工的共同努力，海伦钢琴的一快速发展，对我国钢琴制造业做出了积极的推动作用。2010年度海伦钢琴取得了优秀的业绩。

一、海伦钢琴经营业绩

海伦钢琴创新思维、抢占先机、整合资源、开拓市场，不断调整产业结构，完成了三大转变：一是产品结构方面，完成了从钢琴零配件到钢琴核心部件、整琴制造、精品钢琴的转变；二是品牌建设方面，完成了从 OEM 贴牌生产到打造“海伦”民族自主品牌；三是销售渠道方面，完成了从配套生产向组建完善的国内、外销售网络的转变。同时，顺利地完成了企业的成功转型升级，并取得显著的示范效果。

截至2010年底，海伦钢琴已在欧洲有300多家琴行，美国有40多家琴行，日本有35琴行销售，与东南亚很多国家建立业务往来，在国内各大、中型城市设立了179家海伦专卖和经销点，产品深受国内、外广大消费者的青睐。

在快速发展的同时，企业十分重视科技创新，每年从销售收中提取均在3%以上的资金作为科技研发费用，根据国内外市场的需求，不断推出高科技含量的新产品，并拥有自主知识产权。截至2010年底，海伦钢琴获得2项发明专利、1项外观设计型专利、25项实用新型专利。2010年，实现销售27246万元，其中，出口创汇1216万美元。

二、主要工作及获得的荣誉

1、2010年1月18日，国家轻工业乐器质量监督检测中心发布（2010）乐监检字第002号文件，认定海伦钢琴为国家钢琴产业鉴定钢琴音乐性能的参照样琴。这意味着，中国钢琴的检测，将以海伦钢琴的产品质量作为标准，海伦钢琴将被作为中国钢琴质量的测量标尺。

2、4月，荣获诚信民营企业，表明公司管理模式创新,从业者整体素质提高，企业文化定位明确，充分履行企业对社会的责任；

3、4月，荣获宁波工业品牌企业TOP50，这表示着海伦钢琴的品牌战略实施得到了体现，在打造民族自主品牌工作中，再上新台阶；

4、5月，荣获2009年度中国乐器行业强势企业，自2002年中国乐器协会举办这项行业性评比活动以来，海伦钢琴已经连续四届获得中国乐器行业强势公司的殊荣；

5、6月，HAILUN牌钢琴被认定为2011年1月-2012年12月推荐商品，消费者权利保护委员会对海伦钢琴在打造民族自主品牌上给予了高度的评定；

6、12月，荣获国家火炬计划重点高新技术企业，是企业自主创新和核心竞争力提升的又一重要标志。海伦钢琴将继续开拓创新，不断提升企业自主创新能力，秉承技术领先的企业发展方向，发挥企业优势，为乐器行业的的发展贡献力量。

三、承办重大赛事

1、3月-10月期间，参加了广州乐器展、义乌文化品博览会、深圳文化产业博览会、北京科技博览会、上海乐器展、法兰克福乐器展，得到了来自各地参观展览者对海伦钢琴的高度评价；

2、4月-10月，“海伦之旅--国际音乐大师班”在全国巡演，共举办24场，来自世界各地的音乐家、钢琴家、音乐爱好者给予海伦钢琴高度评价；

3、4月，“迎世博 海伦杯”2010上海国际青少年钢琴大赛，海伦钢琴以出色的质量和品牌形象，作为本次活动的指定用琴；

4、5月，上海世博会被广为关注，各个展馆也各有千秋，吸引了全世界的目光。其中宁波案例馆以天人合一的自然田园风格独树一帜，海伦钢琴亮相世博展馆，，为这个自然清新的展馆再添一缕清风。

5、 8月13日，第七届“星星火炬”中国青少年艺术英才推选活动在北京圆满落幕。/海伦钢琴因为优美的音色和在业界的荣誉，成为此次活动的指定用琴。

4、10月，“海伦钢琴--全国高校音乐教育专业钢琴教师演奏与交流活动”开幕。海伦钢琴秉承对我国钢琴教育事业的支持，学校和老师们提供最好的海伦钢琴。

5、2010年11月21日晚，全球原创金曲演唱会暨世界知识产权组织版权金奖（中国）颁奖典礼在北京举行，由于自身出色的质量和品牌形象，海伦钢琴得以成为这次活动的演奏用琴。

6、2010年11月，2010第五届中国深圳双钢琴、四手联弹表演赛在中国深圳隆重举行，海伦钢琴作为本次大赛的指定用琴，再次用优美的声音，引发了音乐对心灵的共鸣，也再次彰显出海伦钢琴自身出色的质量和品牌形象。

2011年，海伦钢琴将以更高的目标、更严的要求、更敏捷的行动，为打造品质一流的钢琴、树立中国民族品牌而努力。

河北金音乐器集团有限公司

2010年是河北金音乐器集团有限公司大谋划、大发展之年。公司以经济效益为中心，以自主创新为主线，以对标管理为手段，以推行标准化为抓手，认真落实2010年度工作计划，使企业各项工作得到协调发展。被评为国家文化产业示范基地、河北省企业技术中心、河北省轻工行业排头兵、2010年度中国乐器行业50强。

1．扩大生产能力。2010年通过加大投入，改造旧设备，购置专用、高效精尖设备，建立数控加工中心，采用新工艺，新技术，提高生产自动化、批量化、标准化水平，使产量提高20%，销售收入增加27%。对吉他厂改造老厂房，新上3条静电喷涂生产线，采用目前国内先进的自动侧喷机，既提高了产品的油漆质量，又节约油漆和稀释剂30%，优化了生产环境。该项目被列入河北省重点技改项目。

2．不断自主创新。“企业的前途在于自主创新”。公司利用在美国与一大学合办的乐器研究所研究的新成果，第一时间转化为生产力，并以企业技术中心为平台，加大产品研发、产品升级力度，调整产品结构，不断开展产品创新。当年研制新品32种，成功申报专利15项，其中铜管乐器实用新型专利7项，同时增加了中高档、专业用产品，进一步满足了顾客需求，提高市场竞争力，为企业发展增添了后劲。

3．提升管理水平。公司选定世界知名企业和名牌产品为目标，实行对标管理，在研发、制造、经营等环节，从产品外观设计、部件结构、加工工艺、音质效果等方面，找出差距，拟定改进方案，制定跟进赶超路线图和时间表，把任务层层分解落实到人。通过对标工作，查找差距，扎实整改，一年来取得了明显成效，逐步缩小与对标企业差距，大大提升了多种管乐产品的品质。

4．改善营销战略。2010年通过及时调整经营方针，在国内、国外两个市场同时并举基础上，强化了国内市场，突出了自主品牌；进一步与德国和美国的几个国际大型公司扩大营销合作，引进国际上最先进的设备，最大限度地提高技术水平，加快了公司向标准化、规模化、国际化龙头企业迈进步伐；在取得CE、ROHS等多项认证的同时,又通过了SGS检测，为向以欧盟为重点的国际市场出口提供了通行证；在重点抓好国内市场的同时，新建了3家国外销售公司，并与世界最大的两家零售商进行产销合作，从而使企业赢得了国内外两个市场的新胜利。

5．向多元化发展。本公司于2010年下半年正式启动中国武强国际乐器文化产业基地的建设工作，这是一项与四家国际大型公司签订的合作项目。该项目总投资20.2亿元，建筑面积37.8万平方米，预计2014年5月竣工。完工后，将集乐器及配件生产、乐器物流配送、音乐文化产业等于一体，形成完整的乐器文化产业链，包括研发设计、生产销售、物流配送生产流通环节和创作创造、休闲娱乐、文化旅游、创意培训等乐器文化环节。

该项目已被列入河北省“十二五文化产业发展规划”，在中国轻工业联合会、中国乐器协会领导参加下，省、市领导为其启动了奠基开工仪式。作为项目实施单位，2011年公司将在当地政府支持下，下大力加快建设步伐，为该项目早日竣工早受益做出新成绩。

天津市津宝乐器有限公司

2010年，天津津宝乐器有限公司在上级相关部门的支持下，在全体员工的共同努力下，实现了突破性的发展。全年销售收入由2009年的2.98亿元增长到3.5亿元，利税3100万元，取得了可喜的经济效益和社会效益。尽管发展势头迅猛，但大的环境影响也不得不使公司重新调整企业发展思路，保持清醒的头脑。因此，企业要在各种十分不利的环境中求发展、壮大，必须开辟新的增长点，瞄准高端市场，优化产品结构，走多元化发展的道路。

一、 加大技术改造力度，促进企业快速发展

天津市津宝乐器有限公司坚持稳步前进、滚动发展。几年来公司在技改方面加大投入，先后对旧厂房进行了改造，购置各种现代化先进设备近5000万元，使铜管乐分厂、木管乐分厂、电镀分厂等等形成了规模化生产，满足了市场需求。于2010年公司投资近3000万元对打击乐分厂进行原址车间改造，使产能在原来基础上提高了近一倍。公司始终坚持技改和新产品开发同步进行，购置现代设备，引进先进工艺，实现传统产业制造高新化，扩大生产规模，以满足不同客户群体的需求。

2010年公司被天津市工信委命名为市级企业技术研发中心。为更好地发挥技术中心的优势，公司着重对资源进行重组，高薪聘请20多名国内外专家，引进、培养顶尖人才，建立了一支100多人的专业研发队伍，专门从事新产品、新设备的设计、研究工作。本着“创新是企业生存发展的第一内在动力”的原则，积极开发新产品、新工艺，购置新设备。一是用新技术、新材料、新工艺、新设备改变过去传统的制造工艺；二是生产工艺流程进一步科学化、合理化、简约化；三是依靠科技手段逐步取消传统手工操作。

新产品开发做到“人无我有则新，人新我精则妙，人妙我奇则智”。目前公司产品包括铜管乐器、木管乐器、爵士鼓、乐器支架、乐器包等六大系列300多个品种，不断推陈出新的新产品为企业发展注入了新鲜血液。

几年来，公司相继开发新产品近百种，为企业的快速发展夯实了基础。其中，倍低音萨克斯、行进小抱号、倍低音黑管等5个发明专利，不仅填补了国内空白，而且全部投入批量生产并成功打入国际市场。此外，还依据市场需要，针对儿童、专业乐团等不同用户量身打造出儿童迷你乐器、团体乐器、个性乐器等，产品趋于多元化、精品化。

创新工艺，引进新设备。采取“走出去”、“请进来”的发展战略，加强与国内外优秀演出团体和专家老师的合作，目前，公司已与中央美乐团，中央交响乐团，爱乐乐团，中央音乐学院及各省一些大的乐团和解放军各兵种乐团及西班牙、法国等乐团建立友好关系，为其演出、教学提供优质美观、漂亮实用的专业产品。目前，在乐器制造上基本实现了加工设备现代化、工艺先进化，如自动化外鼓面砂带抛光机、自动化鼓筒倒角铣磨机、自动化鼓筒内壁磨光机等专用设备获发明专利，工艺、设备居国内领先水平。其中，在号类乐器的“心脏”部位阀芯制作时运用的“高频焊接工艺”为国内最先进，节省原料超过1/3，既提质降耗又提升了产品附加值。目前，公司设备已经达到2000台套，其中自制设备600台。

发挥知识产权战略优势。公司已被国家知识产权局命名为国家专利示范企业，这对公司技术创新、产品创新提出了更高的要求和期望。公司目前拥有的专利总数达271项，成果转化率近80%。公司已经和天津市科学研究所联手共同制定了《天津市津宝乐器有限公司知识产权发展战略》。每年投入技术、设备研发资金近千万元，几乎月月都有新专利诞生。据统计，2010年，津宝乐器通过技术、产品创新，增加销售收入4500万元。

二、坚持品牌战略发展 打造世界知名品牌

品牌是市场经济竞争的产物，是企业发展必须实施的战略目标。目前公司“津宝”牌已经被国家工商总局商标局认定为中国驰名商标，knight（耐特）、baowei（宝威）、restone（瑞斯通）、mes（迈斯）等多种商标已经注册。“津宝”商标已经在美国、欧盟、厄瓜多尔、巴西、日本、韩国、泰国 注册。在高水平上实现高增长的过程中，建立了国内外营销网络。目前公司外销产品主要销往欧洲、南美、北美、亚洲、非洲等。几年来先后与世界知名品牌形成稳定的合作关系，并有几家公司获得“津宝”牌产品的独家代理权。

公司通过多种形式了解探索国内市场需求，制定科学的营销策略。下大力度实行品牌区域化管理，借助品牌优势，增加产品市场占有率。

三、加强团队建设　弘扬企业文化

“津宝”十分注重人才培养，早在2001年就确定了建立学习型企业的目标。几年来，公司通过建立学习型组织培养造就了一大批敬业爱岗、业务精湛、管理严谨、勇于创新、敢于负责、主人翁意识较强的集技术、管理、营销于一体的复合型员工，为企业的发展壮大奠定了坚实的人才基础。公司坚持以人为本的企业理念，大力践行人企合一的和谐文化，推动了企业全面工作的提高。

发挥产业基地的作用，复制带动周边产业的发展。几年来，在公司的影响下，先后促进了周边地区乐器配套、零部件加工、制造、运输、物流、服务等30多家相关产业的发展。缓解了当地的就业压力，增加了当地人群的收入，同时辐射周边十几家乐器生产厂商，逐渐地形成了具有区域特色的文化产业群，推动了当地产业的健康发展。

天津市津宝乐器有限公司在前所未有的大好形势下，加快乐器行业转变经济增长方式，推动产业结构优化升级，为中国乐器行业走出一条新型工业化又好又快的发展道路作出更大贡献。

武汉艾立卡电子有限公司

2010年对于艾立卡公司来说是不平凡的一年。在这一年里，艾立卡迎来了公司成立十五周年。在这一年里，艾立卡继续走创新之路，不断提高技术创新、市场创新、管理创新水平，超额完成了年度目标，各项工作均取得了骄人的成绩。

标准化工作取得新进展

2010年4月，艾立卡荣获了国家标准化管理委员会颁发的4A级“标准化良好行为”证书，这标志着企业在管理规范化、生产标准化、产品质量提高、环境保护的有效控制等方面迈上了新台阶。2010年11月，艾立卡主导编写的两项国家标准《电鸣乐器均衡类音效装置通用技术条件》、《电鸣乐器放音设备 设备音乐性能评价规范》获国家质量监督检验检疫总局和国家标准化管理委员会批准，成为国内第一批电鸣乐器类国标。《湖北日报》撰文评价：艾立卡是湖北企业抢占标准制高点的优秀代表。

贸易额稳步增长

2010年，艾立卡积极应对各种考验，保持了贸易额的稳步增长。在《音乐贸易》2010年第12期揭晓的“2009年全球乐器与音响制品供应商225强”榜单中，以1382万美元的销售额排名189位，比2008年上升了28位。2010年贸易额达到1825万美元，较2009年增长32%。

成为“国家文化产业示范基地”。2010年12月，国家文化部公布了“第四批国家文化产业示范基地”，艾立卡凭借“自主知识产权，制定行业国家标准；发明专利1项，其他专利28项，软件著作权2项；国家文化出口重点企业”等创新点和亮点顺利入榜，成为中国乐器行业同时获得“国家文化出口重点企业”、“国家文化产业示范基地”的6家企业之一。

全面建设“创新型企业”

自2009年底被省科技厅评为湖北省首批“创新型企业建设试点单位”以来，艾立卡以此为契机，从2010年初就成立了“建设创新型企业领导小组”，出台了《建设“创新型企业”实施方案》，全面部署各项创新工作，把建设企业研发中心作为创新能力建设的关键，在设备改造、人才引进、知识产权申请等方面都取得了积极进展。公司拿到了成立以来的第一个发明专利，专职研发人员增加到60余人。同时瞄准中高端市场，加大了新产品开发的力度，进一步加强了与大专院校、科研院所的战略合作关系，共建创新团队，不断进行技术创新，提高新产品的科技含量，公司的新产品产值率一直保持在50%以上，确保了企业利润的主要来源。

宁波森隆乐器股份有限公司

宁波森隆乐器股份有限公司是目前全球最大的、专业从事钢琴关键零部件研发、生产和销售的企业。

1、2010年公司针对行业的发展实际和竞争激烈的市场情况，及时采取措施，挖掘内部潜力，调整厂区的生产布局和生产工艺，降低产品成本，确保企业经济效益的提升。同时积极做好电吉他的零部件开发工作，并已初步形成一定的生产能力。

2、积极推动科技进步，提高企业管理水平。

根据慈溪市委办公室及市人民政府办公室文件精神，公司积极参加“工业效益提升工程”，2010年完成申报宁波市科技合作项目三项，申报宁波市级新产品项目二项。

为了更好地开展科技创新，提高企业的核心竞争力，公司与全国乐器标准化中心共同组建“全国乐器标准化中心实验室”，同时建立了“慈溪市森隆乐器工程技术中心”， 公司把南京林业大学及相关科研院校作为本企业的科技合作单位，共同开展技术创新和研发。同时外聘了国内外著名的行业技术专家作为本企业的专职技术顾问。大大提高了本公司对新产品的技术研究和开发能力。2010年公司的工程技术中心由宁波市科技局、财政局、税务局认定为宁波市级工程技术中心。公司在产品的开发和技术创新方面出现了质的飞跃，极大提升了公司的技术水平，提高了产品的整体质量，为占领市场有了技术保障，公司产品获得中国驰名商标、浙江省著名商标、浙江省名牌产品的称号。2010年度公司获得全国轻工业现代化管理创新成果二等奖；同时获得由宁波市人民政府颁发的“宁波市工业创业创新技术创新示范企业”称号。

3、公司积极开展知识产权保护工作。2010年公司加入宁波市知识产权保护协会。2010年度公司申报专利8项，其中发明专利一项，目前已有6项实用专利获得批准并授权。2010年获得宁波市专利示范企业称号。

4、公司十分重视环境保护和低碳节能。2010年公司主动开展企业的清洁生产循环经济工作。投入1350多万元配置相关的设备、设施，对废木屑进行收集利用，加工形成生物质固体燃料，通过燃烧实现生物质能源再生，引进溴化锂项目。该项目的实施，企业每年可节电200多万度，既节约了电力资源的使用，也实现了生产环境的改善和循环经济的发展，降低了对环境的污染，促进企业经济效益的提高。2010年通过慈溪市清洁生产示范企业的考核验收。

5、通过公司的不懈努力，公司取得了一定的业绩，同时也得到了上级部门的肯定；2010年公司获得了宁波市和谐企业创建先进单位；慈溪市十强企业；慈溪市“十一五”节能降耗工作先进单位；慈溪市纳税大户等荣誉称号。

宜昌金宝乐器制造有限公司

宜昌金宝乐器制造有限公司于2000年作为宜昌市招商引资的重点项目，落户于宜昌经济技术开发区，是一家专业制造中高档钢琴的香港独资企业。目前公司已具备年产30000台立式钢琴和3000台三角钢琴的能力。十余年间，金宝至始至终坚持大力发展技术创新，提升品牌实力，扩大音乐知识的普及，为中国的音乐事业做出自己的贡献。

公司自建立以来，不断通过引进先进技术、吸纳专业技术人才、加强员工培训来提升公司整体技术水平和生产能力。公司先后从国外引进了数控加工中心、高频音板肋木胶合机、三维测量仪、边框加工设备、数码钻床等等先进设备。其中金宝与日本川崎重工业株式会社合作，自主研发了八轴机器手静电喷涂系统，并首次将该系统应用于钢琴制造领域。公司在引进先进设备的同时大量吸纳国外专业技术人才，确保钢琴的最高品质。金宝在引进来的同时也大力发展走出去战略，定期输送技术员工前往欧洲发达国家学习钢琴制造技术。从而进一步保证了钢琴的品质，有效提升品牌的核心竞争力。

金宝在拥有完善的研发试验条件后，仍然不遗余力大力发展技术创新能力，进行研发投入，目前研发和创新水平均处于领先地位。2009年公司以拥有超过50名的在职研发人员，每年提供超过500万元的经费作为科技活动的支出，用于技术开发的仪器设备投入超过800余万元的条件，获得 “省级企业技术中心”认定。随着制造钢琴的标准越来越高，随着对钢琴自主产权的越来越重视，近两年来，金宝投入了更多的人力、物力对技术进行提升、改进和创新，在2010年更荣获由国家科技部组织的国家火炬计划重点高新技术企业的认定。国家火炬计划重点高新技术企业认定条件多，标准高，难度大，代表我国企业高新技术认定的最高层次。

企业的壮大除了带来直接的经济效应之外，也将担负起越来越多的社会责任。金宝在不断完善自我的同时大力发展音乐文化的推广普及事业。2011年是国家十二五规划的开局之年，为贯彻落实“十二五”发展计划，宜昌金宝乐器制造有限公司进一步扩大现有生产规模。在各级领导的关怀下，一个集研发、生产、培训、演奏厅、展示及观光功能的大型钢琴工厂将在宜昌江南拔地而起。宜昌钢琴科技馆作为江北钢琴工厂中重要的一部分，也在有条不紊的建设着，科技馆规划中包括“钢琴发展史”“钢琴文化艺术”“乐器展示中心”“视听体验区”“专业演奏厅”等，届时宜昌钢琴科技馆将体现“钢琴主题科普旅游”，开启宜昌旅游新亮点。宜昌金宝在宜昌政府的大力支持下，立志将宜昌打造成为“钢琴音乐城”。

功学社(天津)商贸有限公司

中国经济大体是10年一个周期，上一个周期是从2001年开始，2003年以后，经济达到两位数的增长。经过几年快速增长以后，需要有一个调整阶段，我认为，中国的经济现在是进入了一个调整时期。2010年国内经济在后金融危机形势下，劳动力成本、原材料等仍处于上涨趋势，加之下半年后出现的CPI指数飙升，通涨因素使乐器行业面临着更为严峻的考验，乐器生产与销售利润空间日益缩小，我国乐器行业也进入到一个拐点。

为此，2010年我们紧跟市场脉搏、转变经营思路，根据市场的不同需求进行了重大的内部改组和积极的市场拓展。批发分为热门和学校乐器两大销售处专职，在两大方向内分别设有业务和营销组，合理分工的同时又能做到恰如其分的结合。乐器营销与音乐教育一直都是一个无法分割的整体，零售在北京重要区域内增加音乐教室，有朝阳区的双井店、海淀区的苏州街店，还有于2011年在龙潭湖公园附近成立了一座现代化的音乐教育体验中心，以此为依托全力探索发展全新的音乐教育机构。

公司的自有品牌中，以鼓乐美派司Mapex和管乐杰普特Jupiter为主要，二者较2009年分别成长25%多。乐架赫尔克里士Hercules和吉他华登Walden等品牌都有大幅度成长的可喜成绩。除自有品牌外，功学社一直致力于结合世界各地合作伙伴打造全球化品牌，于中国地区建立垂直整合的服务系统，共同建立优质的音乐服务网络。Combo类长期代理的国际品牌Remo、Vic Firth销售成长外，与Zildjian公司达成了中国地区独家代理的合作策略，2010年也交了一份满意的成绩单。管乐整合策略也让公司取得Vandoren独家代理权，并达到了双方期待的目标。

随着国际互联网的发展“地球村”的世界格局逐渐形成，也在这一年网络营销手段逐见端倪，彻底打破了传统营销模式的概念。网络信息传递迅速；网络交易方便快捷；各种有利的因素使得网络营销成为21世纪营销模式的主流。各行各业都无一例外的被卷入了这股新世纪网络营销的洪流之中。随着2010年国内内需和投资市场比例的增加，国内宏观调控的配合，2011年人民币将会有升值的可能，会给企业行业带来升息、劳动成本或出口汇率幅度的变化。对于乐器行业的周期性较长特性来讲，2011年会是一片稳中求长的乐观环境，但我们乐器人也不得松懈，提高企业效率是永续经营的根本。全新的环境带来全新的课题，面对整体经营环境的变化与冲击，如何维护市场环境；如何稳定产品价格；如何制定客户政策；如何使公司的产业有序健康的生存与发展？这将是功学社集团，也是整个乐器营销行业在2011年面对的严峻课题。

现在一个企业的标准化商业模式支柱之一是“必须要有实体经济的现金流”。因此归根究底来讲，把利润或收入比率从外而内的强化，掌握好营运中收入、利润、现金比率的合理性，尤为重要。当每次机会来临时，可有资本的牢牢的将它抓住。我们期望着这个可永续经营的行业一直繁华下去。

上海艾克斯尔乐器音响有限公司
(原上海超拨乐器有限公司)

上海艾克斯尔乐器公司作为综合型出口大企业，在2010年乐器生产，贸易，文化教育等三大方面，交出了一份让人欣慰的成绩单。其中生产经营产品的销售成绩包括：钢琴近8200架，吉他近43万把，管乐器1万支，各类乐器音箱25万个，另外还有乐器支架，乐器包袋及背带，包装物等配件生产。贸易体系方面主要分进出口贸易和国内贸易两大部分。公司旗下自主品牌有：AXL，Recording King，Fransico Domingo，Palatino等，代理国外著名乐器品牌有：Fender，PRS，Cort，Schimmel，May Berlin等，实现总销售收入 45017多万元人民币。

作为世博年，公司在2010年赞助举办上海世博会世界著名华人艺术家音乐会，并同德国Schimmel钢琴公司一起举办澳洲音乐大师班，德国钢琴大师Gesa Lucker中国巡演，意大利钢琴家Gabriele Leporatti 中国巡演等活动，另外公司还关注校园年轻音乐势力的发展，同上海新晋音乐厂牌竹露荷风一起举办了“明日之星”竹露荷风校园巡演受到了学生们的欢迎。

除此之外公司还致力于互联网上的音乐文化宣传，其编撰的“名琴百科”受到了音乐爱好者和乐器经销商们的一致好评，公司网站中所编撰和翻译的文章多次被各大门户网站转载。为中国的音乐文化宣传和传播尽自己绵薄之力。

展望2011年，公司继续奉行开拓创新，提出4B理念，以更好的服务，更好的供货，保持行业领先地位的发展战略，并不断提高乐器产品的质量，以优质的产品和服务为将中国制造的乐器产品推向世界而努力。

上海知音琴行有限公司

2010年，面对日益激烈的市场竞争，上海知音琴行积极调整产品策略和营销策略，同时苦练内功，抓服务、抓质量、抓管理，通过知音团队的共同努力顺利完成了全年销售目标。全年销售总额达2.6亿元，继续保持了两位数的快速增长；同时知音被评选为2010年度中国乐器行业50强企业，在全球乐器与音像制品行业榜单中名列第94位。

一、重视员工培训，提升服务水平

乐器零售行业的灵魂是顾客消费的体验性，销售人员的服务水平直接影响了现场成交率。2010年起，知音琴行人力资源部实施了面向新进员工的入职带教计划，除统一入职培训外，确定各自带教责任人并纳入带教计划。此外还针对所有销售人员进行定期的专项业务技能培训，并且对销售人员的服务规范提出了更为细化的要求，由此在知音上下兴起了比学习、比技能、比服务的全新风貌。

二、发展电子商务，创新营销方式

2010年市场最显著的一个变化是，网络销售模式对传统乐器市场的影响已不容轻视。网络发展对乐器零售行业的影响远远不只停留在信息的快速传递上，已直接渗透到了现实交易环节，突出表现在普及型流行乐器和电子键盘类乐器，以及乐器配件等商品类别。因此，知音也在2010年成立了电子商务部门，开始探索B to C，甚至B to B网络销售模式，并且加大了对网络营销和线上推广的投入。一年以来，初步取得了不错的效果。电子商务在乐器零售领域的前景十分广阔，必将在不久的将来占据一席之地。

三、搭建交流平台，推广音乐文化

知音琴行在自身发展的过程中，十分重视对音乐普及事业的支持和投入。2010年中，知音琴行为广大音乐爱好者举办各类免费的音乐会、音乐沙龙、讲座、大师班等音乐推广活动近百场。其中，先后与雅马哈公司、上海音乐家协会分别合作举办了第二届雅马哈管乐欢乐赛以及“知音杯”上海市第四届管乐打击乐独奏比赛；邀请到青年钢琴家宋思衡、茅为蕙、周挺等先后为知音艺校师生举办了大师班、公开课；青年双排键演奏家中野正英、著名鼓手Zak Bond、日本单簧管演奏家赤坂达三等分别在知音举办了精彩的交流音乐会。此外，知音推广音乐文化的理念及值得信赖的品牌吸引了诸多大型活动与知音展开密切合作。作为2010上海世博会及首次举办的中国达人秀的合作伙伴，知音琴行为这些活动提供所有的乐器支持。知音在推动音乐文化发展的同时取得了良好的社会效应，得到了音乐界专家和社会民众的广泛认同，知音的品牌美誉度也得到了进一步的提升。

四川盛音乐器有限公司

2010年是川音乐器收获和成长的一年。四川地区乐器市场同其他行业消费市场一样，经历了前两年的5.12地震、世界金融危机带来的低迷疲软后，迎来了市场需求反弹和灾后建设带来的市场繁荣生机。公司通过前两年的调整和内部培训等准备，2010年各项工作都取得了长足的进步，各项经济指标都令人鼓舞。在乐器销售上大幅调整了中高端乐器销售的比例，努力为顾客提供更优质产品和增值服务，弱化并逐步放弃一些纯以价格竞争的产品及品牌，加强优质产品及自身的品牌宣传和建设，力所能及地去建立和引领四川乐器市场的良性发展和和谐共荣。

在音乐推广和扩大音乐人口方面：从基础音乐普及做起，正式成立了四川省音协木笛专业委员会，首设2010木笛专业考级，就有近300人报名，在全省28个考级项目中排第十三位；组织编写出版《全国木笛考级教材》、《木笛考级标准》、《木笛初级教程》，在四川省木笛考级和中小学课堂教学中被广泛应用。免费为省内中小学音乐教师进行师资培训，免费为绵竹、汉旺等灾区中小学师生进行乐队培训和建设；协助省“十一五”中小学课堂乐器教学课题组开展学术工作，制作木笛音像制品提供给教师教学使用；为部分中小学组建木笛乐队；推广举办“冬令营”“夏令营”强化集训数百位师生；协助四川省文联下属省钢琴艺术中心在成都、广元、雅安、眉山、乐山、达州等地建成十二所“四川省优秀艺术人才培训基地”。新增川音大地音乐分校五所，全年开社区音乐会几十场，川音大地校音乐会几十场，专卖店沙龙音乐会几十场，邀请国内外音乐教授、大师举办大师课十余场。

举办“英昌”杯钢琴比赛四川分赛场，全美音乐公开赛四川分赛场等钢琴比赛，所送十余名选手进入全国总决赛均获一、二、三等奖。

通过大量的基础音乐推广并获得好的效果，川音乐器深切地感受和认识到要想企业受人尊敬，行业受人尊敬，企业和乐器行业能持续发展，就得肩负起不断培育音乐土壤，扩大音乐人口的责任。努力去帮助每一个人学会一样乐器，让所有的中国人都加入音乐快乐大家庭，才是我们的宏伟愿景。

福州和声钢琴有限公司

2010年是福州和声钢琴有限公司成立25周年，和声公司是中国钢琴行业历史较长、发展较为稳定的企业。和声公司致力于生产特色的精品钢琴，走自主创新的道路，始终把钢琴品质放在首位，在做好品质的同时，再循序渐进发展产量，随着市场需求的变化，及时调整产品结构，坚持创新，研发新产品，开拓新市场，使企业立于不败之地。目前和声钢琴已经形成比较完善的产品结构，企业内部有一个创新能力较强的研发团队，有一支素质较高、技术熟练的员工队伍。在外部市场上有一大批具有实力的稳定的经销商客户，为和声的发展壮大奠定了良好的基础。

2010年是和声公司发展较快的一年。我们克服了由于国际金融危机的延续影响，尤其是原材料价格和劳动成本的上涨，钢琴市场竞争不断加剧的困难，经过不懈努力，继续创新，取得令人满意的成绩，生产和销售分别比2009年增长17%和15%。在不久的将来，实现生产和销售近一万台精品钢琴的目标。

和声公司在品牌建设、技术创新等方面获得多项丰收，又荣获7项实用新型专利技术和1项外观设计专利技术，使和声钢琴的自主知识专利技术达到23项，（其中14项实用新型专利和9项外观专利），在行业内名列前茅；再次荣获中国乐器协会评选的中国乐器行业强势公司称号，被评为“2010年度中国乐器行业50强”。

和声公司在销售、产品研发、生产等方面都处在历史最佳的良性循环状态，销售突破历史最高水平，与经销商的关系进一步理顺。福建市场有较大发展，去年福州成立了“哈曼尼钢琴专卖中心”。

发挥“福建省文化产业示范基地”的作用，与福建艺术院校的合作取得成效；与福州大学至诚学院合作，建立教学实践基地；建立福建艺术职业学院的教学实践基地；与沈阳音乐学院建立产学研的模式；与中央音乐学院鼓浪屿钢琴学校强强联合不断发展。

去年和声加大技术和设备改造的投入，已经实现所有生产环节的全面恒温恒湿化，钢琴品质将更加稳定，音色更加优美，更加受到消费者的喜爱。去年新研发了“HG-122T”、“H-123H6-D”等六款新产品并投放市场，研发新的一款三角钢琴，将于今年下半年推向市场。目前和声公司已实现“123型”以上的钢琴全部“R版”系列化，在市场上形成了独具和声特色的“欧式制琴工艺再现中国典范之作”的系列精品钢琴，深受经销商和消费者的欢迎。

我们坚持不懈抓好品质工作，在“3.15”消费者日，连续四年召开公司所有骨干人员参加的大型品质会议，每季度再召开一次品质分析会。加强了售后服务和回访工作，客户对产品的满意率提高零点五个百分点，达到近99%。国内外许多钢琴音乐方面的专家都对和声钢琴给予充分肯定，其中有的专家认为：“‘哈曼尼’钢琴完全可与欧美的名牌钢琴媲美”。增添了我们制造世界一流钢琴的信心。

烟台博斯纳钢琴制造有限公司

烟台博斯纳钢琴制造有限公司创建于2003年6月，是中德钢琴制造商共同投资兴建的现代化钢琴生产企业，专业制造、销售“博斯纳”品牌的立式钢琴和三角钢琴。

誉满全球的世界品牌--博斯纳钢琴于1871年在德国诞生，因其品质卓越，先后被德国、英国、奥地利、荷兰、俄国等国家的皇室贵族选定为“皇家用琴”而声名显赫，并一直成为倍受推崇的世界钢琴名品。

公司自创建以来，始终秉承“规模适中、质量最佳、管理最严、效益最好”的治厂理念，视产品质量为生命，以产品的高附加值打造公司的发展动力。

2010年，世界经济危机趋近尾声，全球经济形势复苏反弹，特别是中国经济率先向好，面对这一有利机遇，公司提出了二次发展的战略方针。首先，同世界一流钢琴生产企业合作，进一步完善了产品的结构和档次，特别是三角琴，形成了以GBT152、GBT160、GBT175、GBT187为代表的全新的产品体系，为公司以后的强劲发展注入了崭新的动力！其次，加大力度拓展国内市场。人民币升值和国外市场的不稳定让我们坚定了走国内市场为主的道路，经过努力，国内市场的产品销量有了大幅提高，市场占有率和品牌认知度明显提升。

2010年是公司二次发展的第一年，由于应对措施得当有力，公司各方面经济指标均有了新的突破。

2010年，公司在云南昆明成功举办了第三届中国“博斯纳”国际钢琴艺术节暨第十九届美国音乐公开赛中国赛区的选拔赛；参加了第九届中国蓬莱“和平颂”国际青少年文化艺术节；参加了第五届中国民间工艺品博览会。

在2010年出版的美国《钢琴著》2008—2009年度世界钢琴质量排名中，博斯纳钢琴再获殊荣，连续成为唯一中国制造的3A组产品！

南京舒曼钢琴制造有限公司（南京摩德利钢琴有限公司）

2010年，南京舒曼钢琴制造有限公司（南京摩德利钢琴有限公司）实现钢琴总产量7819架，其中立式钢琴7265架，三角琴554架。舒曼钢琴围绕人才、质量以及市场和国际专业钢琴公司展开多方面合作，奠定了舒曼钢琴在国内和国际上的品牌声誉。

2010年，舒曼钢琴在新厂建设投资额达到1.3亿元，在设备和人才引进方面，追加投入2300万元，其中1000万元独立用于新工厂钢琴专业人才引进。在王永和总经理的带领和公司全体300余名员工的努力下，2010年舒曼钢琴销量达到预期目标。

在市场上，舒曼公司逐渐调整营销策略，从省级代理商制度逐渐转变为地区经销商代理制度。使舒曼钢琴的客户满意度上升7%，销量上升9%，销售额上升15%。在出口方面，舒曼钢琴充分运用网络渠道，使市场扩大到南美，东欧等高端市场，舒曼钢琴在全球已拥有近400家特约经销商。2010年，舒曼钢琴参加了德国法兰克福乐器展，上海国际乐器展等多个国际乐器展会，均取得骄人的出口销售业绩，产品远销欧洲、北美、南美等四十多个国家和地区。公司注重自身知识产权保护，至2010年底，舒曼和摩德利品牌已在32个国家独立注册。

在品牌战略上，舒曼钢琴投入重金赞助举办德国舒曼国际青少年钢琴大赛亚太区选拔赛，为中国热爱音乐的孩子们提供多种提升的途径。

在人才管理方面，2010年，1000万元专款专门用于钢琴类专业人才的引进，同时公司内部不断加大对员工的培训，努力为员工创造个人快速发展的渠道。舒曼在2010年新任命的中层干部中，有8位年龄在30岁以下，管理人员学历水平普遍为大专以上，向年轻化、活力化、创新化发展。

2010年，全球经济回暖，舒曼钢琴抓住机遇，趁工厂扩建产量扩大的大好契机，凭借良好的管理经验、先进的生产系统和严格的质量监管系统，力争为中国钢琴行业做出更大的贡献。

杭州嘉德威钢琴有限公司

2010年杭州嘉德威钢琴有限公司在承继辉煌业绩的基础上，求实创新，以“钢琴专家”的经营理念，致力打造“卓越品质，世界品牌。”

2010年公司加大力度进行广告宣传和对经销商活动的支持，取得了令人称羡的满意成果！公司在影视方面全力投资赞助电影《80后》和视频作品《用钢琴弹奏出我们的回忆》，在完美的画面里展现高贵典雅的嘉德威钢琴，从视觉上诠释嘉德威钢琴带给人们唯美的震憾。由公司赞助和支持的首届东莞市合唱节在东城影剧院拉开帷幕，嘉德威钢琴作为指定用琴倍受瞩目和青睐。公司携广西经销商成功举办“贵港市第四届艺术节” 同时嘉德威钢琴隆重进驻贵港，进驻广西。公司在海盐协助县委宣传部主办了“上城之夜”刘诗昆钢琴独奏音乐会，一场用嘉德威钢琴倾情上演的饕餮盛宴在海盐奏响。

2010年嘉德威投资2.5亿打造占地8.5万平方米的音乐工业旅游基地即“嘉德威文化创意园”，启用美国别具创意的设计公司和中国顶尖的设计公司强强联合、携手打造具有现代化和浓厚艺术气息的花园式工业旅游园区，目前创意园区已经竣工。

在硬件设备上，嘉德威一期投资5000万资金，从国外引进自动化设备提高产品的产量和质量。企业发展的核心要素是人才的储备，嘉德威将招贤纳士，引进生产、管理、营销各路精英人才，进一步提升企业发展的核心竞争力。

成都川雅木业有限公司

作为中国乐器声学部件龙头企业，2010年川雅木业以经营高端钢琴音板、肋木、背架、琴键板“四大件”为主，小乐器音板为配套，奋力推进再打基础和苦练内功工作，销售收入比上年增加26%，产品供不应求，企业取得又好又快发展！公司全年工作继续立足打造“中国乐器声学部件制造基地”，全方位全领域提升企业形象和企业管理，与合作伙伴一起，从资源战略和技术创新领域着手设计企业与服务行业，与用户之间建立更加稳固而长远的合作关系，在更高领域和更长远角度谋求共赢发展，积极推进企业、客户和行业三方的共同进步。

2010年，面对全球乐器木材资源日益紧张的格局，公司首先是注重乐器材的森林资源投资开发和采购，形成了以西部、东北（俄罗斯）和北美的“金三角”供应格局，为企业及行业长远发展奠定原料基础；其次，为满足专业环境和技术领先要求，扩建恒温恒湿厂房和改造关键重点技术装备，新建的企业技术中心和试验室投用，使更胜任制造高端和可靠的专业化产品；第三，加强技术改造。从木材干燥开始反省，改进干燥技术、生产流程和企业综合管理，着力选择培育优秀专门人才充实关键岗位，夯实基础和基层管理；第四，注重科技和产品创新。2010年，公司新获3项实用新型专利，4项外观专利，新申报7项发明及实用新型专利，参与并完成了4项国家及行业标准的编制，被评为“成都市知识产权示范单位”。第五，积极实施名牌战略，2010年“川雅”被评为 “四川省名牌”和“成都市著名商标”，继续获评“中国乐器行业强势公司”和“中国乐器行业优秀人物”。

在乐器市场竞争仍然激烈，中国乐器产业没有可靠资源支撑导致的市场动荡，行业风险与机会并存的复杂形势下，川雅木业将继续以建设“中国乐器声学部件基地”为指引，结合木材资源、产能与战略合作客户多方位考虑问题，侧重提高高端实木音板和高端实木琴键板业绩为目标，继续脚踏实地、认认真真、持之以恒，以全球化的能力提供特别可靠的资源保障，以特别专业化的精神制造技术过硬的高性能产品，与客户共创竞争力，发展事业，分享成果，修为行业。

宁波四海琴业有限公司

2010年飞快过去，在公司各职能部门大力支持和帮助下，公司稳抓企业经营和内部管理，严格按照要求规范运行，建立健全各项规章制度，稳步推进公司“以人为本”的管理模式，各项工作开展顺利。

在大家的共同努力下，2010年四海琴业取得了年产值6000多万元的辉煌成绩，上缴各类税收500万元，产值比09年增加25%、上缴的税收增加30%。四海琴业有限公司经过多年的发展，一直注重产品品质、信守承诺、同时加强与供应商和采购商的交流与合作，在本行业中赢得了较高的声誉，产品的市场占有率逐年提高。与广东珠江钢琴集团、北京星海钢琴集团、湖北宜昌金宝乐器有限公司建立了长期、稳定的合作。同时与德国贝西斯坦等一些国外客户保持了紧密地合作。在过去的一年中，四海琴业取得了8个国家实用新型专利和1个国家发明专利，取得了宁波市中小型科技企业的称号。顺利地通过了ISO9001：2008质量管理体系复审的认证。同时四海琴业在公益事业方面也有所投入，出资20万元为本镇幼儿园添置了各种设施。对本镇的幼儿教育事业做出了一定的贡献，受到了一致的好评。公司始终坚持以人为本的理念，出资改造了车间的工作环境，让员工能在整洁舒适的环境中进行工作。除此之外，公司也投入了15万元让管理层员工去余姚健峰管理培训学校进行了培训，通过培训增强了员工自身的素质，也加强和改善了公司的规范化管理。在安全工作中，组建了消防安全管理小组，实现消防安全零隐患的目标。

钢琴外壳在过去一年中也取得了巨大的进步，钢琴外壳销售13500套，同比09年增长35%。在质量管理上，通过数据化管理，统计出产品在生产过程一次性合格率达70%，可谓行业第一。在管理上大胆引进技术、引进人才、引进先进管理模式与信念，实现双赢管理，让产品更精致，让员工更内涵，实行“品牌培育”管理模式。投入980万元购买琴壳制造设备和租用13000多平方米的新厂房，年生产能力达到3万台。

在2011年，公司将继续以实现“以人为本、科学进取”的核心理念，继续育人、用人。保持“责任、合作、专业、创新、服务、贡献”的企业文化精神。希望我们能更加亲密无间的团结在一起，在各方面的基础工作上从细节做起、做实、做牢，为后续快步发展打好基础。在管理、质量、销售等各方面都能有进一步的提升。

广州吉声琴业有限公司

2010年，面对金融风暴的影响，公司坚持一贯稳步发展的战略，以多年来积极培养建立的良好国际市场声誉为基础，努力抓质量、促生产。公司保持了平稳较快的发展，主要业绩取得了全面的突破。

第一，以金融风暴为契机，实现扭亏为盈。当人们认为金融风暴是灾难时，吉声公司却把它当成了机会。2010年，公司全年累计生产吉他299513支、提琴4915支、曼陀铃3911支、乐器袋116324只。全年实现销售收入4298万元，比上年增长7%，利润比上年翻了两倍；出口额达619万美元，比上年增长12%，总资产也比去年翻了一倍，为国家纳税335万元。

第二、加大科研投入，积极开发新工艺和新技术。2010年公司又获得了2个发明专利授权，3个外观设计专利授权。同时，公司积极开发了水晶板吉他技术，该技术颠覆了传统生产工艺的技术理念，缩短了吉他生产周期，既环保又清洁，大大提高了生产率。目前该技术已成功进入批量生产阶段。

第三、积极开拓市场，以质优价廉的优势获得了国际市场大量订单。2010年公司分别参加了1月美国洛杉矶乐器展、3月德国法兰克福乐器展、5月北京乐器展、10月上海国际乐器展。公司产品的质量和服务不断获得国内外客户的肯定。

第四、积极培育自主品牌，争创名牌。2010年，公司确定了以“JISHENG”商标开创国际市场品牌战略，以“MARTIN”商标开创国内市场品牌战略。同时聘请法国、美国的高级技师长期驻厂进行技术指导，努力向国际顶尖品牌学习。目前，公司高档吉他的生产技术有了飞跃性的进步，品牌战略正逐步形成。

此外，公司注重人才的培养，为员工营造良好的工作和学习氛围。2010年，公司采取派遣员工外出学习及请培训师进公司培训相结合的方式，大力培养员工的责任感和管理能力，提升员工综合素质，努力创建良好的企业文化。

广州红棉吉它有限公司

广州红棉吉它有限公司是一家国有全资乐器制造公司，公司致力于乐器文化产业，长期从事吉他的研发、制造、销售与服务，确定了以经营吉他为主兼销提琴等乐器的发展思路。红棉吉它经过50多年的发展，现已成为全国最大的吉他制造商。

2010年在广州珠江钢琴集团公司的带领下，公司克服了后金融危机带来的国际市场低迷、制造成本升高和结构调整等困难，紧紧抓住发展机遇，转变观念，创新求实，扎实推进各项工作，企业生产经营、科技进步、产品升级、人才培养等方面取得了不同程度的突破性进展。2010年公司（含埃士顿吉他公司自营出口）实际销售收入超过1.2亿元，其中出口产品销售收入近7000万元，公司主营业务收入与去年同比增加了2080万元，主营业务利润近850万元。提前完成经营责任目标。

红棉吉它牢牢把握乐器发展的机遇，着眼于公司长远发展，以引进先进技术为依托，积极采用新材料、新工艺、新装备，促进乐器产品结构和产品质量升级，迅速增强公司引进消化吸收再创新能力。2010年红棉吉它在采用光敏漆对木吉他静电喷涂系统及其喷涂方法方面取得了发明和实用新型两项专利，UV涂料本身不含挥发性溶剂，理论上可达到100%的固含量，可实现涂装的“零排放”，符合现代对环保的要求，固化速度快，可以极大地提高涂装效率，降低生产成本、减轻劳动强度、提高涂层质量和竞争能力。

红棉吉它具有较完善的国际销售网络，销售到全球100多个国家和地区，尤其在东南亚地区，占有第二大销售品牌和份额。公司利用红棉牌吉他的品牌地位，优化吉他订单的品种结构，加大对高值吉他经销商的支持力度，调整部分市场营销布局，增加高附加值产品的销售。在国际金融危机的情况下，红棉吉它增强与世界品牌的战略合作贸易，公司受委托加工的GIBSON、EKO、FIRST ACT等世界品牌产品，每年的需求量都在增加，并且加工的产品往中高级趋势发展，外销的订单量已接近100万把。2010年公司实现销售收入 12474万元，与去年同比增加2080万元。

北京华东乐器有限公司

华东乐器创建于1988年，坐落于2009年被中国乐器协会、中国乐器联合会授予的“中国提琴产业基地”——北京市平谷区东高村镇。建厂伊始，华东人就秉持“人品好、质量好；人品差、质量差”的生产理念，以负责的态度、专业的技术投入工作。华东旗下“华蕴”牌提琴产品以其优异的品质，成长为国内乃至世界颇具影响力的提琴品牌。“华蕴”牌提琴产品的质量和信誉赢得了市场和管理部门的认可：

2010年7月，中共中央政治局委员、中共北京市委书记刘淇及北京市市长郭金龙到华东乐器视察指导，以及北京市发改委、工促局、企业局、中国乐器协会、国家纪委等均来我公司参观指导，给企业提供了各种帮助公司更进一步扩大了知名度。

2010年，公司新研发的电子小提琴取得成功，并参加了上海展会，已有部分客户下了订单。我们并引进了新的生产设备，提高了产品质量、降低能耗、减轻劳动强度、提高工人工作效率起到了积极作用。

2010年，在首届中国提琴制作比赛中，华东乐器员工耿艳江A09号作品荣获“第五名”；同年，在第十九届美国提琴协会国际提琴制作比赛中，北京华东乐器有限公司员工常中秋的72号作品荣获“小提琴音质银牌奖”。

2010年，华东乐器荣获“纳税A级证书”、北京市工商联系统文明单位并连续多年荣获中国乐器协会强势公司。

“以品质为发展根本，以诚信为交往原则”，20多年的商海励炼，塑造了华东负责、诚信、创新的品格。

2011年，华东乐器将继续加强与国际同行的技术交流与业务合作，加强质量管理，不断引进和培养专业人才，为音乐人提供更加优质的产品和服务！

广州格利蒙那提琴有限公司

2010年，公司连续20年荣获广东省工商行政管理局颁发的《重合同、守信用单位》的光荣称号。并继续取得ISO9001：2008质量管理体系认证证书。

2010，根据市场发展需求，公司产品研发技术向高端技术转化，提高了企业的自主创新能力和市场竞争能力。公司开发的新产品“香堤儿”Chantalle提琴系列V19、V29 、V39在美国举办的“2010 NAMM 国际乐器展”中大受客户青睐。公司 2010年1-6月对美国市场的销售额，超过2009年全年的销售总量，美国客户数量同比2008年增长了四倍。2010年销售额比2009年增加了20%。

2010，公司的环保意识超前，在国内最早使用无铅油漆，满足发达国家的需求，越过了国际贸易技术壁垒，不断实现自我突破。正是这种以实力换取尊严的精神推动着该公司不断地向更高更强发展。

2010，公司领导人关尚持先生被评为全国文化行业高技能人才。

吟飞科技（江苏）有限公司

1、不断完善企业内部各项管理制度

2010年，吟飞公司继续完善各项管理制度，秉承优秀的企业传统，不断发扬“诚信、勤奋、合作、奉献”的企业精神。公司从质量管理入手，继续在生产现场严格采用5S管理方法，贯彻ISO9001-2008质量管理体系标准，不断完善质量保证体系，使产品质量更加稳定。同时，公司在人力资源管理上进一步完善，注重人才的引进、培养和考核，努力提高员工的专业素质和综合能力。公司通过各方面管理工作的不断完善，提高了公司整体的运营效率，从而全面提升了企业的管理水平。

2、做好先进技术的引进、新产品的研发工作

2010年，公司针对国内、外电子乐器市场发展形势的不断变化，对数码电钢琴、电子鼓和双排键电子琴等产品的市场情况进行了调研。根据不同的市场需求，运用新技术研发了多款数码电钢琴、电子鼓产品，特别是还开发出了新款高端双排键电子琴。这些新产品的成功研发，不仅给公司带来了良好的经济效益，还确立了吟飞公司在国内电子乐器生产企业中的重要地位。

3、狠抓技术引进、设备改造工作，提高企业生产能力

2010年，公司继续以目前市场需求为导向，为了更好地满足国内、外不同市场的需求，公司也下了很大的功夫。同时在此基础上为提高企业生产效率，稳定产品质量，降低产品成本，公司对现有的部分生产设备进行了改造，并新添置了更先进的专业设备。通过以上各项改进措施，使公司的生产效率和产品质量有了明显提高。并凭借其产品工艺精湛、造型美观、音色逼真、质量稳定、性价比高等优势赢得了国内、外用户的青睐与好评，保持了产销两旺的发展势头。

4、积极做好音乐产品的推广和音乐教育的普及工作

在过去的一年中，公司积极做好音乐产品的推广和音乐教育普及工作。先后在山西、湖北、内蒙古、广东、安徽、湖南、广西、陕西、福建、黑龙江、辽宁等地进行了新产品展示会和双排键教学交流活动。另外，为了充分展示企业的产品，不断了解国内、外客户的需求，公司继续参加了美国NAMM SHOW、法兰克福乐器展和中国（上海）国际乐器展览会等国际性乐器展会。通过在这些平台上的展示，显著提升了吟飞公司及“吟飞”系列产品在世界各地的知名度和影响力。2010年8月，第二

届“吟飞”双排键电子琴比赛在常州成功举办，本次比赛不仅有国内著名音乐家和教授担任评委，还邀请到了国外双排键演奏家、教育家和艺术家，为来自全国17个省、直辖市、自治区的128位参赛选手打分，使本次比赛更具国际化。比赛期间，公司还组织了“双排键电子琴发展研讨会”及“佐佐木昭雄双排键电子琴大师班”。通过此次比赛，较好地展示了中国双排键教学成果，选拔了双排键演奏人才，推动了双排键普及教育。2010年10月10日，公司在常州保利大剧院和200多位来自世界各国经销商、供应商齐聚一堂，隆重举办了全球合作伙伴联谊会。通过积极举办和参与这些有意义的活动，一方面体现了公司对音乐教育普及工作的重视，另一方面也得到了社会的认可。

江苏奇美乐器有限公司

2011年，奇美公司迎来了收获的一年，创建于1980年的江苏奇美乐器有限公司拥有世界先进的生产设备及音准检测仪器，研发生产奇美牌竖笛、木笛、口风琴、口琴、葫芦丝、儿童打击乐器、陶笛等乐器，是国内最大的课堂乐器生产基地之一。奇美牌竖笛、口风琴产销量世界第一，其它产品市场份额也在大幅提升。收获源自奇美人的战略规划，收获源自奇美人的改革创新，收获源自奇美人的不懈追求，收获源自奇美人的脚踏实地。

品牌成就。2011年5月，“奇美”商标被认定为“中国驰名商标”。这是竖笛、口风琴、口琴行业中唯一获此殊荣的品牌，“中国驰名商标”代表我国民族工业的脊梁，在专业和制造水平上具有极其广泛的代表性和权威性。奇美此次获得驰名商标不仅仅是自身社会价值的认定，同时也将会极大促进奇美牌系列乐器市场的进一步发展。公司坚持以质量促品牌，以打击假冒奇美产品来保护品牌，以科技创新提升品牌，以宣传服务引导品牌，以企业文化来提升品牌。制定品牌战略目标与方向，树立品牌的终端形象，积极开拓国内外市场。

打假战役。随着“奇美”产品在国内外市场的畅销，一些不法分子为了谋取利益，非法制造假冒公司产品。2010年3月29日无锡市江阴工商行政管理局与江阴市公安局联合行动在江阴市周庄镇一举捣毁制造假冒公司“奇美”口风琴的制假售假窝点，缴获大量印有“奇美”商标及副商标组合的成品口风琴、半成品及大量印刷品，侵犯公司奇美、亲情树、兔子头像、帐蓬、路牌、汽车等6种文字及图案商标，并在市场非法销售并从中获利，严重扰乱了公司正常的市场秩序。经江阴市公安局侦查结案，江阴市人民检察院提起公诉，江阴市人民法院最终判决，由被告人蒋某某一次性赔偿公司人民币40000元，判决被告人蒋某某犯非法制造注册商标标识罪，判处有期徒刑三年，缓刑三年六个月，并处罚金人民币15000元。扣押的涉案物品及口风琴全套模具予以没收。同时对为谋取非法利益，未经公司授权、许可、擅自非法印制“奇美”注册商标标识及吹奏说明书的缪某某，江阴市人民法院最终判决一次性赔偿公司人民币20000元，以非法制造注册商标标识罪，判处缪某某有期徒刑一年，缓刑一年六个月，并处罚金人民币10000元，相关所有责任人的侵权案件也一并受到行政处罚并形成了多起案件材料。以上案例，正是奇美公司高度重视品牌和知识产权的保护，取得公安工商等执法机关的支持，对市场上一些假冒奇美乐器的不法分子进行法律上的严惩，才保持和维护了奇美品牌良好的市场形象。

产品创新。2010年，公司大力开发了一系列高品质新产品，低音、次中音、中音、高音、超高音套装竖笛，低音口风琴，10孔、12孔、16孔半音阶口琴，25孔贝司口琴，24组、48组和弦口琴，特别调口琴全部投放国内外市场。同时，奇美公司将启用全新高端品牌，重点打造高品质，高附加值新品，给客户一更大发展空间，届时，奇美将形成高、精、尖、全的产品大格局。

集团化发展。随着靖江市奇美乐器制造公司老厂区土地和几千平方米厂房拆迁补偿费的到位，以及兴业路江苏奇美乐器有限公司现在土地和厂房出让工作的即将开展，公司已开始着手建设崭新的现代化3万-5万平方米的标准化新厂区，组建江苏奇美乐器集团，随着奇美各项战略规划目标的落实，随着奇美品牌影响力的进一步增强，奇美人有信心做得更好，发展得更快！

江阴金杯安琪乐器有限公司

江阴金杯安琪乐器有限公司创办于20世纪70年代，公司坐落在晚清著名学者缪荃孙，现代音乐教育、演奏家刘天华的故乡，人文荟萃，历史悠久的江阴市申港镇，公司占地面积50000平方米，拥有6000平方米的现代化办公大楼和38000平方米的现代化厂房。员工300多名，其中中、高级技术人员60名。年生产手风琴5万台，金杯产品销售量占全国总销量50%，国内销售多年稳居行业榜首，并出口美国、意大利、俄罗斯等三十多个国家和地区。

江阴金杯安琪乐器有限公司是全国乐器行业的重点企业，全国手风琴最具影响力的生产基地，全国乐器行业常务理事单位和行业生产标准制定单位。长期以来，公司以“让顾客满意、创中国品牌”为企业目标，精益求精、孜孜以求、不断创新，每年推出新品满足市场要求。继2006年自创研制的106-64自由低音手风琴荣获“中国轻工业联合科学技术进步三等奖”之后，于2010年又成功的研制大波音流行手风琴，填补了国内流行手风琴的空白，达到了同类产品的国际先进水平，该产品的问世，给中国手风琴事业再次带来了质的飞跃。

金杯公司的质量方针是：“顾客满意是公司的出发点和归宿，持续改进是全体员工永恒的追求”。质量目标是：“顾客满意率98%，产品出厂合格率100%。”

2010年5月，公司通过了ISO92001:2008 GB/T19001-2008质量管理体系认证。

2010年6月，公司与上海爱乐手风琴乐团共同举办了“和世博之旋，谐金杯之律——2010上海市学生手风琴艺术教育展演”。

2010年9月，开全国企业办艺术教育之先河，和南京艺术学院音乐学院合作，成立金杯艺术培训中心，创建南艺音乐学院校外生源基地，并资助南艺音乐学院开设手风琴、吉他专业，推广手风琴教育。

2010年10月我公司“金杯及图”商标被国家工商行政管理总局评定为“中国驰名商标”。这是手风琴行业中唯一获此殊荣的品牌。

2010年12月，公司被评为江阴市十佳文化企业；最佳校企合作单位。

天津华韵乐器有限公司

天津华韵乐器有限公司是国内外驰名的鹦鹉牌手风琴和雅乐牌脚踏风琴的生产基地，在手风琴、脚踏风琴及少数民族乐器制作方面凝聚着厚重的历史和文化底蕴。20多年来，公司全体员工始终发扬“团结、拼搏、创新、超越”的团队精神，在坚持“以质量求生存，以创新谋发展”的经营理念中，使公司规模实力不断壮大。

自2001年以来，被天津市工商行政管理局认定及延续认定为“天津市著名商标”。为进一步提高品牌的知名度和保护力，2010年，公司由天津市著名商标积极申报国家驰名商标。

现代企业的竞争关键是人才的竞争,谁拥有了人才，谁就掌握了竞争的主动权。要搞好中华老字号的技艺传承，公司必须坚持以人为本，实施人才兴企战略。自去年以来,公司在逐年增加技术创新和生产性投入的同时，不断加大企业员工的职业技能培训力度，每年从销售收入中提取5%的资金用于职工职业技能培训，主要是对技术中心的工作人员、车间班组的技术骨干乃至一线的生产员工采取岗前培训、在职培训、职称培训、技术公关等方式进行培训，营造了干部职工立足岗位学知识、钻技术、练技能、提素质的良好氛围，使全体职工队伍职业技能明显提高，致力于“专一精品、专长技术、专业等级”的打造，使鹦鹉牌手风琴从外观形象到内在质量在国内同行业中继续保持第一的荣誉。

2010年，公司用于中华老字号商标保护、技术改造和工艺创新等项资金达到800多万元，进一步增强了公司的规模实力和综合竞争能力，其新增经济效益和社会效益主要体现在以下三个方面：

（1）增强了生产经营能力，提高了经济效益。这次技术创新前，公司年生产各种乐器3.8万台（件），销售收入3000万元，利税680万元。技术创新后，年生产能力预计可以达到4.5万台（件），实现销售收入4300万元，创利税940万元。与技术创新前相比，每年新增产量7000台（件），新增销售收入1300万元，新增利税260万元，经济效益实现了可持续发展。

（2）扩大了劳动就业岗位，创造了新的社会效益。这次技术创新完成以后，扩大了生产经营规模，能够新增就业岗位80多个，可以招收一批大中专毕业生和农村剩余劳动力到公司工作，这些人员月工资收入可达1200元以上，新增从业人员一年累计工资收入就可以达到110多万元，创造了新的社会效益。

（3）落实了文化兴县战略，提升了文化品位。这次技术创新完成以后，将为展现静海县乐器之乡、新产品研制开发、乐器演奏技能培训和乐器产品质量监督检验搭建新的平台，为落实县委、县政府提出的“文化兴县”发展战略，提高全县人民群众的文化艺术生活创造良好的人文环境。

今后三年，我们的发展定位是：以创新谋发展，以市场需求为导向，以科技进步为支撑，以加大技改投入为动力，以研制开发新品为切入点，促进企业持续快速发展。在确保产品质量的前提下，每年年产量、销售收入、利税总额增长幅度均在20%以上，在全国同行业中继续保持生产规模、产品质量、技术创新、市场占有率“四个领先”的水平。

河北怀来锣厂

河北省怀来锣厂成立于1986年，从建厂初期公司就秉承保证质量，开拓创新的理念，研发产品，开拓市场。出口总额也随着市场的扩大而不断增长，产品受到国内和国外市场的一致好评并多次获得河北省优秀企业，优秀纳税人等多项荣誉称号。2010年公司各项工作进入全面发展阶段，并取得了可喜的成绩。

1.引进新设备

随着经济的不断发展，市场竞争越来越激烈，为了使产品在市场经济的环境下更加具有竞争力，2010年度公司投资500万元从国外引进了新式镲片印花机和砸板机，使产品外观更加美观、多样化，以适应多样化的市场需求，砸板机的引进进一部改善了产品的厚度和均匀度，避免了手工砸板的不均匀，使镲片的厚度和音色走向标准化，新设备的引进全面提升了产品质量，也为不断扩大的市场做好了充足准备，2010年度公司的出口总额再创新高，实现了出口总值6000万的佳绩。

2.创立自主品牌

“中国是世界上最大的制造工厂”国外企业这样说，现实的确如此，中国落后的经济和廉价劳动力迫使很多工厂为国外企业代工生产，贴牌生产。中国的工厂只能赚取代工费用，更多的利润由外国公司直接抽走。然而随着改革开发的发展，中国经济得到了快速发展，中国企业也逐渐意识到品牌的重要性，因此公司在2010年再次发展出自己的新品牌“CHANG” ,公司逐渐由OEM 转型到OBM。目前公司的“PULSE”和“CHANG”品牌镲片已经走向国际，销往美国，欧洲，东南亚等多个国家。同时在国内市场上镲片也得到了国内乐器界的一致好评，并已经在国内各个地区设立销售代理商，形成了自己的销售市场,并且在不断的扩大。

3.进行国际研发

公司在引进新设备、创立自主品牌的同时更加注重了对产品的研发，因此2010年公司招贤纳士，用高薪从国外引进行业专业人员，及产品工程师。探索行业中未来的市场及新式产品并解决产品生产过程中遇到的新问题。努力使中国镲片在国际和国内市场上享有主导地位和更强大的影响力。

4.扩大工厂规模

随着公司的不断发展，销售额的不断增长，现有的工厂规模和生产能力已经难以满足市场供应，因此2010年公司新购入土地，计划兴建新厂房，以扩大生产规模，满足市场需求。

河北省怀来锣厂非常荣幸参加“2010年度中国乐器行业50强、先进集体、优秀人物”的评选活动。并将尽力支持乐器协会组织的各项活动。2010年度公司各项工作得到全面落实。并将在以后的发展中继续努力，再创辉煌。同时也希望借此机会与国内同行及其他乐器行业相互交流、共同发展，壮大中国乐器的影响力。扩大中国乐器协会得影响力。

河北乐海乐器有限责任公司

2010年乐海公司以市场需求为导向，不断完善各项管理制度，发扬“创新、超越”的企业精神，坚持“专业化、标准化、规模化、市场化”的发展道路，使企业得到更加稳步的发展。公司的销量、产值再创新高，产品销售达到8159万元，实现利润1289万元，为国家缴纳税金352万元，出口交货值96万元。

2010年值乐海公司建厂25周年之际，占地50余亩的新厂区也竣工投产，并于2010年5月23日在新厂区举行了25周年庆典暨新厂区落成典礼，邀请各位领导、老师以及来自全国各地的200多个经销商参加庆典活动。

同时，公司下大力度，狠抓产品质量。通过建立完善的质量保障体系，坚持完善三检原则，实施员工质量考核手册，提高了全体员工的质量管理意识；通过管理人员深入基层实践，进行全面监控，加大现场的监督力度，严格控制管理。通过健全完善工艺技术创新体系，不断引进新的设备、新的工艺，改进产品生产工艺，提高产品生产效率，提升产品质量，并申请了多项国家专利。

公司全体员工将继续以弘扬民族传统文化作为光荣的使命与责任，用激情与奋进，用智慧和坚毅，在2010年的基础上再上一个新的台阶，力创中国名牌产品，让“乐海”更精彩。

扬州雅韵琴筝有限公司

扬州雅韵琴筝有限公司创建于20世纪90年代初，从第一台古筝做起，历经二十载发展过程，今天已拥有总资产5000多万元，年设计生产能力三万台，成为国内规模最大的琴筝制作企业。占地26000多平方米的园林式厂区，17000多平方米古典建筑风格的生产厂房，彰显出公司的传统文化底蕴和浓厚的艺术氛围。公司人才荟萃，现有高级工艺师15名，制作技师300人，专业制作工艺水准在同行业中一直处于领先地位。

公司自2006年以来被中国乐器协会连续评定为“中国乐器行业强势公司”，2010年公司以“雅韵琴筝文化产业园”建设为推手，坚持走变革创新之路，对生产布局和工艺制作流程进行科学合理调整，形成特色文化产业链，促进文化品牌强势发展。2010年公司总产值4580多万元，实现利税320多万元，出口交货值120多万元，市场对“雅韵”品牌的认同度进一步提升，呈现出供不应求的可喜局面。

2010年公司积极实施企业品牌战略，加大产品研发和自主创新力度，“雅韵琴筝民族乐器研究所”在继承传统漆器工艺、雕刻工艺、镶嵌工艺的基础上，巧妙融合数码、光栅等科技元素，研发出青花瓷等一系列新工艺，取得丰硕成果。2010年一举获得十项国家专利。雅韵公司推出的“月中情琴筝”荣获2010中国民族乐器艺术节古筝制作大赛4枚金奖。“雅韵”商标再次被认定为“江苏省著名商标”。“雅韵琴筝”再度被评为“江苏省名牌产品”。雅韵公司被誉为“江苏省质量诚信AAA级品牌企业”。雅韵古筝被选为2010上海世博会专业演奏筝。与此同时公司所属“刘氏琴府”的古琴品质和知名度也在不断提升。

2010年公司着力打造“雅韵琴筝文化产业园”，建成“雅韵琴筝艺术培训中心”。该中心承担着普及琴筝文化教育，提供优质琴筝教育资源，培养新一代琴筝演艺人才的使命。培训中心建有40多间标准教室、琴房、舞蹈房和演艺大厅，是国内唯一一家集传承研发、工艺制作、教学培训与演艺为一体的培训机构，现已挂牌作为中国民族器乐学会、扬州大学艺术学院等九家艺术院校和文艺团体的教学实习基地。“江苏雅韵琴筝国乐团”2010年参与十多场政府对外文化交流、大型音乐会和各类公益义演活动，展示了中国传统文化和琴筝艺术的魅力，得到社会各界的赞扬与肯定，为企业树立了良好的社会形象。

上海玛珂琴业有限公司

时光荏苒，岁月如歌，玛珂公司已昂首跨过极不平凡、令人难忘的2010年。

这一年，上海玛珂琴业实现了增质保量，顾客的好评度和钢琴产销量，双双创下历史新高。这一年，公爵人团结一心，迎难而上，奋力拼搏，攻坚克难，迎来了一个又一个辉煌而又卓越的成绩。

精细化管理 供、产、销无缝衔接

一场不期而遇的金融危机让全球乐器行业都受到一定程度的影响。尚未脱离金融危机阴霾笼罩的2010年初，公司总经理李军华先生提出："迎接挑战，抓住机遇，深化改革，适应市场，以市场为导向，实现供、产、销无缝衔接。"随着乐器行业逐渐复苏，公司生产任务激增猛涨，产量、质量、安全生产压力急剧增加。公司从源头——原材料进厂开始，严把原材料质量关；全体员工创新思维，奋勇前进；各生产部门，合理使用资源调配，坚持技术创新，严把生产质量关。

2010年2月公爵W系列12款钢琴开发提上日程，在认真听取各地经销商的意见后，公司技术部着手开发。同时，公司对生产进行一系列优化改革：强化车间管理，开办员工培训班，对各部门和班组每周进行考核，尤其是供、产、销等主要环节，各负责人紧密联系，加强沟通和执行落实，实行当日事当日毕，实现无缝衔接。

2010年4月邀请韩国钢琴专家来公司进行技术交流，使公爵钢琴的技术得到了进一步提升。

2010年6月公司召开公爵新品W系列发布会，邀请各地经销商参加，各地经销商对公司新品赞誉极高。10月，公司以新款W 系列和其他精品款式钢琴，参加了一年一度上海国际乐器展，赢得了国内外客商的一致好评。

扩大市场 提升服务

2010年由于销售业绩大幅度提升，各区域销售经理积极前往各地区调研，在统一的售后服务基础上，出台了有针对性的售后服务政策。售后服务部针对经销商和终端消费者两个群体，提供了更多新颖而人性化的服务，明显的提高了客户的满意度和忠诚度，为公爵品牌的腾飞奠定了良好的基础。

推广品牌 强化责任

公爵钢琴深知从长远发展的角度上必须创品牌。创品牌必须从产品质量、售后服务和宣传推广上加大力度。公司深知自身的发展和整个乐器行业的发展及音乐教育的普及是密不可分的，公司不仅在广告上加大投入，更致力于推动中国音乐教育发展，积极主动地举办、承办和协办各类乐器赛事和各种音乐演唱会。

2010年1月，携手世博，在上海东方明珠广场举办百架钢琴"畅想2010世博小使者艺术展演"活动，百架钢琴宏伟的场面为世博增色，旅德钢琴家解静娴博士携手百名沪上琴童更是将公爵钢琴优美的音色发挥得淋漓尽致，赢得了音乐会现场观众一阵阵喝彩。

2010年1月，公爵钢琴与长沙经销商在长沙共同举办了"湖南省音乐家协会年会暨公爵钢琴新品展示会"，公爵钢琴获得了协会成员的一致好评。

2010年3月，为重振灾区学校基础建设，公司捐助四川灾区学校20台公爵钢琴。

2010年3月，公爵钢琴参与了中央音乐学院校在天津的考级活动。

2010年7月，公爵钢琴协办了"第五届海峡两岸四地青少年艺术节钢琴比赛"。

2010年7月，公爵钢琴协办了"全国钢琴高级调律技师比赛"，并在上海玛珂琴业生产基地举行。

2010年8月，贵州省内首次最高奖项钢琴比赛"公爵杯钢琴大赛"在贵州拉开序幕并圆满结束。

2010年8月，公爵钢琴中标"2010温州市薄弱学校工程项目"111台，为温州百余学校增添了一道亮丽的风景线。

2010年10月，公爵钢琴W系列新款琴以全新的姿态亮相于上海国际乐器展览会，获得了国内外经销商一致的强烈好评。

展望2011，玛珂人将以更加自信的姿态，积极进取，迎接挑战。

浙江天目琴行有限公司

"以商养学、以学促商、以赏兴业"这一宗旨引领着天目琴行逐步发展，步子迈得更加稳健。18年来的艰辛历程，如今的天目琴行已创下了丰厚的硕果。

2010年在中国经济总体良好的大背景下，天目琴行全体员工团结一心，克服困难，不断开拓创新，超越企业的各项经济指标。

天目琴行为了成为出色的音乐文化传播平台而不断努力着：培养大量的音乐观众，引进高水平的音乐团体，积极打造音乐文化品牌。2010年，公司举办了大大小小音乐活动60余场。其中：杭城教师钢琴音乐会的举行，向所有观众展示了琴行教师的风采，同时又创造了一个“第一”——杭城民营学校首次钢琴教师演奏展示；德国钢琴家欧米勒孖宝“钢琴也疯狂”杭州钢琴音乐会，钢琴家以其独特的风格征服了在场的观众，那形式多样的演奏方法，突破了传统演奏的束缚，增加了观众对钢琴艺术的浓厚兴趣。每月至少一场的师生音乐会，让更多的学音乐的孩子享受到了学习的乐趣，创造五彩人生；浙江省首届小提琴比赛、星海杯全国少年儿童钢琴比赛等等器乐大赛的举办，为省内广大乐器学习者提供了一个展示自我风采的平台。

天目琴行及时掌握社会信息，抓住机遇，与媒体携手合作：参与政府举办的博览会及活动比赛，提升企业的品牌效应；热情安排社会各界人士进行参观交流，进一步扩大了天目琴行及天目艺术专修学校的影响力。天目琴行注重广集思路，针对人们的需求，不断出奇，出新，适时进行商品促销，在创造利润价值的同时，建立了建全的售后服务制度，为客户提供完善的销售前期、中期、后期的服务，赢得了客户的赞誉。

荣誉是社会组织给予的一种积极评价和正式评价，也是对于履行社会义务道德的一种肯定和褒奖。2010年，天目琴行获得了“杭州市著名商标”、杭州生活品质总点评“年度区块”奖、中国乐器行业强势公司、年度优化生活新锐奖等系列奖项，这些奖项的取得，是树立品牌的重大提升点。天目人深深地意识到：在赢得鲜花与掌声的同时，肩上承载着社会付予的重大责任感；在获得荣誉的时候，天目琴行时时牢记着投身慈善事业的重要性。今年，天目琴行携手国际著名汽车品牌商进行“徽州之行”的爱心活动，帮助贫困小学捐助音乐器材，开启第一堂的音乐课堂，送去天目人的爱心关怀；继续帮助民工子弟学校音乐教育培训，定期免费派送教师前去授课；天目人以实际行动关心和支持着慈善事业，默默地为社会奉献着自己微薄的力量。

“企业的行为与城市的荣光紧密相连，这是企业的幸福，也是城市的欣慰。它销售产品，也播种艺术，培育孩童，也滋润大众。把乐符洒向街巷，让城市更为灵动。” 这是社会对天目琴行的最高评价，这些话深深鼓舞着天目人，为走向明天的辉煌而不断进取。

河北秦川文体乐器有限公司

2010年，河北秦川文体乐器有限公司紧紧围绕 “务实、服务、节支、创新”八字方针，加强基础管理、提升服务水平、经营开拓创新，确保了公司各项经营指标的圆满完成，企业综合实力明显增强。

一、企业管理进一步加强 核心竞争力稳步提升

2010年公司成立了企业管理委员会，使公司的决策更加民主和科学。完善了公司薪酬、绩效考核、员工培训、员工保险福利以及服务规范等体系。员工收入同比增长 6.47 %，人均产出同比增长5.46 %。全年员工培训22次，参训员工达1428人次。公司核算、财务分析质量、财务控制及财务运作能力进一步增强。全年引进了90多个新品牌或新型号，丰富了营销商品。加强了客户信息及客户回访管理，顾客满意度进一步提升。成立了网络科技发展有限公司，为进军网络销售市场，寻找新的利润增长点打下了良好的基础。公司工会组织了员工旅游、摄影、演讲比赛、兴趣小组等文体活动，增强了员工对公司的向心力和凝聚力。

二、企业营销形势喜人 经营指标再创新高

2010年，公司加大外联及市场开发力度，加强店校配合，各经营单位均完成或超额完成了总公司下达的年度经营指标，公司2010年整体经营业绩与上年相比增长了19.41 %，各项主要经营指标再创新高。年内新增两个店和两所分校。

同时还加强厂商合作，与施坦威钢琴（上海）有限公司共同举办了天津施坦威钢琴展示会，将世界顶级钢琴品牌引入了天津；与武汉艾立卡电子有限公司联合举办了美国摇滚乐手奥兰多（石家庄站）演出与产品演示活动；与激声博韵（上海）乐器贸易有限公司携手举办了河北省第三届GIBSON秦川杯摇滚擂台赛。

三、开展社会公益活动 承担更多社会责任

2010年，公司组织举办了第十三届“未来之星”音乐会、“国乐盛典——闵慧芬·敦煌心语音乐会”、“欧米勒—孖宝”钢琴音乐会、“朗朗与河北百名琴童齐奏会”、“敦煌·秦川杯”民乐大赛、“星海杯”钢琴比赛（石家庄赛区）等各类活动上百场；承接了三场大型商业演出，收到了良好的社会效益和经济效益。

同年还主办了2010年河北省乐器行业经营与教学管理研讨会，承办了中国乐器协会琴行分会一届三次理事扩大会议暨2010音乐普及教育论坛。总经理秦川再次当选为石家庄市音协副主席，副总经理王鹏香当选为石家庄市民办教育协会副会长。

总之，2010年企业管理又提升了一个层次，经营业务取得了稳步发展，各方面业绩也是近年来最好的，这些都为2011年公司的可持续发展打下了坚实的基础。

南京乐博乐器有限公司

2010年对于乐博乐器来说，是具有战略意义的一年。公司决策层在科学考量了乐器行业的发展趋势与企业自身实际状况后，对乐博的未来做了新的战略规划与部署，制定了明晰的企业发展纲要。在传播音乐文化，成就音乐梦想的宗旨下，整合公司内外部资源，乐博已进入了全面扩张，高速运营的快车道。

2010年，是乐博乐器成长的一年，发展脉络清晰可见。店面数量在原有基础上加速增长，到年底，已正常营业的琴行达46家，艺术培训中心已达38家，销售收入突破3亿元大关，公司规模实现了质的飞跃。从年初开始，南方片区有东莞旗舰店、马鞍山新店、常州店、无锡店、淮安店等，北方片区包括北京朝阳路店、烟台店、日照店等相继开业，由南向北，逐渐辐射全国，形成了稳固的三角形体系化销售空间。在高速扩张的同时，增强公司的品牌内涵和服务意识，加强宣传力度，形成统一的分店视觉形象，以充满艺术氛围的店铺形象为顾客提供宾至如归的购物体验。严格贯彻品牌准入制度，从源头上保证乐器的优异品质。其次是以制度化管理分店店面，从细节方面，为顾客打造最优质的音乐服务，满足其一切音乐所需，这是乐博的企业承诺，也是乐博品牌内涵的精髓所在。

2010年，也是乐博收获的一年，乐博乐器以优质音乐服务荣获年度乐器行业强势公司称号，同时被苏商投资年会组委会评为江苏最具成长性企业！乐博乐器的努力得到了社会各界的认可，以良好的口碑成功入选《中国名牌》大典！与此同时，乐博还先后被南京市工商局评为南京市著名商标称号，被东方卫报、中国名牌杂志社等媒体评为爱心企业联盟、公众喜爱的教育品牌、百姓最喜爱的琴行、行业最具竞争力名牌等荣誉称号！获得优异成绩的同时，乐博加强自身企业建设，成为琴行连锁行业首家运用ERP管理软件来科学领导制度改革的公司。同时，乐博进一步加强人才的培养与补充计划，进一步完成人才培养体系的架构，为乐博持续发展奠定基础！

2010年，更是乐博文化产业大发展的一年，乐博乐器以传播音乐文化为企业责任，先后组织了多次大型音乐活动，促进了社会的精神文明建设。多年来，乐博乐器专业文化艺术培训学校逐年递增，学员数量逾万人。一个集音乐教学与艺术培训为一体的江苏文化艺术发展中心也在2010年12月正式投入运行，掀开了乐博走向多元文化发展的新篇章！同时艺校承接了各类音乐活动，包括第七届星星火炬杯钢琴推举比赛，亚历山大·帕雷“纪念肖邦、舒曼诞生200周年”钢琴独奏会，2010年度“国际钢琴音乐盛典”，舒密尔钢琴大师班、“乐博琴行—我和郎朗有个约定”签售会及大师班等，尤其是2010年度“国际钢琴音乐盛典”，请来了包括伊利亚·伊金、卡萨利斯、阿里·瓦迪、殷承宗、陈萨等多位世界顶级钢琴家，为南京市民奉上了一场高品质的音乐盛宴！

2010年对乐博来说,是急速转型的一年，乐博以完美的成绩，交上满意的答卷。走向2011年，乐博已经有了更加清晰的发展思路，以做行业领先的龙头企业为目标，不断完善优质音乐服务，建成全国首屈一指的音乐文化产业基地，为国内的音乐事业添砖加瓦！未来，乐博将以更加完美的表现，成就更加辉煌的未来！

武汉银可可琴行有限责任公司

武汉银可可琴行有限责任公司成立至今，本着诚信务实的态度，稳健开拓的精神，发展成为了湖北省最大的乐器经销公司。在兼营批发的同时，占据着省内最大的乐器零售商地位；是全球顶级品牌施坦威钢琴代理商，华中地区雅马哈、珠江钢琴最大的经销商。钢琴销量位居中国前列。面对日趋激烈的市场竞争，公司在2010年初即对经营环境、内外部资源进行了调整、对市场走势作出了准确的预测，拿出了切实可行、针对性极强的应对措施。具体有以下几个方面：

销售方面

公司为了在经营销售上得到稳步发展，一直本着购进适销对路、质量有保证的产品。在把好产品关的同时，狠抓市场、力争市场份额，并伺机寻求适当的经营合作，使公司规模走上一个新的台阶。而在商品定价方面，公司一直本着合理定价，价格统一、稳定，透明度高的理念，确实保证了无暴力及价格大起大落等现象。2010年公司实现销售收入5831万元，同比2009年增长了12%。由于公司在市场上的的周密运作，市场上常有不败骄绩，如：10月份在湖北省装备处组织的“湖北省义务教育均衡发展试点县市区中小学音乐器材招标采购项目”中以480万报价独家供给所有乐器产品，11月份武汉爱乐乐团采购施坦威8尺音乐会三角钢琴一台，我们以第一名中标等。

宣传推广方面

为了迎合市场竞争的不断加剧，在这一方面，公司已由传统的竞争模式向规模化、知名度、企业文化方面的竞争过渡。积极参加社会公益活动，努力推广音乐文化事业。2010年，公司与多位国际国内知名钢琴大师合作举办了演奏会及大师班课程，如：郎朗、罗伯特·麦克唐拉、刘诗昆、黄楚芳等，为湖北省广大音乐工作者联袂奉献了多场精彩演出。2010年10月，与湖北剧院合作，成功举办了第五届中国国际钢琴比赛获奖者音乐会。而在重阳节、中秋节等中国传统节日期间邀请了武汉市内各老年大学老师及学生近300人进行了节目众多的联欢活动。通过这些活动，达到了将钢琴音乐推广普及的作用。与此同时，在众多媒体中频频曝光亮相使公司的知名度得到了长足的提高，并有效地扩大了客源。

管理方面

公司严格控制费用开支，并将开源节流措施与绩效考核手段直接挂钩。从资金流转的第一步开始，对开始、过程、结果的全流程进行严格的控制。既获得了预期的运营效果，又锻炼了员工队伍，使公司的管理规范化、高效化。在管理的清晰化方面，为了更好的将工作程序化，公司现将销售、培训、文化活动等各项任务划分开来，成立了单独的部门执行分项工作。大大地改善了事物交错的问题、提高了办事效率。

荣誉方面

2010年，公司再次荣获“湖北省重合同、守信用单位”、“湖北省诚信企业”、“中国乐器行业强势公司”等荣誉称号，并被省工商局认定为“湖北省著名商标”，被武汉市工商局认定为“武汉市著名商标”。

在过去的一年里，在看到成绩的同时，公司也清楚地认识到了接下来将面临的严峻形势。在市场竞争的持续增加、困难与机遇并存的情况下，公司只有不断转变经营观念、挖掘自身潜力。坚持“荟萃乐器名品、促进行业进步、推广音乐文化、发展音乐人口”的宗旨，才能在接下来的2011年中继续取得更辉煌的业绩。“致力湖北、成就未来”，公司愿为湖北的音乐文化教育事业做出贡献。

南京新辉琴行有限公司

一、与时俱进 共同发展

南京新辉琴行一直始终坚持走品牌之路，让顾客相信在新辉购买到的始终是国内外一线品牌的产品，让顾客感受到新辉产品的确是货真价实的品牌产品，而不是那些二线品牌三线品牌质量相对不优质的产品。音乐能让人享受到舒适的境界，因此，那就需要用质量合格优质的乐器产品演奏出来。新辉人始终坚信经营好的音乐品牌产品，才能让老师学生家长相信我们新辉，共同建立起长期的销售音乐桥梁，公司的销售才能迈上更高的台阶，让更多的人感受到新辉就是他们的“音乐之家”。

时代在发展，思想在进步。新辉人也逐渐地意识到：有优质的产品那必须有良好的售后服务的重要性。相信有着坚强的售后服务团队支撑着售前高素质的服务销售团队，新辉才能创造出辉煌的销售业绩。与时俱进，共同发展。

二、开拓创新 共创辉煌

面对严峻的经济环境和激烈的市场竞争，企业如何扬长避短，趋利避害，以“创新”拓展空间，延续行业生存周期，是一个永恒的课题。在所有的创新之中，商业模式创新属于企业最本源的创新，企业只有找到适合自己发展的独特的经营思路和商业模式才能发展壮大。新辉人感受到只有开拓市场，以创新的思路经营企业，企业才能获得更长久的发展。公司进行市场调研，开发学校老师资源，举办大型音乐活动，开办各种音乐大师音乐讲座，形成了综合性发展的音乐琴行。现已与江苏各大琴行，各艺术培训中心，各大学校有着良好的合作关系，已形成了多元化的经营销售网络，让更多的关系客户信赖新辉，感受到新辉的服务，新辉的办事效率和原则，新辉的品质。

南京新辉琴行创立的新辉艺术培训中心，多次被省教育厅和市教育局评为先进单位：2009年被江苏省教育厅和江苏省成人教育协会共同授予“江苏省社会教育培训工作先进单位”，2008年和2010年先后两次被南京市教育局授予“非学历民办教育先进学校”等荣誉称号。中心拥有高素质高水准的专业教师师资队伍，同时特别聘请南京师范大学和南京艺术学院的优秀教师前来授课，让新辉学员学到更规范的演奏技术和更全面的音乐知识，始终感受到新辉艺术培训中心是值得信赖的优秀艺术培训学校。

一份耕耘，一份收获。经过新辉人长期的辛勤努力，公司已形成了多家连锁经营店；广大的批发销售网络；良好的售后服务；优质的艺术培训学校为一体的“售前·售中·售后服务一条龙的规范化方向发展的多元化琴行。与时俱进；共同发展；开拓创新；共创辉煌。南京新辉琴行相信在未来新时代定能谱写出辉煌的篇章。

北京中音新雅科技有限公司

2010年，在国际、国内经济危机余震未息，乐器业不景气的大环境下，中音新雅科技（CME）作为中国数码乐器自主品牌稳扎稳打，国际国内市场一起抓，努力提高企业竞争力，保持了生产经营的稳定、健康发展。在2009年的稳定销售基础上，2010年更是逆势增加了30%的销售额，在全球乐器业内保持了骄人的成绩和状态。同时我们在今后会加倍努力，弥补不足，发挥优势，向业内其他品牌学习，取长补短，与时俱进。

CME作为中国专业数字乐器的自主品牌，一直秉承着更加贴近音乐人实际需求的理念，在短短七年时间内就相继研发并推出一系列优良而实用的数码乐器产品。在2004年CME品牌第一款UF火键系列键盘推出市场并一炮而红后，紧接着又陆续推出了更强大、多类型的数码乐器产品，涉及专业智能MIDI键盘，MIDI控制器及MIDI周边设备，USB/火线音频接口，监听音箱等，全方位涉猎数码乐器领域，这为CME在国际市场拥有更大的发展空间打下了扎实的基础。

CME品牌在全球范围内，不断扩大自己的影响力。在每年的美国NAMM和法兰克福国际乐器展，CME展位均有惊艳亮相，引起国际音乐界的广泛关注，各国乐器商竞相代理CME品牌。如今CME的身影已经遍及世界六大洲，四十多个国家。这意味着，现在不管你在世界的哪个国家，哪个角落，都可以感受到CME的无穷魅力和贴心服务。

除了不断拓展销售渠道，CME更加注重产品的品质。CME有专业的工程师和软件测试团队，今年更有经验丰富的外国工程师加入到研发团队，令CME如虎添翼。目前CME在上海有三个合作工厂，一个台湾工厂，今后还会着眼于更广阔的发展空间，以取得更多优秀的合作伙伴。

“关怀到家，服务第一”，急用户所急，想用户所想，CME尽全力做好售后服务。作为一个发展中的新兴自主品牌，CME会存在有一定不足的地方。当发现任何不足或批评建议，我们都会虚心接受，勇于正视，积极面对，认真思考和改进。曾经在2007年推出新产品时，在全球范围内发现有1000多台新产品与某些电脑系统不兼容，CME采取召回产品和派工程师到各国去维护的方式，将问题彻底解决。也就是凭着这股诚以待人，诚信经营的韧劲，CME得到越来越多经销商和音乐人的信赖和认可。

CME将在新的一年中，研发、生产、销售、售后一条龙更加紧密连接，这将大大提高新产品开发的速度和力度。期待CME给市场带来更加耀眼的产品，为中国民族产业屹立于世界之林尽绵薄之力。也期待CME在新的一年中，更上一层楼，走向更美好的未来。

2011

中国乐器年鉴

CHINA MUSICAL INSTRUMENT YEARBOOK

王润培

广州珠江钢琴集团股份有限公司　董事长、党委书记

王润培同志已在珠江钢琴集团工作了35年，他从1983年开始担任公司级领导，对钢琴生产、经营、质量有很深的认识和驾驭全局的能力，为珠江钢琴的科学发展作出了卓越贡献。2010年任公司主要负责人以来，他坚持科学发展再创新，全力以赴推动珠江钢琴可持续发展。

1．坚持战略引领，部署实现年产销钢琴10万架的目标，并逐步完善全球发展布局。2010年，在王润培同志的带领下，珠江钢琴圆满完成年产销钢琴逾10万架的目标，创造行业新丰碑。同时，他积极筹划、全力支持北京珠江钢琴制造公司、广州增城高档钢琴研制基地、德国高端钢琴研制基地等布局建设，在国内逐步形成以广州和北京为核心、在国外形成欧洲技术研发制造中心的战略格局，有效结合国内营销规模优势与国际技术领先优势，积极整合国内外乐器行业资源，实现企业全球化战略发展。

2．加快技术进步，全面提升恺撒堡品牌形象。成立德国恺撒堡钢琴有限公司，“走出去”整合国际先进的技术、工艺、人才等资源，在德国原装生产恺撒堡KD系列，形成全球性影响；特别是恺撒堡九呎钢琴，力争达到欧洲高档演奏钢琴水平。在做好做精现有恺撒堡系列的基础上，引进欧洲工艺大师常驻工厂，挑选核心技术人才，通过专业人员、专机设备和独立车间，重点研制恺撒堡艺术家系列，迅速提升恺撒堡钢琴在全国乃至全球的品牌影响力。同时，不断加大研发投入、技术开发和人才培养，关键零部件形成国际先进生产能力，提升整体技术水平。

3．强化市场管理，致力提升服务水平和品牌形象。宣传推广精品钢琴，大力推动恺撒堡、三大系列及三角钢琴等自主品牌中高档新产品的销售，使之成为企业在市场上的强力主导产品。大力支持商家打造品牌，从市场策划、宣传推广等各环节，重点支持理念相近、打造品牌一致、发展目标一致的战略合作伙伴。坚持大城市与二三级市场同步发展，不断探索建立并完善双赢的市场管理模式，积极发挥既有的市场管理成功经验，严格规范管理，维护各区域经销商的经营权益。同时，开通热线强化售后服务，加强厂商沟通交流，致力提升服务水平，让商家无后顾之忧地经营珠江钢琴。

4．承担社会责任，促进企业与社会和谐发展。王润培同志坚持社会效益应和经济效益协同发展，结合企业发展战略和行业特点，有计划、有针对性地支持艺术教育、音乐文化、行业发展等社会公益事业。2010年公司投入近200万元，与教育部联合主办两年一届的珠江钢琴全国高校音乐教育专业大学生基本功比赛，为推动我国音乐教育事业的发展，为培养更多具有全面素质的音乐教育人才发挥更大的作用。同时，投入和吸引社会资金约492万元，对口帮扶四个村669个困难户，开展“创造新生活、和谐奔小康”主题活动、建设养殖场、“珠江桥”等等，促进企业与社会和谐发展。

王国振

上海民族乐器一厂　厂长

王国振以超常的智慧、勇气、毅力和耐力，以强烈的创新理念、创新能力、创新举措，让民族乐器老品牌焕发新活力，保证企业的持续健康发展。2010年企业销售收入达到了1.63亿元，是王国振来厂前的4倍。

王国振善于洞察市场机遇，不断寻求企业的新突破和新发展。2010年，在王国振的不懈努力下，企业获得上海世博会的全程参展资格，他亲自挂帅，带领员工“服务世博，奉献世博”，在宝钢大舞台展演中国民乐。10月8日，率领员工参加世博会上海活动周非物质文化遗产的展演活动，上海市委书记俞正声、市长韩正亲临企业展位进行指导。10月31日，为世博会特制的12把敦煌琵琶亮相世博会闭幕式，敦煌牌民族乐器继北京奥运会后再次荣登国际舞台，国内多家媒体纷纷对企业进行报道。

为了弘扬民族文化、增强品牌影响力，王国振实践“世界眼光，全球坐标”的发展理念，进行广泛的对外文化交流。2010年，王国振亲自率领员工前往印尼参加“印尼中国贸易周”活动,赴日本进行对外文化交流，赴德国参加法兰克福乐器展，敦煌品牌以强有力的步伐走出国门，走向世界。此外，在王国振的主导下，企业参与了一系列行业活动：

与VIVA-Girls民乐组合签约，赞助“敦煌杯”首届全国青少年二胡大赛，支持民族乐器标准化工作，参加中国（上海）国际乐器展览会等，企业品牌建设获得长足发展。

创新是王国振坚定不移的经营理念。2010年，他继续倡导产品创新，激励员工打造具有竞争力的文化产品，推出巨型乐器、世博版、古典文学版、时尚动感版、极品版等系列乐器。这些产品做工精美，一经亮相就获世人瞩目，所附属的文化价值已远超产品本身，受到乐器演奏家和收藏家的青睐。

王国振非常注重人才队伍建设。2010年，继续引进音乐、IT、财务、设计、销售等专业人才。一方面为新人提供发展的平台，另一方面强化对员工的技能培训，提高企业专业制作队伍的整体技能水平。身为一厂之长，他始终将职工的利益放在第一位，采取多种激励形式，鼓励员工通过自身努力创造幸福生活。2010年，员工人均年收入增长10.55%。

在王国振的领导下，企业再创佳绩。2010年，企业被授予国家级非遗项目和中华老字号荣誉称号，并再次获得全国轻工业卓越绩效先进企业、上海市著名商标、上海名牌产品等称号。“敦煌”品牌已成为中国民族乐器的代表，企业的品牌运作、产品创新和技术创新都得到了持续发展。王国振为弘扬民族音乐、为中国的民族乐器走向世界作出了积极贡献。

李书

江苏凤灵乐器集团　董事长

2010年，李书为中国乐器行业做了一系列的工作，取得了一定的成绩：

1、凤灵集团实现产值3亿元，比2009年增长25.56%，利税2100多万元，比2009年增长20.6%，在金融危机和通货膨胀的严峻形势下，凤灵仍然保持了良好的成绩，这是李书带领全员实现企业升级转型取得的成果。

2、发挥凤灵集团的龙头作用，带动泰兴地区乐器产业迅速发展，乐器产业链迅速拉长，从事乐器生产的队伍不断壮大。经中国轻工业联合会和中国乐器协会联合评审，黄桥镇由“中国提琴之乡”升格为“中国提琴产业之都”。凤灵集团发挥了龙头示范作用，并承担了大量的申报工作。

3、受中国乐器协会委托，凤灵集团与上海民族一厂代表中国乐器行业，在上海世博会期间组建中国元素“乐坊”的展示平台，向世界展现了中国乐器博大精深的文化。

4、5月8日，凤灵集团参与了团中央少工委发布的支持中西部提琴艺术教育的活动，并支持在全国设立100个提琴班。

5、凤灵集团赞助了在北京举办的首届国际提琴制作比赛。

6、凤灵集团投入5900多万元，完成了中国乐器博览馆的建设，修建了音乐厅，音乐广场和乐器文化主题公园。

7、9月李书组织召开中国提琴分会二届二次会议，认真总结分会取得的成就和存在问题，制定了分会十二五规划，使会员们凝心聚力，共创未来辉煌。

8、10月13日，2010年上海国际乐器展览会期间，李书精心策划和组织，世博会中国馆“空降上海国际展销会”的节目，报道了凤灵提琴在展销会的突出地位。

9、11月8日，凤灵牌商标被国家工商总局批准为“中国驰名商标”，这是提琴行业唯一的中国驰名商标。

刘为明

浙江天目琴行有限公司　董事长

刘为明创立的“以商养学、以学促商、以赏兴业”的经营理念在琴行界引起了广泛的关注。刘为明认为，琴行办学一定要办出质量和水平，使学生学有所成，这样才能壮大师资与生源规模。将音乐教学转变成多元化产业集群，使琴行的管理成本下降。音乐教学规模拓展到一定阶段，琴行的赢利点增加，以学促商的概念便更加明显。从拓展到相应规模，教学与营销的优势互动作用方能体现出来。当前，天目琴行在浙江已有50多家教育连锁单位，全省在校学生已有万余人。他积极引进国内外优秀师资，定期邀请国内外著名钢琴家，举办钢琴艺术讲座、音乐会，器乐比赛。这些活动的成功举办，为提升杭州的城市形象、提高市民的文化素养，促进与世界各国人民的艺术文化交流起到了积极的作用。鉴于刘为明的出色表现，近几年来，他多次荣获杭州市文艺突出贡献奖、优秀社会主义建设者、杭州市文化创意产业十大风云人物、浙江省侨界“十大杰出人物”提名奖、浙商新锐榜年度优化生活新锐奖等荣誉称号。

刘为明倡议全国琴行做诚信企业，创品牌琴行。他认为，诚信经营是企业茁壮成长之本，企业应该用最真挚的心去回馈客户。他本着这个理念，从自我做起，带领天目琴行十几年如一日，始终诚信服务客户，多次获得杭州市诚信民营企业、信用等级AAA、杭州市著名商标、中国乐器行业强势公司、“我心目中的杭州品牌”、西湖区和谐劳动关系先进企业、杭州生活品质点评·文娱生活年度单位、2010杭州生活品质总点评年度区块”等荣誉称号。

刘为明热心公益事业，造福社会。除了赞助社会各种文化活动，组织乐队为社区演出外，还多次向贫困学校捐赠乐器，培训学生；与贫困学生结对子，资助他们读书；举办儿童慈善音乐会，捐乐器捐资，呼吁全社会人员关怀和爱护弱势群体；在刘为明的影响下，公司安排下岗人员和残疾人员就业百余人。

作为天目琴行的董事长，刘为明强调“终生学习”的理念，自己不断学习的同时还鼓励员工深造学习，并安排员工进行各类的培训，从根本上提高员工的各项素质，提高企业整体竞争力。

刘为明始终坚信，天目琴行能克服所有困难，把音乐文化事业传遍大街小巷！天目琴行“做百年老店，当行业翘楚，打造中国琴行第一品牌”这一目标是一定会实现的。

朱明江

中国乐器协会提琴制作师分会　副会长

朱明江从事提琴制作、研究35年，多次参加顶级水平的“美国国际提琴制作比赛”，共获得了19个国际奖项，其中包括两个小提琴金奖、两个小提琴、中提琴银奖，为提高中国提琴的国际地位作出了应有贡献。朱明江现任中国乐器协会常务理事、提琴制作师分会副会长，2008年加入“国际提琴制作大师协会”，是三个中国籍会员之一。

2010年，朱明江带领他的学生参加了第19届“美国国际提琴制作比赛”，师徒共获三个奖项：朱明江获得小提琴工艺奖，学生陈劭、朱卫宪各获小提琴声音奖。朱明江深获其导师梁国辉的制琴精髓，薪火相传，并带出高水平的第三代：学生谭巧明曾获“美国国际提琴制作比赛”小提琴工艺奖，陈劭获2008年“美国国际提琴制作比赛”小提琴工艺银奖、及2010小提琴声音奖，朱卫宪获2010小提琴声音奖。师承三代人，共获24项国际奖，是中国提琴制作队伍中的生力军。

在中国举办国际提琴制作比赛，是国内制琴师们多年的愿望。在提琴制作师分会筹备比赛的过程中，朱明江积极配合郑荃会长，做了大量的工作，在不懈努力和各方的支持下，终于在2010年5月成功举办了“首届中国国际提琴制作比赛”。作为组委会副主席的朱明江，同时受聘为该大型赛事唯一的中国籍工艺评委，他代表中国提琴界，不负重托圆满地完成了任务。朱明江为促进我国提琴行业的发展作出了新贡献。

为推动我国提琴制作事业的发展，朱明江多次参与组织了提琴制作师分会的学术活动，并举办各种形式的“国际获奖提琴作品展及讲座”，如在北京、上海、广州、香港、深圳、潮州、武汉等地，及美国三藩市和圣·安东尼奥市，大力推广提琴文化，宣传中国提琴，为我国乐器行业做了大量有益的工作。鉴于朱明江在国际比赛上多次获奖，为国家争光，对中国乐器行业做出突出贡献，2010年被中国轻工业联合会授予“全国轻工行业技术能手”称号，同年被国家人力资源和社会保障部授予“全国技术能手”荣誉称号，继2009年被评为“广东省劳动模范”之后，2010年被国务院授予“全国劳动模范”荣誉称号。

陈海伦

海伦钢琴股份有限公司　总经理

陈海伦总经理具有超前的企业管理理念和创新意识。近年来，陈海伦完成了企业产品结构的重大调整——从钢琴零部件向钢琴核心部件转变，从钢琴核心部件向钢琴整机转变， 实现了从 OEM 贴牌生产到打造 HAILUN 自主品牌，实现了从加工配套向建立完善的国内、外销售网络转变。

陈海伦带领企业组建了钢琴制造工程技术中心，制定了整套的管理制度和奖励制度，每年从销售收入中提取3%以上的资金作为研发资金，进行科技攻关。在加工工艺改造方面，引进了国外先进设备，建成了全程数据化管理的现代化钢琴生产流水线，实现了传统的手工工艺与欧洲先进工艺和日本先进加工手段的完美结合。

2010 年度，陈海伦继续聘用美国、日本、奥地利及法国等专家长期驻厂进行技术指导，从而实现了“世界钢琴人才”的资源整合，进一步提高了海伦钢琴产品质量和档次，与国际接轨。

2010年 ，陈海伦带领公司艰苦攻坚，不断开发新产品，并有4项列入市级新产品。切实保护公司知识产权，共得7项实用新型专利授权。

2010 ，为了更好地宣传企业产品，扩大产品的海外知名度，陈海伦续聘瑞典著名钢琴家、作曲家罗伯特·威尔斯为全球形象代言人，并积极参与国内、外展会，如上海乐器展、法兰克福乐器展、广州乐器展等，使得海伦钢琴品牌在海内外市场得以进一步的拓展。

为保证企业持续稳定、又好又快的发展，目前公司的海伦钢琴生产扩建项目工作正在积极推进，新建 6万平方米，集研制开发、生产销售于一体的“海伦钢琴工业园”，更好地发挥国家文化产业示范基地的作用。

吴天延

宜昌金宝乐器制造有限公司　总裁

吴天延，湖北省政协第十届委员会委员，湖北省工商联第十届执行委员会委员。现任宜昌市侨资企业协会会长、宜昌市外商投资企业协会会长、宜昌市工商业联合会副会长。

吴天延从商25年以来，从商是他的本职工作，音乐是他的兴趣爱好，奉献社会则是他的人生梦想。20世纪90年代，吴天延从香港转战内地，并进入湖北宜昌创建宜昌金宝乐器制造有限公司，至今十余年时间宜昌金宝主动承担起一系列社会责任。

2010年宜昌金宝累计上交税收较2009年增加41.9%，社会各界给予了极高的评价，荣获“纳税十强企业”、“纳税先进单位”、“纳税突出贡献单位”。此外，吴天延强调，“作为有一个有良知的成功企业，应尽最大的努力帮助社会减轻负担”。多年来宜昌金宝尽可能吸纳残障人士，安排合理岗位让他们得以自食其力，并落实所有员工的社会保障问题，让员工医有所靠，老有所依。金宝也因此获得“劳动关系和谐企业”、“农民工保障先进企业”以及“按比例安排残疾人就业先进单位”等殊荣。

宜昌金宝作为宜昌市的重点招商引资项目落户宜昌，吴天延经过深思熟虑，许下打造“宜昌钢琴城”的宏愿，一系列举措渐次实施。首先是200台长江钢琴“进社区、进校园”活动仪式的启动，然后是“长江钢琴杯”第三届神州唱响全国高校钢琴展演半决赛和决赛在宜昌举办，从普通民众到专业学者都能切身感受到浓厚的音乐文化氛围，钢琴学习热潮空前高涨，同时也为提高人文素质起到了举足轻重的作用，使宜昌的精神文化建设迈上了新的台阶。

宜昌金宝以立式钢琴30000台，三角钢琴3000台的年产能，现位居中国乐器制造企业第四位。公司严格执行6S现场管理方法，以保证产品质量为核心，通过对清理、整理、清洁、维持、素养、安全的执行监督，在节能、降耗和减损方面也取得了良好的成效。

吴天延在为建设中的宜昌钢琴生产基地努力奋斗着，力求在生产高品质钢琴的同时，为普及音乐教育做出最大的贡献，让宜昌钢琴在整个中国的艺术、文化等社会和谐事业建设中发挥重要作用！

张龙贵

江苏奇美乐器有限公司　董事长、总经理

张龙贵于1980年创办江苏奇美乐器。在企业从小到大、从大到强发展进程中的每一个阶段，张龙贵同志都制定有完善周密的发展规划和发展战略，不断推进管理设计、品牌建设、市场开发等各项工作的创新，带领奇美人一步步走向新的高度。

坚持品牌建设，打造课堂器乐行业第一品牌。品牌永远是奇美乐器的核心竞争力。在张龙贵的带领下，“奇美”分别被授予“江苏省著名商标”、“江苏省名牌产品”、“江苏省消费者协会推荐商品”、“竖笛、口风琴行业标准起草单位”、“中国乐器行业50强企业”等荣誉。占领了品牌的制高点，与不断创新的产品开发及灵活的市场销售政策相辅相成，进一步拓宽了奇美的发展空间，“奇美”产品的市场占有率和美誉度达到了更高的层次。

改革创新各项管理模式，不断提高企业效率。在课堂乐器行业中率先引入IS09001:2008国际质量管理体系，并贯穿在整个生产及质量控制过程中，指导公司的一切经营活动；在公司日常管理中，推行扁平化模式 明确职责，各负其责，管理人员全部驻守生产一线，现场管理。张龙贵以身作则，亲力亲为，深入生产一线现场办公，协助员工解决问题，不断改进、独创“奇美模式”，创造了一个又一个的“奇美速度”，为企业的快速发展奠定了坚实的基础。

强化品牌、渠道升级，全面提高市场占有率。张龙贵不断调整各项市场政策，坚持基层客户的开发与维护，亲自调研，完善了各级销售渠道的规划与升级，并联合各省市教委及相关教育部门，积极举办“奇美杯”课堂器乐教学培训与比赛，培训了一大批基层教师，促进了中国课堂器乐教学的发展。同时也全面提升了奇美的品牌形象，提高了市场占有率。

注重人才引进、建立全员交流与培训机制，打造学习型企业。张龙贵非常重视人才培养，与知名专业院校强强联合，让专业人才走出去，迎进来，抢占制高点，不断引进、创新各项专业技术，将专业理论与企业实际结合在一起，为企业的长期稳定发展提供了坚强的技术后盾。张龙贵建立起了全员交流与培训机制，与友好单位进行跨企业培训交流，同时聘请专业培训机构举行定期讲座、拓展训练等各项活动，让企业时刻保持学习动力，打造学习型企业。

情系员工，人文关怀，共享奇美大家庭温暖。张龙贵为员工创造了温暖的工作生活环境，每一个细节都凝聚了他的真情和关心。车间安装空调，配备专用冰柜，提供免费冷饮；员工宿舍均配有太阳能热水器、空调、有线电视、电脑和宽带；定期举行员工卡拉ok大奖赛、台球比赛、建立图书阅览室、组织员工旅游，极大地丰富了员工的业余文化生活，增强了企业的凝聚力。

何志强

广州红棉吉它有限公司　董事长

何志强曾先后获得全国青年岗位能手、先进工作者和优秀党员等荣誉称号，他带领红棉吉它在经营领域、技术领域和社会责任等方面都做出了重大贡献。

一、创新经营理念 加快产业升级

近年来，受金融危机的冲击，国际乐器市场低迷，加上成本费用急升及人民币升值等不利因素，吉他行业发展面临许多困难。在何志强的带领下，红棉吉它总产量的增长每年仍保持在10%以上，2009年和2010年的总产量分别为87万把和95万把，位居同行首位。何志强以全球视野谋划企业发展，紧紧抓住各种发展机遇，以科学发展观积极进行产业布局和产品结构的调整，促进产业升级，提升企业的竞争实力和可持续发展。他在组织企业制定“十二·五”发展规划中，以国家大力扶持文化产业发展为导向，确定了未来发展的战略目标，将投资1.5亿元人民币在广东新建大型生产基地项目。通过实施异地升级改造，将使红棉吉它产销量逐年递增20%左右，2015年产销量目标超过200万把，产值超过3亿元，从而打造出一个全球最大的吉他制造基地，使企业保持高速、可持续发展。

二、致力技术创新 实施品牌战略

何志强不断完善自主创新与高端引进相结合的创新模式，使红棉吉它形成具有行业带动性和自主知识产权的核心技术，成为多项国家/行业标准的制定单位。他坚持以科技创新作为企业的发展动力，不断倡导创新精神，引导创新方向。2010年在他的带领下红棉吉它首家采用光敏漆对木吉他静电喷涂系统及喷涂方法，并获得了发明和实用新型两项专利。木材采用静电喷涂UV亮光面漆在国内是一种全新的技术，实现了涂装的“零排放”，推动了绿色环保生产方式；可以提高6-10倍的涂装效率，提高涂层质量和竞争能力。

何志强积极推进与世界品牌合作的战略，利用国际技术资源提升企业创新能力。红棉吉它将在“十二·五”发展规划项目中建设国内领先的吉他、提琴研发中心项目，带领吉他、提琴行业从劳动密集型向技术密集型转变，提高行业整体发展水平。

三、注重社会责任，与社会同步和谐发展

作为企业的领导者，何志强积极倡导企业社会责任，热心服务社会音乐文化事业，开展全国性大学城红棉乐器“弦动我心” 爱好者交流巡回活动，并协同部分大学城吉他协会举行“奖学金”活动；开展全国性红棉吉它及提琴比赛；结合中国大型乐器网站及红棉公司网站，举行各种征文或视频独白有奖活动；大力倡导清洁生产模式；积极推进社会责任行业协会认证，从而提高吉他及提琴的专业水平，提升国民音乐文化素质，与社会同步和谐发展。

徐俊

美得理电子（深圳）有限公司　总经理

作为美得理公司的创办人之一，为“美得理”这一民族品牌的建立和发展立下汗马功劳。美得理在十八载岁月中一路稳步发展，徐俊总经理以其睿智和勇气率领美得理人在不断努力、不断改进、不断拓展，迎接新一轮的挑战。

徐俊认为搞好一个企业并没有任何捷径可走，要生存就得务实，要发展就得创新。因此，上任之初，他要求美得理人在观念上实现三个转变：从以竞争对手为中心转移到以终端消费者为中心；从以价格为中心转移到以服务为中心；从以自然销售为中心转移到以引导销售为中心上来，尊重和创造顾客价值。这三个转变，把消费者、经销商、厂商三者的利益结合起来，形成了美得理新的经营和服务理念，为美得理“以真情感动世界”的核心理念做出了全新的诠释。也正是这种观念上的转变，使得美得理在日益激烈的竞争环境中，仍保持较高的市场占有率，为美得理近年来立于不败之地，打下牢固的基础。2006年,美得理挤身世界乐器百强的行列，民族的也是世界的“美得理”以崭新的姿态，活跃在了世界乐器行业的舞台上。

2008年，面对电子琴市场竞争的白热化，徐俊总经理开始实施产品横向发展的战略，他把原先以电子琴和数码钢琴为主的产品线，拓展至电子鼓、鼓音箱、吉他音箱及吉他效果器等领域，并制定双品牌发展战略MEDELI(美得理)、MUZA（魔鲨）。魔鲨品牌以电子鼓为主打产品，打出鼓动心动的口号。2008年，MUZA产品的全线上市，国内国际的销量每年成倍的增长，为美得理产品的竞争拓开一片蓝海，同时也将美得理的经营范围从电子键盘乐器推向了整个电声乐器的新领域、新范围，使美得理的核心竞争力提升到新的层面。

2010年美得理在徐俊的带领下坚持自己的发展路线，除美得理及魔鲨产品销售总量持续平稳的增长外，美得理更是连续9年被评为中国乐器行业强势企业，美得理电子琴、数码钢琴，在全国多个省政府组织的教学仪器采购招标中中标，中标数量均在千台以上。而以魔鲨为品牌的电声乐器近年来发展更是惊人，徐俊力邀子曰乐队鼓手：陆勋，唐朝乐队鼓手：赵年，实话实说乐队鼓手：鲁宇非，黑豹乐队鼓手：赵明义，轮回乐队鼓手：尚巍加盟MUZA魔鲨品牌的形象代言，打造魔鲨五虎将。而在2009-2010年赞助并冠名“MUZA魔鲨杯中国鼓手联合会两届全国鼓手大赛”，取得空前的成功。不但促进魔鲨品牌的发展，而且为教育事业做出了重大贡献。

黄茂强

四川盛音乐器有限公司 总经理

黄茂强作为“川音乐器”的负责人，在2010年度中，始终坚持琴行要自律、自尊、自爱、自强，致力于在四川乐器市场中建立良好的行业秩序，公平竞争，和谐共荣，带动同行发展共同繁荣四川乐器行业；始终坚持强化企业内部文化建设，使员工做好服务满足和创造客户需求；始终坚持音乐推广，音乐培训和音乐制品销售三位一体的发展路径，让更多的人来学习音乐，喜爱音乐，从而使行业可持续发展和传承，使“川音乐器”在2010年度取得了较多方面的长足进步，经济效益和社会效益取得了较好成绩。

作为琴行分会负责人，在协会领导下，以身作则，克己自律，团结分会领导班子，求同存异，尽可能调动大家积极性，为行业和分会献计献策，努力建立良好的行业秩序，认真学习其他分会的先进经验，加强"跨界"合作。

1月，应美国AXL公司邀请，琴行分会组织十余家分会主要成员单位负责人赴美进行了为期十天的商务考察活动，期间参观了美国NAMM乐器展，赴旧金山美国AXL公司总部进行考察，并就世界乐器发展方向及中美同行关心的问题进行了广泛交流。

3月，琴行分会主办，秦川乐器成功承办了河北省乐器行业经营与教学管理研讨会。

5月，接受德国博兰斯勒钢琴公司邀请，组织琴行分会十余个会员到德国参观访问学习交流，参观了被德国政府授予"德国国宝"的博兰斯勒莱比锡工厂，并专程前往德国销售量最大琴行，以网络销售为主，年产值4.5亿欧元，地处德国小镇的德国托曼琴行学习参观，极大地拓展了中国琴行业的视野。

6月，组织由河北石家庄市秦川乐器公司承办的琴行分会第一届三次理事扩大会议暨2010音乐普及教育论坛，厂商代表们前往革命圣地西柏坡进行了革命传统教育活动。这一系列活动都使与会代表受益匪浅。

7月，组织琴行分会会员随中国乐器协会到台湾参加"第三届台北乐器大展"暨"第一届海峡两岸乐器大展"。与琴行业，制造业同行沟通交流学习，促进了台湾与内地同行的友好合作与交流。

10月，琴行分会组织并参与2010年上海国际乐器展，第三届"CMIA"琴行论坛《乐器市场拓展与营销创新》"NAMM"主题论坛"高端对话—人生积淀智慧结晶"及如何操作培训课程。"中国乐器市场特点和对策思考""中国乐器市场的未来发展方向"。从多个方面，多个角度进行思考和探讨交流、学习、论证，为繁荣促进中国乐器行业的进步而努力工作。

蓝汉民

功学社(天津)商贸有限公司　董事长、总经理

2002年，蓝汉民带着挑战与5位同仁来到了大陆，开始了10年的开拓之旅。中国加入WTO后，2006年蓝汉民带领公司大刀阔斧地展开工作，积极地进行品牌拓展，自有品牌美派司Mapex、杰普特Jupiter已成为大陆地区家喻户晓的品牌。先后在天津、北京、上海、沈阳、广州建立了分公司扩大批发业务，并由此延伸销售网络到全国的31个省市及其以下城市。零售业务在广州开设了店面及音乐教室；在天津及周边地区开设了5家店面及音乐教室，在北京地区开设了北辰、大望、双井、苏州街4家店面及音乐教室。2010年国内销售额过亿元。商业模式是企业发展的根本，蓝汉民希望看到更多音乐教室的崛起，音乐教育在国内更好的发展。于2010年投资，在北京龙潭湖公园附近建设一座现代化的音乐教育体验中心，以此为依托全力探索发展全新的音乐教育机构。

蓝汉民不仅着手于品牌推广和通路密集的前线布局，还着手于后勤的改善。品牌营销处与销售处的合并，真正做到营销支持销售；取消订单、应收帐款、库存管理等日常手动工作，批发和零售全部电子上线，改善流程，做到后方支持前线。

蓝汉民一直强调经营团队很重要，公司治理已由原有家族管理模式改变为董事会模式的现代治理，从人治发展到制治，大家至上而下的为完成共同目标而努力。

功学社（天津）在蓝汉民领导的近10年中，通路的稳定、品牌力的影响，团队的成熟和后勤体系的完善吸引了国外大品牌知音Zildjian、弯德林Vandoren、爱乐斯Aulos等纷纷与之合作，让功学社成为中国唯一总代理。

2011

中国乐器年鉴

CHINA MUSICAL INSTRUMENT YEARBOOK

2010年中国乐器专利发布情况汇总

国家知识产权局“中国专利数据库”显示，2010年，中国乐器专利发布数量为708项，同比增长69.78%。其中，发明专利155项，同比增长75.14%；实用新型专利279项，同比增长75.47%；外观专利274项，同比增长61.18%。

在2010年发布的10类乐器专利中，以民族乐器、钢琴、乐器配件居多。增长幅度较大的是民族乐器、乐器配件和打击乐器专利，分别增长198.28%、112.5%和102.78%。发布的708项各类乐器专利分别为：打击乐器73项、吉他77项、乐器配件119项、民族乐器173项、钢琴136项、电子乐器76项、手风琴5项、提琴20项、西管乐器18项。2010年还恢复了口琴专利发布。

在发布的136项钢琴专利中，发明专利27项，实用新型专利60项，外观设计49项，主要有广州珠江钢琴集团股份有限公司11项，其中发明专利2项，为钢琴顶盖铰链、钢琴外壳油漆件静电喷涂系统及其喷涂方法；外观设计专利5项，为UP110P9、UP116R等；广州艾茉森电子有限公司专利8项，主要是各种型号立式数码钢琴；湖州华谱钢琴公司8项，宁波四海琴业公司7项，宜昌金宝6项，海伦钢琴公司、福州和声钢琴公司、杭州嘉德威公司、烟台博斯纳、北京乐器研究所、青岛世正各3项钢琴专利。

在发布的173项民族乐器专利中，有17项笛子专利，26项二胡专利，63项古筝专利，12项琵琶专利，5项葫芦丝专利和5项扬琴专利。民族乐器申请专利较多的有李同志23项（均为外观设计专利，其中有古筝（扬州风光）、古筝（天籁之音）、古筝（孔子圣迹）等），上海民族乐器一厂10项（9项古筝专利，1项二胡专利），张洪宾8项，浙江理工大学7项，刘永发5项、熊立群4项，上海琴园有限公司4项。笛子专利中有单键十孔笛、外套管旋转推拉式转调多调调音笛；二胡专利中有改变传音方向的二胡琴筒、一种音效可调的二胡、一种可拆卸二胡；琵琶专利中有水晶电子琵琶；扬琴专利有“左码分边微调”；葫芦丝专利有按音孔非直线排列的高音葫芦丝、巴乌。

在发布的76项电子乐器专利中，雅马哈株式会社18项，杭州爱尔科电子有限公司8项，卡西欧计算机株式会社7项，另外吟飞科技(江苏)有限公司、深圳市鑫银海电子有限公司、深圳市蔚科电子科技开发有限公司、宁波音王集团有限公司都有专利发布，“纸上电子琴”和“电子琴键盘力度曲线实时调节的系统和方法”专利引人关注。

职务与非职务专利：2010年发布职务专利共527项，占专利发布总数的74.44%，发布非职务专利181项，占总数的25.56%。职务专利中主要有天津津宝乐器有限公司、雅马哈株式会社、广州珠江钢琴集团股份有限公司和上海民族乐器一厂等企业。

国外与国内乐器专利：2010年共有38家外国人或者外资公司在中国专利授权数量96项，占专利总数的13.56%，主要是雅马哈株式会社、卡西欧计算机株式会社、罗兰株式会社等日本企业。中国人或者中国乐器企业专利发布612项，占86.44%。

按照专利发布数量统计，2010年乐器专利发布数量最多为天津市津宝乐器有限公司39项，是上年的2.05倍；雅马哈株式会社39项，比上年少了2项；李同志23项；广州珠江钢琴股份集团有限公司11项，上海民族乐器一厂10项，广州艾茉森电子有限公司8项。8项专利的有6家，7项专利的有2家，6项专利的有4家，5项专利的有6家，4项专利的6家，3项专利的19家，2项专利的42家，1项专利的有293家。

归纳分析2010年中国乐器专利发布有以下几个特点：

1、2010年中国乐器专利发布数量，创历史新高，不仅比去年增长69.78%，同时比2007年历史最高水平的498件增长42.16%。这反映出乐器行业知识产权保护意识有明显增强，申报专利已经成为企业科技创新工作的重要组成部分，企业新产品研发速度加快，同时后续的科研成果和知识产权保护工作也在不断加强。

2、国有和民营乐器企业对专利的重视程度有进一步提高，天津津宝乐器公司发布专利数量大幅增加，与日本雅马哈共同成为年度发布专利数量最多的乐器生产企业。广州珠江钢琴集团公司、上海民族乐器一厂等企业继续保持专利数量的稳定增长。扬州天韵琴筝有限公司、广州艾茉森电子有限公司、湖北华谱钢琴制造有限公司、宁波四海琴业公司、扬州金韵乐器公司、广州保嘉乐器制造有限公司等企业发布专利数量也有了明显的增长。

3、具有品牌优势及规模较大的企业，比不具备品牌优势的小企业在运用专利技术加强企业自主创新能力方面更为强烈。

2010年中国乐器专利发布数量一览表

序号	类别	发明专利			实用新型			外观设计			合计		
		2009年	2010年	同比%	2009年	2010年	同比%	2009年	2010年	同比%	2009年	2010年	同比%
1	打击乐器	10	18	80.00	15	30	100.00	11	25	127.27	36	73	102.78
2	电子乐器	14	18	28.57	11	23	109.09	22	35	59.09	47	76	61.70
3	钢琴	17	27	58.82	43	60	39.53	37	49	32.43	97	136	40.21
4	吉他	7	12	71.43	14	19	35.71	28	46	64.29	49	77	57.14
5	口琴		1			4			6			11	
6	乐器配件	14	53	278.57	26	51	96.15	16	15	-6.25	56	119	112.50
7	民族乐器	5	17	240.00	30	67	123.33	23	89	286.96	58	173	198.28
8	手风琴					5		1		-100.00	1	5	400.00
9	提琴	16	4	-75.00	12	12	0.00	30	4	-86.67	58	20	-65.52
10	西管乐器	5	5	0.00	8	8	0.00	2	5	150.00	15	18	20.00
	总计	88	155	76.14	159	279	75.47	170	274	61.18	417	708	69.78

2010年中国乐器专利发布目录

类别	名称	专利类型	申请（专利）号	公开（公告）日	申请（专利权）人	发明（设计）人
乐器综合类	数码键盘多弦鼓琴	实用新型	200920063991.2	2010.01.06	张健	张健
	一种琴弦机械微调轴	实用新型	200920063783.2	2010.01.06	徐从军	徐从军
	用于弦乐器的肩托	实用新型	200920003893.X	2010.01.13	雅迪企业有限公司	郑宁民、林孝煌
	方铃（打击乐）	外观设计	200930162915.2	2010.01.13	周燕红	周燕红
	具有音圆标识的键盘乐器	发明专利	200810116785.3	2010.01.20	褚晓帅、赵易天、哈布尔	褚晓帅、赵易天、哈布尔
	一种键盘乐器新型按键标识和编谱方法	发明专利	200810116791.9	2010.01.20	褚晓帅、赵易天、哈布尔	褚晓帅、赵易天、哈布尔
	铜管乐器的吹口	发明专利	200910118584.1	2010.01.20	最高金管有限会社	滨永晋二

类别	名称	专利类型	申请（专利）号	公开（公告）日	申请（专利权）人	发明（设计）人
乐器综合类	音圆乐器	发明专利	200810116788.7	2010.01.20	褚晓帅、赵易天、哈布尔	褚晓帅、赵易天、哈布尔
	音圆乐器	发明专利	200880008719.2	2010.01.27	高通股份有限公司	普拉加克特·V·库尔卡尼、埃迪·L.t.乔伊、尼迪什·拉马钱德拉·卡马特、萨米尔·库马尔·古普塔、斯蒂芬·莫洛伊、苏雷什·德瓦拉帕里
	乐器数字接口硬件指令	发明专利	200880009285.8	2010.02.03	高通股份有限公司	苏雷什·德瓦拉帕里、普拉加克特·V·库尔马尼、尼迪什·拉马钱德拉·卡马特
	乐器数字接口硬件指令集	发明专利	200880008804.9	2010.02.03	高通股份有限公司	尼迪什·拉马钱德拉·卡马特、普拉加克特·V·库尔卡尼、苏雷什·德瓦拉帕里
	金属体鸣乐器钟琴	实用新型	200920025185.6	2010.02.03	郝贻琪	郝贻琪
	琴凳	实用新型	200920116901.1	2010.02.03	杭州嘉德威钢琴有限公司	崔明琦
	一种弓弦乐器	实用新型	200920102134.9	2010.02.10	贾保平	贾保平
	旋转齿轮音乐器具	实用新型	200920085574.8	2010.02.10	陈飞华	陈飞华
	打击乐器（八角组鼓）	外观设计	200930005956.0	2010.02.17	北京红樱束打击乐团有限公司	周立
	打击乐器（八角组鼓）	外观设计	200930005956.0	2010.02.17	北京红樱束打击乐团有限公司	周立
	乐器,音乐数据产生器和用于乐器的音乐数据源	发明专利	200910171006.4	2010.02.24	雅马哈株式会社	藤原佑二、川端太郎
	电子弦乐器	外观设计	200830262349.8	2010.02.24	罗兰株式会社	高樋克利、中川秀一、山田康之
	电子乐器	外观设计	200930008703.9	2010.02.24	艾根莱布斯有限公司	J·H·兰伯特、M·雷格蒙迪
	一种电声乐器	实用新型	200920159236.4	2010.03.03	吴汉军	吴汉军
	打击乐器的支架和夹子	外观设计	200930181245.9	2010.03.03	平尼法瑞那艾可斯特有限公司	保罗·平尼法瑞那
	八音琴底板的压铸成型模具	发明专利	200910102336.8	2010.03.10	宁波东浩铸业有限公司	张意斌、陈光圆、杨文浩
	电子打击乐器	发明专利	200910169480.3	2010.03.17	雅马哈株式会社	竹久英昭、渡边晴夫、宫下慎也、佐藤大造
	电子打击乐器	发明专利	200910169482.2	2010.03.17	雅马哈株式会社	竹久英昭
	琴键排布方法	发明专利	200910173232.6	2010.03.17	吕琪惠	吕琪惠
	一种复合琴弓及其制作方法	发明专利	200910187499.0	2010.03.17	郑伟	郑伟

类别	名称	专利类型	申请（专利）号	公开（公告）日	申请（专利权）人	发明（设计）人
乐器综合类	电子打击乐器	发明专利	200910169480.3	2010.03.17	雅马哈株式会社	竹久英昭、渡边晴夫、宫下慎也、佐藤大造
	电子打击乐器	发明专利	200910169482.2	2010.03.17	雅马哈株式会社	竹久英昭
	音板打击乐器的乐音发生器装置以及键盘式打击乐器	发明专利	200910179291.4	2010.03.24	雅马哈株式会社	寺田宪重
	具有远程教学功能的弹奏乐器	实用新型	200920154118.4	2010.03.24	樊毅	樊毅
	多功能乐器架	实用新型	200920141052.5	2010.03.24	王行杰	王行杰
	音板打击乐器的乐音发生器装置以及键盘式打击乐器	发明专利	200910179291.4	2010.03.24	雅马哈株式会社	寺田宪重
	键盘乐器	发明专利	200910209228.0	2010.03.31	雅马哈株式会社	泉龙一、胜又良宏
	键盘乐器	发明专利	200910209229.5	2010.03.31	雅马哈株式会社	国贞庆、富士田隆志
	G-盘乐器	发明专利	200780053753.7	2010.03.31	特立尼达和多巴哥政府、布赖恩·R·科普兰	布赖恩·R·科普兰
	新型电子鼓乐器	实用新型	200920096535.8	2010.03.31	天津市津宝乐器有限公司	刘运斌
	单簧乐器用束圈	实用新型	200920156653.3	2010.04.21	蔡佳修	蔡佳修
	键盘乐器和连接器用夹具	实用新型	200920005069.8	2010.05.05	雅马哈株式会社	佐藤重明
	乐器支架	外观设计	200930067999.1	2010.05.05	陈仕峰	陈仕峰
	电子乐器辅助教学仪器	实用新型	200920087059.3	2010.05.12	武汉大学	郑宏、权忠福、司小书、权力刚、李立
	弦乐器及用于弦乐器的下弦枕	实用新型	200920132841.2	2010.05.12	鲁文洙	鲁文洙
	电子乐器（1）	外观设计	200930141856.0	2010.05.12	杭州发时达电子有限公司	赵为民
	电子乐器（2）	外观设计	200930141857.5	2010.05.12	杭州发时达电子有限公司	赵为民
	电子乐器（3）	外观设计	200930141858.X	2010.05.12	杭州发时达电子有限公司	赵为民
	用于打击电声乐器的电容式传感器	实用新型	200920188697.4	2010.05.19	曹少堃	曹少堃、吴国安
	电子拨弦乐器及其拨弦装置	实用新型	200920303526.1	2010.05.19	曾平蔚	曾平蔚
	民族乐器装饰物件	外观设计	200930204611.8	2010.05.19	巴克提努尔·阿尔叶哈孜	巴克提努尔·阿尔叶哈孜
	电子打击乐器	外观设计	200930188612.8	2010.05.19	雅马哈株式会社	佐藤大造
	电子乐器	外观设计	200930203642.1	2010.05.19	艾根莱布斯有限公司	J·H·兰伯特、M·雷格蒙迪
	乐器用肩带及调节带条长度的方法	发明专利	200910001492.5	2010.05.26	星野乐器株式会社	吉田肇、长绳祐子

类别	名称	专利类型	申请（专利）号	公开（公告）日	申请（专利权）人	发明（设计）人
乐器综合类	打击乐器	发明专利	200910261519.4	2010.05.26	埃迪·艾伦·巴尔马	埃迪·艾伦·巴尔马、大卫·弗雷德里克·麦克德维特
	电子乐器	外观设计	200930203149.X	2010.05.26	艾根莱布斯有限公司	J·H·兰伯特、M·雷格蒙迪
	提琴类乐器表面彩色图案的制作方法	发明专利	200910235029.7	2010.06.02	吴大旷	吴大旷
	电子弹拨乐器	实用新型	200920303005.6	2010.06.02	曾平蔚	曾平蔚
	乐器用木质构件及其制造方法、响板制造系统及方法	发明专利	200910208865.6	2010.06.09	株式会社河合乐器制作所	石田宗雄、萩原裕
	自动弹奏器乐器、自动弹奏系统和过热保护器	发明专利	200910208175.0	2010.06.09	雅马哈株式会社	大西健太
	胡琴类或皮面类乐器的蒙皮模具	实用新型	200920065078.6	2010.06.09	胡连清	胡连清、胡跃峰
	一种电子打击乐传感单元和采用该单元的电子打击乐器	实用新型	200920132994.7	2010.06.09	深圳市蔚科电子科技开发有限公司	黄葵、朱明云、龚明君、邓凌华、邱剑锋、董海波
	弦乐器	发明专利	200880019682.3	2010.06.16	梅田勋	梅田勲
	乐器音色美化剂	发明专利	200910227581.1	2010.06.16	黄林潜	黄林潜
	脚踏电子音乐器材	发明专利	200910041889.7	2010.06.16	张鲁波、冯滢瀛	不公告发明人
	群胡	发明专利	200810159639.9	2010.06.16	陈庆金	陈庆金
	电子键盘乐器	发明专利	200910261217.7	2010.06.23	雅马哈株式会社	新荘彰子
	鉴别调制技术的鉴别器、信号解调器、乐器以及鉴别方法	发明专利	200910260853.8	2010.06.23	雅马哈株式会社	奥山福太郎、平林繁和
	自学键盘乐器MIDI教学系统	实用新型	200920236299.5	2010.06.23	王星明	王星明
	乐器支架配件（3）	外观设计	200930309992.6	2010.06.23	杜承柱	杜承柱
	电子键盘乐器	发明专利	200910261320.1	2010.06.30	雅马哈株式会社	新荘彰子、石原秀辉、加藤崇士、富士田隆志
	电子乐器的壳体结构	发明专利	200910262259.2	2010.06.30	雅马哈株式会社	新荘彰子
	电子键盘乐器的发声设备	发明专利	200910261979.7	2010.07.07	雅马哈株式会社	加藤崇士、奥村贵宏、富士田隆志
	电子键盘乐器	发明专利	200910261389.4	2010.07.07	雅马哈株式会社	加藤崇士、富士田隆志
	电子键盘乐器	发明专利	200910261978.2	2010.07.07	雅马哈株式会社	加藤崇士、富士田隆志、石原秀辉、新荘彰子、大庭聪斗
	关节式乐器支撑构件	实用新型	200920216745.6	2010.07.07	信声实业股份有限公司	张铭益
	陶瓷乐器	发明专利	201010109536.9	2010.07.14	吴佑之	吴佑之

类别	名称	专利类型	申请（专利）号	公开（公告）日	申请（专利权）人	发明（设计）人
乐器综合类	音乐数据的合奏的同步器、自动演奏器乐器和同步方法	发明专利	200910265639.1	2010.07.14	雅马哈株式会社	又平健次、上原春喜
	电子乐器的踏板装置	发明专利	201010001234.X	2010.07.14	雅马哈株式会社	村松繁
	电子键盘乐器	发明专利	201010002806.6	2010.07.14	雅马哈株式会社	长山昌弘、加藤崇士、富士田隆志
	五线式琴键	实用新型	200920222554.0	2010.07.14	王华国	王华国
	一种新式钢琴学习、乐器演奏自动翻谱装置	实用新型	200920083916.2	2010.07.21	杨诗澜	杨诗澜、黄谷
	乐器支架配件（1）	外观设计	200930306394.3	2010.07.21	杜承柱	杜承柱
	电子键盘乐器	外观设计	201030002041.7	2010.07.28	卡西欧计算机株式会社	宫原章宏、坂口和人、大木优次
	一种乐器力度键盘的光电装置	发明专利	201010023166.7	2010.08.04	上海九歌乐器音响有限公司	马季平、沈建
	电子乐器的踏板装置	发明专利	201010000614.1	2010.08.04	雅马哈株式会社	西乡公一
	电子键盘乐器	外观设计	200930265975.7	2010.08.04	卡西欧计算机株式会社	桥本威一郎、坂口和人
	电子打击乐器	外观设计	200930383368	2010.08.04	雅马哈株式会社	胜又良宏、托马斯·库尔博
	电鸣乐器延时类音效装置技术参数的测量方法	发明专利	200910273452.6	2010.08.11	武汉艾立卡电子有限公司	张鉴堂、庄严、田海燕、王学义
	管号类乐器口形练习工具	实用新型	200920311452.6	2010.08.11	天津市津宝乐器有限公司	李宗瑞
	管号类乐器乐谱支架	实用新型	200920311506.9	2010.08.11	天津市津宝乐器有限公司	李宗瑞
	低音琴弦绕扣机	实用新型	200920266160.5	2010.08.11	宁波四海琴业有限公司	何四海
	乐器弦	发明专利	200780100807.0	2010.08.18	托马斯蒂克因费尔德协会有限公司	伯恩哈德·里格尔
	电子键盘乐器	外观设计	201030002728.0	2010.08.18	雅马哈株式会社	格里丰·克莱雷、冈村淳
	电子键盘乐器	外观设计	201030002729.5	2010.08.18	雅马哈株式会社	冈村淳
	乐器支架配件（2）	外观设计	200930306463.0	2010.08.18	杜承柱	杜承柱
	一种新型轧筝	实用新型	200920316697.8	2010.08.18	魏道谋	魏道谋
	用于钢琴等指法类乐器教学的一种综合性提示方法	发明专利	200910311300.0	2010.08.25	张汉钟	张汉钟
	应用于弦乐器的调弦装置	实用新型	200920284636.8	2010.08.25	徐晓涛	徐晓涛
	网状复合琴皮	实用新型	200920297154.6	2010.08.25	黄林潜	黄林潜
	琴固定架	外观设计	200930284429.8	2010.08.25	马思.霍纳股份公司	西-海·盖耶恩

类别	名称	专利类型	申请（专利）号	公开（公告）日	申请（专利权）人	发明（设计）人
乐器综合类	乐器的系弦板	外观设计	200930286112.8	2010.09.01	横笛公司	萨尔瓦托雷·福利西
	组合型防滑琴座	实用新型	200920254921.5	2010.09.01	王力涛	王力涛
	一种新式钢琴学习、乐器演奏自动翻谱装置	发明专利	200910060914.6	2010.09.08	黄锃	黄谷、黄锃、李荣、何浩、杨诗澜
	单人乐器组合	发明专利	201010042729.7	2010.09.08	万国顺、万国发	万国顺、万国发
	有更大和更深独创灵活性的电子音乐表演乐器	发明专利	201010130363.9	2010.09.08	昂德有限公司	克雷格·内戈埃斯库、拉里·科藤、维克托·翁
	同轴式乐器双踏打击装置	实用新型	200920273667.3	2010.09.08	功学社教育用品股份有限公司	骆应进
	一种方便调整高矮琴凳	实用新型	200920352716.2	2010.09.08	王爱军	王爱军
	电子键盘乐器的踏板装置	发明专利	201010142582.9	2010.09.15	雅马哈株式会社	村松繁、竹山久志
	一种乐器支架杆长度调节机构	实用新型	200920265163.7	2010.09.15	邢保嘉	邢保嘉
	消除乐琴黑键的方法及其乐琴	发明专利	201010163549.4	2010.09.15	谭明全	谭明全
	可折叠琴架	实用新型	200920199879.1	2010.09.15	宁波爱柯电子有限公司	计效益
	一种琴架	实用新型	201020121816.7	2010.09.15	洪朝阳	洪朝阳
	可调整脚踏板角度的乐器打击装置	实用新型	200920269207.3	2010.09.22	功学社教育用品股份有限公司	骆应进
	乐器的琴弓	外观设计	200930267225.3	2010.09.22	白亮	白亮
	奈古京胡琴架	实用新型	200920247667.6	2010.09.29	单国防	单国防、孔忠
	民族乐器代用蟒皮及其制作方法	发明专利	201010000180.5	2010.09.29	中国音乐学院、肖剑声、赵承伟、宋广宁、宋从建、宋从勇	肖剑声、赵承伟、宋广宁、宋从建、宋从勇
	乐器收纳箱	发明专利	201010145518.6	2010.10.27	酒井复合材料股份有限公司	园田治朗、木下拓史、山岸纯人
	调整吹管乐器按音孔间距的叠加付音孔	发明专利	200910115235.4	2010.10.27	胡新民	胡新民
	用于弦乐器的弦轴装置	发明专利	201010156058.7	2010.10.06	后藤格特有限会社	后藤昌甲
	用于弦乐器的电子指板	发明专利	200880116616.8	2010.10.13	克利福德·S·伊莱昂	克利福德·S·伊莱昂
	一种弦乐器松香贴	实用新型	201020142724.7	2010.10.13	丁琦瑶	丁琦瑶
	用于音乐家的电子支持系统及配备有电子支持系统的乐器	发明专利	201010180831.3	2010.11.24	雅马哈株式会社	藤原佑二、佐佐木力

类别	名称	专利类型	申请（专利）号	公开（公告）日	申请（专利权）人	发明（设计）人
乐器综合类	用于弦乐器的静电拾音的方法和装置	发明专利	200880120562.2	2010.11.24	约翰·杰罗姆·斯奈德	约翰·杰罗姆·斯奈德
	电子键盘乐器	发明专利	201010177700.X	2010.11.24	卡西欧计算机株式会社	星野晓久
	乐器保护套	实用新型	201020105825.7	2010.11.24	姚林	姚林
	弦乐器电子拾音装置	实用新型	201020124948.5	2010.11.10	叶尔席木	叶尔席木
	多用途乐器声膜	发明专利	200910084943.6	2010.12.08	刘正辉	刘正辉、刘佳寅
	乐器按键连杆的两端钻孔设备	发明专利	201010265045.3	2010.12.08	天津市津宝乐器有限公司	王存
	一种新型乐器及其使用方法	发明专利	201010224960.8	2010.12.08	李博	李博、张永
	电弦乐器的拾取单元	发明专利	201010194890.6	2010.12.08	雅马哈株式会社	高林洋次郎
	一种具有调节松紧功能的乐器位准	发明专利	201010240959.4	2010.12.15	广州市罗曼士乐器制造有限公司	郑玉棠
	利用乐器数字接口技术的用于打击泛音合成的设备	发明专利	200780101279.0	2010.12.15	布赖恩·R·科普兰、马塞尔·拜伦、厄尔·菲利普、基思·梅纳德	布赖恩·R·科普兰、马塞尔·拜伦、厄尔·菲利普、基思·梅纳德
	输入输出控制装置以及电子乐器	发明专利	201010211716.8	2010.12.29	卡西欧计算机株式会社	波多野佑亮
	镁合金木管乐器颈部的本体结构	发明专利	200910053108.6	2010.12.22	陈秀美	陈秀美
	电子打击乐器	发明专利	201010209963.4	2010.12.29	雅马哈株式会社	竹久英昭、片桐康晴、平松干裕、桂浦诚
	电子低音音区乐器电子管前置放大器	发明专利	200780049689.5	2010.12.29	克利福德·W·莱特肖	克利福德·W·莱特肖
	电子拨弦乐器	实用新型	201020138531.4	2010.12.01	曾平蔚	曾平蔚
	碳纤一体弦乐器	实用新型	201020122093.2	2010.12.22	东莞永湖复合材料有限公司	廖元宏
	电子拨弦乐器及其拨弦装置	实用新型	200920312475.9	2010.12.01	曾平蔚	曾平蔚
	电子打击乐器的支架	外观设计	200930266141.8	2010.12.01	罗兰株式会社	中尾公一、森良彰
	乐器拾音器（R-4T）	外观设计	201030201528.8	2010.12.08	鲁文洙	鲁文洙
	玩具键盘乐器	外观设计	201030133397.4	2010.12.01	玩具概念有限公司	大方·施
	一种多功能京胡琴托	发明专利	201010202226.1	2010.10.06	张洪宾	张洪宾
	胡琴琴皮保护器	实用新型	201020107870.6	2010.10.06	辛德学	辛德学
	数码智能琴谱机	实用新型	200920136006.6	2010.10.06	秦大生	秦大生
	口风琴包（37KR）	外观设计	201030102340.8	2010.10.20	曹正宇	曹正宇
	口风琴包（37KP）	外观设计	201030102352.0	2010.10.20	曹正宇	曹正宇

类别	名称	专利类型	申请（专利）号	公开（公告）日	申请（专利权）人	发明（设计）人
乐器综合类	琴皮可自由拉紧式新共鸣筒胡琴	发明专利	201010210597.4	2010.11.10	王春喜	王春喜
	一种提琴弓	实用新型	201020142452.0	2010.11.03	张延生	张延生
	一种光指引式钢琴学习器	实用新型	201020101206.0	2010.11.10	西安交通大学	何梦林、周渊、于晓婧、张昕睿、张璟
	一种琴筝拾音器	发明专利	201020162469.2	2010.11.10	熊立群	徐松年
	琴架	实用新型	201020155268.X	2010.11.10	熊立群	熊立群
	具有共鸣箱的古琴桌	实用新型	201020155277.9	2010.11.10	熊立群	熊立群
	便携式琴盒	实用新型	201020146441.X	2010.11.17	何育朋	何育朋
	琴谱架	实用新型	201020157222.1	2010.11.17	李欣悦	李欣悦
	口风琴（32K3）	外观设计	201030102235.4	2010.11.03	曹正宇	曹正宇
	琴盒（卡芬）	外观设计	201030192618.5	2010.11.10	李德慰	李德慰
	京胡琴托	外观设计	201030179187.9	2010.11.17	宋从甲	郭一
	一种可变换音频声波的胡琴	发明专利	201010184702.1	2010.12.01	张洪宾	张洪宾
	一种胡琴的调音装置	实用新型	201020154451.8	2010.12.08	赵天池、肖祥鹏	赵天池、肖祥鹏、李乐平
	一种电钢琴	实用新型	201020127717.X	2010.12.08	康佳集团股份有限公司	曲涛
	一种琴杆可以拆装的胡琴	实用新型	200920263899.0	2010.12.15	韩儒豪	韩儒豪
	持琴托架	实用新型	201020221818.3	2010.12.15	高长海	高长海
	一种多功能的提琴盒	实用新型	201020193136.6	2010.12.22	艾海燕	艾海燕、傅晓
	悬浮式自由琴码	实用新型	201020198856.1	2010.12.22	裴英杰	裴英杰
	一种可演奏三种音频声波的胡琴	实用新型	201020214889.0	2010.12.29	张洪宾	张洪宾
	一种胡琴的音阶标识对照装置	实用新型	201020195944.6	2010.12.29	张洪宾	张洪宾
	一种可变换音频声波的胡琴	实用新型	201020200833.X	2010.12.29	张洪宾	张洪宾
	一种多功能京胡琴托	实用新型	201020222276.1	2010.12.29	张洪宾	张洪宾
钢琴	钢琴（TG-1）	外观设计	200830352433.9	2010.01.06	宜昌金宝乐器制造有限公司	吴天延
	三角钢琴外壳体热压成型机	发明专利	200910063411.4	2010.01.13	湖北华都钢琴制造有限公司	汪其见
	钢琴（GH170）	外观设计	200830046739.1	2010.01.13	广州珠江钢琴集团有限公司	李建萍
	电子钢琴（红色）	外观设计	200930125938.6	2010.01.13	天津市欧斯曼乐器有限公司	刘鑫佑
	电子钢琴（紫色）	外观设计	200930125939.0	2010.01.13	天津市欧斯曼乐器有限公司	刘鑫佑

类别	名称	专利类型	申请（专利）号	公开（公告）日	申请（专利权）人	发明（设计）人
钢琴	一种高度可调的钢琴助踏器	实用新型	200920053979.3	2010.01.20	张狄伟、符晓	张狄伟、符晓
	防鼠的钢琴踏瓣与钢琴底板及踏瓣档的组合结构	实用新型	200920088635.6	2010.01.20	黄继斌	黄继斌
	手卷钢琴	外观设计	200930164074.9	2010.01.27	林权殷	林权殷
	钢琴湿度自动控制器	实用新型	200920056958.7	2010.02.03	许虹	许虹
	连体式钢琴	实用新型	200920116902.6	2010.02.03	杭州嘉德威钢琴有限公司	崔明琦
	立式钢琴的脚轮	实用新型	200920119581.5	2010.02.10	宁波四海琴业有限公司	何四海
	钢琴谱架的连接装置	实用新型	200920119578.3	2010.02.10	宁波四海琴业有限公司	何四海
	三角钢琴定弦钮	实用新型	200920119918.2	2010.02.10	宁波四海琴业有限公司	何四海
	钢琴键盖缓降器	实用新型	200920154340.4	2010.02.17	蔡赋勇	蔡赋勇
	手卷式钢琴	外观设计	200930167169.6	2010.02.17	深圳市中凯鑫科技有限公司	姚军
	环保型PE亮光黑色钢琴漆	发明专利	200810141982.0	2010.02.24	深圳市展辰达化工有限公司、上海富臣化工有限公司、北京展辰化工有限公司	陈寿生
	实用钢琴	实用新型	200920156423.7	2010.02.24	张羽萱	张羽萱
	带可编辑显示屏的钢琴	实用新型	200920045038.5	2010.03.10	罗华金	罗华金
	钢琴（K3）	外观设计	200830269566.X	2010.03.10	陈颂华	陈颂华
	钢琴键盖缓降器的壳体	实用新型	200920121833.8	2010.03.17	陈锋	陈锋
	钢琴（双向发音型）	外观设计	200930098410.4	2010.03.17	郑明统	郑明统
	钢琴键盘的移位装置和钢琴键盘的移位装置的调节方法	发明专利	200880011360.4	2010.03.24	东洋钢琴制造株式会社	佐藤胜
	电子钢琴	外观设计	200830142452.9	2010.03.31	株式会社河合乐器制作所	邉田纮一
	立式钢琴踏脚自锁装置	实用新型	200920119579.8	2010.04.14	宁波四海琴业有限公司	何四海
	立式钢琴定弦钮	实用新型	200920119920.X	2010.04.21	宁波四海琴业有限公司	何四海
	一种钢琴自动演奏琴键驱动装置	发明专利	200910198272.6	2010.05.05	马季平	马季平

类别	名称	专利类型	申请（专利）号	公开（公告）日	申请（专利权）人	发明（设计）人
钢琴	青花瓷系列喷绘钢琴	外观设计	200830084028.3	2010.05.05	青岛世正乐器有限公司	李在锡
	钢琴键盘	实用新型	200920030760.1	2010.05.12	龙诗东	龙诗东
	立式半裸音乐会钢琴	实用新型	200920100485.6	2010.05.12	周伟	周伟
	带有磁铁锁紧装置的钢琴琴键盖	实用新型	200920086826.9	2010.05.12	宜昌金宝乐器制造有限公司	熊南方
	钢琴键盖缓降器	实用新型	200920118284.9	2010.05.12	陈锋	陈锋
	钢琴乐谱定位仪	实用新型	200920131983.7	2010.05.12	黎之宇、赖飞剑	黎之宇、赖飞剑
	防压伤钢琴盖	实用新型	200920076909.X	2010.05.12	上海同济大学实验学校	石佳鹭
	一种钢琴音板框架以及带有它的音板框	实用新型	200920123235.4	2010.05.12	张洪新	张洪新
	钢琴金属调音板	实用新型	200920100512.X	2010.05.12	周伟	周伟、闫红君
	立式钢琴定弦钮	实用新型	200920119582.X	2010.05.12	宁波四海琴业有限公司	何四海
	钢琴顶盖铰链	实用新型	200920119580.0	2010.05.12	宁波四海琴业有限公司	何四海
	钢琴（TG-228）	外观设计	200830352434.3	2010.05.12	宜昌金宝乐器制造有限公司	吴天延
	钢琴（TX-U8）	外观设计	200830352436.2	2010.05.12	宜昌金宝乐器制造有限公司	吴天延
	钢琴键盖缓降器	外观设计	200930138093.4	2010.05.12	陈锋	陈锋
	钢琴盖板双项缓降器	实用新型	200920190012.X	2010.05.19	胡红武、孟炜	胡红武、孟炜
	一种陶瓷钢琴	实用新型	200920227868.X	2010.05.19	孙英东	孙英东
	钢琴湿度控制器	外观设计	200930166118.1	2010.05.19	黄松照	黄松照
	电子钢琴	外观设计	200930188566.1	2010.05.19	雅马哈株式会社	大野正晴
	立式钢琴	外观设计	200930204158.0	2010.05.19	丁弘戬	丁弘戬
	钢琴（TX-23F）	外观设计	200830352435.8	2010.05.26	宜昌金宝乐器制造有限公司	吴天延
	钢琴顶盖铰链	发明专利	200910214290.9	2010.06.02	广州珠江钢琴集团股份有限公司	李建萍、龚承忠
	一种防尘钢琴	发明专利	200810173429.5	2010.06.09	董万峰	董万峰
	一种三角钢琴的弦枕结构	实用新型	200920183356.8	2010.06.09	福州和声钢琴有限公司	林建忠
	电子钢琴	外观设计	200930188567.6	2010.06.09	雅马哈株式会社	二村花央
	钢琴外壳油漆件静电喷涂系统及其喷涂方法	发明专利	200910214138.0	2010.06.16	广州珠江钢琴集团股份有限公司	吴小群、林启东、容宇森、陈日明
	一种防尘钢琴	实用新型	200920174742.0	2010.06.16	董万峰	董万峰
	立式钢琴铁板	实用新型	200920076481.9	2010.06.16	海伦钢琴股份有限公司	陈海伦

类别	名称	专利类型	申请（专利）号	公开（公告）日	申请（专利权）人	发明（设计）人
钢琴	三角钢琴铸铁板	外观设计	200930173634.7	2010.06.16	福州和声钢琴有限公司	林建忠
	钢琴键盖转动装置	实用新型	200920138365.5	2010.06.30	黄三元	黄三元
	一种钢琴上用的铸铁板	实用新型	200920138362.1	2010.06.30	黄三元	黄三元
	一种用于钢琴盖板的缓降连杆	实用新型	200920312828.5	2010.07.07	胡红武	胡红武
	立式钢琴（VF-48N）	外观设计	200930276137.X	2010.07.07	青岛世正乐器有限公司	朴章浩
	用于钢琴盖板的连杆式缓降器	实用新型	200920311939.4	2010.07.14	吴金全	吴金全
	一种具有可调式配重的电钢琴键盘	实用新型	200920222978.7	2010.07.14	北京乐器研究所	唐建、王丽
	一种具有自卡式琴键的电钢琴键盘	实用新型	200920222979.1	2010.07.14	北京乐器研究所	唐建、王丽
	多位转换器（钢琴）	外观设计	200930316625.9	2010.07.14	浙江工业大学	龚智雄、张露芳
	一种新式钢琴学习、乐器演奏自动翻谱装置	实用新型	200920083916.2	2010.07.21	杨诗澜	杨诗澜、黄谷
	钢琴（C）	外观设计	201030038428.8	2010.07.28	湖州华谱钢琴制造有限公司	姚晓林
	钢琴（D）	外观设计	201030038427.3	2010.07.28	湖州华谱钢琴制造有限公司	姚晓林
	一种钢琴音板	实用新型	200920292410.2	2010.07.28	烟台博斯纳钢琴制造有限公司	王锡玉
	钢琴总档钻孔机	实用新型	200920292411.7	2010.07.28	烟台博斯纳钢琴制造有限公司	张守文
	立式钢琴	外观设计	200930382585.8	2010.07.28	烟台博斯纳钢琴制造有限公司	王锡玉、邴艳丽
	一种钢琴音板声振动与点振动特性测试方法及其专用设备	发明专利	201010119899.0	2010.08.04	王宏伟	王宏伟、王诗华
	钢琴脚踏板加高装置	实用新型	200920203264.1	2010.08.04	孟祥宇	孟祥宇、金龙、于涛、贾心阳、于晨、辛延平、包爽、韩晓磊、梅胜魁
	钢琴（A）	外观设计	201030038430.5	2010.08.04	湖州华谱钢琴制造有限公司	姚小林
	能制动锁紧的立式钢琴脚轮	发明专利	200910060700.9	2010.08.11	宜昌金宝乐器制造有限公司	罗扬
	立式钢琴和并入其中的动作单元	发明专利	201010114359.3	2010.08.11	雅马哈株式会社	井上敏

类别	名称	专利类型	申请（专利）号	公开（公告）日	申请（专利权）人	发明（设计）人
钢琴	一种用于钢琴的易谱及记谱方法	发明专利	201010120349.0	2010.08.18	罗槐玉	罗槐玉
	钢琴自动调音装置及其自动调音的方法	发明专利	201010113802.5	2010.08.18	李忠孝、深圳市浦平实业有限公司	李忠孝
	一种钢琴自动演奏琴键驱动装置	发明专利	200920211841.1	2010.08.18	马季平	马季平
	立式数码钢琴（AP-500）	外观设计	200930682153.9	2010.08.18	广州艾莱森电子有限公司	刘春清
	立式数码钢琴（AP-700）	外观设计	200930682151.X	2010.08.18	广州艾莱森电子有限公司	刘春清
	三角数码钢琴（GP-7000MD）	外观设计	200930682100.7	2010.08.18	广州艾莱森电子有限公司	刘春清
	钢琴（音乐之窗K2）	外观设计	201030120073.7	2010.08.18	杭州嘉德威钢琴有限公司	陈莲琴
	用于钢琴等指法类乐器教学的一种综合性提示方法	发明专利	200910311300.0	2010.08.25	张汉钟	张汉钟
	钢琴弦轴木芯加工机	实用新型	200920292412.1	2010.08.25	烟台博斯纳钢琴制造有限公司	张守文
	钢琴（UP110P9）	外观设计	200930681112.8	2010.08.25	广州珠江钢琴集团股份有限公司	黄朝苑
	钢琴（UP116R）	外观设计	200930681675.7	2010.08.25	广州珠江钢琴集团股份有限公司	苏进强
	钢琴（R2）	外观设计	200930681679.5	2010.08.25	广州珠江钢琴集团股份有限公司	李建萍
	钢琴（T3）	外观设计	200930681676.1	2010.08.25	广州珠江钢琴集团股份有限公司	潘启槟
	三角数码钢琴（GP-3000AT）	外观设计	200930682152.4	2010.08.25	广州艾莱森电子有限公司	刘春清
	手卷钢琴	外观设计	201030000269.2	2010.08.25	苗胜洗	苗胜洗
	钢琴（星钻之光K1）	外观设计	201030120075.6	2010.08.25	杭州嘉德威钢琴有限公司	陈莲琴
	全裸式钢琴	实用新型	200920244395.4	2010.09.01	哈尔滨市甲壳虫钢琴厂	周伟、闫红君
	钢琴（2）	外观设计	200930010111.0	2010.09.01	孙永斌	孙永斌
	喷绘钢琴（波普系列）	外观设计	200930276138.4	2010.09.01	青岛世正乐器有限公司	朴章浩
	钢琴（T6）	外观设计	200930681678.0	2010.09.01	广州珠江钢琴集团股份有限公司	黄歌农
	一种延长钢琴踏板装置	实用新型	200920352715.8	2010.09.08	王爱军	王爱军

类别	名称	专利类型	申请（专利）号	公开（公告）日	申请（专利权）人	发明（设计）人
钢琴	一种新式钢琴学习、乐器演奏自动翻谱装置	发明专利	200910060914.6	2010.09.08	黄锃	黄谷、黄锃、李荣、何浩、杨诗澜
	钢琴锤柄与锤座	发明专利	200910118948.6	2010.09.15	深圳伯格特钢琴自动弹奏光盘有限公司、柯克·乔治·伯格特	柯克·乔治·伯格特
	配有弱音踏板的自动演奏器钢琴、自动演奏系统和方法	实用新型	201010131760.8	2010.09.15	雅马哈株式会社	佐佐木智也
	一种带大屏幕液晶显示器的立式数码钢琴	实用新型	200920296058.X	2010.09.15	广州艾茉森电子有限公司	刘春清
	一种数码钢琴的推翻盖装置	实用新型	200920296061.1	2010.09.15	广州艾茉森电子有限公司	刘春清
	一种防潮防变形数码钢琴	实用新型	200920296062.6	2010.09.15	广州艾茉森电子有限公司	刘春清
	钢琴（多功能）	外观设计	201030110528.7	2010.09.22	黄三元	黄三元
	由纯碳纤维板制成钢琴共振板	发明专利	201010192132.0	2010.10.27	赵振伟、周万昊	赵振伟、周万昊
	低惯性的三角钢琴击弦机	发明专利	200910131514.X	2010.10.06	深圳伯格特钢琴自动弹奏光盘有限公司、柯克·乔治·伯格特	柯克·乔治·伯格特
	具同时半击琴键设计性能的万能三角钢琴击弦机	发明专利	200910131515.4	2010.10.06	深圳伯格特钢琴自动弹奏光盘有限公司、柯克·乔治·伯格特	柯克·乔治·伯格特
	一种钢琴键盘振奏仪	发明专利	201010210572.4	2010.10.20	北京乐器研究所	张振启、王伟、郭学成、孟宇、孙朝平、贾岳、王晋飞、齐朋
	钢琴键盘识标辅助器	实用新型	201020133438.4	2010.10.06	胡瑾	胡瑾
	钢琴顶盖铰链	实用新型	200920265816.1	2010.10.13	广州珠江钢琴集团股份有限公司	李建萍、龚承忠
	立式数码钢琴（AP-300）	外观设计	200930682154.3	2010.10.06	广州艾茉森电子有限公司	刘春清
	钢琴（H）	外观设计	201030038423.5	2010.10.06	湖州华谱钢琴制造有限公司	姚小林
	钢琴（G）	外观设计	201030038424.X	2010.10.06	湖州华谱钢琴制造有限公司	姚小林
	钢琴（F）	外观设计	201030038425.4	2010.10.06	湖州华谱钢琴制造有限公司	姚小林
	钢琴（E）	外观设计	201030038426.9	2010.10.06	湖州华谱钢琴制造有限公司	姚小林

类别	名称	专利类型	申请（专利）号	公开（公告）日	申请（专利权）人	发明（设计）人
钢琴	钢琴（B）	外观设计	201030038429.2	2010.10.06	湖州华谱钢琴制造有限公司	姚小林
	钢琴	实用新型	200920197698.5	2010.11.03	张洪新	张洪新
	一种钢琴顶盖多开度安全支撑装置	实用新型	201020151327.6	2010.11.10	刘冰、阎文华	刘冰、阎文华
	具有静音功能的钢琴	实用新型	201020150734.5	2010.11.17	聂彩虹	聂彩虹
	一种手卷钢琴	实用新型	201020114969.9	2010.11.17	苗胜洗	苗胜洗
	一种裸露弦轴板式钢琴铁板和弦轴板结构	实用新型	201020192161.2	2010.11.24	海伦钢琴股份有限公司	陈海伦
	纹饰钢琴黑白键	实用新型	201020119564.4	2010.11.24	烟台金斯波格钢琴有限责任公司	张绪斌、胡晓红、王凤海、薛守云、黄利军
	一种立式钢琴选择延音系统	实用新型	201020192146.8	2010.11.24	海伦钢琴股份有限公司	陈海伦
	钢琴键盖下降减速器	外观设计	201030161887.5	2010.11.03	陈贯豪	陈贯豪
	三角钢琴	外观设计	201030143162.3	2010.11.10	烟台金斯波格钢琴有限责任公司	张绪斌、胡晓红、王凤海、薛守云、黄利军
	一种钢琴练习装置	实用新型	201020105907.1	2010.11.17	王鹤	王鹤
	自学钢琴	实用新型	201020138259.X	2010.11.24	叶羽弦	叶羽弦
	一种钢琴教学装置	实用新型	200920217584.2	2010.11.10	武汉肯普科技有限公司	吴博
	钢琴键盘可调试中销钉	发明专利	201010223088.5	2010.12.08	福州和声钢琴有限公司	林建忠
	立式钢琴外壳上面板设计和制作	发明专利	201010192138.8	2010.12.15	周万昊、周威廉	周万昊、周威廉
	钢琴辅助弹奏装置及实现方法	发明专利	201010256666.5	2010.12.15	许新峰	许新峰
	智能机器人识别钢琴节奏并纠错的方法	发明专利	200910053967.5	2010.12.29	上海市上海中学	刘晨曦、施天麟、杨新毅
	一种钢琴盖支架	发明专利	200980102042.3	2010.12.15	丹尼尔·E·盖根	丹尼尔·E·盖根
	钢琴外壳油漆件静电喷涂系统	实用新型	200920265494.0	2010.12.01	广州珠江钢琴集团股份有限公司	吴小群、林启东、容宇森、陈日明
	贝饰钢琴	实用新型	201020143555.9	2010.12.01	大连贝雕有限公司	刘维玖
	纯扭矩钢琴调律扳手	实用新型	201020212065.X	2010.12.29	路丹阳	路丹阳
	钢琴（R3）	外观设计	200930681677.6	2010.12.01	广州珠江钢琴集团股份有限公司	潘启槟
吉他	多功能吉他背包	实用新型	200920148719.4	2010.02.03	张学民	张学民
	一种具有校音及存放拨片功能的吉他变调夹	实用新型	200920055443.5	2010.02.03	广州市罗曼士乐器制造有限公司	郑玉棠

类别	名称	专利类型	申请（专利）号	公开（公告）日	申请（专利权）人	发明（设计）人
吉他	吉他琴颈角度调节装置	发明专利	200910003565.4	2010.02.10	金宗勳	金宗勳
	具有胸和臂的支承部的吉他及其制造方法	发明专利	200910003563.5	2010.02.17	金宗勳	金宗勳
	吉他均衡器主体的组合结构	实用新型	200920138321.2	2010.02.17	王哲宏	王哲宏
	电吉他游戏控制器	外观设计	200830267483.7	2010.03.03	武汉艾立卡电子有限公司	张斌、庄严、张光耀、李元成
	吉他支架	外观设计	200730152307.4	2010.03.03	第一幕股份有限公司	克雷格·斯莫尔、锡德里克·利奥托德
	多媒体概念吉他	发明专利	200810070295.4	2010.03.24	肖意坚	肖意坚
	吉他（艾迪）	外观设计	200930081097.3	2010.03.24	欧伟健	欧伟健
	可折叠的吉他	发明专利	200780051316.1	2010.03.31	空行吉他有限公司	哈维·利奇
	吉他音效调节器（BG-3TN）	外观设计	200830254367.1	2010.04.21	鲁文洙	鲁文洙
	一种木制吉他依托架	实用新型	200820169914.0	2010.04.28	宁波超拨电子有限公司	徐金尧
	一种电吉他	实用新型	200920029017.4	2010.04.28	昌邑缪斯乐器有限公司	金光远
	新型吉他	实用新型	200920057493.7	2010.05.05	王桥、陈为禄	王桥、陈为禄
	电吉他	外观设计	200930117608.2	2010.05.12	王龙朋	王龙朋
	吉他包	外观设计	200930023375.X	2010.05.12	陕西科技大学	金鑫、李海霞
	吉他脚凳架	外观设计	200930080087.8	2010.05.12	黄树佳	黄树佳
	均衡器（吉他）	外观设计	200930081912.6	2010.05.12	赵延亭	赵延亭
	能发光的多功能电吉他	实用新型	200920203169.1	2010.05.19	史长铭	史长铭
	吉他（DM胴形）	外观设计	200930168898.3	2010.05.19	惠州全丰育乐用品有限公司	蔡赖丰
	吉他脚凳	实用新型	200920226828.3	2010.05.19	高鹤	高鹤
	吉他（8）	外观设计	200930053777.4	2010.05.26	徐宝华	徐宝华
	吉他（2）	外观设计	200930053787.8	2010.05.26	徐宝华	徐宝华
	音乐吉他	外观设计	200930238379.X	2010.05.26	林大川	林大川
	音乐吉他	外观设计	200930238380.2	2010.05.26	林大川	林大川
	玩具音乐吉他（3606）	外观设计	200930203352.7	2010.05.26	蔡汉鑫	蔡汉鑫
	电子吉他	实用新型	200920160133.X	2010.05.26	谭俊华	谭俊华
	吉他扩音器	外观设计	200930208243.4	2010.05.26	丰达电机株式会社	加藤悠贵
	一体化放大器的吉他	实用新型	200920070256.4	2010.06.02	朱金康	周普期
	玩具（吉他）	外观设计	200930308548.2	2010.06.02	上海稚宜乐商贸有限公司	林美惠
	吉他扩音器	外观设计	200930208242.X	2010.06.02	丰达电机株式会社	加藤悠贵
	西班牙吉他右手人工指甲	发明专利	200810201128.9	2010.06.09	詹耕夫	詹耕夫

类别	名称	专利类型	申请（专利）号	公开（公告）日	申请（专利权）人	发明（设计）人
吉他	吉他（1）	外观设计	200930228910.5	2010.06.09	毛济华	毛济华
	吉他（2）	外观设计	200930228911.X	2010.06.16	毛济华	毛济华
	吉他	外观设计	200930259333.6	2010.06.16	欧伟健	欧伟健
	吉他音效调节器（BG-IV）	外观设计	200830254365.2	2010.06.16	鲁文洙	鲁文洙
	美式着色仿古效果在电吉他表面上的施工方法	发明专利	200810202479.1	2010.06.16	上海富臣化工有限公司、深圳市展辰达化工有限公司、北京展辰化工有限公司	钟华胜、刘林生、王剑
	均衡器（吉他MET-A07）	外观设计	200930340621.4	2010.06.16	宋国诗	宋国诗
	吉他调音器	外观设计	200930189320.6	2010.06.23	领先技术公司	克雷格·斯莫尔
	吉他拾音器（ISYS）	外观设计	200930088309.0	2010.07.07	宋国诗	宋国诗
	电吉他调弦器	实用新型	200920199875.3	2010.07.14	董明宏	董明宏
	电吉他调弦器	外观设计	200930200530.0	2010.07.14	董明宏	董明宏
	吉他组件	外观设计	200930343088.7	2010.07.21	申民	申民
	吉他音孔饰圈	外观设计	200930235579.X	2010.07.21	阿尔伽姆公司	杰哈德·卡尼尔
	吉他三位准（金龙图案）	外观设计	201030020405.4	2010.08.04	广州市罗曼士乐器制造有限公司	郑玉棠
	吉他三位准（牡丹图案）	外观设计	201030020406.9	2010.08.04	广州市罗曼士乐器制造有限公司	郑玉棠
	吉他悬挂器	实用新型	200920253172.4	2010.08.04	张乃月	张乃月
	一种吉他	实用新型	200920236604.0	2010.08.04	满益乾	满益乾
	电子吉他	实用新型	200920310753.7	2010.08.11	曾平蔚	曾平蔚
	多功能吉他包	实用新型	200920247239.3	2010.08.11	朱毅	朱毅
	琴柄（吉他）	外观设计	200930248911.6	2010.08.11	梁泽敏	梁泽敏
	吉他（3）	外观设计	200930230317.4	2010.08.18	毛济华	毛济华
	吉他音箱的信号放大电路	实用新型	200920202336.0	2010.08.18	董玲娟	张兴旺
	吉他（4）	外观设计	201030127162.4	2010.09.01	毛济华	毛济华
	吉他（5）	外观设计	201030127163.9	2010.09.01	毛济华	毛济华
	吉他（6）	外观设计	201030127152.0	2010.09.01	毛济华	毛济华
	吉他音箱	外观设计	200930382844.7	2010.09.01	广州市诗乐电子有限公司	阳运忠
	采用光敏漆对木吉他静电喷涂的系统及其喷涂方法	发明专利	201010159739.9	2010.09.01	广州红棉吉它有限公司	何志强、吴小群
	可多次使用弦的吉他	实用新型	200920180446.1	2010.09.15	刘孔辉	刘孔辉
	吉他按弦手套	实用新型	200920003569.8	2010.09.15	王健杰	王健杰、周莹莹
	吉他弦轴（N-17）	外观设计	201030158848.X	2010.09.22	林瑞荣	林瑞荣

类别	名称	专利类型	申请（专利）号	公开（公告）日	申请（专利权）人	发明（设计）人
吉他	吉他弦轴（N-18）	外观设计	201030158869.1	2010.09.22	林瑞荣	林瑞荣
	吉他音箱	实用新型	200920202339.4	2010.09.22	宁波启发电子有限公司	张兴旺
	吉他调音器	外观设计	201030001945.8	2010.09.22	精工电子有限公司	石原悠、速水由美、千田拓己、岩濑信之
	一种利用水晶板制成的吉他及其制造工艺	发明专利	201010148403.2	2010.10.20	梁泽敏	梁泽敏
	吉他变调夹	外观设计	201030104871.0	2010.10.06	孙文荣	孙文荣
	电吉他用的演奏装置	外观设计	201030121041.9	2010.10.13	罗兰株式会社	上杉哲也、高樋克利、新立明夫、M·加德纳
	吉他弦轴（N-13）	外观设计	201030158858.3	2010.10.13	林瑞荣	林瑞荣
	可调节式吉他挂钩	发明专利	200920206081.5	2010.11.17	樊荣	樊荣
	一种新型吉他	发明专利	201020165712.6	2010.11.24	黄卫平	黄卫平
	一种吉他的共鸣箱结构	发明专利	201020197794.2	2010.11.24	彭爱平	彭爱平
	新型自锁吉他架	发明专利	201020180468.0	2010.11.24	王兵	王兵
	吉他弦轴（N-11）	外观设计	201030158863.4	2010.11.03	林瑞荣	林瑞荣
	木吉他音箱（UROS）	外观设计	201030137706.5	2010.11.17	鲁文洙	鲁文洙
	电吉他	外观设计	201030115254.0	2010.11.17	杨麦珍	杨麦珍
	吉他琴码	外观设计	200930235578.5	2010.11.24	阿尔伽姆公司	杰哈德·卡尼尔
	吉他	外观设计	201030145379.8	2010.12.01	黄卫平	黄卫平
电子琴	电子琴（硅胶）	外观设计	200930164096.5	2010.01.13	李兵	李兵
	电子琴（SK4902）	外观设计	200930171148.1	2010.01.20	柯艺山	柯艺山
	电子琴（SK-Q7）	外观设计	200930171149.6	2010.01.20	柯艺山	柯艺山
	电子琴	外观设计	200930165954.8	2010.02.10	深圳市鑫银海电子有限公司	俞波
	电子琴（SK5410）	外观设计	200930171150.9	2010.02.10	柯艺山	柯艺山
	一种柔性电子琴	实用新型	200920130667.8	2010.02.17	李兵	李兵
	电子琴	外观设计	200930006632.9	2010.03.03	卡西欧计算机株式会社	仓持直基、长山洋介
	电子琴	外观设计	200930006633.3	2010.03.03	卡西欧计算机株式会社	仓持直基
	电子琴（1）	外观设计	200930172019.4	2010.03.03	陈长杰	陈长杰
	电子琴（2）	外观设计	200930172021.1	2010.03.03	陈长杰	陈长杰
	电子琴	外观设计	200930076643.4	2010.03.31	梁景富、梁志海	梁景富
	电子琴键盘底座（88键）	外观设计	200830156592.1	2010.05.05	吴育旗	吴育旗
	便携式电子琴	实用新型	200920133372.6	2010.05.12	姚军	姚军
	纸上电子琴	发明专利	200910199295.9	2010.06.02	上海市莘格高级中学	归鼎
	电子琴	外观设计	200930207345.4	2010.06.02	卡西欧计算机株式会社	坂口和人、山本阳三
	电子琴	外观设计	200930207346.9	2010.06.02	卡西欧计算机株式会社	坂口和人、山本阳三

类别	名称	专利类型	申请（专利）号	公开（公告）日	申请（专利权）人	发明（设计）人
电子琴	集成二极管电子琴键盘	实用新型	200920189651.4	2010.06.09	夏可平	夏可平
	电子琴专用组合式琴盒	实用新型	200920175243.3	2010.06.09	张继昆	张继昆
	电子琴架（EZ-1）	外观设计	200930250734.5	2010.06.16	黄树佳	黄树佳
	用于电子琴的散热片	实用新型	200920310916.1	2010.06.23	杭州爱尔科电子有限公司	叶久璋、殷建军、刘南悦、黄郡
	用于生产电子琴的油漆喷柜	实用新型	200920310907.2	2010.07.07	杭州爱尔科电子有限公司	叶久璋、殷建军、刘南悦、黄郡
	用于电子琴的面板	实用新型	200920310923.1	2010.07.07	杭州爱尔科电子有限公司	叶久璋、殷建军、刘南悦、黄郡
	用于电子琴的发音机构	实用新型	200920310921.2	2010.07.21	杭州爱尔科电子有限公司	叶久璋、殷建军、刘南悦、黄郡
	电子琴（8807-1）	外观设计	200930165074.0	2010.07.21	陈旭书	陈旭书
	玩具电子琴（28125）	外观设计	201030000662.1	2010.07.21	陈允青	陈允青
	玩具电子琴（HK-92978）	外观设计	201030020403.5	2010.07.21	蔡声雄	蔡声雄
	玩具电子琴（HK-92968）	外观设计	201030020401.6	2010.07.21	蔡声雄	蔡声雄
	用于电子琴的键盘底座	实用新型	200920310924.6	2010.08.11	杭州爱尔科电子有限公司	叶久璋、殷建军、刘南悦、黄郡
	电子琴（8807-2）	外观设计	201030105414.3	2010.08.18	陈旭书	陈旭书
	一种电子琴系统	实用新型	200920214495.2	2010.09.01	上海第二工业大学	黄丽佳
	基于单片机控制的电子琴	实用新型	200920316946.3	2010.09.01	西安理工大学	程光旭
	用于生产电子琴的装配流水线机构	实用新型	200920310904.9	2010.09.08	杭州爱尔科电子有限公司	叶久璋、殷建军、刘南悦、黄郡
	用于电子琴的翻盖	实用新型	200920310922.7	2010.09.22	杭州爱尔科电子有限公司	叶久璋、殷建军、刘南悦、黄郡
	用于放置电子琴的周转架	实用新型	200920310913.8	2010.09.22	杭州爱尔科电子有限公司	叶久璋、殷建军、刘南悦、黄郡
	电子琴键盘力度曲线实时调节的系统和方法	发明专利	201010195552.4	2010.10.27	吟飞科技（江苏）有限公司	陈国斌、周峰
	电子琴	外观设计	200930038197.8	2010.10.06	南京理工大学	程鹏、王振
	电子琴琴架（DF156）	外观设计	201030151945.6	2010.11.24	宁波音王集团有限公司	尹旺军
	一种电子琴琴架支撑结构	实用新型	201020026750.3	2010.11.17	邢保嘉	邢保嘉
提琴	高响度小提琴	发明专利	200910150812.3	2010.01.13	林之铠	林之铠

类别	名称	专利类型	申请（专利）号	公开（公告）日	申请（专利权）人	发明（设计）人
提琴	小提琴弓直矫正器	实用新型	200920071196.8	2010.02.03	李姝琛、苗琳、尤文婷	李姝琛、苗琳、尤文婷、顾聪颖、刘朝
	一种教学用小提琴	实用新型	200920150788.9	2010.02.03	林之铠	林之铠
	一种用于将小提琴支撑在演奏者肩上的肩带装置	实用新型	200920054213.7	2010.02.03	蔡华山	蔡华山
	小提琴运弓练习、校正器	实用新型	200920111263.4	2010.02.10	张继明	张继明
	高响度小提琴	实用新型	200920160830.5	2010.02.24	林之铠	林之铠
	改进的小提琴	实用新型	200920167613.9	2010.05.19	孔玉崇	孔玉崇
	电小提琴	外观设计	200930182670.X	2010.05.19	北京浩韵创新科技有限公司	程浩
	提琴类乐器表面彩色图案的制作方法	发明专利	200910235029.7	2010.06.02	吴大旷	吴大旷
	带音乐控制装置的小提琴	实用新型	200920304997.4	2010.06.02	杭州萧山顺利达电子厂	汤正顺
	多功能折叠式小提琴练习矫正架	实用新型	200920210218.4	2010.06.02	上海大学	刘朝、刘派、车宏毅
	提琴弓手柄	实用新型	200920140833.2	2010.07.07	巫克里	巫克里
	玩具小提琴（HK-6080）	外观设计	201030020404.X	2010.07.21	蔡声雄	蔡声雄
	一种提琴琴板定音与琴箱装配调音方法和专用设备	发明专利	200910248584.3	2010.07.28	王宏伟	王宏伟
	一种小提琴调音装置	实用新型	200920198759.X	2010.07.28	湖州师范学院	闫萍
	提琴弓直器	实用新型	200920048919.2	2010.08.04	孙伟	孙伟
	一种太极式小提琴	实用新型	200920276731.3	2010.08.04	王鲁予	王鲁予
	一种提琴琴板振动特性测试方法及其专用设备	发明专利	201010119896.7	2010.08.18	王宏伟	王宏伟、王诗华
	小提琴	外观设计	201030046001.2	2010.09.22	王淑蕊	王淑蕊
	大提琴（电声-1）	外观设计	201030105883.5	2010.10.06	马玉东	马玉东
口琴	盲人口琴	实用新型	200920085302.8	2010.02.10	武汉市第十一中学	黎鹏、王玉坤
	口琴（2）	外观设计	200930115534.9	2010.02.10	武汉天马人和科技有限公司	曹楠、胡任、朱涛
	口琴（5）	外观设计	200930115537.2	2010.02.10	武汉天马人和科技有限公司	曹楠、胡任、朱涛
	簧管口琴	发明专利	200910177086.4	2010.02.17	廖万侦	廖万侦
	口琴（4）	外观设计	200930115536.8	2010.02.17	武汉天马人和科技有限公司	曹楠、胡任、朱涛
	一种无基调变调口琴	实用新型	200920288161.X	2010.09.08	王豫宁	王豫宁

类别	名称	专利类型	申请（专利）号	公开（公告）日	申请（专利权）人	发明（设计）人
口琴	口琴固定架	实用新型	201020186742.5	2010.12.15	唐成飞、王荣华	唐成飞、王荣华
	一种防灰尘的口琴	实用新型	201020204900.5	2010.12.29	张莉	张莉
萨克斯	萨克斯管低音#La按键的辅助按键	实用新型	200920090696.6	2010.02.24	袁方	袁方
	萨克斯管专用可移动话筒夹	实用新型	200920305032.7	2010.03.17	吴元会、康薇嘉	吴元会、康薇嘉
	高八度bE调萨克斯管	实用新型	200920097013.X	2010.03.31	天津市津宝乐器有限公司	潘越强
	C大调萨克斯管	实用新型	200920097014.4	2010.03.31	天津市津宝乐器有限公司	潘越强
	注模萨克斯管	发明专利	200880013937.5	2010.05.19	披亚帕·塔亚克	披亚帕·塔亚克
	一种降E超高音唢呐萨克斯管	发明专利	201010183787.1	2010.09.15	丁安根	丁安根
	高度可变式萨克斯高音键	实用新型	200920271882.X	2010.11.24	胡建伟	胡建伟
	可调式萨克斯脖管音色调整块	实用新型	201020149229.9	2010.11.10	黄垅	黄垅、罗涛
	萨克斯下键柱加工装置	发明专利	201010264505.0	2010.12.15	天津市津宝乐器有限公司	王存
鼓	铜鼓铸造方法	发明专利	200910114265.3	2010.01.06	韦启初、韦启参	韦启初、韦启参
	鼓外壳	发明专利	200910158755.3	2010.01.13	雅马哈株式会社	吉野俊隆、奥村幸正、阿部裕康、安部卓哉、长岛宏尚
	一种乐鼓用支撑脚	实用新型	200920053724.7	2010.01.13	邢保嘉	邢保嘉
	鼓（KDT7250D）	外观设计	200830320583.1	2010.01.13	叶肇融	叶肇融
	鼓支撑脚	外观设计	200930070481.3	2010.01.20	邢保嘉	邢保嘉
	鼓脚座	外观设计	200930070482.8	2010.01.27	邢保嘉	邢保嘉
	可移动的鼓架	实用新型	200920108112.3	2010.02.03	董淑华	董淑华
	耳鼓座	外观设计	200930121295.8	2010.04.07	天津市津宝乐器有限公司	李中华
	大鼓座	外观设计	200930121296.2	2010.04.07	天津市津宝乐器有限公司	李中华
	鼓槌连接座	实用新型	200920154553.7	2010.04.14	廖村淇	廖村淇
	一种全频鼓纸喇叭	实用新型	200920164126.7	2010.04.21	东星电声科技（东莞）有限公司	冯维伦
	一种鼓圈固定方便的乐鼓	实用新型	200920061828.2	2010.05.05	邢保嘉	邢保嘉
	打击鼓及鼓槌	实用新型	200920173150.7	2010.05.26	许国慧	许国慧
	舒适型行进鼓背架	发明专利	200810152745.4	2010.06.09	天津市津宝乐器有限公司	李中华
	可折叠行进鼓背架	发明专利	200810152749.2	2010.06.09	天津市津宝乐器有限公司	李中华
	静音鼓垫	外观设计	200930188981.7	2010.07.07	李国华	李国华

类别	名称	专利类型	申请（专利）号	公开（公告）日	申请（专利权）人	发明（设计）人
鼓	一种脚踏式无线遥控电子低音鼓	实用新型	200920173113.6	2010.07.14	饶涛	饶涛
	电子鼓	外观设计	200930383365.7	2010.07.14	雅马哈株式会社	辰巳惠三
	静音鼓皮强化结构	实用新型	200920220345.2	2010.07.21	谢朝盈	谢朝盈
	电子鼓	外观设计	200930383366.1	2010.07.21	雅马哈株式会社	辰巳惠三
	鼓调音装置	发明专利	200880101690.2	2010.07.28	P·克里斯马斯	P·克里斯马斯
	架子鼓	实用新型	200920246176.X	2010.07.28	张亚平	张亚平
	新型哑鼓	实用新型	200920311457.9	2010.08.04	天津市津宝乐器有限公司	李中华
	鼓凳（1）	外观设计	200930323114.X	2010.08.04	天津市津宝乐器有限公司	李中华
	定音鼓	外观设计	200930323118.8	2010.08.04	天津市津宝乐器有限公司	李中华
	电子鼓	外观设计	200930383367.6	2010.08.04	雅马哈株式会社	辰巳惠三
	可调整高度的鼓凳	实用新型	200920311507.3	2010.08.11	天津市津宝乐器有限公司	李中华
	一种触摸电子发声鼓	实用新型	200920236966.X	2010.08.11	杨果	杨果
	稳定型耳鼓悬挂装置	实用新型	200920221980.2	2010.08.11	天津市津宝乐器有限公司	李中华
	单层磷铜鼓筒的军鼓	实用新型	200920221934.2	2010.08.11	天津市津宝乐器有限公司	李中华
	微调式军鼓外沙带调节装置	实用新型	200920311453.0	2010.08.11	天津市津宝乐器有限公司	李中华
	行进鼓演奏支架	外观设计	200930323116.9	2010.08.11	天津市津宝乐器有限公司	李中华
	脚踏鼓锤座的鼓框夹制装置	实用新型	200920267323.1	2010.08.18	廖村淇	廖村淇
	大鼓顶座	外观设计	200930318273.0	2010.08.18	天津市津宝乐器有限公司	李中华
	用于原声鼓和电子鼓的鼓皮	发明专利	201010135499.9	2010.08.18	王琳	王琳
	儿童音乐电子鼓	外观设计	200930382890.7	2010.08.18	北京服装学院、陈晓华	陈晓华、王燕青
	行进大鼓演奏支架	外观设计	200930323049.0	2010.08.18	天津市津宝乐器有限公司	李中华
	电子拨浪鼓	外观设计	200930315703.3	2010.08.25	浙江理工大学	李锋、刘兰兰
	爵士鼓拾音器及支架	外观设计	200830254363.3	2010.08.25	鲁文洙	鲁文洙
	击鼓踏板的回复装置	实用新型	200920279250.8	2010.09.01	功学社教育用品股份有限公司	骆应进

类别	名称	专利类型	申请（专利）号	公开（公告）日	申请（专利权）人	发明（设计）人
鼓	鼓棒	实用新型	200920317372.1	2010.09.01	郑祝荣	郑祝荣、多涵男
	打鼓棒	实用新型	200920074756.5	2010.09.08	黄旭坤	黄旭坤
	一种方便的乐鼓踩槌机构	实用新型	200920265127.0	2010.09.15	邢保嘉	邢保嘉
	鼓点编译方法	发明专利	200910047813.5	2010.09.22	上海市向明中学	沈骞、郑子懿、曾扬
	多位调节式大鼓腿安装座	实用新型	200920311456.4	2010.09.22	天津市津宝乐器有限公司	李中华
	行进大鼓演奏支架	实用新型	200920314211.7	2010.09.22	天津市津宝乐器有限公司	李中华
	新型军鼓	实用新型	200920314179.2	2010.09.22	天津市津宝乐器有限公司	李中华
	具有新型鼓筒的军鼓	实用新型	200920314178.8	2010.09.22	天津市津宝乐器有限公司	李中华
	一种包括黄铜鼓筒的军鼓	实用新型	200920314146.8	2010.09.22	天津市津宝乐器有限公司	李中华
	爵士水鼓	实用新型	200920314171.6	2010.09.22	天津市津宝乐器有限公司	李中华
	木军鼓	外观设计	200930323115.4	2010.09.22	天津市津宝乐器有限公司	李中华
	基于电磁感应的新型电子鼓	发明专利	200910038420.8	2010.10.06	得理乐器（珠海）有限公司	郭润博
	多功能鼓乐器	发明专利	200910068637.3	2010.11.03	天津市津宝乐器有限公司	刘运斌
	军鼓端板和皮带	发明专利	201010169722.1	2010.11.17	德阿达里奥公司	罗伯特·A·加岑
	鼓垫及其制造方法	发明专利	201010168513.5	2010.11.24	雅马哈株式会社	桥本隆二、泽田修一、西田贤一、原田敬三
	一种电子鼓盘	实用新型	201020119793.6	2010.11.03	得理电子（上海）有限公司	葛兴华、张国稳、陆克明
	摇滚鼓	外观设计	201030172462.4	2010.11.17	李翻锁	李翻锁
	电子鼓	发明专利	201010198826.5	2010.12.08	罗兰株式会社	森良彰
	一种双层电声鼓皮	发明专利	201010265024.1	2010.12.08	天津市津宝乐器有限公司	李中华
	具有自调节托架尺寸的小军鼓架	发明专利	201010202628.1	2010.12.22	格瓦音乐有限责任公司	鲁本·施泰因豪泽、温弗里德·霍尔
	一种大鼓支腿安装结构	发明专利	200910069387.5	2010.12.29	天津市津宝乐器有限公司	李中华
	鼓	发明专利	201010202984.3	2010.12.22	罗兰株式会社	吉野澄、樋口英和
	鼓用支架	发明专利	201010202691.5	2010.12.22	罗兰株式会社	吉野澄、樋口英和
	应用于定音鼓上的连杆结构锁紧器	实用新型	201020184407.1	2010.12.29	天津瑞通乐器有限公司	李中华
	鼓棒袋	外观设计	201030107567.1	2010.12.01	赖奕茹、詹金和	赖奕茹、詹金和
号	设置有锥形调音管活塞的变调长号	发明专利	200810152854.6	2010.06.09	天津市津宝乐器有限公司	李宗瑞

类别	名称	专利类型	申请（专利）号	公开（公告）日	申请（专利权）人	发明（设计）人
号	小号	外观设计	200930323052.2	2010.08.04	天津市津宝乐器有限公司	李宗瑞
	长号	外观设计	200930323050.3	2010.08.04	天津市津宝乐器有限公司	李宗瑞
	大抱号（1）	外观设计	200930323117.3	2010.08.04	天津市津宝乐器有限公司	李宗瑞
	大抱号（2）	外观设计	200930323051.8	2010.08.04	天津市津宝乐器有限公司	李宗瑞
	大抱号（3）	外观设计	200930324617.9	2010.08.04	天津市津宝乐器有限公司	李宗瑞
	调音管按键调节式大抱号	实用新型	200920311455.X	2010.08.11	天津市津宝乐器有限公司	李中华
手风琴	手风琴包片的粘贴方法	发明专利	200810022962.1	2010.01.06	郭道耘	郭道耘
	手风琴琴键传动系统中的键杆槽	实用新型	200920096128.7	2010.01.27	张翼	张翼
	多点锁定手风琴背带	实用新型	200920016393.X	2010.04.28	王宝胜	王宝胜
	键盘手风琴琴键定位装置	实用新型	200920235214.1	2010.06.16	江阴金杯安琪乐器有限公司	时建明
	带耳机的手风琴	实用新型	200920213759.2	2010.09.01	上海市奉贤区青少年活动中心	唐宋佳
口风琴	口风琴	外观设计	200930134992.7	2010.01.06	张琳	张琳
	口风琴（37KR）	外观设计	201030102234.X	2010.09.29	曹正宇	曹正宇
	口风琴（37KP）	外观设计	201030102354.X	2010.09.29	曹正宇	曹正宇
笛	陶笛（六）	外观设计	200930130603.3	2010.01.20	邹月敏	邹月敏
	陶笛（三）	外观设计	200930130606.7	2010.01.27	邹月敏	邹月敏
	陶笛（七）	外观设计	200930130602.9	2010.01.27	邹月敏	邹月敏
	变音长笛	发明专利	200910185335.4	2010.05.12	姚俊	姚俊
	外套管旋转推拉式转调多调调音笛	实用新型	200920067210.7	2010.05.12	李根强	李根强
	陶笛（二）	外观设计	200930130607.1	2010.05.12	邹月敏	邹月敏
	长笛笛头堵头	外观设计	200930074723.6	2010.06.23	杜诗华	杜诗华
	乐器（笛子）	外观设计	200930237279.5	2010.07.21	第一幕股份有限公司	苏珊·沃瑟曼、雅恩·泊松
	新曲笛	实用新型	200920249420.8	2010.07.28	马铭新	马铭新
	竹笛架	实用新型	200920298857.0	2010.08.04	王慧	王慧
	一种新型陶笛	实用新型	200920154116.5	2010.08.18	张斌	张斌
	笛子（蓝鲸奥卡利那）	外观设计	200930347066.8	2010.08.18	邹月敏	邹月敏
	变音长笛	实用新型	200920180345.4	2010.09.01	姚俊	姚俊
	横笛	发明专利	201010155446.3	2010.10.13	华纳·汤玛士、芭芭拉·杰斯勒	华纳·汤玛士、芭芭拉·杰斯勒
	一种调音管以及应用该调音管的笛箫	实用新型	201020113367.1	2010.10.27	邵麒	邵麒

类别	名称	专利类型	申请（专利）号	公开（公告）日	申请（专利权）人	发明（设计）人
笛	无膜孔的笛子	实用新型	200920199729.0	2010.10.06	肖敏	肖敏
	单键十孔笛	实用新型	201020156946.4	2010.11.17	孙晓东	孙晓东
	三管笛	外观设计	200930382487.4	2010.11.17	吴宝安、吴宝国	吴宝安、吴宝国
	竖笛的组合结构	实用新型	201020140272.9	2010.12.01	金迪乐器股份有限公司	张毓彬
	一种木制笛子	实用新型	201020126992.X	2010.12.08	杨治兴	杨治兴、杨声
二胡	改变传音方向的二胡琴筒	实用新型	200920067812.2	2010.01.13	胡丹越	胡祖庭、肖白镛、胡丹越
	一种音效可调的二胡	实用新型	200920137028.4	2010.01.27	朱家宇	朱家宇
	一种新型的二胡共鸣箱	实用新型	200920030072.5	2010.03.31	张洪宾	张洪宾
	多音色电子视听二胡	实用新型	200920015228.2	2010.04.28	张宪喜	张宪喜
	二胡学习手势矫正器	实用新型	200920077092.8	2010.05.12	上海市杨浦区控江二村小学	李嗣源
	重型二胡	实用新型	200920146493.4	2010.05.19	陈明章	陈明章
	一种可拆卸二胡	实用新型	200920191428.3	2010.05.19	陈光宇	陈光宇
	二胡底座精密微调移动式挂弦微调器	实用新型	200920225190.1	2010.05.26	淄博高新区国乐胡琴名曲苑	丁海庭
	二胡（荷塘月色款）	外观设计	200930101009.1	2010.06.16	上海琴园乐器有限公司	纳音
	二胡（红山玉龙款）	外观设计	200930101010.4	2010.06.16	上海琴园乐器有限公司	纳音
	二胡	外观设计	200930316310.4	2010.06.16	浙江理工大学	闫笑一、王小伟
	二胡（电声二胡）	外观设计	200930229469.2	2010.07.07	上海泛思工业设计有限公司、祝晶晶	祝晶晶
	扩音二胡	发明专利	201010124521.X	2010.07.21	丁家友	丁家友
	一种琴头可拆卸的二胡	实用新型	200920317263.X	2010.08.18	陈磊	陈磊
	二胡	外观设计	200930380497.4	2010.08.18	孙云龙	孙云龙
	一种带侧音窗的凸面弧形音膜二胡	实用新型	200920026485.6	2010.08.25	龙志军	龙志军
	二胡（911）	外观设计	200930354451.5	2010.08.25	上海民族乐器一厂	周力
	新型二胡	实用新型	200920254632.5	2010.09.15	贺富明	贺富明、潘秀英、皇甫洁琼、贺铮、张珊
	随演奏自动溢香的二胡	实用新型	201020301689.9	2010.09.15	杨军	杨军
	儿童二胡（花）	外观设计	200930332112.7	2010.09.29	金丹、周东红	金丹、周东红
	琴托上带微调器的二胡	实用新型	200920152707.9	2010.10.06	张永善	张永善

类别	名称	专利类型	申请（专利）号	公开（公告）日	申请（专利权）人	发明（设计）人
二胡	具有插入式琴头结构的二胡	实用新型	201020115877.2	2010.10.20	俞惠芳	俞惠芳
	一种自带谐振腔的二胡琴马	实用新型	201020203389.7	2010.12.29	陆庆祥	陆庆祥
	二胡架	实用新型	201020163095.6	2010.11.03	刘宇东	刘宇东
	电声二胡音源发声装置	实用新型	200920211745.7	2010.11.17	上海泛思工业设计有限公司、祝建华	祝建华
	螺壳式的两琴筒二胡	实用新型	201020010118.X	2010.11.24	时良春、袁秀君	时良春、袁秀君
胡琴	胡琴	外观设计	200930004949.9	2010.01.06	黄秀云	黄秀云
	胡琴	外观设计	200930004950.1	2010.02.17	黄秀云	黄秀云
	一种高中音双筒板胡	实用新型	200920030073.X	2010.03.31	张洪宾	张洪宾
	一种带喇叭纸盆发声的板胡	实用新型	200920028522.7	2010.04.28	张洪宾	张洪宾
	一种双音膜板胡	实用新型	200920028571.0	2010.04.28	张洪宾	张洪宾
	便于操琴者收听原发音的胡琴	发明专利	200910224470.5	2010.05.05	俞钟晓	俞钟晓
	革胡	外观设计	200930205601.6	2010.05.19	香港中乐团有限公司	阮仕春
	一种京胡	实用新型	200920217274.0	2010.06.23	段郡池	段郡池
	一种能让操琴者收听原发音的胡琴	实用新型	200920272254.3	2010.07.21	俞钟晓	俞钟晓
	一种双声道胡琴	实用新型	200920272251.X	2010.07.28	俞钟晓	俞钟晓
	双筒胡琴	实用新型	200920272566.4	2010.08.11	顾国铭	顾国铭
	胡琴琴筒	实用新型	201020300363.4	2010.09.08	王泽云	王泽云
	一种胡琴的音阶标识对照装置	发明专利	201010180669.5	2010.09.15	张洪宾	张洪宾
	一种可演奏三种音频声波的胡琴	发明专利	201010194444.5	2010.09.29	张洪宾	张洪宾
阮	水晶电子中阮	实用新型	200920274263.6	2010.12.08	王镇	王镇
	阮	外观设计	201030225758.8	2010.12.15	冯满天	冯满天
埙	埙（戏剧脸谱A）	外观设计	200930069357.5	2010.01.20	白瑾、李海生、范安琪	白瑾、李海生、范安琪
	埙（戏剧脸谱B）	外观设计	200930069338.2	2010.01.20	白瑾、李海生、范安琪	白瑾、李海生、范安琪
	埙（戏剧脸谱C）	外观设计	200930069373.4	2010.02.24	白瑾、李海生、范安琪	白瑾、李海生、范安琪
	贝螺埙	外观设计	200930010670.1	2010.04.21	张洪江	张洪江
	阴阳埙	外观设计	200930332024.7	2010.09.15	严叡勤、周东红	严叡勤、周东红
古筝	古筝（845）	外观设计	200830188344.5	2010.01.06	上海民族乐器一厂	徐汝正
	筝（半筝）	外观设计	200930041413.4	2010.02.10	朱崇文	朱崇文
	古筝（844）	外观设计	200830188343.0	2010.03.10	上海民族乐器一厂	徐汝正
	古筝（842）	外观设计	200830188353.4	2010.03.10	上海民族乐器一厂	蒋国生
	古筝	外观设计	200930048815.7	2010.03.24	熊立群	熊立群
	半筝	实用新型	200920046737.1	2010.03.31	朱崇文	朱崇文
	悬钟型古筝	实用新型	200920092006.0	2010.05.12	鲁广文	鲁广文

类别	名称	专利类型	申请（专利）号	公开（公告）日	申请（专利权）人	发明（设计）人
古筝	佩戴式古筝指甲拨片	实用新型	200920087921.0	2010.05.26	王沁宜	王沁宜
	古筝（蝴蝶格）	外观设计	200930101011.9	2010.06.09	上海琴园乐器有限公司	纳音
	古筝（万字格）	外观设计	200930101012.3	2010.06.09	上海琴园乐器有限公司	纳音
	新式筝架	实用新型	200920202890.9	2010.06.09	熊冷溪	熊冷溪
	一种陶瓷古筝	实用新型	200920227529.1	2010.06.16	孙英东	孙英东
	筝（专业演奏）	外观设计	200930354118.4	2010.07.14	李同志	李同志
	楠木竹简筝	外观设计	200930354133.9	2010.07.14	张文强	张文强
	古筝（天籁之音）	外观设计	200930354116.5	2010.07.14	李同志	李同志
	古筝（吉祥三宝）	外观设计	200930354115.0	2010.07.14	李同志	李同志
	古筝（瑶池仙女）	外观设计	200930354117.X	2010.07.14	李同志	李同志
	古筝（丹凤朝阳）	外观设计	200930354119.9	2010.07.14	李同志	李同志
	古筝（喜鹊登梅）	外观设计	200930354121.6	2010.07.14	李同志	李同志
	古筝（凤穿牡丹）	外观设计	200930354122.0	2010.07.14	李同志	李同志
	古筝（江清月明）	外观设计	200930354124.X	2010.07.14	李同志	李同志
	古筝（高山流水）	外观设计	200930354123.5	2010.07.14	李同志	李同志
	古筝（双喜临门）	外观设计	200930354125.4	2010.07.14	李同志	李同志
	古筝（百子嬉趣）	外观设计	200930354126.9	2010.07.14	李同志	李同志
	古筝（孔子圣迹）	外观设计	200930354127.3	2010.07.14	李同志	李同志
	古筝（心语）	外观设计	200930354130.5	2010.07.14	张文强	张文强
	古筝（福音和弦）	外观设计	200930354129.2	2010.07.14	张文强	张文强
	古筝（鸳鸯戏水）	外观设计	200930354128.8	2010.07.14	张文强	张文强
	古筝（花香鸟语）	外观设计	200930354131.X	2010.07.14	张文强	张文强
	古筝（七龙戏珠）	外观设计	200930354132.4	2010.07.14	李同志	李同志
	古筝（双鹤朝阳）	外观设计	200930354134.3	2010.07.14	李同志	李同志

类别	名称	专利类型	申请（专利）号	公开（公告）日	申请（专利权）人	发明（设计）人
古筝	古筝（岳阳楼记）	外观设计	200930354135.8	2010.07.14	李同志	李同志
	古筝（s形岳山）	外观设计	200930354136.2	2010.07.14	李同志	李同志
	古筝（双狮盘球）	外观设计	200930354137.7	2010.07.14	李同志	李同志
	古筝（扬州风光）	外观设计	200930354138.1	2010.07.14	李同志	李同志
	古筝（九州龙吟）	外观设计	200930354270.2	2010.07.14	李同志	李同志
	古筝（五福捧寿）	外观设计	200930354139.6	2010.07.14	李同志	李同志
	古筝（平沙落雁）	外观设计	200930354271.7	2010.07.14	李同志	李同志
	古筝（板桥写竹）	外观设计	200930354272.1	2010.07.14	李同志	李同志
	古筝（941）	外观设计	200930354459.1	2010.08.04	上海民族乐器一厂	周力、孙云
	古筝（942）	外观设计	200930354458.7	2010.08.04	上海民族乐器一厂	周力
	古筝（947）	外观设计	200930354454.9	2010.08.04	上海民族乐器一厂	王琳琳
	古筝（944）	外观设计	200930354456.8	2010.08.11	上海民族乐器一厂	王琳琳
	古筝（946）	外观设计	200930354452.X	2010.08.11	上海民族乐器一厂	周力
	古筝（949）	外观设计	200930354450.0	2010.08.11	上海民族乐器一厂	许敏晓
	多律筝	实用新型	200920291277.9	2010.08.11	郝方	王小录、郝方
	古筝（福禄寿）	外观设计	200930354120.1	2010.08.18	李同志	李同志
	古筝包	外观设计	201030136012.X	2010.08.25	熊立群	熊立群
	筝马	外观设计	201030136009.8	2010.08.25	熊立群	熊立群
	一种古筝支架	实用新型	201020015550.8	2010.09.14	王春艳	王春艳
	古筝	外观设计	200930331472.5	2010.09.15	张璟、陈晓蕙	张璟
	一种古筝的转调装置	实用新型	200920216905.7	2010.09.22	赵天池	赵天池、肖祥鹏、齐瑀
	一种古筝的自动调音和转调装置	实用新型	200920216904.2	2010.09.22	赵天池	赵天池、肖祥鹏、齐瑀
	古筝指甲套	实用新型	200920287532.2	2010.10.06	杨霓	杨霓
	古筝架（HSGZ-18）	外观设计	201030142017.3	2010.10.27	东莞市红运家具有限公司	林启将

类别	名称	专利类型	申请（专利）号	公开（公告）日	申请（专利权）人	发明（设计）人
古筝	一种传统古筝的转调方法	发明专利	201010253613.8	2010.12.01	潘仲文	潘仲文
	水晶电子古筝	实用新型	200920274265.5	2010.12.08	王镇	王镇
	一种古筝专用指甲	实用新型	201020197420.0	2010.12.22	赵卓亚	赵卓亚
	古筝（青花凤穿牡丹）	外观设计	201030233179.8	2010.12.22	刘永发	刘永发
	古筝（青花草龙）	外观设计	201030233211.2	2010.12.22	刘永发	刘永发
	古筝（青花瑶山春）	外观设计	201030233213.1	2010.12.22	刘永发	刘永发
	古筝（青花国粹）	外观设计	201030233214.6	2010.12.22	刘永发	刘永发
	古筝（红陶）	外观设计	201030233222.0	2010.12.22	刘永发	刘永发
葫芦丝	一种葫芦丝	发明专利	200910150811.9	2010.01.13	林之铠	林之铠
	一种葫芦丝	实用新型	200920160831.X	2010.02.24	林之铠	林之铠
	葫芦丝	外观设计	200930010679.2	2010.03.03	赵振国	赵振国
	玩具葫芦丝	外观设计	200930076578.5	2010.05.05	许泽通	许泽通
	按音孔非直线排列的高音葫芦丝、巴乌	发明专利	200910115348.4	2010.11.17	胡新民	胡新民
	一种葫芦丝	发明专利	200910143118.9	2010.11.17	金贞淑	于天佑、金贞淑
扬琴	扬琴止音器	实用新型	200920107229.X	2010.01.20	丁冬冬	丁冬冬
	一种扬琴	实用新型	200920004419.9	2010.01.27	重庆大音乐器有限公司	刘书炯、彭文建
	改进的止音扬琴	实用新型	200920159232.6	2010.03.03	吴汉军	吴汉军
	可调式扬琴止音器	发明专利	201010162480.3	2010.09.29	重庆大音乐器有限公司	彭文建、刘书炯
	扬琴“左码分边微调”	发明专利	200910138154.6	2010.11.03	李湘欧	李湘欧
	一种扬琴	实用新型	201020217553.X	2010.12.29	李铁成	李铁成
琵琶	微调琵琶	实用新型	200920149584.3	2010.01.20	张明先	张明先
	琵琶（1）	外观设计	200930055139.6	2010.05.05	徐宝华	徐宝华
	琵琶（琴键）	外观设计	200930315923.6	2010.05.26	浙江理工大学	闫笑一、黄逸琳
	琵琶（天香）	外观设计	200930315896.2	2010.06.16	浙江理工大学	闫笑一、闫少石、秦岭
	桥壳琵琶孔切割定位工装	实用新型	200920239516.6	2010.07.21	青特集团有限公司	纪建奕、纪奕春、赵官传、黄玉亭
	琵琶（blossom）	外观设计	200930315895.8	2010.09.01	浙江理工大学	闫笑一、闫少石
	琵琶（羊羊）	外观设计	200930315912.8	2010.09.01	浙江理工大学	闫笑一、闫少石、秦岭
	琵琶	实用新型	200920310333.9	2010.09.01	浙江理工大学	闫笑一、黄逸琳
	琵琶（smart）	外观设计	200930315908.1	2010.10.06	浙江理工大学	闫笑一、闫少石
	琵琶（汉服纹样）	外观设计	200930331337.0	2010.10.13	苏晨、周东红	苏晨、周东红
	琵琶（明沐清风）	外观设计	200930332116.5	2010.10.13	陈智、周东红	陈智、周东红
	水晶电子琵琶	实用新型	200920274262.1	2010.12.08	王镇	王镇
	一种琵琶	实用新型	201020226538.1	2010.12.15	湖南城市学院	曹蕙姿

类别	名称	专利类型	申请（专利）号	公开（公告）日	申请（专利权）人	发明（设计）人
民族乐器	竹帆琴(竹筒琴)	发明专利	200930123923.6	2010.02.03	大庆华泰技术开发有限公司	石晶
	板式琴架	实用新型	200920046602.5	2010.02.24	熊立群	熊立群
	一种新上弦法的古琴	发明专利	200810174163.6	2010.06.16	贾小兵	贾小兵
	一种双徽位的古琴	发明专利	200810174164.0	2010.06.16	贾小兵	贾小兵
	竹韵天琴	实用新型	200920140976.3	2010.07.14	韩丰蔚	韩醒
	古琴雁足式装弦调音装置	发明专利	200910261190.1	2010.08.25	刘学伟	刘学伟
	一种巴乌、葫芦丝主管	实用新型	200920186470.6	2010.09.15	李凯	李凯
	筚篌学习机	外观设计	200930348224.1	2010.09.15	秦源、周东红	秦源、周东红
	三弦琴（杷拉莱格）	外观设计	201030121391.5	2010.10.06	钱明圣	钱明圣
	49音键盘芦笙筒	实用新型	201020129622.1	2010.10.06	张式业	张式业、张蔚波
	天琴	外观设计	201030236130.8	2010.11.17	邱汉斌	邱汉斌
	加键唢呐	外观设计	201030191985.3	2010.11.24	从洋	从文新、从洋
	水晶电子文琴	实用新型	200920274264.0	2010.12.29	王镇	文正球、曹天立、王镇
西洋乐器	两用改良单簧管	实用新型	200920163543.X	2010.03.03	蔡宽、刘麟	蔡宽
	一种螺旋弹簧管和螺旋弹簧管扬声器结构	实用新型	200920132698.7	2010.06.02	王晓红	王晓红
	四音琴	发明专利	201010118411.2	2010.08.04	王廷廷	王廷廷
	一种可升降琴头、横梁悬空外挂的玛琳巴琴	实用新型	200920218979.4	2010.09.08	钱跃军	钱跃军
	十二音敲琴（TX-8049）	外观设计	200930382797.6	2010.09.22	李友彬	李友彬

（资料来源：国家知识产权局“中国专利数据库”　中国乐器协会信息部编辑）

2011

中国乐器年鉴

CHINA MUSICAL INSTRUMENT YEARBOOK

广州珠江钢琴集团股份有限公司

恺撒堡KD和KA系列钢琴

2010年，为进一步提升恺撒堡品牌的技术内涵和品质水平，珠江钢琴集团推出了恺撒堡KD德国制造系列和KA艺术家系列钢琴。两大系列钢琴均由公司高级技术顾问、世界著名钢琴设计大师托马先生和公司技术总监、欧洲资深钢琴技师史蒂芬·默勒先生与珠江技术精英团队合力打造，重新对高档钢琴的内部结构、外观造型、制造工艺、材料选用作更完善的设计，使产品具有更完美的声音和弹奏性能。

两大系列钢琴的关键零件采用了多种国际顶尖品牌的优质材料，并参照欧洲顶级钢琴的工艺流程和方法，制定了独有的KA/KD钢琴生产工艺。其中KD钢琴在德国工厂按传统德国工艺生产；KA钢琴则在广州按德国模式独立建厂生产，全程由史蒂芬·默勒先生进行监制生产。

★恺撒堡KD系列钢琴

音板——采用德国原装STRUNZ音板，应用欧洲高档钢琴的全手工配作加工工艺制作，使音板系统在琴弦巨大张力的作用下仍保持非同一般的稳定性能和振动性能。

弦轴板——采用德国原装的DEHONIT弦轴板，配合精确的温湿度控制和科学的钻孔工艺，既保障了音准的稳定性又保障了调音动作的顺畅。

弦码——采用硬枫木结合特殊红木竖直弯压黏合而成。提供持久稳定的结构性能和精准灵敏的振动传递。全手工完成弦码钉孔配孔、钻孔和弦码铣斜位工序，保证了弦列的准确性。

弦槌——采用德国RENNER演奏会级弦槌，硬度与弹性完美结合带出钢琴优美的音色。采用德国RENNER演奏会级制音器，柔软的横向纤维毛毡，提供良好的制音效果。

击弦系统——采用德国原装RENNER演奏会级击弦系统，精选枫木制作结合特殊处理的弦槌毛毡使弹奏性能更加灵敏、运动回馈更加精准。

键盘系统——三角琴采用德国原装Otto Heuss演奏会级键盘，立式琴采用德国原装Aug.Laukhuff演奏会级键盘，配备亚光矿物质白键片和名贵非洲乌木（檀木）黑键，触键舒适灵敏，控制自如。

★恺撒堡KA系列钢琴（KA121、KA123、KA126、KA130、KA132）

音板——精选径切纹理的白松木作为音板材料，以手工配作工艺加工不等厚的实木音板，符合钢琴共鸣的发声规律，在各种不同气候条件下均能保持纯正的音质效果。

肋木——精选径切纹理的白松木作为肋木材料，以独有弯压成型的技术制作，为音板提供持久稳定的支撑力，使音板在琴弦巨大张力的作用下仍保持稳定的拱形曲面。

弦码——采用硬枫木为材料，以独有添加多层特殊硬木竖直弯压粘合而成的弦码，能提供持久稳定的结构性能和精准快速的振动传递。

弦槌——采用德国进口的RENNER弦槌，硬度与弹性完美结合带出钢琴优美的音色。

键盘系统——采用德国Aug.Laukhuff矿物质白键片，配备名贵非洲乌木（檀木）黑键，触键舒适灵敏，控制自如。

P、R、T三大系列钢琴

珠江精品P系列、里特米勒精品R系列、珠江提高版T系列钢琴是珠江钢琴集团2008年推出的中高档钢琴。产品采用了由托马先生主持设计的击弦共鸣系统，通过配置不同档次的材料和设定不同的工艺路线，使三大系列产品的定位更适合于不同类型的消费层。PRT三大系列中高档钢琴自推出以来，以其优异的性能和极高的性价比，迅速抢占了国内外中高档钢琴市场，使公司实现了产品质量和档次的整体提升，极大提高了企业的盈利能力。2010年，珠江继续推出了三大系列的6款新产品，产品的内部结构和用材沿用了三大系列的设计和配置，并配以新颖雅致的外观造型，三大系列的款式和规格更加完善，满足不同品味顾客的需求。

恺撒堡UH126YJ型立式钢琴和GH160YJ型三角钢琴

为使珠江钢琴的品种更加多元化，凸显公司先进的设计念理和设计水平，2010年开发了两款透明概念琴。产品以公司恺撒堡高档钢琴作为设计和工

艺基础，配以新颖独特的外观造型，集高贵与时尚于一体。外壳材料使用亚克力，使整台钢琴通透明亮，如水晶般晶莹剔透。产品传承了恺撒堡系列卓越的音色和弹奏性能，给每一位演奏者带来视觉与听觉的双重享受。

恺撒堡GZ2010亚运概念琴

2010年，珠江钢琴集团为亚运会开幕式特别研发了以广州英文字母GZ为外观造型的概念琴，又名为“海之韵”。G字母的钢琴外观设计，玲珑雅致又极富现代感，代表着广州的高贵时尚和优雅律动；Z字母的琴脚造型晶莹剔透，代表着广州的海洋文明与开放心态；琴盖像船的风帆，扬帆珠江，驶出大海，走向世界。湖水蓝色的钢琴，与潺潺珠江水及万家灯火交相辉映。广州亚运开幕式上，在钢琴家的激情演奏下，让观众享受了一场完美的视听盛宴，使亚洲人民甚至世界人民对珠江钢琴留下美好印象。

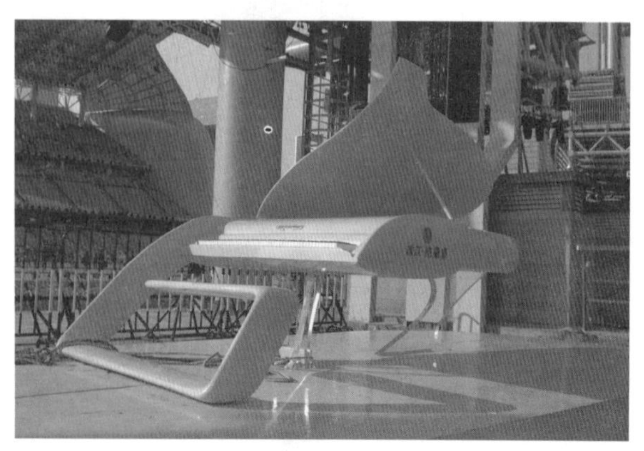

北京星海钢琴集团有限公司

"星海荣耀版"XH-121型和XH-125型

2009年纪念版钢琴问世以后得到市场的高度认可及经销商、专家的一致好评。在此先进设计和生产工艺基础上，2010年星海钢琴又推出了两款立式新琴——"星海荣耀版"XH-121型和XH-125型。

"星海荣耀版"集合了当前钢琴界最时尚的设计和星海钢琴一脉相承的稳健质量，最新研发的技术革新成果，采用专业特殊机械设备规模化的生产和精挑细选的制造环境，星海荣耀版钢琴给您传递一种前所未有的弹奏感受。

键盘部分：精心挑选优质三层椴木复合琴首板进行加工，避免了因木材的各项异型产生的变形，使键盘经久耐用，尤其改善了销往南方的钢琴琴键易变形问题。仿象牙色白键配乌木黑键使键盘弹奏舒适。特别是每个琴键都通过单独的测定配重技术达到统一的触键手感，保证弹奏流畅，声音稳定。

击弦机部分：弦槌毛毡采用德国进口AA级毛毡产生纯净的音质，优美的音色。高音稳健，中音柔和，低音清晰。新型工艺设备保证了击弦机各个部件的加工精度及一致性。击弦机背档及击弦机支架颜色为闪光金，与铁板风格一致。

琴背部分：精心挑选优质木材，严格的木纹理要求和含水量的严格控制，先进的设计，合理的配合，保证了美妙的声音绵延不断。音板精选顶级云杉并经过长时间的自然干燥，再施以人工充分干

燥，使音板内应力充分释放，增强音板稳定性和耐久力。"实木音板"标识采用激光雕刻工艺加工，更加美观，难以仿制。选用优质德国标准弦轴板,数控机床打孔，保证弦轴板能够紧紧的嵌住弦轴，维持适度张力，使得握钉力更加持久稳定。铁板喷涂新型亮闪涂料，垂纹漆涂饰,弦枕精细加工,突显华贵特点。德国进口RÖSLOUu琴弦，可承受较大张力，保持经久耐用,保证声音的纯净、优美。

外壳部分：行业中率先使用进口隔离漆，苯胺黑材料，保证钢琴外观更加美观，进口喷涂设备国内首屈一指保证漆膜光亮度更好，漆膜更持久。

踏瓣及外观金属零件：新型踏板，造型精美，高质量进口金属配件，精心细节。采用10踏板系统，新型压铸铜踏板表面镀铬。采用高品质，高精度缓冲器。采用精美，高质量的五金件。键盖合页、顶盖合页、谱架合页两端封头。轮脚采用设计精美的双轮结构，运转灵活。

商家卖点：

铁板闪光材料喷涂而成，彰显高档钢琴各部分的精致设计，开创性采用闪光粉喷涂铁板与整齐排列的琴弦形成了钢琴内结构中一道独特的风景线。打开琴上盖尽可展示。

外观独具特色，黑色琴外观更加庄重，由于采用进口漆和先进喷涂工艺，使漆面更加光亮，反光度更好，提高了耐候性。使用过程中有污迹时擦拭更加容易，稍用清洁剂就可以轻松擦拭干净。

击弦机和键盘部分采用进口木材，弦槌是进口德国呢毡，精密仪器加工，保证了良好的音色、音质且性能更加稳定。同时保证琴的触感非常好，弹奏流畅可与高档原装进口琴媲美。性价比非常之高。另外，击弦机采用了金色闪光喷涂，与铁板交相呼应，在钢琴行业中独树一帜，是目前国内外唯一采用此先进工艺的钢琴。

卡利西亚系列钢琴

CALISIA(卡利西亚)钢琴是在引进波兰CALISIA(卡利西亚)品牌设计、技术基础上开发的全新产品。技术等级要求为星海公司产品高级水平。外观设计延承欧洲风格，典雅简洁,色泽明亮。

音源部分沿用欧洲设计理念，弦列设计合理，选用RŐSLOUu琴弦，进口弦轴板、音板为实木复合音板。铁板油漆涂饰使用金色亮闪涂料新技术，使铁板美观时尚，同时提高了铁板外观质量。激光雕刻“实木音板”标识，雕刻图案美观清晰。铁板琴号激光打号，美观防涂改。

击弦机弦槌使用德国A级毛毡，木部件挑选优质色木。采用专人专线加工。转击器组装经测力工艺，以确保配合质量。击弦机背档及击弦机支架为闪光金色涂料装饰表面，提高了支架表面质量。支架螺母采用纯铜材质。提升了击弦机的档次。

键盘选用优质三层椴木复合琴首板，颜色均匀一致。琴键选用仿象牙色白键，乌木黑键。键盖加装缓落器尽显人文关怀。每架琴的装配调整都由技师精细整理，使弹奏更加舒畅。

巴赫多夫BU系列立式钢琴

巴赫多夫（BU）系列立式钢琴是北京星海钢琴集团有限公司注册的另一品牌，该产品运用德国技术，借鉴了德国生产多年的同类产品技术规范，形成星海钢琴独具特色的技术体系。

外观欧洲风格，黑琴全部加贴三聚氰胺板，可使漆膜长久光亮，不变形，不塌陷。

采用AU71型新型击弦机，此型击弦机通过技术人员近两年的精确计算及运用计算机的动态模拟，寻找出击弦机最佳运动状态，减少杂音的产生，有效保证弦槌的击弦力度和连续击弦性能，给演奏者带来安静、舒适的感觉。

键盘与新型击弦机配套设计，挑选优质三层椴木复合琴首板进行加工，避免了因外部环境变化产生的变形，使键盘经久耐用，尤其改善了销往南方的钢琴琴键易变形问题。键盖配备安全缓落防护装置，仿象牙色白键配乌木黑键使键盘弹奏舒适。不仅触感舒适，动作灵敏，且有良好的耐候性。

张弦设计沿承了德国设计大师劳瑟·切尔先生的设计理念，音质纯正，音板采用天然云杉实木复合材料制作；“实木音板”标识采用激光雕刻工艺加工，更加美观。弦码设计具有特殊精巧结构。铁板闪光材料喷涂而成，梦幻色。德国进口RŐSLOUu琴弦，可承受较大张力，保持经久耐用,保证声音的纯净、优美。在声学品质控制方面，特别注重低音浑厚、圆润，具备良好的延展性。低、中、高音音阶过渡连贯，无跳跃感。高音清晰、明亮、不飘不燥，极具穿透力、表现力。踏瓣机械动作灵敏，平稳安静。

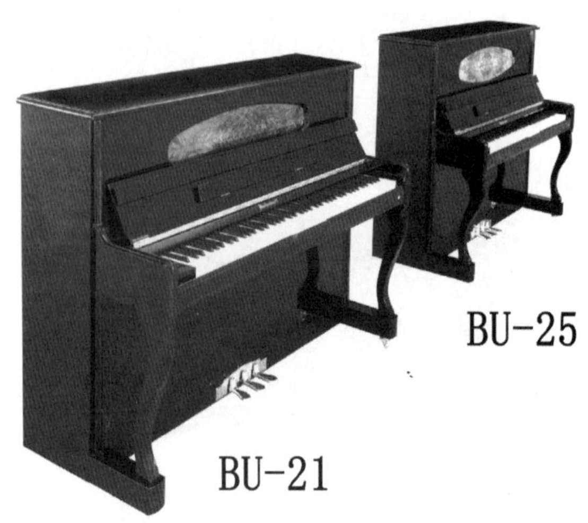

海伦钢琴股份有限公司

海伦HG150SE钢琴

HG150SE钢琴采用的硬实木背柱，整个背架结构非常坚固，保证了钢琴在巨大张力作用下依然恒久稳定。运用日本进口CNC五轴联动加工中心精确加工弯背等大小部件的弧度，使其精确度达到了国内乃至国际的一流水准，为钢琴的优秀品质与稳定性能提供可靠保障。HG150SE钢琴铁板上所有的钻孔、弦枕筋的铣削、音源各部件间的接合等工序，也由高科技数控设备完成，以达到对精度的严格控制，钢琴生产全线严格控温、控湿，进而保证钢琴的整体质量。

在用料方面，HG150SE的键盘呢毡全部采用英国进口的汉斯·伍斯（HAINS WORTH）呢毡，配合纯实木键盘，确保下键深度准确统一，并具有良好的耐候性，以保证钢琴在不同环境下具有稳定如一的良好手感。这款钢琴的弦槌采用了德国进口FFW榔头呢毡，能确保音质的柔美，德国进口鲁斯劳（ROSLAU）最高等级专用琴弦，确保音质优美，并保证弹奏时琴弦的良好泛音。HG150SE钢琴的所有木质部件，都是选用产于中国东北大森林的多种优质木材精细加工而成的。另外还有纯实木弦码，更利于声音的传导。

HG150SE钢琴，主要是供钢琴专业人士采用，

是海伦小三角领域的代表作，价格更有利于普及。

海伦HL120C钢琴

1．背柱上下梁及斜框采用高度色木，确保海伦

HL120C钢琴背架长久耐用，恒久稳定。

2．运用进口CNC五轴联动加工中心精确加工音板曲面等部件，使其精确度达到国内乃至国际一流水准，保证部件间的无缝接合，为钢琴的优秀品质与稳定性能提供可靠保障。

3．由高科技数控设备完成铁板上所有的钻孔、弦枕筋的铣削，音源各部件间的接合均达到对精度的严格控制。

4．生产全线严格控温控湿，并用定位孔工艺贯穿钢琴制造全过程，以三点定位的模式配合从日本进口的高精度CNC加工中心，使组装精度达到国内甚至国际一流标准。

5．采用英国进口汉斯·伍斯（HAINS WORTH）呢毡，配合性能稳定的琴键，确保下键深度准确统一，并具有良好的耐候性，以保证钢琴在不同环境下具有稳定如一的良好手感。

6．日本进口安碧克（ANBIC）榔头呢毡，德国进口鲁斯劳（ROSLAU）最高等级专用琴弦，确保音质优美，并保证弹奏时的良好泛音。弦轴采用倒牙车丝配合欧洲特制工艺，调律顺手而无杂音。音

板采用西伯利亚林区实木鱼鳞松音板（3A级），保证了声音的良好传导。

7．运用自动磨擦琴弦机专利，确保消除琴弦应力，使音准更长期稳定。

8．钢琴的中盘采用铝合金框架结构加固，确保中盘不变形，使键面平整，弹奏舒适。

9．钢琴外观为亚光古典式，木纹琴体配合镂空花式谱架，观感舒适，无论是家庭还是教室，此钢琴都兼具工艺品对房间的装饰效果。

上海民族乐器一厂

玉兰芬芳古筝

白玉兰是上海市花，每年4月末5月初的时候，花香弥漫上海的大街小巷，为繁忙的城市平添了一份宁静祥和之气。本款古筝以白玉兰花作为创作元素，运用了浅浮雕工艺。

2010年5月份世博会在上海顺利召开，上海民族乐器一厂以此款“玉兰芬芳”向世博献礼，一台古筝留住了白玉兰花开时节美好的世博城市之光。

2010年纪念版二胡——硕果累累

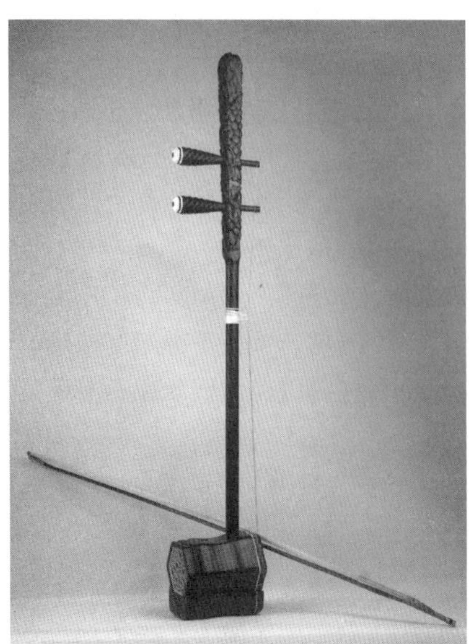

为纪念2010年世博会在中国上海召开，上海民族乐器一厂正式推出两款2010纪念版二胡，此款名为“硕果累累”。

此款二胡由“国宝级”二胡制作大师王根兴领衔制作。琴身采用“葡萄”为创作元素，琴首以浮雕工艺生动再现葡萄成熟时硕果累累的丰收景象。沉甸甸的果实是对辛勤耕耘者最大的安慰，因此大师以此琴表达对上海世博会的祝福。

世博风情古筝

2010年上海世博会在城市文明史上划下精彩的一笔，风格迥异的建筑群体，积极向上的精神追求，让世界人民深感和谐生活的美好。敦煌乐器人追随世博脚步，用巧妙的构思，高超的技术诠释世博风情，展示中国，沟通世界。

创新是世博会亘古不变的灵魂，跨文化的碰撞和融合是世博会一如既往的使命。此款世博风情，一改古筝往日隽秀内敛的设计风格，以展示城市张力的建筑物为元素，切合“城市让生活更美好”的主题。琴首雕刻东方明珠、世博会中国馆等极具上海、中国意味的建筑，琴尾雕刻的是环球金融中心、埃菲尔铁塔、悉尼歌剧院等颇具代表性的国家建筑。从上海看中国，从中国看世界。融合世界各地知名代表建筑，融汇多元文化，意味着未来的和谐。世界在你眼前，我们在你身边，共同弹奏一曲以“创新”和“融合”为主旋律的交响乐。

上海世博会特制琵琶

上海世博会特制琵琶是从“敦煌杯”琵琶制作比赛获奖琴中精心挑选而来，这是上海民族乐器一厂技师们的得意之作。头饰延续极品琵琶的如意花头，琴首中部镶嵌敦煌二字，字体周边云纹环绕，灵动飘渺。琴首、相位、凤凰台、弦枕选用骨料，柔白光滑，且多配以云纹花饰，如行云流水般一气呵成，贯通一致。接到中国2010年上海世界博览会闭幕式特制用琴的生产任务后，上海民族乐器一厂对这批琵琶再次精心打磨，在琵琶的背部刻以“上海世博会闭幕式特制用琴”字样,并由上海民族乐器一厂厂长王国振监制，上海世博会开（闭）幕式副总导演李建平挑选确定。

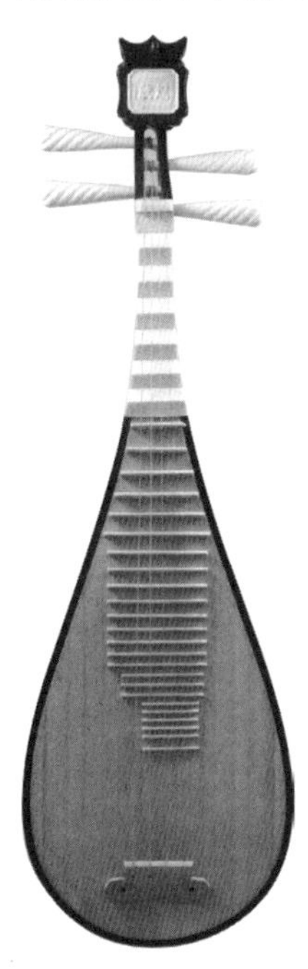

有凤来仪古筝

有凤来仪，词出《尚书·益稷》：“箫韶九成，凤皇来仪”。传说当演奏虞舜时期的箫韶乐时，由于音乐美妙动听，把凤凰也引来了。音乐的美妙绝伦能够让人三个月食肉不知何味，能够引来凤凰随之翩翩起舞，如此美好的事物令人不禁心弛神往。

此款古筝采用拉花工艺巧妙演绎着这一典故，并且在“剪影”的工艺雕琢下，一凤一凰绕日而飞，周身云雾缭绕，表情神采奕奕，将凤凰的形象表现得惟妙惟肖。

作为乐器制造商，我们赋予乐器的是生命，拥有者赋予它的是灵魂，希望能工巧匠之手打造出的古筝能同演奏者一起弹奏出天籁之音，引来凤凰相仪。

江苏凤灵乐器集团

工艺虎纹小提琴

采用欧式风格，彰显大家风范，高贵典雅；精选优质云杉面板，自然风干5年枫木背侧板，乌木指板、腮托、执手；国际领先绿色环保木质虎纹优化技术，提升演奏者视觉体验，凸显艺术档次；配以优质乌木或高档枣木配件，演奏性能更加稳定，演奏更流畅。

音点小提琴

浓缩20位专业教授经验，经100位学生演奏实验，大获成功，反响强烈。突破传统小提琴模式，让学习不再无“手”适从。让初学者有了“音高点”、“标准点”、“轻松点”，既减轻教师负担，对培养学生手型、音感、按弦标准位置等方面有着极大的引导作用，让学习小提琴不再枯燥无

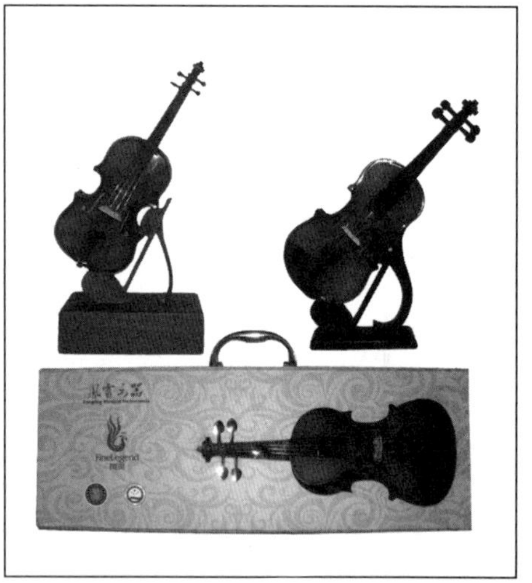

味，效率提升明显。

艺术小提琴

秉承传统艺术，集演奏与收藏等功能于一体，采用高科技油刷转印技术，色泽鲜艳，永不褪色，给人以美的视觉体验，呈现高雅艺术的别样风情。

圣诞树异形小提琴

个性化“圣诞树”造型，彰显大胆前卫的设计理念，采用中高级云杉面板，花纹枫木背侧板，乌木指板、拉板、腮托、执手；配以精选的中高档琴弦、琴码、音柱，提升发音灵敏度和丰满度；手感更舒适、换把更流畅；多层“混响”效果，让音色更具质感和柔亮。

电唱音乐礼品琴

全手工精致袖珍小提琴，内置扩音，数首音乐，自由欣赏；采用意大利传统工艺，线条优美，产品荣获国家实用新型专利和外观设计专利，具有商务馈赠、居家收藏、音乐欣赏、办公摆设多种功能。

河北金音乐器集团有限公司

JY太阳号

本实用新型产品是一种塑质苏萨风，包括号嘴、管体和机械部，其中，号嘴安装在管体一端；所述机械部包括与管体相连的活塞；管体的大弯和喇叭口均采用掺有璃纤维的塑性材料制成，且管体接口处用强力胶粘合并用铆钉固定。本产品将管体大弯以及喇叭口处的材料由传统的铜质材料改为掺有玻璃纤维的塑性材料，具有重量轻、抗撞击、牢固、成本低、音质好以及使用寿命长的特点。

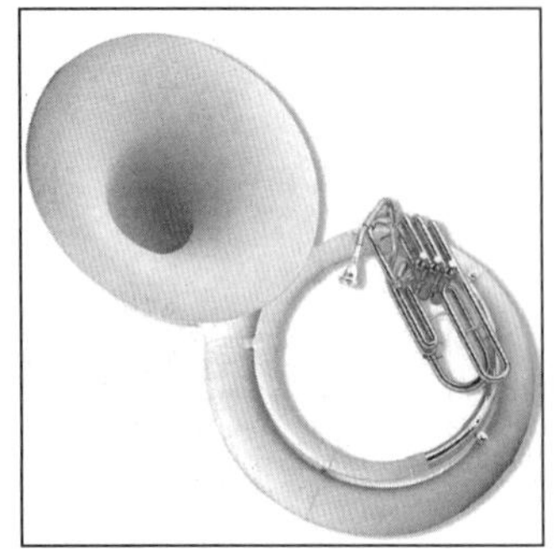

JY小抱号

本实用新型产品是一种塑型大号，包括号嘴、管体和机械部，其中，号嘴安装在管体一端；机械部包括与管体相连的活塞，管体的大弯和喇叭口采用塑性材料制成。本产品将管体大弯和喇叭口的材料由传统的铜质材料改为塑性材料，具有重量轻、不易损坏、成本低以及使用寿命长的特点。

JY短号

本实用新型产品是一种加重短号，包括吹嘴、管体和机械部，其中，管体包括哨管、活塞管、调音管和喇叭口；机械部包括管体底部的水门以及三个与活塞管相连的活塞，且每个活塞都设有活塞帽；吹嘴通过吹嘴箍与哨管相连；管体的大弯处各设有一块抑制板；哨管与大身之间设有两块抑制板且哨管与其下方管体间设有X型支架。本产品通过采用形状各异的抑制板以及X型支架，有效增加了本产品的重量，且采用加重锤形的吹嘴箍，提高了音色品质；另外，本产品具有良好的外观效果，结构合理，造型协调，风格独特。

JY小号

本实用新型产品是一种双层哨管小号，包括吹嘴、管体和机械部，其中，管体包括哨管、活塞管、调音管和喇叭口，且哨管与吹嘴相连；机械部包括管体底部的水门以及三个与活塞管相连的活塞，且每个活塞都设有活塞帽，哨管为内外双层结构；活塞管大弯处设有一块抑制铜板；调音管口弯处设有两块抑制铜板；哨管与大身之间设有三块抑制铜板。本产品通过采用双层哨管，能使声音产生共鸣效果且能有效降低声音在传递过程中的能量损失，保证音量；并通过在多出增设抑制铜板，从而使本产品的重量加重，达到抑制横向振动的效果，减弱高次泛音的出现，让演奏出的声音结实又饱满，保证演奏水平的充分发挥。

上海艾克斯尔乐器音响有限公司

Palatino肖邦200周年纪念款

为纪念世界著名钢琴家肖邦诞辰200周年，Palatino隆重推出肖邦200周年纪念款钢琴。这款钢琴在2010年10月上海乐器展上首次公开亮相，肖邦200周年纪念款钢琴由德国Schimmel资深技术Matthias经过特别的声音处理，并监督整个制造流程。钢琴还原了肖邦生前所使用那款钢琴的声音。在声音上具有古典钢琴的特质，柔和而优雅，尤其适合古典音乐和爵士乐的演奏。

天津市津宝乐器有限公司

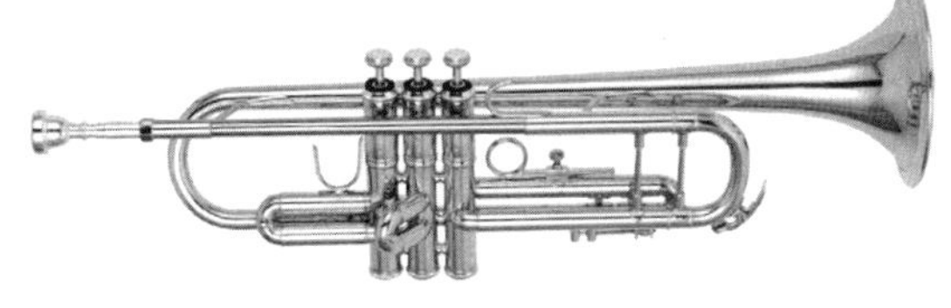

Jbtr460高级小号

该款小号采用手工打造单片合金68喇叭口，标准式喇叭口卷边，白铜外滑管，专业系列蒙乃尔合金活塞，内置不锈钢弹簧，Amado排水键。产品声音嘹亮、清脆、高亢，既可演奏出嘹亮的号角声，也可奏出优美而富有歌唱性的旋律。

JBFH-603L专业圆号

该款圆号的音色具有铜管的特色，但又温和高雅，带有哀愁和诗意，表现力极其丰富，在铜管和木管乐器之间起到媒介作用，是铜管乐器中音域最宽，应用最广泛的乐器。

整个管体机械部分通过使用回旋式活塞以达到延长号管的作用。强奏时饱满有力，高音区具有洪亮、辉煌的气质。

JBMA52A马林巴

该款马林巴采用洪都拉斯红木，声音效果极佳，为了满足不同的演奏者和演奏风格，有几十种由树脂和橡胶制成，并用丝线和毛线在圆头上缠绕成球状，其软硬程度有很大区别，可以供演奏者根据作品的表现内容等条件来严格选用。

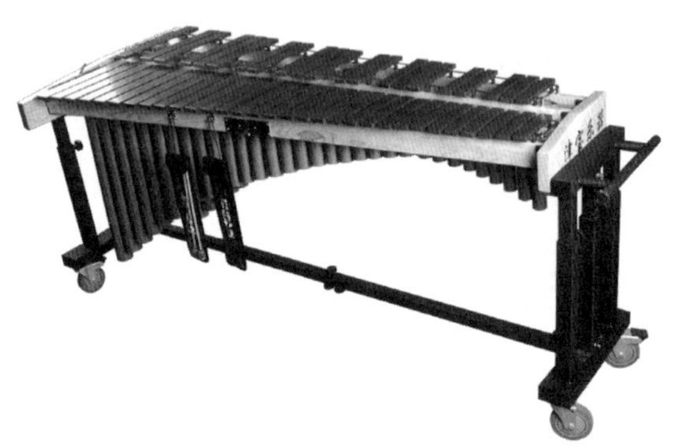

功学社（天津）商贸有限公司

JTR-1702 XO Eb/D 小号

为了能够满足专业乐手在其它音域的需求，JUPITER推出了新款1702 Eb/D小号，1702小号提供演奏者稳定的吹奏感与明亮集中的音色并且提供舒适的吹奏阻抗，让使用者能够尽情地发挥，演奏出动人的乐章。

* 可更换式调节管组让演奏者能够轻易变换乐器的调性

* 顺向式吹口管提供舒适的吹奏阻抗，特殊的总调节管外管设计，使喇叭管支柱固定在适当的位置，让声音呈现最佳的共鸣状态

* 可同时携带两只D/Eb小号的乐盒

JSL-1240L XO长号

提供均衡的音色，透过IN-LINE的转阀系统，能够表现出四种调性(Bb/F/Gb and D key)并且提供使用者可更换的吹口管及可调整的转阀按柄，来满足专

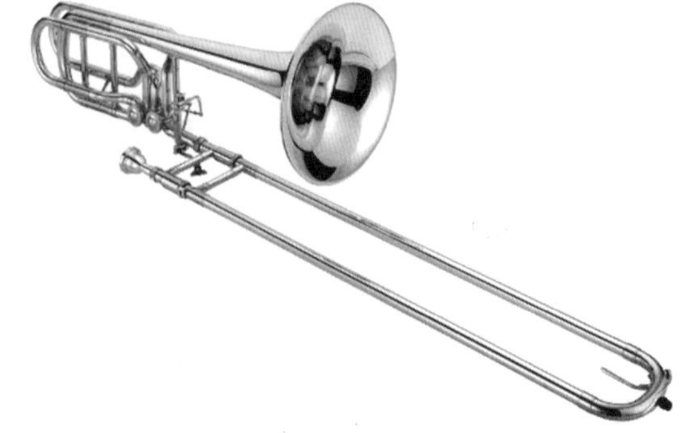

业使用者。

* In-line系统搭配开放式绕管提供使用者绝佳的吹奏感

* 可调整的转阀按柄,可按使用者的需求做调整,在演奏上能够更得心应手!

* 三款吹口管(两铜一银)可供替换,让使用者能够依照演奏曲目的需要来做音色的变化

JCL-637 单簧管

采用镍合金材质，ABS胶质身管，采用仿木纹表面，精致外观设计，舒适按键设计及平滑触感，多种人体工学按键结构设计，更平衡的音准，易于演奏且音色极佳。

Walden Natura G570 和 SupraNatura D1030吉他

这两款吉他在琴颈上均采用“玻璃纤维棒琴颈强化设计”，两根特殊工艺制作的玻璃纤维棒纵贯整个琴颈，与中央的双向可调整式铁芯形成一个稳固的整体。同时又增添了传导至琴身共鸣箱的特殊高音共鸣音色。弦枕采用Graph Tech公司推出的“Fossalite”上下弦枕。

Walden吉他，琴体轻巧，单板红雪松的面板，沙比利桃花心木背板和侧板，硝化纤维素平光涂料（亚光涂料），使琴体能够自由地震动，手感舒适。指板和琴头使用的是光滑的印度玫瑰木，琴头上镶有珍珠贝制的Walden logo，琴颈接合方式采取的是鸠尾接槽。镀铬旋纽和卷弦器性能稳定，光滑无沙砾感，弦塞柱槽修的较低，但并无太大影响。品线与指板边缘打磨的非常滑顺，塑料口轮花、包边以及边缘也都削切的非常仔细。

G570的音色温暖醇厚，尤其是弹和弦时更加明显。扫弦震动规整，声音集中有力。就价格、特征及性能而言，G570特别适合初学或进阶级的使用者。

Supra Natura 系列的独特性是其琴颈，其锁螺丝合琴技术及玫瑰木与桃花心木的材料使琴颈非常的结实，琴颈内部的碳棒加强了牢固性却不增加重量，使琴颈能够适应一定的压力及天气的变化而不产生变异。琴颈稍向后倾，是专为指弹需求而设计，这一系列非常适合初学者、偶尔弹原声吉他的电吉他手或手较小的吉他手。

BP冲击波套鼓Blaster_MD

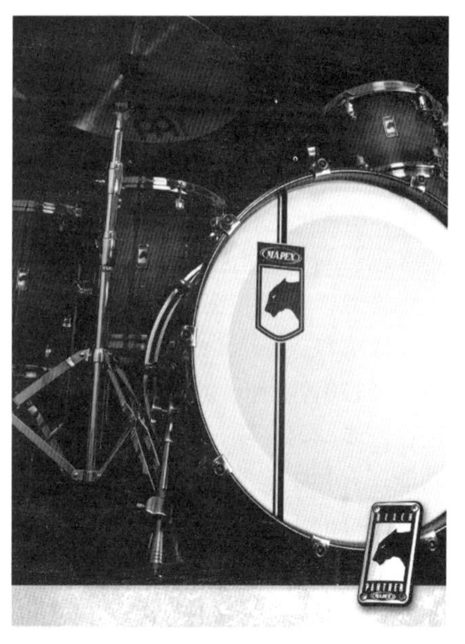

冲击波套鼓作为第一套公布于众的黑豹套鼓，拥有非常细致的木材选择和极其独特的鼓腔设计，5.1mm北美枫木鼓腔，3.4mm的胡桃木鼓腔加强环，既强化了鼓腔，又增加了低频音色；独特的纯圆形导角设计，让鼓皮最大限度地与鼓腔导角接触，更好地传递共振；鼓圈选择了MAPEX专利的“Sonicsaver hoop”鼓圈，采用了独到的介于普通鼓圈和压铸圈之间的设计。这些设计最终让这第一套黑豹鼓组——冲击波（Blaster）既拥有集中饱满的枫木音色与共鸣，又不乏胡桃木的低音；既可以制造极富穿透力的音头，又可以给需要细腻音色的乐句以敏感的响应。

美得理电子（深圳）有限公司

md200电子琴

md200是公司强势推出的一款全新普及型教学、娱乐为一体的电子琴。这款产品极具现代感的简约设计，时尚大方的银色外观，外接麦克风或使用音频输入外接mp3等播放器，进行卡拉OK演唱或演奏，使用演奏帮助功能自弹自唱等。这款产品在学习和教学方面的特点也很优秀，三步学习、存储、录音等实用功能让您轻松学习掌握电子琴。

这款产品的键盘为61键可调节三种力度等级键盘，满足教学的力度需要；多功能白色背光LCD液晶显示屏，让您对自己的操作更加直观。直选与指轮盘相结合的操作方式，使您的操作简单方便。512种音色、其中包括40种中国民族音色、10组键盘打击乐音色。160种不同风格节奏，其中包含30种中国民族节奏。md200内置乐曲也很丰富，包括5首示范曲及120首歌曲。并且，120首歌曲可以分左右手进行三步学习。除了三步学习外，这款产品的教学功能还有和弦字典、节拍器等，对于初学者的学习提供很好的平台。此外，其他实用的功能都是具备的：16个存储、11路调音台、3轨录音并可录制5首用户歌曲等。

md200具有很强的娱乐性。插入式效果，演奏帮助、外接麦克风接口、音频输入接口这些功能让您将音乐玩起来。此外，还具有USB接口、MIDI接口，SD卡插槽满足您连接PC的各种需要。

md200较高的性价比，会让您觉得物超所值，希望能给您的学习、演奏带来无限乐趣。

A800电子琴

A800是公司今年主推的一款全新电子琴，它采用美得理自主研发的全新芯片，在音质、功能上都更上一层楼。A800拥有强大的内存，高清完美的音质、专业的演奏功能和音乐制作功能，满足您在学习、演奏和专业音乐制作上的不同需求。数目种类繁多的80种民族音色及40种节奏更适合演奏民族乐曲；强大的四段变奏，让您的演奏丰富多彩。

A800金属质感的外观、简约灵巧的面板设计、61键可调节三种力度等级键盘、超大LCD多功能液晶显示屏、延用高端合成器中的轻触式开关按钮，采用人性化的直选式操作方式。这款产品有着震撼的音响效果，四只功率强大的扬声器，分别是2个25W的高音喇叭、2个15W低音喇叭，加之木质底板的设计，使音质达到高清的完美效果。

A800共有676种音色，其中包含413种主奏音色、133种合成背景音色、80种中国民族乐器音色、28种世界民族乐器音色、12组键盘打击乐音色、10个用户音色。其中有很多音色都带有演奏技巧的音效，使乐曲演奏更加生动逼真。插入式效果，使琴内每一个音色可分别扩展45种不同效果的音色。A800的节奏共有275种，其中包含200种经典节奏、40种中国民族节奏、30种世界音乐节奏、5个用户节奏。这款产品拥有强大的伴奏体系，每一种节奏都设计有2段前奏、2段尾声、4段变奏，您在演奏中可以随意切换，这也是这款产品在节奏方面最大的突破。

这款产品在演奏方面的功能非常实用。全新的演奏帮助功能，让您轻松地弹奏包括钢琴、吉他、古筝、琵琶等7种音色的乐曲及可以自弹自唱。随心奏功能，让您演奏吉他或民乐等7种音色的独奏乐曲时，灵活的切换各种演奏技巧。音频输入功能，

您可外接媒体播放器，进行乐曲或伴奏的播放；教学功能方面，这款产品带来的是更加全面、更加专业、更为实用的功能，如：48个存储记忆状态、6轨录音、12路调音台、120首歌曲可三步学习、和弦字典、多功能踏板、移调、滑音轮等；音乐制作方面，您可以根据喜爱选择USB接口、MIDI接口、U盘插槽等连接PC进行音乐创作，随琴附送的用户制作软件，可以满足您专业的制作要求。

SP5100便携式数码钢琴

SP5100 是MEDELI今年强势推出的一款全新便携式数码钢琴。这款产品的设计简单、大方，真实的钢琴音色及仿钢琴琴键手感可以和传统钢琴相媲美，另外，较传统钢琴音色、功能更加丰富，且易于携带，是一款非常轻便的纯电钢。

这款产品为88键锤式触感逐级配重力度键盘，LED显示器，内置20种面板直选音色，包括钢琴、电钢琴、爵士长笛、手风琴、小号等实用的音色；20种钢琴节奏，60首歌曲。

功能方面，具有双音色、键分离、移调、混响、合唱、明亮、节拍器、2轨实时录音并可以录制一首用户乐曲，古典音律等。古典音律是这款产品一个特殊的功能，现在我们普遍使用的是平均律，而这款产品设计了十二平均律时期之前的6种古典音律。SP5100还具有USB、MIDI接口和SD卡插槽，方便与电脑连接，进行数据的传输与音乐制作。

这款产品优良的品质和极具吸引力的价格能够完全胜任各位老师的钢琴教学、满足学生学习及演奏。

DD618电子鼓

716个高质量的打击乐音色；音色的音高、音量、相位、混响（4段EQ）可调节，所有的调整参数可保存。99个鼓组。90首不同风格的乐曲包含3种播放模式，除底鼓以外都支持多触发功能，CRASH支持闷音功能。背光LCD液晶显示屏。HI-HAT控制踏板提供自然逼真的音色效果(OPEN HAIF-OPEN CLOSED FOOTSPLASH).功能齐全的节拍器，包含了6种音色。除了比标配鼓多出一个TOM鼓和CRASH，最大的亮点就是拥有网状的军鼓鼓面。DD618支持7轨录音和打击触发播放功能（PATTERN）。支持MIDI IN,MIDI OUT,USB连接模式。拥有MIDI时钟和strat、stop功能。AUX输入/输出，耳机输出，方便连接音频设备。

吟飞科技（江苏）有限公司

“吟飞”RS400双排键电子琴

RS400拥有上键盘49键力度触感标准键盘、下键盘61键力度触感标准键盘；多功能LCD背光液晶显示；64复音数；140种PCM音色，其中有12种中国民乐；音色控制包括音量、平衡、微调、移调、八度、包络、颤音、滤波、DSP（混响、合唱）、延音、滑轮、感情踏板；100种节奏；节奏控制包括同步启动、启动/停止、前奏/尾奏、主奏A、主奏B、速度、节奏声部音量、两个节奏序列；USB 磁盘MIDI Format 0格式多轨实时录放音（16轨），修改录音；16 x 4组存储设置；冻结保存/调用注册于USB磁盘。

“吟飞”RS700双排键电子琴

RS700拥有上、下键盘61键力度触感标准键盘；多功能LCD背光液晶显示；128复音数；140种PCM音色，其中有12种中国民乐，1组民族打击乐；音色控制包括音量、平衡、微调、移调、八度、包络、颤音、TVF-Resonnance、TVF-CutoffFreq、DSP（混响、合唱）、延音（分上键盘音色，主导音色，脚键盘音色每种17级）、滑轮、感情踏板；100种节奏；节奏控制包括同步启动、启动/停止、前奏/尾奏，主奏A、主奏B、强弱渐变、速度、节奏声部音量、两个节奏序列；USB 磁盘MIDI Format 0格式多轨实时录放音（16轨），修改录音；16 x 4组存储设置，冻结保存/调用注册于USB磁盘。

“吟飞”TD系列电子鼓

TD76

作为一款带有指示灯感应鼓盘的7鼓电子鼓，它具有64复音数；126种鼓组音色，35种预设鼓组，5种用户鼓组；100种预置节奏； 2路脚踩踏板；实时录放音等功能。

TD82

TD82有1个带击边功能的军鼓，3个通通鼓，2个吊镲，1个踩镲，1个低音鼓，带力度触感；具有214种鼓音色，25个预设鼓组，5个用户鼓组；30种预置节奏等功能。

TD90

TD90有4个鼓盘，2个吊镲，1个踩镲，1个低音鼓，带力度触感；具有64复音数；272种鼓音色，25个预设鼓组，5个用户鼓组；50种预置节奏等功能。

“吟飞”TG8836电钢琴

TG8836有着可以与钢琴媲美的油漆外观。TG8836拥有多功能背光LCD显示；64复音数；具有128种PCM音色 ，包括12种民族音色，9组键盘打击乐和1组效果音；音色控制包括音量、微调、移调、力度、单键选择；102种节奏，包括2个中国节奏；节奏控制包括同步启动、启动/停止、前奏、尾奏、插入、节奏速度、伴奏速度、伴奏音量、节拍器；键盘控制包括全键盘、和弦、键盘分离、和声；脚踏包括延音脚踏、弱音脚踏、保持音脚踏；效果包括混响类型、深度，合唱类型、深度；4*4组存储设置等功能；示范曲有10首。

上海乐兰电子有限公司

Jupiter-80——将经典再现

Jupiter-80合成器将经典再现，具有强大硬件配置和恢弘音色并带有最具科技含量和未来感的“超真实”技术的演艺合成器。JUPITER-80极富表现力，并且有机的将罗兰“超真实”技术与全彩色触摸屏以及手动音色控制器结合到了一起。JUPITER-80将一个快捷的用户界面，完全置于您的手指下——这简直就是所有现场演出乐手的梦想。它那稳重的外观，金属质感的侧面板，都将JUPITER经典系列做了一次最为现代而华丽的转身。

MPi-6——可视型智能数码钢琴

能听能看能交流，能学能记能娱乐的MPi-6数码钢琴，是Roland公司针对中国市场特别设计的产品。MPi-6数码钢琴搭载了来自Roland的88键立体声多重采样音色，并配备了PHA alphaII(渐进式槌击阿

尔法二型)键盘,具有细腻真实的三角钢琴音色和舒适的演奏手感。通过连接彩色液晶显示器，为您实时进行乐谱和菜单的显示。为了让您充分体验音乐学习及演奏的乐趣，MPi-6数码钢琴加入了有趣的音乐教育内容，比如为初学者所打造的“指法练习”和“视觉课程”；为孩子们所设计的趣味性“卷帘窗游戏”和“游戏乐园”；为老师们所定制的互动式“DoReMi讲座”和“双钢琴游戏”等，让学习者告别枯燥的钢琴练习，从而体验无限的学习乐趣。

V-Compact（TD-4K2/TD-4KX2）、V-Tour（TD-9K2/TD-9KX2）系列电鼓

作为世界上最畅销的电鼓，V-Drums系列电鼓一直以高品质受到广大鼓手及爱好者的青睐。同时罗兰也从未停止创新的脚步，对V-Compact（TD-4K2/TD-4KX2）及V-Tour9(TD-9K2/TD-9KX2)系列电鼓的全新升级。升级后的产品让您拥有更好的演奏感受，充分体会罗兰电鼓的魅力。

FR-7x——最为强大的电子手风琴

罗兰V-Accordion系列手风琴是最先将强大的数字模拟技术融于传统手风琴外观的乐器，并且具有丰富的功能以及令人信服的完美音色。它将真实的手风琴音色及其细微变化与功能丰富的现代数字乐器合而为一。FR-7x拥有罗兰最新开发的音源，特别为手风琴的表演进行了优化，即使苛刻的手风琴演

奏家也会满意FR-7x手风琴的表现力。全新的法国手风琴音色、巴扬手风琴音色、意大利经典手风琴音色、24种全新的管弦乐音色及虚拟音齿风琴音色一定会满足需要高品质手风琴音色的艺术家。同时FR-7x琴键/按键的快速响应及高灵敏度、精确性印象深刻，全新设计的风箱压力感应电路都会让您的演奏如虎添翼。

EH-10A——传统二胡与现代高科技的完美结合

罗兰的EH-10A是世界首款为中国二胡专门开发的效果器产品,可以安装在普通二胡上。EH-10A可以通过电池（9V电池）驱动，在现场演出时也无需考虑MIC的摆放位置，并且可以稳定的还原二胡的真实音色。EH-10A包含延迟、混响等效果，可以创造出更具魅力的二胡音色。通过八度音功能，可以将原本的音色中加入另外一个厚重的低八度音色进行同时演奏，实现了前所未有丰富多彩的二胡演奏。

*EH-10A产品不包含二胡

宜昌金宝乐器制造有限公司

长江CJ-2提升版钢琴

宜昌金宝乐器制造有限公司的技术团队经过多年的研究，自主研发推出了民族品牌钢琴—“长江”，并特别临摹毛泽东主席所写的“长”“江”二字草书字体，首次将中文字体应用到品牌标识设计当中，特殊的品牌LOGO勾勒出长江钢琴更加鲜明的民族特征。

长江钢琴集奥地利、德国、日本等国钢琴制造先进技术于一身，立志制造出能够代表中国水平、具有世界一流钢琴品质的中国民族品牌钢琴。

长江CJ-2提升版钢琴在设计上进行了极大的改善。新型击弦机系统的运用，使得CJ-2的回键速度得到了极大的提高，满足演奏者对于钢琴的弹奏要求；背架一次成型，增加强度，大大提升钢琴的稳定性。选材上也独具匠心，低音区上弦枕采用德国传统工艺制作的定弦钮，高音、中音区上弦枕采用超硬钢条，使得声音更加丰富动听；进口德国Strunz音板的采用，桃花芯木、FFW毛毡制成的优质弦槌，创造完美钢琴音质；杯型豪华铁板螺钮的细节处理，更添视觉美感。另外在制作工艺上引进先进技术生产力，采用先进数控加工设备对关键工艺控制点进行高密度加工，有效保证了CJ-2品质的提升。

长江V88概念钢琴

长江钢琴自2009年在中国（上海）国际乐器展览会上崭露头角以后，以完美的音质及丰富的表现力获得了众多专家及音乐爱好者的一致赞誉，继而在2010中国（上海）国际乐器展览会上推出的以V88三角钢琴为代表的长江V系列概念钢琴，更以超强的视觉冲击力在世界性的舞台上潇洒绽放。

V88概念钢琴外挂式琴腿、大气硬朗线形外观的设计灵感；精密设计、精心选材、精湛工艺创造出的华丽琴音，让人仿佛看到长江母亲河的波澜壮阔。V88概念钢琴集长江钢琴优势于一身。

设计方面，击弦机系统的新设计配合复式杠杆传动结构优化设计，使击弦机系统具有优秀的连击性能，键盘手感更加舒适流畅，系统运作达到最佳状态。同时加长悬臂式弦码设计、椭球形音板预应力设计、网状结构铁板背筋设计，榫结构背架设计在共振系统中的完美结合，使他不仅拥有均匀协和的音色，而且全音域音色更加圆润饱满、动听悦耳。

选材上V88概念钢琴的选材采用加拿大进口音板，弹性优良，提升钢琴音质；选用世界著名VFG

毛毡、桃花芯木，制成外表柔软、核心刚硬的优质弦槌，让音色拥有从极柔到极强的细腻表现；德国进口弦轴板、定弦钮，有效保证了钢琴的稳定性、耐磨性以及弹奏时的精准度。

此外，数控加工设备对关键工艺控制点进行高密度的加工，有效保证了钢琴品质的提升。

看似随意闲笔之作的V88钢琴，实则无论是外在琴腿、键盘等细微之处，亦或是内在音板、弦轴板等音源部件的悉心挑选都足见其独运的匠心。

威廉·斯坦伯格AT系列

WILH.STEINBERG（威廉·斯坦伯格）钢琴1877年成立于艾森贝格市繁华的市中心，而艾森贝格市凭借其高质量的钢琴和羽管键琴至今世界闻名。

威廉·斯坦伯格钢琴公司自成立以来，就在德国主要的钢琴生产厂商中占有一席之位，现在，在全世界范围内已享有很高的声誉，并跻身于国际高端品牌。

随着全球经济一体化进程的不断加深，为使全世界各地的更多钢琴爱好者，可以更便利的购买到高品质的钢琴，威廉·斯坦伯格开始与全球多个国家的钢琴制造商合作生产钢琴。至今十余年的时间，威廉·斯坦伯格积累了相当丰富的合作生产经验。其中尤为成功的要属与中国授权制造商宜昌金宝合作生产的AT系列钢琴，以品质卓著的三角钢琴和性能出众的立式钢琴重新诠释了“德国制造”的含义。

威廉·斯坦伯格AT系列钢琴具有三个核心竞争力。第一：设计，从钢琴外观到内里部件完全由德国原厂设计；第二：材料，AT系列钢琴所有核心部件全部采用德国原装进口部件，德国Strunz音板、德国Klüge键盘、德国Renner弦槌、德国Röslau琴弦等等材料的选用有效保证了威廉·斯坦伯格AT系列钢琴的卓越品质；第三：工艺，德国威廉·斯坦伯格以最苛刻的要求制定了一系列工艺标准，只有完全按照工艺标准制造的钢琴才能成为威廉·斯坦伯格的一员。AT系列钢琴在秉承130余年制琴技艺的同时，大胆创新，将新技术与传统产业相结合，采用先进的数控加工中心，运用基准孔定位加工工艺，大大提高加工精度，确保产品品质的优秀。

上海钢琴有限公司

STRAUSS 128演奏级立式钢琴

1、击弦机构依据十数年考级积累的技术指标要求设计，采用100%天然硬质木材、由日本高精密自动化专用机床制成，灵敏度更高、稳定性更好。

2、弦槌的功能造型由计算机辅助设计而成，并采用德国优质纯羊毛毡精制而成，音质明显提高、性能更佳、感观更佳。

3、琴键由进口整块优质白松实木，经干燥、压铣、切割、配面、打磨精制而成，并由专业技师就平衡性作逐一校准，确保触感更舒适。

4、琴弦采用专业的德国ROSLAU品牌，辅以特殊的缠弦挂弦工艺，能有效地丰富琴弦振动的谐波数量和余音长度，使琴声更加圆润柔和、音色更优美。

5、音板采用均匀纹理的进口云杉实木，以斜向拼接的成型工艺加工而成，材质的滤波性能更佳、音波的传递速度更快，音色更优美、音质更柔和。

6、琴体外饰采用特殊材料覆贴，并以进口高强度耐侯性PE聚酯、PU聚安酯等涂饰，避免了漆膜隐患、确保了漆膜光亮持久、提升了抗污抗损能力。

7、造型为欧陆款式，采用带弧面的大顶盖、侧臂、7型腿、琴脚、及整体式前键盖、叠面式下门的

4、琴弦采用专业的德国ROSLAU品牌，辅以特殊的缠弦挂弦工艺，能有效地丰富琴弦振动的谐波数量和余音长度，使琴声更加圆润柔和、音色更优美。

5、琴体外饰采用特殊材料覆贴，并以专用高强度耐侯性PE聚酯、PU聚安酯等涂饰，避免了漆膜隐患、确保了漆膜光亮持久、提升了抗污抗损能力。

6、造型为欧陆传统款式，采用分体式顶盖键盖、T型方柱腿设计，线条简洁、稳重大气，给人以美的享受。

设计，线条流畅、端庄大气，给人以美的享受。

STRAUSS J 130M大型立式钢琴

1、击弦机构依据十数年考级积累的技术指标要求设计，采用100%天然硬质木材、由日本高精密专用机床自动化制成，灵敏度更高、稳定性更好。

2、弦槌的功能造型由计算机辅助设计而成，并采用日本优质纯羊毛毡精制而成，音质明显提高、性能更佳、感观更佳。

3、琴键由整块优质白松实木，经干燥、压铣、切割、配面、打磨精制而成，并由专业技师就平衡性作逐一校准，确保触感更舒适。

福州和声钢琴有限公司

哈曼尼175型精品三角钢琴

产品外观为黑色亮光漆，古典罗马风格设计造型，采用圆锥形凹槽琴腿，独特的隐藏式圆球琴脚轮设计、镂花琴谱架、弧形琴键大盖与弧形琴手的配合其弧形融为一体、采用真空技术铸造“R版”铸铁板；有浮雕雕花及编码技术、上下镶嵌式弦枕、高音区双泛音装置等专利技术为国内首创、采用德国ROSLAU琴弦及六角低音弦、进口羊毛呢毡特制弦槌、采用骨胶拼接实木音板、实木键盘、配套升降式琴椅。音色优美、高音明亮、中音圆润、低音浑厚，弹奏触键手感灵敏舒适的精品三角琴。

哈曼尼HG-123T-X型（透明）精品钢琴（和声25周年纪念珍藏版）

简洁欧式设计造型，配置进口键盘盖缓降装

置，采用透明玻璃制作的上门板；银色长铰链、商标、踏瓣、琴脚轮配置、充满现代设计流派；V法真空铸造工艺制造的“R版”浮雕式编码技术铸铁板，镶嵌式弦枕、高音双泛音装置、V形压弦条等四项专利技术，是中国独具一格的铸铁板；欧式传统骨胶拼接工艺制作的实木音板，见证优美音色极强的穿透力；红木弦槌木芯，配以进口羊毛呢毡特制的弦槌，保证音色的纯正；国内独家采用德国ROSLAU六角琴弦制作的低音弦，音质稳定；采用德国RENNER、英国LANGER技术生产的击弦机，整洁、灵敏、可靠；径切板制作的实木键盘，不变形、不开裂、击键灵活、动作自如；专利技术、精心制作、独特的断联手感。

哈曼尼HG-126T-R型（透明）精品钢琴（和声25周年纪念珍藏版）

简洁欧式方槽琴腿设计造型，配置进口键盘盖缓降装置、采用透明玻璃制作的上门板；银色长铰链、商标、踏瓣、琴脚轮配置、充满现代设计流派；V法真空铸造工艺制造的“R版”浮雕式编码技术铸铁板，镶嵌式弦枕、高音双泛音装置、V形压弦条等四项专利技术，是中国独具一格的铸铁板；欧式传统骨胶拼接工艺制作的实木音板，见证优美音色极强的穿透力；红木弦槌木芯，配以进口羊毛呢毡特制的弦槌，保证音色的纯正；国内独家采用德国ROSLAU六角琴弦制作的低音弦，音质稳定；采用德国RENNER、英国LANGER技术生产的击弦机，整洁、灵敏、可靠；径切板制作的实木键盘，不变形、不开裂、击键灵活、动作自如；专利技术、精心制作、独特的断联手感。

杭州嘉德威钢琴有限公司

嘉德威钢琴的特点

音板之材、缔造完美音色

◆ 引进德国专业技术；

◆ 使用小兴安岭优质白松，经过长时间的室内充分的干燥处理，并通过干度、湿度、温度三层严格技术测试；

◆ 不变形、不开裂，达到最佳声音力度和音色共鸣。

琴弦之道、细节体现完美

◆ 采用价格昂贵的SUZUKI（日本铃木）和ROSLAU（德国勒斯劳）的钢丝；

◆ 弦码由优质枪木制成；

◆ 定弦钮使每根琴弦的有效弦长更精确，保证了低、中、高音部音色的自然过渡；

◆ 弦轴板由17层枪木压制而成，弦轴销通过热处理，使钢琴有极好的音准和稳定性。

精致外观，人性化设计

◆ 采用东南亚、欧洲进口柳桉木、枫木、泰国产的黑胡桃木、樱桃木，印度产的国宝黑檀木等，烘干后经过三年自然干燥；

◆ 外观油漆采用德国进口聚酯钢琴专用油漆，光泽度高，硬度强，手感舒适；

◆ 所有五金材料均经过防锈、防氧化处理，部分部件采用镀金处理，更加美观耐用。

独家击弦机工艺、缔造音乐新境界

◆ 榔头使用压缩100%纯羊毛制作的德国进口呢毡，关键零部件（如转击器、联动器等）采用澳大利亚等国家进口的木材和英国、日本等国家进口的申达呢、可松呢；

◆ 高度的稳定性与极高的灵敏度（可在-20℃~50℃温度下正常使用，在相对温度15℃~35℃，相对湿度40%~70%环境中连续击打16万次）；

◆ 1/250秒内瞬间击弦；优质的击弦机保证了嘉德威音色优美、细腻、动听。

特别键盘工艺、创造品质新空间

◆ 优质进口白松实木制成，经过最先进的干燥、防潮处理，保证键盘在正常使用中不变形，经久耐用；

◆ 白键晶莹剔透，黑键光滑黑亮，触键感格外舒适；

◆ 每一个琴键都通过单独的测定配重技术来获得统一的触键重量，确保了从指尖到琴键，到弦槌，到琴弦之间的传送过程中最少能量损失。

二、隆重推出的新款

GM35立式钢琴（黑色亮光）

设计理念：强调线条的变化，用时尚元素打造华贵飘逸，用雍容的风格演绎着玫瑰般的浪漫经典。低调中凸显其大气奢华气质，贵族气息在冷静克制中优雅地散发出来。

GY25立式钢琴（胡桃木半亚光）

设计理念：魅力无限，把一种生机盎然的崇高美，凝练为穿越时空隧道的典型符号，成为人们创造新世纪美妙乐章的重要音符。凸显了万物之灵的神秘与高雅。

GY3立式钢琴（黑色亮光）

设计理念：注重流畅的线条设计，代表了一种时尚。崇尚典雅韵味，精美的艺术设计风格，体现绵延不绝的旋律，翔动着自然驿动的灵感。

GY8立式钢琴（黑色亮光）

设计理念：极力展示现代简约、典雅高贵的风格，倾力于创造人与自然的高度和谐。形成愉悦、温馨的氛围，富有亲和力的感受。用简洁手法创造完美的精髓，缔造世界最唯美的音乐...

GY9**立式钢琴**

色系：红木 红影亮光

造型唯美，更注重与色彩完美结合。运用高超的技术，融入时尚、和谐的理念，用细腻缜密传递顶级富贵的奢华，在倏然中把余音袅袅发挥到无可媲美。

湖州杰士德钢琴有限公司

WAGNER专业高档钢琴

瓦格纳，是杰士德钢琴有限公司旗下知名品牌，精选优质白松、鱼鳞松、桃花心木等珍贵木材，公司产品统一使用进口品牌琴弦和琴槌，确保声学品质和弹奏性能完美出众，将带给你无限的音乐享受。满足您对完美品质的追求。

【专业效果】

钢琴马克生产采用德国西门子全套电脑数控设备打孔，使钢琴发音跟准确，用于钢琴制造的木材都是在自然环境经过3年自然变形之后才用于加工材料，使钢琴更加经得起岁月的考验。

【击弦系统】

精心设计的击弦机系统，采用优质木材并由数控设备加工而成，状态稳定、反应灵敏。

【共鸣系统】

精选优质进口白松，采用现代技术工艺处理、储存、加工制造而成，使音板完美的将机械能转化为声能。

【外形特点】

经典高光琴身，线条简洁流畅，人性化的倒角设计深受消费者喜爱。

【弦轴板】多层坚硬的色木交错拼接而成，令弦轴钉更稳定，精确的数控打孔，保证了发音 的稳定性。

【弯压弦码】采用多层硬木弯压而成，振动响应精确、迅捷。

【琴键】优质的实木键盘，为您提供稳定的弹奏性能。

【弦锤】使用德国进口FFW弦槌，带给你专业的享受。

【琴弦】采用进口琴弦和绕铜低音琴弦使音色更出众。

【生产线】恒温、恒湿的木装、总装生产车间，提高了瓦格纳钢琴的音准及弹奏性能的稳定。

青岛世正乐器有限公司

世正CJS-122MC黑、红姊妹款

【设计理念】

世正乐器十周年新品的设计，以对简约美与高品质的均衡渴望为出发点，在款式、材质和色彩的运用上追求和谐。它打破了传统工艺的束缚，并大胆组合运用了多种色彩。世正乐器十周年黑、红姊妹款钢琴，是经过长期而苛刻的产品实验、反复筛选，才奉献出的结晶之作，它为恬静美好的音乐空间平添了一抹亮色。

【简约外观，精致丽人】

红色款，打破了以往浑身一色的格局，是混搭新风尚的新体验。喜庆的传统大红色与黑色相依相嵌，虽简单无过多修饰却不失精致，无声之中已先注入欢快活泼的气韵。

黑色款，轮廓线曲直分明，简约大方，浑然一体的黑色优雅、内敛，恰好中和了银色的张扬，金属琴腿又为一贯木质琴身的视野增添了一丝新意，给人挺拔的力感。

【优质取材】

从外部琴身到内部每一个构件，取材都精挑细选，以发音为出发点，选取合适的材料，细心打磨，尽心做琴。音板采用木材纹理顺直、木材密度与偏宽年轮均匀的鱼鳞松制成，为声音的圆润、清丽打下了基石。击弦机取材于强韧性的欧洲角木，同时，采用合金硬铝做击弦系统总档，促使每一次按键都灵敏、精确。小到音槌，都采用缜密厚实的日本毛毡和强韧的欧洲角木，手动方法、长时间压力粘贴而成，这种高弹性的音槌敲击准确，因按键的力度不同而反响不同。

乔治·斯泰克GS-172SW天然木纹款

【木纹披身，天然的优雅】

这款新品的设计着眼于乔治·斯泰克这一百年钢琴品牌典雅、华贵的品性，然而，反其道而行之，一改惯用的有色琴身，而裸露天然木纹，任其蔓延，随这身淡淡的枫木香飘出点点优雅。

【百年工艺，“秀外慧中”】

乔治·斯泰克这一钢琴品牌，历经百年历史，凝聚了近现代许多钢琴大师的制琴智慧。其三角钢琴多采用非常优雅的明显宽尾设计，其独特的声音采集系统，更有利于形成更接近自然、更生动的音效面积，使音色更为平滑。另外，独特设计形成的音效面积大大增加了低音的清晰度。高强度铸件踏板系统和枫木外壳，经久耐用。经过改良的音板肋木排列方式，使声学品质提升到新的高度，也使琴声艺术表现力和感染力更为华丽。

德国博兰斯勒钢琴有限公司

欧米勒Concert Edition系列

德国博兰斯勒设计欧米勒Concert Edition系列钢琴采用经典黑色，简约外观。轮廓线曲直分明，浑然一体的黑色优雅、内敛，恰好中和了银色配件的张扬，给人挺拔的力感。选用德国ABLE榔头、德国FFW呢毡、德国RÖSLAU琴弦、特制静间灵敏击弦机、全实木键盘乌木黑键等最好的材料，应用博兰斯勒共鸣持久技术、音板成型技术、独立背柱技术、钢板支撑技术、数控加工技术等几十项德国技术及工艺，同时装配工艺完全按照博兰斯勒钢琴的要求：欧米勒每一台钢琴组装不仅要求做到连每个榔头柄的硬度都必须检测，并按不同的硬度分组使用，而且还要精细到每个榔头柄的木纹朝向都必须做到一致，使其演奏性能完全可以与昂贵的原装德国钢琴媲美，是一款性价比极高的产品。

塞勒新品SCHILLER GRAND 系列钢琴

该款琴着眼于市场的需求，采用德国博兰斯勒生产技术制造，德国Consistency音色整理技术，钢板及音板CNC数控加工技术。致力于改善钢琴的击弦机，而且追求制造高性价比的钢琴。音源采用19层高密度弦轴板和欧洲鱼鳞松防裂音板，德国技术进口毛毡榔头，德国原装R?SLAU琴弦，以及专业演奏Weight防变形键盘。

德国劳力士（中国）有限公司

125K立式钢琴，175K、186K-1三角钢琴系列

【出色的控制—增强的动态】

Model 125立式钢琴那更长的击弦机部件增大的音板面积与加长的琴弦提供了增加的敏感度和更宽广的动态范围。非常清晰的音准和加长的延音共同构成了确实令人印象深刻的音响和丰富性，就如同那些更大的顶级立式钢琴一样具有获得承认的音色优势。精美匹配和制作的木材构成了独特风格的外观，满足哪怕是最苛刻的品位。

【杰出的传统、完美的质量、值得最精的艺术感】

对于要求最高级别音色和手感的音乐家来说,CARL RÖNISCH三角钢琴提供了最大程度的击弦机反应和美妙音色。一系列完美加工的珍稀木材构成了几乎所有的装饰。

霍普菲尔德概念系列C125F、C125L、C125T型号

采用德国劳力士Concept 设计、德国劳力士音源共鸣技术、德国劳力士音板成形技术、德国专业演奏键盘Weight 技术、德国静音灵敏击弦机技术、德国Bass Rotation挂弦技术、德国Consistency音色整理技术钢板及音板CNC数控加工技术。优质取材：19层垂直叠层整板特制高密度弦轴板、欧洲鱼鳞松防裂特制音板、德国原装RÖSLAU琴弦、德国原装ABEL榔头/德国原装FFW毛毡榔头、德国DEHONIT击弦机、英国HAINSWORTH呢毡、专业演奏Weight键盘、英国HAINSWORTH呢毡。

南京舒曼钢琴制造有限公司

舒曼E2-121钢琴

在原有的德国工艺和技术的基础上增加了新的定弦钮和独立弦唇设计，音色的稳定性和纯度大大得到加强。

德国进口VFG呢毡榔头，舒曼钢琴独特的琴槌制作工艺；键盘呢采用英国进口HAINSWORTH呢毡，品质稳定超群，音源完美无瑕；悬臂式设计的特长琴弦采用德国勒斯劳ROSLAU 最高等级专业琴弦，所用低音弦采用高级工匠手工缠弦，琴弦音色更加优美；特制定弦钮及定弦钮音唇，使弦的精度大幅度提高，音色更加丰富，清纯；舒曼钢琴独特的纯手工擦弦技术，确保琴弦力量柔和，不受外力损伤，音准稳定性更佳；此外精确的数控钻孔技术，键盘加铅设计等各项工艺的进步和完善以及其时尚大方的外观设计，无不让舒曼钢琴显得精美典雅、雍容华贵。

上海玛珂琴业有限公司

公爵钢琴W23

采用欧洲最新设计理念，琴身简约大气，尽显稳重经典。同时渗进音箱理论设计，音源采用欧洲音板振动理论设计，使弦振动的能量以最有效的方式传递带动整个音板的振动，同时也考虑铁板参与了共振的因素，以求达到设计者在音色效果上追求的最终目的以欧洲为基础，糅合亚洲名琴韵味。采用实木音板框除减少能量损坏外，也同时改变了音板容易下塌的弊端，中盘采用角铝连接装置。榔头配置是德国呢毡、红木榔头。

北京中加海资曼钢琴有限公司

景泰蓝金丝镶嵌工艺钢琴

景泰蓝（亦称珐琅）是我国著名传统手工艺品，已有六百多年的历史传承。以其古朴典雅，精美华贵，极具有鲜明的民族特色而著称。

北京中加海资曼钢琴有限公司首创的两款景泰蓝工艺钢琴，充分借鉴传统工艺，纹样以千姿百态的百花纯红铜线或银丝做装饰，全部由手工掐丝而成。丝工线条流畅，花型细腻优美，整体图案如跳动的音符在花朵般的海洋中绽放。

其底衬靛蓝，一款为墨绿，如深不可测的幽谷湖泊，深邃、沉稳、内敛，体现出一种优雅雍容的贵族气质；另外一款为多彩渐变，如一曲如梦如幻的华彩乐章，活泼、艳丽、张扬，彰显出一种变幻莫测的唯美风格。

景泰蓝工艺钢琴，是海资曼钢琴与中国传统景泰蓝技艺相结合而绽放的一朵奇葩；是诠释民族的才是世界的一种探索；是体现公司名新优特企业文化的一次尝试；是对青睐海资曼产品的广大钢琴爱好者的真情回报。独特的创意、奇妙的构思、繁琐的图案、精美的手工，使本款钢琴极具艺术欣赏价值和精品收藏价值。

现代版梦幻系列II——G168

该款琴是为庆祝北京中加海资曼钢琴有限公司成立20周年而制，流畅随意的曲线，诠释着远古的阴阳；厚重呆板的直角，解说着收敛的端庄；纯正单调的灰黑，凸显着时尚的简捷；浑然一体的造型，彰显着雍容的风尚。

上海邦加琴业有限公司

贝多芬BG123Dh

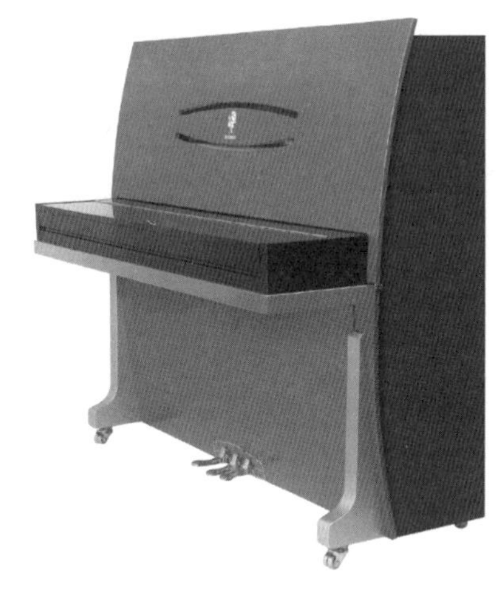

贝多芬D系列是根据德国设计师与邦加公司共同研究的全新设计理念，采用欧洲国际顶级钢琴的装配工艺与加工标准及不断积累的丰富经验，以及市场需求推出的高端新产品，是专业人士，高端用户首选用琴。

△ 颇具时尚气息的外观设计，采用备受广大琴童喜爱的粉红、水晶蓝为主打颜色与金属烤漆的技术相结合，给人富有活力、充满激情梦幻的感觉。

△ 键盖特制的安全缓降装置更加呵护沉醉在音乐殿堂中的琴童，让家长更加放心。

△ 美丽的旋律由击弦机的灵敏性来决定，击弦机的88个键由约5500个严谨精密的细小部件组成，高精度，严格设计，无偏差的击弦机保证了琴的灵敏度，经久耐用。

△ 最高品质的日本SUZUKI琴弦辅以进口羊毛毡弦槌与顶级的技术相结合，确保了贝多芬钢琴的音色更加饱满、优美，并使之不受地区、气候的变化而变化。

△ 琴键由多层实木高压而成，避免因木材的各向异性产生变形，使琴键更加经久耐用。每一个琴键都通过了单独的测量配重技术来获得统一的触键重量，确保了从指尖到琴键，到弦槌再到琴弦之间的传送过程中没有任何能量的损失，提供了最佳的手感。

上海知音琴行有限公司

圣卡罗123FPEN立式钢琴

圣卡罗全新推出的123FPEN立式钢琴，采用德国原装进口VFG弦槌，各音区音色过度统一、和谐。键盘全部采用白松实木，加上先进的砝码平衡加铅技术，带来更加灵敏的回键反应。上门板中央大胆采用了镶嵌椭圆形有机玻璃设计，使核心部位击弦系统一览无遗，从而提供了更多的演奏乐趣。

圣卡罗126FPEⅡ立式钢琴

整体造型圆润、流畅。独特的超大大谱架设计使人有如坐在三角钢琴前弹奏的感觉，可以适应各种尺寸的乐谱。全新注入德国高级配置，包括白松实木琴键、德国原装进口VFG羊毛毡呢，创造出完美的钢琴音色和弹奏手感。

扬州雅韵琴筝有限公司

时尚系列古琴

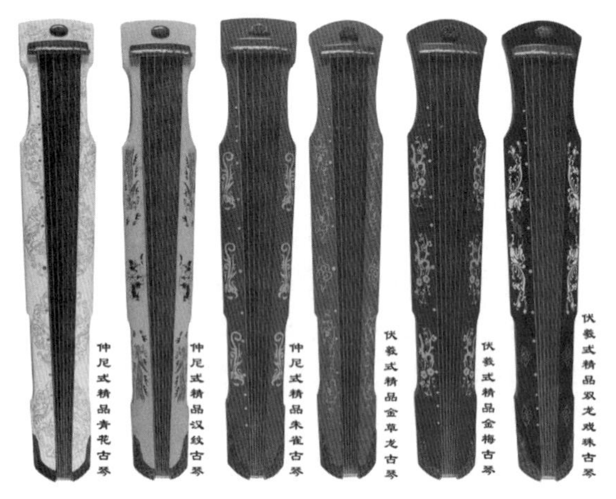

随着古琴文化的普及，越来越多的年轻人加入到“琴人”的队伍中，他们赋予了古琴新的魅力。为了紧随时代的步伐，配合新民乐的发展，刘氏琴府推出了时尚系列古琴。斑斓的色彩与琴面融为一体，音色清越而俏嫩，华美耀人，舞台效果尤为靓丽，虽为传统乐器，却不失浪漫、时尚情愫。

正合雅韵式精品古琴

正合雅韵式精品古琴，琴体修美匀称，琴面的局部凸起美感十足。纯鹿角灰胎，漆胎坚实，胎下有粗丝葛布底，铜徽，朱、黑两漆相间。此琴是刘氏琴府在基层传统斫琴风格基础上的又一创新，它音色浑厚、通透，制作工艺精湛。

师旷式精品古琴

师旷式精品古琴，琴体优美，琴面与边棱略带圆势，圆形龙池，长圆形凤沼。鹿角灰胎，台下有粗丝葛布底，以保粘合之处永不开裂。朱与栗褐色两漆相间，色彩斑斓。材料源自300年陈年老料，其音色、音质之妙超乎想象。

扬州华韵乐器有限公司

在第二十九届世界音乐教育大会和2011年第三届成都国际非物质文化遗产节上，扬州市民族乐器研制厂有限公司隆重推出了华夏古琴、古筝艺术馆系列文物乐器复制产品，受到海内外专家的好评，通过高端复制让历代文物乐器走出宫殿和温室，与观众近距离接触，展示了中国琴筝的悠久的历史和深厚的文化底蕴，让参观者无限感慨地回到琴筝家园。

企业将高端复制的琴筝推向市场，先后为无锡中国音乐博物馆、厦门博物馆等批量复制。文物乐器，这是对非物质文化遗产进行生产性保护的重要举措。

唐琵琶复制品

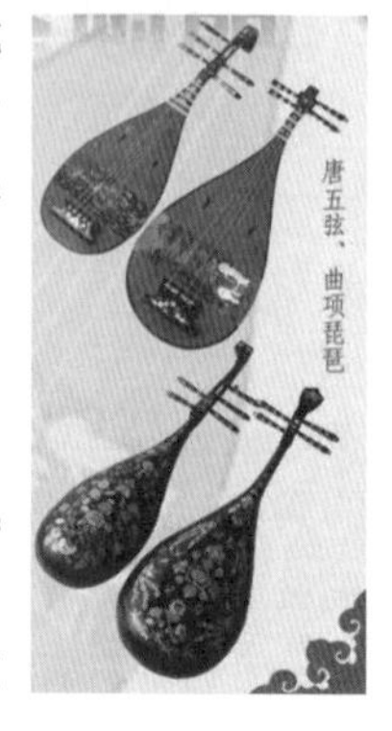

为了让世人一睹古琵琶的风采，发挥其文物价值，按照藏于日本奈良正仓院的唐五弦直项、四弦

曲项琵琶实物，采用黄花梨进行了复制，通身嵌彩螺，光彩夺目。在2010年第二届东方工艺美术之都博览会上夺得了最高奖“迎春花奖”。

天价古琴复制品

完整复制了宋徽宗御制，乾隆赏玩御铭的“松石间意”古琴，该琴原品在2010年保利秋拍会上拍出1.3664亿元的天价。另外一款明代无底焦叶琴在此前苏州拍出5800万元的高价。对着两款古琴的复制，让普通人一样可以一睹天价古琴的风采。

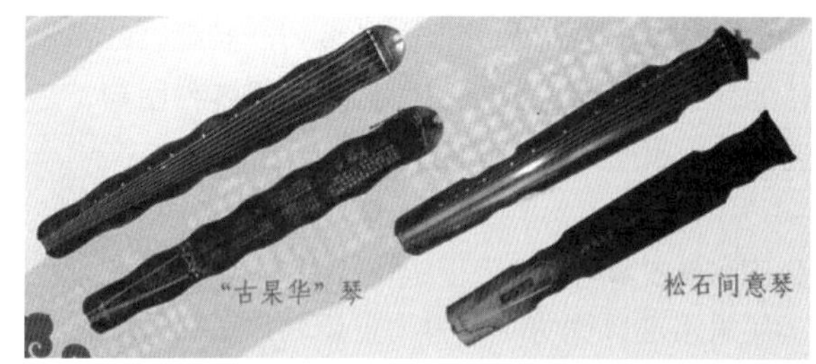

扬州金韵乐器御工坊有限公司

Z180-13改良型唐筝

在继承和发展了盛唐时期十三弦古筝形态的基础上，参考古文献记载，进行了一系列改良后制成。

唐筝主要构造为桐木刳制成长方形音箱，琴面上张弦13根，弦名从远至近分别称为一、二、三、四、五、六、七、八、九、十、斗、为、巾。琴身笔直，自古将筝比作“龙”，并依此为各部件命名。

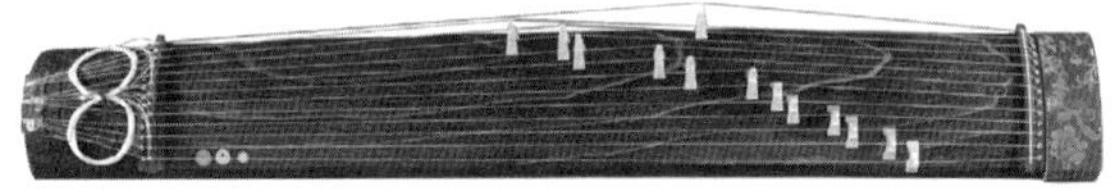

传统的唐筝是丝弦，而且是手工上弦，类似于古琴，技术水平要求较高，普通筝友很难自行上弦调音。改良后的唐筝则采用现代弦轴绕弦方式，这样不仅容易上弦调音，而且音色的稳定性远超传统手工上弦方式。仿古唐筝与当今常见的S163-21型古筝相比，音色清雅、含蓄、细腻，更像是自我心境的表达，适合心境修养，而现代21弦筝音色相比来说就显得比较明亮、浑厚、圆润，有较强的舞台表现力。两者风格互补，各有千秋，丰富了古筝艺术的多样性，满足了筝友的不同需求。

金韵翘楚收藏古筝

“翘楚”一词来源于《诗·周南·汉广》：“楚，杂薪之中尤翘翘者。用以比喻杰出的人材或突出的事物。此款筝的筝头前沿部分源于汉代的古乐器，筝头压低，尾端翘起有跃跃飞升之势，意通翘楚，故命名为翘楚。

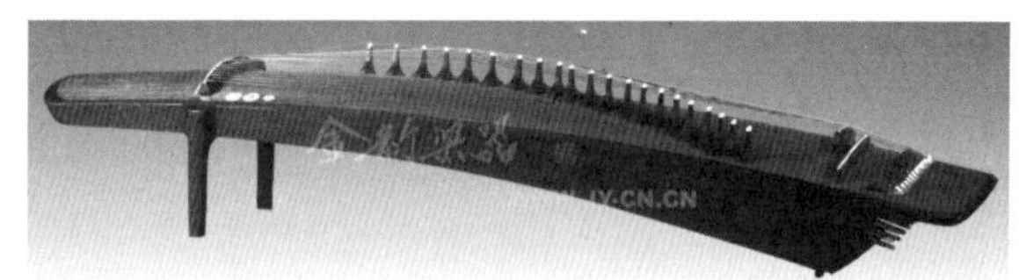

以鸡翅木作为的框架可使古筝结实耐久，岳山和琴码采用名贵黑檀，精雕细凿，配合铜质筝弦和琴钉，金木生辉,更能日久常新。

用格栅式的发音孔使琴音的共鸣更多层次。

弦扣装在整条铜片上，这样即美观又增强了整体强度，防止偏位和磨损。古筝岳山的设计别具一格，岳山成两段，形式幽雅，用黑檀木和牛骨做成，古色古香。

剪秋水专业筝

采用扎伊尔鸡翅木为主要装饰材料，后岳山采用节段式，与琴弦形成近似于直角，将弦与岳山的接触更加密切，改变了传统古筝弦在S型、C型岳山上弹奏时偶尔会有轻微滑动的现象，剪秋水共鸣箱

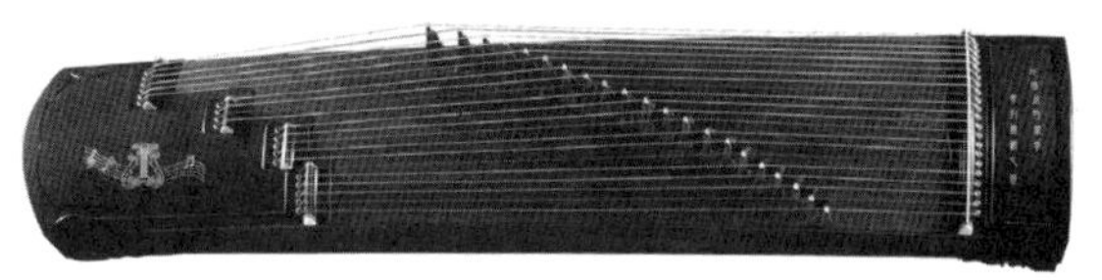

加大，使得音色更加浑厚。此系列产品配以欧式风格的图纹纂，加之特种银熔抽丝制成各种图形，工艺精湛，画面优美，深受专业演奏者喜爱。

金韵水晶古筝

采用进口透明亚克力为主要制作原料，筝体结构合理、稳固，内外呈现出晶莹剔透的水晶质感、外形线条流畅，轮廓分明。极具现代艺术美感，为中国古筝艺术的创新表演赋予了新的表现形式。

由于制作材料与传统古筝所用材料的不同，其制作工艺跟传统木质古筝有着很大区别，亚克力材料的共振无法与木材相比。但经过公司技术人员多次实验，历经一年之久，攻克了材料因素导致共鸣小的先天性难题，实现了筝体自身的自然共鸣效果，音质表现柔美、纯净，经中央、中国、上海等专业音乐院校数位古筝演奏专家的试奏，演奏效果得到了专家的赞同。

目前此款“水晶”古筝不仅具备了一般木质古筝的实用价值和艺术价值，同时拓展了现有古筝的音色领域，为中国民族音乐的发扬光大做出了努力!

广州吉声琴业有限公司

防潮吉他

吉声防潮吉他采用国际先进工艺，结合传统技术生产，选料精良，音韵悠扬动听。在高温或低温以及潮湿（湿度大于90%）环境中可以做到不开裂、不变形，是所有吉他发烧友梦寐以求的产品。

宁波森隆乐器股份有限公司

TENSON系列电吉他

凭借多年的管理经验和强大的技术优势，在生产钢琴关键部件的基础上，2010年宁波森隆乐器股份有限公司上海子公司森鹤乐器有限公司推出电吉它、电贝司系列新产品。公司通过技术引进、吸收和再创新，改进传统的加工工艺，采用先进的数控加工技术和独特的木材干燥处理技术，运用创造性的设计理念，为广大乐器爱好者呈现完美的艺术珍品。

大连铜管乐器有限公司

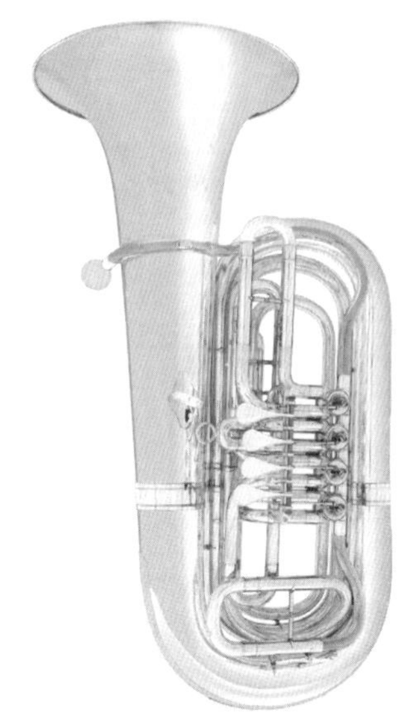

“前进”牌127型^{b}B调四键倍低音号

“前进”牌127型^{b}B调四键倍低音号是根据国际市场较流行的中抱号与小抱号之间，结合公司现有的技术工艺力量，自主创新开发的新产品。特点是：结构设计紧凑，尺寸设计合理，音程关系准确，音色优美，外观轻巧，便于吹奏，使产品的音色更加圆润优美，音质有明显的改善和提高，更加柔和，浑厚明亮，发音灵敏，吹奏畅通，富有表现力，便于演奏。“前进”牌127型^{b}B调四键倍低音号，拓宽了音域范围，使其配合精度大大提高。

“前进”牌127型^{b}B调四键倍低音号适宜各类不同演奏者使用。该产品属于高档乐器，设计符合当今社会发展潮流。填补国内同类产品空白，处于国内领先水平。

江阴金杯安琪乐器有限公司

金杯120BS轻便式四排簧手风琴

金杯“轻便式四排簧”系列手风琴是金杯安琪乐器有限公司历时3年多时间研发的轻便式系列手风琴，该手风琴结合了传统四排簧和流行手风琴的优点，更好地满足了手风琴爱好者练习和演奏需求。该琴颜色亮丽夺目，声音清脆悦耳。在广场演出或是轻音乐中使用将大大的提高手风琴的演奏效果，完美演绎手风琴音乐。

“轻便式”系列手风琴有四个系列，近20款不同规格将陆续向市场推广。该手风琴已获得外观专利7项和发明专利1项。采用的是国内最新的喷漆技术，除了原有的黑色以外，陆续将推出了粉红，天蓝等颜色。外形线条流畅，设计结构合理，与传统四排簧相比，重量减轻了约2KG，后背的流畅型设计，更人性化，使演奏者的演奏技巧发挥的游刃有余。不仅如此，在音色上更加精益求精，清脆悦耳，韵味十足，适合广场音乐演奏。

江苏奇美乐器有限公司

口风琴

该公司技术与新品开发部根据市场需求和丰富产品规格的要求，相继自行研制开发32键、36键、37键、25键口风琴、24键低音口风琴和8键、13键、27键管式口风琴。

口风琴的塑料件采用进口ABS原料生产；产品心脏——簧片，采用进口磷锖铜生产，从美国UNITEX公司引进电脑数字化精密焊机，国内首家独

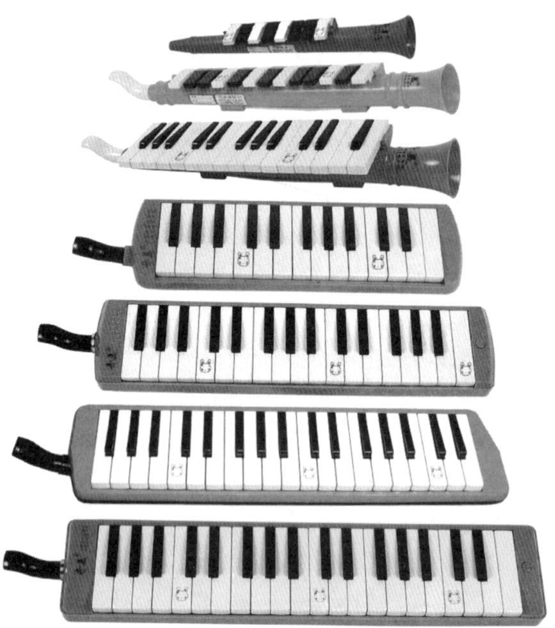

创碰焊工艺，采用无缝焊接技术，从根本上保证了口风琴簧片的焊接技术达到国外同类产品水平，也确保了口风琴的音准、音色和牢度；每台产品出厂前，都有专业人员用电脑数字化音准仪对音准进行检测。

生产的口风琴由于其新型的琴身、美观的外包装、稳定的质量和完善的售后服务，以过硬的产品质量走进中央音乐学院音乐教育系、清华大学附属中学、上海复旦大学附属小学等我国名校，中国人民解放军二炮军营专门定制的口风琴，受到部队官兵的欢迎，顾客满意率达100%。

半音阶口琴

奇美半音阶口琴分为:10孔40音、12孔48音、16孔64音。

一、优良的选材

★进口ABS塑料注塑的琴格。

★座板铜材和音簧铜的硬度经专业人员精密微氏硬度计检测。

★每一个口琴吹口和变音板均需测量。

★特制的塑料胶片。

二、精细的工艺

★采用精密冲床制造半音阶口琴的配件。

★电脑数字化刨簧机生产的簧片。

★日本电脑数字化焊接设备焊接簧片，确保口琴的音准、音色、牢度。

★除高音部的几个音外，每个簧片都盖有特制的塑料胶片以防止漏气。

★采用电脑数字化音准仪对每个成品口琴的音准进行校对，确保半音阶口琴的音准。

做工精良、音色清亮纯正、外型美观、价格适中，适合用作教学,也可用于口琴合奏和多重奏中。

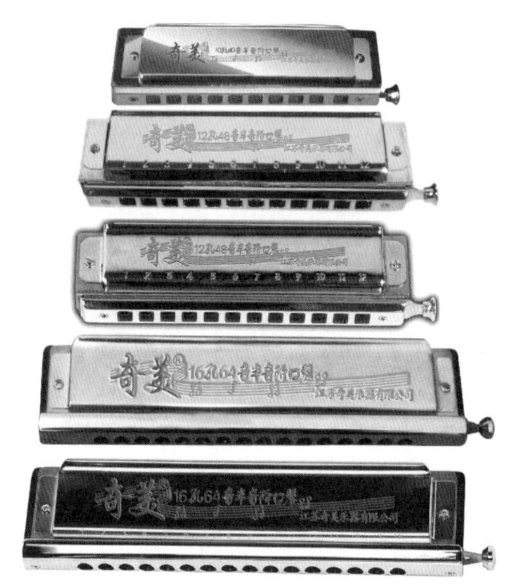

套笛

奇美牌英式塑料组合套笛是由超高音、高音、中音、次中音和低音竖笛组合在一起，全部采用进

口ABS塑料原料注塑成型，它们的大小不同，高音不同，但它们的构造、指法、演奏方法基本相同。竖笛由笛头、笛身、笛尾插接而成，竖笛的结构非常简洁，仅有八个音孔，管身背后开有一孔，赋予了独特的音色，其声音甜美纯净，富有很强的表现力和感染力，组成完整的专业演奏乐队能演奏更加丰富多彩、富于变化的交响音乐。

木笛

该公司生产的竖笛按材质分为塑料竖笛和木质竖笛，其中木质竖笛14世纪起源于意大利，在欧州各国流行，广泛用于课堂竖笛教学。该公司1996年开始研制、开发木质竖笛，填补了国内木质竖笛的空白，但前几年一直处研究、探索状态。自从引进了数控车床、精密机床等机械设备后，大大提高了工作效率和产品质量，保证了木质竖笛弧形加工和尺寸精度。首先是选料、断料、剥光、打排孔等前道工序，再通过机械设备对木料进行加工，最后再经专业技术人员进行手工工艺处理，此项技术经多年来的探索和实践，在国内处于领先地位，并与国外高档木质竖笛相媲美；并就其外观造型和颜色组合向国家专利局申请了4项专利，这些产品一投入市场不仅受到了广大小中学生的喜欢，也得到了专业演奏者的欢迎。

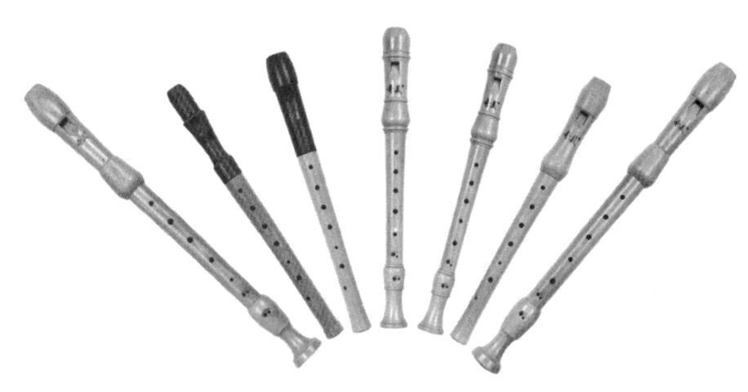

江苏天鹅乐器有限公司

半音阶系列口琴

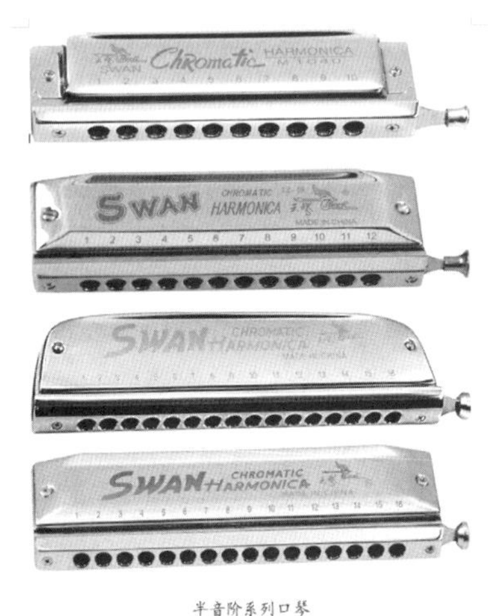

半音阶系列口琴

口琴简单易学，价廉物美，世界上很多音乐大师都是通过口琴步入音乐殿堂的。而半音阶口琴，一个孔能发四个音。它的音阶排列与钢琴是一样的。一把半音阶口琴，能代替一架钢琴，它可以独奏、重奏、大合奏、也可以和其它乐器一起合奏，又可以为唱歌或舞蹈伴奏。

半音阶口琴其音色纯正、响亮，能吹奏高、低半音或转调，需要时按一下揿键，即可变换其它调别。音准绝妙、令人倾倒。该公司自2000年以来，致力于半音阶口琴的研制，先后开发了10孔40音、12孔48音、14孔56音、16孔64音等半音阶系列口琴，取得较好的经济效益和社会效益。

10孔20音布鲁斯系列口琴

本系列口琴由琴格、盖板、上音孔板、下音孔板组成，其特征在于吹奏时省力、发音准，清晰、优美。此口琴体积小，仅10厘米长，携带方便，俗称口袋里的乐器，能吹奏和弦，演奏起来非常好听，是欧美市场非常流行的狂热口琴。

24孔系列口琴

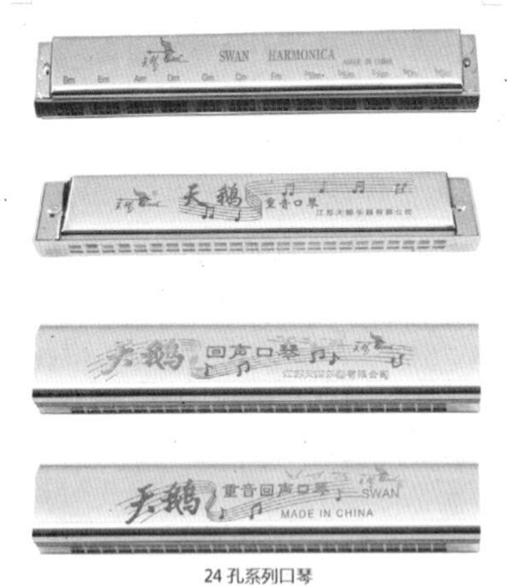
24孔系列口琴

24孔系列口琴（重音、复音口琴），是一种较普及的口琴，由盖板琴格、座板、三大件组成。其价格低廉，音阶固定，入门容易、且音域宽广，是一般乐器难以比拟的。口琴通过吹吸发音，可以随着大的喜怒哀乐所产生的呼吸规律奏出内心的感受，因此，是最容易表达情感的乐器。24孔系列口琴，适合独奏、重奏、大合奏、有二十多种吹奏法，所以表现力非常强大，同时也是初学者进入音乐殿堂的启蒙乐器。

系列口风琴、竖笛

竖笛音色纯正清丽，柔和轻盈，被称为“柔和的笛子”，像乌唱歌的笛子。竖笛是依靠特殊形状的吹口来发声，与哨子相似，笛嘴有吹口，笛身有6个孔或8个孔，以自然呼吸的力度即可吹响，这样，人们从初学开始，就很容易获得美妙的乐音。

口风琴是采用口琴、手风琴原理制造出来的新颖乐器，能任意转调，并且能奏出完整的和声。具有体积小、重量轻、携带方便、音乐优美、学习容易等特点，它既保持了键盘乐器的特征，又具有吹奏乐器的特点，所以它是一种能吹奏的键盘乐器。

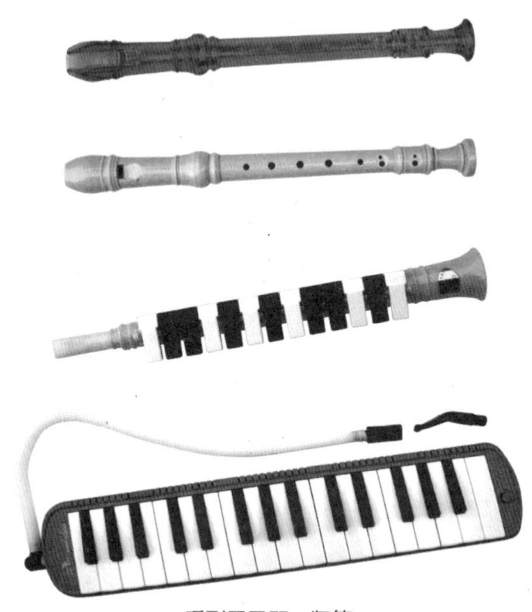
系列口风琴、竖笛

上海国光口琴厂有限公司

国光80周年纪念口琴

上海国光口琴厂创建于1931年，改制后为现上海国光口琴厂有限公司，是具有悠久历史的专业制作口琴的企业。为纪念上海国光口琴厂建厂80周年，专供广大口琴爱好者选购珍藏，精心制作了一批绝版纪念口琴投放市场。此款口琴采用嵌入式ABS塑格，塑格表面光洁，口琴盖板使用仿钛金盖板，口琴簧片的钉压改调由专业技术人员进行逐个验收，使口琴发音宏亮、吹奏省力、音色优美，在口琴盖板上还专门打上国光80周年纪念（1931-2011）的字样，并配制了精美的塑盒包装，使口琴造型更美观大方。